Lerchenmüller
Handelsbetriebslehre

www.kiehl.de

Handelsbetriebslehre

Von
Prof. Dr. Michael Lerchenmüller

5., komplett überarbeitete und aktualisierte Auflage

kiehl

ISBN 978-3-470-**45145**-9 · 5., komplett überarbeitete und aktualisierte Auflage 2014

Kiehl ist eine Marke des NWB Verlags

Satz: Röser MEDIA GmbH & Co. KG, Karlsruhe
Druck: Stückle Druck und Verlag, Ettenheim

Vorwort zur 5. Auflage

Die vorliegende 5. Auflage der „Handelsbetriebslehre" wurde gegenüber der 4. Auflage beträchtlich verändert und weiterentwickelt. In didaktischer Hinsicht wurde besonderer Wert auf die Verbesserung der Lesefreundlichkeit gelegt. Dies äußert sich in Form zahlreicher neuer Abbildungen, Übersichten und sonstiger Darstellungen, wodurch die Verständlichkeit und Anschaulichkeit der Inhalte deutlich erhöht wurde. Jedem Kapitel wurden die zu Grunde liegenden Lernziele vorangestellt; dies in Zusammenhang mit den Kontrollfragen und Lösungshinweisen fördert die Eignung des Buches für das Selbststudium. Der Praxisbezug wird neben zahlreichen Beispielen wie bisher durch Übungsaufgaben und Fallstudien mit Lösungsvorschlägen sichergestellt.

Der Aufbau des Werkes wurde merklich umgestaltet: In der Druckversion wurde auf die in der 4. Auflage enthaltenen Tabellen fast völlig verzichtet. Diese sind nun in einem elektronischen Anhang zusammengefasst (unter **www.kiehl.de/handelsbetriebslehre**), wodurch die Möglichkeit geschaffen wurde, in kürzeren Abständen eine Aktualisierung der Zahlen zum Groß- und Einzelhandel vorzunehmen. Das Kapitel zu Zukunftsentwicklungen im Handel wurde aufgelöst; die aktuellen Fakten und Trends findet der Leser in der 5. Auflage bei den jeweiligen Kapiteln, also beispielsweise die heutige Situation der vertikalen Kooperation zwischen Industrie, Groß- und Einzelhandel im Kapitel zur Basisentscheidung über die Kooperationsintensität. Somit kann der Zusammenhang zwischen der früheren Situation und ihrer aktuellen Weiterentwicklung wesentlich leichter nachvollzogen werden.

Wegen der erheblich gestiegenen Bedeutung des Onlinehandels wurde ein neues Kapitel aufgenommen, welches sich intensiv mit dieser Vertriebsform beschäftigt, die auf dem besten Wege ist, die Handelslandschaft massiv zu verändern. Das umfassende Literaturverzeichnis wurde vollständig überarbeitet und um die Neuerscheinungen der vergangenen Jahre ergänzt. Ebenso wurde das Stichwortverzeichnis aktualisiert.

Bei der Neuauflage erfuhr der Autor äußerst hilfreiche Unterstützung von verschiedenen Seiten, wofür an dieser Stelle ein herzlicher Dank ausgesprochen werden soll. Der Verfasser dankt insbesondere den Betriebswirtinnen Julia Buchmann, Nikol Jelavic und Elisabeth Neumann, die sich der Mühe unterzogen haben, die 4. Auflage der „Handelsbetriebslehre" intensiv auf didaktische Verbesserungsmöglichkeiten und inhaltliche Aktualisierungsnotwendigkeiten hin zu überprüfen und auch an der Gestaltung von Abbildungen und Tabellen mitgewirkt haben. Einem meiner Alumni, Herrn Sven Stöckle, danke ich sehr für die Hilfe bei der aufwändigen Bearbeitung des Literaturverzeichnisses und meiner studentischen Hilfskraft Julia Weiss für Recherchen zum Kapitel über den Onlinehandel. Dank gilt auch Frau Isa Perez für die vorzügliche Erledigung von Schreibarbeiten. Danken möchte ich auch (wieder einmal) meiner Frau für ihre stets geduldige Unterstützung des Projekts. Last but not least danke ich vielmals dem NWB Verlag, hervorragend vertreten durch Frau Corinna Ziegler, für die fachlich kompetente und persönlich sehr angenehme Begleitung bei der Entstehung der 5. Auflage der Handelsbetriebslehre.

Michael Lerchenmüller
Nürtingen, im Oktober 2013

Vorwort zur 1. Auflage

Das vorliegende Buch entstand auf der Grundlage der langjährigen Tätigkeiten des Verfassers in der Lehre und in der Handelspraxis, hier vor allem in der Unternehmensberatung für den Handel. Es richtet sich einerseits an Studierende an Hochschulen und anderen Bildungseinrichtungen, welche sich mit Handelsfragen beschäftigen, andererseits an Handelspraktiker.

Die Zielsetzung dieses Buches besteht in der Darlegung der Grundelemente der Handelsbetriebslehre (Handelsfunktionen, Marketinginstrumente und Leistungsfaktoren) und darauf aufbauend einer Analyse der wesentlichen Entscheidungen der Politik von Handelsunternehmungen. Hier werden die unternehmensinterne vorwiegend qualitative Betriebsformentscheidung und die stärker quantitativ ausgerichtete Betriebsgrößenentscheidung sowie die unternehmensübergreifende Entscheidung über die Kooperationsintensität betrachtet.

Die Verknüpfung dieser Grundentscheidungen wird für einfache wie für komplex strukturierte Handelsunternehmungen ausgehend von Überlegungen zur Unternehmenszielsetzung, Strategieentwicklung und angestrebter Unternehmenspersönlichkeit (Corporate Identity) untersucht. Die Behandlung einer zielorientierten Unternehmensorganisation und ein Ausblick auf Zukunftsentwicklungen des Handels schließen das Buch ab; dabei wurden die aktuellen Aspekte im Zusammenhang mit dem anstehenden EG-Binnenmarkt sowie mit der Vereinigung der beiden deutschen Staaten einbezogen.

Als bestimmende Prinzipien bei der Anlage des Buches wurden Verständlichkeit und Praxisnähe zu Grunde gelegt. Es wurden deshalb zahlreiche Praxisbeispiele integriert und innerhalb der Untersuchung der Unternehmenspolitik im Handel wurde heuristischen Verfahren der Vorzug gegenüber Formalmodellen eingeräumt.

Aus didaktischen Gründen wurden Zusammenhänge soweit möglich visualisiert und durch Lernfragen und einen Übungsteil das Selbststudium erleichtert. Ebenfalls didaktisch motiviert findet sich zu Beginn des Buches ein geschlossenes Gesamtkonzept der Handelsbetriebslehre. Damit wird den lerntheoretischen Erkenntnissen Rechnung getragen, wonach ein aus zahlreichen Einzelfaktoren bestehendes Gesamtgebäude, wie es die Wirtschaftszweiglehre des Handels darstellt, besser erlernt und verstanden werden kann, wenn ein gedankliches Gerüst aus logisch verknüpften Einzelmodulen der Detailbehandlung vorangestellt wird.

Der Verfasser möchte an dieser Stelle für die vielfältige Unterstützung bei der Anfertigung dieses Buches sehr herzlich danken.

Vorschläge von der Leserschaft für inhaltliche und didaktische Verbesserungen sind mir jederzeit willkommen.

Michael Lerchenmüller
Nürtingen, im Juli 1991

Feedbackhinweis

Kein Produkt ist so gut, dass es nicht noch verbessert werden könnte. Ihre Meinung ist uns wichtig. Was gefällt Ihnen gut? Was können wir in Ihren Augen verbessern? Bitte schreiben Sie einfach eine E-Mail an: **c.ziegler@kiehl.de**

Als kleines Dankeschön verlosen wir unter allen Teilnehmern einmal pro Monat ein Buchgeschenk!

Benutzungshinweise

Kontrollfragen

Die Kontrollfragen dienen der Wissenskontrolle. Sie finden sich am Ende eines jeden Kapitels.

Aufgaben/Fälle

Die Aufgaben/Fälle im Übungsteil dienen der Wissens- und Verständniskontrolle. Auf sie wird jeweils im Textteil hingewiesen:

Aufgabe 1 > Seite 237

Der Übungsteil befindet sich als „blauer Teil" am Ende des Buches. Es wird empfohlen, die Aufgaben/Fälle unmittelbar nach Bearbeitung der entsprechenden Textstellen zu lösen.

@on Mit Extras im Internet

Laden Sie sich hier Ihre kostenlosen Extras herunter:
www.kiehl.de/handelsbetriebslehre

Aus Gründen der Praktikabilität und besseren Lesbarkeit wird darauf verzichtet, jeweils männliche *und* weibliche Personenbezeichnungen zu verwenden. So können z. B. Mitarbeiter, Arbeitnehmer, Vorgesetzte grundsätzlich sowohl männliche als *auch* weibliche Personen sein.

ABBILDUNGSVERZEICHNIS

A. Grundlagen

Der folgende einführende Teil soll **drei Zielsetzungen** erfüllen:

- Die Grundbegriffe der Handelsbetriebslehre sollen erläutert, die besonderen Eigenschaften des Handelsbetriebes dargestellt und daraus eine Klassifikation der real existierenden Handelsbetriebe abgeleitet werden.
- Es soll ein Überblick über die Position des institutionellen Handels in der Bundesrepublik Deutschland gegeben werden.
- Es soll die Grundkonzeption der Handelsbetriebslehre entwickelt werden, auf welcher das vorliegende Lehrbuch basiert. Unter Grundkonzeption ist hier der prinzipielle gedankliche Aufbau zu verstehen, dessen Kenntnis die Einordnung der einzelnen Teile der Handelsbetriebslehre in ein geschlossenes Gedankengebäude ermöglichen soll.

I. Grundbegriffe

1. Funktioneller und institutioneller Handel

Das Grundprinzip der Wirtschaft besteht darin, dass durch wirtschaftliche Tätigkeit von Institutionen oder Einzelpersonen Leistungen erstellt werden, welche der Befriedigung von bestehenden Bedürfnissen dienen. Der Prozess von Leistungserstellung und Leistungsverwertung kann sich dabei auf materieller oder auf immaterieller Ebene vollziehen. Das Ergebnis der Leistungen stellen wirtschaftliche Güter dar. In arbeitsteiligen Volkswirtschaften fallen Gütererzeugung und Güterverwendung bzw. -verbrauch auseinander. Dadurch entstehen Spannungen, welche in folgenden Ausprägungen auftreten können:

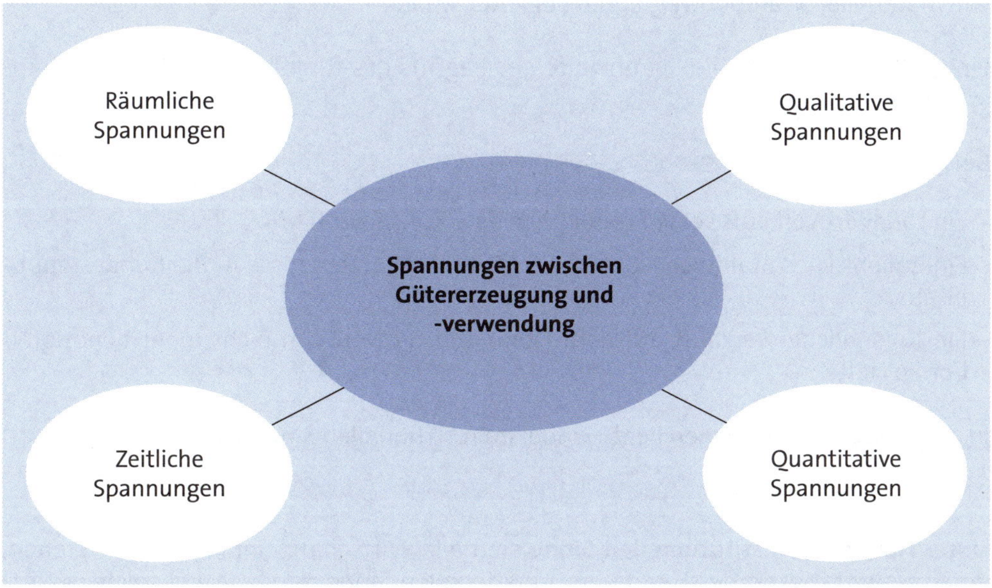

Abb. 1: Spannungen zwischen Gütererzeugung und -verwendung in arbeitsteiligen Volkswirtschaften

Bei den räumlichen Spannungen fallen der Ort der Leistungserstellung und der Ort der Leistungsverwertung auseinander; im Fall der zeitlichen Spannungen sind die Zeitpunkte der Leistungserstellung und -verwertung nicht deckungsgleich; bei den qualitativen Spannungen fehlt den erstellten Wirtschaftsgütern nach Abschluss des materiellen Leistungserstellungsprozesses noch in irgendeiner Hinsicht die Verwendungsreife; im Fall der quantitativen Spannungen sind die Herstellungs- und Verwendungseinheiten unterschiedlich groß.

Als **Handel im funktionellen Sinne** kann nun definiert werden die Summe jener wirtschaftlichen Tätigkeiten, welche in einer Volkswirtschaft zur Beseitigung der oben genannten Spannungen durchgeführt werden. Dabei ist es unerheblich, von welcher Institution oder Person diese Tätigkeit ausgeübt wird. Als Objekte kommen im Grundsatz alle wirtschaftlichen Güter infrage.

Ihrer spezifischen Problematik wegen sollen hier allerdings jene Handelstätigkeiten aus der weiteren Behandlung ausgeschlossen werden, welche sich nicht auf bewegliche Sachgüter beziehen. Dies gilt vor allem für den Handel mit Rechten (z. B. Lizenzen), mit Diensten (z. B. Beförderungs-, Beratungsleistungen etc.), Wertpapieren, Devisen, Immobilien und sonstigen stationären Großanlagen.

Die **klassische Definition** des funktionellen Handels in der Literatur als jegliche Tätigkeit des Austausches von Gütern zwischen Wirtschaftseinheiten (*Seyffert, Sundhoff, Falk/Wolf, Barth*) kann also dadurch präzisiert werden, dass die Handelsobjekte als bewegliche materielle Güter gekennzeichnet werden und von Austauschtätigkeit auch dann schon gesprochen wird, wenn diese sich nicht faktisch, sondern ausschließlich rechtlich vollzieht. Dies wäre z. B. dann der Fall, wenn im Rahmen des Warenterminhandels ein Kontrakt mehrfach den Eigentümer wechselt, ohne dass diese Vorgänge von materiellen Warenbewegungen begleitet wären.

Einige Beispiele sollen die Spannweite des Begriffs des funktionellen Handels veranschaulichen:

Beispiele

- Ein Landwirt verkauft seine Produkte an eine Konservenfabrik.
- Ein italienisches Stahlwerk führt einen Teil seiner Erzeugnisse in die Bundesrepublik aus.
- Ein Jugendlicher verkauft auf dem Flohmarkt die von ihm nicht mehr benötigten Comic-Hefte.

In allen geschilderten Fällen liegt Handel im funktionellen Sinne vor.

Unter **Handel im institutionellen Sinne** sind alle Wirtschaftseinheiten zu verstehen, deren Haupttätigkeit der Handel im funktionellen Sinne darstellt. Bei solchen Wirtschaftseinheiten wird es sich in marktwirtschaftlichen Systemen üblicherweise um erwerbswirtschaftliche Unternehmungen handeln; jedoch stellt die Eigenschaft der Erwerbswirtschaftlichkeit keine zwingende Voraussetzung für das Vorliegen von institutionellem Handel dar.

Diesem sind nicht zuzurechnen beispielsweise Produktionsbetriebe, welche ihre Erzeugnisse direkt exportieren, Verbraucher, welche auf privater Basis Käufe oder Verkäufe vornehmen, oder auch Dienstleistungsunternehmungen, welche in begrenztem Umfange zur Ertragsverbesserung Handelstätigkeiten durchführen.

Im Folgenden wird der Wirtschaftszweig beschrieben und analysiert, welcher sich als Summe aller institutionellen Handelsbetriebe darstellt. Die Handelsbetriebslehre ist damit eine Wirtschaftszweiglehre, mit eigener Charakteristik aufgrund der spezifischen Tätigkeiten des Güteraustausches, für die natürlich – wie für alle übrigen Wirtschaftszweiglehren auch – die Inhalte der Allgemeinen Betriebswirtschaftslehre vollinhaltlich zutreffen. Grundfragen der Allgemeinen Betriebswirtschaftslehre, welche sich ohne größere Modifikation auf die Handelsbetriebslehre übertragen lassen, bleiben daher in diesem Lehrbuch außer Betracht, z. B. allgemeine Probleme der Bilanzierung, der Finanzierung oder auch des Personalrechts.

2. Binnen- und Außenhandel

Die Unterscheidung zwischen Binnen- und Außenhandel ist nach dem Kriterium der Überschreitung von Staatsgrenzen zu treffen. Überschreiten im Rahmen von Handelsvorgängen die Güter irgendwelche Staatsgrenzen, so spricht man von **Außenhandel**; ist dies nicht der Fall, liegt **Binnenhandel** vor.

Diese Differenzierung ist in der Handelspraxis zweifellos von erheblicher Bedeutung. So ist zur erfolgreichen Gestaltung grenzüberschreitenden Handels eine wesentlich aufwändigere Informationsbeschaffung (Auslandsmarktforschung) notwendig, die nicht nur quantitativ, sondern insbesondere auch qualitativ im Vergleich zur Binnenmarktforschung erhebliche zusätzliche Probleme mit sich bringt. Das im Außenhandel tätige Unternehmen muss beispielsweise über Informationen über den Zielmarkt und über Bedingungen des Grenzübertritts (Steuern, Zölle, technische Bedingungen etc.) verfügen, ohne welche eine Außenhandelstätigkeit nicht möglich ist. Darüber hinaus sind im Außenhandel Instrumente, etwa zur Zahlungssicherung aufgrund des im Allgemeinen höheren Risikos, einzusetzen, welche im Binnenhandel nur von geringer Bedeutung sind.

Der **Außenhandel** selbst zerfällt in **drei Segmente:**

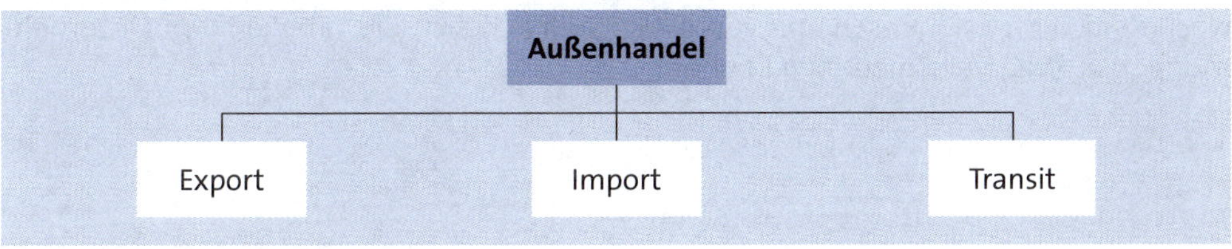

Abb. 2: Segmente des Außenhandels

Letzterer tritt immer dann auf, wenn auf dem Weg eines Gutes von Land A nach Land C ein Land B durchquert werden muss. Werden hierbei aufgrund landesspezifischer Gegebenheiten größere Probleme erwartet, so erfolgt im Allgemeinen die Einschaltung spezialisierter Transithandelsunternehmungen. Für die vertiefende Beschäftigung mit den genannten drei Teilgebieten des Außenhandels wird auf die einschlägige Literatur (vgl. *Jahrmann, 2010*) verwiesen.

II. Charakterisierung und Klassifizierung der Handelsunternehmen

1. Spezifischer Charakter

Industrielle Unternehmungen sind dadurch gekennzeichnet, dass sie durch Einsatz von Werkstoffen mittels Bearbeitungs- bzw. Verarbeitungsprozessen neue, andersartige Erzeugnisse produzieren. Diese Produkte sind mehr oder weniger lagerfähig und müssen in den Vertriebskanälen des Industrieunternehmens abgesetzt werden. Im Zentrum der industriellen Tätigkeit steht also das materielle Produkt als Ergebnis der Faktorkombination.

Im Gegensatz dazu erzeugen **Dienstleistungsunternehmungen** immaterielle Güter, welche teils mit materiellem Träger (z. B. CD/DVD bei EDV-Programm), teils ohne einen solchen (z. B. Beratungsleistung) hergestellt werden. Bei Dienstleistungen ohne materiellen Träger besteht keine Möglichkeit zur Lagerung des Wirtschaftsgutes, vielmehr muss die Dienstleistung zum Zeitpunkt des Auftretens des Bedürfnisses beim Abnehmer produziert werden.

Das **Hauptcharakteristikum des Handelsbetriebes** besteht darin, dass sich seine Leistungserstellung sowohl auf der materiellen als auch auf der immateriellen Ebene vollzieht. Es werden Sachgüter gehandelt (materielle Komponente), welche durch Verknüpfung mit einer Auswahl von Dienstleistungen der Verwendungsreife nähergebracht werden.

Die Summe der Sachgüter, welche den Gegenstand der Handelstätigkeit bildet, wird als Ware bezeichnet. Die Ware, der materielle Träger der Handelsleistung, durchläuft das Handelsunternehmen, ohne dabei wesentliche Bearbeitungs- oder Verarbeitungsvorgänge zu erfahren (*Seyffert*).

Zum besseren Verständnis der spezifischen Charakteristika von Handelsunternehmungen soll die **Struktur der Handelstätigkeit** im Folgenden kurz skizziert werden. Nach dem Dimensionenschema von *Ulrich* vollzieht sich die Tätigkeit von Unternehmungen auf vier verschiedenen Ebenen:

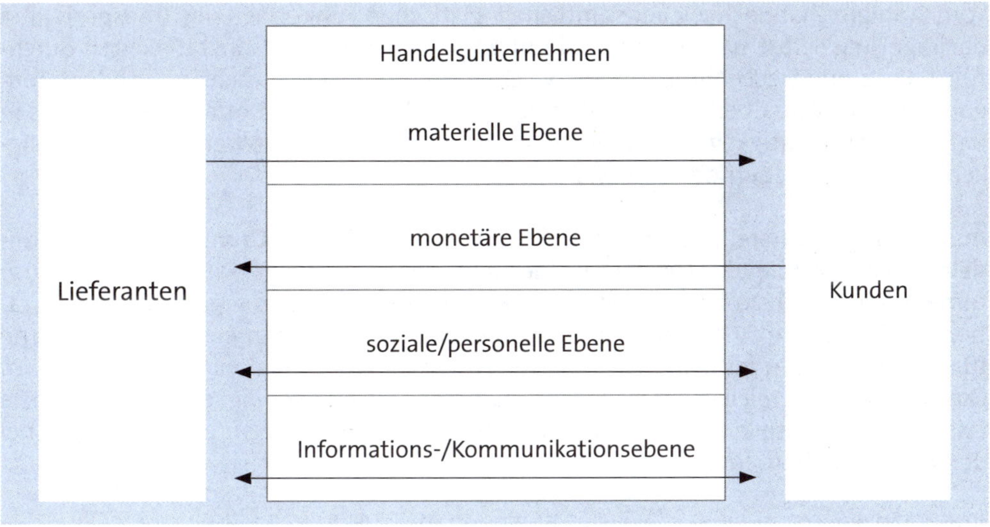

Abb. 3: Ebenen der handelsbetrieblichen Tätigkeit

Auf der **materiellen Ebene** beschafft der Handelsbetrieb bei ausgewählten Lieferanten die von ihm geführte Ware. In Abhängigkeit vom Leistungsprofil wird diese Ware im Handelsunternehmen gelagert, eventuell bestimmten Manipulationsvorgängen unterworfen und anschließend an die Kunden abgesetzt.

Für die am Markt verkaufte Leistung erhält das Handelsunternehmen eine Gegenleistung in **monetärer** Form, welche zur Begleichung der Verbindlichkeiten für die beschafften Leistungsfaktoren (insbesondere Personal, Ware) verwendet wird.

Die zwischenmenschlichen Abläufe sind auf der **sozialen Ebene** angesiedelt. Es handelt sich dabei um formale und informelle Beziehungen zwischen allen an der Leistungserstellung beteiligten Personen im Unternehmen.

Materielle und monetäre Vorgänge sind von **Informationsströmen** begleitet, welche sich innerhalb der Unternehmung sowie zwischen ihr und ihrer Umwelt vollziehen. Die **Kommunikationsvorgänge** steuern die Abläufe auf der materiellen, auf der monetären und auf der sozialen Ebene des Geschehens.

Wie oben dargestellt, dominiert im Industrieunternehmen die materielle Ebene eindeutig. Im Dienstleistungsunternehmen ist diese Dimension der Vorgänge dagegen höchstens rudimentär vertreten. Das besondere Tätigkeitsprofil von Handelsunternehmungen wird dadurch bestimmt, dass man nicht vom eindeutigen Überwiegen einer der beiden Formen der Leistungserstellung sprechen kann, sondern dass erfolgreiche Handelstätigkeit gerade durch eine sinnvolle Kombination von materiellen und immateriellen Leistungserstellungsprozessen gekennzeichnet sein muss.

Man findet bei Handelsunternehmen nahezu die gesamte Bandbreite zwischen materiell und immateriell dominierter Leistungserstellung vor: Die Palette reicht hier z. B.

vom Stahlgroßhandel, welcher sämtliche logistischen Funktionen des Transports und der Lagerung selbst übernimmt und umfangreiche Manipulationstätigkeiten durchführt, bis zum Streckengroßhandel, welcher in materieller Hinsicht mit der von ihm gehandelten Ware überhaupt nicht in Berührung kommt. Es ist offensichtlich, dass in Bezug auf diese Tätigkeitsbandbreite eine der wesentlichen Entscheidungsnotwendigkeiten des handelsbetrieblichen Management gegeben ist.

Aus der obigen Darstellung ist außerdem ein nicht auflösbarer **Grundkonflikt der Handelstätigkeit** abzuleiten: Hinsichtlich der materiellen Vorgänge wird das Handelsunternehmen danach zu streben haben, die Abläufe technisch und organisatorisch so rationell wie möglich zu gestalten. Es muss sich hierbei der Verfahren bedienen, welche für die Abwicklung industrieller Prozesse entwickelt worden sind. Dagegen wird im Dienstleistungsbereich des Handelsunternehmens die Notwendigkeit bestehen, diese Leistungsbestandteile zum Zeitpunkt des Auftretens entsprechender Bedürfnisse bei den Kunden zu befriedigen.

Auf einen kurzen Nenner gebracht, bedeutet dies, dass die Handelsunternehmung **zwei konfliktäre Zielsetzungen** miteinander verbinden muss, worin ein weiteres gravierendes Entscheidungsproblem des Handelsmanagements zu erkennen ist:

- rationelle Gestaltung der technischen und organisatorischen Abläufe
- Befriedigung der Kundenbedürfnisse.

2. Klassifizierung

Eine Klassifizierung dient generell dem Zweck, eine heterogene Gesamtheit von Untersuchungsobjekten nach einem oder mehreren geeigneten Unterscheidungsmerkmalen in homogenere Teilgruppen aufzugliedern. Unterteilt man Wirtschaftsunternehmungen in dieser Weise, so entstehen Unternehmensklassen, welche jeweils durch spezifische Eigenschaften gekennzeichnet sind. Dies ist zum einen theoretisch relevant, da es die Analyse einer solchen Klasse erleichtert, zum anderen aber auch praktisch, da sich aus den klassenbildenden Merkmalen unterschiedliche Führungs- und Betreibungsanforderungen ergeben.

2.1 Abnehmerstruktur und Stellung in der Handelskette

Die Klassifizierung der Handelsunternehmungen nach ihrer Abnehmerstruktur führt zur traditionellen Klasseneinteilung der Handelsbetriebslehre, nämlich in **Großhandlungen und Einzelhandlungen**. Erfolgt der Absatz der Waren an gewerbliche Abnehmer, so liegt Großhandelstätigkeit vor. Dagegen spricht man von Einzelhandel, wenn der Endverbraucher oder Endgebraucher als Kunde bedient wird.

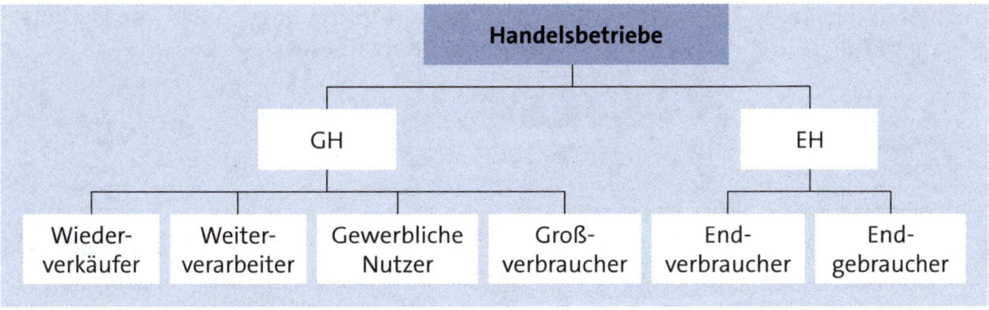

Abb. 4: Arten von Handelsbetrieben nach Abnehmern

Die Gruppen der **Großhandelskunden** lassen sich wie folgt näher spezifizieren:

- **Wiederverkäufer**: Groß- und Einzelhandelsbetriebe
- **gewerbliche Nutzer/Weiterverarbeiter**: Industrie- und Handwerksbetriebe
- **Großverbraucher**: Hotellerie, Gastronomie, Heime und Anstalten, Werksküchen etc.

Die Kunden des Einzelhandels lassen sich in Endgebraucher (bei Gebrauchsgütern) und in Endverbraucher (bei Verbrauchsgütern) unterteilen. Für den Begriff des Endgebrauchers dienen im Folgenden die Termini Endverwender bzw. Endnutzer als Synonyma.

Die Differenzierung in Groß- und in Einzelhandelstätigkeit ist zum einen deshalb von Bedeutung, weil beide Gruppen von Betrieben ihrer unterschiedlichen Kunden wegen jeweils spezifische Vertriebs- und Organisationskonzepte erfordern, und zum andern, weil nicht unbedeutende rechtliche Konsequenzen aus der Zugehörigkeit zu einer der beiden Gruppen resultieren; auf diese Folgerung wird an späterer Stelle noch genauer einzugehen sein.

Als wesentliche **Stufen im Wirtschaftsablauf** können unterschieden werden:

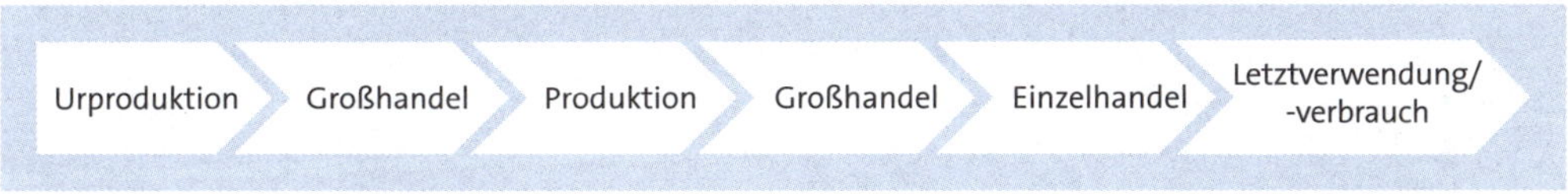

Abb. 5: Stufen im Wirtschaftsablauf

Während Einzelhandelsbetriebe definitionsgemäß nur am Ende der Wirtschaftskette auftreten, finden sich Großhandelsbetriebe auf allen Stufen zwischen Urproduktion und Verwendung mit Ausnahme der Position unmittelbar vor der Letztverwendung bzw. dem -verbrauch. Sie können also beispielsweise auch die Mittlerstellung zwischen verschiedenen Herstellern einnehmen.

Soweit Handelsbetriebe Kleinmengen zu Großmengen zusammenfassen, sind sie dem kollektierenden Handel zuzurechnen; werden dagegen produktionsbedingte Großmengen in kleineren Teilmengen abgesetzt, so liegt Verteilungshandel vor. Der letztgenannte Fall ist der in der Praxis bei weitem bedeutsamere.

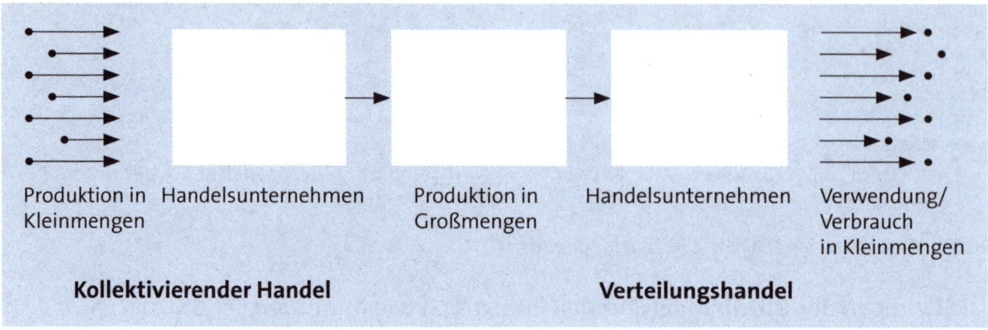

Abb. 6: Kollektiverender und Verteilungshandel

Führt der Weg einer Ware über mehrere beteiligte Betriebe, ohne dass dabei eine stoffliche Veränderung erfolgt, so spricht man von einer Handelskette (*Seyffert*). Ein häufiges Beispiel der Handelskette ist etwa im Weg eines Konsumgutes vom Fertigproduzenten über den Großhändler und Einzelhändler zum Endverbraucher gegeben. Sehr lange Handelsketten treten insbesondere im grenzüberschreitenden Handel auf. Grundsätzlich sind jedoch Handelsketten unter Einschaltung von institutionellen Handelsbetrieben an jeder Stelle des Wirtschaftsablaufes möglich.

2.2 Größe des Absatzgebietes

Nach dem Kriterium der Größe des Absatzgebietes lassen sich die Handelsunternehmungen klassifizieren in lokal, regional, national und international tätige Handelsbetriebe.

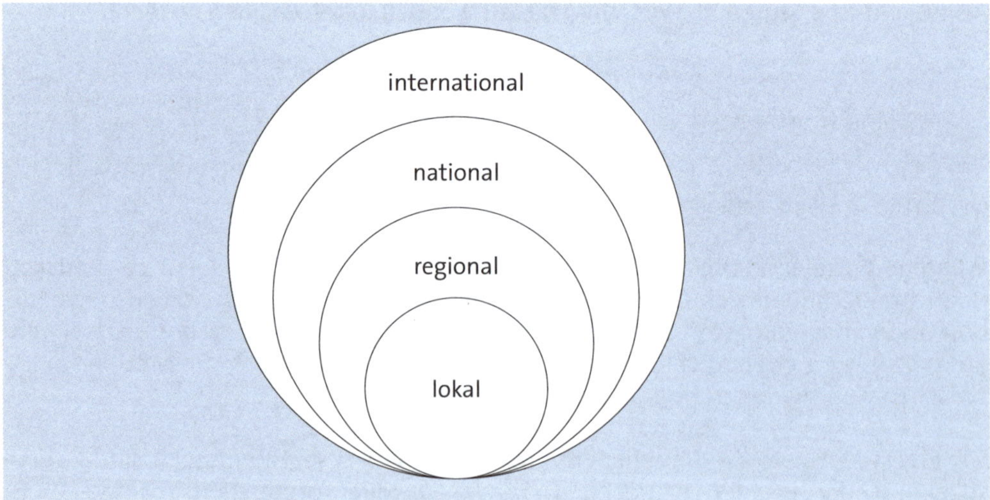

Abb. 7: Größe des Absatzgebietes

Obwohl die Grenzen zwischen diesen Klassen fließend sind, lassen sich doch einige grundsätzliche Feststellungen über die unterschiedliche Tätigkeitsstruktur nach Klassenzugehörigkeit treffen.

Lokale Handelsunternehmungen sind in einer Siedlung, in einem Ortsteil, in einem Stadtteil oder in einer Ortschaft mit angrenzendem Umland vertreten. Es bestehen zumeist personale Führungsstrukturen; der Unternehmer kann seinen Betrieb noch vollständig unmittelbar überblicken und wird den Geschäftserfolg auf Stammkundschaft abstützen.

Regionale Handelsunternehmungen sind in einem größeren Gebiet präsent. Ihr Tätigkeitsbereich reicht über einzelne Ortschaften hinaus und kann durchaus größere Teile eines Staates umfassen (z. B. Süddeutschland). Unternehmungen dieser Größenordnung erfordern i. d. R. ausdifferenzierte Führungsstrukturen und Delegationen von der oberen auf die mittlere und untere Managementebene. Ein regionales Absatzgebiet größerer Ausdehnung stellt im Allgemeinen die Obergrenze für die Tätigkeit mittelständischer Unternehmungen dar.

Nationale Handelsunternehmungen decken als Absatzgebiet das gesamte Territorium des Staates ab, in dem sie ihren Stammsitz haben. Bei Handelsbetrieben, welche in der Bundesrepublik Deutschland national distribuieren, ist eine Größenordnung gegeben, welche die Möglichkeiten mittelständischer Unternehmer normalerweise übersteigen wird. Eine effiziente Organisation und regionenspezifische Marketingdifferenzierung sind Voraussetzungen für Unternehmungen dieser Kategorie.

Im Zuge des Zusammenwachsens der Europäischen Union und der allgemein zu beobachtenden Internationalisierung der Geschäftstätigkeit im unternehmerischen Sektor nimmt auch die Zahl der **international tätigen Handelsunternehmungen** seit Jahren deutlich zu. Ohne Ausbildung von landesbezogenen Profitcentern und marktsegmentspezifischen Marketingstrategien sind international tätige Handelsunternehmungen nicht mehr mit Erfolg führbar.

2.3 Warenkategorien

Um die Handelsbetriebe anhand des Kriteriums der Warenkategorie klassifizieren zu können, wird zunächst im folgenden Schaubild ein Überblick über die verschiedenen Warenarten gegeben:

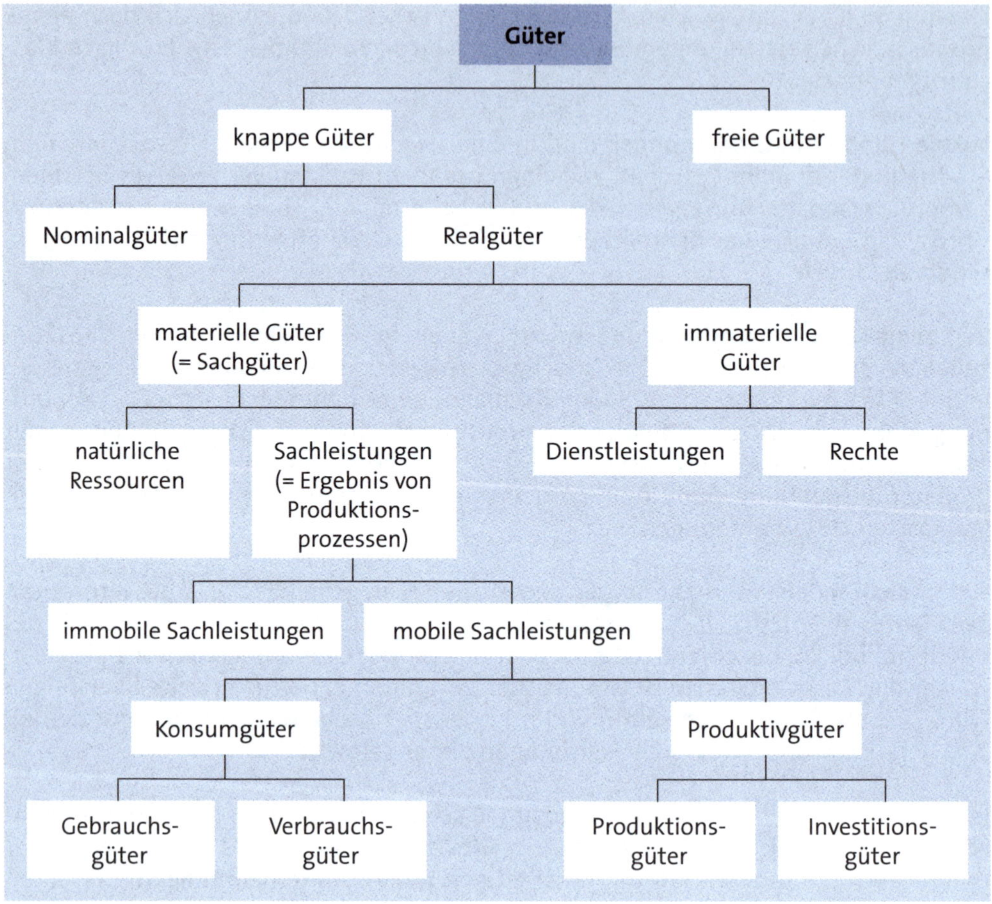

Abb. 8: Arten von Gütern

Quelle: *Pfeiffer/Bischof*, in: HWA, Spalte 119 f.

Als Handelsobjekte der institutionellen Handelsunternehmungen kommen sämtliche **materiellen Güter (Sachgüter)** infrage. Die Unterscheidung zwischen natürlichen Ressourcen und Sachleistungen als Ergebnis von Produktionsprozessen erweist sich für die Klassifikation von Handelsbetrieben als nicht tragfähig. Für die Art der Handelstätigkeit ist es nämlich irrelevant, ob gewissermaßen die Natur als Produzent tätig war (z. B. bei Kohle oder landwirtschaftlichen Produkten), oder ob ein wirtschaftlicher Betrieb Güter als Resultat eines Produktionsprozesses hergestellt hat. Die Ergebnisse beider Entstehungsformen von Gütern lassen sich grundsätzlich im konsumtiven wie im produktiven Bereich weiter nutzen.

Ebenfalls an früherer Stelle war bereits darauf hingewiesen worden, dass immobile Sachleistungen (z. B. Gebäude) ihrer spezifischen Problematik wegen im Allgemeinen aus dem Objektbereich der institutionellen Handelsbetriebslehre ausgeklammert bleiben. Damit verbleibt als klassifikatorisch nutzbare Warenkategorie diejenige der mobilen Sachleistungen. Unter Verwendung der Klassifikationskriterien „Träger der

Nutzung" und „Dauer der Nutzung" (*Knoblich*) resultieren folgende Arten von Handelsbetrieben nach der geführten Warenkategorie:

Dauer der Nutzung	**Träger der Nutzung**	
	Produktiver Bereich	**Konsumtiver Bereich**
Langfristig	Investitionsgüter-Großhandel	Gebrauchsgüter-Großhandel
		Gebrauchsgüter-Einzelhandel
Kurzfristig	Produktionswaren-Großhandel	Verbrauchsgüter-Großhandel
		Verbrauchsgüter-Einzelhandel

Im produktiven Bereich werden Güter eingesetzt, um daraus neue Güter zu erstellen. Der konsumtive Bereich stellt dagegen die „Endstation" des Wirtschaftsablaufes dar, in welchem die vom produktiven Bereich erzeugten Güter konsumiert werden. Zu ihm gehören im Wesentlichen Privathaushalte, jedoch kommen auch staatliche Haushalte als konsumierende Wirtschaftseinheiten in Betracht. Die hier nur recht grob vorgenommene Teilung nach der Dauer der Nutzung in langfristig bzw. kurzfristig einsetzbare Güter trägt dem Umstand Rechnung, dass verschiedene Einsatzmittel bei der Verwendung untergehen (z. B. Werkstoffe), während andere dem Nutzer über einen längeren Zeitraum hinweg zur Verfügung stehen (z. B. Maschinen). Durch die gleichzeitige Heranziehung dieser beiden Kriterien entstehen **vier Gruppen von Handelsunternehmungen:**

(1) Investitionsgüterhandlungen
Sie beschäftigen sich mit dauerhaft in produktiven Prozessen eingesetzten Gütern, welche normalerweise höherwertig und häufig auch erklärungsbedürftig sind. Den Abnehmerkreis bilden überwiegend gewerbliche Institutionen. Definitionsgemäß kann es im Investitionsgüterhandel keine Einzelhandlungen geben, da Letztverwender/Endverbraucher nicht zum produktiven Bereich zählen.

(2) Produktionswarenhandlungen
Ihre Handelsobjekte stellen all jene Güter dar, die in produktiven Prozessen durch Be- bzw. Verarbeitungsvorgänge in neue Erzeugnisse eingehen (Werkstoffe, Hilfsstoffe etc.) oder zur Aufrechterhaltung von Produktionsvorgängen erforderlich sind, ohne dabei als Bestandteile des entstehenden Produkts erhalten zu bleiben (Treibstoff, Energie etc.). Aus denselben Gründen wie beim Investitionsgüterhandel kann es auch hier Einzelhandlungen nicht geben.

(3) Gebrauchsgüterhandlungen
Sie treten in Abhängigkeit von der Abnehmerstruktur als Groß- oder als Einzelhandlungen auf. Sie distribuieren Güter, welche dem Endverbraucher zugeführt werden, dabei aber langlebigen Charakter besitzen (Elektroherd, Fernsehgerät etc.).

(4) Verbrauchsgüterhandlungen
Wie die Gebrauchsgüterhandlungen sind sie sowohl in Form von Groß- als auch von Einzelhandlungen anzutreffen; Handelsobjekte sind Güter, welche bei der Nutzung und durch diese verbraucht werden (Seife, Lebensmittel etc.).

Insbesondere wegen der äußerst verschiedenartigen Waren- sowie Abnehmermerkmale besitzt die Zugehörigkeit eines Handelsbetriebes zu einer der vier oben geschilderten Klassen erhebliche Bedeutung für die Ausgestaltung der Handelspolitik. Hierauf wird im Rahmen der Behandlung des Handelsmarketing detaillierter einzugehen sein.

Eine über die obige Einteilung hinausgehende tiefere warenbezogene Untergliederung der Handelsbetriebe wird durch den Begriff der **Branche** ermöglicht. Hierunter versteht man im Handel die Zusammenfassung von Absatzobjekten nach bestimmten Kriterien wie Warenherkunft, Bedarfsorientierung der Ware etc. (*Westermann*). Beispiele für Branchen sind im Investitionsgüterhandel etwa Werkzeugmaschinen oder Büroeinrichtungen, im Produktionswarenhandel z. B. Holz und Stahl, im Gebrauchsgüterhandel Elektrogeräte und Textilien und im Verbrauchsgüterhandel Kosmetika und Nahrungsmittel.

Eine vollständige Klassifikation der Handelsbetriebe nach Branchen ist nicht zweckmäßig, da erstens in vielen Fällen Handelsunternehmungen branchenübergreifende Sortimente führen und damit verschiedenen Klassen gleichzeitig zuzuordnen wären und zweitens Branchen im Zeitablauf starken Wandlungen unterworfen sind.

Auf ein **Abgrenzungsproblem** muss an dieser Stelle aufmerksam gemacht werden: Verschiedene Waren sind nicht eindeutig als Produktiv- bzw. Konsumtivgüter zu klassifizieren, da sie in beiden Bereichen einsetzbar sind. Ein Beispiel aus dem Bereich der langlebigen Güter ist der Personalcomputer, welcher bei Nutzung in einem Betrieb ein Investitionsgut und bei Verwendung in einem Privathaushalt ein Gebrauchsgut darstellt. Exemplarisch für den Sektor der kurzlebigen Güter ist etwa Nähgarn zu nennen, welches in einem Textilbetrieb als Hilfsstoff und damit als Produktivgut zu betrachten ist, während es bei Einsatz in einem privaten Haushalt eindeutig als Verbrauchsgut zu bezeichnen ist.

Daraus folgt in der Praxis häufig, dass Handelsbetriebe sowohl gewerbliche Abnehmer, z. B. Industriebetriebe, als auch private Kunden bedienen. Wesentlich ist dabei, dass im Rahmen der Gestaltung der Handelspolitik auf die jeweils unterschiedlichen Kundenanforderungen ausreichend geachtet wird.

Aufgabe 1 > Seite 499

III. Position des Handels

Diesem Werk ist ein stets auf aktuellem Stand befindlicher elektronischer Anhang beigegeben, welcher die wesentlichen Zahlen zum Großhandel und zum Einzelhandel in Deutschland beinhaltet. Aus diesem Grund werden an dieser Stelle lediglich die entscheidenden Basisdaten über den deutschen Handel in zwei Tabellen wiedergegeben, aus welchen sich die Größenordnungen dieser Wirtschaftszweige erkennen lassen.

Basisdaten zum deutschen Großhandel:

Großhandel		**2011**
Unternehmen (Anzahl)		149.285
Arbeitsstätten (Anzahl)		186.465
Umsatz (Mrd. €)		1.133.516
Beschäftigte (Anzahl)	Vollzeit	1.524.075
	Teilzeit	442.031
	Gesamt	1.966.106

Quelle: Statistisches Bundesamt

Der deutsche Großhandel realisierte im Jahr 2011 mit rund 149.000 Unternehmen einen Umsatz von mehr als 1,1 Bio. €. Die Zahl der Beschäftigten betrug knapp 2 Mio., von denen der größte Teil in Vollzeit arbeitete (über 1,5 Mio.). Aus der Anzahl der Arbeitsstätten (rund 186.000) wird deutlich, dass es sich bei den meisten Großhandlungen um Einbetriebsunternehmen handelt.

Basisdaten zum deutschen Einzelhandel:

Einzelhandel		**2011**
Unternehmen (Anzahl)		331.297
Arbeitsstätten (Anzahl)		490.054
Umsatz (Mrd. €)		503.792
Beschäftigte (Anzahl)	Vollzeit	1.619.751
	Teilzeit	1.892.781
	Gesamt	3.512.532

Quelle: Statistisches Bundesamt

Im deutschen Einzelhandel wurde 2011 von ca. 331.000 Unternehmen ein Umsatz in Höhe von knapp 504 Mrd. € erwirtschaftet. Diese Leistung erbrachten rund 3,5 Mio. Beschäftigte, von denen knapp 1,9 Mio. in Teilzeit arbeiteten. Im Gegensatz zum Großhandel ist der Einzelhandel stärker filialisiert, was sich in der Zahl der Arbeitsstätten (rund 490.000) niederschlägt.

Insgesamt stellt somit der Wirtschaftssektor Handel mit 480.000 Unternehmen, 676.000 Arbeitsstätten und ca. 5,5 Mio. Beschäftigten einen bedeutenden Bereich innerhalb der gesamten deutschen Wirtschaft dar. Das vorliegende Werk widmet sich der Aufgabe, diesen Sektor mit wissenschaftlichen Methoden zu untersuchen.

IV. Entwicklung einer Grundkonzeption der Handelsbetriebslehre

Die diesem Einführungswerk zur Handelsbetriebslehre zu Grunde liegende gedankliche Konzeption hat folgendes Aussehen:

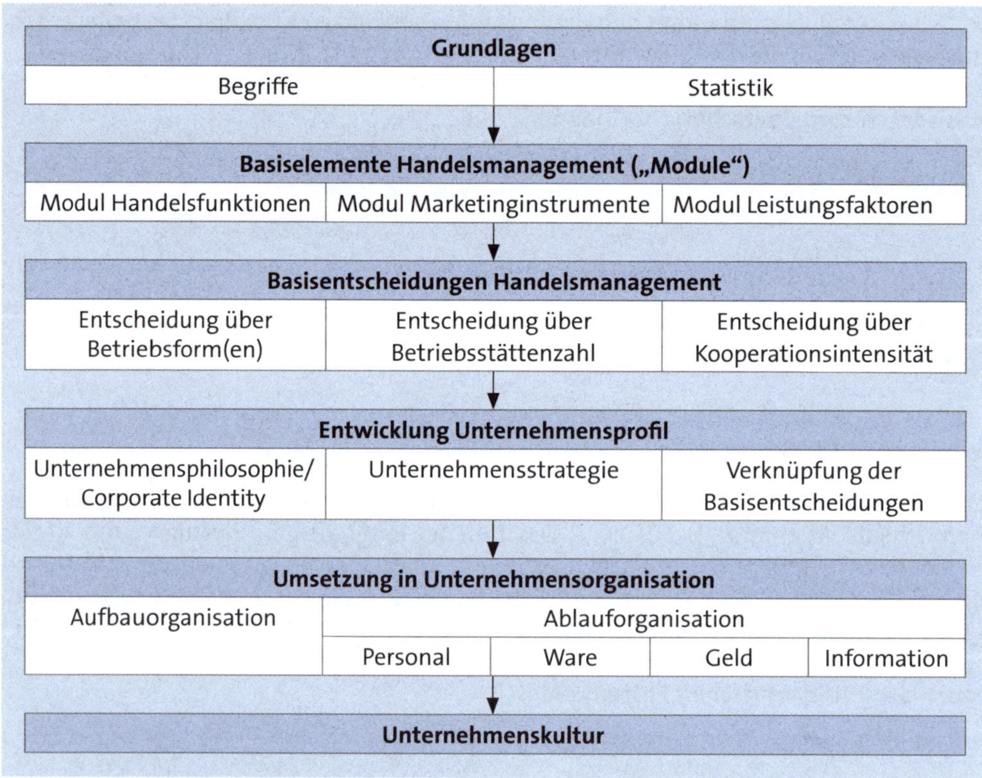

Abb. 9: Aufbaudiagramm Handelsbetriebslehre

Reduziert auf den wesentlichen Kern lassen sich die obigen Gedankengänge wie folgt zusammenfassen: Das vorliegende Einführungswerk in die Handelsbetriebslehre hat die Aufgaben:

(1) die zur Verfügung stehenden Basiselemente – das „Spielmaterial" – des Handelsmanagement darzustellen

(2) die Grundsatzentscheidungen zu erläutern, innerhalb derer die Auswahl der profilbildenden Module sich vollzieht

(3) die Kombination der Grundentscheidungen mit dem Ergebnis des Gesamtleistungsprofils eines Unternehmens auf der Basis seiner Philosophie aufzuzeigen

(4) Wege zur Umsetzung des Leistungsprofils in sinnvolle Organisationsstrukturen zu demonstrieren

(5) den Zusammenhang zwischen Unternehmenskultur und Handelsmanagement zu analysieren.

	Lösung
1. Welche Grundaufgaben fallen dem Handel in arbeitsteiligen Volkswirtschaften zu?	S. 21 f.
2. Was ist der Unterschied zwischen den Begriffen des funktionellen und des institutionellen Handels?	S. 22 f.
3. Ist der Verkauf von Antiquitäten auf Flohmärkten durch Privatpersonen als Handel im institutionellen Sinne zu betrachten?	S. 23
4. Definieren Sie Binnen- und Außenhandel!	S. 23 f.
5. Erklären Sie die wesentlichen Unterschiede zwischen Binnen- und Außenhandel!	S. 23 f.
6. „Der Handelsbetrieb ist ein Sachleistungsbetrieb, weil er mit Waren, also Sachleistungen, umgeht." Stimmen Sie dieser Aussage zu? Begründen Sie Ihre Meinung!	S. 24
7. Inwiefern erbringt der Handel eine produktive Leistung für die Volkswirtschaft?	S. 24
8. Auf welchen vier Ebenen vollzieht sich das Unternehmensgeschehen?	S. 25
9. Worin besteht der Grundkonflikt handelsbetrieblicher Tätigkeit?	S. 26
10. Welche Abnehmergruppen von Handelsunternehmungen gibt es?	S. 26 f.
11. Wie lassen sich die Begriffe „Großhandel" und „Einzelhandel" definieren?	S. 26 f.
12. Worin besteht der Unterschied zwischen Endverbrauchern und Endgebrauchern?	S. 27
13. Zählen die Großverbraucher zu den Groß- oder zu den Einzelhandelskunden?	S. 27
14. Aus welchen Gründen ist es sinnvoll, zwischen Großhandels- und Einzelhandelstätigkeit zu unterscheiden?	S. 27
15. „Der Großhandel kann nur zwischen Herstellern und Einzelhandlungen eingeschaltet sein." Trifft diese Aussage zu?	S. 27
16. Welche Aufgabe fällt dem kollektierenden, welche dem verteilenden Handel zu?	S. 27 f.
17. Was versteht man unter einer Handelskette?	S. 28
18. Welche Klassen von Handelsbetrieben lassen sich nach dem Kriterium der Größe des Absatzgebietes unterscheiden?	S. 28 f.
19. Welche der folgenden Güter werden vom institutionellen Handel distribuiert? ► Freie Güter ► Finanzanlagen ► Materielle, knappe Güter ► Immaterielle Güter	S. 30

		Lösung
20.	Differenzieren Sie die Handelsbetriebe nach den distribuierten Warenkategorien!	S. 30 f.
21.	Womit beschäftigen sich Investitionsgüterhandlungen?	S. 31
22.	Welche Gründe erschweren die Klassifikation der Handelsbetriebe nach Branchen?	S. 32
23.	Charakterisieren Sie die heutige Situation des Großhandels in der Bundesrepublik Deutschland hinsichtlich folgender Bewertungskriterien: ► Umsätze (insgesamt und nach Branchen) ► Beschäftigtenzahlen ► Anzahl Unternehmungen.	S. 33
24.	Charakterisieren Sie die Situation des Einzelhandels in der Bundesrepublik Deutschland auf dieselbe Weise!	S. 33
25.	Versuchen Sie den Aufbau der Handelsbetriebslehre, welcher diesem Einführungswerk zu Grunde gelegt ist, mit eigenen Worten nachzuvollziehen!	S. 34

B. Basiselemente

Der folgende zweite Teil dieses Werkes ist nach den Basiselementen der Handelstätigkeit gegliedert. Diese sind der folgenden Abbildung zu entnehmen.

Abb. 10: Basiselemente der Handelstätigkeit

Die Ausführungen im zweiten Teil des Werkes sollen folgende **drei Zielsetzungen** erfüllen:

- Der Begriff der Handelsfunktion soll erläutert und die volkswirtschaftliche und betriebswirtschaftliche Bedeutung der Handelsfunktionen soll analysiert werden. Darauf aufbauend soll ein Überblick über die einzelnen informations- sowie aktionsorientierten Handelsfunktionen gegeben werden.
- Der Begriff des Marketinginstrumentariums soll geklärt werden. Anschließend sollen die Bestandteile des Absatzmarketing untersucht werden. Außerdem soll der Zusammenhang zwischen Absatz- und Beschaffungsmarketing verdeutlicht werden.
- Es soll geklärt werden, welche Besonderheiten die handelsbetriebliche Leistungserstellung kennzeichnen. In der Folge sollen die einzelnen Leistungsfaktoren dargestellt werden.

I. Handelsfunktionen

1. Begriff

Die Auseinandersetzung mit Begriff und Inhalt der Handelsfunktion hat eine lange Tradition. Sie lässt sich zum Beginn dieses Jahrhunderts zurückverfolgen. *Schär* (bereits *1911*), später dann *Oberparleiter, Hellauer* und *Redlich*, haben die Handelsfunktionen als die in der Welt- bzw. Volkswirtschaft vorliegenden Grundaufgaben der Verbindungsherstellung zwischen den produzierenden und konsumierenden Wirtschaftseinheiten bezeichnet. Handel wird dabei in seiner weiteren Begriffsfassung, also als Handel im funktionellen Sinne, verstanden. Am klarsten ist nach *Seyffert* die Erfüllung der Handelsfunktionen jedoch beim institutionellen Handel, von ihm als Kaufmannshandel bezeichnet, zu erkennen.

Die Wahrnehmung dieser Grundaufgabe soll im Endeffekt der Befriedigung menschlicher Bedürfnisse dienen. Diese schon früh formulierte Erkenntnis (*Nicklisch, 1922*) muss damals wie heute als oberste Leitlinie für die Tätigkeit von Handelsunternehmungen gelten.

2. Volkswirtschaftliche und betriebswirtschaftliche Bedeutung

Die **Handelsfunktionen** lassen sich aus einer gesamtwirtschaftlichen Sichtweise heraus ableiten: Als Ergebnis langandauernder wissenschaftlicher Diskussionen kristallisierte sich heraus, dass es in arbeitsteiligen Wirtschaften bestimmte Aufgaben gibt, welche zur Erhaltung ihrer Funktionsfähigkeit objektiv erfüllt werden müssen. Dazu zählen Funktionen wie Überbrückung von Raum (durch Transport) und Zeit (z. B. durch Lagerung), Zerlegung produktionsgerechter Großmengen in abnehmergerechte Kleinmengen, Preisbildung mit Preisausgleich zwischen Angebots- und Nachfrageseite, Markterschließung, etc. Bei Wahrnehmung dieser Aufgaben wird also offensichtlich eine für die Volkswirtschaft produktive Leistung erbracht.

Die Notwendigkeit der Erfüllung dieser Funktionen bedeutet jedoch noch nicht automatisch eine Existenzberechtigung des institutionellen Handels; er kann diese nur daraus ableiten, dass es ihm gelingt, auf dem Wege der Spezialisierung die Handelsaufgaben besser, kostengünstiger oder schneller wahrzunehmen, als dies den erzeugenden und konsumierenden Wirtschaftseinheiten selbst möglich wäre.

Der **Zwang zur Wirtschaftlichkeit der Leistungserstellung** hat in hochentwickelten, wettbewerbsorientierten Marktwirtschaften dazu geführt, dass Handelsaufgaben heute grundsätzlich nur noch von hierauf spezialisierten Wirtschaftseinheiten wahrgenommen werden. Dies bedeutet selbstverständlich nicht, dass alle diese spezialisierten Betriebe dem Wirtschaftszweig Handel im institutionellen Sinne zuzurechnen wären. Vielmehr haben sich zahlreiche Industrieunternehmungen innerhalb der eigenen Organisation leistungsfähige Bereiche zur Abwicklung von Handelsfunktionen aufgebaut. Die Feststellung der spezialisierten Handelsleistungserstellung bezieht sich also lediglich auf den Umstand, dass es in Nichthandelsbereichen tätigen Unternehmungen kaum noch möglich ist, gewissermaßen nebenbei auch Handelsaufgaben wahrzunehmen.

Ausnahmen von dieser allgemein gültigen Regel bestehen dort, wo Unternehmungen in Verkäufermärkten tätig sind. Gelingt es einem Industrieunternehmen, auf technologische, rechtliche oder sonstige Weise eine Alleinstellung am Markt zu erreichen, wird sich die Handelsaufgabe auf den technisch/logistischen Bereich der Absatzentwicklung beschränken können. In solchen Fällen ist Markterfolg auch ohne hochspezialisiertes Handels-Knowhow zu erreichen.

Ganz anders stellen sich die **Handelsfunktionen in betriebswirtschaftlicher Sichtweise** dar. In einzelbetrieblicher Betrachtung sind sie als Auswahlalternativen zu sehen, aus welchen sich das Handelsmanagement ein marktfähiges Funktionenbündel zusammenstellen kann. Dies macht deutlich, dass von einem Handelsunternehmen durchaus nicht alle Funktionen und die ausgewählten nicht in gleicher Intensität erfüllt werden müssen. Die Bestimmung der wahrzunehmenden Handelsaufgaben hat sich vielmehr nach den objektiven Erfordernissen zu richten, welche sich aus der Art der Handelskette und aus den Eigenschaften der Handelsware ergeben. So wird etwa das Funktionenbündel für komplexe Investitionsgüter eine völlig andere Struktur als jenes für kaum erklärungsbedürftige Konsumgüter aufweisen. Die Hauptschwierigkeit für das Handelsmanagement bei der Funktionenauswahl liegt darin, nach Analyse der markt- und warenbezogenen Determinanten zu entscheiden, welche potenziell erbringbar und welche von den Marktpartnern nicht nachgefragt oder zumindest nicht vergütet werden, da ihre Ausübung als verzichtbar angesehen wird.

Beim Versuch, aus zu erfüllenden Handelsfunktionen **operationale Tätigkeitsstrukturen** abzuleiten, wird ein Handelsunternehmen schnell die Grenzen der funktionalen Betrachtungsweise erkennen. So führt beispielsweise die Entscheidung zur Erfüllung der Funktion der Raumüberbrückung unmittelbar zu Festlegungen im Bereich des Marketinginstruments der Distributionspolitik. Sofern die Wahrnehmung von Preisausgleichsfunktionen sinnvoll scheint, wird sie sich in preispolitischen Entscheidungen niederschlagen.

Generell lassen diese Feststellungen den Schluss zu, dass das von einem Handelsbetrieb ausgewählte Funktionenbündel bei einzelwirtschaftlicher Sichtweise zur Festlegung einer bestimmten Ausprägung des Marketinginstrumentariums führen wird. Dieses weist also einen analogen Aufbau auf wie ein volkswirtschaftlich sinnvolles, also marktfähiges Funktionenbündel.

Durch diese Betrachtungsweise wird der innere Zusammenhang zwischen **Funktionenwahl** und **Marketingpolitik** sichtbar. Fehler in der Ableitung des Handelsmarketing aus den volkswirtschaftlich sinnvollen Funktionenbündeln führen zu einzelbetrieblichem Misserfolg. Derartige Fehler zu vermeiden, gehört zu den Hauptaufgaben des Management von Handelsunternehmungen.

3. Überblick über Handelsfunktionen

Bei der folgenden Behandlung der Handelsfunktionen wird auf eine Diskussion der verschiedenen in der Literatur vorzufindenden Systematiken verzichtet. Eine derartige Analyse ist nur von geringer praktischer Relevanz. Bei tiefergehendem Interesse wird auf die einschlägige Literatur (z. B. *Seyffert, Tietz, Falk/Wolf u. a.)* verwiesen. Es wird vielmehr eine Systematik zur Anwendung gebracht, welche der in zahlreichen Handelsbetrieben vorliegenden Aufgabenverteilung entspricht.

3.1 Informationsorientierte Handelsfunktionen

Generell sind unter informationsorientierten Handelsfunktionen jene Aufgaben zu verstehen, welche der Schaffung einer Informationsbasis zur Entscheidungsvorbereitung dienen. Klar davon zu trennen sind solche Funktionen, welche sich mit der kundengerechten Information über das Leistungsangebot der Handelsunternehmung befassen. Diese betreffen, da aktionsbegleitend und -unterstützend, den handlungsorientierten Zweig der Unternehmungspolitik.

Als Grundeigenschaft der Handelsfunktionen war abgeleitet worden, dass es sich bei ihnen um volkswirtschaftlich erforderliche Distributionsaufgaben zu handeln habe. Bei den informationsbezogenen Aufgaben muss es sich also offenbar um solche Informationsbeschaffungstätigkeiten handeln, welche auch ohne das Bestehen institutioneller Handelsunternehmungen erfüllt werden müssten. Als die beiden wichtigsten informationsbezogenen Handelsfunktionen sind zu nennen:

- **Beschaffungsmarktforschung**
- **Absatzmarktforschung.**

Unter Marktforschung wird die Gewinnung zweckorientierten Wissens (*Wittmann*) unter Anwendung einer wissenschaftlichen Methodik verstanden. Sie kann in Form der zeitpunktbezogenen Analyse oder der zeitraumbezogenen Beobachtung durchgeführt werden.

Die **Beschaffungsmarktforschung** ist insofern volkswirtschaftlich nützlich, als ohne die Gewinnung ausreichender Informationen über die relevanten Gegebenheiten auf den Beschaffungsmärkten (mögliche Lieferanten, verfügbares Sach- und Dienstleistungsangebot, Güterpreise, Beschaffungswege etc.) eine wirtschaftliche Durchführung von Beschaffungstätigkeiten nicht möglich wäre. Diese Feststellung gilt zweifelsfrei für die Warenbeschaffung; fraglich kann allenfalls sein, ob die Gewinnung von Informationen für die Beschaffung der übrigen handelsbetrieblichen Leistungsfaktoren (Personal, Raum, sachliche Betriebsmittel und Kapital) ebenfalls unter die volkswirtschaftlich nützlichen Aufgaben gerechnet werden kann.

Als Nutznießer der Beschaffungsmarktforschung kommen alle Institutionen und Personen in Betracht, welche irgendeine Form von Beschaffungstätigkeit ausüben. Dies gilt für alle planungsautonomen Betriebe, für alle beschaffenden staatlichen Institutionen, insbesondere aber für die breite Masse der Endverbraucher bzw. -verwender. Gerade für sie, jedoch auch für die große Zahl mittlerer und kleinerer Unternehmungen wäre eine umfangreiche Informationsbeschaffung zur sinnvollen Beschaffung aller benötigten Sachgüter und Dienste überhaupt nicht oder jedenfalls nicht wirtschaftlich durchführbar.

Beispiel

Ein Beispiel soll die Bedeutung dieser Handelsfunktion verdeutlichen: Man stelle sich etwa vor, die weibliche Bevölkerung der Bundesrepublik Deutschland müsste sich auf eigene Faust alle erforderlichen Informationen über die Anbieter von Damenbekleidung, ihre Produktionsprogramme, Preise, Lieferbedingungen etc. selbstständig beschaffen. Es lässt sich leicht ausmalen, dass der Erwerb eines Kleidungsstücks wie z. B. eines Mantels je nach Wohnort und Mobilität einer Konsumentin zum schwierigen, wenn nicht gar unlösbaren Problem werden könnte.

Im Gegensatz zur Beschaffungsmarktforschung profitieren von der **Absatzmarktforschung** nur die Produzenten von Wirtschaftsgütern. Im Regelfall werden es Industriebetriebe sein, welche Nutzen aus diesem Zweig der Handelsmarktforschung ziehen können. Lediglich in Ausnahmefällen ist daran zu denken, dass auch staatliche Einrichtungen oder Endverwender zum Abstoß gebrauchter Wirtschaftsgüter auf die entsprechenden Marktforschungsresultate von Handelsunternehmungen zurückgreifen können. Die Inhalte der Absatzmarktforschung entsprechen in formaler Hinsicht jenen der Beschaffungsmarktforschung: Es sind Informationen zu gewinnen über Nachfragevolumen und -struktur, über die zeitliche Entwicklung der Nachfrage, über mögliche Absatzwege etc. Je unüberschaubarer die Absatzverhältnisse in qualitativer, quantitativer und zeitlicher Hinsicht sich gestalten, umso bedeutsamer wird die Absatzmarktforschung als Handelsfunktion.

Für beide informationsbezogenen Handelsaufgaben ist zu ergänzen, dass sie sich aus den Schritten der **Informationssammlung, -auswertung** und **-speicherung** zusammensetzen. Die Auswertung erhobener Daten beinhaltet ihre Beschreibung und Darstellung, den Versuch ihrer Interpretation sowie die Ableitung zukunftsgerichteter Prognosen aus der Datenbasis.

3.2 Aktionsorientierte Handelsfunktionen

Der Sammelbegriff der aktionsorientierten Handelsfunktionen steht für alle Handelsaktivitäten, welche auf der Basis der bei Wahrnehmung der informationsbezogenen Handelsfunktionen erarbeiteten Informationsgrundlage beschaffungs- oder absatzseitig wahrgenommen werden können. Die folgende Tabelle gibt einen Überblick über die wesentlichen aktionsorientierten Handelsfunktionen:

Funktionsgruppe	Einzelfunktion	Wesentliche Teilaufgaben
(1) Reine Warenfunktionen	► Mengenumgruppierung	- Sammlung - Verteilung
	► Sortimentsbildung	- Breitenfunktion (Bedarfsbündelung) - Tiefenfunktion (Einzelartikelauswahl)
	► Warenmanipulation	- Sortierung/Mischung - Sonstige Bedarfsanpassung
(2) Überbrückungsfunktionen im engeren Sinne	► Raumüberbrückungsfunktion	- Schaffung logistischer Infrastrukturen (Standorterschließung) - Transportdurchführung

Funktionsgruppe	Einzelfunktion	Wesentliche Teilaufgaben
	► Zeitüberbrückungsfunktion	- Vordisposition - Lagerung - Umsatzkreditierung
(3) Funktionen der Umsatzorganisation	► Preisbildungsfunktion	- Berücksichtigung von Anbieterinteressen - Berücksichtigung von Nachfragerinteressen
	► Leistungssicherungsfunktion	- Qualitätssicherung - Konditionensicherung - Anwendungsunterstützung
	► Umsatzdurchführungsfunktion	- Kfm. Umsatzabwicklung - Rechtliche Umsatzabwicklung - Inkassotätigkeit
(4) Kommunikationsfunktionen	► Beeinflussungsfunktion	- Bedarfsweckung - Kaufstimulation
	► Allg. Informationsfunktion	- Lieferanteninformation - Kundeninformation
(5) Sozialfunktionen	► Freizeitfunktion	- Schaffung von Erlebniswelten
	► Sozialkontaktfunktion	- Schaffung persönlicher Kontaktmöglichkeiten

3.2.1 Reine Warenfunktionen

Die **Mengenumgruppierung** als erstgenannte Warenfunktion beinhaltet die Zusammenfassung von Kleinmengen, die etwa im landwirtschaftlichen oder Recycling-Bereich, zu weiterverarbeitungsgeeigneteten Großmengen (**Sammlung**) sowie die Zerlegung produktionsbedingter Großmengen in abnehmergerechete Kleinmengen (**Verteilung**).

Unter **Sortimentsbildung** ist zum einen die meist nach **Bedarfsaspekten** erfolgende Bestimmung der **Sortimentsbreite** eines Handelsunternehmens, zum anderen die zur **Sortimentstiefe** führende **Auswahl der Artikel** je Bedarfssegment zu verstehen. Das gestaltete Sortiment bedarf einer permanenten Aktualisierung, welche Produktvariationen und -innovationen auf der Erzeugerseite wiederspiegelt.

Die **Warenmanipulation** umfasst alle Veränderungen der Ware, welche deren Verwendungsreife erhöhen, ohne sie substanziell umzugestalten. Im Einzelnen sind dies z. B. Vorgänge des **Sortierens** oder **Mischens**, beispielsweise im landwirtschaftlichen Bereich bei nach Handelsklassen zu sortierenden Agrarerzeugnissen oder bei anwendungsgerecht zu mischenden Futtermitteln. Weiter gehören dazu kleinere **bedarfsan-**

passende Warenbearbeitungen (Anarbeitung im Stahlhandel, Nähen fensterfertiger Vorhänge, Verkürzung einer Hose im Herrenbekleidungsbereich etc.).

3.2.2 Überbrückungsfunktionen im engeren Sinne

Die **Raumüberbrückungsfunktion** ist zum einen langfristig zu sehen: Es ist eine **logistische Infrastruktur** zu entwickeln, ohne welche die räumlichen Spannungen zwischen dem Ort der Erzeugung eines Wirtschaftsgutes und dem Ort seiner Konsumtion auf lange Sicht nicht zu überbrücken sind. Als Beispiele sind die Eröffnung von Zweitlagern oder **Standorterschließungsmaßnahmen** im Einzelhandel zu nennen. Kurzfristig gesehen bedeutet Raumüberbrückung das Wahrnehmen von **Transportaufgaben**.

Die **Zeitüberbrückungsfunktion**, also der Ausgleich der zeitlichen Differenz zwischen Produktion und Verbrauch bzw. Nutzung, kann auf dreierlei Weise erfüllt werden; zum ersten besteht die Möglichkeit der **Vordisposition**, bei welcher der Handel Bestellungen der Kunden entgegen nimmt und diese an den oder die Hersteller weiterleitet. Zum zweiten kann der Handel die Produktionsergebnisse der Herstellerseite **lagern** und auf diese Weise die Zeit bis zum Zeitpunkt des Kaufes durch den Kunden überbrücken. Beide Möglichkeiten führen im Endeffekt zum selben Ergebnis, dass nämlich eine kontinuierliche Produktion auch bei diskontinuierlicher Abnahme durch die Nachfrager möglich ist und eine gewisse Reduktion des Produktionsrisikos eintritt.

Zum dritten kann mit der **Umsatzkreditierung** die zeitliche Divergenz zwischen Produktion und Konsumtion insofern beseitigt werden, als bei zu einem bestimmten Zeitpunkt fehlender Fähigkeit oder – durch anders gesetzte Prioritäten – Bereitwilligkeit von Kunden, für ein Wirtschaftsgut liquide Mittel aufzuwenden, durch Kreditierungsmaßnahmen unter Umständen dennoch ein Verkaufsabschluss herbeigeführt werden kann. Umgekehrt besteht die Möglichkeit, Liquiditätsengpässe bei Herstellern durch entsprechende Kreditierungsmaßnahmen zu beseitigen, um ihnen auf diese Weise die Möglichkeit der Produktion bestimmter Wirtschaftsgüter zu eröffnen. Ein besonders augenfälliges Beispiel hierfür bildet die sich über längere Zeiträume hin erstreckende Projektabwicklung z. B. für Fertiganlagen, welche in Entwicklungsländern erstellt werden sollen; hier kann es in bestimmten Fällen eine unabdingbare Voraussetzung für das Zustandekommen des Geschäfts sein, dass das als Generalunternehmer tätige Handelsunternehmen durch Kreditvergabe an mittelständische Produzenten ohne entsprechende finanzielle Kapazitäten diesen erst die Projektteilnahme ermöglicht.

3.2.3 Funktionen der Umsatzorganisation

Die **Preisbildungsfunktion** beschäftigt sich mit der **Interessenwahrung** sowohl der **Anbieter-** als auch der **Nachfragerseite**. Preise ergeben sich durch das Zusammentreffen von Angebot und Nachfrage, wie es in institutionellen Handelsunternehmungen die Regel ist. Der beim Handelsvorgang zu findende Preis muss einerseits gewährleisten, dass ein Hersteller bei wirtschaftlicher Produktionsweise durch den Handelsabgabepreis die eigenen Kosten decken und einen gewissen Gewinnzuschlag erzielen kann, andererseits muss er sicherstellen, dass der abzuleitende Verkaufspreis für den Kunden diesem die Fähigkeit zur Wahrnehmung einer Kaufabsicht belässt.

Eine wesentliche Aufgabe im Rahmen der **Leistungssicherungsfunktion** stellt die Prüfung eingehender Ware auf **Einhaltung marktüblicher Qualitätsanforderungen** dar. Beispiele dafür sind Funktionsprüfungen von Elektrogeräten oder Labortests von Nahrungsmitteln. Bei Qualitätsmängeln sind darüber hinaus die dem Kunden zustehenden Rechte im Sinne von expliziten oder impliziten **Vertragskonditionen** (z. B. Umtausch, Inanspruchnahme von Garantien) sicherzustellen. Die **Anwendungsunterstützung**, die vor allem bei erklärungsbedürftigen Wirtschaftsgütern von Bedeutung ist, kann insofern als Leistungssicherung verstanden werden, als ohne sie eine (optimale) Nutzung bestimmter gekaufter Artikel nicht möglich ist. Als Beispiele können Tätigkeiten wie die Endmontage einer Maschine in den Räumlichkeiten des Kunden, die Sendereinstellung bei einem in die Wohnung des Endverbrauchers gelieferten Fernsehapparat etc. genannt werden.

Die **Umsatzdurchführungsfunktion** umschließt zunächst die Einzelaufgaben der kaufmännischen Abwicklung des Umsatzaktes einschließlich der faktischen Übergabe einer Ware an den Kunden und der in geeigneter Form standardisierten rechtlichen Verfahrensdurchführung. Die Bedeutung gerade der letztgenannten Funktion wird deutlich, wenn man sich beispielsweise die Vereinfachung vor Augen führt, die durch die standardisierte Form der Umsatzabwicklung in Großobjekten des Einzelhandels eintritt; hier werden unter Umständen für Dutzende von Artikeln innerhalb weniger Sekunden rechtlich bindende Kaufverträge begründet, ohne dass die Kassenkraft mehr zu tun hat, als den einzelnen Artikel z. B. an einem stationären Scanner vorbeizuziehen.

Eine erhebliche abwicklungstechnische Vereinfachung resultiert auch aus der ebenfalls zur Umsatzdurchführung gehörenden **Inkassofunktion** des Handels. Die Hersteller werden dadurch von einer äußerst aufwändigen Verwaltungstätigkeit entlastet, die aufgrund der Spezialisierung des Handels durch diesen wirtschaftlicher durchgeführt werden kann. Gleichzeitig bedeutet das Inkasso des Handels für den Hersteller, dass der Zahlungseingang für von ihm gelieferte Ware sichergestellt ist, selbst wenn einzelne Kunden des Handels ihren Zahlungsverpflichtungen nicht nachkommen sollten.

3.2.4 Kommunikationsfunktionen

Innerhalb der Kommunikationsaufgaben sind die Beeinflussungsfunktion und die eher neutral ausgerichtete Informationsfunktion zu unterscheiden. Zum Teil umstritten, zumindest aus marktwirtschaftlichen Systemen jedoch nicht wegzudenken ist die **Beeinflussungsfunktion**. Darunter ist die wirtschaftserhaltende Aufgabe der **Bedarfsweckung und -erhaltung** hinsichtlich der Produktionsleistungen der erzeugenden Wirtschaft zu verstehen. Diese Funktion setzt sich im Einzelhandel bis hin zur **kaufstimulierenden Form der Warendarbietung** fort; hier sind gewisse Berührungspunkte mit den Funktionen der Sortimentsbildung und Umsatzabwicklung festzustellen.

Im Rahmen der **Allgemeinen Informationsfunktion** obliegt dem Handel die Weitergabe solcher Informationen an die Herstellerseite, welche diese über geäußerte Kundenpräferenzen oder auch über Verbesserungsvorschläge und Mängelrügen unterrichten. Derartige Informationen versetzen die Industrie in die Lage, sich besser auf den Bedarf der Kunden einzustellen. Außerdem kann der Handel seine Lieferanten über Umfang und Struktur der Nachfrage in Kenntnis setzen. Zur Kundenseite hin hat der Handel die Funktion der Versorgung mit **Beschaffungsmarktinformationen**, also über potenzielle Lieferanten für bestimmte Artikel, deren Produktpaletten, Preise, Konditionen usw. Ob solche Informationsübermittlungen schriftlich, mündlich, ob sie indirekt durch Medieneinschaltung oder im persönlichen Kontakt mit dem Kunden erfolgen, ist hierbei ohne Belang.

3.2.5 Sozialfunktionen

Die hier postulierten Sozialfunktionen werden am ehesten geeignet sein, Widerspruch hervorzurufen. Sie sollen zunächst kurz erläutert werden, bevor auf das Für und Wider ihrer Berücksichtigung eingegangen wird. Einmal fällt hierunter die **Freizeitfunktion**. Dem Handel, hier beschränkt auf die Ausprägung als Einzelhandel, kommt die Aufgabe der Bereitstellung eines alternativen Freizeitangebotes zu. Hierzu ist es nötig, dass im Einzelhandel alle Voraussetzungen geschaffen werden, die das Einkaufen tatsächlich zu einem Freizeiterlebnis werden lassen. Zum zweiten ist hier die **Sozialkontaktfunktion** zu erwähnen. Im Falle ihrer Wahrnehmung bietet der Handel Gelegenheiten zur Knüpfung von persönlichen Kontakten zwischen Kunden untereinander sowie zwischen Personal und Kundschaft. Diese Aufgabe ist vor allem im Hinblick auf Bevölkerungskreise von Bedeutung, welche durch reduzierte Chancen für soziale Kontakte gekennzeichnet sind, wie z. B. alleinstehende, ältere Menschen.

Zwei Gründe sprechen für eine Einbeziehung der Sozialfunktionen in den Aufgabenkatalog des Handels: Zum einen besitzt diese Vorgehensweise – sicherlich nicht ohne inhaltlichen Grund – eine lange Tradition; so wird z. B. schon bei *Sundhoff* diese Aufgabe des Handels unter der Bezeichnung „außerökonomische Funktionen" berücksichtigt. Zum anderen zeigen zahlreiche Stimmen in der aktuellen Diskussion über den Rückgang kleiner Einzelhandelsbetriebe („Tante-Emma-Läden"), dass die geringere Intensität in der Wahrnehmung der Sozialfunktionen seitens des Einzelhandels in der Bevölkerung durchaus als Verlust wahrgenommen wird. Aus diesen Argumenten heraus scheint das Postulat einer Sozialfunktion des Handels angebracht.

Die dargestellten informations- und aktionsbezogenen Handelsfunktionen bilden das gesamte volkswirtschaftlich sinnvolle Aktivitätenpaket institutioneller Handelsunternehmungen. Aus ihnen sind durch das Handelsmanagement diejenigen Funktionen auszuwählen und ihrer Ausprägung sowie Intensität nach zu bestimmen, welche in der gegebenen spezifischen Situation eines bestimmten Unternehmens unter Berücksichtigung aller Rahmendaten sinnvoll sind. Bei Formulierung des so ausgewählten Funktionenbündels in operationaler, also handlungsgeeigneter Form kristallisiert sich das unternehmensindividuelle Marketing heraus, das dem zu Grunde liegenden Funktionenbündel entspricht. Marketingpolitische Aktivitäten, welche den Rückbezug auf die Deckung in der Gesamtwirtschaft bestehender Bedürfnisse als Grundfunktion des Handels außer acht lassen, sind von vornherein zum Scheitern verurteilt.

Aufgabe 2 > Seite 499

	Lösung
1. Wie kann man den Begriff der Handelsfunktion definieren?	S. 37 f.
2. Seit wann beschäftigt man sich in der Handelsbetriebslehre mit der Erforschung der Handelsfunktionen?	S. 37
3. Welche Grundaufgabe des Handels lässt sich aus der Diskussion über die Handelsfunktionen ableiten?	S. 38
4. Wodurch entstehen Handelsrisiken?	S. 39
5. Entspringt der Begriff der Handelsfunktion einer betriebswirtschaftlichen oder einer volkswirtschaftlichen Sichtweise?	S. 38 f.
6. Unter welcher Voraussetzung ist eine Existenzberechtigung des institutionellen Handels zu bejahen?	S. 38
7. Charakterisieren Sie die Managementaufgabe der Handelsfunktionenauswahl!	S. 39
8. Wie ist der Zusammenhang zwischen Handelsfunktionen und Handelsmarketing zu sehen?	S. 39
9. Welche beiden Hauptgattungen von Handelsaufgaben lassen sich unterscheiden?	S. 40 ff.
10. Welche wirtschaftlichen Gruppen profitieren von der Beschaffungsmarktforschung des Handels?	S. 40
11. Welche aktionsorientierten Handelsfunktionen lassen sich unterscheiden?	S. 41 f.
12. Charakterisieren Sie die einzelnen aktionsorientierten Handelsfunktionen und versuchen Sie, passende Beispiele je Funktion zu finden!	S. 42 ff.
13. Welche Argumente sprechen für eine Einbeziehung der Sozialfunktionen in den Aufgabenkatalog des Handels?	S. 45

II. Marketinginstrumentarium

1. Begriff und Bestandteile

Unter Marketing wird generell die Ausrichtung der unternehmerischen Aktivitäten am Markt verstanden (*Nieschlag u. a.*). Der Begriff Markt kann sich dabei sowohl auf den Beschaffungs- als auch auf den Absatzmarkt beziehen. Gebräuchlicher ist das absatzmarktbezogene Verständnis von Marketing, jedoch muss es auch bei Beschaffungsaktivitäten als notwendig erachtet werden, dass sich die Unternehmungen an den Marktbedingungen orientieren.

Folgerichtig ist **Handelsmarketing** als die am Beschaffungs- und Absatzmarkt orientierte Denk- und Verhaltensweise institutioneller Handelsunternehmungen zu definieren. Seitens der Industrie wurde bis in die 80er-Jahre hinein – von wenigen Ausnahmefällen abgesehen – der Handel als „Absatzkanal“ betrachtet, das heißt, als möglichst reibungs- und widerstandslos zu benutzender geradliniger Weg von der Herstellung zur Verwendung bzw. zum Verbrauch. Erst die im Laufe der letzten Jahrzehnte stetig wachsenden Unternehmensgrößen im Handel verbunden mit einer allmählichen Durchsetzung strategischer Planungsmethoden haben hier eine grundlegende Veränderung bewirkt. Institutionelle Handelsunternehmungen und Kooperationen moderner Prägung bemühen sich um eigenständiges Profil, um Handlungskonzepte, welche die Spezifika der Handelstätigkeit als einer Kombination von Sachleistungsübermittlung und Dienstleistungsproduktion sowohl gegenüber den Lieferanten als auch gegenüber den Kunden deutlicher herausstellen. Das Ergebnis dieser Anstrengungen besteht in der Ausprägung eines selbstständigen Marketing des institutionellen Handels, eben des Handelsmarketing.

Das Handelsmarketing zerfällt in **zwei** große **Bereiche**:

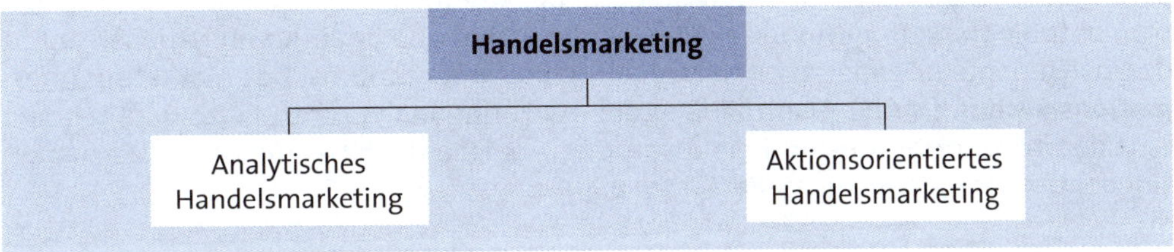

Abb. 11: Teilbereiche des Handelsmarketing

Das **analytische Marketing** verfolgt die Zielsetzung der informationsmäßigen Vorbereitung aller Aktionen des Marketing. Die Basisziele des analytischen Marketing liegen also in der Entscheidungsvorbereitung und damit in der Risikominderung. Unternehmerisches Handeln auf den Märkten, sowohl beschaffungs- wie auch absatzseitig, ist heute im Normalfall nur dann noch erfolgreich, wenn es durch systematische Maßnahmen der Informationssammlung, -aufbereitung und -weitergabe vorbereitet ist. Die **Bestandteile des analytischen Marketing** sind aus der folgenden Übersicht zu erkennen:

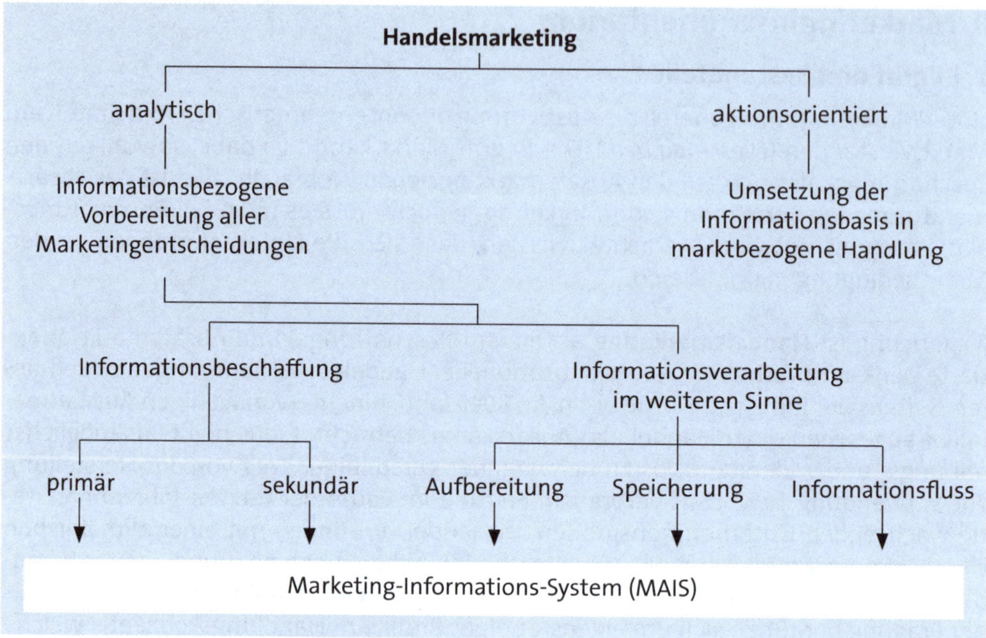

Abb. 12: Arten des analytischen Handelsmarketing

Das analytische Marketinginstrumentarium setzt sich also aus den Einzelinstrumenten der primären und sekundären Informationsbeschaffung, der Informationsaufbereitung, -speicherung sowie des Informationsflusses im Rahmen der Informationsverarbeitung im weiteren Sinne zusammen.

So wie beim aktionsorientierten Marketing das Kombinationsergebnis der Einzelinstrumente als Marketing-Mix bezeichnet wird, existiert analog ein Kombinationsresultat der Instrumente des analytischen Marketinginstrumentariums: Das **Marketing-Informations-System (MAIS)**. Darin fließen die marketinganalytischen Einzelmaßnahmen zu einer integrierten Gesamtheit zusammen, welche die Basis für sinnvolles marketingpolitisches Agieren darstellt (*Nieschlag u. a.*).

Drexel betont in Bezugnahme auf solche Informationssysteme vor allem auch deren Aufgabe der Warnung vor Fehlentwicklungen. Er spricht hier von „strategischen Frühwarnsystemen“, welche eine rechtzeitige Reaktion auf Planabweichungen erlauben. Die erforderlichen Entscheidungen zur Installation derartiger Systeme beschreibt *Drexel* folgendermaßen:

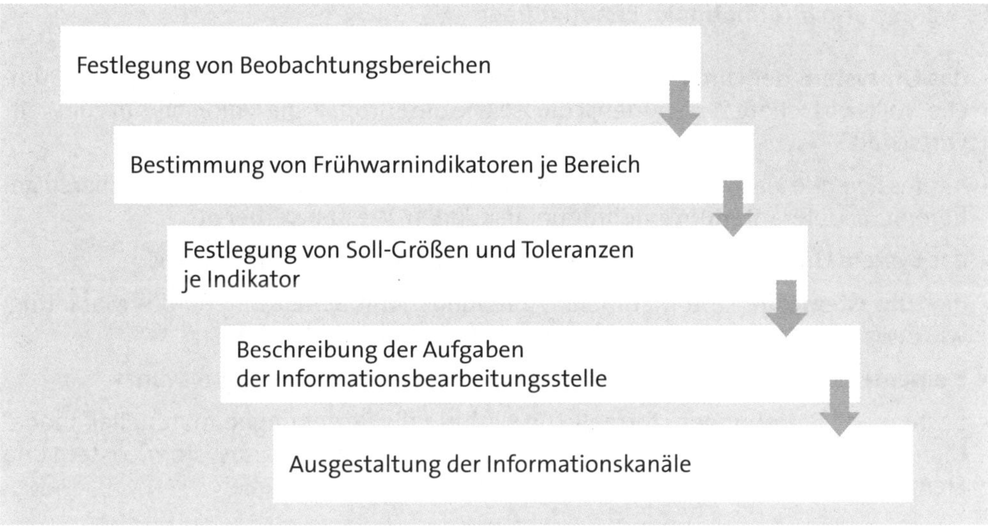

Abb. 13: Entscheidungen bei der Installation von Marketing-Informations-Systemen nach *Drexel*

Durch Einsatz des analytischen Marketinginstrumentariums ist eine Fülle entscheidungsrelevanter Informationen zu sammeln, welche im Folgenden systematisiert werden sollen. Die für Marketingentscheidungen benötigten Informationen lassen sich aus dem folgenden Schaubild erkennen:

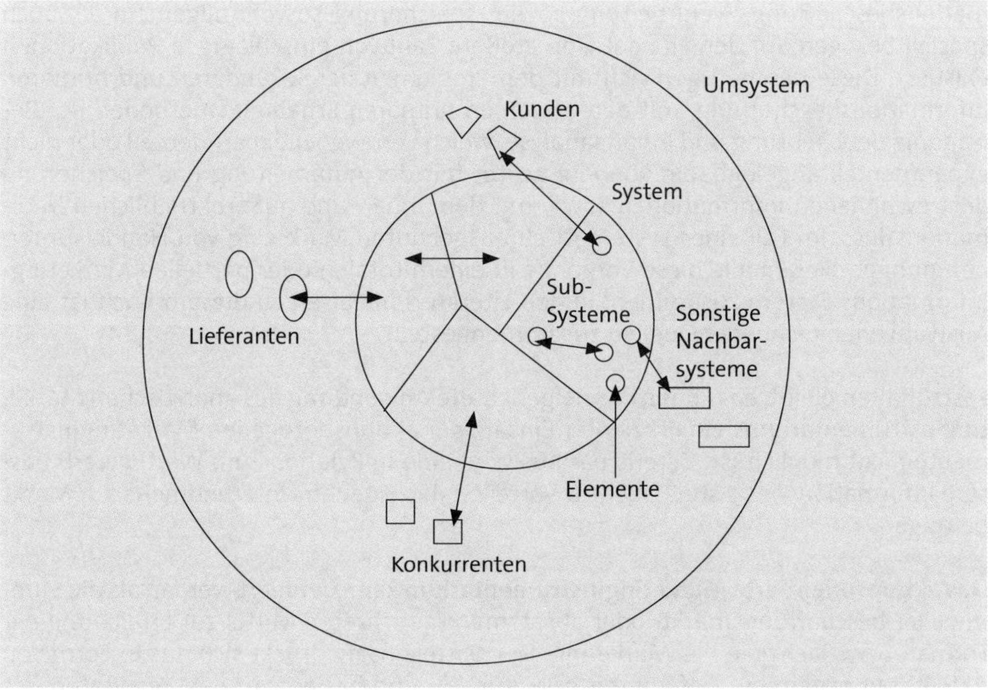

Abb. 14: Systemdarstellung zur Ableitung der für Marketingentscheidungen benötigten Informationen

Es werden also **Informationen** benötigt über:

- das **Umsystem** der Unternehmung im Allgemeinen sowie im Besonderen die Branche, Volkswirtschaft, Zusammenschlüsse wie die Europäische Union bis hin zur Weltwirtschaft
- interessierende **Nachbarsysteme**, welche im Umsystem vorzufinden sind; hierzu gehören z. B. Lieferantenunternehmungen, Kunden, Wettbewerber etc.
- das **System** Unternehmung: Aufbau und Potenziale des Unternehmens
- die **Subsysteme** des Unternehmens: Abteilungen mit Bedeutung für das Marketing, wie etwa Marktforschung, Forschung und Entwicklung, Vertrieb etc.
- **Elemente** des Unternehmens, z. B. Einzelpersonen mit Marketingrelevanz
- bestehende **Beziehungen**: formelle und informelle Beziehungen materieller, monetärer, kommunikativer und sozialer Art zwischen System und Umsystem, System und Fremdsystemen, zwischen Subsystemen, zwischen Elementen etc.

Aus obiger Zusammenstellung der Informationskategorien wird deutlich, dass im Rahmen der Informationsbeschaffung für Marketingzwecke sowohl im Betrieb vorzufindende als auch außerbetriebliche Informationsquellen zu nutzen sind.

Um den Rahmen dieser Einführung in die Handelsbetriebslehre nicht zu sprengen, wird an dieser Stelle darauf verzichtet, im Einzelnen auf das analytische Marketinginstrumentarium einzugehen. Dies scheint vertretbar, da für die Vorgänge der Informationsbeschaffung, -verarbeitung sowie -speicherung sowohl allgemein als auch speziell bezogen auf den Handel eine größere Zahl von einschlägigen Publikationen existiert. Diese beschäftigen sich mit den Problemen der sekundären und primären Informationsbeschaffung, mit den einzelnen primären Erhebungsmethoden der Befragung, Beobachtung und Inhaltsanalyse, welche entweder experimentell oder nicht experimentell angelegt sein können, weiter mit der Aufarbeitung und Speicherung der gewonnenen Informationen sowie mit dem inner- und außerbetrieblichen Informationsfluss. Im Fall eines systematisch ausgebauten Marketing von Handelsunternehmungen fließen alle diese Vorgänge in einem totalen oder partiellen Marketing-Informations-System zusammen. In den Literaturhinweisen zu diesem Buch ist eine Auswahl entsprechender Quellen zusammengestellt.

Festzuhalten bleibt, dass ohne die zielgerichtete Anwendung des analytischen Marketinginstrumentariums ein effizienter Einsatz der aktionsbezogenen Marketinginstrumente nicht möglich ist. Ceteris paribus wird eine in Relation zum Wettbewerb bessere Informationsbasis stets auch zu Vorteilen des eigenen Unternehmens am Markt beitragen.

Das **aktionsorientierte Marketinginstrumentarium** kann definiert werden als die Summe aller beschaffungsmarkt- oder absatzmarktgerichteten Mittel zur Erreichung der Formal- bzw. Sachziele des Marketing. Der Mitteleinsatz drückt sich aus in Form von Aktivitäten gegenüber Lieferanten bzw. Kunden und basiert auf den Resultaten des analytischen Marketinginstrumentariums, also auf der Beschaffung und Verarbeitung aller marketingrelevanten Informationen.

Zum Verständnis der folgenden Ausführungen soll nochmals an den Grundaufbau dieses Buches erinnert werden. Im seinem zweiten Teil über die Basiselemente handelsbetrieblicher Tätigkeit werden alle denkbaren Handelsaktivitäten in Form einer „Modulsammlung“ dargestellt, aus welcher die Unternehmensleistung die geeigneten Module des Handlungsmanagements in der jeweils zielorientierten Ausprägung auszuwählen hat. Entsprechend geht es im folgenden Kapitel um die Erörterung jener Module (Instrumente), mit denen ein Handelsunternehmen seinen Beschaffungs- sowie Absatzmarkt bearbeiten kann. Überlegungen zur Kombination einzelner Instrumente und zu ihrer Einbettung in grundsätzliche handelspolitische Entscheidungen werden erst in späteren Kapiteln untersucht.

Die Trennung zwischen **Absatz-** und **Beschaffungsmarketing** scheint grundsätzlich sinnvoll, da durch die unterschiedliche Struktur der jeweiligen Märkte und den verschiedenartigen Charakter der Geschäftspartner auf den beiden Marktseiten sich unterschiedliche Handlungsweisen als Erfolg versprechend darstellen (*Hansen*). Diese Aussage gilt für die inhaltliche Ausprägung der Instrumente, nicht jedoch für das formale Gliederungsraster der Marketingpolitik. Dieses kann daher zur Strukturierung beider Bereiche der Marketingpolitik eingesetzt werden. Einen Sonderfall stellt hier die Sortimentspolitik dar: Das Sortiment ist aus den Kundenbedürfnissen abzuleiten, d. h. dass ausschließlich jene Artikel zu beschaffen sind, die von den Kunden nachgefragt werden. Somit sind beschaffungs- und absatzseitiges Sortiment identisch.

Auf die Untersuchung des Beschaffungsmarketing wird in diesem Lehrbuch verzichtet. Dies geschieht aus folgenden Gründen: Um für den Leser einen zumutbaren Umfang des Buches zu gewährleisten, können nicht alle Teilbereiche der Handelspolitik angesprochen werden. Da sich im Zuge der Umwandlung der meisten Märkte in **Käufermärkte** die Notwendigkeit ergeben hat, das gesamte Handelsgeschehen durch die Anforderungen des Absatzsektors bestimmen zu lassen, wurde in diesem Werk einer tief gehenden Behandlung des Absatzmarketing der Vorrang vor einer Analyse des Beschaffungsmarketing eingeräumt. Im Übrigen existiert eine Vielzahl spezialisierter Quellen, welche sich mit dem Beschaffungsmarketing auseinandersetzen. Bei einem vertieften Interesse an diesem Bereich der Handelspolitik wird auf die im Quellenverzeichnis zu diesem Werk enthaltene Literatur verwiesen.

Wie oben ausgeführt, ergibt sich das **aktionsorientierte Marketing** eines Handelsunternehmens aus der betriebsindividuellen Definition der Art und Weise der Erfüllung der Handelsfunktionen. Aus der Entscheidung, z. B. die Transportfunktion (Raumüberbrückung) in einer bestimmten Art und Weise zu erfüllen, resultiert eine spezifische Ausprägung der physischen Distribution im Rahmen der Dienstleistungspolitik. Die Absicht, die Funktionen der Umsatzakquisition und -abwicklung in einer bestimmten Form wahrzunehmen, führt zu einer entsprechenden Ausprägung der Platzierungs- und Präsentationspolitik. Das handlungsorientierte Marketinginstrumentarium ist mithin das einzelwirtschaftliche Abbild einer bestimmten Funktionenkombination im Handel.

Im Folgenden wird die nachstehende Systematik der aktionsorientierten Marketinginstrumente zu Grunde gelegt:

Aktionsorientierte Absatzmarketinginstrumente	
Instrumente	**Definition**
(1) Leistungssubstanzpolitik	Summe aller zielgeeigneten Maßnahmen, welche sich auf die von Handelsunternehmen zum Verkauf angebotene Leistung beziehen
(2) Transferleistungspolitik	Summe aller zielgeeigneten Maßnahmen, mit welchen die Handelsleistung zum Kunden gebracht werden soll
(3) Entgeltpolitik	Summe aller zielgeeigneten Maßnahmen zur Festlegung des Entgelts für die Handelsleistung
(4) Kommunikationspolitik	Summe aller zielgeeigneten Maßnahmen, mit welchen die Kunden über die Leistungssubstanzpolitik, die Transferleistungspolitik und die Entgeltpolitik des Handelsunternehmens informiert und im Sinne der Unternehmensziele beeinflusst werden sollen

Der Unterschied zwischen Leistungssubstanzpolitik und Transferleistungspolitik ist grundlegend für das Verständnis jeder handelsbetrieblichen Tätigkeit. Die Leistungssubstanz, also die zum Sortiment strukturierte Ware, welche durch umgebende Dienstleistungen zu höherer Verwendungsreife gebracht wurde, wird vom Handelsunternehmen als selbstständige Leistung am Markt angeboten und muss über den Preis vergütet werden. Bei der Transferleistungspolitik handelt es sich zwar ebenfalls um eine über die Preise einzuspielende Handelsleistung; sie besteht z. B. in Standorterschließung, Entwicklung eines Absatzsystems, Gestaltung der Verkaufsstätte, Platzierung und Präsentation der Ware etc. Es ist jedoch deutlich zu erkennen, dass diese Bestandteile der Handelsleistung am Markt nicht selbstständig verkauft werden können. So erwirbt der Kunde z. B. nicht den erschlossenen Absatzweg. Er kauft nicht die Warenplatzierung; dennoch muss er beides über die Handelsabgabepreise bezahlen. Diese Unterscheidung entspricht im Produktionsbereich derjenigen zwischen den erstellten Produkten einerseits und der mobilen und immobilen Ausstattung des Unternehmens andererseits, welche für die Produktionsprozesse erforderlich sind.

Im Gegensatz zum Industrieunternehmen stellen jedoch bei Handelsunternehmungen auch die nicht verkäuflichen Unternehmensbestandteile zum Teil Leistungen dar, welche unter Ausrichtung auf die Märkte, also marketingorientiert, gestaltet werden müssen. Den Kunden des Industrieunternehmens interessiert die Qualität eines Produkts, nicht etwa die des Fließbands; dagegen stellt für den Kunden z. B. des Einzelhandelsunternehmens die Art der Verkaufsstätteneinrichtung oder die Form der Warenpräsentation neben Sortiment und Dienstleistung eindeutig eine kaufentscheidende Determinante dar, weswegen auch diese Elemente in die Gestaltung einer Marketingpolitik zwingend einbezogen werden müssen. Dieser dargelegte Unterschied zwischen Produktions- und Handelstätigkeit ist als essenziell zu betrachten. Die Elemente der Entgeltpolitik und der Kommunikationspolitik sind in dieser Hinsicht weniger komplex.

Um Wiederholungen und Überschneidungen zu vermeiden, werden je Teilinstrument zunächst die für alle Handelsunternehmungen gültigen Grundtatbestände erläutert. Im Anschluss daran wird auf Besonderheiten eingegangen, welche die Großhandelsstufe einerseits und die Einzelhandelsstufe andererseits kennzeichnen.

2. Absatzmarketing

Das Absatzmarketing verfolgt die Zielsetzung, die übergeordneten Unternehmensziele durch geeignete Formen der Erschließung und Bearbeitung des Absatzmarktes zu unterstützen. Es bestimmt die Struktur und den Einsatz aller Marketing-Teilinstrumente, die zur Verwirklichung dieses Ziels geeignet erscheinen.

2.1 Leistungssubstanzpolitik

2.1.1 Teilinstrumente

Wie oben ausgeführt, ist es die **Aufgabe der Leistungssubstanzpolitik**, den selbstständig verkäuflichen Teil der Handelsleistung festzulegen. Ein betriebswirtschaftliches Ziel und damit auch eine Leistung eines nach betriebswirtschaftlichen Zielen agierenden Unternehmens sind erst dann operational festgelegt, wenn eine Bestimmung hinsichtlich Inhalt, Umfang und Zeitbezug vorgenommen wurde. Aus diesem Grunde wird auch die handelsbetriebliche Leistungssubstanz nach diesen drei Operationalisierungskriterien analysiert. In diesem Marketing-Teilbereich beantwortet das Handelsunternehmen also folgende Fragen:

- Welche Leistung soll ich anbieten? (**Leistungsinhalt**)
- Wie viel dieser Leistung soll ich anbieten? (**Leistungsausmaß**)
- Wann, wie schnell, wie lange etc., also unter welchen zeitlichen Bedingungen, soll die Leistung angeboten werden? (**Zeitbezug**)

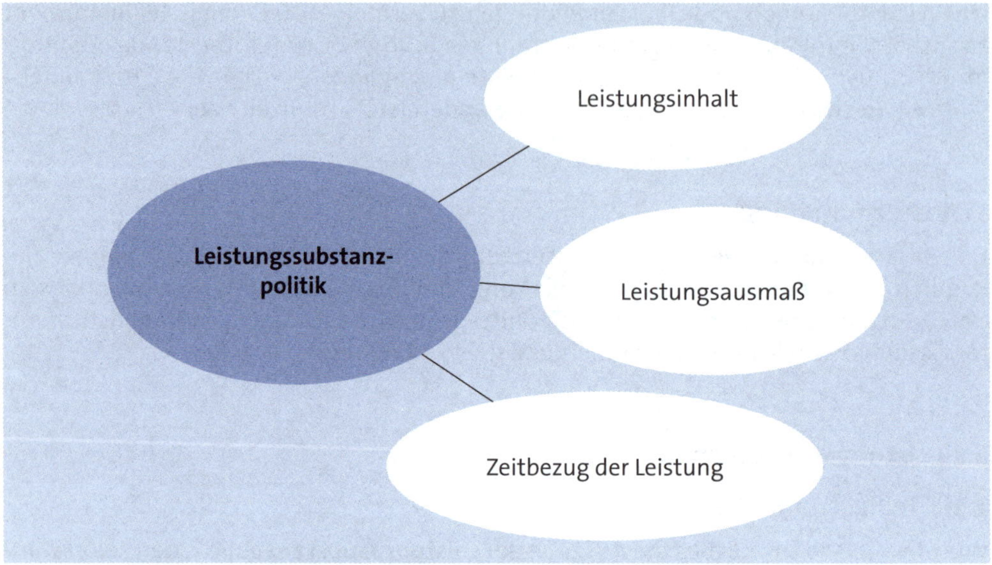

Abb. 15: Teilbereiche der Leistungssubstanzpolitik

Der **Leistungsinhalt** entsteht dabei als Kombination der Sachleistungskomponente (Sortimentspolitik) mit der Dienstleistungskomponente; die Überlegungen bezüglich des **Leistungsausmaßes** führen zur Bestimmung der Betriebsgröße, wobei es hier einmal um die Festlegung der Größe eines einzelnen Objekts (Großhandelslager, Einzelhandelsverkaufsstelle) geht, zum anderen um die größenmäßige Dimensionierung eines gesamten Handelsunternehmens. Mit den Entscheidungen über den **Zeitbezug der Leistung** werden Fragen wie die Dauer von Sonderangeboten, die Lieferfrist, die Wartungsgeschwindigkeit, die Dauer der Gültigkeit von Katalogpreisen usw. geklärt.

2.1.1.1 Leistungsinhalt

Eingangs war als spezifisches Element der Handelstätigkeit herausgearbeitet worden, dass hier im Gegensatz zu anderen Wirtschaftsbereichen die besondere Problematik in der Kombination von Sachleistungen (Ware) und immateriellen Leistungen zu sehen ist. Damit ergeben sich als Module der Leistungssubstanzpolitik die Sortimentspolitik einerseits und die Dienstleistungspolitik andererseits.

2.1.1.1.1 Sortimentspolitik

Unter dem Begriff Sortimentspolitik sind alle Entscheidungen über die an den Bedürfnissen des Absatzmarktes orientierte Strukturierung der vom Handelsunternehmen angebotenen Ware zusammenzufassen. Die Begriffe Ware und Sortiment stellen die beiden Seiten ein und derselben Medaille dar. Beide bezeichnen die Materie, die Sache, welche Gegenstand der Handelstätigkeit ist. Während jedoch der Ausdruck **Ware** in undifferenzierter Form auf eine technisch-organisatorisch zu bewältigende Masse an Sachgütern verweist, deren Zusammensetzung letztlich nur bezüglich Fragen wie Transport- und Stapelfähigkeit, Haltbarkeit u. Ä. von Interesse ist, bezeichnet der Begriff **Sortiment** die gedankliche und faktische Strukturierung dieser „Masse" unter Berücksichtigung der unternehmenseigenen Zielsetzungen und der spezifischen Wünsche und Bedürfnisse der einzelnen Kunden auf der Absatzseite.

Diese Definition bringt bereits zum Ausdruck, dass auf den heute üblichen Käufermärkten die Kundenanforderungen als maßgebliche Leitlinie für die Sortimentspolitik zu gelten haben. Von Ausnahmen abgesehen gehört die lieferantenseitig orientierte Sortimentsentwicklung als Erfolgsprinzip der Handelstätigkeit der Vergangenheit an. Ein marktfähiges Sortiment wird also i. d. R. den absatzbezogenen Bedarf möglichst genau widerzuspiegeln haben.

Das Sortiment gliedert sich in verschiedene Hierarchieebenen. Eine mögliche Abstufung ist die zwischen dem Gesamtsortiment, der Abteilung, der Hauptwarengruppe, der Unterwarengruppe und dem Artikel. Die folgende Darstellung verdeutlicht die **hierarchische Sortimentsstruktur.**

Sortiment z. B. Textilien					
Abteilung z. B. Herrenbekleidung					
Hauptwarengruppe z. B. Hosen					
	Warengruppe (WGR) z. B. Jeans				
	Unter-WGR z. B. Breitcord-Jeans				
	Artikel, z. B. Breitcord-Jeans, Hersteller X, Größe 54, dunkelbraun				

Die Frage der **Anzahl der Hierarchieebenen im Sortiment** richtet sich zum einen nach Warencharakteristika, zum anderen nach der Größe und Differenziertheit des Handelsunternehmens. So können beispielsweise bei einem in der gesamten Bundesrepublik Deutschland in verschiedenen Vertriebslinien tätigen Unternehmen ein Gesamtsortiment, verschiedene Regionalsortimente, vertriebsschienenbezogene Sortimente und schließlich Sortimente einzelner Betriebsstätten unterschieden werden. Unterteilt man das Sortiment einer Großhandelsniederlassung oder einer Einzelhandelsverkaufsstelle weiter, so entstehen Abteilungen, welche gewöhnlich in der Form von Kostenstellen mit eigenständiger personeller Verantwortlichkeit geführt werden. Die Namensgebung für diese wie auch für die folgenden Hierarchieebenen des Sortiments ist in Praxis wie in Theorie äußerst unterschiedlich. Eine einheitliche Terminologie konnte sich hier bisher nicht durchsetzen.

Die unterste Ebene der Sortimentshierarchie stellt der **Artikel** dar. Zuweilen wird hierfür auch der Ausdruck Sorte verwendet. Hierunter ist die kleinste im Sinne der Sortimentspolitik noch interessierende Einheit zu verstehen. Die Möglichkeit der Identifizierung von Kundenpräferenzen entscheidet darüber, welcher Sortimentsbestandteil noch als eigenständiger Artikel zu betrachten ist.

Beispiel

Bei Schraubenziehern stellen zweifellos die Größe, die Beschaffenheit des Griffs, die Herstellerfirma kaufentscheidende Merkmale für den Konsumenten dar. Damit ist eine entsprechende Differenzierung in verschiedene Artikel zum Zweck einer gezielten Planung und Kontrolle dieses Sortimentsbestandteils angebracht. Dagegen ist mehr als fraglich, ob die farbliche Abstufung der Schraubenziehergriffe ein bedeutsames Kaufkriterium bildet. Im Fall eines Kleidungsstückes wäre die Sachlage in Bezug auf dieses Merkmal offensichtlich eine andere: Hier wählt der Käufer sehr wohl nach der Farbe eines Bekleidungsgegenstandes, die neben anderen Kriterien den Kaufentscheid maßgeblich beeinflusst.

Es wird erkennbar, dass es wie schon für die höheren Sortimentshierarchieebenen auch für diejenige des Artikels keine absolut gültigen Kriterien geben kann, sondern dass hier ein Ermessensspielraum des einzelnen Unternehmens vorliegt. Häufig werden auch Wirtschaftlichkeitsüberlegungen oder Kapazitätsgründe von EDV-Anlagen eine Rolle bei der Definition des einzelnen Artikels spielen. So wird es sich z. B. normalerweise als unökonomisch herausstellen, in einem Markt für Heimwerkerbedarf unverpackt gehandeltes Kleinmaterial wie Einwegscheiben, Schrauben oder Nägel bis zur höchsten Detaillierungsmöglichkeit in Einzelartikel zu unterteilen und als solche in einem Warenwirtschaftssystem zu führen.

Zur Bildung und Aktualisierung des Sortiments im Zeitablauf sind zahlreiche Einzelentscheidungen zu treffen, welche von höchster Bedeutung für den Erfolg eines Handelsunternehmens sind. Diese sind in der folgenden Tabelle zusammengestellt:

Entscheidungsfeld	Entscheidungsmerkmal	Merkmalsausprägung
Sortimentsorientierung	Sortimentsstruktur	Stofforientierung Herkunftsorientierung Bedarfsorientierung Bedarfsanlassorientierung Bedarfsträgerorientierung
	Sortimentsniveau	hoch mittel niedrig
	Wettbewerbsausrichtung	Abhebung Anpassung Vermeidung
Sortimentsdimensionierung	Sortimentsbreite	breit mittel schmal
	Sortimentstiefe	tief mittel flach
Sortimentsdynamik	Verhalten gegenüber Produktinnovationen	progressiv adaptiv konservativ

Die Entscheidungen über die **Sortimentsorientierung** legen die inhaltliche Zusammensetzung des Sortiments fest. Es handelt sich hierbei überwiegend um langfristige Entscheidungen mit strategischer, zum Teil sogar konstitutiver Bedeutung für das Erscheinungsbild eines Handelsunternehmens. Die Strukturierung des Sortiments kann nach einem oder mehreren der dargestellten Merkmalsausprägungen festgelegt werden.

Stoff-, also **materialorientiert** ist beispielsweise eine Stahlhandlung. **Herkunftsorientiert** ist sowohl der Dritte Welt-Laden wie auch der Vertragshändler, welcher Exklusivautomobile und Zubehörteile eines bestimmten Herstellers vertreibt. An der **Bedarfsart** ist z. B. ein Unternehmen **orientiert**, welches alles für das Heimwerken anbietet. Die **Bedarfsanlassorientierung** tritt in zwei Ausprägungen auf; als ergänzendes Sortimentsbildungskriterium ist sie in zahlreichen Betrieben vorzufinden, wenn etwa auf den Anlass Weihnachten hin spezifische Sortimentsanpassungen oder -ergänzungen vorgenommen werden, oder wenn der Karneval zur zeitweisen Aufnahme einschlägiger Artikel zwingt. Andererseits gibt es auch die generelle Bedarfsanlassorientierung; man denke hierbei etwa an den Hochzeitsausstatter oder an ein Geschäft für Umstandsmoden. Im Falle der **Bedarfsträgerorientierung** richtet sich ein Unternehmen am Bedarf einer meist demoskopisch definierbaren Zielgruppe aus (z. B. „Alles für den Angler", Ärztebedarf-Großhandel etc.)

Das Sortimentsniveau legt die anzusprechende Zielgruppe fest: Ein **hohes Sortimentsniveau** setzt entsprechend hohe Kaufkraft voraus, im **mittleren Niveaubereich** wird die

Masse des Bedarfs gedeckt, Sortimente mit **niedrigem Niveau** sind dagegen i. d. R. mit einem aggressiven Preisverhalten (discountierende Systeme) gekoppelt.

Im Rahmen der **Wettbewerbsausrichtung** ist darüber zu entscheiden, ob man sich von den Konkurrenten abheben möchte (vergleichbares Angebot), jedoch auf höherem Niveau, ob man sich an den Wettbewerb anpasst (möglichst präzise Imitation des Konkurrenzangebotes) oder ob man Wettbewerbsvermeidung betreibt (Führung derjenigen Sortimentsbestandteile, die beim vergleichbaren Wettbewerb nicht vorzufinden sind).

Die Festlegung der **Sortimentsbreite** erfordert Entscheidungen darüber, ob man das Sortiment auf eine Branche, eventuell einen Teilausschnitt hiervon beschränken möchte, oder ob man ein branchenübergreifendes Sortiment anbieten will. Die **Sortimentstiefe** betrifft die Frage, wie viele Artikel innerhalb einer Branche geführt werden sollen. Das Hauptkriterium bei der Sortimentstiefenentscheidung stellt die Umschlagshäufigkeit dar. In flachen Sortimenten finden sich vor allem Artikel mit hoher Umschlagshäufigkeit, je tiefer ein Sortiment gestaltet wird, umso mehr Artikel müssen aufgenommen werden, die einen niedrigen Lagerumschlag aufweisen.

Ein weiteres Entscheidungsfeld ist in der **Sortimentsdynamik** gegeben, welche sich auf die Verhaltensweise eines Unternehmens gegenüber Produktinnovationen bezieht. **Progressivität** bedeutet hier, jeden neu am Markt erscheinenden Artikel sofort ins Sortiment aufzunehmen, was die Gefahr von „Flops" natürlich erhöht. Andererseits ist damit ein besonders avantgardistisches Image des Unternehmens zu verbinden. Beim **adaptiven Sortimentsverhalten** werden Artikel dann ins Sortiment genommen, wenn sie sich bereits im Aufschwung befinden. In dieser Weise verhält sich die Masse der Handelsunternehmungen. Unter **Konservativismus** ist zu verstehen, dass ein Unternehmen Artikel nur dann in seinem Sortiment berücksichtigt, wenn sie sich seit langer Zeit am Markt bewährt und das Prädikat der Zeitlosigkeit erworben haben. Der Lebenseinstellung und den Bedürfnissen konservativer Kundenkreise wird hiermit Rechnung getragen.

Bei der **Sortimentspolitik** handelt es sich um ein Instrument, das sowohl eine strategisch-langfristige Komponente, z. B. in Bezug auf die grundsätzliche Orientierung, eine taktisch-mittelfristige Komponente, etwa hinsichtlich der Breite und Tiefe, als auch eine operativ-kurzfristige Komponente in sich vereinigt, wobei letztere sich in der Notwendigkeit ausdrückt, täglich Entscheidungen über Neuaufnahme oder Elimination von Artikeln zu treffen. Zur Messung des Erfolgs der Sortimentspolitik und im Hinblick auf ihre Steuerung und Kontrolle werden verschiedene Maßgrößen eingesetzt, so z. B. Umsatzanteile, Handelsspannen, Bruttonutzenziffern, Umschlagshäufigkeiten u. a. Diese müssen im Idealfall für jede der oben aufgezeigten Sortimentsebenen vom Gesamtsortiment bis zum Einzelartikel geplant und kontrolliert werden. Hierzu ist nur ein EDV-gestütztes Warenwirtschaftssystem in der Lage, welches auf einer artikelgenauen Wareneingangs- sowie Warenausgangserfassung basiert. Diese Fragen werden detailliert im Kapitel über die Ablauforganisation des Handelsunternehmens, und zwar bei den Ausführungen zur Problematik der Warenwirtschaftssysteme behandelt.

In Fortschreibung der bisherigen Entwicklung der Handelssortimente kann als Zukunftstrend ausgemacht werden, dass sich der Handel, hier vor allem der Einzelhandel, auch in den Folgejahren mit einer sich vergrößernden Zahl an herstellerseitig angebotenen Artikeln auseinandersetzen muss. Eine Auswertung der vom EHI (vormals DHI) seit 1958 durchgeführten Sortimentsbreitenerhebung verdeutlicht, dass unter Vernachlässigung kurzfristiger Schwankungen sich die Artikelzahlen in verschiedenen Betriebstypen des Einzelhandels stetig erhöht haben.

Eine **Ausweitung des Warenangebotes** erfordert ein präzises Verplanen des verfügbaren Raumes. Daraus ist auf eine weitere Zunahme der Bedeutung der verschiedenen Warenwirtschaftssysteme sowie des Space Management als einer elektronisch gestützten Methode der Raumoptimierung im stationären Einzelhandel zu schließen. Auf beides wird an späterer Stelle dieses Werkes noch genauer einzugehen sein.

Die Erklärung für die **ansteigenden Artikelzahlen** liegt teilweise in einer Verkürzung der Produktlebenszyklen durch Erhöhung der Innovationsgeschwindigkeit, teilweise in „Me-too-Konzepten" der Industrie im Sinne der möglichst schnellen Nachahmung erfolgreicher Produkte durch Wettbewerbsunternehmen. Im Konsumgüterhandel wird sich diese Entwicklung zweifellos fortsetzen. Im Investitionsgüterbereich ist damit nicht in dem Maße wie im Einzelhandel zu rechnen, da zumindest Artikelzahlvermehrungen aus emotionalen Gründen dort kaum zu erwarten sind.

Auf einen Gegentrend weist der HandelsMonitor 2012/2013 hin: Durch den Einsatz leistungsfähiger Analyseinstrumente wie Category Management sei mit einer Verkleinerung der Sortimente zu rechnen (*Morschett u. a., 2012, S. 205*). Diese Meinung wird vom Autor dieses Werkes jedoch nicht geteilt. Dagegen besteht in Expertenkreisen Einigkeit darüber, dass der Trend zu einer Steigerung der Marktanteile von Handelsmarken sich in allen Branchen zukünftig eher noch verstärken wird. Hierin spiegelt sich die gewachsene Marktbedeutung des Handels in Relation zur Industrie wider. Die Entwicklung einzelner Warenbereiche kann an dieser Stelle nicht betrachtet werden; man kann jedoch davon ausgehen, dass Kriterien wie Qualität, Regionalität und Umweltverträglichkeit zunehmende Bedeutung gewinnen werden.

Aufgabe 3 > Seite 500

2.1.1.1.2 Dienstleistungspolitik

Unter Dienstleistungspolitik ist die Summe aller zielorientierten Entscheidungen über die Gestaltung des immateriellen Leistungsangebotes eines Handelsunternehmens zu verstehen. Es handelt sich dabei um solche Dienste, welche für den Kunden auf dessen Anforderung hin (ad hoc) erstellt werden, für diesen einen Nutzen eigener Art darstellen und bei denen seitens des Handelsbetriebs eine freie Entscheidungsmöglichkeit darüber besteht, ob sie im Rahmen der Leistungssubstanz angeboten werden sollen. Die Frage der Entgeltlichkeit ist dabei kein wesensbestimmendes Merkmal (*Gerstung*). Die Dienste können im Sinne übergeordneter marketingpolitischer Entscheidungen zu einem Preis angeboten werden, welcher entweder einen Gewinnbeitrag leistet, volle Kostendeckung erbringt oder aber einen Teil der entstehenden Kosten abdeckt. Im Extremfall ist auch ein unentgeltliches Angebot möglich.

Der **Dienstleistungsbegriff** wird in Praxis und in Theorie häufig sehr eng gefasst. Im Gegensatz dazu wird hier ein weites Begriffsverständnis vertreten, welches für das Vorliegen einer Dienstleistung lediglich die Erfüllung der oben genannten Merkmale voraussetzt. Dabei wird es auch als unbeachtlich angesehen, in welchem Umfange materielle Vorleistungen für das Angebot bestimmter Dienste erforderlich sind. Als Beispiel kann hier die Bereitstellung von Parkplätzen in einem vom Handelsunternehmen erstellten Parkhaus dienen. In diesem Fall ist das Vorhalten der Parkmöglichkeit als immaterielle Leistung zu betrachten, während das Parkhaus den materiellen Träger der Dienstleistung darstellt. Zur Systematisierung der handelsbetrieblichen Dienstleistungen können zum einen die verschiedenen Ebenen des Handelsgeschehens herangezogen werden, zum anderen die Warenbezogenheit von Diensten. Daraus ergibt sich eine **Dienstleistungsmatrix**, welche in der folgenden Übersicht dargestellt wird.

Ebene	**Beispiele warenbezogener Dienste**	**Beispiele nicht warenbezogener Dienste**
materielle (sachgebundene) Ebene	Lagerung Transport Kommissionierung Manipulation Materielle Bedienungsvorgänge etc.	Parkplatz Aufzug, Rolltreppe, Taschenabgabe etc.
monetäre Ebene	Kreditierung Zahlungsabwicklung etc.	Investitionskreditierung etc.
Informationsebene	Beratung Schulung etc.	Allg. Information über Unternehmen Information über Personal Information über Betriebsabläufe (z. B. Probescanner) etc.
soziale Ebene		Schwarzes Brett Reklamationsstelle Kinderbetreuung Persönliches Gespräch (Kontaktstelle) etc.

Eine weitere Untergliederungsmöglichkeit der Dienstleistungen ist diejenige in Haupt- und Nebenleistungen. **Hauptleistungen** sind solche, welche als selbstständige Bestandteile des handelsbetrieblichen Leistungsangebots auch ohne Verknüpfung mit dem Warengeschäft angeboten werden (z. B. Restaurant, Schlüsseldienst in Einkaufszentren) und für die meist auch eine eigenständige Preisstellung erfolgt. Derartige Dienstleistungen werden auch von darauf spezialisierten Unternehmungen als Hauptumsatzträger am Markt angeboten. So ist z. B. der Transport die Hauptleistung von Speditionen, die Lagerung bildet den Gegenstand der Geschäftstätigkeit bei Lagerhausgesellschaften, die Kreditierung ist ein Hauptumsatzträger von Banken und Sparkassen, Schulungsmaßnahmen werden z. B. von freiberuflichen Trainern als Kernleistung angeboten. Hieraus kann auch geschlossen werden, dass diese Dienste vom Handelsunternehmen an andere Betriebe ausgegliedert werden können („Outsourcing").

Dagegen sind **Nebenleistungen** entweder mit dem Warenangebot unmittelbar verbunden (z. B. Beratung im Einzelhandel) und/oder nicht als selbstständige Umsatzträger absetzbar (z. B. Spielecke für Kinder in einem Warenhaus). In einigen Fällen hängt die Zuordnung zu einer der beiden Kategorien von der Zielsetzung des Unternehmens ab; so kann etwa die Warenzustellung im Einzelhandel als Nebenleistung mit dem Warenkauf verknüpft oder als Hauptleistung definiert und dann auch separat kalkuliert werden.

Bei einigen dieser Leistungen handelt es sich um spezifische Dienste des Handels, bei denen die Erhebung eines Entgeltes aufgrund bestehender Usancen dieses Wirtschaftszweigs nicht möglich scheint. Unter „Usancen" sind im Handel übliche Verhaltensweisen zu verstehen, die von den Handelsunternehmen und ihren Kunden als selbstverständlich betrachtet werden. Dazu zählen etwa die Beratung, die Reklamationsabwicklung oder die Bereitstellung eines Schwarzen Bretts für Kleinanzeigen der Kundschaft. Dieser Umstand ändert nichts daran, dass diese Dienste wie die anderen immateriellen Leistungen durch Kombination der handelsbetrieblichen Leistungsfaktoren Personal, Raum, Sachmittel und Kapital erstellt werden müssen und somit Kosten verursachen.

Das gesamte **Dienstleistungsangebot von Handelsunternehmungen** verfolgt den Zweck, den Erwerb der Sachleistung des Handels zu erleichtern oder zu ermöglichen. Es muss in die Marketingstrategie integriert werden und ist letzten Endes in vollem Umfang in der Vergütungspolitik zu berücksichtigen, da die vollen Kosten des Handelsbetriebes auf Dauer gedeckt werden müssen, um seine Existenz zu sichern. Die Formulierung von der Unentgeltlichkeit bestimmter Dienste erweist sich damit als irreführend; konsequent betrachtet werden auch solche Dienste vom Kunden bezahlt; sie gehen in die Preise für die „entgeltlichen" Dienstleistungen sowie für die Sachleistungen des Handelsbetriebes in Form von Gemeinkostenzuschlägen ein. Dieser Tatbestand ist unvermeidlich, wenn auch in vielen zumeist mittelständischen Handelsunternehmungen dieser Zusammenhang nicht klar erkannt wird. Wenn aber in solchen Unternehmungen Dienste am Kunden im vollen Sinne des Wortes unentgeltlich erbracht werden, so führen sie zwangsläufig zu Gewinneinbußen in Höhe der durch die Dienstleistungserstellung entstandenen Kosten.

Daraus ist der Schluss zu ziehen, dass bei sinnvoller Vorgehensweise ein Handelsunternehmen alle angebotenen Dienste hinsichtlich ihrer Kostenverursachung genauestens überprüfen muss und erst im Anschluss daran entscheiden kann, welche dieser Leistungen z. B. aus Imagegründen nicht mit voller Kostendeckung oder sogar unter vollständigem Verzicht auf eine unmittelbare Vergütung am Markt angeboten werden sollen.

Abschließend bleibt festzuhalten, dass gerade die Dienstleistungspolitik sich bei zunehmender Homogenität der Sachleistungen in vielen Bereichen als hervorragendes Mittel zur Profilierung und zur Abhebung gegenüber Konkurrenzbetrieben eignet.

2.1.1.2 Leistungsausmaß

Nach den Entscheidungen über die inhaltliche Ausprägung der Leistungssubstanz muss im Handelsunternehmen darüber befunden werden, in welchem Umfang diese Leistungen erstellt und am Markt angeboten werden sollen. Dies führt zum einen zu der Entscheidung über das Ausmaß des Leistungsfaktoreneinsatzes **in der einzelnen Betriebsstätte** eines Handelsunternehmens (Großhandelsniederlassung bzw. Verkaufsstelle im Einzelhandel), zum anderen zur Festlegung darüber, **welche Größenordnung das Gesamtpotenzial des Unternehmens** erreichen soll. Falls das gesamte Unternehmen nur aus einer einzigen Betriebsstätte besteht, sind diese beiden Entscheidungen deckungsgleich.

2.1.1.2.1 Objektbezogene Betriebsgröße

Objektbezogene Betriebsgrößenpolitik ist definierbar als die Summe der Entscheidungen über den Umfang der Leistungspotenzialbereitstellung je Betriebsstätte. Die wesentliche Problematik in Bezug auf die Betriebsgröße besteht darin, dass ihre Quantifizierung und damit Operationalisierung erhebliche Schwierigkeiten verursacht. Ein eindeutiger und für alle Arten von Betriebsstätten gültiger Maßstab existiert nicht.

Die Begriffsdefinition weist allerdings einen möglichen Weg zur Erfassung des Phänomens der Betriebsgröße: Je eingesetztem Leistungsfaktor ist durchaus eine Angabe über den Umfang seiner Nutzung möglich:

Leistungsfaktor	Maßgröße (Beispiele)
Personal	Kopfzahl Vollkräfte
Raum	qm Geschäftsfläche qm Verkaufsfläche
Kapital	Bilanzsumme in Euro
Sachmittel	Anlagevermögen in Euro
Ware	Warenbestand (Menge, Wert)

Die Frage nach der **„optimalen" Betriebsgröße** lässt sich nur theoretisch im Sinne der Kosten- und Erlöstheorie beantworten. Dies liegt zum einen daran, dass die Betriebsgröße nicht als unabhängige, sondern stets als abhängige Variable im Rahmen des Marketinginstrumentariums gesehen werden muss. Sie wird beeinflusst durch andere Teilentscheidungen auf den Gebieten z. B. der Sortimentspolitik, der Verkaufsmethode oder des logistischen Systems.

Zum anderen fehlt es an einem geeigneten Optimalitätskriterium für die Betriebsgröße. Setzt man – in einem marktwirtschaftlichen System naheliegend – einmal versuchsweise den Gewinn als Maßstab an, so führt auch dies nicht weiter: Erzielt man bei einer gegebenen Betriebsgrößenkonstellation einen Gewinn bestimmter Höhe, so ist dies noch kein Beweis, dass bei Veränderungen der betriebsgrößenbestimmenden Leistungsfaktoren nicht ein höherer Gewinn erzielbar gewesen wäre. In der Praxis der Handelstätigkeit ist jedoch die Betriebsgröße nicht beliebig oft zur Auffindung des Optimums variierbar. Selbst theoretisch ist dieses Problem nicht lösbar, da zu viele vom Unternehmen selbst nicht beeinflussbare Faktoren wie Kundenverhalten, Konkurrenzreaktionen etc. die Gewinnhöhe beeinflussen. Derselbe Misserfolg hinsichtlich der Ermittlung der optimalen Betriebsgröße wie hier beschrieben tritt ein, wenn man versucht, sie mithilfe anderer Kriterien zu bestimmen.

Ist auch die optimale Betriebsgröße nicht aufzufinden, so macht sich doch eine „falsche" Betriebsgröße schnell unangenehm bemerkbar. Die möglichen Konsequenzen sind in der folgenden Abbildung zusammengestellt:

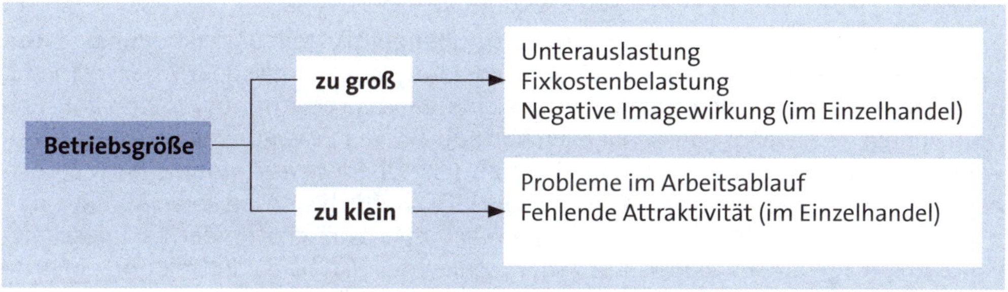

Abb. 16: Konsequenzen einer falschen Betriebsgröße

In Abhängigkeit von den oben genannten, die Leistungsstruktur bestimmenden Betriebsfaktoren lässt sich eine Bandbreite ermitteln, innerhalb derer Veränderungen der objektbezogenen Betriebsgröße keine negativen Konsequenzen auslösen. Nach unten wird dieses Spektrum einerseits durch logistische Erfordernisse (z. B. Lagerraum und Kommissionierpersonal beim lagerführenden Großhandel, Platzierungsfläche im Selbstbedienungseinzelhandel etc.), durch Sortimentsumfang und Warencharakteristika sowie – dies speziell im Einzelhandel – durch Mindestansprüche der Kunden an die Attraktivität und Übersichtlichkeit des Verkaufsobjektes begrenzt.

Nach oben hin ergibt sich die Grenzmarke aus dem durch Standort und Einzugsgebiet determinierten Umsatzpotenzial und wiederum aus dem gewählten Sortimentsumfang. So kann beispielsweise in Bezug auf den Betriebsgrößenmaßstab Raum bei der Entscheidung zur Führung eines Lebensmittelvollsortiments im Einzelhandel eine Verkaufsfläche von 400 qm kaum noch unterschritten werden, da ansonsten das Angebot weder rationell handelbar noch für den Kunden attraktiv darstellbar ist. Andererseits scheint eine Verkaufsfläche für den reinen Lebensmittelbereich einer Einzelhandelsbetriebsstätte von mehr als 2.000 - 2.500 qm Verkaufsfläche kaum sinnvoll zu nutzen, da bei einer derartigen Größenordnung nur noch wenige zusätzliche Artikel zur Aufnahme in das Sortiment infrage kommen und eine weitere Attraktivitätssteigerung durch Vergrößerung der Platzierungs- bzw. Präsentationsfläche nicht eintritt, andererseits aber jeder zusätzliche Quadratmeter Verkaufsfläche zu Kosten führt, denen entsprechende Grenzerträge nicht mehr gegenüberstehen. Kostenrechnerisch ausgedrückt ist also die obere Grenze der sinnvollen Betriebsgrößenbandbreite in Bezug auf eine Betriebsstätte dann erreicht, wenn der durch die zusätzliche Größeneinheit erzielbare Grenzertrag niedriger als die Grenzkosten dieser Einheit ausfällt.

Bei der **objektbezogenen Betriebsgrößenpolitik** handelt es sich um eines jener Instrumente, welche gegenüber anderen marketingpolitischen Instrumenten einen untergeordneten, nachrangigen Stellenwert einnehmen. Sie ist jedoch als Restriktion im Rahmen der Marketingpolitik unbedingt zu beachten: Solange sie korrekt im Sinne der oben beschriebenen Bandbreite gewählt ist, tritt sie überhaupt nicht in Erscheinung; ist sie jedoch falsch ausgelegt, wirkt sie sich unverzüglich auf den Erfolg der Handelstätigkeit aus.

2.1.1.2.2 Unternehmensbezogene Betriebsgröße

Im Gegensatz zur objektbezogenen Betriebsgrößenpolitik stellt die Festlegung der **Unternehmensbetriebsgröße** eine Grundentscheidung der Handelspolitik dar. Während erstere überwiegend nach sachlichen Gesichtspunkten bestimmt werden kann und muss, hängt letztere fast ausschließlich von subjektiven Erwägungen ab. Von einigen wenigen Grundkriterien einer für das ökonomische Überleben erforderlichen Mindestbetriebsgröße abgesehen, lässt sich betriebswirtschaftlich sinnvoll keine Aussage darüber treffen, ob die Führung eines einzigen Gewinn erwirtschaftenden Fachgeschäfts von 200 qm Verkaufsfläche „besser“ oder „schlechter“ ist als die Betreibung eines internationalen Filialunternehmens.

Hier sind die individuellen Lebenseinstellungen und Ziele der selbstständigen Unternehmer und der leitenden, angestellten Manager von größerer Bedeutung als ökonomische Notwendigkeiten. Andererseits ist natürlich die gewählte unternehmensbezogene Betriebsgröße von entscheidender Relevanz für die Art der Betreibung einer Unternehmung. Deshalb wird auf diesen Tatbestand als eigenständige handelspolitische **Grundentscheidung** in einem späteren Kapitel näher eingegangen.

2.1.1.3 Zeitbezug der Leistung

Die Festlegung des Zeitbezugs einer Leistung operationalisiert erst die durchzuführenden Maßnahmen, welche sich auf Leistungsinhalt oder -umfang beziehen. Ohne zeitliche Festlegungen wäre beispielsweise nicht bekannt, wann eine bestimmte dienstleistungspolitische Maßnahme eingeleitet oder wann eine sortimentspolitische Überprüfung abgeschlossen sein soll. Erst die Fixierung von Anfangs- und Endzeitpunkten, von Rhythmen bzw. Abständen bestimmter Maßnahmen etc. konkretisiert eine marketingpolitische Entscheidung.

Diese Betrachtungsweise des Zeitbezugs soll hier jedoch nicht im Vordergrund stehen. Vielmehr geht es um jene **marketingpolitischen Entscheidungstatbestände**, in welchen die **Zeit als eigenständiger Leistungsfaktor** auftritt.

Beispiel

Wird von einem starren Anlieferungsschema abgewichen und stattdessen eine zeitlich flexible Belieferungsmethode eingeführt, so stellt eben diese zeitliche Flexibilität für den Kunden eine selbstständige Leistung dar. Gleiches gilt z. B. bei Verkürzungen der Lieferzeit, Verlängerungen der Laufzeit besonderer Dienste, Erhöhung der Schnelligkeit in der Aufnahme von neu am Markt erscheinenden Artikeln, Erhöhung der Erhältlichkeitsdauer von Ersatzteilen (etwa im Automobilbereich) oder auch Verlängerung der garantierten Nachkauffrist für Porzellanwaren.

In allen genannten Fällen führt die in bestimmten zeitlichen Festlegungen bestehende Zusatzleistung auch zu Zusatzkosten für Personal und/oder Sachmittel. Dies ist ein Merkmal nahezu aller selbstständigen zeitbezogenen Leistungen.

Während die erste Gruppe zeitorientierter Entscheidungen, welche sich auf das reine Terminieren beschränken, gewöhnlich keinerlei größere Entscheidungsprobleme verursachen, stellt die zweite Gruppe von Entscheidungen, in denen die Zeit als selbstständiger Leistungsfaktor in Erscheinung tritt, das Handelsmanagement vor Probleme, welche mit jenen bei Inhalts- und Ausmaßentscheidungen durchaus vergleichbar sind. Infolgedessen ist bei diesen – in der Praxis oft vernachlässigten – Fragen ebenfalls eine hohe Intensität der Entscheidungsvorbereitung angebracht.

2.1.2 Besonderheiten im Großhandel

2.1.2.1 Leistungsinhalt

Nachdem nun die für den gesamten Handel gültigen Grundtatbestände der leistungssubstanzpolitischen Entscheidungen dargestellt wurden, wird es in den folgenden beiden Abschnitten um **Besonderheiten im Rahmen dieses Instrumentalbereichs** gehen, welche einerseits im Großhandel, andererseits im Einzelhandel zu beobachten sind. Die folgenden Ausführungen haben also nicht zum Ziel, einen vollständigen Überblick über die Leistungssubstanzpolitik in den beiden Wirtschaftsstufen zu geben, sondern es sollen ausschließlich deren Spezifika angesprochen werden.

Großhandel und Einzelhandel waren im Grundlagenteil anhand ihrer Abnehmerstruktur und ihrer Stellung im Wirtschaftsablauf unterschieden worden. Der **Großhandel** steht in der Handelskette den produzierenden Wirtschaftsbereichen näher als der Einzelhandel. Mit dem Endverbraucher hat er dagegen nur im Ausnahmefall Kontakt. Hieraus resultiert die Tatsache, dass der Großhandel im Grundsatz stärker beschaffungs- bzw. herstellungsorientiert an die Aufgabe der Sortimentsbildung herangeht.

Der Einzelhändler, der Großverbraucher oder der weiterverarbeitende Betrieb erwarten zu Recht von dem als Lieferant fungierenden Großhandel eine intensive Kenntnis der gehandelten Ware und der Beschaffungsmärkte. Spezialsortimente sind deshalb im Großhandel vergleichsweise häufig anzutreffen. Beispiele hierfür sind etwa Großhandlungen für Baustoffe, Spezialisten für französische Weine oder auf den Sortimentsausschnitt Blumen beschränkte Großhandlungen. Als Spezialisierungsformen sind hier vor allem zu unterscheiden:

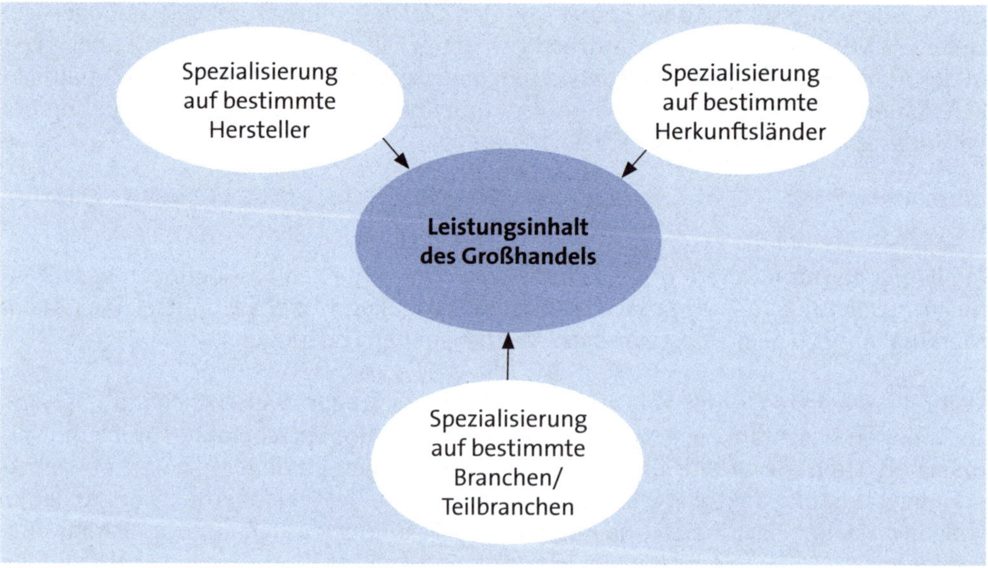

Abb. 17: Spezialisierungsformen des Großhandels

Ein weiteres Argument spricht für die **Spezialisierung im Großhandel**: Durch seinen – sieht man vom Streckengroßhandel ab – im Vergleich zum Einzelhandel mengenmäßig um ein Vielfaches höher liegenden Warendurchsatz bezogen auf flächenmäßig vergleichbare Betriebsstätten wäre allein schon unter dem Gesichtspunkt logistischer Anforderungen die Bewältigung eines z. B. dem Warenhaus vergleichbaren Sortimentes kaum vorstellbar. Dieses Argument betrifft alle jene Großhandlungen, welche die Lagerfunktion in beachtenswertem Umfange ausüben.

Zwar gibt es auch im Großhandelsbereich Unternehmungen mit breiteren, also branchenübergreifenden Sortimenten; sie stellen hier jedoch die Ausnahme dar. Im Einzelhandel ergeben sich breitere Sortimente als im Großhandel üblicherweise durch die Anwendung des Prinzips der Bedarfsorientierung bei der Sortimentsbildung. Großhandlungen mit dieser unternehmenspolitischen Verhaltensweise sind insbesondere in der Funktion von Einkaufskontoren, Ketten- oder genossenschaftlichen Großhandlungen anzutreffen, welche sich bemühen, den gesamten Bedarf der angeschlossenen Unternehmungen zu decken.

Beispiele

- **BÄKO** (Einkaufsgenossenschaft für Bäcker und Konditoren) deckt den gesamten für die handwerkliche Produktion benötigten Bedarf einschließlich Investitionsgütern.
- **Rewe/Edeka** (Einkaufsgenossenschaften für Einzelhändler) führen branchenübergreifende Food- und Nonfood-Sortimente.

Zur Vereinfachung der logistischen Abläufe versuchen diese Großhandlungen allerdings, insbesondere bei Spezialartikeln, Streckengeschäfte mit Direktanlieferung der Verkaufsstellen durch die Hersteller durchzuführen, um generell die eigenen Lagersortimente zu konzentrieren und vor Ausuferung zu bewahren. Gleichzeitig lässt sich beobachten, dass bei breiteren Lagersortimenten die durchschnittlich je Artikel gelagerte Menge und der hierfür eingeräumte Platz abnehmen. Damit tritt eine Annäherung an die Praxis des Einzelhandels ein, welche z. B. im Fall von „verbrauchernahen" Großhandlungen im Cash and Carry-Bereich (Metro) soweit fortgeschritten ist, dass hier Unterschiede etwa zu großflächigen Verbrauchermärkten oder SB-Warenhäusern kaum noch erkennbar sind.

Als Fazit lässt sich konstatieren, dass die Profilierung des Großhandels in der Sortimentspolitik vorzugsweise durch Expertentum hinsichtlich Ware, Hersteller, Beschaffungsmarkt etc. angestrebt wird.

In der **Dienstleistungspolitik** als Teilbereich der Leistungssubstanzpolitik treten noch auffälligere Spezifika des Großhandels im Vergleich zur Betrachtung der Sortimentspolitik zutage. Wendet man sich zunächst den **warenbezogenen Dienstleistungen** zu, so erkennt man eine Anzahl von Leistungen, welche fast nur im Großhandel anzutreffen sind, also in der Dienstleistungspalette des Einzelhandels so gut wie nie auftreten. Hierzu zählen etwa der Transport im großen Stil oder die Zusammenstellung der Kundenaufträge durch Kommissionierer; Ähnliches findet sich im Einzelhandel nur in der speziellen Ausprägung des Versandhandels. Die Entscheidung für die Wahrnehmung der Transportaufgabe führt zur Betriebsform des Zustell-Großhandels, während aus dem Verzicht hierauf der Abhol-Großhandel (Cash and Carry-Großhandel) resultiert.

Weitere warenbezogene Leistungen lassen sich unter dem Stichwort der **Warenmanipulation** zusammenfassen; hier sind beispielhaft zu nennen die Anarbeitung im Stahlhandel, also Biegen, Sägen, Bohren u. ä. Bearbeitungsvorgänge am Rohmaterial, weiter die Übernahme von Reifungsprozessen (Bananen, Tee etc.) oder auch die Dauerlagerung unter produktadäquaten Umständen, z. B. bei Teppichen. Im Extremfall werden produktionsähnliche Dienste vorgenommen, z. B. das Zusammenbauen ganzer Bandstraßen durch Großhandlungen, welche als Generalunternehmer im Entwicklungsländergeschäft tätig sind.

Nur teilweise warenbezogen ist eine weitere wesentliche Dienstleistung, für die vorzugsweise der Großhandel verantwortlich zeichnet: Die Rede ist von der **Kreditierung**, welche sich zum einen auf das Kreditieren von Investitionen beim liefernden Hersteller wie beim abnehmenden Weiterverarbeiter, Großverbraucher oder Einzelhändler beziehen kann, zum anderen auf die Gewährung von Krediten zur Umsatzerleichterung nach beiden Marktseiten hin. Valutagewährung, Verkauf auf Ziel, Wechselfinanzierung sind nur einige wenige Beispiele für Dienstleistungen auf dem letztgenannten Gebiet.

Ein weiterer großhandelsspezifischer Dienstleistungsbereich mit ständig zunehmender Bedeutung hat sich losgelöst vom eigentlichen Warengeschäft entwickelt. Diese mit dem Schlagwort der **„Funktionsausweitung im Großhandel"** zu umschreibende Veränderung des Aufgabenprofils des Großhandels entstand vor allem aus dem Bestreben heraus, sich bei bestehender Homogenität des Warenangebots in vielen Branchen durch heterogene Dienstleistungsangebote zu profilieren. Großhandelsunternehmen mit dieser Zielsetzung bieten ihren Abnehmern beispielsweise folgende Dienste an:

- Übernahme des Rechnungswesens
- Marketingentwicklungen
- betriebswirtschaftliche Beratung
- Personalschulung
- IT-Unterstützung
- etc.

Mit solchen Dienstleistungen soll eine Qualität der Kundenbeziehung erzeugt werden, welche weit über die frühere Lieferanten-Abnehmer-Beziehung hinausgeht. Insbesondere in Handelskooperationen ist eine verstärkte Übernahme von Dienstleistungsfunktionen dieser Art zu beobachten.

Von Interesse ist die Frage, ob man die letztgenannten Dienstleistungen tatsächlich schwerpunktmäßig dem Großhandel zuordnen kann, da in vielen größeren Einzelhandelsunternehmungen dieselben Leistungen seitens der Zentralen für die angeschlossenen Verkaufsstellen erbracht werden. Hier hilft die funktionale Betrachtungsweise weiter: Die von den Einzelhandelszentralen für dezentrale Verkaufsstellen wahrgenommenen Funktionen werden eindeutig auf der Großhandelsebene erstellt, d. h. sie werden nicht unmittelbar für den Endverbraucher durchgeführt und sind von daher auch keine Einzelhandelsaufgaben im funktionalen Sinne. Die angesprochene Zuordnungsproblematik resultiert also offenbar daraus, dass Handelsgebilde existieren, welche in sich sowohl die Großhandels- wie auch die Einzelhandelsstufe vereinigen. Es wäre jedoch falsch, daraus zu schließen, dass bestimmte Funktionen „vom Einzelhandel" ausgeübt werden, welche ihrem Charakter nach eindeutig großhandelsspezifisch sind.

Abschließend scheint ein Hinweis auf den Stellenwert angebracht, welchen die Dienstleistungspolitik in der Praxis des Großhandels einnimmt. In einer der wenigen großhandelsbezogenen empirischen Untersuchungen (*Strobel/Heinsch*: *Service-Politik im Großhandel, 1988*) konnte aufgezeigt werden, dass dieses Instrument kaum eingesetzt wird, obschon seine potenzielle Bedeutung durchaus gesehen wird. Hier ist also ein erheblicher Nachholbedarf im Hinblick auf die Umsetzung der theoretischen Erkenntnis des möglichen Gewichts der Dienstleistungspolitik in praktisches Handeln zu verzeichnen.

2.1.2.2 Leistungsausmaß

Zunächst stellen die Maßstäbe für das Leistungsausmaß im Großhandel ein Spezifikum gegenüber dem Einzelhandel dar. Von Bedeutung für die Messung der Betriebsgröße im Großhandel ist z. B. die Gesamtfläche, welche im Einzelhandel in diesem Zusammenhang nur von untergeordneter Bedeutung ist. Noch krasser ist der Unterschied im Hinblick auf das Lagervolumen, die Kapazität, die im Großhandel beispielsweise über die Anzahl Kubikmeter oder über verfügbare Palettenplätze gemessen werden kann. Ähnlich verhält es sich in Bezug auf Transportkapazitäten (Laderaum, Anzahl Lkw etc.). Dagegen wird ein Größenmaßstab „Verkaufsfläche" im Großhandel i. d. R. keinerlei Rolle spielen, da es vom Cash and Carry-Großhandel abgesehen eine solche auf dieser Wirtschaftsstufe nicht gibt.

Zur objektbezogenen Betriebsgröße lässt sich aus dem Grundaufgabenprofil des Großhandels ableiten, dass zur Ermöglichung der Belieferung der gewerblichen Abnehmer eine Mindestgröße nicht unterschritten werden darf, welche allerdings nach Warenbereich/Branche differiert. Anders im Einzelhandel: Hier ist auch ein „Stubenladen" möglich. Umgekehrt wäre es allerdings ein Fehlschluss, davon auszugehen, dass generell die objektbezogene Betriebsgröße im Großhandel über jener im Einzelhandel liegen müsse; großflächige Betriebsformen des Einzelhandels (SB-Warenhäuser, Großstadt-Warenhäuser, Einkaufszentren mit ihrer Kombination verschiedener Betriebstypen) erreichen durchaus im Hinblick auf Fläche, Beschäftigte und Umsätze Größenordnungen, die denen von Großhandelsunternehmungen nicht nachstehen.

Es ist aber darauf hinzuweisen, dass im Großhandel Dimensionen erreichbar sind, welche selbst Einzelhandelszentren nicht offen stehen: Über ein einziges Großhandelslager sind Umsätze in einer Höhe von mehreren Mrd. € möglich; eine solche Umsatzballung ist im Einzelhandel nicht denkbar, da durch die vergleichsweise kleinen Stückmengen und damit niedrigen Einkaufsbeträge des einzelnen Kunden eine derartige Umsatzzersplitterung erfolgt, dass eine um ein Vielfaches höhere Kundenfrequenz als im Großhandel erforderlich wäre, um entsprechende Umsatzgrößenordnungen zu erreichen. Allerdings deuten sich auch im Einzelhandel Entwicklungen an, wonach diese größenordnungsmäßigen Grenzen noch weiter nach oben verschoben werden könnten, wenn man den Blick über die Grenzen, z. B. nach Kanada oder den USA richtet.

Generell lässt sich zur **objektbezogenen Betriebsgröße** festhalten, dass die Mindestgröße einer Großhandelsniederlassung über jener eines Einzelhandelsbetriebes liegen wird und dass das gleiche für die Maximalgröße von einzelnen Großhandelsobjekten im Vergleich zu Einzelhandelszentren gilt. Eine Ausnahme von dieser Regel stellt der reine Streckengroßhandel dar, bei welchem im Extremfalle ein Schreibtisch, ein Stuhl und ein Telefon genügt, um Umsätze immenser Größenordnungen zu realisieren.

Hinsichtlich der **unternehmensbezogenen Betriebsgröße** differiert ebenfalls die Messmethode zwischen Großhandel und Einzelhandel. Für die Definition der Größe eines Großhandelsunternehmens werden z. B. folgende Maßstäbe herangezogen:

- Anzahl der Lager/Niederlassungen
- Größe des Zustellgebietes
- Lagerkapazität
- Transportkapazität
- etc.

Bei all diesen Maßstäben ist zu erkennen, dass sie sich für eine Größenbestimmung im Einzelhandel nicht oder nur sehr bedingt eignen.

Über die erreichten und möglichen Größenordnungen von Großhandelsunternehmungen in Relation zu solchen der Einzelhandelsstufe sind im Hinblick auf die untere Grenze die obigen Ausführungen sinngemäß anzuwenden. Soweit das Gesamtunternehmen aus einem einzigen Großhandelslager bzw. aus einer Verkaufsstelle besteht, wird im Regelfall das kleinste existenzfähige Großhandelsunternehmen deutlich größere Ausmaße besitzen als ein entsprechendes Einzelhandelsunternehmen.

Umgekehrt ist dagegen festzustellen, dass durch den stärkeren Konzentrationsprozess im Einzelhandel in dieser Wirtschaftsstufe eine größere Anzahl von bundesweit oder sogar international distribuierenden Unternehmungen vorzufinden ist als im Großhandel. Dies gilt mit der Einschränkung, dass diese konzentrativen Unternehmensformen natürlich Großhandel im funktionellen Sinne mitbetreiben. Falsch wäre im jeden Falle der aus der Bezeichnung „Groß-“Handel sich rein sprachlich anbietende Schluss, dass die durchschnittliche Großhandelsunternehmung größer als die durchschnittliche Einzelhandelsunternehmung sein müsse, was sich dann auf die Maximalgrößen übertragen ließe. Eine Ausdehnung der Betriebsgröße nach oben ist generell Unternehmungen in beiden Wirtschaftsstufen möglich, ohne dass sich hier sachlich zwingende Grenzen erkennen lassen. Lediglich die Form der Größenausdehnung ist unterschiedlich: Während das Großhandelsunternehmen seine Größe durch zusätzliche Lager, durch Ausweitung der Zustellgebiete etc. steigern wird, verläuft der entsprechende Prozess im Einzelhandel üblicherweise über Wege wie Erhöhung der Verkaufsstättenzahl oder Anhebung der Gesamtverkaufsfläche.

2.1.2.3 Zeitbezug der Leistung

Die großhandelsbezogenen Besonderheiten bestehen hinsichtlich des Zeitbezugs der Leistungssubstanz vor allem darin, dass die Dienstleistungen, in deren Rahmen die Zeit als selbstständiger Leistungsbestandteil eine Rolle spielt, sich von jenen auf der Einzelhandelsstufe unterscheiden. Es lässt sich feststellen, dass die Zeit als Leistungsfaktor im Großhandel eine höhere Bedeutung als im Einzelhandel besitzt. Führt man sich vor Augen, dass die Abnehmer des Großhandels gewerbliche Unternehmungen sind, die – dies lässt sich zumindest für die erfolgreichen unter ihnen konstatieren – einen hohen Organisations- und Rationalisierungsgrad aufweisen, so lässt sich daraus ableiten, dass sie neben Substanz und Ausmaß einer Leistung auch deren zeitliche Ausgestaltung in ihrem Anforderungskatalog berücksichtigen werden.

Beispiele zeitsensibler Leistungen des Großhandels:

- Beschaffungsdauer bei Vordisposition
- Lieferzeit bei Lieferung ab Lager
- Zustellhäufigkeit
- Flexibilität der Zustellung
- Verfügbarkeit von Wartungs- und Reparaturdiensten.

Um die Bedeutung des Zeitfaktors im Rahmen der Leistungsdefinition von lagerführenden Großhandelsunternehmungen exemplarisch zu belegen, sei auf die Tatsache verwiesen, dass aus einer Steigerung der Lieferbereitschaft ein progressiver Kostenverlauf resultiert (*Bichler*).

2.1.3 Besonderheiten im Einzelhandel

2.1.3.1 Leistungsinhalt

Im Rahmen der Sortimentsgestaltung wirkt sich die Position des Einzelhandels als letzte Stufe vor dem Verbrauch bzw. der Endverwendung entscheidend aus. Der Einzelhandel wird in seiner Sortimentsbildung vorzugsweise bedarfsorientiert, d. h. an den Bedürfnissen des Kunden ausgerichtet handeln. Von den grundsätzlichen **sortimentspolitischen Strukturierungsalternativen** kommen für den Einzelhandel insbesondere infrage:

- Bedarfsartorientierung
- Bedarfsanlassorientierung
- Bedarfsträgerorientierung.

Dabei kann es für das Einzelhandelsunternehmen sowohl sinnvoll sein, einzelne spezialisierte Bedarfe z. B. durch die Betriebsform des Spezialgeschäftes zu decken, als auch auf Bedarfszusammenhänge beim Konsumenten einzugehen. Daraus resultiert eine große Variationsbreite in der Sortimentsgestaltung von Einzelhandelsunternehmungen. Für den selten benötigten Spezialartikel ist der Kunde ohne Weiteres bereit, ein Geschäft eigens aufzusuchen, welches ausschließlich Artikel einer Teilbranche, diese aber in großer Vollständigkeit führt. Dagegen bevorzugt der Konsument i. d. R. für gängige Güter das Prinzip des „One Stop Shopping", welches umfangreiche Informationsbemühungen und Mehrfachwege erspart.

Definitionsgemäß, d. h. des ausschließlichen Verkaufs an den Endverbraucher wegen, werden im Sortiment von Einzelhandelsunternehmungen Investitionsgüter nicht enthalten sein. Ausnahmen bilden jene Produkte, welche sowohl die Funktion des Konsum- wie auch diejenige des Investitionsgutes einnehmen können, so z. B. Personal Computer, Pkw etc. Dagegen werden reine Investitionsgüter wie etwa Werkzeugmaschinen oder Gabelstapler ausschließlich in Großhandelsunternehmungen vorzufinden sein.

Da der Endverbraucher bzw. -verwender stärker als gewerbliche Marktteilnehmer auf gefühlsmäßige Einflüsse reagiert, werden emotional ausgerichtete Argumente bei ihm auch in der Marketingpolitik stärker ins Gewicht fallen. Im Bereich der Sortimentspolitik heißt dies, dass der objektiv oft gar nicht gegebene Zusatznutzen von Produkten für die Durchsetzung eines Artikels im Handelssortiment eine wesentlich größere Rolle spielt, als dies im Großhandel der Fall wäre. Ein oft verkaufter **Zusatznutzen** besteht in der Stützung des Selbstbewusstseins, der Vermittlung eines besonderen Selbstbildes und der Erzeugung eines bestimmten Images Dritten gegenüber. Solche Ziele werden durch Artikel besonders gut erreicht, welche Trends bzw. Moden unterworfen sind, sodass ihre Käufer sich als Avantgarde empfinden dürfen.

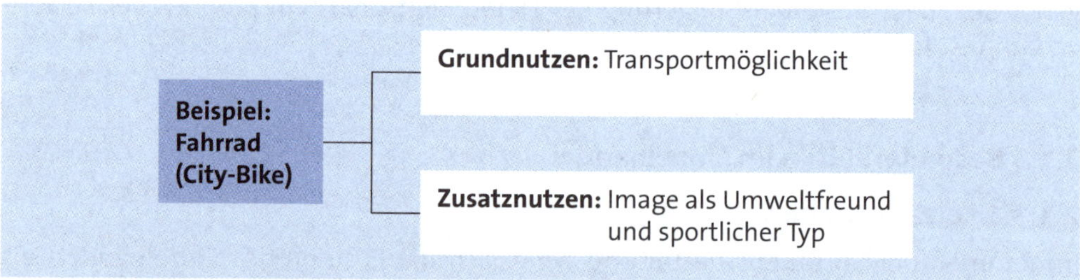

Abb. 18: Grund- und Zusatznutzen von Gütern

Für Einzelhandelsunternehmungen, welche mit solchen sensiblen Produkten handeln, bedeutet dies, seismografisch auf geringste Veränderungen in den Imagekomponenten von Produkten und Sortimentsteilen zu reagieren. Daraus resultiert ein erhöhter Bedarf an Sortimentsüberwachung und ständiger kundenbezogener Sortimentsaktualisierung. Wir sehen uns hier dem Paradoxon gegenüber, dass diejenige Wirtschaftsstufe, in welcher die Bedeutung der permanenten und möglichst artikelgenauen Sortimentskontrolle überwiegt, im Gegensatz zum Großhandel erst seit jüngerer Zeit mit solchen Systemen der Warenwirtschaftssteuerung zu arbeiten begonnen hat. Selbstverständlich spielt hierbei die insgesamt höhere Zahl der Artikel im Sortiment und auch die größere Anzahl von Kunden und Verkaufsakten eine nicht zu unterschätzende Rolle.

Die sich aus immateriellen Diensten zusammensetzende Leistungssubstanz des Einzelhandels ist von nicht geringerer Bedeutung als das entsprechende Leistungsangebot im Großhandel. Jedoch unterscheidet sich die Struktur der erzeugten und angebotenen Dienstleistungen von Einzelhandelsunternehmungen beträchtlich von jener im Großhandel.

Typische **Kundendienstleistungen** des Einzelhandels sind zum einen die persönliche Bedienung und Beratung in der Verkaufsstätte, die in dieser Form im Großhandel keine so große Rolle spielt. **Manipulationsdienste** gibt es im Einzelhandel ebenso wie im

Großhandel; sie beziehen sich hier auf die Herstellung der endgültigen Verwendungsreife von Artikeln (Anpassung von Kleidungsstücken, Nähen fensterfertiger Vorhänge etc.). Vollendungsfunktionen erfüllende Dienstleistungen sollen es dem Endverbraucher ermöglichen, gekaufte Güter ohne weitere eigene Anstrengungen sofort in Gebrauch nehmen zu können. Beispiele stellen der Waschmaschinenanschluss oder das Einstellen der Kanäle nach der Lieferung eines neuen Fernsehgerätes dar.

Von großer Bedeutung sind im Rahmen der **einzelhandelsbetrieblichen Dienstleistungen** solche Angebote, welche dem Kunden das Einkaufen erleichtern. Sie reichen vom Parkplatz über den Aufzug, von der Rolltreppe über die Taschenablage, vom Imbiss-Angebot bis zur Kinderbetreuung. Solche Dienste sind im Großhandel nur in Ausnahmefällen vorzufinden, weil dort der Kunde normalerweise die Betriebsstätte nicht aufsucht. Im Einzelhandel dagegen ist genau dies die Regel; hier bildet etwa der mobile Handel oder auch der Versandhandel die Ausnahme, bei welcher kundenbezogene Dienstleistungen der vorher beschriebenen Art nicht eingesetzt werden. Auf die Besonderheiten des Onlinehandels wird an späterer Stelle dieses Werkes detailliert eingegangen.

Die Entscheidung bezüglich der **Entgeltlichkeit von Dienstleistungen** bedarf im Einzelhandel einer weit größeren Sensibilität als im Großhandel, der es seinerseits mit Gewerbetreibenden als Partnern zu tun hat, denen strategische und taktische ökonomische Überlegungen selbst nicht fremd sind. Nach einschlägigen Erfahrungen aus dem Investitionsgütersektor wäre es allerdings ebenso verfehlt anzunehmen, dass im gewerblichen Bereich tätige Personen jegliche emotionale Beeinflussbarkeit während der Arbeitszeit abstreifen könnten. Dies widerspricht nicht nur Untersuchungen und Praxiserfahrungen, sondern entbehrt auch jeder Logik.

2.1.3.2 Leistungsausmaß

Die wesentlichen Unterschiede zwischen Groß- und Einzelhandel in Bezug auf die Betriebsgröße wurden bereits bei der Erörterung der Spezifika des Großhandels dargelegt. Die besonderen Aspekte im **Einzelhandel** zum Stichwort **Betriebsgröße** seien deshalb hier in Kurzform zusammengefasst:

- Die **objektbezogene Betriebsgröße** im Einzelhandel richtet sich im Wesentlichen nach der gewählten Betriebsform, welche ihrerseits nicht unwesentlich von Sortiment und Standort beeinflusst wird. Grundsätzlich ist vom Kleinstbetrieb bis zum Großobjekt die gesamte Spannweite möglich, wobei die Erfahrungen der Praxis der vergangenen Jahre deutlich machen, dass es für kleinere Flächen zunehmend schwieriger wird, am Markt zu existieren. Ausnahmen wie z. B. kleine Antiquitätengeschäfte, Boutiquen und ähnliche Spezialanbieter existieren zwar, widerlegen jedoch nicht die beschriebene Grundtendenz.
- Die **objektbezogene Obergrenze für die Betriebsgröße** wird im Prinzip dadurch bestimmt, dass die präsentierbaren Sortimente in ihrer Attraktionswirkung irgendwann erschöpft sind, sodass zusätzlich genutzte Verkaufsfläche keine weitere Umsatzsteigerung nach sich zieht. In jüngerer Zeit hat jedoch die Entwicklung der Konsumen-

teneinstellung hin zum Erlebniskauf und zum Verständnis von Einkaufen als Freizeitgestaltung zur Aufnahme zusätzlicher Angebote, etwa im Restaurationsbereich oder im Sektor Freizeitmöglichkeiten, geführt (Kinos, Tennisplätze, Minigolf-Anlagen, Schwimmbäder etc.). Durch Einbeziehung dieser Leistungsbestandteile kann bei Einkaufs- und Erlebniszentren eine Erweiterung der objektbezogenen Gesamtgröße vorgenommen werden, ohne dass auf den Faktor Raum bezogene Produktivitätsverluste eintreten würden.

- Die **Messung der Objektgröße** bezieht sich im Einzelhandel gewöhnlich auf Geschäfts- oder Verkaufsfläche, auf die Anzahl beschäftigter Personen (als Kopfzahl aller Beschäftigten oder als rechnerische Vollkräfte), auf den erzielten Umsatz und weitere Kenngrößen.
- Die **Messung der Unternehmensgröße** im Einzelhandel wird bei Filialisten und Gruppen häufig nach der Anzahl der betriebenen Verkaufsstellen durchgeführt. Bei komplex gestalteten Einzelhandelsunternehmungen ist es üblich, die Anzahl der Verkaufsstätten nicht undifferenziert, sondern unterschieden nach Vertriebsschienen auszuweisen. Außerdem werden jene Maßstäbe genutzt, mit denen auch die Objektgröße bestimmt wird: Umsatz, Beschäftigtenzahl, Fläche. Einen weiteren Maßstab bildet die Größe des gesamten Absatzgebietes.
- Die **Bandbreite der Gesamtunternehmensgrößen** ist im Einzelhandel außerordentlich groß: Sie reicht von dem als Nebenerwerb geführten Kiosk bis zum international tätigen Handelskonzern. Auf die nach Branchen unterschiedlich starken Konzentrationstendenzen wurde bereits hingewiesen.

2.1.3.3 Zeitbezug der Leistung

Für viele Konsumenten spielt gerade dort, wo Einkauf mit Freizeit gekoppelt wird, der **Zeitfaktor** nicht die absolut dominierende Rolle wie im Geschäftsleben. Daher ist dessen Bedeutung als Leistungsbestandteil in der Marketingpolitik des Einzelhandels generell niedriger als im Großhandel einzuschätzen. Dennoch existieren verschiedene Probleme im Zusammenhang mit dem Einkauf, bei denen der Kunde eine Sensibilität für den Faktor Zeit entwickelt hat. Diese sind exemplarisch in der folgenden Tabelle zusammengestellt.

Zeitsensible Bereiche	Erklärung
(1) Freie Wahl des Einkaufszeitpunktes	Zahlreiche Kunden legen Wert darauf, ihre Einkäufe nach den eigenen und nicht nach den Zeitdispositionen der Einzelhandlungen zu treffen. Damit ist das Problem der Ladenöffnungszeiten angesprochen (Mittagsöffnung, vor allem aber Schlusszeiten am Abend).
(2) Einkauf in Bedienungsabteilungen	In Abteilungen ohne Selbstbedienungsmöglichkeit ist die Toleranz der Kunden hinsichtlich Wartezeiten im Allgemeinen sehr gering.

Zeitsensible Bereiche	Erklärung
(3) Bezahlungsvorgang	Warteschlangen vor Kassen und die damit zusammenhängenden Wartezeiten werden von den Kunden als überaus störend empfunden.
(4) Kauf von Waren auf Bestellung	Hier ist die Frage, in welcher Zeit und mit welcher Zuverlässigkeit zum zugesagten Zeitpunkt geliefert werden kann, unter Umständen von großer Bedeutung (Beispiele: Möbel, Kraftfahrzeuge).
(5) Kauf von Waren mit kurzfristiger Bedarfsentstehung	Die Verkaufsbereitschaft bzw. eine sehr kurze Wartezeit sind für solche Produkte von außerordentlichem Gewicht, welche aus objektiven Gründen schnell benötigt werden, wie z. B. im Arzneimittelbereich.
(6) Kauf von Trendprodukten	Der Zeitfaktor ist im Einzelhandel dort von Bedeutung, wo es darum geht, Trendprodukte möglichst schnell nach ihrer Kreierung bzw. nach der werblichen Ankündigung – z. B. in Funk oder Fernsehen – zu erhalten.
(7) Erwerb von Waren mit Nachkauf-Bedarf	Die Zeitkomponente wird bei all jenen Artikeln und Warengruppen vom Kunden als außerordentlich wichtig empfunden, bei denen ein Nachkauf erforderlich werden kann. Die Notwendigkeit hierzu kann eintreten beispielsweise bei Werkzeugsystemen, bei EDV-Ausstattungen, bei Sammelobjekten verschiedenster Art, bei Porzellan, Glas oder Besteck etc. Bei solchen Artikeln möchte der Kunde wissen, über welchen Zeitraum er damit rechnen kann, die erforderlichen Nachkäufe tätigen zu können. Es ist für ihn dabei ohne jeden Belang, ob die zeitliche Zusagen vom Hersteller, vom Großhändler oder vom Einzelhändler abgesichert werden; sein Ansprechpartner, dem er bei Nichteinhaltung solcher Versprechungen die Schuld zuweist, bleibt in jedem Fall der Einzelhandel.

2.2. Transferleistungspolitik

Transferleistungspolitik wird definiert als die Summe aller zielorientierten Entscheidungen, welche die Art und Weise der Übertragung der Leistungssubstanz auf den Kunden festlegen. Die Transferleistung setzt sich aus verschiedenen Dienstleistungen zusammen, zu deren Erstellung das Handelsunternehmen Personal, Sachmittel und Kapital einsetzt. Im Gegensatz zu den Diensten, welche Bestandteil der Leistungssubstanz sind, gestalten die Dienstleistungen der Transferpolitik die dauerhaften **Voraussetzungen** zur Vermittlung der Leistungssubstanz an die Abnehmer; diese stiften für den Kunden keinen Nutzen sui generis. Das Ergebnis der Transferleistungspolitik ist das mittel- bis langfristig feststehende Distributionssystem eines Handelsunternehmens, welches im Gegensatz zur Leistungssubstanz nicht an den Kunden verkauft werden kann, sondern dem Unternehmen dauerhaft zur Verfügung steht. Zur Veranschaulichung ein Beispiel:

Beispiel

Der von einem Handelsunternehmen angebotene Transport der Waren stellt innerhalb der Dienstleistungspolitik einen Bestandteil der Leistungssubstanz dieses Unternehmens dar. Der Transport der Ware ist eine selbstständige Leistung, die als solche vom Kunden erkannt und nachgefragt wird und die ihm einen eigenständigen Nutzen bringt. Sie kann auch, wie am Beispiel von Speditionen ersichtlich, als Kernleistung der wirtschaftlichen Tätigkeit eines Unternehmens am Markt angeboten werden.

Dagegen stellt z. B. die Erschließung eines Standortes im Rahmen der Transferleistungspolitik zwar ebenfalls eine Dienstleistung des Handelsunternehmens dar, welche ebenso wie die vorher beschriebene Transportleistung unter Einsatz von Leistungsfaktoren erstellt werden muss; andererseits kann die Standorterschließung vom Kunden nicht „gekauft" werden und stiftet ihm auch keinen **unmittelbaren Nutzen**. Sie ist Teil des Überbrückungsvorganges der Leistungssubstanz vom Handelsunternehmen zum Kunden und erfährt während ihrer Erstellung gewissermaßen eine Art von Festinstallation im Rahmen des Leistungspotenzials des Unternehmens.

Im Gegensatz zur Transportleistung kann die Standorterschließung auch nicht vollständig ausgegliedert werden; zwar existieren Beratungsunternehmen, die ihr fachliches Knowhow und möglicherweise auch Personal für die Wahrnehmung von Standorterschließungsaufgaben zur Verfügung stellen, doch bleibt dies letztlich immer eine Hilfsfunktion. Das Handelsunternehmen muss die entsprechenden Standortentscheidungen selbst treffen und die von den Beratungsunternehmen geleisteten Dienste bezahlen, ohne sie wie im Fall der Transportleistung direkt auf den Kunden überwälzen zu können.

Ein weiteres Merkmal der Dienstleistungen, aus denen sich die Transferleistung zusammensetzt, ist die **Unvermeidlichkeit ihrer Erstellung**. Während bei Diensten im Rahmen der Leistungssubstanz frei darüber entschieden werden kann, ob sie erstellt und abgesetzt werden sollen oder nicht, wie z. B. im Fall des Transports oder der Kreditierung, müssen die Dienstleistungsaufgaben der Transferleistung unausweichlich erfüllt werden; es **müssen** ein oder mehrere Standorte erschlossen und es **muss** ein Absatzsystem erstellt werden, da ansonsten eine Ausübung der Handelstätigkeit ausgeschlossen ist.

2.2.1 Teilinstrumente

Im Rahmen der allgemeinen, also nicht wirtschaftsstufenbezogenen Betrachtung wird nur zwischen der **Standortpolitik** und der **Gestaltung des Absatzsystems** als den beiden Teilinstrumenten der Transferleistungspolitik unterschieden. Eine weitere Differenzierung innerhalb dieser allgemeinen Betrachtung verbietet sich, da diese sofort auf die Behandlung wirtschaftsstufenbezogener Besonderheiten hinauslaufen würde. Es zeigt sich, dass dieses Instrument des Handelsmarketing in besonders intensiver Form die Unterschiede zwischen Großhandels- und Einzelhandelsstufe widerspiegelt.

2.2.1.1 Standortpolitik

Die Standortpolitik befasst sich mit allen Entscheidungen und den daraus resultierenden Maßnahmen, welche dazu dienen, den Ort der Leistungserstellung einer Handelsunternehmung aufzufinden und zu erschließen. Generell ist die Standortentscheidung den langfristigen Unternehmensfestlegungen mit strategischer Bedeutung zuzurechnen. Ist ein Standort erst einmal erschlossen und die Tätigkeit dort aufgenommen, so ist eine Verlagerung im Regelfalle kurzfristig gar nicht und auch mittelfristig nur unter Inkaufnahme hoher Aufwendungen und eventuell auch Imageverluste möglich. Daher muss dieses Instrument mit größter betriebswirtschaftlicher Sorgfalt eingesetzt werden.

Die **Bedeutung des Instruments** ist allerdings unternehmensindividuell unterschiedlich. Während es beispielsweise bei international tätigen Filialunternehmungen permanent zum Einsatz gelangt und damit einen der Hauptfaktoren bildet, die über Erfolg und Misserfolg entscheiden, stellt sich etwa im Falle eines von Generation zu Generation innerhalb der Familie vererbten Fachgeschäfts die Standortproblematik nur dahingehend, dass veränderte Standortbedingungen im Absatzkonzept ihren Niederschlag finden müssen.

Die möglichen **Anlässe, welche zu Standortentscheidungen führen können**, sind in der folgenden Übersicht zusammengefasst:

Anlass	Beispiel
Neugründung	Suche nach Ladenlokal zum Aufbau einer selbstständigen Existenz
Umsiedlung ohne Veränderung der Betriebsgröße	Verlagerung eines Großhandelsstandortes nach Stilllegung einer Bahnstrecke
Umsiedlung mit Veränderung der Betriebsgröße	Umzug an Stadtrand in größere Räumlichkeiten wegen zu starker Beengtheit des bisherigen City-Standortes
Quantitative Unternehmensausweitung	Erschließung neuer Filialen ohne qualitative Veränderung des bisherigen Konzepts
Funktionale Differenzierung	Räumliche Aufspaltung der Funktionsausübung:Großhandelsverwaltung an einem Standort, Lager für Zustellgeschäft an einem zweiten Standort, C & C Markt an einem dritten Standort
Sortimentsbezogene Differenzierung	Aufspaltung eines Sportgeschäfts in eine Filiale für Sportgeräte und eine Filiale für Sportbekleidung

Der Standardfall beim Einsatz der Standortpolitik besteht in der Suche nach einem spezifischen Standort bei **Neugründung**, **Umlagerung** oder **Erweiterung eines Unternehmens**. Für expansive oder bereits überregional, national oder international tätige Handelsunternehmungen ergibt sich allerdings von Zeit zu Zeit die Notwendigkeit zu weiterführenden strategischen Standortüberlegungen. Diese beziehen sich z. B. darauf, ob eine weitere Ortschaft, eine Region oder etwa im Falle der Bundesrepublik Deutschland ein weiteres Bundesland in die Aktivitäten des Unternehmens miteinbezogen werden soll. Bei internationalen Unternehmungen oder solchen, welche in diese Größenordnung hineinwachsen wollen, erhebt sich darüber hinaus die Frage, in welchen Ländern oder Wirtschaftsregionen der Welt die Handelstätigkeit ausgeübt werden soll. Derartige in längeren Zeitintervallen erforderlichen strategischen Festlegungen bestimmen anschließend die kurzfristige standortanalytische Arbeit, indem sie die Ortschaft, die Region, das Land etc. definieren, in welchem künftig nach neuen möglichen Standorten Ausschau gehalten werden soll.

Als Hilfsmittel zur Standortbestimmung werden in der Literatur häufig die so genannten **Standortorientierungen** erwähnt. Es handelt sich dabei um Einflussfaktoren, nach welchen sich die Standortfindung ausrichtet. Im Wesentlichen werden genannt:

- Beschaffungsorientierung
- Faktororientierung
  - Personalorientierung
  - Raumorientierung
  - Energieorientierung
- Absatzorientierung
  - Abnehmerorientierung
  - Konkurrenzorientierung
- Verkehrsorientierung
- sonstige Orientierung
  - Informationsorientierung
  - Abgabeorientierung
  - politische Orientierung
  - Traditionsorientierung.

So hilfreich diese Orientierungsmerkmale für grundsätzliche Standortüberlegungen einerseits auch sein mögen, so wenig operational sind sie andererseits. Mit der Feststellung, dass für die Zwecke des eigenen Unternehmens ein personal- oder verkehrsorientierter Standort von besonderer Eignung sei, ist die konkrete Lokalisation noch lange nicht gefunden. Für die tatsächliche Standortfindung sind vielmehr qualitative und quantitative Verfahren zu nutzen, deren praktische Relevanz allerdings ebenfalls äußerst unterschiedlich ist.

Unter **qualitativen Verfahren** sind jene zu verstehen, bei denen verschiedene zur Wahl stehende Standorte nach nicht zahlenmäßig fassbaren Kriterien wie z. B. Attraktivität der Lage, Sichtbarkeit des Grundstückes etc. bewertet werden. Eine vergleichende Standortbeurteilung mehrerer Alternativen ist jedoch auch im Rahmen dieser qualitativen Verfahren nur möglich, wenn die dabei gesammelten Informationen in quantitativer Form aufbereitet werden. Dies geschieht i. d. R. durch Punktsysteme für verschiedene qualitative Beurteilungskriterien, welche – unter Umständen nach einer

Umrechnung mithilfe von Gewichtungsfaktoren – zu einer zahlenmäßigen Vergleichsgrundlage für verschiedene mögliche Standorte führen. Die Gewichtungsfaktoren spiegeln dabei die Bedeutsamkeit eines Beurteilungskriteriums wider und werden in der Praxis zumeist aus Erfahrungswerten abgeleitet (Scoring-Verfahren, Nutzwertanalyse).

Quantitative Standortverfahren knüpfen dagegen an eindeutig zahlenmäßig bestimmbare Größen wie Einwohnerzahlen, Entfernungen, Kaufkraftkennziffern etc. an. Sie versuchen, den an einem bestimmten Standort unter Berücksichtigung der Umgebungsbedingungen erzielbaren Umsatz (vgl. z. B. Verfahren nach *Reilly*) zu berechnen. Weiterführende quantitative Modelle, auch als Wirtschaftlichkeitsberechnungen zu bezeichnen, beziehen nicht nur den möglichen Umsatz an einem Standort, sondern darüber hinaus auch die erreichbaren Erträge und Kosten in die Betrachtung mit ein. Zum Entscheidungskriterium für oder gegen einen Standort bzw. zum Auswahlmaßstab bei mehreren Alternativen wird somit die erzielbare Rentabilität.

Rein quantitative Standortmodelle, welche ausschließlich zahlenmäßig messbare Größen wie Einwohnerzahlen, Kaufkraft etc. in Form mathematischer Modelle berücksichtigen, haben sich in der Handelspraxis als wenig tragfähig erwiesen. Zu viele für den Erfolg eines Standortes entscheidende Faktoren bleiben hierbei außer Ansatz. Dies mindert die Zuverlässigkeit der Prognoseresultate in nicht vertretbarem Maße. Es bedarf einer Einbeziehung auch qualitativer Faktoren in die Standortanalytik. Dies lässt sich in der Form bewerkstelligen, dass die qualitativen Größen in Umsatz-, Ertrags- oder Kostenwirkung „übersetzt“ werden, was zum Ergebnis hat, dass die prognostizierte Rentabilität auch die wesentlichen qualitativen Einflüsse beinhaltet. Als zumindest für den Einzelhandel bedeutsame qualitative und quantitative Standortfaktoren lassen sich hier nennen:

- Größe des Einzugsgebietes
- Anzahl, Struktur und Kaufkraft der Kunden im Einzugsgebiet (Bedarf!)
- infrastrukturelle Einpassung des Standorts, insbesondere Verkehrseinbindung
- Konkurrenzsituation
- topografische Merkmale des Standorts/Einzugsgebietes
- für den Bau bzw. die Betreibung der künftigen Betriebsstätte fördernde oder hemmende Eigenschaften des Standortes bzw. des Betriebsraumes
- Faktor- und sonstige Kosten (Personal-, Raumkosten etc.).

Zur Beurteilung eines konkreten Standortes muss zunächst dessen Einzugsgebiet abgegrenzt werden. Anschließend ist die Beschaffenheit der Standortfaktoren in diesem Gebiet zu ermitteln. Die Beschaffung aller benötigten Informationen fällt in den Aufgabenbereich der Standortforschung. Auf der Basis der gesammelten Daten wird eine Standortprognose erstellt.

Die Quantifizierung zunächst qualitativer Einflussgrößen erfolgt durch Prognose der umsatz- oder kostenbezogenen Auswirkungen. So werden beispielsweise eine gute

Verkehrsanbindung als umsatzfördernder Faktor, die Lage jenseits einer Autobahnunterführung oder hinter einem häufiger geschlossenen Bahnübergang als den Umsatz beeinträchtigendes Standortmerkmal berücksichtigt. Durch diese Verfahrensweise, die seitens des Standortanalytikers ein hohes Maß an Ausbildung und Erfahrung voraussetzt, gelangt man für jeden zu beurteilenden Standort zu einem in Zahlen ausdrückbaren Resultat. Dabei kann es sich um den zu erwartenden absoluten Gewinn oder Verlust bzw. um die anzunehmende Rentabilität des Standortes handeln. Auf dieser Grundlage wird die Auswahlentscheidung getroffen.

Mit diesem betriebswirtschaftlichen Verfahren ist jedoch die Standortentscheidung noch nicht in die Realität umgesetzt. Es schließt sich ein weites diffiziles Feld an, in dem es um baurechtliche Fragen, um politische Willensbildungsprozesse in Kommunen hinsichtlich Befürwortung oder Ablehnung eines Handelsobjekts, um die Verträglichkeit mit regionalplanerischen Vorgaben, um die Verhandlungen mit Vermietern oder Bauträgern, um Finanzierungsfragen und nicht zuletzt um die Durchsetzung gegenüber ebenfalls interessierten Wettbewerbern geht. Die Vielzahl der genannten Aspekte macht deutlich, dass selbst nach Auffinden eines betriebswirtschaftlich idealen Standortes das Tätigkeitsfeld der Standortpolitik noch längst nicht ausgeschöpft ist. Allerdings haben die genannten Problemstellungen stärker taktischen denn strategischen Charakter.

Abschließend soll auf den Unterschied zwischen **aktiver, systematischer Standortpolitik** und **passiver**, auf das Reagieren beschränkter **Standortanalytik** hingewiesen werden. Zahlreiche kleinere und mittlere Unternehmungen insbesondere im Einzelhandel, welche eine Filialisierung planen oder bereits in die Wege geleitet haben, verhalten sich in ihrer Standortpolitik überwiegend passiv. Dies bedeutet, dass sie erst auf Angebote von Maklern, Bauträgern und sonstigen Immobilienvermittlern hin tätig werden, indem sie die an sie herangetragenen Offerten prüfen und daraufhin eine befürwortende oder ablehnende Entscheidung treffen.

Im Gegensatz dazu steht die aktive Standortpolitik, welche vor allem für Filialunternehmungen und Gruppen des Einzelhandels von außerordentlicher Bedeutung ist. Bei dieser werden in bestimmten zeitlichen Abständen flächendeckende Analysen erstellt, welche die Erhebung der Kaufkraft in bestimmten Einzugsgebieten, der Infrastruktur und insbesondere der Wettbewerbssituation umfassen. Als Ergebnis können Marktlücken oder zumindest Bereiche niedrigerer Wettbewerbsintensität ermittelt werden, in denen sich mit größerer Aussicht auf Erfolg eine Verkaufsstelle ansiedeln lässt. Zudem ergeben solche Untersuchungen für jedes abgegrenzte Einzugsgebiet Hinweise auf die Erfolg versprechendste Form der künftigen Betreibung neuer Objekte; es stellt sich beispielsweise heraus, dass aufgrund der Konkurrenzsituation in einem bestimmten Gebiet eher ein Discounter als ein Supermarkt Gewinn bringend betrieben werden kann.

Durch eine solche systematische, flächendeckende Standortpolitik, auch als **Standortnetzanalytik** bezeichnet, lassen sich die für standortpolitische Maßnahmen vorhandenen Ressourcen weitaus effizienter einsetzen als bei einer dem Zufall überlassenen Standorterschließung. Ferner kann die Wahrscheinlichkeit von Fehlinvestitionen vermindert werden.

Die komplexe Problematik der Standortpolitik kann an dieser Stelle nur angedeutet werden. Für eine vertiefende Beschäftigung mit diesem Zweig der Handelspolitik wird auf die im Literaturverzeichnis angegebene Spezialliteratur verwiesen.

2.2.1.2 Gestaltung des Absatzsystems

Die Festlegung des Absatzsystems als Teil der Transferleistungspolitik kann definiert werden als Summe aller Entscheidungen mit Auswirkung auf das absatzgerichtete Distributionssystem:

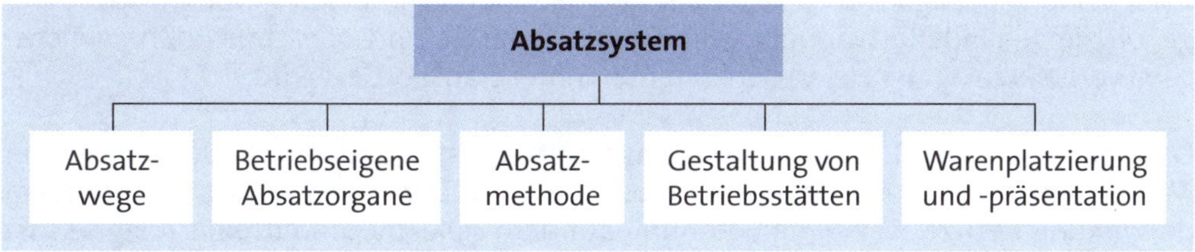

Abb. 19: Entscheidungsfelder der Absatzsystem-Gestaltung

Die Festlegungen bezüglich der Absatzwege und der Absatzorgane betreffen vor allem den Großhandel, die Gestaltung von Räumlichkeiten sowie die Warenplatzierung und -präsentation besitzen insbesondere im Einzelhandel Marketingrelevanz.

Die **Absatzwegeentscheidung** des Großhandels umfasst alle Auswahl- und Kombinationsentscheidungen in Bezug auf die möglichen Wege zu den Kunden. Angestrebt wird ein zieladäquater Absatzwege-Mix. Die wesentlichste Alternative im Rahmen dieses Teilinstruments ist diejenige zwischen **direktem** und **indirektem Absatz**. Hier ist eine Nahtstelle bzw. Überschneidung mit dem Teilinstrument der Festlegung der Absatzorgane zu verzeichnen: Direkter Absatz bedeutet nichts anderes als die ausschließliche Nutzung betriebseigener Absatzorgane, während unter indirektem Absatz die Einschaltung betriebsfremder Absatzmittler zu verstehen ist.

Als **Absatzorgane** sollen alle betriebseigenen Personen oder Unternehmensbereiche bezeichnet werden, welchen die Aufgaben der Markterschließung, der Absatzanbahnung und der Kontaktpflege mit wichtigen Abnehmern obliegen. Hiervon sind jene Unternehmensteile abzugrenzen, welche für die rein operative Aufgabenerfüllung im Vertrieb (Auftragsannahme, Warenzustellung, Reklamationsbearbeitung, Rechnungsprüfung etc.) zuständig sind. Bei diesen Funktionen geht es lediglich um die organisatorische Umsetzung von Marketingentscheidungen im Rahmen der Sortiments-, Dienstleistungs- oder auch Absatzwegepolitik. Hierauf wird im vierten Teil über die Organisation des Handelsunternehmens näher eingegangen.

Oben war ausgeführt worden, dass die Wahl des direkten Absatzweges gleichbedeutend mit dem Einsatz betriebseigener Absatzorgane sei. Daraus könnte geschlossen werden, dass die Entscheidung über die Absatzorgane lediglich eine Teilfestlegung im Rahmen der Absatzwegepolitik darstelle. Dies ist jedoch nicht zutreffend, da auch im Fall der Einschaltung betriebsfremder Absatzmittler darüber entschieden werden muss, über welche internen Absatzorgane die Steuerung und die Abwicklungsvorgänge hinsichtlich der Absatzmittler erfolgen sollen. Infolgedessen ist unabhängig von der Absatzwegeentscheidung immer auch eine solche bezüglich der Absatzorgane notwendig, was die Gleichrangigkeit dieses Entscheidungstatbestandes verdeutlicht.

Unter dem Begriff der **Absatzmethode** sind im Einzelhandel die Entscheidungen über die Anwendung des Distanz- oder des Treffprinzips, über die Wahl zwischen stationärem und mobilem Handel sowie über die Form der Bedienung (Fremdbedienung, Selbstbedienung etc.) zusammenzufassen. Dagegen soll im Großhandel hierunter die Entscheidung bezüglich Strecken- oder Lagergeschäft verstanden werden, also die Frage, ob die gehandelte Ware über ein eigenes Lager geführt oder am Großhandelsbetrieb vorbei direkt vom Hersteller zum Abnehmer transportiert wird.

Das Teilinstrument der **Betriebsstättengestaltung** ist nur dann als Bestandteil der Marketingpolitik zu betrachten, wenn es eine unmittelbar den Absatz beeinflussende Wirkung besitzt, wobei die Betonung auf dem Adjektiv „unmittelbar" liegt. Es ist hier also nicht die technisch-logistische Auslegung der Betriebsstätten von Zustellgroßhandlungen, von Versandhandelszentralen oder von Zentrallagern mobiler Einzelhändler angesprochen. Die hier zu untersuchende marketingpolitische Entscheidung der Verkaufsstättengestaltung ist somit nur für einen sehr engen Ausschnitt des Handels, nämlich für den stationären Einzelhandel, von Relevanz.

Bei der **Warenplatzierung** im Sinne innerbetrieblicher Standortentscheidungen und bei der **Warenpräsentation** als der Art und Weise der Darbietung der Handelsgüter handelt es sich um einzelhandelstypische Teilinstrumente der Absatzmarketingpolitik. Warenpräsentation als marketingorientierte Warendarbietung ist im Großhandel überhaupt nicht anzutreffen. Selbst im Falle des Punkthandels (C&C-Betriebe) wird auf dieses Instrument üblicherweise vollständig verzichtet, da es sich bei den Kunden um gewerbliche Abnehmer mit überwiegend rationalem Kaufverhalten handelt. Eine Platzierungspolitik existiert dagegen im Großhandel durchaus; jedoch ist diese unter dem Gesichtspunkt der Logistikoptimierung zu betrachten und damit nicht unter die marketingpolitischen Instrumente einzuordnen, sieht man einmal davon ab, dass Fragen der Raumgestaltung auch für Großhandlungen als Komponente der Imagebildung von Interesse sein können.

Zusammenfassend lässt sich feststellen, dass es sich bei der **Absatzsystemgestaltung** um marketingpolitische Aktivitäten handelt, welche die Infrastruktur erzeugen, ohne welche Distributionsvorgänge im Handel nicht abgewickelt werden können. Es sind Dienstleistungen, welche den Warenübergang vom Handelsunternehmen zu seinen Kunden ermöglichen, jedoch nicht als selbstständige Leistungen durch die Kunden erworben werden können. Augenfällig wird dies an Beispielen wie der Erschließung von Absatzwegen oder der Platzierung von Waren im Einzelhandel.

Wie oben erwähnt, werden gerade bei diesem Teilinstrument die Unterschiede zwischen Großhandel und Einzelhandel besonders deutlich, die daraus resultieren, dass es sich um unterschiedliche Wirtschaftsstufen mit verschiedenartigen volkswirtschaftlichen Aufgabenstellungen handelt.

2.2.2 Besonderheiten im Großhandel

2.2.2.1 Standortpolitik

Die Standortpolitik ist im Großhandel von weit geringerer Bedeutung als im Einzelhandel. Im Falle des Streckengroßhändlers ohne eigenes Lagergeschäft ist die Frage der Lokalisierung der Betriebsstätten sogar nahezu bedeutungslos. Im lagerführenden Großhandel ist die Standortentscheidung allein unter logistischen und damit kostenbezogenen Gesichtspunkten von Wichtigkeit. Einzige Ausnahme stellt der Cash and Carry-Großhandel dar, da in diesem Fall die Überbrückung der räumlichen Distanz zwischen Großhandelslager und Kunden von letzteren wahrgenommen werden muss.

Im Großhandel dominieren folgende Standortorientierungen:

- Beschaffungsorientierung
- Faktororientierung (Faktor Raum)
- Absatzorientierung (Abnehmerorientierung)
- Verkehrsorientierung.

Beschaffungsorientierung: Gemäß der Stellung des Großhandels zwischen Produktionsstufen bzw. zwischen Produktionsunternehmungen einerseits und Wiederverkäufern oder Großverbrauchern andererseits kann es sich aus Kostengründen für ihn als sinnvoll erweisen, seinen Standort nach **beschaffungspolitischen Erwägungen** auszuwählen. Konkret kann dies bedeuten: Herstellernaher Standort, Standort in der Nähe bedeutender Grenzübergänge, Standorte an den inländischen Schnittstellen wichtiger internationaler Verkehrsverbindungen (Flughäfen, Seehäfen, Bahnknotenpunkte etc.).

Faktororientierung (bezüglich des Leistungsfaktors Raum): Naheliegend ist die **Raumorientierung** bei der Standortsuche. Aufgrund der Notwendigkeit großer Flächen für rationelle Lagerumschlagsprozesse und für die Vorratshaltung großer Mengen beim lagerführenden Großhandel ist es sinnvoll, Standorte dort zu akquirieren, wo Raum in ausreichendem Maße und zu niedrigen Kosten erhältlich ist. Attraktive Lage, Erreichbarkeit durch Kunden, Imageübertragungswirkungen, Agglomerationseffekte usw. spielen hierbei keine oder nur eine sehr untergeordnete Rolle. Raumorientierte Standorte finden sich vorzugsweise in Gewerbegebieten, am Stadtrand, außerhalb von Ballungsgebieten.

Absatzorientierung (als Kundenorientierung): Diese ist bei der Standortwahl vor allem im Abhol-Großhandel, jedoch in gewissem Maße auch für den Zustell-Großhandel von Bedeutung. Während im ersteren Falle einzelhandelsähnliche Überlegungen angestellt werden müssen, sind für den Zustell-Großhandel die standortabhängigen Distributionskosten das ausschlaggebende Kriterium. Es ist nach Möglichkeit ein Standort zu wählen, welcher in Bezug auf die faktischen oder potenziellen Zustellkunden eine optimale, d. h. kostenminimale, Tourenplanung erlaubt. Bei längerer Zeit existierenden Großhandlungen entsteht hier oft das Problem, dass der ursprüngliche Lagerstandort nicht mehr zu der entwickelten Abnehmerstruktur passt. Von einer Umsiedlung wird trotzdem aufgrund der damit verbundenen Kosten oder auch aus Traditionsüberlegungen allzu oft abgesehen.

Für expansive Großhandelsunternehmungen empfiehlt es sich, um der geschilderten Problematik auszuweichen, einen Expansionsplan zu erstellen, in welchem die künftigen Lagerstandorte und die dazugehörigen Zustellgebiete im Voraus festgelegt werden. Es kann dann bei der Neukundenakquisition eine systematische Vorgehensweise angewendet werden, bei welcher nicht die Touren nach den gewonnenen Kunden bestimmt werden, sondern die Kundenakquisition sich an Optimaltouren ausrichtet.

Verkehrsorientierung: Diese schließlich ist – mit Ausnahme reiner Streckengroßhändler – bei allen Großhandelsformen von Bedeutung. Für die Wahrnehmung der Raumüberbrückung als einer der wesentlichsten Großhandlungsaufgaben ist die günstige Verkehrsanbindung, nach Möglichkeit an mehrere Arten von Verkehrsmitteln, von erheblichem Gewicht. Es wird daher die Nähe zu Wasserstraßen, Bahnlinien, Autobahnen oder Bundesstraßen gesucht. In der Bundesrepublik Deutschland überwiegt bei weitem die Anbindung an das Straßenverkehrsnetz. Hier ist im Sinne der Umweltbelastungen durch Lastkraftfahrzeuge ein Umdenken in Richtung auf ökologischere Verkehrsmittel zweifellos angebracht.

Komplexe standortanalytische Verfahren, wie sie im Einzelhandel üblich sind, werden sich im Großhandel in den meisten Fällen erübrigen. Ausnahmen bilden die strategische Expansionsplanung und die tourenoptimierende Neufestlegung zentraler Zustelllager. Ansonsten werden Standortentscheidungen unter Beachtung eines ausreichenden Raumangebotes, einer zufriedenstellenden Verkehrsanbindung und einer hinreichenden Nähe zu Beschaffungsquellen und Abnehmern getroffen.

2.2.2.2 Gestaltung des Absatzsystems

Die marketingpolitischen Entscheidungen zur Gestaltung des Absatzsystems unterscheiden sich wegen der unterschiedlichen Stellung im Wirtschaftsablauf zwischen Großhandel und Einzelhandel grundlegend. Wie oben bereits aufgezeigt wurde, treten viele der im Großhandel zu treffenden Entscheidungen im Einzelhandel überhaupt nicht auf oder besitzen nur eine untergeordnete Bedeutung. Hierzu zählen die nachstehenden **Entscheidungsbereiche**:

- Festlegung der **Absatzmethode** (Wahl zwischen Strecken- und Lagergeschäft)
- Festlegung der **Absatzwege** (Entscheidungen bezüglich direktem oder indirektem Absatzweg, Einschaltung von Absatzmittlern, Beschickung von Messen etc.)
- Festlegung der **Absatzorgane** (Bestimmung des betriebseigenen Distributionspersonals).

2.2.2.2.1 Absatzmethode

Wie oben definiert, soll im Großhandel unter der Entscheidung über die Absatzmethode die Festlegung bezüglich Strecken- oder Lagergeschäft verstanden werden. Den Unterschied verdeutlicht das folgende Schaubild:

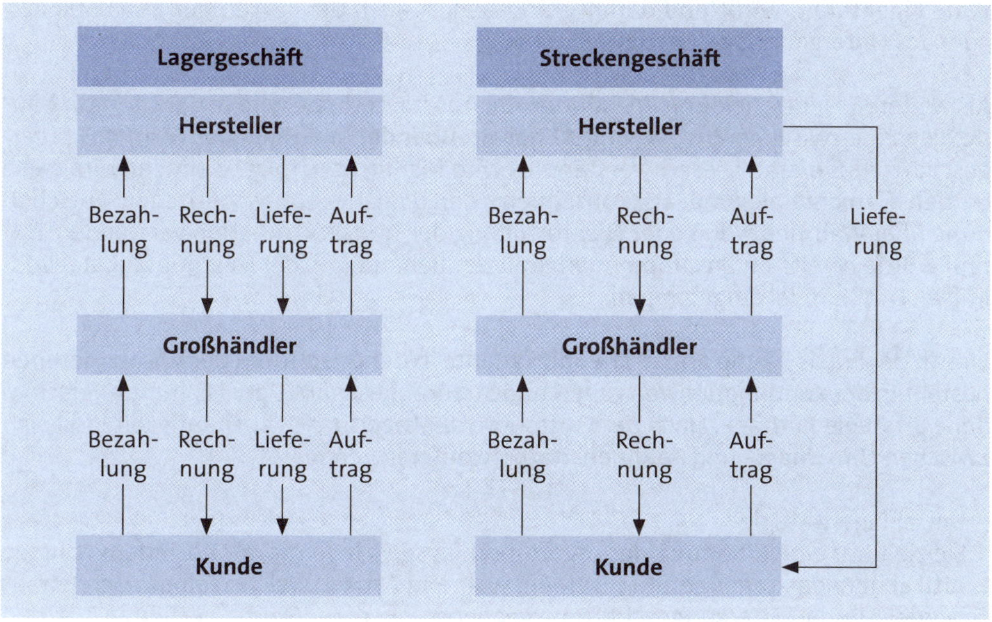

Abb. 20: Lager- und Streckengeschäft im Großhandel

Die Großhandelsunternehmung kann sich für eine der beiden Absatzmethoden oder – in der Praxis häufig anzutreffen – für eine Kombination daraus entscheiden. Vielfach wird der Unterschied zwischen **Strecken-** und **Lagergroßhandel** in der Weise dargestellt, dass die letztere Form als besonders intensive Art und Weise bezeichnet wird, Großhandel zu treiben. Diese Sichtweise ist nur bedingt richtig. Zwar steht außer Frage, dass im Fall des Lagergroßhandels zusätzliche Einrichtungen für die physische Warenbewegung und -aufbewahrung erforderlich sind, welche der reine Streckengroßhändler nicht benötigt.

Andererseits setzt das Streckengeschäft sehr oft dort an, wo komplexe Beschaffungssituationen gegeben sind. Diese können gekennzeichnet sein durch eine Vielzahl von Anbietern, starke und kurzfristige Preisschwankungen, komplizierte Rechtskonstellationen, z. B. durch bestimmte EU-Vereinbarungen, etc. Dagegen können in solchen Wirtschaftssektoren (Beispiel: Stahlhandel) die Transport- und Lagervorgänge von geringerer Schwierigkeit sein, und die kurzfristige Lieferfähigkeit ab Großhandelslager kann ein weniger wichtiges Kriterium für den Abnehmer darstellen. In diesem Fall besteht die eigentliche Handelsleistung in der Erschließung von Beschaffungsmärkten und der stets aktuellen Informationsbereitstellung über diese Märkte. Bei einer solchen Problemkonstellation bildet das Streckengeschäft eine Konzentration der Handelsfunktionen auf jenen Bereich, welcher die komplexesten Aufgabenstellungen bietet. Bei wirksamem Marktmechanismus wird sich auch nur unter diesen Umständen ein Streckengroßhändler am Markt behaupten können.

Wesentlich erscheint noch der Hinweis, dass es sich beim Strecken- wie beim Lagergeschäft um **Eigengeschäft** handelt, d. h. dass das Großhandelsunternehmen an der Ware Eigentum erwirbt und damit grundsätzlich auch die Risiken der Beschädigung oder des Untergangs der Ware zu tragen hat.

Als weitere Teilentscheidung im Rahmen der Absatzmethode wird in der Literatur häufig diejenige zwischen **Zustell-** und **Abhol-Großhandel** innerhalb der Form des Lagergeschäfts aufgefasst. Diesem Verständnis wird hier nicht gefolgt; vielmehr wird diese Betriebsformenfestlegung als Konsequenz der dienstleistungspolitischen Entscheidung über Wahrnehmung oder Nichterfüllung der Transportfunktion verstanden. Darauf wurde bereits im Zusammenhang mit der Behandlung der Leistungssubstanzpolitik im Großhandel eingegangen.

Eine in der Praxis häufig anzutreffende Variante in der Gestaltung der Absatzmethode besteht in der Kombination von Lager- und Streckengeschäft. Dabei kommen verschiedene Strategien infrage. Nach dem Kriterium der Lagerumschlagshäufigkeit lässt sich zwischen **Umschlags-** und **Spannenstrategie** differenzieren:

- **Umschlagsstrategie**
  Sie zielt auf eine Erhöhung der Lagerumschlagsgeschwindigkeit ab, indem gängige Artikel über das Lager geführt werden, während Artikel, welche selten nachgefragt werden, in das Streckengeschäft ausgegliedert werden. Dieses Verfahren hat den Vorteil, dass das Großhandelslager von Langsamdrehern und damit auch von allen Risiken entlastet wird, welche mit einer langen Lagerdauer zusammenhängen.
- **Spannenstrategie**
  Bei dieser Vorgehensweise werden die Umsätze mit Artikeln hoher Umschlagsgeschwindigkeit über die Strecke abgewickelt. Dies reduziert den Mengenumschlag im Lager und damit die Kosten der Warenannahme, Einlagerung, Lagerpflege, Kommissionierung, Zustellung an den Kunden und Inventur drastisch. Die im Lager geführten Artikel mit niedriger Umschlagsgeschwindigkeit können (und müssen) mit einem höheren Aufschlag kalkuliert werden.

Es ist zu erkennen, dass je nach gewählter Alternative der Geschäftsablauf im Großhandel jeweils deutlich anders beschaffen ist und zu völlig unterschiedlichen Kosten- und Spannenstrukturen führt.

Neben der Absicht, das Großhandelslager entweder von Langsamdrehern oder von einem hohen Volumen an Warenbewegungen zu entlasten, führt ein weiterer Grund häufig zur Abwicklung bestimmter Kontrakte in Form des Streckengeschäfts: Die zunehmende Entfernung der Abnehmer vom Großhandelsbetrieb. Oft werden **räumlich weit entfernt liegende Abnehmer**, deren Nachfrage aber dennoch nicht total zurückgewiesen werden soll, im Wege des Streckengeschäftes bedient, während die Kunden im näheren Umfeld des Großhandelslagers die Ware zugestellt erhalten. Nicht nur betriebswirtschaftlich, sondern auch gesamtwirtschaftlich gesehen stellt in solchen Situationen das Streckengeschäft eindeutig die rationellere Verfahrensweise dar, bei der volkswirtschaftliche Ressourcen in sinnvoller Weise geschont werden.

Beispiel

Man stelle sich beispielsweise vor, dass ein in Hannover ansässiger Großhändler sich von einem Hersteller aus Bayern beliefern lässt und anschließend die Ware mit eigenen Lkw an Kunden in Bayern zurückbefördert. Dieses Exempel macht in anschaulicher Form die Unsinnigkeit einer kompromisslosen Anwendung des Lagergeschäftes deutlich. Als Faustregel kann gelten: Wenn die Entfernung zwischen Hersteller und Großhandelskunde geringer ist als diejenige zwischen Großhandelslager und Kunde, sollte die Alternative des Streckengeschäfts ernsthaft geprüft werden.

Solche volkswirtschaftlichen Überlegungen werden natürlich schnell in den Hintergrund treten, wenn der Einsatz des Lagergeschäftes übergeordneten unternehmenspolitischen Zielen zu dienen hat. So steht es außer Frage, dass die Belieferung eines Kunden aus dem Großhandelslager eine Bindungswirkung erzeugt. Als Begründung ist einmal der Aspekt der Belieferung aus einer Hand, also die Konzentrationsmöglichkeit mit konditionenverbessernder Wirkung zu nennen, zum anderen der bei regelmäßiger Belieferung des Kunden durch den Großhandel eintretende Gewöhnungseffekt, der auch dazu beiträgt, dass möglicherweise der Kunde seine direkten Kontakte zu den vorgelagerten Herstellungsunternehmungen nur noch mit geringer Intensität pflegt oder ganz einschlafen lässt.

2.2.2.2.2 Absatzwege

Im Rahmen der **Absatzwegeentscheidung** hat der Großhandel, wie oben erläutert, die Festlegung zu treffen, ob auf direktem oder indirektem Wege distribuiert werden soll. Die folgende Abbildung verdeutlicht diese Unterscheidung.

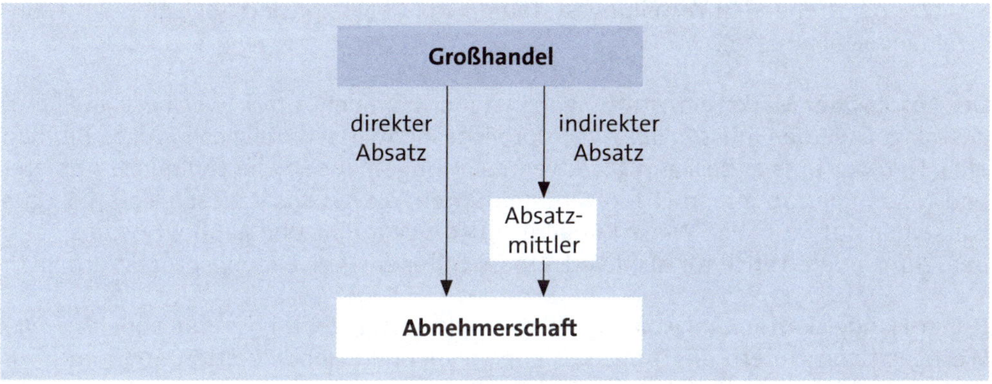

Abb. 21: Direkter und indirekter Absatzweg des Großhandels

Der **direkte Absatz** kann durch die Geschäftsleitung selbst, über Mitarbeiter einer internen Verkaufsabteilung oder über den Außendienst abgewickelt werden. Der **indirekte Absatz**, und hier liegt eine weitere zentrale Distributionsentscheidung für den Großhandel, kann über eine Vielzahl unterschiedlich agierender Absatzmittler erfolgen: Über weitere nachgelagerte Großhandlungen, über den Einzelhandel, über freie Handelsvertreter, Makler, Kommissionäre etc. Handelsvertreter praktizieren dabei meist das so genannte „Agenturgeschäft", welches in der Vermittlung von Geschäften in fremdem Namen auf fremde Rechnung besteht. Dieses wird zuweilen auch von Großhandlungen selbst ausgeübt.

Eine weitere Form des **indirekten Absatzes** bildet die Teilnahme an Messen, Ausstellungen, Auktionen oder sonstigen Marktveranstaltungen, bei welchen das vermittelnde Angebot des Veranstalters (z. B. Messegesellschaft) zur Abwicklung des eigenen Absatzes genutzt wird.

Allen indirekten Absatzwegen ist gemeinsam, dass sie einen mehr oder weniger stark ausgeprägten Einfluss auf die Absatztätigkeit eines Großhandelsunternehmens ausüben. Nur im Falle des ausschließlichen Einsatzes eigener Absatzorgane kann die einmal entwickelte Marketingkonzeption ohne Beeinträchtigung von dritter Seite bis zum Endabnehmer durchgesetzt werden.

Dafür bietet die Einschaltung von **Absatzmittlern** eine Reihe von nicht zu unterschätzenden **Vorteilen**:

- Einsparung von Kosten durch die Übernahme von Funktionen seitens hoch spezialisierter Absatzmittler-Betriebe, welche bestimmte Aufgaben günstiger als das eigene Unternehmen zu erstellen in der Lage sind
- Abwälzung von Risiken
- Nutzung der Eigeninitiative und Eigenständigkeit von Absatzmittlern bei der Kundenakquisition
- Erschließung der u. U. besseren Marktkenntnisse von Absatzmittlern
- Erzielung eines hohen Distributionsgrades z. B. im Konsumgüterabsatz durch Einsatz von bestehenden Verteilungssystemen von Absatzmittlern (beispielsweise Einzelhandelsfilialnetze).

Der **Absatz über Marktveranstaltungen** bietet sich an bei Gütern, welche schnell umgeschlagen werden müssen (leicht verderbliche landwirtschaftliche Produkte, Blumen etc.). Darüber hinaus besitzen Marktveranstaltungen, indem sie zahlreiche Anbieter und Nachfrager an einem Ort zusammenführen, die grundsätzlichen Vorteile, dass zum einen auf rationelle Weise Kundenkontakte geknüpft und gepflegt werden können, zum anderen auch für nicht vertretbare Güter ein Preisbildungsprozess erfolgt.

Durch **Handelskettenanalysen** (*Seyffert*) wurde festgestellt, dass mit zunehmender Wertigkeit von Gütern die Länge der entsprechenden Handelsketten abnimmt. Aus dieser empirischen Erkenntnis lässt sich ableiten, dass normalerweise im Investitionsgütergroßhandel eine Tendenz zum direkten Absatz, im Konsumgütergroßhandel dagegen zum indirekten Absatz hin festzustellen sein wird. Innerhalb des Konsumgüterhandels wird seitens der hier tätigen Großhandlungen eine um so stärkere Einschaltung von Handelsvermittlern erfolgen, je geringwertiger und weniger erklärungsbedürftig die im Sortiment enthaltenen Artikel sind.

Bei Neugründungen von Großhandelsunternehmungen sowie bei horizontaler Diversifikation, also der Angliederung von Warenbereichen, in denen man bisher nicht tätig war, wird die Wahl des indirekten Absatzweges fast unvermeidlich sein. In solchen Situationen fehlen die einschlägigen Marktkenntnisse, und das diversifizierende Unternehmen ist zunächst fast ausschließlich auf die von Handelsvertretern oder sonstigen Vermittlern in die Geschäftsbeziehung eingebrachten Kundenkreise angewiesen.

Zusammenfassend ist festzuhalten, dass jedes Großhandelsunternehmen die Entscheidung über die Absatzwege unter Berücksichtigung der eigenen Potenziale, der gehandelten Ware, der Marktbedingungen, der alternativen Kostensituationen, der Durchsetzungsmöglichkeiten für die eigene Marketingkonzeption und der Chancen zur Risikoabwälzung treffen muss. Die Vielzahl der genannten Einflussfaktoren verdeutlicht die Komplexität dieses marketingpolitischen Teilinstruments, welches beim Einzelhandel völlig entfällt, weil es für diesen zum unmittelbaren Absatz an den Endverbraucher keine Alternative gibt. Die einzige Ausnahme ist in der Einschaltung von Sammelbestellern durch einige Versandhandelsunternehmungen zu sehen.

2.2.2.2.3 Absatzorgane

Die Festlegung hinsichtlich der **betriebseigenen Absatzorgane** stellt eine marketingstrategische Entscheidung dar. Hier existieren generell die folgenden Möglichkeiten:

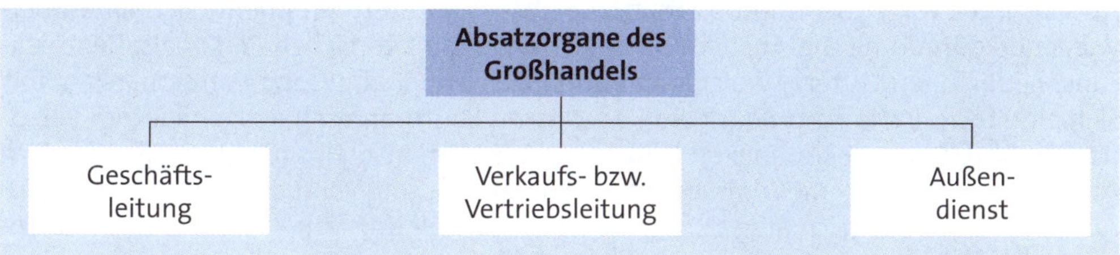

Abb. 22: Absatzorgane des Großhandels

Diese Möglichkeiten können alternativ oder kombinativ zur Anwendung gelangen. Die erstgenannte Alternative bietet sich vor allem für kleinere und mittlere Großhandelsunternehmungen an, bei denen – wie häufig im Investitionsgütersektor der Fall – der Einzelabschluss mit einem Kunden ein größeres Volumen besitzt. In solchen Fällen wird oft die **Geschäftsleitung** die Hauptlast der Auftragsakquisition tragen, während die an nachgelagerte Stufen des Unternehmens abgegebenen Aufgaben überwiegend operativen und organisatorischen Charakter besitzen.

Die Tätigkeit einer **Verkaufsabteilung**, deren Leitung der zweiten Managementebene zuzurechnen ist, ist unabdingbar, wenn das Unternehmen in einem größeren Absatzgebiet, in unterschiedlichen Warengruppen, in verschiedenen Zielsegmenten etc. tätig ist, oder wenn durch die Art der gehandelten Ware eine große Zahl einzelner Absatzkontakte angeknüpft und gepflegt werden muss. Je nach Standardisierungsfähigkeit der gehandelten Güter und nach der durchschnittlichen Dauer der Kundenbeziehungen ist die Art des Kontaktes zu den Abnehmern auf elektronischem, schriftlichem oder telefonischem Wege oder über persönliche Begegnungen zu gestalten, welche entweder im Geschäft des Kunden, in der Großhandlung oder an neutralen Orten (z. B. auf Messen) stattfinden können.

Der Einsatz von **Außendiensten** ist im Großhandel rückläufig. War es früher die Regel, dass die Kontaktanbahnung, die regelmäßigen Kundenbesuche, Bestellaufnahmen, Reklamationsgespräche etc. durch Außendienstmitarbeiter geführt wurden, so wird heute aus Kostengründen bei vertretbaren Waren meist auf einen Außendienst verzichtet. Elektronische Medien ersetzen in diesen Fällen den persönlichen Kontakt.

Nach wie vor nützlich erweist sich der Einsatz von Außendiensten dort, wo ein sehr weit verzweigtes Kundennetz in Branchen mit stark erklärungsbedürftigen Waren zu versorgen ist. Auch in jenen Fällen, in denen die Mentalität der Abnehmer eine sensible Kundenbehandlung erfordert, wie z. B. in der Hotellerie oder beim Großverbraucher-Service, ist der Einsatz von Außendiensten nach wie vor sinnvoll. Eine Alternative zum eigenen Außendienst stellt der Absatz über Handelsvertreter oder ähnliche Handelsvermittler dar. Auf diese Entscheidungsfrage wurde bereits im Abschnitt über die Absatzwegewahl eingegangen.

Eine marketingpolitische Festlegung erfordert auch die **fachliche Ausrichtung von Absatzorganen**. Als wesentliches Entscheidungskriterium tritt die **Erklärungsbedürftigkeit der gehandelten Güter** in Verbindung mit der Kompetenz der Partner auf der Absatzseite zutage. Bei unproblematischen Massengütern empfiehlt sich eine überwiegend kaufmännische Ausbildung des absatzakquisitorischen Personals. Bei erklärungsbedürftigen Gütern, welche an den Einzelhandel abgesetzt werden sollen, hat sich eine technische Fortbildung von ansonsten kaufmännisch ausgebildetem Personal bewährt. Bei hochkomplexen Gütern vor allem im Investitionsgütersektor wird im Allgemeinen eine ingenieurwissenschaftliche Ausbildung Voraussetzung einer erfolgreichen Tätigkeit sein; analog zur technischen Fortbildung von Kaufleuten ist hier jedoch eine kaufmännische Zusatzausbildung für den Ingenieur von Nutzen (wie z. B. bei Wirtschaftsingenieuren). Im Investitionsgütergroßhandel mit technisch besonders problematischen Gütern ist es schließlich denkbar, dass Verkaufsteams (**Selling Teams**) tätig werden, welche aus spezialisierten Ingenieuren einerseits und reinen Kaufleuten andererseits bestehen. Dieser Fall ist jedoch im Großhandel selten; er ist häufiger im direkten Kontakt zwischen Investitionsgüterindustrie und gewerblichem Abnehmer anzutreffen.

2.2.3 Besonderheiten im Einzelhandel

Die gesamte Transferleistungspolitik im Einzelhandel wird im Gegensatz zum Großhandelssektor von der Tatsache des unmittelbaren Kontakts mit dem Endverbraucher bzw. Endverwender bestimmt. Dieser Kontakt ist von seiner Grundstruktur her mit demjenigen zwischen Großhandelsunternehmen und gewerblichen Abnehmern kaum zu vergleichen. Als wesentliche Unterschiede sind zu nennen:

- Die Zahl der Absatzpartner im Einzelhandel ist ungleich höher.
- Die Kundenbeziehung gestaltet sich anonymer.
- Die Durchschnittseinkaufsbeträge im Einzelhandel sind niedriger als im Großhandel.
- Auf der Endverbraucherstufe gibt es einen wirtschaftssektorübergreifenden Wettbewerb um die Kaufkraft; während der gewerbliche Großhandelskunde mit den verfügbaren Mitteln die für die Erfüllung des Betriebszwecks notwendigen Leistungsfaktoren (und nur diese!) beschafft, stellt sich für den Endverbraucher stets die Alternative, die verfügbare Kaufkraft für Konsumausgaben im Einzelhandel oder aber in anderen Wirtschaftsbereichen, wie z. B. Gastronomie, Freizeitgewerbe, Tourismusbranche usw. einzusetzen.
- Schließlich ist insgesamt gesehen das Verhalten des Endverbrauchers stärker emotional geprägt, als dies beim gewerblichen Kunden der Fall ist.

Diese Unterschiede führen dazu, dass die Transferleistungspolitik des Einzelhandels ein völlig anderes Aussehen haben muss als im Großhandel.

2.2.3.1 Standortpolitik

Im Einzelhandel, jedenfalls im stationären Einzelhandel, ist die Standortpolitik als eines der wesentlichen, über den Unternehmenserfolg mitentscheidenden Teilinstrumente zu betrachten. Als **Standortorientierungen** kommen in Betracht:

- Faktororientierung (Faktor Raum)
- Absatzorientierung: Abnehmerorientierung
- Absatzorientierung: Konkurrenzorientierung
- Verkehrsorientierung.

Faktororientierung (in Bezug auf den Leistungsfaktor Raum): Sie spielt in Verbindung mit der **Verkehrsorientierung** vor allem für die ca. seit Beginn der 60er-Jahre entstandenen großflächigen Betriebsformen des Einzelhandels eine große Rolle. Im Zuge der Entstehung der Selbstbedienung wurde auf diesen Großflächen eine Substitution des Leistungsfaktors Personal durch den Faktor Raum vorgenommen.

Die Bedienungsfunktion wurde durch selbstbedienungsgeeignete Platzierung und Präsentation der Ware ersetzt, wofür selbstverständlich ein größerer Betriebsraum erforderlich war. Dieser wiederum musste aus Kostengründen in billigeren Lagen am Stadtrand bzw. „auf der grünen Wiese" gesucht werden. Insoweit ist bei der Raumorientierung eine gewisse Parallele zur Standortpolitik des Großhandels festzustellen.

Absatzorientierung: Die Orientierung an Absatzgesichtspunkten ist der im Einzelhandel mit Abstand dominierende Aspekt. Einzelhandelsunternehmungen, welche geringwertige Güter des täglichen Bedarfs handeln, suchen im Allgemeinen eine Alleinstellung zu erreichen. Bei derartigen Gütern wirkt ein Konkurrenzunternehmen ausschließlich störend, da es keine zusätzliche Kaufkraft bindet und somit der verfügbare Umsatz im Einzugsgebiet sich auf alle Konkurrenten verteilt. Die Standortsuche nach dem Prinzip der Kundennähe (in Stadtteilen, Wohnsiedlungen usw.) wird auch als **Abnehmerorientierung** bezeichnet.

Dagegen suchen Einzelhandelsanbieter von Gütern des aperiodischen Bedarfs normalerweise die Konkurrenz; dies rührt daher, dass der Kunde beim Kauf z. B. von Möbeln, Schmuck, Textilien, Schuhen, Pelzen etc. eine Auswahlmöglichkeit und den Vergleich zwischen verschiedenen Sortimenten wünscht, bevor er sich zum Kauf entschließt. Somit verstärken mehrere gleichartige Anbieter in solchen Branchen die Kundenattraktionswirkung. Als geeignete Standorte erweisen sich bei dieser Konstellation Stadt- oder Stadtteilzentren. Die Standortnachbarschaft mehrerer Einzelhandelsunternehmungen der gleichen Branche wird auch als **Konkurrenzagglomeration** bezeichnet. Eine solche kann sowohl natürlich wachsen, wie dies in zahlreichen Citys der Fall war, oder durch systematische Planung in Form künstlicher Einkaufszentren entstehen.

Verkehrsorientierung: Der Großteil der heute existierenden Einzelhandelsunternehmungen kann nur noch bei Beachtung des Prinzips der Verkehrsorientierung mit Erfolg arbeiten. Dies gilt für Anbieter in Stadtteilzentren und Innenstädten, erst recht natürlich für Verkaufsstätten in Stadtrandlagen oder auf der grünen Wiese. Ausnahmen von dieser Regel bilden Spezialformen des Einzelhandels wie Online- oder klassischer Versandhandel, mobiler Handel, Automatenverkauf sowie eine immer kleiner werdende Zahl von Kleinstanbietern von Waren des täglichen Bedarfs, welche von ihrer Stammkundschaft zu Fuß erreicht werden können.

Bei der Verkehrsanbindung ist bis zu einem gewissen Grad eine Parallele zur Standortorientierung des Großhandels zu sehen, dennoch gibt es wirtschaftsstufenbezogene Unterschiede: Während eine Betriebsstätte des Großhandels für Schiff, Bahn oder Lkw gut erreichbar sein muss, ist für die Verkaufsstelle im Einzelhandel eine problemlose Anbindung an den Individualverkehr erforderlich, sei es für Pkw-Kunden oder für Nutzer des öffentlichen Personennahverkehrs.

Auf die Methodik zur Standortfindung und -erschließung – aktive und passive Standortanalytik, anzuwendende Verfahren usw. – wurde oben bereits eingegangen. Wesentlich erscheint an dieser Stelle der Hinweis, dass die Breite der standortanalytischen Verfahren im wesentlichen nur im Einzelhandel zum Tragen kommt, da sich die Standortfindung im Großhandel, wie erläutert, normalerweise nach einer weniger komplexen Methodik vollzieht. Zur Veranschaulichung des Ablaufs soll an dieser Stelle ein kurzgefasstes Phasenschema einer exemplarischen Standortanalyse für ein Einzelhandelsobjekt wiedergegeben werden:

1. Phase	Makler bietet Baukörper für mögliche Einzelhandelstätigkeit an. Da generelles Interesse besteht, erfolgt eine Besichtigung der Immobilie und ihrer näheren Umgebung. Die prinzipielle Eignung wird festgestellt.
2. Phase	Eine grobe baurechtliche Überprüfung führt zu dem Ergebnis, dass keine grundsätzlichen Genehmigungshindernisse für die vorgesehene Nutzung vorliegen.
3. Phase	Nach der Weg-Zeit-Methode und unter Berücksichtigung psychologischer Hemmnisse für die Erreichung des Standorts wird das potenzielle Einzugsgebiet abgegrenzt. Beim Einwohnermeldeamt werden hierfür die aktuellen Einwohnerzahlen sowie die relevanten Strukturdaten festgestellt. Nach Erhebungen einschlägiger Handelsinstitute und unter Berücksichtigung betriebsinterner Erfahrungswerte wird die Kaufkraft je Kunde im Einzugsgebiet festgelegt, von welcher beim geplanten Sortimentsumfang ausgegangen werden kann. Aus der Multiplikation von Einwohnerzahl mit Kaufkraft je Einwohner ergibt sich ein theoretisches Umsatzpotenzial.
4. Phase	Es werden Umsatzzuflüsse bzw. -abflüsse prognostiziert, welche sich aus freizeit- oder berufsbedingten Pendlerströmen ergeben können. Das Umsatzpotenzial wird entsprechend korrigiert (Zentralitätskennzahl).
5. Phase	Es wird eine Begehung aller wesentlichen Konkurrenzbetriebe vorgenommen, bei welcher ihre Größe, gemessen in Verkaufsfläche, sowie ihre Attraktivität beurteilt werden. Unter Zugrundelegung der Qualität des Planstandortes, der eigenen zu erwartenden Leistungsstärke und der Attraktionswirkung der beurteilten Wettbewerber wird ein im Einzugsgebiet erzielbarer Marktteil prognostiziert. Hierbei werden Erfahrungswerte aus der Vergangenheit zu Grunde gelegt[1]. Die Marktanteilsprognose erfolgt nicht global für das gesamte Einzugsgebiet, sondern differenziert nach marktanalytischen Zonen, welche sich durch einen erwarteten einheitlichen Marktanteilswert je Zone auszeichnen.
6. Phase	Aus dem theoretischen Umsatzpotenzial, korrigiert um zu erwartende Umsatzzuflüsse- und -abflüsse, ergibt sich unter Ansatz der Marktanteilswerte je Zone ein Planumsatz für den zur Entscheidung anstehenden Standort. Dieser dient als Ausgangswert für eine Rentabilitätsplanung, in welche zusätzlich die aufgrund des Plansortiments zu erwartenden Erträge und die standortspezifisch zu prognostizierenden Kosten einbezogen werden. Jede Kostenposition wird möglichst realistisch geplant, z. B. Personalkosten nach geltenden Tarifen am Standort, Kosten für Anzeigenwerbung nach den Millimeterpreisen der lokalen Zeitung usw. Es errechnet sich ein Plangewinn bzw. -verlust für das Projekt, anhand dessen die betriebswirtschaftliche Entscheidung über die Realisation getroffen wird.
7. Phase	Bei grundsätzlich positiver Entscheidung erfolgt die rechtliche Durchsetzung des Projekts unter Berücksichtigung von städtebaulichen Planungen, baurechtlichen Vorschriften und sonstigen Bestimmungen. Im Erfolgsfalle wird die Anmietung oder der Kauf der fraglichen Immobilie vorgenommen.

[1] Die Orientierung an analogen Analysefällen der Vergangenheit wird auch als „Analogieverfahren" bezeichnet.

Nachfolgend ist ein Beispiel eines Formulars wiedergegeben, welches zur Berechnung des Planumsatzes im Einzugsgebiet eines zu analysierenden Standortes dient.

Markt-analytische Zone	Ein-wohner-zahl	Kauf-volumen pro Jahr T€	Kaufvol.-zu-/abfl.		Potenzial Kaufvolumen T€	Markt-anteil Plan-objekt	Umsatz Plan-objekt T€	Zonen-Anteil %
			%	T€				
1	2	3	4	5	6	7	8	9
Gesamt								

Die obenstehende exemplarische Darstellung des **Ablaufs einer Standortanalyse im Einzelhandel** verdeutlicht, dass es sich hierbei um einen problemvollen Vorgang handelt, welcher der langfristigen Bindungswirkung wegen nur in den Händen von erfahrenen Analytikern liegen sollte. Fehler im Standortbereich wirken sich über Jahre, wenn nicht sogar über Jahrzehnte aus, weshalb hier von der Anwendung der „Trial and Error-Methode" dringend abgeraten werden muss.

Abschließend ist darauf hinzuweisen, dass nicht nur die Standortfindung im Einzelhandel eine schwierigere Entscheidungssituation als im Großhandel darstellt, sondern dass hier auch die Gefahr der kurzfristigeren Erosion (Abnutzung) von Standorten besteht. Hierfür kommen zahlreiche Ursachen infrage; exemplarisch soll aufmerksam gemacht werden auf Zu- und Abwanderungserscheinungen der Bevölkerung, auf Veränderungen der Individualverkehrsführung (z. B. Durchgangsstraße wird zur Fußgängerzone), oder auch auf neue Konkurrenzansiedlungen, aufgrund derer ein vorher ausgezeichneter Standort unter Umständen nur noch mit Verlusten weitergeführt werden kann. Alle diese sich ständig verändernden Faktoren, welche bei der Standortentscheidung gar nicht oder nur sehr ungenau vorausgesagt werden können, bewirken, dass im Einzelhandel die Notwendigkeit zu einer Standortverlagerung wesentlich öfter zu verzeichnen ist als im Großhandel. Um eine solche erforderlichenfalls rechtzeitig einleiten zu können, ist eine permanente Wachsamkeit im Hinblick auf negative Standortveränderungen notwendig.

Aufgabe 4 > Seite 500

2.2.3.2 Gestaltung des Absatzsystems

Wie oben dargelegt, unterscheidet sich das Absatzsystem des Einzelhandels grundlegend von jenem des Großhandels. Es enthält daher auch Entscheidungsbereiche, welche bei der Erörterung des großhandelsbezogenen Absatzsystems noch keinerlei Erwähnung gefunden haben: Die Gestaltung der Verkaufsstätte und die Platzierung und Präsentation der Ware. Einleitend soll jedoch auf die Besonderheiten bei der Gestaltung der Absatzmethode im Einzelhandel eingegangen werden.

2.2.3.2.1 Absatzmethode

Der Begriff der Absatzmethode im Einzelhandel wurde oben bereits kurz definiert. Ihre Festlegung beinhaltet folgende Einzelentscheidungen:

- Erstens ist hier die Entscheidung bezüglich der Anwendung des Distanz- oder des Treffprinzips anzusprechen.
- Zweitens geht es um die Wahl zwischen stationärem und mobilem Handel.
- Drittens ist auf die Alternative zwischen Bedienung bzw. Selbstbedienung einzugehen.

Der Zusammenhang dieser drei Entscheidungen, bei welchen es sich um Fragen mit langfristigem, zum Teil sogar mit konstitutivem Charakter handelt, geht aus der nachstehenden Abbildung hervor:

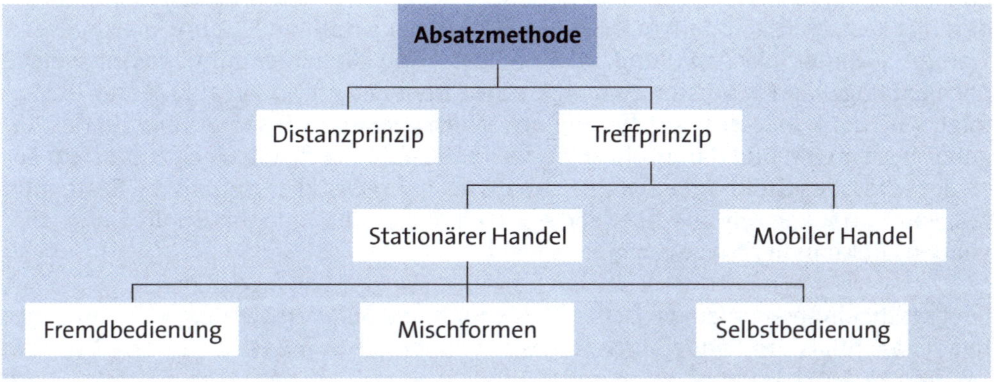

Abb. 23: Der Zusammenhang der Grundentscheidungen im Rahmen der Festlegung der Absatzmethode im Einzelhandel

Beim **Distanzhandel** werden die Kunden über eine größere räumliche Distanz hinweg mit der Ware versorgt. Die Entscheidung für diese Absatzmethode ist im Einzelhandel gleichbedeutend mit der Wahl der Betriebsform des Online- bzw. klassischen Versandhandels. Im Gegensatz hierzu sucht beim **Treffprinzip** der Kunde die Räumlichkeiten des Einzelhandelsunternehmens auf oder dieses kommt mittels mobiler Verkaufseinrichtungen zur Wohnstätte des Abnehmers.

Die Wahl zwischen **stationärer** und **mobiler Verkaufstätigkeit** ist also nur für Unternehmen relevant, welche nach dem Treffprinzip agieren. Im ersteren Falle betreibt das Unternehmen eine oder mehrere stationäre Verkaufsstätten, welche vom Kunden aufgesucht werden. Im zweiten Falle kommt der Einzelhandel zum Kunden, wofür alle möglichen Formen von Lieferfahrzeugen, vom Kleintransporter bis zum Groß-Lkw mit Spezialausstattung, zum Einsatz gelangen.

Eine weitere Variante des Handels nach dem Treffprinzip soll der Vollständigkeit halber angesprochen werden: Beim **Markthandel** treffen Anbieter und Nachfrager zu bestimmten Zeiten am Marktort zusammen. Da es sich jedoch bei den auf Märkten vertretenen Anbietern nur teilweise um Einzelhändler handelt, ist die Zuordnung des Markthandels zum institutionellen Handelsbereich fraglich.

Der Regelfall des Punkthandels nach dem Treffprinzip ist in Form des stationären Handels gegeben, bei dem, wie der Ausdruck besagt, der Kunde seinen Bedarf in einer stationären Verkaufsstelle deckt. Wird diese Form der Absatzmethode im Einzelhandel gewählt, so entsteht ein weiteres Entscheidungsproblem, nämlich das der Wahl zwischen **Bedienung des Kunden** und **Selbstbedienung**.

Während es für die Entscheidung zwischen Distanz- oder Punkthandel Parallelen zum Großhandel gibt – dort ist der Distanzhandel in Form des Zustell-Großhandels allerdings der Normalfall, wohingegen der **Punkthandel** nur in Gestalt des **Cash and Carry-Marktes** oder der **Marktveranstaltung** auftritt –, sind die Entscheidungsprobleme hinsichtlich stationärem oder mobilem Handel und bezüglich Bedienung oder Selbstbedienung ausschließlich einzelhandelsspezifisch. Die Form des **Zustell-Großhandels** darf hier keinesfalls mit dem mobilen Handel auf der Einzelhandelsstufe gleichgesetzt werden; während die Zustellung auf eine Bestellung hin vorgenommen wird, welche nach Katalogen, nach Musterschauen, nach Warenpräsentationen auf Messen etc. erfolgt, wird der Kunde des mobilen Handels normalerweise vor seiner Haustür das Angebot besichtigen und daraufhin seine Kaufentscheidung fällen. Einzige mit dem Zustellgeschäft des Großhandels vergleichbare Ausnahme ist die telefonische Bestellung z. B. von Getränken mit anschließender Zustellung zum Kundenhaushalt. Einen „fliegenden Großhändler“ dagegen gibt es nicht.

Ein Entscheidungsproblem zwischen **Bedienung** und **Selbstbedienung** kann im Großhandel allenfalls am Rande auftreten, wenn innerhalb von Cash and Carry-Märkten bestimmte Frischwarenbereiche mit Bedienungspersonal betrieben werden. Diese Verfahrensweise stellt jedoch im gesamten Großhandel eine seltene Ausnahme dar. Dagegen bestimmt die Auslegung dieses Teilinstruments im Einzelhandel zu einem großen Maße die Grundstruktur seiner Tätigkeit, weshalb sie zu den konstitutiven Unternehmensentscheidungen zu rechnen ist. Das Entscheidungsproblem hinsichtlich Bedienung oder Selbstbedienung lässt sich folgendermaßen verdeutlichen:

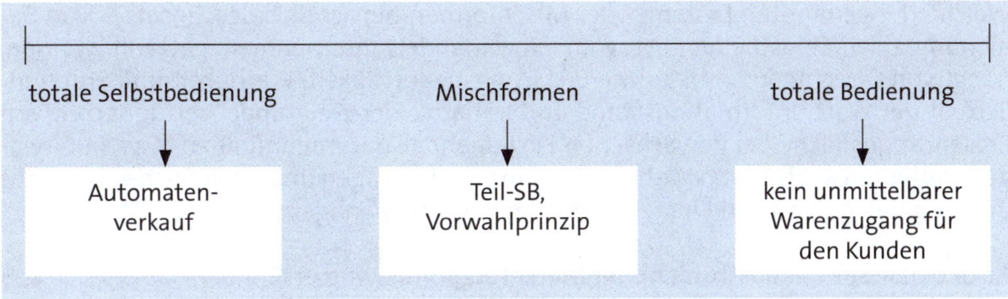

Abb. 24: Entscheidung zwischen Bedienung und Selbstbedienung im Einzelhandel

Bei manchen Verkaufsstätten werden Teile des Sortiments in Bedienung, andere in Selbstbedienung angeboten (z. B. Verbrauchermarkt, in welchem Frischwaren in Bedienung, das restliche Sortiment in Selbstbedienung geführt werden). In Waren- und Kaufhäusern gilt überwiegend das Vorwahlprinzip. Darunter ist zu verstehen, dass der Kunde sich zunächst einen Überblick über das Angebot verschafft und sich erst für eine abschließende Beratung oder die eigentliche Abwicklung des Verkaufsaktes an das Personal wendet. Weiter ist die Form der fakultativen Bedienung zu nennen, bei welcher der Kunde das Wahlrecht besitzt zwischen völliger Selbstbedienung, Entnahme der Ware und Zahlung an einer Kasse einerseits und einer ergänzenden Beratung durch bereitstehendes Personal andererseits.

Die derzeit extremste Form der Selbstbedienung, im Schaubild als „totale Selbstbedienung" bezeichnet, ist die Form des **Automatenverkaufs**. Hier besteht weder eine Bedienungs- und Beratungsmöglichkeit, noch wird der Kassiervorgang durch Personal des Einzelhandelsunternehmens bewerkstelligt, wie es ansonsten selbst im harten Discounter der Fall ist.

Die Entscheidungsbandbreite hinsichtlich der **Verkaufsmethode** lässt sich durch Darstellung der Alternativen bei der Erfüllung der Teilaufgaben der Umsatzdurchführung veranschaulichen:

Abnahme der Bedienungs-intensität ↓

Art und Weise der Aufgabenerledigung		
Beratung	Warenübergabe (-entnahme)	Kassieren (Check out)
► durch Verkäufer ► durch fremdes Personal ► durch die Ware ► durch optische/akustische Medien bzw. Multimedia	► durch Verkäufer ► durch sonstige Mitarbeiter (z. B. Lagerarbeiter) ► durch Lieferantenpersonal ► durch Kunden	► durch Verkäufer ► durch Kassierkräfte ► durch Kassierkräfte und Geräte (Scanner) ► durch Automaten (Geldeinwurf/Kartenleser)

Abb. 25: Übergang von Bedienung zu Selbstbedienung im Einzelhandel

Welche der genannten Extrem- oder Mischformen hinsichtlich des Einsatzes von Bedienung oder Selbstbedienung vom Einzelhandelsunternehmen gewählt werden, hängt von Gesichtspunkten ab wie Erklärungsbedürftigkeit, Wertigkeit und Empfindlichkeit der Ware, Informationsstand und Initiative der Zielgruppe, Verfügbarkeit von Präsentationsfläche bei gewachsenen Einzelhandelsunternehmungen etwa in Citylagen, Verhaltensweisen von Wettbewerbsunternehmungen und schließlich – und nicht unmaßgeblich – von den Einstellungen des Handelsmanagement.

Auch bei diesem **Teilinstrument der Marketingpolitik** wird erkennbar, dass es sich keinesfalls um eine „richtige“ oder „falsche“ Vorgehensweise handeln kann, sondern um die Umsetzung eines geplanten Leistungsprofils in geeignete marketingpolitische Verhaltensweisen. Es darf jedoch unter keinen Umständen übersehen werden, dass die Entscheidung für eine bestimmte Position auf dem Bedienungskontinuum wesentliche und dann unvermeidliche betriebspolitische Konsequenzen nach sich zieht.

Darunter sind vor allem Folgen für den Einsatz der betrieblichen Leistungsfaktoren zu verstehen; fällt die Entscheidung für eine hochwertige Bedienung, so ist dafür qualifiziertes Fachpersonal unerlässlich. Soll ein bestimmter Sortimentsbereich in Selbstbedienung angeboten werden, so kann dies erfolgreich nur bei entsprechender Raumgröße und Ausstattung mit selbstbedienungsgeeigneten Warenträgern geschehen. Wird eine Einzelhandels-Großfläche überwiegend in Form der Selbstbedienung betrieben, so sind umfangreiche und zuverlässige Kundenführungselemente in Form von Wegweisern, Hinweisschildern, Lichtschienen oder auch Informationsständen erforderlich. Eine unübersichtliche, vielleicht sogar unlogische Warenanordnung wird bei Fremdbedienung des Kunden durch eingespieltes Personal keine schwerwiegenden Konsequenzen nach sich ziehen; dagegen werden derartige Fehler bei Anwendung des Selbstbedienungsprinzips normalerweise schnell durch Umsatz- und Kundenverluste bestraft. Umgekehrt kann eine gut auf Selbstbedienung ausgerichtete Verkaufsfläche unter Umständen auch mit weniger qualifiziertem Personal erfolgreich betrieben werden, während dies beim Fremdbedienungsprinzip gänzlich unmöglich ist. Die Missachtung dieser zwangsläufigen Interdependenzen wirkt sich unmittelbar und massiv auf den Betriebserfolg aus.

2.2.3.2.2 Verkaufsstättengestaltung

Die Entscheidungen im Zusammenhang mit der Verkaufsstättengestaltung des stationären Einzelhandels sind in der folgenden Abbildung zusammengestellt:

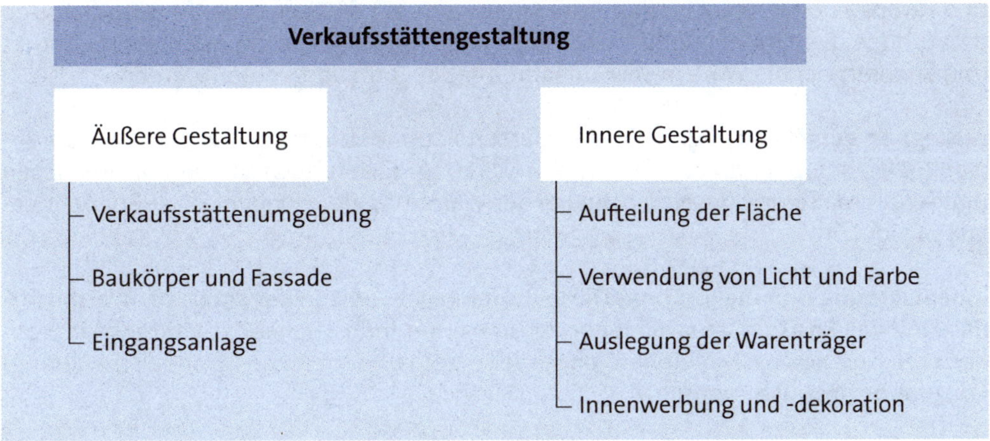

Abb. 26: Die Elemente der Verkaufsstättengestaltung im stationären Einzelhandel

Die **äußere Gestaltung** beschäftigt sich also mit folgenden Elementen:

Die **Gestaltung der Umgebung der Verkaufsstätte** hat gleichzeitig funktionalen Zielen (problemloser Zugang zum Objekt, Parkmöglichkeiten etc.) und ästhetischen Zwecken zu dienen.

Baukörper und **Fassade:** Sie sind nur im Falle von Neubauten gestaltbar. Ansonsten wirkt die gegebene Bausubstanz als Restriktion. Zwischen Funktion und ästhetischer Wirkung müssen betriebswirtschaftlich tragfähige Kompromisse gefunden werden.

Eingangsanlage: Sie sollte so gestaltet werden, dass sie den Zugang zur Verkaufsstätte erleichtert und nicht erschwert; sie muss als eine Art „Visitenkarte" des Geschäfts für den Kunden stets einen einwandfreien Anblick bieten.

Die **Innengestaltung** ist sowohl bei selbsterstellten Gebäuden als auch, und dort noch in sehr viel stärkerem Maße, bei gemieteten Objekten von der Struktur des vorgegebenen Baukörpers abhängig. Die wesentlichen bestimmbaren Gestaltungsfaktoren sind innenarchitektonischer Natur. Ohne sich in Details zu verlieren sollen hier nur die bedeutsamen Gestaltungselemente kurz skizziert werden. Im Einzelnen sind zu nennen:

Aufteilung der Fläche: Sieht man von gegebenen Aufteilungen der Verkaufsfläche ab, z. B. in Form mehrerer Etagen, so besteht die innenarchitektonische Alternative, eine möglichst großzügig wirkende Gesamtfläche zu schaffen oder aber diese Fläche in Teilbereiche zu partitionieren. Im ersteren Fall soll unter Einsatz niedriger Regale und dadurch entstehender freier Sicht von einem Ende der Verkaufsstätte zum anderen der Eindruck von Größe vermittelt werden; im letzteren Fall werden separate Warenbereiche im Sinne von Branchen oder Bedarfszusammenhängen (z. B. „Alles für die Reise") auch optisch verdeutlicht, wofür sich der Begriff **„Shop in Shop"** eingebürgert hat.

Verwendung von Licht und Farbe: Hier bestehen nach Ansicht von Ladenbauexperten und Farbpsychologen noch erhebliche Spielräume für die Führung und Beeinflussung des Kunden. Durch Licht- und Farbeinsatz kann einerseits der Kundenlauf gesteuert und andererseits die Ware in verkaufsanreizender Form dargeboten werden.

Auslegung der Warenträger: Sie sind passend zum Betriebstyp und zur Ware auszuwählen. Neben der verkaufsfördernden Wirkung dürfen auch die organisatorischen und kostenmäßigen Konsequenzen bei der Warenträgerauswahl nicht außer Acht gelassen werden.

Innenwerbung und **-dekoration:** Diese dürfen nicht – wie in der Praxis häufig üblich – das zufällige Resultat verschiedener inhomogener industrieller Aktivitäten sein, sondern müssen bewusst in einheitlicher Weise gemäß der eigenen Handelsmarketing-Konzeption gestaltet werden.

Damit das marketingpolitische einzelhandelsspezifische Teilinstrument der Verkaufsstättengestaltung seinen Beitrag zur Herausbildung einer **Corporate Identity eines Einzelhandelsunternehmens** leisten kann, muss sein Einsatz in konsequenter Weise geplant und durchgeführt werden. Das Resultat ist im Optimalfall ein der Unternehmenszielsetzung adäquates Corporate Design, welches sich von der Anlage der Außenbereiche über Fassaden- und Eingangsgestaltung bis zur Auslegung des gesamten Innenraumes in einheitlicher Weise hindurchzieht.

Dabei ist es nicht entscheidend, dass den Kunden diese Einheitlichkeit bewusst wird. Wesentlich ist, dass alle dargelegten Gestaltungsmaßnahmen einen unbewussten Eindruck von Stimmigkeit hinterlassen, welcher die Einstellung zum Unternehmen und das faktische Einkaufsverhalten positiv beeinflusst.

2.2.3.2.3 Warenplatzierung und Warenpräsentation

Die besondere Problemstellung im Zusammenhang mit dem Einsatz dieser Teilinstrumente im Einzelhandel liegt darin, dass die technisch-organisatorischen Gestaltungsgrundsätze, welche sich in Form von Betriebskosten zahlenmäßig bemerkbar machen, und die absatzmarketingbezogenen Aspekte, die vor allem Umsatz- und Ertragswirkungen zur Folge haben, gerade hier besonders krass aufeinanderstoßen. In institutionaler Betrachtungsweise ist hier ein Konflikt zwischen dem betriebsinternen Bereich von Handelsunternehmen mit Verantwortlichkeit für rationelle Abläufe und Kostenentstehung (**Operating**) und dem außengerichteten Unternehmenssektor mit Verantwortlichkeit für Umsätze und Erträge (**Merchandising**) zu erkennen. Wie schon im Fall der Verkaufsraumgestaltung muss auch hier zwischen den beiden aufgezeigten gegensätzlichen Zielrichtungen ein tragfähiger Kompromiss gefunden werden.

Die **Platzierungspolitik** wurde oben als innerbetriebliche Standortwahl definiert. Es geht also um die Klärung der Fragen, an welcher Stelle innerhalb der gesamten Verkaufsfläche welche Waren in welchem Umfang platziert werden sollen. Unter marketingorientierter Betrachtung soll die Platzierung so erfolgen, dass der Kunde möglichst die gesamte Verkaufsfläche im Rahmen eines Einkaufs aufsucht, dass er sich möglichst lange in der Betriebsstätte aufhält, dass er sich im Warenangebot leicht zurechtfindet und dass er sich während der Zeit des Einkaufs wohlfühlt. Der Zielerreichungsgrad kann durch Größen wie Kundenfrequenz, durchschnittliche Verweildauer, durchschnittlicher Kundeneinkaufsbetrag, Gesamtumsatz, Rohertrag etc. gemessen werden.

Quantitative Größen berücksichtigende **Platzierungsempfehlungen** für die verschiedensten Warengruppen werden von überbetrieblichen Handelseinrichtungen zur Verfügung gestellt. Beispielhaft sollen die empirisch fundierten Platzierungsvorschläge der Rationalisierungsgesellschaft des Handels (RGH), heute zusammengeschlossen mit dem Institut für Selbstbedienung (ISB) zum Euro Handelsinstitut e. V. (EHI), genannt werden. Für Verfahren, welche artikelbezogene Deckungsbeiträge zum Hauptkriterium der Platzierungsempfehlung machen, kann exemplarisch auf die Methode zur Optimierung der „direkten Produktrentabilität“ (DPR) hingewiesen werden. Auf diese und ähnliche Optimierungsmodelle soll genauer jedoch erst im Kapitel über die warenwirtschaftliche Steuerung von Handelsunternehmungen eingegangen werden.

Die Warenplatzierung ist einerseits dazu geeignet, den Kundenlauf zu beeinflussen; andererseits hat sie sich bestimmten grundlegenden Gesetzmäßigkeiten des Konsumentenverhaltens zu unterwerfen, welche in zahlreichen empirischen Untersuchungen ermittelt wurden: Aufgrund physiologischer Gegebenheiten sind etwa rechts vom Kundenlauf gelegene Platzierungen umsatzträchtiger als ihre Gegenstücke links des Kundenlaufs; der sich in einem „Seh-Trichter“ befindliche Ausschnitt eines Regals erfährt eine stärkere Nachfrage als die umliegenden Regalzonen. Artikel, nach denen sich aufgrund ihrer Platzierung der Kunde entweder strecken oder bücken muss, werden weniger stark nachgefragt als die in Blick- oder Griffhöhe platzierten Waren. Die zusammenfassende Platzierung von Artikeln einer Warengruppe in mehreren übereinander liegenden Regalböden, welche von einem bestimmten Standort des Kunden aus mit einem Blick erfasst werden können (**vertikale Blockplatzierung**), hat eine positivere Umsatzwirkung als die horizontal über mehrere nebeneinander liegende Regalmeter verlaufende Warengruppenplatzierung. Diese Beispiele sollen als Veranschaulichung dafür ausreichen, dass sinnvolle Warenplatzierung ohne Kenntnis der einschlägigen empirischen Untersuchungen zum Konsumentenverhalten nicht möglich ist (*Müller, H.*).

Auch bei einem bestehenden Einzelhandelsobjekt sollten von Zeit zu Zeit Überprüfungen der Platzierungswirkung vorgenommen werden. Dies geschieht im Allgemeinen mit dem Mittel der Kundenlaufstudie, bei welcher die Wege der eine Verkaufsstätte durchlaufenden Kunden durch Beobachtung mittels Personen oder Geräten verfolgt werden. Die Ergebnisse bestätigen entweder die Richtigkeit der bisherigen Platzierung oder liefern Hinweise für sinnvolle Umplatzierungsmaßnahmen. Die folgenden Darstellungen veranschaulichen diese Vorgehensweise:

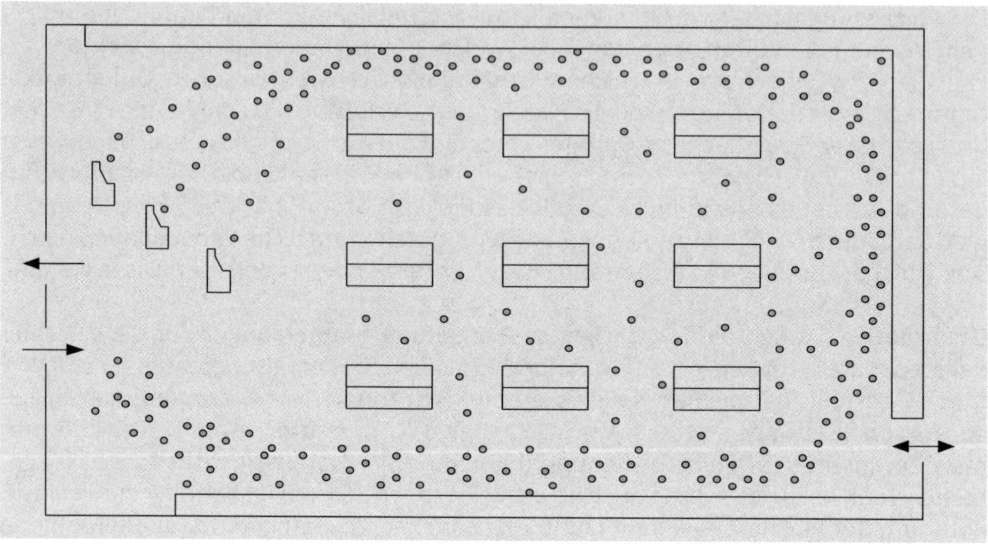

Abb. 27: Ergebnis einer Kundenlaufstudie in einem Supermarkt

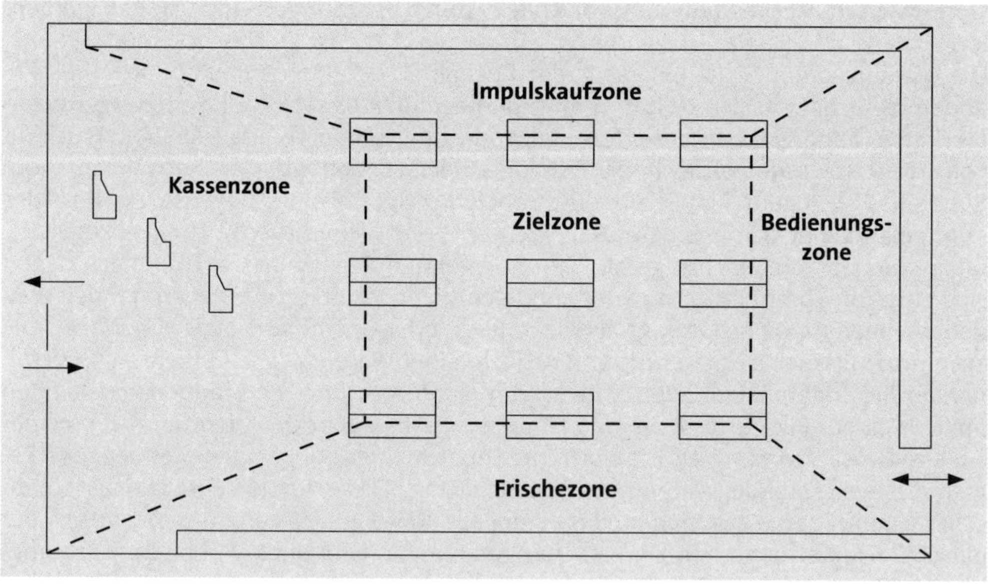

Abb. 28: Zoneneinteilung eines Supermarktes auf der Basis einer Kundenlaufstudie

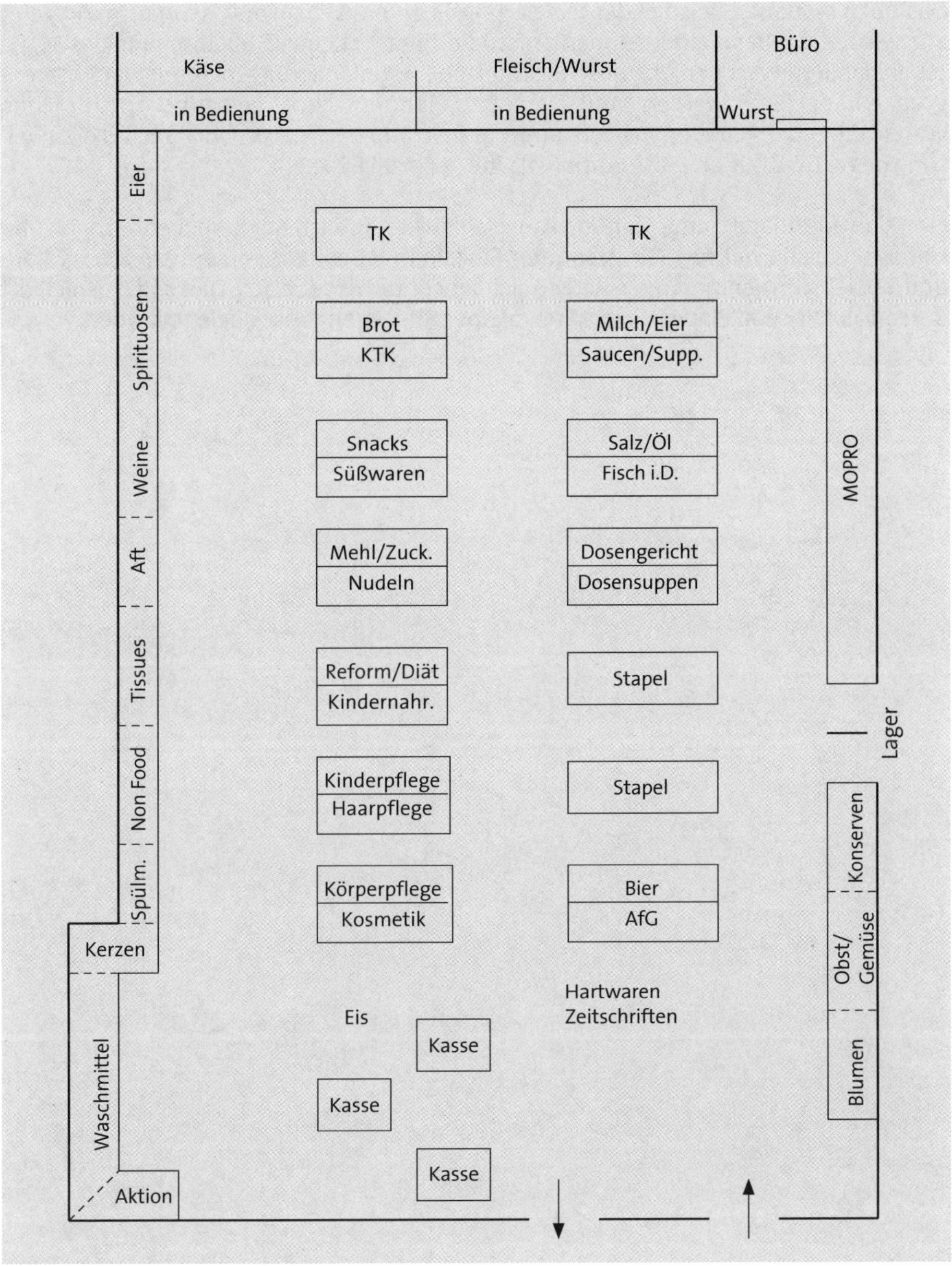

Abb. 29: Warengruppenplatzierung in einem Supermarkt

Das oben stehende Beispiel der Platzierung in einem Lebensmittel-Supermarkt zeigt auf, wie auf der Basis einer Kundenlaufstudie zunächst eine Grobeinteilung des Marktes in Platzierungszonen und anschließend eine Feinplatzierungsplanung nach Warengruppen abgeleitet werden kann. Der letzte Planungsschritt besteht darin, für jeden Warenträger die genauen Artikelstandorte festzulegen. Dazu gehört auch die Zuweisung des Ausmaßes an Präsentationsfläche je Einzelartikel.

Eine sinnvolle Platzierungsplanung kann selbstverständlich nur branchenbezogen und keinesfalls pauschal für den gesamten Einzelhandel vorgenommen werden. Waren- und Betriebsformenmerkmale wirken sich hier entscheidend aus. Dies soll beispielhaft durch das folgende Platzierungsschema eines SB-Warenhauses belegt werden:

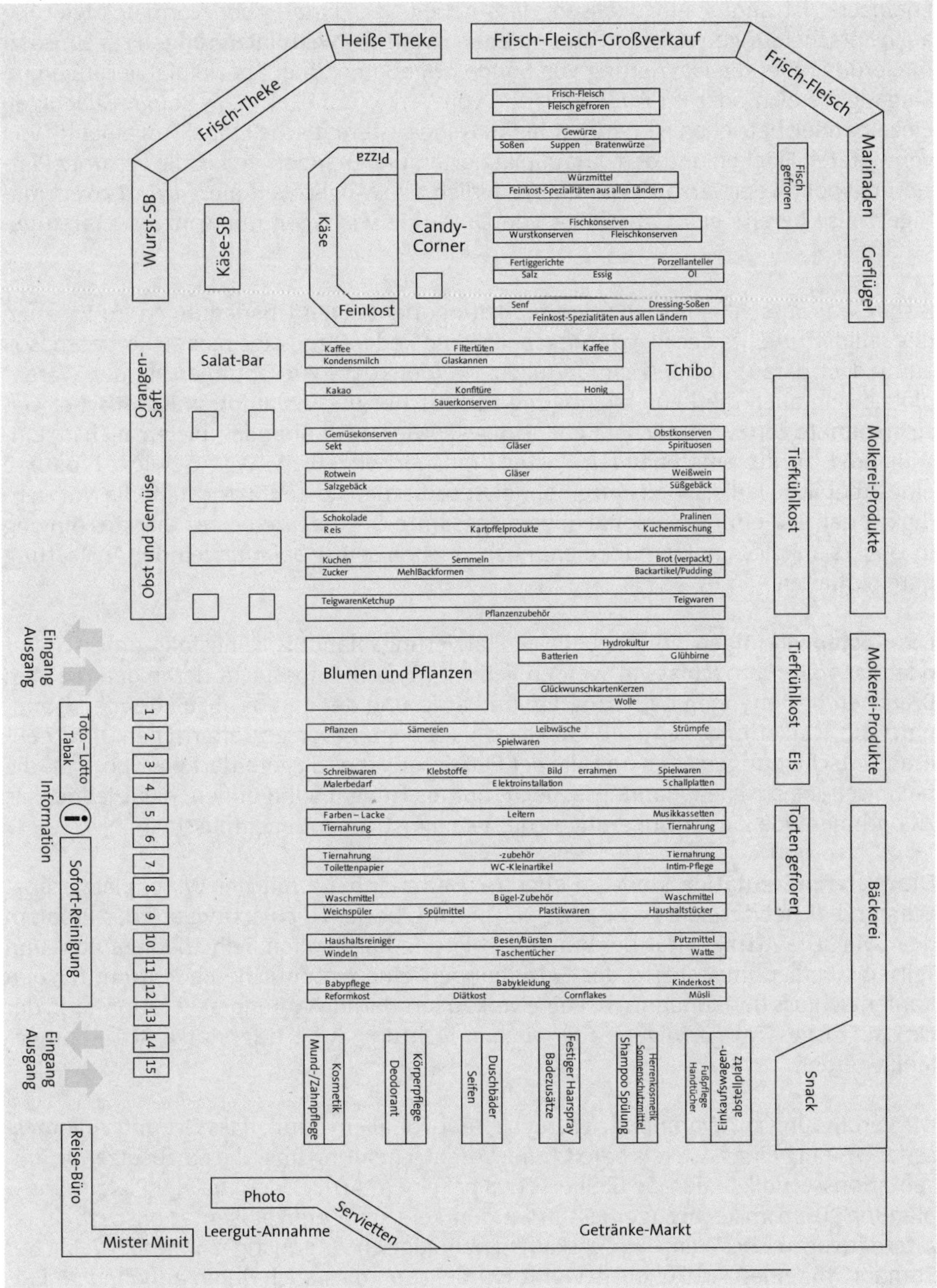

Abb. 30: Platzierungsschema eines SB-Warenhauses

Ergänzend ist darauf hinzuweisen, dass neben der Planung der Normalplatzierung auch Entscheidungen erforderlich sind über mögliche **Zweitplatzierungen** zur Umsatzforcierung, über die Platzierung von Sonderangeboten, über Spezialplatzierungen im Eingangsbereich oder im Außengelände von Verkaufsstätten usw. Bei großflächigen Einzelhandelsbetrieben ist darüber hinaus eine systematische Einpassungspolitik von vermieteten Flächen und den darauf platzierten Warenangeboten in die gesamte Platzierungspolitik der Verkaufsstätte erforderlich. Die Möglichkeit hierzu wird zweckmäßigerweise bereits beim Abschluss von Untermietverträgen mit Konzessionären geschaffen.

Bisher war ausschließlich von den marketingorientierten Überlegungen im Rahmen des Teilinstruments der **Platzierungspolitik** die Rede. Ohne dies hier zu vertiefen, soll zumindest darauf aufmerksam gemacht werden, dass zur Optimierung der Warenplatzierung auch die Berücksichtigung **technischer** und **ablauforganisatorischer Gesichtspunkte** von wesentlicher Bedeutung ist. Wie im Großhandel spielen auch im Einzelhandel für die entstehenden Kosten Transportwege bzw. Weg-Gewicht-Produkte eine erhebliche Rolle. Einen einzelhandelsspezifischen Kostenfaktor stellt die Notwendigkeit dar, Bedienungspersonal über die gesamte Öffnungszeit eines Marktes hinweg in isoliert angelegten Fremdbedienungsbereichen selbst bei mangelnder Auslastung bereitzuhalten.

Die **Kostenwirkungen** dürfen bei der Platzierungsplanung keinesfalls unterschätzt oder gar völlig vernachlässigt werden; jedoch muss in Anbetracht der in den meisten Branchen bestehenden Käufermärkte und aufgrund der daraus abzuleitenden Dominanz von Marketinggesichtspunkten bei der Festlegung von gestalterischen Unternehmensentscheidungen auch im Falle der Platzierungspolitik gefordert werden, dass die technisch-logistischen Planungsaspekte nur als Nebenbedingungen, nicht jedoch als zu optimierende Zielformulierungen dieses Teilinstrument beeinflussen.

Die **Warenpräsentation** steht im engen Zusammenhang mit der Warenplatzierung. Während die letztere die Frage des „wo“ betrifft, bezieht sich erstere auf das Problem des „wie“. Die Attraktivität der Warendarbietung hat in allen Selbstbedienungs- und Teilselbstbedienungsformen des Einzelhandels eine wesentliche Bedeutung für den Kaufentschluss des Kunden. Über eine verkaufsfördernde Warenpräsentation kann der Umsatz insgesamt gesteigert, aber auch in Richtung auf ertragsstarke Artikel umgelenkt werden.

Die Verbindung zur Warenplatzierung besteht vor allem darin, dass Ort und zugemessener Umfang eines Artikels bereits eine Vorentscheidung über die einzusetzende Präsentationstechnik bilden. So bleiben etwa bei einem Artikel, dem bei der Platzierungsplanung 20 cm im Regal zugemessen werden, keine größeren präsentationsbezogenen Alternativen mehr. Wenn ein verkaufspsychologisch ungünstiger innerbetrieblicher Standort für einen Artikel ausgewählt wurde, kann dies auch durch aufwändige Präsentationsmethoden kaum ausgeglichen werden.

Die wesentlichsten **Formen der Präsentation** sind:

(1) Sonderpräsentation von Einzelstücken (z. B. Modellkleid vor Spiegelwand)
(2) eingeschränkte Einzelstückpräsentation (z. B. Konservendosen im Regal, Anzüge auf der Stange)
(3) artikelweise Massenpräsentation (z. B. Tiernahrung im Karton, Socken auf Wühltisch)
(4) warengruppenbezogene Massenpräsentation (z. B. verschiedene auslaufende Spielzeuge in Schüttkörben).

Die Wertigkeit der Warenpräsentation, d. h. die investierten Personalkosten und die genutzten Präsentationshilfen, müssen eng mit der **Ertragsstärke des Artikels** korrespondieren. Für ein wertvolles Schmuckstück ist eine aufwändige Präsentation natürlich angebrachter als für Schrauben in einem Bau- und Heimwerkermarkt. Eine Ausnahme kann darin bestehen, dass ein Artikel nicht um seiner selbst willen attraktiv präsentiert wird, sondern zur Erzeugung eines positiven Gesamtbildes der Verkaufsstätte (z. B. eine Spirale aus Konservendosen am Eingang eines Supermarktes).

Besonderes Gewicht hat die Warenpräsentation dort, wo es um das **Hervorrufen von Impulskäufen** geht. Diese werden i. d. R. bei geringwertigen Gütern des täglichen Bedarfs getätigt, wie etwa bei Süßigkeiten, bei Obst oder Gemüse, bei Wurstwaren, bei Gebäck und ähnlichen Artikeln. Jedoch sind Impulskäufe prinzipiell auch bei höherwertigeren Artikeln, z. B. des Bekleidungssektors oder des gesamten Freizeitbereichs, möglich. Vor allem modische Textilien oder ein geliebtes Hobby betreffende Produkte werden häufig nach spontanem Entschluss gekauft. Hier kann die Art der Warenpräsentation eine wesentliche Rolle bei der Herbeiführung des Kaufentschlusses spielen.

Auf moderne kombinative Instrumente, wie Regaloptimierung und Space-Management, durch welche Sortimentspolitik, Platzierungs- und Präsentationspolitik gleichermaßen einer Optimierung zugeführt werden sollen, wird an späterer Stelle dieses Werkes genauer eingegangen.

Es bleibt abschließend darauf hinzuweisen, dass die Teilinstrumente der marketingorientierten Warenplatzierung und der Warenpräsentation im stationären Einzelhandel ihre größte Bedeutung besitzen, während sie bei mobilen Verkaufsstätten nur von geringem Gewicht sind und im Versandhandel durch die Kataloggestaltung und im Onlinehandel durch die Website ersetzt werden.

Aufgabe 5 > Seite 500

2.3 Entgeltpolitik

Die Entgeltpolitik umfasst alle auf der monetären Ebene liegenden marketingzielorientierten Maßnahmen, welche die Vergütung, eben das „Entgelt", für die erstellte Handelsleistung zum Gegenstand haben. Dieses Entgelt bezieht sich auf die nach Inhalt, Umfang und Zeitbezug bestimmte Leistungssubstanz (Sortiment und Dienstleistungen) sowie auf die Transferleistung des Handels.

Die Entgeltpolitik setzt sich aus folgenden Teilinstrumenten zusammen:

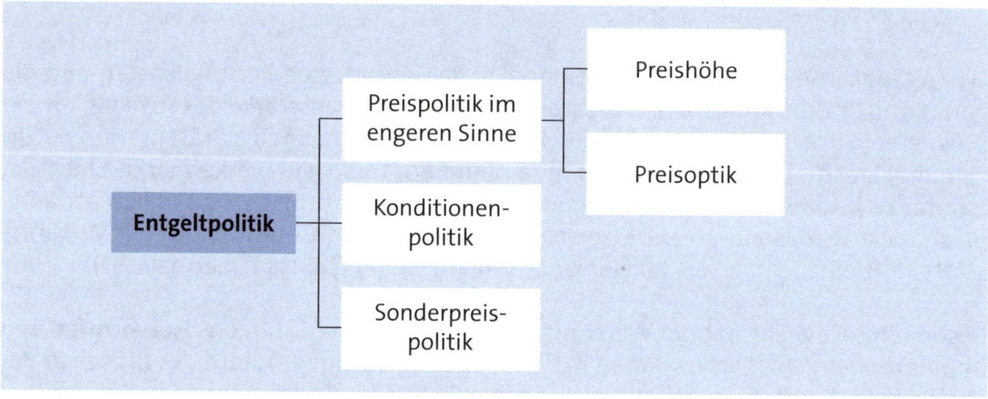

Abb. 31: Die Teilinstrumente der Entgeltpolitik

Bei dem Teilinstrument der **Preispolitik im engeren Sinne** geht es um die Ermittlung einer „normalen" Vergütung für die einzelnen Handelsleistungen. Es müssen gewisse Standardverfahren der Preisbildung entwickelt und angewendet werden, um bei der Vielzahl der Artikel in Handelsunternehmungen auf rationelle Weise zu Normalabgabepreisen zu gelangen. Neben der Preishöhe ist im Einzelhandel darüber hinaus auch die Preisoptik nach Marketinggesichtspunkten zu gestalten.

Durch die **Konditionenpolitik** als zweitem Teilinstrument werden die Normalpreise situations-, waren- und abnehmergerecht verändert oder ergänzt (z. B. durch Rabatte, Skonti). Die **Sonderpreispolitik** ist das dritte Teilinstrument im Rahmen der Entgeltpolitik: Ihre Aufgabe ist es, für besondere Gelegenheiten Spezialpreise zu bilden, also nicht Preisveränderungen oder -ergänzungen wie im Fall der Konditionenpolitik, sondern eigenständige Preise, welche allerdings nur für den jeweiligen Sonderfall Gültigkeit besitzen sollen (z. B. bei Firmenjubiläum).

Insgesamt muss die Entgeltpolitik dafür sorgen, dass kurzfristig die variablen Kosten, langfristig die vollen Kosten des Handelsunternehmens gedeckt werden und ein Gewinn realisiert wird, der die Existenz des Unternehmens auf Dauer sichert.

2.3.1 Teilinstrumente

2.3.1.1 Preispolitik im engeren Sinne

Die Preisbildung im engeren Sinne umfasst die Gesamtheit aller Maßnahmen, welche zur Bildung der Normalentgelte für die Handelsleistungen führen. Als Hilfsinstrument für die Preisbildung wird in der Literatur des Öfteren das Marktformenmodell genannt. Eine einfache Ausprägung dieses Modells ist in der folgenden Übersicht dargestellt:

Nachfrager / Anbieter	einer	wenige	viele
einer	Bilaterales Monopol	Beschränktes Monopol	Monopol
wenige	Beschränktes Monopson	Bilaterales Oligopol	Oligopol
viele	Monopson	Oligopson	Bilaterales Polypol

Dieses leistet hilfreiche Dienste, wenn es darum geht, die grundsätzliche preispolitische Situation zu analysieren, in welcher sich eine Unternehmung befindet. Gleichfalls ist sie von Nutzen, wenn möglicherweise vorhandene Preisspielräume ausgelotet werden sollen. Das Modell ist jedoch untauglich, wenn im Alltagsgeschäft für bestimmte Artikel die konkreten Preise festzulegen sind.

Hierfür sind mehrere Gründe ursächlich: Zum Ersten ist das Modell von zu geringer Operationalität für eine unmittelbare Anwendung in der Preisbildung; das Wissen um eine bestimmte Marktkonstellation gibt noch keine Auskunft über den marktgerechten Preis eines Herrenhemdes der Marke X mit langem Arm und in tailliertem Zuschnitt.

Zum Zweiten gibt es in der Praxis selten echte Monopole und niemals echte Polypole; selbst der monopolistische Großhändler, welcher durch ein Alleinvertriebsrecht an einer technischen Weltneuheit für einen gewissen Zeitraum seine Position als gesichert betrachten kann, muss sich mit dem Problem der Konkurrenz auseinandersetzen: Treibt er den Preis zu stark in die Höhe, provoziert er damit die Entwicklung nachahmender oder substitutiver Produkte.

Zum Dritten bereitet die **Abgrenzung des relevanten Marktes**, welche zur Definition einer Marktform unabdingbar ist, in der Praxis große Probleme. Die Beamten des Kartellamtes wissen hiervon ein vielstimmiges Lied zu singen. Der oben als Beispiel herangezogene Lebensmitteleinzelhändler ist innerhalb seines Wohngebietes nahezu Monopolist, in Betrachtung des gesamten Stadtgebietes möglicherweise Oligopolist und auf die Bundesrepublik bezogen Polypolist. Ein monopolistischer Anbieter für den Bereich der Bundesrepublik Deutschland könnte sich wiederum in Bezug auf den EU-Wettbewerb oder gar bei weltweiter Betrachtung in eine polypolistische, zumindest aber oligopolistische Situation gedrängt sehen. Je nach räumlicher Marktabgrenzung verändert sich also die bestehende Marktformenkonstellation. Weiter verkompliziert wird die Sachlage dadurch, dass ein Markt nicht nur räumlich, sondern auch sachlich abgegrenzt werden muss. So mag ein Bau- und Hobby-Markt in seinem wie auch immer abgegrenzten Einzugsgebiet der einzige Spezialanbieter mit dieser Betriebsform sein; bei einer weiteren Betrachtungsweise wird er jedoch sofort feststellen, dass er sich in Konkurrenz z. B. zu entsprechenden Abteilungen von Warenhäusern, zu Verbrauchermärkten, SB-Warenhäusern sowie zu Fachgeschäften und Fachmärkten befindet. Zudem konkurriert der Bau- und Hobby-Markt im weitesten Sinne mit den Angeboten von Handwerkern; werden die Grundmaterialien zum Selbstmachen zu teuer angeboten, wird dadurch automatisch die Alternative der Beauftragung von Handwerkern attraktiver.

Wenn aber bereits die Abgrenzung des relevanten Marktes sich als derart schwierig darstellt, so kann die darauf basierende Marktformenbestimmung keinesfalls präzise sein. Man kann sogar behaupten, dass sich die gewünschte Marktform durch geeignete Marktabgrenzung zurechtdefinieren lässt. Sind aber die Ausgangsvoraussetzungen nicht objektiv bestimmbar, die für die Ableitung von Preisbildungsprozessen in Gestalt bestimmter Marktkonstellationen vorliegen müssen, so können auch die daraus abgeleiteten Verfahren zur Preisfindung keine den Realitätsanforderungen genügende Sicherheit aufweisen.

Ein weiteres Modell, das für die Unterstützung von **Preisbildungsvorgängen** herangezogen wird, ist dasjenige der **Elastizitäten**. Im allgemeinsten Sinne ist unter Elastizität die Veränderung der Absatzmenge bei Veränderung des Abgabepreises zu verstehen. Jedoch tritt der Elastizitäten-Begriff in verschiedenen Versionen auf. Hier soll die **Preiselastizität der Nachfrage** betrachtet werden, welche den höchsten Erklärungswert für Preisentstehungsvorgänge verspricht. Diese Elastizität wird nach folgender Formel berechnet:

$$\varepsilon = - \frac{\Delta m}{\Delta p}$$

wobei: Δm = Relative Mengenänderung in %
Δp = Relative Preisänderung in %
ε = Preiselastizität der Nachfrage

Die **Nachfrageelastizität** ε ist also bestimmt als diejenige Absatzmengenveränderung, welche sich bei Veränderung des Abgabepreises um eine Einheit ergibt. Hierbei ist nicht die absolute Veränderung, sondern die prozentual ausgedrückte relative Veränderung von Interesse. Ein Beispiel soll dies veranschaulichen: Wird der Abgabepreis für einen Artikel um 10 % gesenkt und steigt hierdurch die Absatzmenge um ebenfalls 10 % an, so liegt eine Nachfrageelastizität von $\varepsilon = 1.0$ vor. Dieser Zusammenhang lässt sich auch grafisch veranschaulichen:

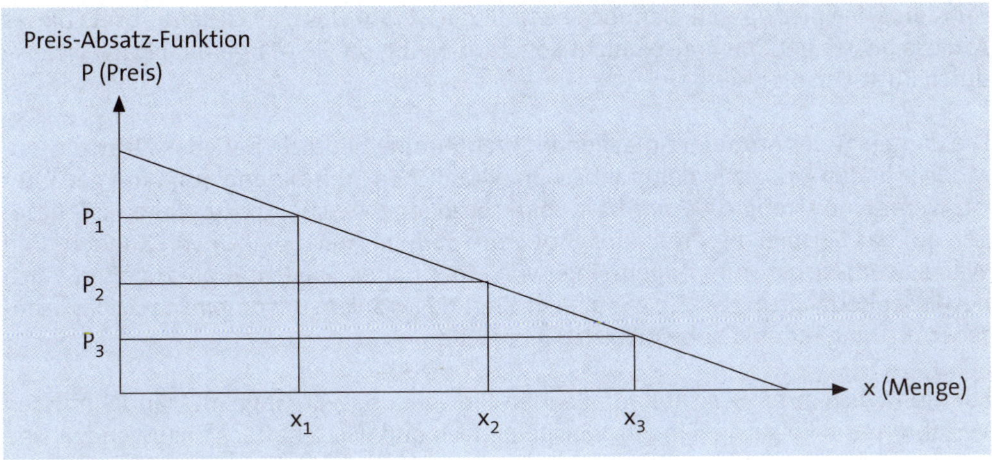

Abb. 32: Preiselastizität der Nachfrage

Wenn der funktionale Zusammenhang zwischen Preisveränderung und Mengenveränderung präzise bekannt wäre, so könnte auf dieser Basis genau jener Preis fixiert werden, der gerade die geplante Absatzmenge zum Verkauf bringt. Dieser weit reichenden marketingpolitischen Möglichkeiten wegen wurden Nachfrageelastizitäten für verschiedene Produkte empirisch untersucht. Dies ist generell möglich, jedoch sehr aufwändig. Es stellte sich heraus, dass es Gütergruppen unterschiedlicher Elastizität gibt. Volkswirtschaftlich gesehen geht der Absatz von Luxusgütern bei Preisanstiegen deutlich zurück, während der Absatz von lebensnotwendigen Gütern auch bei drastischen Preisanhebungen nur wenig rückläufige Tendenz aufweist. Dies entspricht der Logik: Brot muss auch dann gekauft werden, wenn sich sein Preis erhöht, während auf ein nicht unbedingt lebensnotwendiges Produkt wie z. B. einen MP3-Player bei einem erheblichen Preisanstieg ohne größere Probleme verzichtet werden kann.

Wie schon beim Marktformenmodell liegt das **Problem der Anwendung** der Preiselastizität der Nachfrage für die Bildung des Verkaufspreises in der praktischen Umsetzbarkeit. **Zum ersten** wäre es rein technisch kaum möglich, zumindest aber unwirtschaftlich, für tausende, zehntausende oder gar hunderttausende von Artikeln die Preiselastizitäten der Nachfrage empirisch zu ermitteln.

Zum zweiten besteht der Zusammenhang zwischen Absatzmenge und Abgabepreis zwar auf volkswirtschaftlicher Ebene, jedoch gilt er in einzelwirtschaftlicher Sicht nicht mehr. So hat etwa ein Einzelhändler bei Gütern mit gesamtwirtschaftlich niedriger Elastizität (siehe das obige Beispiel: Brot) ohne Weiteres die Möglichkeit, Marktanteile von Konkurrenten durch Senkung des Abgabepreises auf sich zu ziehen. Es wird dann natürlich insgesamt nicht mehr Brot konsumiert als vorher, jedoch vereinigt der Einzelhändler mit dem niedrigeren Verkaufspreis einen höheren Teil der Gesamtabsatzmenge auf sich.

Drittens erschwert die Erscheinung der **Substitutionskonkurrenz** zusätzlich die Nutzung der Nachfrageelastizität für die eigene Preisfindung; so mag zwar die Elastizität für Margarine niedrig sein; dennoch besteht die Gefahr, dass der Gesamtabsatz dieses Artikels bei steigenden Preisen nicht konstant bleibt, da die Margarine beispielsweise durch Butter ersetzt wird.

Die dargelegten Argumente machen in ihrer Summe deutlich, dass das Elastizitäten-Modell für den Einsatz in der praktischen alltäglichen Preisbildung nur dann geeignet ist, wenn eine streng produkt- bzw. marktbezogene Preispolitik zu planen ist. Bezogen auf das Beispiel des Produktes Brot wäre dann in Abhängigkeit von Kunden- und Wettbewerbsstruktur im Allgemeinen von einer hohen Elastizität auszugehen. Auch bei dieser Betrachtungsweise bleibt allerdings das Problem der empirischen Elastizitätenermittlung für eine hohe Artikelzahl bestehen.

Für die täglich in großer Zahl anfallenden Preisbildungsvorgänge im Handel müssen Verfahren zum Einsatz gelangen, welche einfach und wirtschaftlich anzuwenden sind und dabei das Ziel unterstützen, dem Unternehmen durch langfristige Kostendeckung und Erwirtschaftung eines Gewinnbeitrages die Existenz zu sichern. Hierzu haben sich drei wesentliche **Grundformen der Preisbildung** herauskristallisiert, welche jeweils unterschiedlichen Praxisgegebenheiten Rechnung tragen:

Fall 1 **Progressive Preisbildung**	**Fall 2** **Retrograde Preisbildung**	**Fall 3** **Differenzpreisbildung**
Einstandspreis vorgegeben	Verkaufspreis vorgegeben	Einstands- und Verkaufspreis vorgegeben
Einstandspreis	Verkaufspreis	Verkaufspreis
+ Aufschlag zur Deckung der Handlungskosten + Gewinnaufschlag + Mehrwertsteuer	- Mehrwertsteuer - Plangewinn - Handlungskosten	- Mehrwertsteuer - Handlungskosten - Einstandspreis
= **Verkaufspreis** (soll am Absatzmarkt erzielt werden)	= **Einstandspreis** (soll am Beschaffungsmarkt erzielt werden)	= **Gewinn/Verlust** (nur über Kostensenkung beeinflussbar)

Fall (1): Progressive Preisbildung
Bei diesem Verfahren, auch als kostenorientierte Preisbildung bezeichnet, wird der Einstandspreis eines Artikels in der Praxis meist über einen Gemeinkostenzuschlag auf die Selbstkosten hochgerechnet, aus welchen sich der Abgabepreis durch Addition eines Gewinnaufschlages und der gesetzlichen Steuer errechnet. Meist werden die Kosten- und Gewinnaufschläge nicht artikelindividuell, sondern warengruppen- oder abteilungsbezogen ermittelt.

Die progressive Preisbildung wird dann zum Einsatz kommen, wenn der Kaufpreis eines Artikels am Beschaffungsmarkt weitgehend vorgegeben ist. Dies kann der Fall sein wegen monopolartiger Situationen auf der Lieferantenseite oder wegen fehlender eigener Nachfragemacht. Bei diesen Ausgangsbedingungen muss der vom Lieferanten geforderte Preis bezahlt werden, wenn man den fraglichen Artikel beziehen möchte. Es bleibt dann keine andere Alternative als die geschilderte der progressiven Kalkulation vom Einstandspreis zum Abgabepreis, den man am Absatzmarkt zu erzielen versucht.

Es darf davon ausgegangen werden, dass bei dieser Konstellation, eine wirtschaftliche Leistungserstellung und eine nicht überzogene Gewinnerwartung vorausgesetzt, der sich errechnende Abgabepreis für die nachfolgende Wirtschaftsstufe bei den wettbewerbsstarken Handelsunternehmungen vergleichbar sein wird, sodass er am Markt tatsächlich erzielt werden kann. Trifft dies nicht zu, liegt Fall (3) (Differenzkalkulation) und nicht Fall (1) vor. Dies gilt allerdings nur unter der Voraussetzung vergleichbarer Betriebstypen, da ansonsten durch unterschiedliche Leistungsstrukturen auch verschieden hohe Kosten der Leistungserstellung auftreten.

Es ist offensichtlich, dass die progressive Kalkulation vor allem bei Artikeln anzuwenden ist, die am Markt Neuheitscharakter besitzen, weswegen sich noch kein Marktpreis herausbilden konnte. Interessant ist die Schlussfolgerung, welche zu ziehen ist, wenn der progressiv kalkulierte Preis von den Kunden nicht akzeptiert wird. Dies bedeutet, dass der Markt das entsprechende Produkt ablehnt, zumindest zu dem geforderten Angebotspreis. Das Produkt wird somit von der Neuheit zum „Flop" und muss wieder aus dem Markt genommen werden. Damit handelt es sich bei der progressiven Kalkulation um einen **äußerst wirksamen marktwirtschaftlichen Filter** – wie die zum Teil hohen Flop-Raten beweisen – **für nicht durchsetzungsfähige Neu-Produkte**.

Fall (2): Retrograde Preisbildung
Die zweite dargestellte Form der Preisfindung, die auch als konkurrenzorientierte Preisbildung bezeichnet wird, geht nach dem Preisbildungsprinzip der Tragfähigkeit vor. Es wird also danach gefragt, welchen Preis ein bestimmter Artikel am Markt erzielen kann, um seinen Beitrag zur Deckung der Gemeinkosten und zur Erwirtschaftung eines Gewinnes zu leisten. Man wird zur Durchführung dieses Preisbildungsverfahrens einen **Preisvergleich bei den Wettbewerbern** am Absatzmarkt vornehmen müssen, dessen Resultat – also der Marktpreis – für das eigene Unternehmen im Sinne einer Vorgabe wirkt. Die Situation eines kaum veränderbaren Marktpreises tritt vor allem bei solchen Artikeln auf, für die eine Markttransparenz beim Kunden vorliegt, sodass bei Überschreiten des als normal erachteten Preises ein Ausweichen der Abnehmer auf andere Lieferanten bzw. Einkaufsstätten erfolgt.

Bei dieser Konstellation bleibt nur die Möglichkeit, **rückwärts (retrograd)** vom gegebenen Marktpreis ausgehend zu kalkulieren; man zieht hierzu vom Verkaufspreis Steueranteile, den Plangewinn und die entstandenen Kosten der Leistungserstellung ab. So gelangt man zu einem Einstandspreis, den man bei seinem Lieferanten durchzusetzen versucht. Unter den gleichen Voraussetzungen wie oben dargestellt (wirtschaftliche Leistungserstellung und branchenübliche Gewinnerwartung) wird sich dieser Preis, über den man mit dem Lieferanten verhandelt, bei den konkurrenzfähigen Nachfragern in ähnlicher Höhe errechnen. Damit wird er auch am Beschaffungsmarkt durchsetzbar sein, wenn nicht Ausnahmesituationen wie objektiv zu niedrige Verkaufspreise vorgelegen haben. Auch hier gilt wieder, dass im Fall der Feststellung, dass die Preisdurchsetzung beim Lieferanten nicht möglich ist, gewöhnlich der Fall der Differenzkalkulation und nicht derjenige der retrograden Kalkulation gegeben ist.

Sinkt bei seit längerem am Markt befindlichen Produkten der erzielbare Verkaufspreis, z. B. wegen technischer Weiterentwicklungen bei IT-Produkten oder wegen eines zu Ende gehenden Modetrends im Textilsektor, wird früher oder später der retrograd kalkulierte Einkaufspreis so niedrig ausfallen, dass die Hersteller auf dieser Basis nicht mehr Gewinn bringend oder sogar nicht mehr kostendeckend produzieren können. In diesem Fall werden die Hersteller solche Produkte aus ihrem Produktionsprogramm eliminieren. Damit erweist sich die retrograde Kalkulation als **marktwirtschaftlicher Filter für nicht mehr marktfähige Alt-Produkte**.

Fall (3): Differenzpreisbildung

Die dritte oben dargestellte Preisbildungsform beruht darauf, dass man sich wenig oder gar nicht veränderbaren Einstands- sowie Abgabepreisen gegenübersieht. Es bleibt dann nur die Möglichkeit, die Differenz zwischen beiden Preisen zu ermitteln und festzustellen, ob diese – nach Bereinigung um Steuern – größer, gleich oder kleiner als die Handlungskosten ausfällt. Der erste Fall stellt kein Problem dar, es wird ein Gewinn erzielt; im zweiten Fall kann der entsprechende Artikel gerade noch kostendeckend gehandelt werden, was jedoch nicht die Regel, sondern die Ausnahme darstellen sollte. Im dritten Fall schließlich entsteht bei Belassung des Artikels im Sortiment ein Verlust. Dies ist jedoch lediglich für eine begrenzte Zeit und auch nur dann vertretbar, wenn übergeordnete Gesichtspunkte wie Sortimentsverbundwirkungen vorliegen oder negative Imagefolgen aus der Elimination des Artikels aus dem Sortiment zu befürchten sind.

Stellt eine Unternehmung häufiger fest, dass sie sich in der letztgenannten Situation befindet, so muss sie daraus den Schluss ziehen, dass entweder die Form ihrer Leistungserstellung nicht wirtschaftlich genug ist, sodass aus diesem Grunde eine Verdrängung vom Markt erfolgt, oder die Marktmacht nicht ausreicht, um beschaffungsseitig solche Einstandskonditionen auszuhandeln, welche eine auskömmliche Differenz zwischen Einstands- und Verkaufspreis zulassen. Häufig treffen beide Ursachen zusammen, nämlich dann, wenn kleine Unternehmen des Handels ohne ausreichende Marktmacht mit veralteten Methoden der Leistungserstellung und damit unwirtschaftlich arbeiten. In diesen Fällen kann einem Ausscheiden aus dem Markt nur dadurch entgangen werden, dass man die Betriebsabläufe im Sinne einer wirtschaftlicheren Leistungserstellung umgestaltet oder zur Verbesserung der Marktposition sich einer Kooperation anschließt. Natürlich können beide Maßnahmen auch kombiniert werden, worin sicherlich der am meisten Erfolg versprechende Ausweg aus der oben dargestellten Situation besteht. Bestehen keine Rationalisierungsreserven mehr bzw. ist ein Unternehmen bereits zu unattraktiv, um von einer Kooperation aufgenommen zu werden, wird es sein Ausscheiden aus dem Markt nicht mehr auf Dauer vermeiden können, wenn es feststellt, dass bei ihm Differenzkalkulation mit einem Verlust als Ergebnis dominiert. Damit erweist sich die Differenzkalkulation **als marktwirtschaftlicher Filter für nicht mehr konkurrenzfähige Handelsunternehmen**.

Als **Fazit** bleibt festzuhalten, dass sich in den drei dargestellten Kalkulationsformen drei für das Funktionieren der Marktwirtschaft wichtige Filter niederschlagen: Die progressive Kalkulation sortiert Neuheiten-Flops aus, die retrograde Kalkulation entfernt nicht mehr marktfähige Produkte aus dem Markt und die Differenzkalkulation sorgt für das Ausscheiden ökonomisch nicht mehr lebensfähiger Unternehmen.

Aus der Tatsache heraus, dass einerseits viele Artikel nur zu Wettbewerbspreisen absetzbar sind, welche oft nicht einmal Kostendeckung erlauben, andererseits die Unternehmung aber mittel- und langfristig zur Existenzsicherung Vollkostendeckung erzielen muss, hat sich im Handel die Methode der **Mischkalkulation** entwickelt. Darunter ist zu verstehen, dass für einen Artikel, für welchen am Markt nur eine geringe Transparenz besteht, ein höherer Preis gefordert wird, als es von der Kostenseite her nötig wäre; andererseits wird für einen im Blickpunkt der Abnehmerschaft stehenden Artikel der Marktpreis übernommen, obwohl er betriebsintern höhere Kosten verursacht, welche hierdurch nicht abgedeckt werden. Die folgende Darstellung zeigt ein **Beispiel einer Mischkalkulation** (MwSt. bleibt außer Ansatz):

Beispiel

	Artikel A	**Artikel B**
Einstandspreis	20 €	50 €
+ Handlungskosten	10 €	5 €
= Selbstkosten	30 €	55 €
Verkaufspreis	25 €	60 €
Überschuss/Fehlbetrag	- 5 €	+ 5 €

Artikel A muss zu einem unter den Selbstkosten liegenden Marktpreis abgegeben werden; bei Artikel B ist dagegen ein die Selbstkosten übersteigender Verkaufspreis erzielbar.

Diese Verfahrensweise haben sich neu entstandene Betriebsformen für ihren Markteintritt zunutze gemacht; die Lebensmittel-Discounter beispielsweise nahmen in ihre Sortimente gerade solche Artikel auf, die vom traditionellen Handel mit in Relation zu den Kosten überhöhten Preisen angeboten wurden. Diese ohne großen Aufwand zu handelnden Artikel mit hoher Umschlagsgeschwindigkeit wurden dem Kunden dann zu kostenadäquatem Preis angeboten, wodurch beträchtliche Marktanteile von den traditionellen Handelsunternehmen auf die neuentstandenen discountierenden Unternehmungen übergingen. Dennoch wird die Mischkalkulation auch heute noch, vor allem im Nonfood-Bereich, angewendet, was den Boden für eine Geschäftsausweitung der Fachdiscounter bereitet, welche sich auf umschlagsstarke Artikel im Nichtlebensmittel-Sektor spezialisieren.

Neben den **Sachleistungen** müssen auch die **Dienstleistungen** des Handelsbetriebes im **Preisbildungsprozess** berücksichtigt werden. Darauf wurde im Rahmen der Behandlung der Dienstleistungen als Bestandteil der Leistungssubstanzpolitik im Handel bereits am Rande eingegangen. Während Sachleistungen üblicherweise mit der Absicht der vollen Kostendeckung und der Gewinnerzielung kalkuliert werden, ist dies bei Dienstleistungen durchaus nicht immer der Fall. Hier spielen Profilierungs- und

Imageziele, aber auch die branchenübliche Unentgeltlichkeit verschiedener Dienste eine wesentliche Rolle.

Wichtig erscheint in diesem Zusammenhang, dass Dienstleistungen wie Sachleistungen als **eigenständige Kostenträger** in der Kosten- und Leistungsrechnung berücksichtigt werden. Die Entscheidung über eine Preiserhebung gegenüber dem Kunden ist hiervon unabhängig. Es sei hier nochmals an die Problematik des Begriffs der Unentgeltlichkeit erinnert: Auch wenn eine einzelne Dienstleistung ohne direktes Entgelt den Kunden angeboten wird, muss sie doch im Rahmen einer langfristigen Vollkostendeckung des Unternehmens in den Preisen anderer Leistungen berücksichtigt werden, sodass eine Unentgeltlichkeit im strengen Sinne des Wortes nicht möglich ist.

Beispiele für Leistungen ohne direktes Entgelt sind etwa im Großhandel die Lagerhaltung, im Einzelhandel das Angebot von Rolltreppen und Aufzügen oder die Vorhaltung von Personal für unverbindliche Beratungen. Exemplarisch für oft nur mit einem symbolischen Preis versehene Dienste können im Großhandel die Kreditgewährung, die Delkredereübernahme oder die Erbringung zentraler Beratungs- und Schulungsleistungen in Verbundgruppen genannt werden; im Einzelhandel werden z. B. Hauszustellungen oder auch Änderungsdienste im Textilbereich gewöhnlich unterhalb der vollen Kostendeckung kalkuliert.

Dienstleistungsangebote zu einem Preis, welcher volle Kostendeckung oder sogar einen Gewinn erbringt, sind im Handel selten, da hierdurch der Charakter der Handelsdienstleistungen als Ergänzungen und Abrundungen des Sachleistungsangebotes verloren zu gehen droht. Allenfalls werden Dienste wie z. B. Reparaturleistungen an Artikeln, welche beim Wettbewerb gekauft wurden, in der Werkstätte des eigenen Unternehmens zu einem Preis kalkuliert, wie er auch bei Unternehmen üblich ist, die solche Leistungen als Hauptzweck des Betriebes erstellen.

Abschließend ist im Rahmen der Preispolitik im engeren Sinne die **Preisdifferenzierung** anzusprechen. Darunter ist die durch kostenmäßige Gründe nicht gerechtfertigte unterschiedliche Preisgestaltung für ein- und dasselbe Gut zu verstehen. Die Preisdifferenzierung tritt in verschiedenen **Formen** auf:

Räumliche Preisdifferenzierung	**Zeitliche Preisdifferenzierung**	**Kundenbezogene Preisdifferenzierung**
Regional unterschiedliche Preise für identische Leistungen	Zeitlich unterschiedliche Preise für identische Leistungen	Für unterschiedliche Kunden(-gruppen) unterschiedliche Preise für identische Leistungen
Beispiel: Preise für Butter in Stuttgart und in Hildesheim	Beispiel: Preise für Ostereier vor und nach Ostern	Beispiel: Preise für Neu- und für Stammkunden

Die Zielsetzung der **Preisdifferenzierung** besteht darin, den Differenzbetrag zwischen dem Durchschnittspreis für ein Produkt oder eine Leistung und jenem Preis abzuschöpfen, den ein Kunde bzw. eine Kundengruppe maximal hierfür zu entrichten bereit ist. Ein Beispiel soll dies verdeutlichen:

Beispiel

Angenommen, in einer Familie mit mehreren Kindern, in welcher beide Elternteile arbeitslos sind, erlaubten nur Preise bis zu maximal 0,55 € für eine Tafel Schokolade deren Kauf. Ein alleinlebender Leitender Angestellter mit einem Nettoeinkommen von 4.000 € pro Monat würde für dieselbe Tafel Schokolade beispielsweise einen Preis von 1, 46 € ohne größeres Nachdenken akzeptieren. Für das Handelsunternehmen wäre es also nützlich, von letzterem Kunden tatsächlich den höheren Preis zu fordern, da ansonsten ein möglicher Ertrag „verschenkt" wird.

Nun ist es weder im Großhandel noch im Einzelhandel möglich, je Artikel und je Kunden den maximal möglichen Preis auszutesten. Mit dem Instrument der Preisdifferenzierung versucht man aber, durch geeignete Gruppierung in räumlicher, zeitlicher und kundenbezogener Hinsicht zumindest einen Teil dieser im Hinblick auf den Endverbraucher als **Konsumentenrenten** bezeichneten Differenzbeträge abzuschöpfen.

Räumliche Preisdifferenzierung tritt beim Großhandel und beim filialisierten Einzelhandel in der Form auf, dass in verschiedenen Ortschaften oder Regionen der Bundesrepublik Deutschland oder auch in verschiedenen Ländern Europas oder der Welt für dasselbe Produkt oder dieselbe Leistung verschieden hohe Preise gefordert werden. So wird z. B. von bundesweit tätigen Lebensmittelfilialunternehmungen ein Pfund Butter im Großraum Stuttgart mit seiner höheren Kaufkraft i. d. R. teurer als etwa im Ruhrgebiet angeboten. Dagegen liegt keine räumliche Preisdifferenzierung vor, wenn unterschiedliche Preise durch verschieden hohe Logistikkosten verursacht sind.

Ein klassisches Beispiel **zeitlicher Preisdifferenzierung** ist im Sommer- bzw. Winterschlussverkauf zu sehen. Dies gilt nicht für modische Artikel, die im Schlussverkaufszeitraum bereits von Wertminderung bedroht und damit substanziell nicht mehr mit dem Moderenner der frühen Saison vergleichbar sind. In diesen Fällen liegt eine sachlich gerechtfertigte unterschiedliche Preisgestaltung vor, welche nicht als Preisdifferenzierung bezeichnet werden sollte. Jedoch werden in den Schlussverkäufen auch zahlreiche Artikel zur Umsatzforcierung und zu Zwecken der Imagebildung zu einem niedrigeren Preis angeboten als in den Zeiträumen davor und danach, obwohl es keinen in der Sache, z. B. in modischen Entwicklungen, liegenden Grund dafür gibt. Unter diesen Umständen liegt Preisdifferenzierung vor. Ein anderes Anwendungsbeispiel für die zeitliche Preisdifferenzierung stellt die anlassbezogene unterschiedliche Preisgestaltung für identische Güter dar: So werden im Einzelhandel beispielsweise vor Weihnachten für dieselben Artikel höhere Preise verlangt als danach. Fraglich ist allerdings, ob ein Artikel, welcher nach Weihnachten erworben wird, tatsächlich hinsichtlich seines Zusatznutzens mit einem sachlich identischen Artikel vergleichbar ist, welcher vor Weihnachten gekauft wird. Insofern kann dieser Fall nicht als eine echte Preisdifferenzierung im engeren Sinne angesehen werden.

Die **kundengruppenbezogene Preisdifferenzierung** ist im Großhandel stark verbreitet; sie ergibt sich als Resultat aus den Marktmachtkonstellationen, indem marktschwächeren Abnehmern höhere Preise in Rechnung gestellt werden als Nachfragern mit großer Marktmacht. Nicht unter den Begriff der Preisdifferenzierung fallen dagegen verschieden hohe Preise z. B. für unterschiedliche Auftragsgrößen oder für Warenabnahme mit bzw. ohne Inanspruchnahme der Zustellung. In solchen Fällen wird von den entsprechenden Kunden ein jeweils unterschiedlich großes Leistungsbündel in Anspruch genommen, was nach dem Grundsatz der Verursachungsgerechtigkeit zu begründbaren Preisunterschieden führt.

Im Einzelhandel ist eine kundengruppenbezogene Preisdifferenzierung aufgrund der **Preisauszeichnungspflicht** außerordentlich schwierig zu realisieren; dass eine räumliche Preisdifferenzierung natürlich gleichzeitig eine kundengruppenbezogene Differenzierung darstellen kann, ist hiervon nicht betroffen. Möglicherweise könnte man eine – allerdings unfreiwillige – kundengruppenbezogene Preisdifferenzierung darin erblicken, dass für mit Kreditkarten zahlende Kunden ebenfalls der ausgezeichnete Preis zur Anwendung kommt, obwohl diese die Einzelhandelsunternehmung zu einer Zusatzleistung in Form von erhöhtem Verwaltungsaufwand und von Provisionszahlungen an die Kreditkartenzentrale zwingen. Da dies jedoch kein vom Unternehmen ausgehender Anwendungsfall ist, kann darin sicherlich keine Marketingmaßnahme gesehen werden.

Neben den **ertragspolitisch positiven Wirkungen** von Preisdifferenzierungen entstehen daraus jedoch auch Probleme; so wird die Kalkulation und deren Überwachung mit der Zahl der Differenzierungen höher; außerdem können Imageverluste durch Erklärungsschwierigkeiten entstehen, die immer dann auftreten, wenn Kunden eine vorgenommene Preisdifferenzierung bekannt oder bewusst wird. Hier ist ein gründliches Abwägen aller **Vor- und Nachteile** und in vielen Fällen auch ein erhebliches Maß an psychologischem Fingerspitzengefühl erforderlich.

Einem Missverständnis, das in Bezug auf die Preisdifferenzierung häufiger auftrifft, soll an dieser Stelle entgegengetreten werden. Es ist zuweilen von **betriebsformenbezogener Preisdifferenzierung** die Rede; darunter wird verstanden, dass derselbe Artikel in verschiedenen Vertriebsschienen eines Unternehmens zu unterschiedlichen Preisen angeboten wird. So gibt es etwa bei der REWE-Gruppe in den Vertriebsschienen Penny, REWE und Toom jeweils unterschiedliche Preise für eine große Anzahl identischer Artikel. Eine Preisdifferenzierung kann hierin jedoch nicht gesehen werden, da verschiedene Betriebsformen durch ein jeweils unterschiedliches Leistungsbündel gekennzeichnet sind, wodurch die Preise für einzelne in diesen Betriebsformen angebotene Artikel nicht mehr vergleichbar sind.

2.3.1.2 Konditionenpolitik

Unter **Konditionen** sind alle Vereinbarungen zwischen Handelsunternehmung und Abnehmer zu verstehen, welche eine direkte oder indirekte Abweichung des Endpreises vom Grund- oder Normalpreis bewirken. Eine direkte Preisveränderung tritt z. B. durch einen Mengenrabatt ein, während sich etwa ein Zahlungsziel von einem Monat indirekt als Zinsgewinn oder -ersparnis auswirkt.

Die Konditionenpolitik ist demzufolge als an den Marketingzielen orientierter Einsatz aller preisergänzenden oder -verändernden Maßnahmen aufzufassen. Da die meisten Konditionen großhandels- bzw. einzelhandelstypisch sind, wird dieses Teilinstrument im Wesentlichen im Rahmen der Abschnitte über die wirtschaftsstufenbezogenen Besonderheiten der Entgeltpolitik behandelt. An dieser Stelle soll lediglich ein kurzer Überblick über diejenigen Arten von Konditionen gegeben werden, welche sowohl im Großhandel wie im Einzelhandel auftreten können. Es handelt sich dabei zum einen um **Rabatte**, zum anderen um **Lieferungs- und Zahlungsbedingungen**. Rabatte sind im Allgemeinen prozentuale Preisabschläge. Eine zweite Form des Rabatts ist der Naturalrabatt; dieser besteht in der Überlassung von Waren ohne direktes Entgelt. Auch für diese Rabattart gilt, dass sie im Einzelhandel relativ unbedeutend ist.

Unter **Lieferungs- und Zahlungsbedingungen** werden – im Rahmen des Absatzmarketing – alle Regelungen zwischen einer Handelsunternehmung und ihren Abnehmern verstanden, welche sich einerseits auf Eigentums- und Gefahrübergang sowie Kostentragung beim Übergang der Ware vom Lieferunternehmen an die Kunden und andererseits auf die Form, den Zeitpunkt und die hiervon abhängige Höhe der Zahlung beziehen. Die Zahlungsbedingungen sind insofern normalpreisverändernd, als z. B. bei Gewährung eines Zahlungsziels der resultierende Zinsertrag sich preismindernd auswirkt.

Auch diese Komponente der Konditionenpolitik ist vor allem im Großhandel von Gewicht, da im Einzelhandel die Mehrzahl der Kaufakte sich in der Weise vollzieht, dass dem Kunden die Ware im stationären Geschäft übergeben wird und er seiner Zahlungsverpflichtung durch sofortige Barzahlung nachkommt. Ausnahmen hiervon (z. B. im Versandhandel oder bei Kreditverkauf) werden im Abschnitt über die einzelhandelsspezifischen Aspekte der Preispolitik behandelt.

2.3.1.3 Sonderpreispolitik

Die Sonderpreispolitik beschäftigt sich mit der Bildung von Preisen, welche aus übergeordneten unternehmenspolitischen Gründen sowohl vom Kostenpreis als auch vom branchenüblichen Marktpreis abweichen sollen. Sie zerfällt in zwei große Bereiche: Zum einen sind **Preise für besondere Anlässe** zu bilden, wie z. B. Geschäftseröffnung, Wiedereröffnung nach Umbau, Firmenjubiläum etc. Zum anderen sind die Preise im Rahmen der **Sonderangebotspolitik** festzulegen, mit welcher neue Kunden gewonnen, Stammkunden gehalten und ein Image von Preiswürdigkeit und Leistungsfähigkeit geschaffen werden soll.

Für die Festlegung der Preise bei Sonderanlässen gibt es weder eindeutige theoretische Empfehlungen noch einheitliche Verfahrensweisen in der Praxis. Generell wird man wohl feststellen können, dass bei Anlässen wie Neueröffnung oder Firmenjubiläum niedrigere Preise als die üblicherweise geforderten angesetzt werden. Schließlich soll mit ihnen entweder ein Anreiz gegeben werden, den neu- oder wiedereröffneten Betrieb kennen zu lernen, oder es soll – im Fall von Jubiläen – Freude über den erreichten Leistungsstand des Betriebes ausgedrückt, Leistungskraft dokumentiert und zudem eine Belohnung treuer Kunden vorgenommen werden. Im Falle von Räumungsverkäufen und ähnlichen Anlässen muss ohnehin ein besonderer Anreiz gegeben werden, sich an der Räumung der Bestände zu beteiligen, wofür normalerweise ein niedriger Preis das am besten geeignete Mittel darstellen wird.

Ein weites und diffiziles Entscheidungsfeld stellt die **Sonderangebotspolitik** dar. Ihre wesentlichen Ziele werden durch die Beziehungen zu Herstellern im Sinne von Lieferanten, zu Wettbewerbern und zu den Kunden der Unternehmung bestimmt. Herstellerseitig dient die Sonderangebotspolitik der Forcierung von Einzelprodukten oder Produktlinien, welche seitens der Produzenten eine besondere Förderung erfahren sollen. Im Hinblick auf Konkurrenzunternehmungen wird das Instrument der Sonderangebotspolitik insbesondere zum Verdrängungswettbewerb, also zum Erzielen von Marktanteilsverschiebungen zu Gunsten des eigenen Unternehmens eingesetzt.

In Bezug auf die Kunden sollen Leistungsstärke dokumentiert, Imageverbesserungen erreicht und Stammkundenbelohnungen vorgenommen werden. Schließlich kann mithilfe von Sonderangeboten auch die Milderung der negativen Folgen von Fehleinkäufen angestrebt werden. Im Einzelnen lassen sich folgende **Ziele der Sonderangebotspolitik** unterscheiden:

- Neueinführung oder Forcierung von Artikeln in Kooperation mit der Industrie
- Verdrängungswettbewerb
- Kundengewinnung und -erhaltung
- Dokumentation von Leistungsstärke
- Umsatzausweitung
- preispolitische Ergänzung von Sonderanlässen (s. o.)
- Abstoß von Fehleinkäufen
- Lagerräumung.

Diese Vielzahl an Zielen lässt bereits erkennen, dass es ein einheitliches Verhaltensschema für die Sonderangebotspolitik nicht geben kann. In Abhängigkeit von den zu verfolgenden Zielen werden sich bei der Auswahl der Sonderangebotsartikel, beim Sonderangebotspreis, beim Einsatztermin und der Laufzeit von Sonderangeboten sowie bei der Art der Kommunikation Unterschiede ergeben. Hinzu kommt, dass aufgrund der verschiedenartigen Kundenkreise die Sonderangebotspolitik des Großhandels einen anderen Charakter als diejenige des Einzelhandels trägt.

In jüngerer Zeit werden vermehrt Zweifel laut, ob insbesondere die Sonderangebotspolitik des Einzelhandels („Aktionitis“) nicht größeren Schaden anrichtet als Nutzen stiftet. Diese Zweifel rühren zum einen vom Erfolg der discountierenden Unternehmungen her, welche durch Niedrigpreise auf breiter Front offenbar ein höheres Maß an Glaubwürdigkeit beim Kunden besitzen als der traditionelle Handel mit seiner Sonderangebotspolitik. Während Sonderangebote im Großhandel häufiger sachlich orientiert und damit nachvollziehbar sind, kann der Einzelhandelskunde die z. T. erheblichen Unterschiede zwischen Normal- und Sonderangebotspreis nicht verstehen. Er zieht daraus den Schluss, dass der Einzelhandel bei Normalpreisstellung erhebliche Gewinne erzielt, von denen er über die Sonderpreise einen kleinen Teil an die Konsumenten abgibt.

Darüber hinaus entsteht ein doppelter Gewöhnungseffekt: Einmal speichert der Verbraucher die niedrigeren Sonderangebotspreise nach einiger Zeit als Normalpreise im Gedächtnis ab; zum anderen hat die Sonderangebotspolitik eine gewohnheitsmäßige Umstellung des Verbraucherverhaltens in der Form nach sich gezogen, dass verschiedene Artikel, sogar ganze Warenbereiche nur noch als Sonderangebote gekauft werden. Der Verbraucher wählt bei bestimmten Produkten (Waschmittel, Kaffee etc.) immer gerade diejenige Einkaufsstätte aus, welche die entsprechenden Artikel als Sonderangebote führt. Notfalls bevorratet er sich, um „sonderangebotslose Zeiten" überbrücken zu können. Auf diese Art und Weise ist bei ganzen Teilwarengruppen ein solcher Spannenverfall erzeugt worden, dass dadurch die von den entsprechenden Artikeln verursachten Kosten nicht mehr zu decken sind.

Ein **vollständiger Verzicht auf die Sonderangebotspolitik** scheint für den traditionellen Handel allerdings bis auf Weiteres noch nicht infrage zu kommen; allein die Angst vor den möglicherweise negativen Konsequenzen des ersten Schritts hält bisher die wesentlichen Anbieter von einer konsequenten Umstellung in der geschilderten Hinsicht ab, und zwar ungeachtet der Tatsache, dass durch empirische Untersuchungen eindeutig nachgewiesen werden konnte, dass neue Stammkunden durch Sonderangebote nicht gewonnen werden können, sodass letzten Endes Sonderaktionen sich mehr als Belohnung für die bisherige Stammkundschaft auswirken.

Ohne Zweifel handelt es sich jedoch bei diesem marketingpolitischen Teilinstrument um ein Feld der Unternehmenspolitik im Handel, in welchem in der Zukunft größere Verhaltensänderungen anstehen dürften, weshalb es sich lohnt, diesen Bereich mit hoher Aufmerksamkeit zu verfolgen.

Aufgabe 6 > Seite 501
Aufgabe 7 > Seite 501

2.3.2 Besonderheiten im Großhandel

Da das Leistungsprofil des Großhandels sich deutlich von jenem des Einzelhandels unterscheidet, ergeben sich zwingend auch Unterschiede in Bezug auf die **Leistungsentgelte**. Eine weitere grundsätzliche Differenz zwischen beiden Wirtschaftsstufen besteht in der verschiedenartigen Denk- und Verhaltensweise der Abnehmerschaft. Bei den gewerblichen Kunden des Großhandels kann mit dem Vorliegen einer höheren Marktkenntnis, mit mehr Professionalität und mit einer rationaleren Verhaltensweise gerechnet werden als im Fall des Endverbrauchers als Kunde des Einzelhandels. Diese beiden grundlegenden Verschiedenheiten bestimmen die spezifischen Merkmale der Preispolitik in der jeweiligen Wirtschaftsstufe.

2.3.2.1 Preispolitik im engeren Sinne

Im Großhandel ist in stärkerem Umfange als im Einzelhandel die progressive, also **die an den Kosten orientierte Form der Preiskalkulation** vorzufinden. Dies ist immer dann der Fall, wenn es keine feststehenden Absatzmarktpreise für bestimmte Güter gibt, z. B., wenn im Ausland eingekauften Waren keine im Inland produzierten, unmittelbar vergleichbaren Produkte gegenüberstehen. Weiterhin werden vor allem im Produktionsverbindungs- und Investitionsgütergroßhandel häufig Spezialprodukte gehandelt, für die dann ebenfalls keine am Markt allgemein bekannten Abgabepreise existieren. Im Konsumgütergroßhandel dominiert dagegen wie im Einzelhandel die retrograde Kalkulation.

Im Großhandel gelangen generell zum Zwecke der Transparenzerhöhung für den Abnehmer **nettopreisbezogene Systeme** verstärkt zur Anwendung. Dabei wird – für die nachgelagerte Stufe nachvollziehbar – der Großhandelsabgabepreis gebildet, indem zum Einstandspreis der Großhandlung ein Kosten- und ein Gewinnaufschlag addiert werden (**„Cost plus-System"**). Beim Bruttopreissystem dagegen werden den Abnehmern Abschläge unterschiedlicher Höhe auf einen Bruttopreis gewährt, dessen Entstehung von den Kunden nicht durchschaut werden kann. Die folgenden Schemata sollen den Unterschied verdeutlichen:

Bruttopreissystem	**Nettopreissystem (Cost plus-System)**
Bruttopreis Großhandel - Rabatt (%)	Einkaufspreis Großhandel + Kosten- und Gewinnaufschlag
= Einkaufspreis Kunde	= Einkaufspreis Kunde

Die Preispolitik im Großhandel differiert sehr stark in Abhängigkeit davon, ob es sich um freien, gruppengebundenen oder rein funktionalen Großhandel im Rahmen von stufenübergreifenden Filialunternehmungen handelt. Der **freie Großhandel** wird die gegebenen preispolitischen Möglichkeiten zur Erzielung eines maximalen oder doch wenigstens eines zufriedenstellenden Gewinns in dem vom Markt zugestandenen Maß ausschöpfen.

Der **gruppengebundene Großhandel** (Großhandlungen von Einkaufsgemeinschaften und Genossenschaften, Kettengroßhandlungen) wird bei seiner Preispolitik die Marktbehauptungsfähigkeit der gesamten Kooperation im Auge behalten müssen. Die Großhandelsabgabepreise stellen hier im weitesten Sinne eine Art Verrechnungspreise dar; diese gruppenpolitisch sinnvolle Verhaltensweise wird allerdings aus Gründen eines tatsächlichen oder vermeintlichen Rechtfertigungsnotstandes des kooperativen Großhandels häufig nicht in dem Maße angewendet, wie es für die Kooperation sinnvoll wäre. Die Folge, nämlich großhandelsbezogene Optimierungsversuche ohne Berücksichtigung des Gesamtinteresses, verschlechtern jedoch die Konkurrenzfähigkeit der gesamten Kooperation.

Der **funktionale Großhandel** im Rahmen von stufenübergreifenden Filialunternehmen übt keine selbstständige Preisbildung aus. Seine Leistungserstellung verursacht Kosten, welche in der Kalkulation des gesamten Filialunternehmens ihre Berücksichtigung finden.

Die inhaltliche Ausgestaltung der **Preisdifferenzierung** unterscheidet sich im Großhandel beträchtlich von jener im Einzelhandel. Die räumliche und zeitliche Differenzierung lassen sich auf dieser Wirtschaftsstufe seltener realisieren. Dies liegt bezüglich der **räumlichen Preisdifferenzierung** daran, dass die gewerblichen Großhandelsabnehmer normalerweise über eine höhere Markttransparenz als die Endverbraucher verfügen. Außerdem ist die räumliche Flexibilität der Großhandelskunden bei der Beschaffung hoch; während der Endverbraucher stark standortgebunden ist, bereitet es einem Industrie- bzw. Einzelhandelsunternehmen oder einem Großverbraucher keine allzu großen Probleme, bei einem geographisch weiter entfernten Großhandelsunternehmen einzukaufen, wodurch räumliche Preisdifferenzierungen unterlaufen werden können.

Hinsichtlich der **zeitlichen Preisdifferenzierung** wirkt sich das unterschiedliche Einkaufsverhalten von Großhandels- und Einzelhandelskunden ebenfalls sehr stark aus. Einmal wegen der zumeist fehlenden Lagermöglichkeiten, zum anderen aber auch aus Gründen der Kaufeinstellung ist der Endverbraucher sehr stark an bestimmten Einkaufsrhythmen, an zeitlich fixierten Anlässen wie z. B. Festtagen, an Jahreszeiten etc. orientiert. Dagegen plant der gewerbliche Abnehmer i. d. R. seine Käufe länger im voraus und ist ohne Weiteres in der Lage, sich bei zeitlich befristeten, günstigen Angeboten umfangreich zu bevorraten, wodurch eine zeitliche Preisdifferenzierung des Großhandels kaum infrage kommt. Gerade dieser Sachlage wegen kann allerdings der Großhandel die Nachfrage bis zu einem gewissen Grade steuern, sei es im Sinne der Verstärkung an bestimmten Zeitpunkten (z. B. Messen), sei es mit der Zielrichtung einer Verstetigung. In diesem Falle liegt jedoch keine echte Preisdifferenzierung vor, da der Abnehmer auf diese Weise dem Großhandel einerseits die Beschaffungs- und andererseits alle logistischen Funktionen erleichtert.

Die **kundengruppenbezogene Preisdifferenzierung** ist dagegen eine vor allem dem Großhandel offenstehende Möglichkeit. Da im Großhandel eine der Preisauszeichnungspflicht des Einzelhandels vergleichbare Regelung nicht existiert und ein wesentlich komplexeres Konditionengefüge als im Einzelhandel eingesetzt werden kann, ist es für ein Großhandelsunternehmen vergleichsweise einfach, die Preise gegenüber verschiedenen Abnehmern oder Abnehmergruppen zu differenzieren. Das wesentliche Kriterium dafür bildet die Marktmacht des oder der entsprechenden Geschäftspartner. Dies gilt allerdings nur bei Durchführung einer Einzelfall-Kalkulation.

Eine preispolitische Variante des Großhandels, welche auf der Schwelle zwischen der Preispolitik im engeren Sinne und der Konditionenpolitik liegt, ist in Form der **Preisstaffelung** gegeben. Dabei werden für alle tatsächlichen und potenziellen Abnehmer erkennbar mengenabhängig abgestufte Preise für einen Artikel festgelegt. Eine solche **Mengenstaffelung** kann folgendes Aussehen haben:

Abnahmemenge (in Stück)	Preis/Stück
bis 1.000	115 €
1.001 - 2.000	110 €
2.001 - 5.000	105 €
5.001 - 10.000	100 €
10.001 - 20.000	95 €
über 20.000	90 €

Durch derartige Mengenstaffeln sollen die Abnehmer dazu veranlasst werden, die Abnahmemengen je Bestellung zu erhöhen. Dies führt i. d. R. beim Großhandel zu einer günstigeren Kostenstruktur, da die artikel- bzw. auftragsbezogenen Fixkosten reduziert werden. Daraus wird erkennbar, dass die Preisstaffelung nicht unter die Preisdifferenzierung zu subsummieren ist, da dem günstigeren Abgabepreis der Großhandlung bei Abnahme einer größeren Menge eine echte Gegenleistung des Abnehmers in Form von Auftragskonzentration und Übernahme von Lagerungsaufgaben gegenübersteht.

2.3.2.2 Konditionenpolitik

Die Konditionenpolitik stellt auf der Großhandelsstufe ein wesentliches marketingpolitisches Instrument dar. Sinnvoll eingesetzt, kann sie die gesamte Absatzstruktur eines Großhandelsunternehmens im Sinne übergeordneter Ziele beeinflussen. Dies gilt in Bezug auf die Kundenselektion, auf die Steuerung von Artikel- und Warengruppenumsätzen, auf die zeitliche Absatzentwicklung sowie auf den Ablauf der Distributions- und Zahlungsvorgänge.

Damit bildet die Konditionenpolitik ein Heterogenisierungsinstrument: Selbst wenn die von einem Großhandelsunternehmen angebotenen Sach- und Dienstleistungen mit jenen eines Wettbewerbers unmittelbar vergleichbar sind, kann doch mit den Mitteln der Konditionenpolitik eine Abhebung vom Konkurrenten durch Differenzierung der Preis-Leistungs-Kombination erzielt werden. Als wesentliche Mittel der Konditionenpolitik des Großhandels sind die folgenden zu nennen:

- Rabatte (als prozentuale Abschläge)
- Naturalrabatte
- Nachlässe und Bonifikationen
- Valutierung
- Lieferungsbedingungen
- Zahlungsbedingungen.

Als wesentliche Rabattformen im Sinne prozentualer Abschläge lassen sich Mengen- und Wertrabatte, Funktionsrabatte, Sonderrabatte sowie Wettbewerbs- oder Geheimrabatte unterscheiden. Die letztgenannte Rabattart ist allerdings verboten.

Naturalrabatte bestehen in der Überlassung von Waren ohne unmittelbares Preisentgelt, Nachlässe und Bonifikationen sind absolute Preisreduzierungen, welche häufig nach Abschluss von Geschäftsperioden bei Erreichen bestimmter Mengen- oder Wertziele vom Lieferanten gewährt werden.

Bei der **Valutierung** wird die Rechnung für einen Geschäftsabschluss vordatiert; dies bedeutet, dass auch die Zahlung erst zu einem späteren Zeitpunkt erfolgen muss und dass die Laufzeiten für bestimmte Zahlungsbedingungen (z. B. Skonti) erst ab dem vordatierten Rechnungsdatum beginnen.

Die folgende Tabelle gibt einen Überblick über die gängigen Formen von Rabatten, Nachlässen und Bonifikationen des Großhandels:

Rabattart	Rabattbezeichnung (Beispiele)
1) Rabattarten mit Leistungsgrundlage für Wahrnehmung von:	
► Allgemeinen Handelsfunktionen	Funktions-, Stufen-, Betriebsformenrabatt
► Raumüberbrückungsfunktionen	Selbstabholerrabatt
► Zeitüberbrückungsfunktionen	Saison-, Frühbezugsrabatt
► Qualitätsfunktionen	Mengen-, Umsatz-, Treuerabatt, Jahresbonus
► Nachfragelenkungsfunktionen	Einführungs-, Muster-, Werberabatt
2) Wettbewerbliche Rabattarten	
► Zum Leistungsanreiz	Sonder-, Geheimrabatt

Preispolitisch wirksame **Lieferungsbedingungen** bestehen z. B. in der Transportkosten- oder der Nebenkostenübernahme (Versicherungen, Zölle etc.); als wichtigste **Zahlungsbedingung** ist die Gewährung bestimmter Skonti anzusehen.

Zur Absicherung von Geschäftsvorgängen sind klar vereinbarte Lieferungs- und Zahlungsbedingungen vor allem im grenzüberschreitenden Handel von eminenter Bedeutung. Es sind hier eine Reihe von Handelsklauseln entstanden, welche zwar keinen rechtlichen Charakter im engeren Sinne besitzen, jedoch durch eine umfangreiche Rechtsprechung für den Geschäftsverkehr zwischen Kaufleuten eine hohe Verbindlichkeit erhalten haben. Die wichtigsten dieser Geschäftsbedingungen sind in den sog. **„Incoterms“** (International Commercial Terms) niedergelegt worden. Diese stellen in Kurzform gefasste handelsübliche Vereinbarungen dar, welche die Gefahrtragung, den Eigentumsübergang und die Kostenübernahme betreffen. Die Verbindlichkeit und die durch zahlreiche Urteile geschaffene Präzision dieser Regelungen erleichtern den internationalen Handel wesentlich.

Als Sonderfälle im Rahmen des hier behandelten Instruments sind **Kostenübernahmen** sowie **Sachleistungen ohne direkte Berechnung** zu nennen. Die in der Praxis wohl wichtigste Kostenübernahme ist in den **Werbekostenzuschüssen** gegeben, welche zwar dem Wortsinne nach für die Finanzierung werblicher Aktivitäten vorgesehen sind, de facto jedoch häufig als preisreduzierende Vergünstigungen ausgehandelt und vom Abnehmer auch so eingesetzt werden. Vor allem in Handelskooperationen treten Sachleistungen ohne direkte Berechnung etwa dann auf, wenn einem Kooperationsmitglied die Existenzgründung ermöglicht oder über eine wirtschaftlich schwierige Situation hinweggeholfen werden soll. Als Sachleistungen kommen in diesem Zusammenhang insbesondere Waren und Warenträger infrage.

2.3.2.3 Sonderpreispolitik

Aus den bereits erwähnten Gründen, welche vor allem aus der Struktur und der Verhaltensweise des Abnehmerkreises resultieren, spielt die Sonderpreispolitik im Großhandel eine geringere Rolle als im Einzelhandel. Anlässe für Sonderpreiskalkulationen im Großhandel sind beispielsweise Messen und Verkaufsbörsen, überregionale Aktionen des Großhandels, Neukundenakquisition sowie wirtschaftsstufenübergreifende Aktivitäten, bei welchen Hersteller, Großhändler und Einzelhändler gemeinsame Marktbearbeitungsstrategien verfolgen.

Messe- und **Börsenpreise** sind allein aus dem Grund im Allgemeinen niedriger als Normalpreise, weil die Herstellerseite bei diesen Gelegenheiten Sonderkonditionen anbietet. Diese können dann in voller Höhe oder teilweise an die Großhandelskunden weitergegeben werden. Ähnlich verhält es sich bei groß angelegten **Aktionen des Großhandels**, die in vielen Fällen von Industrieunternehmungen ganz oder teilweise finanziert werden. Dies gilt in noch stärkerem Maße, wenn Aktionen – oft von der Industrie initiiert – von Unternehmen der Wirtschaftsbereiche Herstellung bis Einzelhandel gemeinsam durchgeführt werden.

Um den Abnehmern bei solchen Anlässen die Möglichkeit zum Einkauf großer Mengen zu verschaffen, welche nicht bei allen Kunden im Lager Platz finden würden, besteht die Möglichkeit zu Teillieferungen: Die gesamte z. B. auf einer Messe georderte Ware wird dabei nicht auf einmal, sondern in mehreren zeitlichen Etappen geliefert. Oft wird diese Maßnahme mit der Valutierung verbunden, damit der Kunde jeweils immer nur den Teil der Ware bezahlen muss, welchen er bereits erhalten und u. U. auch schon wieder verkauft hat. Die Eindeckung eines Abnehmers über den aktuellen Bedarf hinaus erbringt dem Großhandel in jedem Fall den Nutzen, dass dieser Kunde während des gesamten Zeitraums der Teillieferungen kaum mehr bei einem anderen Lieferanten Ware beziehen wird.

Sonderpreise im Rahmen der **Neukundenakquisition** werden üblicherweise ebenfalls niedriger als Normalpreise gestaltet. Das Ausmaß der Preisreduktionen hängt zum einen von der Finanzkraft, zum anderen von der Marketingphilosophie der akquirierenden Unternehmung ab. Auch die Wettbewerbssituation kann hier eine bedeutsame Rolle spielen.

Eine besondere Form der Preisstellung des Großhandels, welche hier abschließend erwähnt werden soll, ist die **„Brutto für Netto-Preisstellung"**. Dabei erfolgt die Preisbildung nach dem Bruttogewicht der Ware einschließlich Tara (Verpackung). Sie ist besonders verbreitet im Warenbereich Obst und Gemüse, kommt jedoch auch bei anderen Handelsgütern vor. Dieses Preisbildungsprinzip soll anhand eines Beispiels veranschaulicht werden:

Beispiel

Ein Großhändler liefert 900 kg Äpfel in Holzkisten, welche ihrerseits ein Gewicht von 100 kg besitzen. Der Verkaufspreis je kg beträgt 1 €. Der Großhändler berechnet nun nach dem Brutto für Netto-Prinzip 1 € mal insgesamt 1.000 kg, sodass sich der Rechnungsbetrag in diesem Beispiel auf 1.000 € belaufen würde. Beim Einzelhändler hat diese Verfahrensweise kalkulationsbezogene Konsequenzen: Er muss die gesamte Summe, die er an den Großhändler zu entrichten hat, zunächst auf das Apfelgewicht von 900 kg umrechnen, um auf diese Art und Weise zum Einstandspreis je kg zu gelangen, auf welchen er anschließend seinen Gemeinkosten- und Gewinnaufschlag kalkuliert.

Als wesentliches Fazit dieses Abschnittes bleibt festzuhalten, dass für den Großhandel die Konditionenpolitik eine sehr bedeutsame Rolle spielt. Eine Betrachtung des Normalpreisgefüges, welches aus dem Einsatz der Preispolitik im engeren Sinne resultiert, gewährt nur einen äußerst unvollständigen Einblick in die Entgeltpolitik eines Großhandelsunternehmens. Erst bei zusätzlicher Berücksichtigung der Konditionenpolitik erschließt sich seine tatsächliche entgeltpolitische Situation. Die Einschätzung von Großhandelskonditionen ist deshalb so schwierig, weil sie sich teils auf Mengen, teils auf Werte beziehen und sich vom einzelnen Artikel bis hin zum gesamten Geschäftsumfang mit einem Abnehmer erstrecken können. Durch Überlagerung und gegenseitige Verstärkung einzelner Konditionen wird es für den Abnehmer fast unmöglich, die tatsächlichen Endpreise verschiedener Großhandlungen für dieselbe Leistung zu beurteilen.

2.3.3 Besonderheiten im Einzelhandel

Die Besonderheiten der **Entgeltpolitik im Einzelhandel** resultieren zum einen aus der Tatsache, dass er es gewöhnlich mit einer großen Kundenzahl zu tun hat, dass die Endverbraucher als Kunden hinsichtlich ihres Einkaufsverhaltens stärker emotional bestimmt sind als gewerbliche Abnehmer und dass seitens des Gesetzgebers verschiedene rechtliche Vorschriften hinsichtlich der Preisgestaltung des Einzelhandels erlassen worden sind. Wegen der Möglichkeit der psychologischen Beeinflussung der Kunden spielt im Einzelhandel zusätzlich zu den oben angesprochenen Teilinstrumenten der Entgeltpolitik auch jenes der Preisoptik eine Rolle.

2.3.3.1 Preispolitik im engeren Sinne

Es existieren für zahlreiche Artikel Marktpreise, die nur in geringen Bandbreiten von Einzelhandlungen variiert werden können. Die Gründe hierfür sind die **Preisauszeichnungspflicht** im Einzelhandel sowie die Möglichkeiten der Konsumenten, sich über Verbraucherorganisationen, Testzeitschriften und das Internet Informationen zu verschaffen. Letzteres hat die Einstellungen des Verbrauchers verändert, der vor allem größere Kaufentscheidungen zunehmend erst nach intensiver Informationssuche tätigt. Bei Vorliegen dieser Situation ist die **retrograde Kalkulation**, also das Rückwärtskalkulieren vom kaum veränderbaren Marktpreis auf einen dem Lieferanten gegenüber zu erzielenden Einstandspreis, als einzige adäquate Kalkulationsmethode zu betrachten. Nur bei Artikeln, welche weniger im Blickpunkt des Verbrauchers stehen bzw. die als Innovationen am Markt preislich noch nicht eingeordnet werden können, kommt für den Einzelhandel eine **progressive Kalkulation** infrage.

Da es im Einzelhandel, zumal in mittelständischen Unternehmungen, nur in relativ seltenen Fällen eine ausgebaute Kosten- und Leistungsrechnung gibt, welche eine artikelgenaue Kostenzurechnung ermöglichen würde, wird üblicherweise mit einheitlichen Gemeinkostenaufschlägen für Warengruppen oder sogar für den Gesamtbetrieb gearbeitet. Basis für die Ermittlung der Zuschlagssätze bilden normalerweise die Vollkosten. Teilkostenorientierte Rechnungsweisen sind im Einzelhandel nur wenig verbreitet. Zumeist werden Vergangenheitswerte bei der Zuschlagssatzermittlung zu Grunde gelegt; die für die Steuerung des Betriebes sinnvollere Orientierung an den Plankosten findet sich nur selten. In dieser Hinsicht sind im mittelständischen Handel noch umfangreiche Entwicklungspotenziale festzustellen.

Die für die Entstehung der discountierenden Betriebsformen mitentscheidende **Mischkalkulation** im Einzelhandel wurde oben bereits erwähnt; Artikel, welche aufgrund der Marktpreissituation höher kalkuliert werden können, als dies aufgrund der von ihnen verursachten Kosten notwendig wäre („Ausgleichsgeber") subventionieren jene Artikel, welche unter ihren eigenen Vollkosten abgegeben werden müssen („Ausgleichsnehmer"). Aufgrund der Gefahr, dass die Ausgleichsgeber von neu auf den Markt drängenden Betriebsformen zu tatsächlichen Kosten und damit billiger als dem allgemeinen Marktniveau entsprechend angeboten werden, hat sich diese Methode in der Vergangenheit nicht als sinnvoll erwiesen.

Wenn Handelsunternehmungen durch das preisgünstigere Angebot von Wettbewerbern gezwungen werden, die Preise ihrer Ausgleichsgeber zurückzunehmen, müssen sie andererseits die Preise der Ausgleichsnehmer anheben, wenn weiterhin ein positives bzw. ausgeglichenes Betriebsergebnis erreicht werden soll. Es ist dem Kunden jedoch nur schwierig oder gar nicht begreiflich zu machen, weshalb bestimmte Artikel auf einmal deutlich teurer verkauft werden müssen als in einem längeren Zeitraum vorher. Solange sich alle Anbieter am Markt mehr oder weniger stark der Mischkalkulation bedienen, stellt sie ein praktikables Mittel zur Erreichung verschiedener übergeordneter Ziele dar, wie z. B. der Einführung neuer Artikel, der Forcierung bisher nicht geführter Sortimentsteile etc. Weichen aber einzelne Anbieter von diesem Kalkulationsprinzip ab, so wirkt die Gruppe der relativ gesehen zu teuer angebotenen Ausgleichsgeber wie eine offene Flanke gegenüber preisaggressiven Marktbearbeitungsstrategien.

Hinsichtlich der **Preisdifferenzierung** des Großhandels war festgestellt worden, dass diese selten in regionaler und zeitlicher Form, häufiger dagegen in der kundenbezogenen Ausprägungsweise in Erscheinung tritt. Für den Einzelhandel stellt sich dies gerade umgekehrt dar. Für Filialisten und Mehrbetriebsunternehmungen bietet die **regionale**, evtl. sogar die verkaufsstellenbezogene **Preisdifferenzierung** ein hervorragendes Mittel zur Abschöpfung von Konsumentenrenten. Dies begründet sich aus der räumlich gesehen geringeren Mobilität sowie Marktübersicht des Verbrauchers, der seine Recherchen bezüglich Beschaffungspreisen und -konditionen selten über den eigenen Wohnort hinaus ausdehnt. Erhebliche Veränderungen sind hier durch das Vordringen des Onlinehandels zu beobachten.

Die **zeitliche Preisdifferenzierung** kann ebenfalls mit Erfolg eingesetzt werden, da der zeitliche Horizont des durchschnittlichen Konsumenten nicht die Spannweite gewerblich beschaffender Unternehmen erreicht. Außerdem fehlt dem Endverbraucher normalerweise die Lagermöglichkeit, sodass für ihn ausgedehntere Vorratskäufe zur Überbrückung von Zeiten höherer Preise nicht in dem Maße möglich sind wie für beschaffende Einzelhändler oder Industriebetriebe.

Dagegen kommt die **kundenbezogene Preisdifferenzierung** für den Einzelhandel weniger in Betracht; hier wirkt sich die Preisauszeichnungsverpflichtung sehr stark aus, die gerade sicherstellen soll, dass für alle Kunden einer Einzelhandlung derselbe, schon vor dem Kauf erkennbare Preis Gültigkeit besitzen soll.

Im Rahmen der Preisbestimmung für die Leistungssubstanz von Einzelhandelsunternehmungen sind auch die **Entgelte für erbrachte Dienstleistungen** festzulegen. Hinsichtlich der Möglichkeit, direkte Entgelte für Dienste vom Kunden zu fordern, bestehen zwischen verschiedenen Dienstleistungskategorien erhebliche Unterschiede:

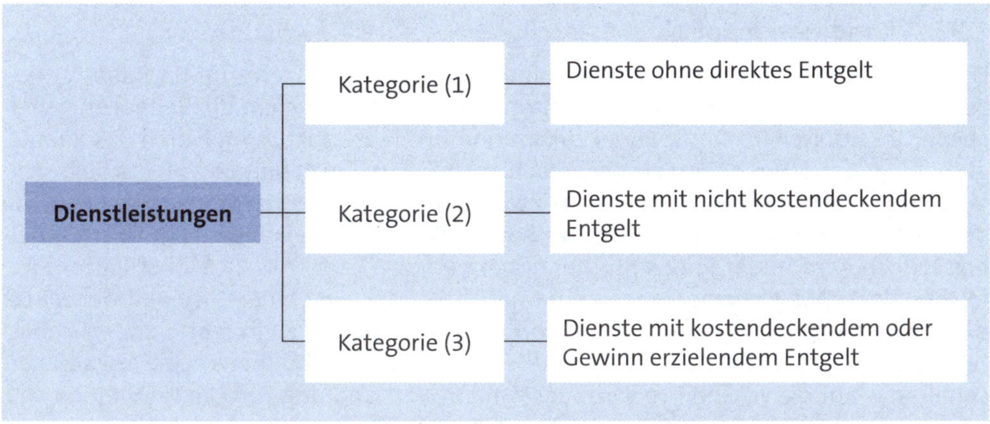

Abb. 33: Kategorien von Dienstleistungen im Einzelhandel nach dem Kriterium der Entgeltlichkeit

Verschiedene **Dienstleistungen** sind aufgrund von Branchengepflogenheiten grundsätzlich **ohne unmittelbares Entgelt** anzubieten. Hierzu gehören Dienste wie die Bereitstellung von Aufzügen oder Rolltreppen, das Angebot einer allgemeinen Information in großflächigen Betriebsstätten, die unverbindliche Kaufberatung und die Bedienung der Konsumenten bei Fremdbedienungssystemen (Kategorie 1).

Die zweite Kategorie von **Dienstleistungen** kann **zu Entgelten** zur Verfügung gestellt werden, welche zwar nicht die vollen Kosten decken, immerhin aber einen Teil hiervon, z. B. die variablen Kosten, ausgleichen. Darunter sind zu rechnen beispielsweise Änderungsarbeiten an Textilien, Zustellung höherwertiger Gebrauchsgüter, Finanzierung von Teilzahlungskäufen und Ähnliches.

Die dritte Kategorie von **Diensten** wird üblicherweise **zu Vollkosten zuzüglich eines Gewinnzuschlages dem Konsumenten** angeboten. Beispiele sind etwa in Reparaturarbeiten an Elektrogeräten (außer Garantiefällen!), in der Herstellung von Geschenkkörben, im Angebot eines Party-Service oder auch in der Bereitstellung solcher selbstständiger Dienstleistungen zu sehen, die – in der Praxis oft von Konzessionären – in großflächigen Einzelhandelsbetrieben oder Einkaufszentren angeboten werden (Restaurant, Schlüsseldienst, Schuhschnellreparatur, Reinigung etc.).

Bei der Preisstellung für Dienstleistungen besteht für Einzelhandelsunternehmungen insgesamt gesehen eine **hohe Flexibilität**; dies gilt vor allem im Hinblick auf die Dienstleistungskategorien (2) und (3), welche als Frequenzbringer, als Profilierungsinstrumente gegenüber dem Wettbewerb und als Mittel zur Belohnung von Stammkunden eingesetzt werden können. Grundsätzlich ist allerdings die Forderung zu erheben, dass für alle angebotenen Dienstleistungen die hierdurch entstehenden Kosten präzise erfasst werden, wodurch es möglich ist, bei unter Vollkosten liegender Preisstellung die Differenzbeträge zu ermitteln, welche über die Preise anderer Dienstleistungen bzw. des Warenangebots ausgeglichen werden müssen.

2.3.3.2 Konditionenpolitik

Die Konditionenpolitik besaß im Einzelhandel bis zur Abschaffung des Rabattgesetzes und der Zugabenverordnung im Jahre 2002 bei Weitem nicht die Bedeutung, welche ihr traditionell im Großhandel zukam und bis heute zukommt. Durch das Rabattgesetz war bis dahin die maximale Abschlagshöhe im Einzelhandel auf 3 % begrenzt, während es im Großhandel eine derartige Einschränkung nie gab. Seit der Abschaffung des Rabattgesetzes sind auch im Einzelhandel Rabatte in beliebiger Höhe aushandelbar. Jedoch wird in der Praxis nur bei höherwertigen Gütern (z. B. Möbel, Automobile) von dieser Möglichkeit Gebrauch gemacht. Bei diesen werden – soweit der Markt dies zulässt – bereits bei der Kalkulation die beim Verkauf zu akzeptierenden Rabatte im Zuschlagssatz berücksichtigt. Außerdem erfolgen Schulungen des Verkaufspersonals, das auf die veränderte Form der Verkaufsverhandlung vorbereitet werden soll. Bei geringwertigen Gütern sind dagegen mit Ausnahme pauschaler Rabattierungen – z. B. im Rahmen des Pay back-Systems – Rabattgewährungen nach wie vor unüblich. Der Hauptgrund hierfür liegt darin, dass Rabattverhandlungen beim Verkauf von Artikeln mit geringem Wert (z. B. einem Yoghurtbecher) weder ökonomisch noch organisatorisch sinnvoll sind.

Als Unsicherheitsfaktor für den Einzelhandel stellt sich die Rolle des UWG nach Wegfall des Rabattgesetzes dar. Dieses wirkt als eine Art „Auffangtatbestand", womit gemeint ist, dass einige nach Wegfall des Rabattgesetzes grundsätzlich bestehende preispolitische Freiheiten wegen Verstoßes gegen das UWG gleichwohl nicht zulässig sind.

Von geringer Bedeutung sind im Einzelhandel die konditionenpolitischen Instrumente des **Naturalrabattes** und der **Zugabenpolitik**. Auch dieser Bereich der Konditionenpolitik war bis 2002 auf der Wirtschaftsstufe Einzelhandel nicht frei von gesetzlichen Vorschriften (Zugabenverordnung). Als Zugaben werden geringwertige Sachgüter bezeichnet, welche beim Kauf einer Ware ohne eigenes Entgelt beigegeben werden *(Pralle)*. Es ist nicht zu erkennen, dass mit der Abschaffung der Zugabenverordnung ein für den Einzelhandel wesentlicher Handlungsspielraum eröffnet worden wäre. Vielmehr ist diese gesetzliche Liberalisierung als flankierende Maßnahme in Verbindung mit der Beseitigung der Beschränkungen im Bereich der Rabattierung zu sehen. Es sollte damit verhindert werden, dass zwar preisliche Zugeständnisse möglich sind, diese aber nicht in Form von unentgeltlichen Sachleistungen gewährt werden können. Insofern stehen die Abschaffung von Rabattgesetz und Zugabenverordnung in einem sachlogischen Zusammenhang: Durch beide gesetzlichen Neuregelungen sollten die Handlungsspielräume des Einzelhandels erweitert und damit der Wettbewerb belebt werden.

Als Teilinstrument der Konditionenpolitik im weitesten Sinne sind abschließend bestimmte Finanzierungsbedingungen beim Warenverkauf zu nennen.

Sie waren oben bereits als Bestandteil der Dienstleistungspolitik charakterisiert worden; es besteht jedoch auch die Möglichkeit, bestimmte Finanzierungskonditionen nicht in erster Linie zur Kreditierung von Umsätzen, sondern zur Verbilligung eines Gutes einzusetzen: In diesem Fall kann das Instrument der Finanzierung als konditionenpolitisches Mittel betrachtet werden. Beispielsweise bot ein Warenhausunternehmen für höherwertige Güter Finanzierungen zu einem effektiven Jahreszins von 1 % an. Die Laufzeit betrug je nach Wert des Gutes zwischen 6 und 20 Monaten. Vergleicht man den effektiven Zins für die Finanzierung mit der marktüblichen Zinshöhe, so wird erkennbar, dass diese Finanzierung insbesondere als konditionenpolitisches Mittel genutzt wurde.

2.3.3.3 Sonderpreispolitik

Während die Konditionenpolitik, wie gezeigt werden konnte, im Einzelhandel nur von untergeordneter Bedeutung ist, wird die Sonderpreispolitik zum Teil in derart ausgiebigem Maße eingesetzt, dass sie – überspitzt formuliert – die Normalpreispolitik nahezu außer Kraft setzt. Als wesentlichster Bestandteil der Sonderpreispolitik im Einzelhandel ist die **Aktions-** oder **Sonderangebotspolitik** zu nennen. Als Endverbraucher kommt man nicht umhin, diese Einzelhandelsaktivitäten wahrzunehmen: Fast täglich finden sich im Briefkasten die kommunikativen Auswirkungen dieser Sonderpreisaktionen. In Abhängigkeit von der Branche werden wöchentlich, vierzehntägig, vierwöchentlich oder nach bestimmter Saison Artikel ausgewählt und zu mehr oder weniger stark reduziertem Preis angeboten.

Eine wenig sinnvolle, nichtsdestoweniger häufig verfolgte Zielsetzung dieser Vorgehensweise besteht darin, den Lagerbestand um Ladenhüter zu bereinigen. Schwere Imageschädigungen können die Folge sein. Eine unternehmenspolitische Berechtigung hätte die Sonderangebotspolitik dann, wenn sie mit einer Gewinnung von Marktanteilen verbunden wäre. Wie oben bereits erwähnt, ist dies jedoch nicht der Fall. Vielmehr erzieht der Einsatz dieses Instruments den Endverbraucher zu einer aktionsorientierten Eindeckungspolitik, deren Endresultate nur geringfügige Verschiebungen der Marktanteile zwischen den wesentlichen Einzelhandelsanbietern, dafür aber für alle Konkurrenten reduzierte Handelsspannen sind.

Als betriebswirtschaftlich sinnvolle Zielsetzung bleibt somit nur die Belohnung und Erhaltung von Stammkunden. Diese wären bei Unterlassung der Sonderangebotspolitik durch einen bestimmten Anbieter schlechter gestellt als die Kunden der Konkurrenten, was langfristig zu Abwanderungstendenzen führen könnte. Außerdem sind in der Vorstellung des Endverbrauchers aktionspolitische Aktivität und Leistungsfähigkeit eines Einzelhandelsunternehmens so stark verknüpft, dass ein Abgehen von dieser preispolitischen Variante eine Imageverschlechterung zur Folge haben könnte.

Oft wird **Verdrängungswettbewerb** im Einzelhandel mit dem Instrument der Aktionspolitik durchgeführt. Es ist für den oder die betroffenen Mitbewerber in solchen Fällen außerordentlich schwierig, sich dieser Form der Konkurrenz zu entziehen. Bei Verzicht auf Kampfpreise gegenüber dem angreifenden Unternehmen schließt der Verbraucher normalerweise daraus, dass eine Unfähigkeit zur Preiskonkurrenz vorliegt, weswegen er erst recht zu jenem Unternehmen wechselt, welches den Verdrängungswettbewerb in Gang gesetzt hat. Versuche, sich über **Qualitätswettbewerb** aus einer derartigen Situation zu befreien, sind meist zum Scheitern verurteilt. Somit bleibt als Alternative entweder ein Gegenhalten gegen die Preise des angreifenden Unternehmens oder aber die frühzeitige Aufgabe des entsprechenden Standorts.

Während also das Instrument der Sonderangebotspolitik neben den engeren preispolitischen auch gesamtunternehmensbezogene Zielsetzungen in Richtung Expansion und Erschließung neuer Märkte unterstützen kann, werden mit der auf bestimmte Anlässe bezogenen Sonderpreispolitik andere Ziele verfolgt. Sonderpreise anlässlich von Neueröffnungen, Wiedereröffnungen nach Umbauten, Renovierungen etc. sollen den Kunden in die neue oder attraktiver gestaltete Verkaufsstätte führen, um auf diese Art und Weise die Chance zu eröffnen, ihn zu einem Stammkunden zu machen.

Generell kann festgehalten werden, dass Sonderpreispolitik im Einzelhandel – wie auch im Großhandel – fast immer gleichzusetzen ist mit **Reduzierung der Normalpreise**. Es gibt allerdings auch vereinzelte Fälle, in welchen „geschäftstüchtige" Einzelhandelsanbieter Ware im Aktionsstil zu Preisen verkaufen, welche über den Normalpreisen liegen. Dabei wird durch geeignete platzierungs- und präsentationspolitische sowie kommunikationspolitische Maßnahmen beim Verbraucher der Eindruck erweckt, es biete sich ihm die Gelegenheit zu einem besonders günstigen Kauf. Beispielsweise warb ein Stuttgarter Teppichhaus in regelmäßigen Abständen für „Räumungsverkäufe zu drastisch reduzierten Preisen", bei denen dann Teppiche zu Preisen verkauft wurden, welche auch nach der angeblichen Reduzierung noch stark überteuert waren. Solche Verfahrensweisen gefährden die Glaubwürdigkeit des Einzelhandels und sind aus Gründen der Fairness selbst dann abzulehnen, wenn sie von der Art ihrer Durchführung her nicht gegen gesetzliche Auflagen verstoßen.

2.3.3.4 Preisoptik

Im Einzelhandel ist aufgrund der auf der affektiven Ebene liegenden Beeinflussbarkeit des Endverbrauchers im Gegensatz zum Großhandel ein preispolitisches Teilinstrument von Bedeutung, welches als **„Preisoptik"** bezeichnet wird. Wie bereits der Ausdruck besagt, handelt es sich dabei um eine optische Maßnahme ohne substanziellen Hintergrund. Die wesentlichste Entscheidungsalternative bei diesem Teilinstrument liegt darin, ob gebrochene oder ganze Preise eingesetzt werden sollen. Unter ganzen Preisen sind runde Geldbeträge (1 €, 10 €, 100 € etc.) zu verstehen, während gebrochene Preise jeweils knapp unterhalb eines runden Geldbetrages angesiedelt sind (0,99 €, 49,80 €, 498 € etc.). Üblicherweise finden in der Praxis des Einzelhandels gebrochene Preise Anwendung. Dahinter steht der psychologische Effekt, dass für den Kunden ein Artikel mit gebrochenem Preis günstiger als bei Ansatz eines runden Preises wirkt, weil bestimmte Schwellen dabei nicht überschritten werden.

Aufgrund von Untersuchungsergebnissen kann davon ausgegangen werden, dass diese Vermutung **psychologischer Wirkungen** gebrochener Preise in der Vergangenheit zu Recht bestanden hat. Inzwischen wird vielfach behauptet, dass aufgrund des rationaler gewordenen Einkaufsverhaltens der Endverbraucher die Anwendung gebrochener Preise bedeutungslos geworden sei. Unabhängig von der Richtigkeit dieser These muss allein schon wegen des hohen Gewöhnungseffektes in Bezug auf gebrochene Preise daran gezweifelt werden, dass diese heute noch ihre ursprüngliche psychologische Wirkung auszuüben vermögen. Bisher hat es jedoch kein Einzelhandelsanbieter von Rang gewagt, generell auf die Setzung gebrochener Preise zu verzichten.

Die Nutzung **ganzer Preise** hätte gegenüber **gebrochenen Preisen** den erheblichen Vorteil, dass der Arbeitsumfang reduziert würde, welcher heute durch das Abzählen und Herausgeben von Kleingeld entsteht. Man darf deshalb mit einiger Spannung verfolgen, ob sich einer der größeren Einzelhandelsanbieter aufgrund dieses auf der Hand liegenden Vorteils an eine versuchsweise Einführung runder Preise heranwagen wird.

Eine weitere preisoptische Problemstellung ergibt sich in Bezug auf Sonderpreise; hier wurde und wird vom Einzelhandel des Öfteren auf eine vergleichende Preisdarstellung zurückgegriffen, bei welcher die Preishöhe vor und nach der Reduzierung auf einem Preisschild oder Plakat angegeben wird. Nach dem **Gesetz gegen den unlauteren Wettbewerb (UWG)** ist diese Vorgehensweise inzwischen nicht mehr gestattet, da sie sehr leicht zur Irreführung des Verbrauchers missbraucht werden kann. Die Täuschung wird dabei in der Weise praktiziert, dass ein fiktiver Normalpreis, welcher in dieser Höhe in Wirklichkeit nie oder aber nur über einen sehr kurzen Zeitraum hinweg verlangt wurde (**„Mondpreis"**), in Verbindung mit dem angeblich niedrigeren Sonderangebotspreis gebracht wird, wodurch beim Kunden der Eindruck einer drastischen Preisreduzierung entsteht. Da eine Kontrolle, ob der angebliche frühere Preis tatsächlich einmal gefordert wurde, kaum möglich ist, hat der Gesetzgeber diese Form des Preisvergleichs anlässlich von Aktionen vollständig verboten. In der Praxis sind nichtsdestoweniger solche Praktiken fallweise anzutreffen.

2.4 Kommunikationspolitik

Die Kommunikationspolitik ist zu definieren als die Summe aller Maßnahmen, welche der Information der Geschäftspartner des Handelsunternehmens zum Zwecke der Realisierung der Marketingziele dienen. Die Information kann dabei von neutralem Charakter im Sinne reiner Bekanntmachung von Fakten oder Vorgängen oder aber beeinflussender Natur sein. Die Komponenten der reinen Information und der Beeinflussung sind in der Praxis der Anwendung der Kommunikationspolitik normalerweise kaum voneinander zu trennen.

Innerhalb des Absatzmarketing hat die Kommunikationspolitik die **Aufgaben**, die **aktuellen** und **potenziellen Kunden** über die Leistungssubstanz, die Transferleistung und die Entgeltpolitik der Handelsunternehmung zu informieren und sie im Sinne der Unternehmensziele zu beeinflussen. Die Teilinstrumente der Kommunikationspolitik sind der folgenden Abbildung zu entnehmen:

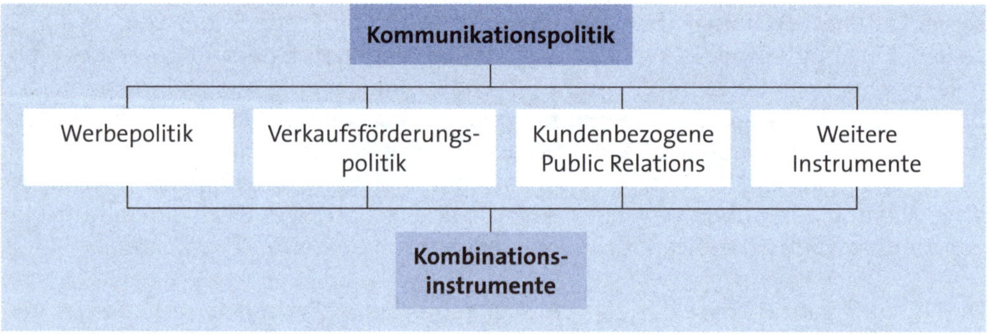

Abb. 34: Teilinstrumente der Kommunikationspolitik

Bei der Darstellung der Teilinstrumente der Kommunikationspolitik wird nach der klassischen Einteilung in Werbung, Verkaufsförderung und Public Relations vorgegangen. Hinsichtlich des letztgenannten Teilinstruments, welches insgesamt gesehen sich nicht nur auf die Kundeninformation und -beeinflussung beschränkt, sondern auf die gesamte für die Unternehmung relevante Öffentlichkeit gerichtet ist, wird nur dessen kundenbezogener Teil betrachtet. Neben den drei Hauptinstrumenten der Kommunikationspolitik existieren einige weitere Subinstrumente mit spezifischem Charakter sowie kombinativ angelegte Subinstrumente.

2.4.1 Teilinstrumente

2.4.1.1 Werbepolitik

Werbung wird definiert als der Versuch der absichtlichen, jedoch zwangsfreien Beeinflussung der Umworbenen im Sinne der Werbeziele. Als verbindendes Merkmal aller werblichen Maßnahmen ist die Nutzung eines indirekten Weges zu den Zielgruppen durch Einschaltung eines Werbeträgers zu betrachten. Die zu umwerbenden Personen oder Gruppen werden dabei also nicht unmittelbar angesprochen; die Werbebotschaft erreicht sie über einen Kanal, den i. d. R. eine unternehmensexterne Institution zur Verfügung stellt.

Die Bedeutung dieses kommunikationspolitischen Teilinstruments dokumentiert sich unter anderem darin, dass die Werbekosten gewöhnlich – lässt man den Wareneinsatz außer acht – nach den Personal- und Raumkosten den drittgrößten Kostenblock im Handel darstellen. Im Hinblick auf die Kosten kommt der Werbung im Einzelhandel eine größere Bedeutung zu als in Unternehmungen der Großhandelsstufe. Auf die Gründe hierfür wird im Rahmen der Untersuchung der Spezifika der Wirtschaftsstufen Großhandel und Einzelhandel hinsichtlich des Instruments der Werbepolitik einzugehen sein.

Man unterscheidet verschiedene **Formen der Werbung**:

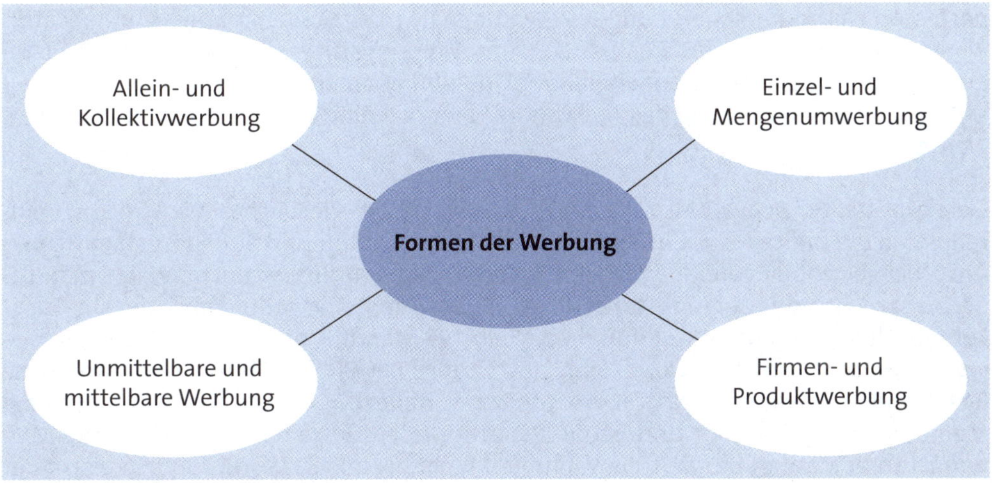

Abb. 35: Formen der Werbung

Nach dem Kriterium der Anzahl der Werbetreibenden ist zwischen **Allein- und Kollektivwerbung** zu unterscheiden. Bei der Alleinwerbung wirbt eine Einzelunternehmung für sich, bei der Kollektivwerbung schließen sich mehrere Unternehmungen oder auch andere Organisationen zusammen. Bleibt dabei die Identität der Werbetreibenden erkennbar, so handelt es sich um **Sammelwerbung**. Dies kann sich beispielsweise in der Form vollziehen, dass alle Unternehmer, die in der Innenstadt eines Ortes ein Geschäft betreiben, zusammen eine gesamte Zeitungsseite belegen, auf welcher jedoch alle beteiligten Geschäfte durch Einzelanzeigen in Erscheinung treten (Werbegemeinschaften).

Hiermit nicht verwechselt werden darf die **Gemeinschaftswerbung**, bei welcher die Werbetreibenden nicht mehr als einzelne Institutionen oder Unternehmungen erkennbar sind. Beispiele sind etwa die werblichen Aktivitäten der CMA (Centrale Marketinggesellschaft für Agrarprodukte), von Unternehmungen der Fleischbranche (*„Fleisch ist ein Stück Lebenskraft“*) oder auch von Brauereien (*„Durst wird durch Bier erst schön“*). Diese Beispiele machen deutlich, dass durch derartige werbliche Aktivitäten der Umsatz oder auch das Image einer gesamten Branche positiv beeinflusst werden sollen, ohne dass hierbei die einzelnen an der Finanzierung dieser Aktivitäten beteiligten Unternehmen und Organisationen namentlich genannt würden.

Nach dem Kriterium der Anzahl der Umworbenen kann differenziert werden zwischen **Einzel-** und **Mengenumwerbung**. Bei der Einzelumwerbung werden einzelne, namentlich bekannte Personen oder Organisationen angesprochen („Direktwerbung“). Bei der Mengenumwerbung werden dagegen eine große Zahl anonym bleibender Personen oder Institutionen umworben.

Nach dem Kriterium der Mittelbarkeit unterscheidet man **unmittelbare und mittelbare Werbung**. Bei der unmittelbaren Werbung werden die Zielpersonen ohne Umweg angesprochen; im Falle der mittelbaren Werbung werden die Werbebotschaften zunächst an Mittlerpersonen adressiert, von denen man sich eine hohe Multiplikatorwirkung verspricht. Dabei muss es sich um Meinungsführer handeln, welche einen großen Einfluss auf die Personen in ihrer Umgebung ausüben können. Auf diese Weise kann unter Reduzierung des Aufwandes dennoch eine hohe Werbewirkung erzielt werden.

Der dargestellte Sachverhalt wirft ein schwerwiegendes werbliches Problem auf: Während man die breite Masse mit stark emotional gefärbten und auf einem niedrigeren Anspruchsniveau liegenden Werbebotschaften zu beeinflussen sucht, wählt man bei der Ansprache von Meinungsführern im allgemeinen eine rationalere und die Sachkenntis, den Ausbildungsstand und das Selbstverständnis dieser Gruppe wiederspiegelnde Botschaftsformulierung und -gestaltung. Bei Botschaften, welche an breite Bevölkerungsschichten gerichtet werden, ist es nahezu unvermeidlich, dass auch die Meinungsmultiplikatoren und Bedarfsberater diese zur Kenntnis nehmen; die Meinungsführer können nun auf die von ihnen nicht als adäquat empfundene Form der Werbung mit Ärger oder Ablehnung reagieren, was sich über ihre Multiplikatoreigenschaft auf weitere Personenkreise fortpflanzt.

Wird umgekehrt die anspruchsvollere Multiplikatorwerbung geschaltet, so kann dies auf fehlendes Verständnis bei der eigentlichen Endzielgruppe stoßen, wodurch ebenfalls Abwehrreaktionen entstehen können. Das Problem ist in der einen Richtung lösbar, indem für die Umwerbung der Meinungsführer nur solche Werbeträger ausgewählt werden, bei welchen die Wahrscheinlichkeit niedrig ist, dass sie auch von den Endzielgruppen zur Kenntnis genommen werden. Umgekehrt kann jedoch bei der Mengenumwerbung nicht vermieden werden, dass auch die Meinungsführer angesprochen werden. Wenn hierdurch zu große Nachteile befürchtet werden, kommt lediglich ein völliger Verzicht auf die Mengenumwerbung über Fernsehen, Rundfunk etc. in Betracht.

Nach dem Werbeobjekt lassen sich **Firmen-** oder **Produktwerbung** unterscheiden. Erstere hat als Gegenstand der zu sendenden Botschaft die gesamte Unternehmung oder bestimmte Teile hiervon. Verfolgt werden dabei im allgemeinen Imageziele. Mit der artikelbezogenen Werbung werden dagegen Umsatz- oder Absatzziele angestrebt. Die auf die Kunden der Unternehmung gerichtete Firmenwerbung wird an späterer Stelle im Abschnitt über Public Relations behandelt. Die Artikel- oder Produktwerbung ist normalerweise kurzfristiger orientiert und hat für die beworbenen Objekte das Ziel der Absatzsteigerung im Auge.

Nach dieser Betrachtung der wesentlichen Formen der Werbung wird in der folgenden Abbildung ein Überblick über die Einzelentscheidungen der Werbepolitik gegeben:

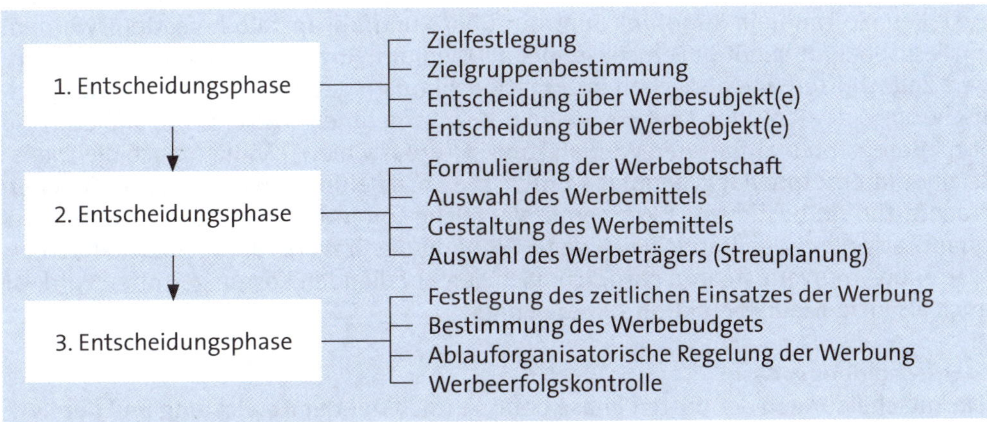

Abb. 36: Einzelentscheidungen der Werbepolitik

1. Entscheidungsphase:
Die Teilentscheidungen der ersten Phase legen gewissermaßen die **Rahmenbedingungen der Werbung** fest. Es wird bestimmt, ob **ökonomische Werbeziele** wie Umsatz- oder Ertragssteigerung oder aber **außerökonomische Werbeziele** wie Imageveränderung, Erhöhung des Bekanntheitsgrades oder auch die Erreichung einer bestimmten Kontakthäufigkeit z. B. mit einer Anzeige erzielt werden sollen. Weiter wird festgelegt, bei welcher **Zielgruppe** diese Wirkungen eintreten sollen. Dabei spielt insbesondere auch die oben erwähnte Frage der Ansprache einer breiten Masse oder von Meinungsführern eine wesentliche Rolle.

Die Entscheidung über die **Werbesubjekte**, also über die Werbungstreibenden, geht auf die Differenzierung zwischen Allein- und Kollektivwerbung zurück. Mit der Entscheidung über das oder die **Werbeobjekte** schließlich ist der Gegenstand bekannt, für den die formulierten Werbeziele erreicht werden sollen (gesamte Unternehmung, Teilbereiche, einzelne Artikel etc.).

2. Entscheidungsphase:
In dieser geht es um die **inhaltliche Umsetzung** und die **institutionale Festlegung der Werbedurchführung**. Es ist eine zielgruppenadäquate Formulierung und Gestaltung der **Werbebotschaft** vorzunehmen, weiter sind die **Werbemittel** auszuwählen (**Inter-Media-Selektion**), durch welche sich die gestaltete Werbebotschaft materialisieren kann. Häufig eingesetzte Werbemittel sind Anzeigen, Fernseh- und Rundfunk-Spots, Werbebanner im Internet, Plakate, Prospekte, Werbebriefe und Werbefilme. Anzeigen, Prospekte und Werbebriefe können in Papierform oder als elektronische Dokumente eingesetzt werden. Da mit Werbebriefen die Empfänger direkt angesprochen werden, spricht man hier auch von Direktwerbung. Elektronische Werbebriefe können auch in Form einer Mailing-Aktion versandt werden.

Schließlich ist darüber zu entscheiden, unter Einschaltung welcher externen Institutionen die **Streuung der Werbemittel** erfolgen soll (**Werbeträgerauswahl**). Dabei ist häufig eine Zwangsverknüpfung zwischen Werbemittel- und Werbeträgerwahl festzustellen. So kann ein Rundfunk-Spot nur über Rundfunkanstalten gestreut werden; ein Fernseh-Spot benötigt Fernsehsender als Medium; Anzeigen können nur in Zeitungen, Zeitschriften und ähnlichen Informationsorganen geschaltet werden. Eine spezifische Form der Streuung liegt vor, wenn das Unternehmen eine Website anbietet, die von Interessenten aufgerufen werden kann. Alternativ hierzu können auch die Dienste eines Internetproviders genutzt werden. Die Entscheidung zwischen verschiedenen Trägern für ein bestimmtes Werbemittel, welche unter anderem nach Kriterien wie quantitative und qualitative Reichweite, Eignung des Trägers für die Botschaft, zu erwartende Streuverluste und natürlich nach den anfallenden Kosten getroffen wird, ist auch als **Intra-Media-Selektion** zu bezeichnen.

3. Entscheidungsphase:
Die Entscheidungen der dritten Phase befassen sich mit der **Abwicklung und der Kontrolle der Werbung**. Es muss festgelegt werden, zu welchen Zeitpunkten, über welche Zeiträume hinweg, in welchen Intervallen bestimmte Werbemittel zum Einsatz gelangen sollen. Es ist zu bestimmen, wer mit der Abwicklung der Werbung betraut wird; erfolgt die Einschaltung einer externen Werbeagentur, so sind organisatorische Maßnahmen wie Festlegung der gegenseitigen Ansprechpartner, Durchführung von Briefings für die Festlegung des gesamten Werbeablaufs etc. notwendig.

Aus der Summe aller Entscheidungen über Werbemittel, -träger, den zeitlichen Einsatz der Werbung und aus den organisatorischen Regelungen, z. B. über die Einschaltung von Werbetextern, -grafikern oder gesamter Werbeagenturen, würde sich sachlogisch das **Werbebudget** ergeben. Diese betriebswirtschaftlich sinnvolle, zielorientierte Budgetfestlegung ist allerdings in der Praxis so gut wie nie anzutreffen. Dort ist die Reihenfolge meist umgekehrt: Zunächst wird das Werbebudget bestimmt, dessen Höhe dann über die Einsetzbarkeit von bestimmten Werbemitteln, die Nutzbarkeit spezifischer Werbeträger und über Fragen wie Häufigkeit und Dauer von Werbemaßnahmen entscheidet. Höher entwickelte quantitative Methoden zur Budgetbestimmung sind im Handel, zumal im mittelständischen Bereich, kaum vorzufinden. Gewöhnlich wird das Budget an der Höhe der Werbeetats der Vorjahre ausgerichtet oder als prozentuale Quote z. B. auf der Basis des Planumsatzes festgelegt.

Die Form der **Werbeerfolgskontrolle** schließlich hängt von der Werbezielsetzung ab. Bei ökonomischen Zielen wird die Erreichung der festgelegten quantitativen Größen wie Umsatz oder Rohertrag als Maßstab für den Erfolg der Werbeaktivität herangezogen. Bei außerökonomischen Werbezielen wird beispielsweise die Imageverbesserung durch Befragungen und durch die Entwicklung von Image-Polaritätenprofilen ermittelt. Wurde als Zielsetzung eine bestimmte Kontakthäufigkeit festgelegt, so kann der Erfolg aus Media-Analysen abgeleitet werden.

Wie die folgende Abbildung zeigt, sind in der Praxis bei der Werbeerfolgskontrolle vor allem zwei Probleme zu lösen:

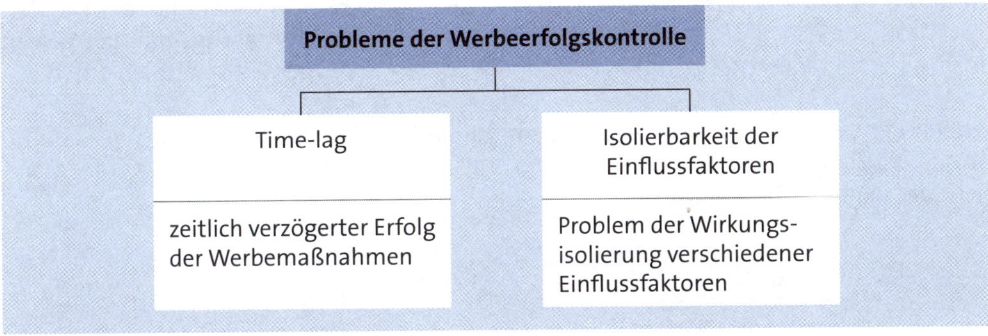

Abb. 37: Probleme der Werbeerfolgskontrolle

- **Problem des Time-lag**
  Im Hinblick auf den Time lag bei Werbemaßnahmen ist nur außerordentlich schwierig feststellbar, ob ein eingetretener Werbeerfolg auf laufende, kurze Zeit zurückliegende Werbemaßnahmen oder auf das langfristige Werbekonzept zurückzuführen ist.
- **Problem der Isolierbarkeit der Erfolgseinflussfaktoren**
  Weiterhin besteht das Problem, die Wirkungen der Einflussfaktoren des Erfolgs zu isolieren. Da üblicherweise im Marketing nicht nur werbepolitische Aktivitäten ablaufen, entsteht die Schwierigkeit, einen eingetretenen Erfolg den einzelnen eingesetzten Instrumenten zuzuordnen. Der Erfolgsanteil gleichzeitiger Maßnahmen innerhalb der Leistungssubstanz-, der Transferleistungs-, der Entgelt- oder Kommunikationspolitik ist kaum ermittelbar. Schließlich bleibt zu berücksichtigen, dass neben dem Marketing noch andere unternehmenspolitische Instrumente zum Erfolg oder Misserfolg beitragen und dass zahlreiche externe Faktoren wie Verhalten der Konkurrenz oder Einstellungsänderungen bei den Abnehmern als kaum quantifizierbare Erfolgseinflussgrößen anzusehen sind.

Die genannten Probleme beziehen sich vor allem auf die quantitative Erfolgsmessung hinsichtlich ökonomischer Werbeziele. Die Feststellung der Erreichung außerökonomischer Werbeziele, also von Kontakthäufigkeiten oder Imageveränderungen, ist durch entsprechende Untersuchungen leichter möglich.

Aufgabe 8 > Seite 502

2.4.1.2 Verkaufsförderungspolitik

Unter der Verkaufsförderungspolitik als Teilinstrument der Kommunikationspolitik sind die an den Kommunikationszielen orientierten Maßnahmen zu verstehen, welche unmittelbar am Weg der Ware zum Abnehmer ansetzen und größtenteils auf kurzfristige Absatzförderung ausgerichtet sind.

Die Eignung der Verkaufsförderung für Kooperationsmaßnahmen von Unternehmen verschiedener Wirtschaftsstufen ist größer als bei anderen marketingpolitischen Instrumenten, weil dieser Teilbereich des Marketing zumindest teilweise durch übereinstimmende Interessen von Hersteller- und Handelsunternehmen gekennzeichnet ist. Somit wirkt die Verkaufsförderung wirtschaftsstufenintegrierend: Unternehmen der Hersteller-, Großhandels- und Einzelhandelsstufe führen Verkaufsförderungsmaßnahmen in Form einer vertikalen Kooperation vollständig oder in Teilen gemeinschaftlich durch.

Neben dem eigenen Unternehmen kommen hierbei alle nachfolgenden Wirtschaftsstufen als Zielgruppen für Verkaufsförderungsmaßnahmen infrage. Dies veranschaulicht die folgende Darstellung:

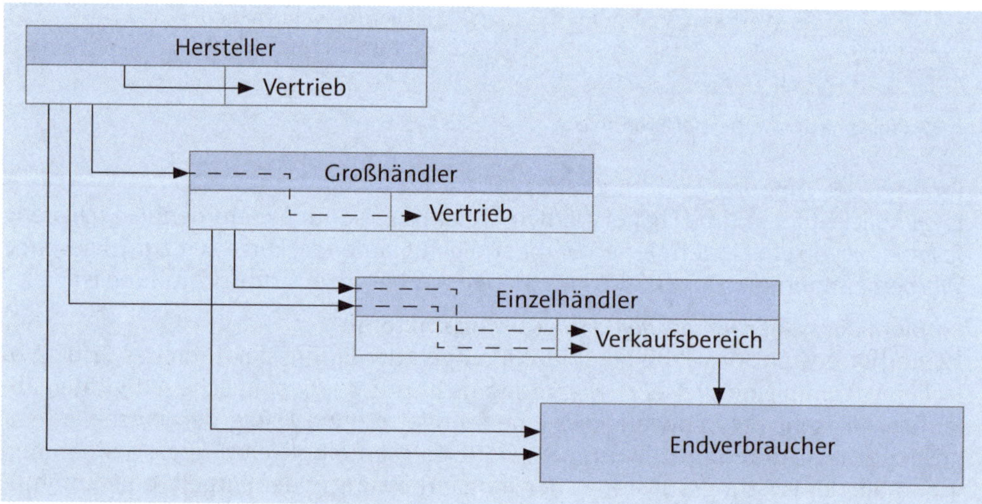

Abb. 38: Zielgruppen der Verkaufsförderung

Betrachtet man hier nur die möglichen Verkaufsförderungsaktionen von Großhandel und Einzelhandel, so lassen sich großhandelsinterne, einzelhandelsorientierte und verbrauchergerichtete Aktivitäten unterscheiden.

Innerhalb der Großhandelsstufe richtet sich die Verkaufsförderung vor allem auf den eigenen Vertrieb bzw. Außendienst. Als Beispiele sind die Schulung von Verkaufspersonal, dessen Motivation durch Wettbewerbe verschiedenster Art oder die Vorbereitung von Verkaufshilfen zu verstehen, mit welchen der eigene Außendienst ausgestattet werden kann (Prospekte, Anschauungsmaterial, Demonstrationsstücke etc.).

Typische Beispiele für **Verkaufsförderungsaktivitäten des Großhandels** gegenüber dem Einzelhandel sind Anreizsysteme für Einzelhandelsunternehmer in Form von Reisen oder Prämien, Schulung von Unternehmern, Leitenden Angestellten und Mitarbeitern des Einzelhandels sowie die Bereitstellung von Verkaufsförderungsmaterialien, welche im Einzelhandel eingesetzt werden können (elektronische Präsentationsmaterialien, Prospektmaterial, Plakate für Innen- und Außenwerbung oder auch Warenproben). Unmittelbar **auf den Endverbraucher zielende Verkaufsförderungsmaßnahmen** sind z. B. Gewinnspiele, Preisausschreiben, Degustationen (Verköstigungen), Schaffung von Gelegenheiten zum selbstständigen Ausprobieren neuer Produkte und der Einsatz von Promotion-Personal (z. B. Werbedamen). Die Beispiele verdeutlichen, dass alle genannten in den Rahmen der Verkaufsförderung gehörenden Maßnahmen, wie in der Definition zum Ausdruck gebracht, am Weg der Ware ansetzen. Dagegen gilt das Charakterisierungsmerkmal der kurzfristigen Absatzförderung, welches in zahlreichen Definitionen der Literatur vorzufinden ist, nicht uneingeschränkt; beispielsweise ist die Schulung von Außendienstpersonal des Großhandels durchaus als langfristige und zukunftsorientierte Maßnahme ohne die Erwartung einer kurzfristig eintretenden Umsatzsteigerung einzelner Artikel einzuschätzen.

Die Übergänge zwischen Werbe- und Verkaufsförderungspolitik sind im Bereich der Direktansprache von Abnehmern fließend. So scheint beispielsweise eine Diskussion darüber müßig, ob die Versendung von Direktwerbebriefen mit beiliegendem Preisausschreiben eher als Werbe- oder als Verkaufsförderungsaktion zu betrachten sei. Wesentlich ist, dass beide Teilinstrumente der Kommunikationspolitik einschließlich der Überschneidungszone nach einheitlichen Richtlinien unter Zugrundelegung von werblichen Konstanten durchgeführt werden, welche aus übergeordneten Kommunikationszielen abgeleitet wurden.

Die **Kontrolle der Verkaufsförderung**, sieht man einmal von mittel- bis langfristig angelegten Schulungsmaßnahmen ab, ist normalerweise einfacher als die Werbekontrolle. So kann beispielsweise der Erfolg des Einsatzes einer Werbedame unmittelbar an den Umsatzsteigerungen des von ihr geförderten Artikels abgelesen werden. Bei einem Preisausschreiben, welches per Post oder Mail an die Kunden herangetragen wurde, kann als Erfolgsmaßstab die Zahl und Quote der Rückläufe dienen. Bei Verkaufswettbewerben für Außendienstmitarbeiter im Großhandel sind unmittelbare Umsatz- bzw. Absatzvergleiche durchführbar. Im Fall von Gewinnspielen kann die Zahl der teilnehmenden Personen den Erfolg dokumentieren.

Diese Beispiele mögen ausreichen, um aufzuzeigen, dass zumindest die kurzfristigen und an Einzelartikeln orientierten Verkaufsförderungsmaßnahmen sich ohne weitere Probleme hinsichtlich ihres Erfolges kontrollieren lassen. Bei Schulungsmaßnahmen besteht immerhin noch die Möglichkeit, den Lernerfolg durch Befragungsaktionen oder durch nachfolgende Beobachtung der geschulten Personen bei ihrer weiteren Tätigkeit zu messen.

Auf dem Gebiet der Verkaufsförderung bestehen, soweit sie dem Endverbraucher gegenüber eingesetzt wird, zu dessen Schutz zahlreiche **gesetzliche Bestimmungen**, auf welche jedoch unter den Spezifika dieses Instruments innerhalb der Einzelhandelsstufe näher eingegangen werden soll.

2.4.1.3 Kundenbezogene Public Relations

Unter **Public Relations** oder **Öffentlichkeitsarbeit** ist die Summe von vertrauensbildenden Maßnahmen gegenüber allen für die Unternehmung relevanten Öffentlichkeiten zu verstehen. Im Rahmen der Behandlung des Absatzmarketing ist jedoch nur der Teilausschnitt dieses Instruments von Interesse, welcher die kundengerichteten Public Relations-Maßnahmen zusammenfasst.

Die wesentliche **Zielsetzung** dieses kommunikationspolitischen Teilinstrumentes besteht in einer positiven Veränderung der Einstellungen der Kunden zum eigenen Unternehmen bzw. dessen Bestandteilen. Einstellungen setzen sich nach *Newcomb* aus einer kognitiven, einer affektiven und einer konativen Komponente zusammen. Folglich wären die Teilbereiche der kundenbezogenen Public Relations zu beschreiben als die Bemühungen, erstens das Wissen beim Kunden über das eigene Unternehmen zu erhöhen (**kognitive Komponente**), zweitens die dem Unternehmen gegenüber bestehenden Gefühle in positiver Richtung zu beeinflussen (**affektive Komponente**) und drittens als Kombination beider erstgenannter Teilbereiche die bestehenden Handlungsabsichten der Kunden so zu verändern, dass hierdurch die Unternehmensziele besser als vorher erreicht werden können (**conative Komponente**).

Aus der großen Zahl möglicher und sinnvoller Maßnahmen der kundengerichteten Public Relations werden im Folgenden einige exemplarisch ausgewählte Beispiele zusammengestellt:

- Angebot offener Seminare für Kunden
- Durchführung von Tagen der offenen Tür für Kunden
- Schaltung firmenbezogener Anzeigen
- Website mit allgemeinen Informationen über das Unternehmen
- Platzierung redaktioneller Beiträge in solchen Zeitungen und Zeitschriften, welche überwiegend von den potenziellen Abnehmern des Unternehmens gelesen werden
- Kultur-, Sport- und Sozio-Sponsoring-Maßnahmen mit wahrscheinlicher Kundenwirkung.

Durch die Pflege guter Kontakte zur regionalen Presse sowie zu Funk und Fernsehen lassen sich hier ohne hohe Kosten Kommunikationserfolge erzielen, indem Medienvertreter zu verschiedenen Anlässen in das Unternehmen eingeladen werden. Geeignete Gelegenheiten hierzu stellen Neueröffnungen, Wiedereröffnungen nach Umbaumaßnahmen, Vorführungen neu installierter technisch-logistischer Konzepte (z. B. vollautomatisches Hochregallager) usw. dar.

Das **Sponsoring** stellt eine Handlungsmöglichkeit mit stetig wachsender Bedeutung dar. Mit seinen drei oben genannten Ausprägungen bietet es die Gelegenheit, unterschiedlichste Imageziele durch Förderung geeigneter Personen oder Institutionen zu verfolgen. Das Anwachsen der Sponsoring-Budgets auch in Handelsunternehmungen weist darauf hin, dass die in diesem Instrument liegenden Chancen zunehmend mehr erkannt werden.

Eine sinnvolle kundenbezogene PR-Aktivität ist nur möglich, wenn eine Unternehmung eine klare **Corporate Identity (CI)** entwickelt und konsequent in ein **Corporate Design (CD)** umgesetzt hat. Ohne diese Voraussetzung erhalten die einzelnen PR-Maßnahmen einen mehr willkürlichen und zufälligen Charakter. Sie ergeben nur dann ein schlüssiges Gesamtkonzept, welches das geplante Erscheinungsbild des Unternehmens in der Öffentlichkeit zu unterstützen in der Lage ist, wenn sie sich den inhaltlichen und gestalterischen Grundsätzen unterordnen, welche durch CI bzw. CD vorgegeben sind. Die kundenbezogenen PR-Maßnahmen ihrerseits prägen wiederum die Unternehmenspersönlichkeit in nicht unmaßgeblichem Umfang mit.

Eine **Kontrolle** von Public Relations-Maßnahmen ist grundsätzlich nur im Hinblick auf außerökonomische Ziele möglich. Beispielsweise können mithilfe des Instruments der Imageanalyse Veränderungen der Kundeneinstellungen gegenüber dem eigenen Unternehmen mit hinreichender Genauigkeit gemessen werden.

2.4.1.4 Weitere kommunikationspolitische Instrumente

Neben den bisher betrachteten klassischen Instrumenten der Kommunikationspolitik existieren einige weitere Instrumente, welche an dieser Stelle nur kurz angesprochen werden sollen, um den Umfang dieses Einführungswerkes in die Handelsbetriebslehre nicht zu sprengen. Dazu zählen beispielsweise die **Kommunikation über das Internet** (z. B. Website, Bannerwerbung), das **Product Placement**, das vor allem in Kooperation mit Herstellern eingesetzt werden kann, oder auch die Kommunikation über **Social Media**. Diese Subinstrumente der Kommunikationspolitik weisen zahlreiche Besonderheiten auf. Bei vertieftem Interesse wird auf die im Literaturverzeichnis angegebene Spezialliteratur verwiesen.

2.4.1.5 Kombinationsinstrumente

Einzelne kommunikationspolitische Instrumente lassen sich den obigen Kategorien nicht zuordnen, da sie eine Kombination aus Werbung, Verkaufsförderung und Public Relations darstellen. Dazu sind beispielsweise das **Eventmarketing** und die **Messepolitik** zu rechnen. So wird beispielsweise im Vorfeld einer Messe wie auch auf der Messe selbst Werbung betrieben, während der Messe werden Verkaufsförderungsmaßnahmen und solche Aktivitäten eingesetzt, welche den Zielen der Public Relations dienen. Durch die kombinative Instrumentennutzung können Wirkungen erzielt werden, welche mit einzelnen kommunikationspolitischen Subinstrumenten nicht erreichbar wären. Für eine eingehendere Beschäftigung mit kombinativen Kommunikationsinstrumenten empfiehlt sich ebenfalls das Studium der im Literaturverzeichnis enthaltenen Spezialquellen.

2.4.2 Besonderheiten im Großhandel

2.4.2.1 Werbepolitik

Wie bei der gesamten Kommunikationspolitik sind auch bei der Werbung die Unterschiede zwischen Großhandel und Einzelhandel in den äußerst verschiedenartigen Abnehmerkreisen begründet. Beim Großhandel ist zum einen die Anzahl der Abnehmer geringer und zum zweiten deren Rationalität stärker ausgeprägt als bei den Endverbrauchern und -verwendern als Kunden des Einzelhandels. Diese Besonderheiten wirken sich in erheblichem Umfang auf die Gestaltung der **Werbepolitik des Großhandels** aus.

Durch die geringere Zahl der im Allgemeinen namentlich bekannten Abnehmer sind Varianten der Direktwerbung für den Einsatz im Großhandel geradezu prädestiniert. Der Werbebrief in Verbindung mit Prospektmaterial, Bestell- und Preislisten ist daher ein wesentliches Werbemittel von Großhandelsunternehmungen. Weiterhin bietet sich die Schaltung von Anzeigen in Fachzeitschriften an, welche eine weite Verbreitung im gewerblichen Abnehmerkreis der jeweiligen Großhandlung haben.

Mit diesen Formen werden hohe Kommunikationswirkungen bei geringem Streuverlust erreicht. Unsinnig wäre es dagegen aus der Sicht von Großhandlungen, für die Massenumwerbung geeignete Mittel und Träger zu nutzen. So kommen beispielsweise Publikumsillustrierte, Rundfunk- und Fernsehsender als Träger für Werbebotschaften des Großhandels kaum in Betracht.

Für die Botschaftsgestaltung kommen aufgrund der spezifischen Merkmale der Zielgruppen des Großhandels eher informativ ausgelegte Gestaltungsweisen und auf emotionale Effekte verzichtende Formulierungen infrage als im Einzelhandel.

2.4.2.2 Verkaufsförderungspolitik

Ein wesentliches Spezifikum der Verkaufsförderungspolitik im Großhandel besteht darin, dass es nur auf dieser Wirtschaftsstufe außendienstgerichtete Verkaufsförderungsaktionen geben kann. Infolgedessen liegen in Form der Durchführung von Schulungen für Außendienstmitarbeiter, in der Erstellung von Verkaufshilfen wie Informationsmaterial, Prospekte oder auch Produktproben für die Tätigkeit von Außendiensten Maßnahmen vor, die ausschließlich für den Einsatz in Großhandelsunternehmen geeignet sind. Gleiches gilt für verkaufsfördernde Anreizsysteme wie z. B. leistungsbezogene Entlohnung oder zeitlich begrenzte Verkaufswettbewerbe für Beschäftigte des Außendienstes.

Weiterhin sind alle verkaufsfördernden Maßnahmen und Aktionen großhandelsspezifisch, welche sich auf die **Zielgruppe der Händler** beziehen. Hier sind vor allem zu nennen Verkaufshilfen für den Einsatz im Einzelhandel (Informationsmaterial, Plakate, Displays etc.) und alle Maßnahmen, welche darauf abzielen, die Einzelhändler zu erhöhten Verkaufsanstrengungen zu veranlassen (Prämienwettbewerbe, ausgelobte Reisen etc.).

Hinsichtlich des Produktionsverbindungs- und des Investitionsgütergroßhandels ist festzustellen, dass dort fast ausschließlich solche Verkaufsförderungsmaßnahmen möglich sind, welche dem Ziel einer sachlichen Information und Überzeugung dienen. Dazu gehören vor allem informatives Schrift- und Bildmaterial über das Leistungsangebot des Unternehmens, Warenproben und die oben bereits erwähnte Fortbildung des Personals, soweit es mit Kunden in Berührung kommt. Dies kann z. B. für Mitglieder der Geschäftsleitung, andere leitende Angestellte oder Außendienstmitarbeiter zutreffen.

Für den Konsumgütergroßhandel sind neben Verkaufsförderungsmaßnahmen, welche den eigenen Außendienst oder die Einzelhändler zum Gegenstand haben, auch solche mit Ausrichtung auf die Endverbraucher kennzeichnend. Als Beispiele sind Wettbewerbe und Preisausschreiben, Aktionen mit Prominenten usw. zu erwähnen, welche dann im allgemeinen in enger Zusammenarbeit mit dem Einzelhandel sowie mit jenen Herstellern durchgeführt werden, deren Produkte von der jeweiligen Aktion profitieren.

2.4.2.3 Kundenbezogene Public Relations

In Bezug auf die grundsätzlich einsetzbaren Mittel der Public Relations unterscheiden sich Groß- und Einzelhandel nur sehr wenig. Öffentliche Aktionen ohne unmittelbare Verkaufsförderungsabsicht, Tage der offenen Tür, redaktionelle Berichte in Medien kommen hier wie dort als Maßnahmen infrage.

Allerdings ist es für den Großhandel mit seiner zahlenmäßig im Allgemeinen kleineren Zielgruppe im Vergleich zum Einzelhandel von größerer Bedeutung, zur Imagebildung solche Veranstaltungen und Medienberichte einzusetzen, welche ein fachlich interessiertes Publikum ansprechen. So ist beispielsweise ein Beitrag in einer Fachzeitschrift für Logistik über ein neu installiertes vollautomatisches Hochregallager für ein Großhandelsunternehmen von größerer Bedeutung, als es ein vergleichbarer Artikel im Lokalteil der Tageszeitung wäre, in deren Verbreitungsgebiet das Unternehmen ansässig ist. Dennoch sollte auch auf solche breiter streuenden Informationsmöglichkeiten nicht vollständig verzichtet werden. Da die breite Öffentlichkeit jedoch nicht mit den tatsächlichen oder potenziellen Kunden einer Großhandelsunternehmung identisch ist, sind derartige Maßnahmen nicht den absatzbezogenen, sondern den auf die Gesamtunternehmung orientierten Public Relations zuzurechnen, weswegen an dieser Stelle nicht näher auf sie eingegangen wird.

Grundsätzlich kann die Aussage getroffen werden, dass Massenmedien und Massenveranstaltungen für die Öffentlichkeit als Mittel der absatzbezogenen Public Relations von Großhandelsunternehmungen keine Bedeutung besitzen. Wie bereits hinsichtlich der Teilinstrumente Werbung und Verkaufsförderung ausgeführt, gilt auch hier das Prinzip der zielgruppenadäquaten Orientierung an der im Einzelnen bekannten Kundenzielgruppe.

2.4.3 Besonderheiten im Einzelhandel

Der dominante Einfluss für die Gestaltung des Kommunikationsmarketing im Einzelhandel besteht in der Tatsache, dass jedem Anbieter auf dieser Wirtschaftsstufe eine große Anzahl an faktischen sowie potenziellen Kunden in Form von Endverwendern oder Endverbrauchern gegenüberstehen. Dieser Umstand wirkt sich wesentlich auf alle Teilinstrumente der Kommunikationspolitik aus.

2.4.3.1 Werbepolitik

Die spezifischen Eigenarten der Werbepolitik im Einzelhandel lassen sich am besten darstellen, indem man die **Teilentscheidungen** in den einzelnen **Phasen der Werbepolitik**, wie sie oben ausgeführt wurden, nacheinander untersucht.

- **Erste Entscheidungsphase**
  Hier sind neben den Zielgruppenunterschieden, auf die bereits hingewiesen wurde, die besonderen Gegebenheiten bei den Entscheidungen über die Werbesubjekte und -objekte zu nennen. Im Gegensatz zum Großhandel kann es für Einzelhandelsunternehmungen in agglomerierten Lagen nützlich sein, gemeinschaftlich Werbung zu betreiben. Damit stellt neben der Alleinwerbung auch die Sammelwerbung für Einzelhandelsunternehmen bei Vorliegen entsprechender Voraussetzungen eine sinnvolle Alternative dar, während sich Großhandlungen allenfalls an anonymen, **kollektiven Werbemaßnahmen (Gemeinschaftswerbung)** beteiligen werden. Bezüglich der Werbeobjekte ist im Einzelhandel die auf Nachweis der Leistungsfähigkeit und kurzfristige Umsatzsteigerungen ausgerichtete Bewerbung einzelner Artikel stärker als im Großhandel festzustellen.

- **Zweite Entscheidungsphase**
  Sämtliche Entscheidungen dieser Phase werden im Einzelhandel nach anderen Kriterien als im Großhandel getroffen. Für die Formulierung der **Werbebotschaft** ergibt sich in Analogieumkehr zu den großhandelsbezogenen Überlegungen, dass es zur Ansprache der großen Zahl der Konsumenten häufig erforderlich sein wird, stärker emotional als rational zu argumentieren. Bei technischen Gütern wird normalerweise ein geringeres Wissensniveau anzunehmen und von daher die Werbebotschaft in einer einfachen, leicht verständlichen Sprache zu formulieren sein, welche nur Spezialisten bekannte Fachausdrücke weitestgehend vermeidet.

  Im Rahmen der **Werbemittelgestaltung** des Einzelhandels ist psychologischen Elementen der Beeinflussung, etwa den farbpsychologischen Wirkungen, eine stärkere Aufmerksamkeit als bei der Gestaltung der Werbemittel durch Großhandlungen zu widmen. Bei Festlegung der Werbemittel-Werbeträger-Kombination wirken sich die Zielgruppenunterschiede, also die große Zahl anzusprechender Zielpersonen im Einzelhandel im Vergleich zur geringeren Zahl der gewerblichen Ansprechpartner im Großhandel, entscheidend aus. Da Zeitungen, Publikumszeitschriften, Funk und Fernsehen, also Massenmedien, für die Ansprache der Endverbraucher in hervorragender Weise geeignet sind, bieten sich für die Einzelhandelswerbung alle auf die Massenmedien zugeschnittenen Werbemittel wie Anzeigen, Rundfunk- und Fernsehspots als Erfolg versprechend an. Von erheblicher Bedeutung ist auch eine gut gestaltete Website.

  Aufgrund der enger abgegrenzten und gewöhnlich klar definierbaren Einzugsgebiete von Verkaufsstellen des Einzelhandels besitzt auch das zielgenau einzusetzende Flugblatt einen großen Stellenwert. Es kann durch Beschäftigte des eigenen

Unternehmens oder durch spezialisierte Verteildienste ohne Streuverluste an alle Haushaltungen verteilt werden, welche sich im Einzugsgebiet einer bestimmten Verkaufsstelle befinden. Neben niedrigen Kosten ist als weiterer Vorteil des Flugblattes noch zu nennen, dass sein zeitlicher Einsatz präzise nach den Vorstellungen des Unternehmens gestaltet werden und jederzeit kurzfristig umgestellt werden kann. Ändert beispielsweise ein Konkurrenzbetrieb seinen Werberhythmus, kann problemlos von einer Woche auf die andere der Verteiltag der Flugblätter entsprechend angepasst werden.

Weitere durch den Einzelhandel einsetzbare Werbemittel sind der Werbefilm bzw. das Werbedia, welche in lokalen Filmtheatern ausgestrahlt werden können. Werbeträger ist in diesem Falle die Gesellschaft, welche das entsprechende Kino betreibt. Schließlich kann das Plakat als Werbemittel genutzt werden, bei dem als Werbeträger die Unternehmung fungiert, welche Plakatwände oder Litfasssäulen vermietet.

Im Gegensatz zu einer in der Literatur häufig vertretenen Meinung werden Schaufenster, Plakate bei, an, oder in der Verkaufsstelle und Spotmaster-Durchsagen im Verkaufsraum nicht als Werbemittel betrachtet, da ihnen das Merkmal der Einschaltung eines indirekten Trägers fehlt. Der systematischen Eindeutigkeit wegen werden diese kommunikationspolitischen Möglichkeiten der Verkaufsförderung zugerechnet. Sie erfüllen vollständig die wesentlichen Definitionskriterien dieses Instruments, da sie warenbegleitend am **POP (Point of Purchase)** eingesetzt werden, überwiegend auf bestimmte Artikel bezogen sind und die Funktion der kurzfristigen Umsatzforcierung ausüben. Es ist sachlogisch kein Grund erkennbar, weswegen diese Mittel, obwohl sie alle Kriterien der Verkaufsförderung, nicht aber jene der Werbung erfüllen, dennoch diesem kommunikationspolitischen Teilinstrument zugeordnet werden sollten.

Die begriffliche Verwirrung auf diesem Gebiet wird zweifellos unterstützt durch die Tatsache, dass im alltäglichen Sprachgebrauch zwischen den verkaufsfördernden und den werblichen Maßnahmen bestenfalls zufällig ein Trennstrich gezogen wird. Dies machen Ausdrücke wie z. B. „Außen- und Innenwerbung", „Schaufensterwerbung", „Werbedurchsage", „Werbedame" etc. nur allzu deutlich. Unübersehbar ist hier die Bedeutung der historischen Entwicklung. Da es sich bei der Verkaufsförderung um ein jüngeres Instrument handelt, mussten notwendigerweise vor dessen Entstehung bzw. klarer Definition seine Teilmaßnahmen im Rahmen der Werbung mit abgedeckt werden, was auch zu entsprechenden Begriffsbildungen geführt hat. Es scheint jedoch an der Zeit, diesen gerade auch für die inhaltlich-konzeptionellen sowie organisatorischen Belange der Praxis unglücklichen Verwirrungszustand zu beenden.

► **Dritte Entscheidungsphase**
Hier besteht ein Spezifikum des Einzelhandels bereits bei der zeitlichen Fixierung der werblichen Aktivitäten. Die **Terminierung** und die **zeitliche Dauer von Werbeaktionen** ist im Einzelhandel kurzfristiger ausgelegt als im Großhandel, da dem Wunsch des Endverbrauchers nach Abwechslung, Veränderung und die Aufmerksamkeit stimulierendem Wechsel durch einen kürzeren Werbezyklus besser Rechnung getragen wird als durch langandauernde Aktionen. Zudem ist die Anlassorientierung des Einzelhandelskunden auf Feste wie Weihnachten, Ostern, Muttertag oder auch Fastnacht hin stärker ausgeprägt als beim gewerblichen Großhandelsabnehmer.

Wegen der größeren Bedeutung der Werbung im Einzelhandel aufgrund der Verbrauchermerkmale und der intensiveren Konkurrenz auf dieser Wirtschaftsstufe sowie der höheren Kosten wegen, welche aus dem Einsatz von massenwirksamen Werbemitteln und -trägern entstehen, fällt das **Werbebudget** in Einzelhandlungen relativ höher aus als in Unternehmen der Großhandelsstufe.

Während die Ablauforganisation der Werbung im Einzelhandel sich von jener im Großhandel nur insoweit unterscheidet, als es sich zwangsläufig aus der unterschiedlichen Nutzung von Werbemitteln und -trägern sowie aus dem differierenden zeitlichen Einsatz der Werbung ergibt, sind substanzielle Unterschiede zwischen beiden Wirtschaftsstufen auf dem Gebiet der Werbeerfolgskontrolle festzustellen.

Bei echten **Direktwerbeaktionen**, wie sie im Großhandel üblich sind, ist die Ermittlung von Erfolg oder Misserfolg vergleichsweise einfach durchzuführen. Wenn sich ein potenzieller Neukunde, welchem ein Direktwerbebrief mit Sortiments- und Preislistung zugeschickt wurde, daraufhin nicht meldet, so muss die Maßnahme als Misserfolg betrachtet werden. Erfolgt dagegen eine probeweise Bestellung, so ist damit das Ziel der Werbebriefsendung erfüllt.

Bei der im Einzelhandel den Normalfall bildenden **Mengenumwerbung** ist dagegen die Ermittlung der Reaktionen der Umworbenen äußerst kompliziert. Die wichtigsten Gründe hierfür, das Bestehen eines Time-lags und das Problem der Isolierung des Anteils der Werbung an den Reaktionen der (potenziellen) Kunden, wurden oben bereits bei der Darstellung der allgemeinen Problematik der Werbeerfolgskontrolle erläutert.

Im Rahmen ihres umfassenden Werkes zur Werbung des Facheinzelhandels (1991) haben *Barth/Theis* auch eine tiefgehende Systematik zur Werbeerfolgskontrolle vorgelegt. Sie unterscheiden dabei zunächst zwischen begleitenden und erfolgsbezogenen Kontrollen; vor allem letztere sind im Rahmen dieser Betrachtung von Bedeutung. Als Möglichkeiten zur Kontrolle des ökonomischen Werbeerfolgs nennen *Barth/Theis* unter den experimentellen Verfahren z. B. das Befragungsexperiment, den Gebiets-Verkaufstest und Test- und Kontrollläden sowie weitere Kontrollalternativen; als nicht experimentelle Verfahren führen sie neben anderen Möglichkeiten den Betriebsvergleich, den Marktanteilsvergleich sowie ökonometrische Verfahren an.

Im Rahmen der Verfahren zur Kontrolle des außerökonomischen Werbeerfolgs gehen die Autoren unter anderem auf die Messung des Berührungserfolgs, der Beeindruckungswirkung, des Erinnerungserfolgs, des Bedürfnisweckungserfolgs, des Bekanntheitsgradsänderungserfolgs, des Einstellungsänderungserfolgs, des Kontaktintentionserfolgs, des Frequentierungserfolgs und der Veränderung der Nach-Kauf-Bewertung von Facheinzelhandelsunternehmen ein.

Die Vielzahl der behandelten Kontrollgegenstände macht bereits deutlich, dass die Werbeerfolgskontrolle im Einzelhandel ein äußerst komplexes Problem darstellt, welches bisher in der Handelspraxis zuweilen noch nicht in der erforderlichen Professionalität angegangen wird.

Auf ein Sonderproblem der **Werbeerfolgskontrolle** im Einzelhandel, welches im Großhandel nicht auftritt, soll an dieser Stelle aufmerksam gemacht werden. Es handelt sich dabei um die Kontrolle des Streuerfolgs bei Flugblattwerbung.

Wenn Medien mit von vornherein feststehenden Abdeckungsgebieten und Reichweiten genutzt werden, auf die das Einzelhandelsunternehmen keinerlei Einfluss hat, erübrigt sich diese Form der Kontrolle.

Dagegen ist sie bei der eigenverantworteten Verteilung von Flugblättern bzw. Prospekten zweckmäßig, da erstens diese Werbemittel ihre Wirkung logischerweise nur entfalten können, wenn sie tatsächlich die Zielpersonen oder -haushalte erreichen und zweitens die Wirkfaktoren dieser Werbeform (Streugebiet, Streurhythmus etc.) von der Unternehmung in Abhängigkeit vom ermittelten Erfolg der Maßnahmen selbst gesteuert werden können.

Im Folgenden soll ein exemplarisches Verfahren der **Streuerfolgskontrolle** dargestellt werden, welches auf dem Grundgedanken basiert, dass der Rohertrag aus den Käufen des letzten noch erreichten Haushaltes (Grenzertrag) zumindest die variablen Kosten der Flugblattwerbung (Grenzkosten) abdeckt.

1. Schritt

Durchführung einer Befragung der Kunden, zumindest über den Zeitraum einer Woche hinweg, um deren Wohnort zu ermitteln. Der Wochenzeitraum ist notwendig, da zumindest bei großflächigeren Einzelhandelsverkaufsstellen üblicherweise maximal einmal pro Woche eingekauft wird, was bedeutet, dass bei einem kürzeren Befragungszeitraum sich Verzerrungen der Stichprobe ergeben könnten. Die einkaufenden Kunden werden nach Wohnort und Straße befragt. Daraus lässt sich die Kundendichte je Teilzone des Einzugsgebietes erkennen, was auch optisch mithilfe einer Karte veranschaulicht werden kann.

2. Schritt

Ermittlung zonenbezogener Roherträge: Vorausgesetzt, dass der durchschnittliche Einkaufsbetrag je Kunde sowie die durchschnittliche Handelsspanne des Gesamtsortiments der Verkaufsstelle bekannt sind, lässt sich näherungsweise der aus der jeweiligen Einzugsgebietsteilzone gewonnene Rohertrag nach folgender **Formel** errechnen:

Anzahl einkaufender Personen je Zone • durchschnittlicher Einkaufsbetrag je Kunde • durchschnittliche Handelsspanne = Rohertrag der Teilzone

3. Schritt

Errechnung der variablen Kosten der Flugblattwerbung: Diese setzen sich aus den Herstellkosten sowie den Streukosten der Flugblätter zusammen. Die variablen Flugblattkosten je Zone ermitteln sich also nach folgender **Formel**:

Anzahl gestreuter Flugblätter je Zone • (Herstellkosten je Flugblatt + Streukosten je Flugblatt) = Variable Flugblattkosten je Zone

4. Schritt
Nun können die zonenbezogenen Roherträge und variablen Flugblattkosten gegenübergestellt werden. Aus dem Vergleich ergibt sich, in welchen Teilsektoren des Einzugsgebietes die Streuung von Flugblättern sich weiterhin lohnt und in welchen diese besser eingestellt würde.

Abb. 39: Exemplarisches Verfahren zur Streuerfolgskontrolle bei Flugblattverteilung

Gewöhnlich nehmen die zonenbezogenen Roherträge mit zunehmender Entfernung vom Standort ab. Hieraus ergeben sich nach obigem Analyseverfahren natürliche Entfernungsgrenzen, ab denen sich eine Bewerbung mit dem Mittel des Flugblattes nicht mehr lohnt. Fördert die Analyse allerdings zutage, dass in zentralen Teilzonen des Einzugsgebietes keine ausreichende Zahl einkaufender Personen gewonnen werden konnte, so darf hier keinesfalls einem Automatismus folgend die entsprechende Zone aus der künftigen Werbung ausgeschlossen werden. Vielmehr sind die Gründe für derartige „weiße Flecken" herauszufinden.

Unter Umständen muss eines starken, jedoch kleinflächigen Wettbewerbers wegen die werbliche Anstrengung in dieser Teilzone verstärkt werden. Die misslungene Kundenakquisition kann aber auch ganz einfach daher rühren, dass das mit der Streuung der Flugblätter beauftragte Personal die rationelle „Mülltonnenstreuung" angewandt hat, ein Verfahren, das in der Praxis gar nicht einmal so selten anzutreffen ist. In diesen Fällen stellt sich eine Verbesserung der Kundenfrequenz aus der entsprechenden Zone meist allein schon dadurch ein, dass man die mit der Streuung beauftragten Personen auswechselt, seien es nun Beschäftigte des eigenen Unternehmens oder externe Kräfte.

2.4.3.2 Verkaufsförderungspolitik

Wiederum aus Gründen der unterschiedlichen Zielgruppen unterscheidet sich die Verkaufsförderungspolitik von Einzelhandelsunternehmungen ganz wesentlich von derjenigen im Großhandel. Mit den Verkaufsförderungsmaßnahmen des Einzelhandels müssen **große Kundenzahlen** angesprochen werden, die aufwändige Beeinflussung einzelner Kunden kommt allein schon deshalb kaum in Betracht, weil der einzelne Konsument den Erfolg eines Einzelhandelsunternehmens in zu geringem Maße beeinflusst.

Die Mehrzahl der Verkaufsförderungsaktivitäten im Einzelhandel wird auf Veranlassung der Hersteller bzw. der auf der Großhandelsstufe angesiedelten Lieferanten der Einzelhandelsunternehmung zu Stande kommen. In diesen Fällen wird zumindest ein Teil der entstehenden Verkaufsförderungskosten von den Vorstufen übernommen. Oft werden auch die zu fördernden Artikel zu niedrigeren Einstandskonditionen dem Einzelhandel angeboten.

Alle Verkaufsförderungsmaßnahmen, welche der Einzelhandel selbst durchführt oder in seinen Räumlichkeiten von Vertretern der Hersteller oder der Großhändler durchführen lässt, sind auf den Endverbraucher gerichtet, weshalb sie auch unter der Bezeichnung **„Verbraucher-Promotions"** zusammengefasst werden.

Die Spielarten dieser Verbraucher-Promotions bestehen z. B. in Produktproben, Aktionsvergünstigungen, Zugaben, Gewinnspielen oder auch in der Unterstützung des Absatzes bestimmter Produkte durch bekannte Persönlichkeiten aus Sport, Kunst etc. Diesen vielfältigen Möglichkeiten stehen in der Bundesrepublik Deutschland allerdings auch rechtliche Restriktionen gegenüber: So dürfen beispielsweise Produktkäufe nicht zur Voraussetzung für die Teilnahme an Gewinnspielen gemacht werden.

Nur geringe **rechtliche Probleme** bestehen dagegen bei anderen möglichen Maßnahmen innerhalb der Einzelhandelsverkaufsförderung: Soweit Verkaufsstellen im Kundenlauf liegen, ist beispielsweise eine attraktive Gestaltung des Schaufensters als wirksame verkaufsfördernde Maßnahme einsetzbar. Dazu gehört sowohl die Auswahl der richtigen Artikel, d. h. solcher Waren, welche die Aufmerksamkeit der Passanten auf sich ziehen können, die kreative Gestaltung des Schaufensters durch entsprechende Anordnung der Waren und Verstärkung ihrer Wirkung mittels Dekorationsmaterialien, die Nutzung der verschiedenartigsten Lichteffekte als auch die Ergänzung des gesamten Arrangements durch schriftliche und bildliche Darstellungen.

Ein weiteres verkaufsförderndes Mittel stellen **Plakate im Außen-** wie im **Innenbereich** von Verkaufsstellen dar. Wichtig ist dabei, dass diese Plakate durch Nutzung entsprechender Farben und Symbole das Corporate Design des Unternehmens widerspiegeln, dass durch Außenplakate die Fensterflächen und damit die Einblicksmöglichkeiten in den Markt nicht verdeckt werden, dass die gesamte Plakatierung ein geschlossenes, einheitliches Bild ergibt und dass die Plakatgestaltung, vor allem auch die Plakatschrift, professionelles Format besitzt.

Eine weitere Gruppe einzelhandelsspezifischer Verkaufsförderungsaktivitäten besteht im Einsatz von Personal oder Geräten (z. B. Multimedia-Installationen), deren Aufgaben darin liegen, die Kunden auf bestimmte Produkte aufmerksam zu machen, ihnen durch Produktproben, soweit möglich, eine erste Erfahrung mit diesen Artikeln zu vermitteln, erforderlichenfalls die Funktionsweise von bestimmten Produkten, z. B. bei Elektrogeräten, zu demonstrieren und mit der Summe dieser Maßnahmen einen Kaufentscheid herbeizuführen. Der Einsatz von **professionellem Promotion-Personal** ist zur Erreichung dieser Ziele Erfolg versprechender, dafür aber auch ungleich teurer als etwa die Präsentation eines bestimmten Geräts und seiner Anwendungsmöglichkeiten per Video. Von der jeweiligen Zielsetzung und von den Eigenschaften des zu fördernden Artikels wird es abhängen, welche Variante dieser Verkaufsförderungsmaßnahme angewandt wird.

Insgesamt erweist sich die Verkaufsförderung im Einzelhandel als ein Instrument, welches der Kreativität nur geringe Grenzen setzt. Zweckmäßig ist in diesem Zusammenhang jedoch die rechtzeitig vor Beginn einer Maßnahme durchzuführende rechtliche Überprüfung, damit nicht bei nachträglicher Feststellung der Unerlaubtheit bestimmter Aktivitäten Kosten ohne greifbares Ergebnis verursacht und Imageverluste provoziert werden.

2.4.3.3 Kundenbezogene Public Relations

Kundengerichtete PR-Aktivitäten – und nur diese sind im hier diskutierten Zusammenhang relevant – müssen stets die große Anzahl der faktischen und potenziellen Abnehmer des Einzelhandels im Auge haben. Andererseits ist, zumindest bezogen auf eine bestimmte Verkaufsstelle, die regionale Begrenztheit des Einzugsgebietes angemessen zu berücksichtigen. Aus der Zusammenfügung beider Einflussfaktoren resultieren als mögliche einzelhandelsspezifische PR-Aktivitäten z. B. Tage der offenen Tür, Veranstaltungen mit prominenten Persönlichkeiten ohne unmittelbare Umsatzförderungsabsicht, reine Image-Aktionen für die Gesamtkundschaft oder Teile hiervon (Straßenfest, Nikolausfeier etc.) und die Initiierung redaktioneller Berichterstattung in den lokal bedeutsamen Zeitungen sowie von Sendungen in regionalen Rundfunk- und eventuell auch Fernsehsendern.

Wesentliche **Ziele der PR-Aktivitäten** von Einzelhandelsunternehmungen müssen sein, das Wissen der Kundschaft über das Unternehmen oder eine bestimmte Verkaufsstelle zu erhöhen, Leistungsfähigkeit zu dokumentieren, Sympathiegefühle zu wecken, um damit Stammkunden noch enger an das Unternehmen zu binden und Neukunden an das eigene Geschäft heranzuführen. Die Betonung ökologischer Verhaltensweisen spielt in diesem Zusammenhang derzeit und in den kommenden Jahren vermutlich mit zunehmender Tendenz eine bedeutsame Rolle. Daneben können Aspekte wie nachbarschaftliche Nähe, Fairness in der Preisgestaltung und Kontakt- und Erlebnisvermittlung durch die Einzelhandelsverkaufsstelle in den Mittelpunkt der PR-Maßnahmen gerückt werden.

	Lösung
1. Leiten Sie den Begriff des Handelsmarketings aus der allgemeinen Marketingdefinition ab!	S. 47
2. Worin besteht der Unterschied zwischen analytischem und aktionsorientiertem Handelsmarketing?	S. 47 ff.
3. Aus welchen Bestandteilen setzt sich das analytische Marketinginstrumentarium zusammen?	S. 48
4. Der systemorientierte Ansatz eignet sich gut, um die vom Handelsbetrieb benötigten Informationen zu systematisieren; welche Informationskategorien lassen sich auf diese Weise ableiten?	S. 50
5. Das handlungsorientierte Marketing setzt sich aus Absatz- und Beschaffungsmarketing zusammen. Erklären Sie den Sinn einer Unterscheidung dieser marketingpolitischen Bereiche!	S. 51
6. Aus welchen Teilbereichen setzt sich das Absatzmarketing des Handels zusammen?	S. 51 f.
7. Welcher fundamentale Unterschied besteht zwischen Leistungssubstanz- und Transferleistungspolitik?	S. 52
8. Begründen Sie den Zweck der Aufteilung der Leistungssubstanzpolitik in inhalts-, ausmaß- und zeitbezogene Entscheidungen!	S. 53 f.
9. Durch welchen Kombinationsvorgang entsteht die Handelsleistung?	S. 54
10. Diskutieren Sie den Zusammenhang der Begriffe „Ware“ und „Sortiment“!	S. 54 f.
11. Was versteht man unter der Sortimentshierarchie und wie kann eine solche beispielhaft aussehen?	S. 55
12. Von welchen Einflussgrößen hängt der Detaillierungsgrad eines Sortimentes ab?	S. 55
13. Stellen Sie die wichtigsten Einzelentscheidungen der Sortimentspolitik zusammen!	S. 57 ff.
14. Welche Sortimentsorientierungen liegen bei folgenden Handelsunternehmungen vor? ► Dritte Welt-Laden ► Bau- und Hobby-Markt ► Ärztebedarf-Großhandel	S. 57 f.
15. Auf welchem Sortimentsniveau arbeiten discountierende Handelsunternehmungen?	S. 57 f.
16. Weisen die Artikel eines breiten und flachen Sortiments eine hohe oder eine niedrige Lagerumschlagsgeschwindigkeit auf?	S. 58
17. Welche Art von Artikeln führt ein Handelsbetrieb mit adaptivem Sortimentsverhalten?	S. 58

	Lösung
18. Ist die Unentgeltlichkeit als wesentliches Merkmal einer Dienstleistung zu betrachten?	S. 59 f.
19. Der Bau eines Parkhauses durch ein Warenhaus ist ein materieller Vorgang. Ist das dadurch mögliche Parkplatzangebot als materielle oder als immaterielle Leistung dieses Handelsbetriebs anzusehen?	S. 60
20. Welche Arten von Dienstleistungen kann der Handel auf der materiellen, der monetären, der kommunikativen und der sozialen Ebene einsetzen?	S. 60
21. Worin besteht der wesentliche Unterschied zwischen Dienstleistungen im Rahmen der Leistungssubstanzpolitik und Transferleistungen?	S. 52 + 60 f.
22. Welche Aufgabe kommt der Dienstleistungspolitik in Branchen mit homogenen Sachleistungen zu?	S. 62
23. In welchen beiden Ausprägungen tritt die Entscheidung über das Leistungsausmaß im Handelsunternehmen auf?	S. 62
24. Mit welchen Maßgrößen kann die Betriebsgröße gemessen werden?	S. 62
25. „Jede Handelsunternehmung muss ihre optimale Betriebsgröße ermitteln!" Diskutieren Sie diese Forderung!	S. 63 f.
26. Welches sind die Konsequenzen einer „falschen" Betriebsgröße?	S. 63
27. Welche Faktoren bestimmen die ökonomisch sinnvolle Betriebsgrößen-Bandbreite?	S. 63 f.
28. Eine Unternehmung plant einen Lebensmittelmarkt auf 10 000 qm Verkaufsfläche; wie beurteilen Sie dieses Vorhaben?	S. 63 f.
29. Worin besteht der Unterschied zwischen objekt- und unternehmensbezogener Betriebsgrößenpolitik?	S. 64
30. Inwiefern ist der Zeitbezug der Handelsleistung marketingpolitisch relevant?	S. 64 f.
31. Welche strukturellen Unterschiede zwischen Groß- und Einzelhandel sind von Auswirkung auf die jeweilige Leistungssubstanzpolitik?	S. 65 f.
32. In welcher Hinsicht ist eine leistungssubstanzpolitische Spezialisierung des Großhandels möglich?	S. 66
33. Welche Dienstleistungen treten schwerpunktmäßig nur im Großhandel auf?	S. 67 f.
34. „Großhandlungen sind immer größer als Einzelhandlungen!" Wie beurteilen Sie diese Feststellung?	S. 69
35. Mit welchen Maßgrößen kann speziell im Großhandel die Betriebsgröße gemessen werden?	S. 69 f.
36. Bei welchen Leistungen des Großhandels spielt der Zeitfaktor eine wichtige Rolle?	S. 70 f.

	Lösung
37. Stimmen Sie der Aussage zu, dass die Sortimente des Einzelhandels weniger bedarfsorientiert sind als diejenigen des Großhandels? Begründen Sie Ihre Meinung!	S. 71
38. In Ihrer Nachbarschaft eröffnet eine Investitionsgüter-Einzelhandlung. Ist das denkbar?	S. 71 f.
39. Stellen Sie einzelhandelstypische Kundendienstleistungen zusammen!	S. 72 f.
40. Welcher Zusammenhang besteht zwischen objektbezogener Betriebsgröße und Betriebsform von Einzelhandlungen?	S. 73
41. In welcher Hinsicht kann für den Einzelhandelskunden die Zeit ein marketingpolitisch wichtiger Faktor sein?	S. 74 f.
42. Was ist das Ergebnis der Entscheidungen im Rahmen der Transferleistungspolitik?	S. 75 f.
43. Entscheiden Sie für folgende Handelsleistungen, ob diese als Dienstleistungen innerhalb der Substanzpolitik oder als Transferleistungen zu betrachten sind: ► Transport der Ware zum Kunden ► Standorterschließung.	S. 76
44. Wovon hängt es ab, ob die Standortpolitik für ein Unternehmen wichtig oder weniger bedeutsam ist?	S. 77
45. Stellen Sie mögliche Anlässe für Standortentscheidungen mit jeweils passenden Beispielen zusammen!	S. 77
46. Wie beurteilen Sie die praktische Relevanz der so genannten Standort-Orientierungen?	S. 78
47. Zu welcher Gruppe von Standortverfahren gehört das Scoring-Verfahren?	S. 78 f.
48. „Als Ergebnis qualitativer Standortverfahren ergibt sich eine Plan-Rentabilität." Beurteilen Sie diese Aussage!	S. 78 f.
49. Standortentscheidungen werden von verschiedenen Faktoren wesentlich beeinflusst. Welche sind dies?	S. 79
50. Welche Schritte müssen nach der betriebswirtschaftlichen Standortanalyse noch erfolgen, bevor ein Handelsobjekt tatsächlich realisiert werden kann?	S. 80
51. Erläutern Sie den Unterschied zwischen aktiver und passiver Standortpolitik!	S. 80
52. Welche Entscheidungen sind im Rahmen der Gestaltung des Absatzsystems zu treffen? Charakterisieren Sie die einzelnen Entscheidungstatbestände!	S. 81 f.

	Lösung
53. Ist die Standortpolitik im Großhandel wichtiger oder weniger wichtig als im Einzelhandel? Begründen Sie die Antwort!	S. 83
54. Worin besteht der Unterschied zwischen Lager- und Streckengeschäft im Großhandel?	S. 85
55. Diskutieren Sie die Frage, ob die Entscheidung zwischen Zustell- und Abhol-Großhandel unter das Instrument der Absatzmethode zu subsummieren ist!	S. 86
56. Was versteht man unter Umschlags- bzw. Spannenstrategie?	S. 86
57. Welche übergeordneten unternehmenspolitischen Gründe können für eine Forcierung des Lagergeschäfts im Großhandel sprechen?	S. 87
58. Welche Vorteile kann die Einschaltung von Absatzmittlern, also die Entscheidung für den indirekten Absatzweg, für Großhandelsunternehmungen haben?	S. 88
59. Unter welcher Voraussetzung wird die Geschäftsleitung eines Handelsunternehmens als hauptsächliches betriebseigenes Absatzorgan fungieren?	S. 89
60. Wächst oder sinkt in der Handelspraxis die Bedeutung von Außendiensten?	S. 90
61. Welche Standortorientierungen dominieren im Einzelhandel?	S. 91 f.
62. In welchen Phasen kann die Standortanalyse im Einzelhandel ablaufen?	S. 93
63. Wie kommt die Umsatzschätzung bei Standortanalysen des Einzelhandels zu Stande?	S. 93 f.
64. Wie ist der Begriff der Absatzmethode auf der Einzelhandelsstufe definiert?	S. 95
65. Was versteht man unter Distanz- und Treffprinzip?	S. 95
66. Charakterisieren Sie die Entscheidung zwischen Bedienung und Selbstbedienung im Einzelhandel!	S. 96 f.
67. Welche Interdependenzen lassen sich zwischen der Entscheidung hinsichtlich der Verkaufsmethode und dem Einsatz der handelsbetrieblichen Leistungsfaktoren erkennen?	S. 97
68. Aus welchen Komponenten setzt sich die äußere Gestaltung einer Betriebsstätte des Einzelhandels zusammen und welche Teilentscheidungen sind im Rahmen der Innenraumgestaltung zu treffen?	S. 99 f.
69. Worin besteht der Grundkonflikt innerhalb des Instruments der Warenplatzierung im Einzelhandel?	S. 100
70. Welche Ziele sollen durch die Platzierungspolitik erreicht werden?	S. 101
71. Erklären Sie die Bedeutung von Kundenlaufstudien für die Entscheidungen über die Warenplatzierung!	S. 101

		Lösung
72.	Welche Hauptformen der Warenpräsentation können unterschieden werden?	S. 107
73.	Definieren und beschreiben Sie die Teilinstrumente der Entgeltpolitik im Handel!	S. 108 ff.
74.	Welche Bedeutung besitzen Marktformenmodelle für die Praxis der Preisbildung im Handel?	S. 109 f.
75.	Inwiefern kann die Preiselastizität der Nachfrage zur Preisbildung im Handel einen Beitrag leisten?	S. 110 ff.
76.	Für welche Situationen der Handelspraxis sind die folgenden Preisbildungsverfahren geeignet? ► progressive Preisbildung ► retrograde Preisbildung ► Differenzpreisbildung	S. 112 ff.
77.	Wie vollzieht sich der Rechengang bei der Mischkalkulation?	S. 115
78.	Inwiefern hat die Mischkalkulation des traditionellen Handels das Vordringen der Discounter begünstigt?	S. 115
79.	Wie kann die Preisbildung für Dienstleistungen im Handel erfolgen?	S. 115 f.
80.	Kennzeichnen Sie Formen und Einsatzmöglichkeiten der Preisdifferenzierung im Handel!	S. 116 ff.
81.	Zu welchem entgeltpolitischen Teilinstrument gehören die Begriffe „Rabatt“ und „Lieferungs- und Zahlungsbedingungen“?	S. 119
82.	Bei welchen Anlässen kommt die Sonderpreispolitik des Handels zum Einsatz?	S. 119
83.	Welche Ziele werden durch die Sonderangebotspolitik verfolgt?	S. 119 f.
84.	Wie ist die Sonderangebotspolitik des Einzelhandels betriebswirtschaftlich und unternehmenspolitisch zu bewerten?	S. 119 ff.
85.	Welcher Unterschied besteht zwischen Bruttopreissystem und Nettopreissystem im Großhandel?	S. 122
86.	Wodurch unterscheidet sich die Preispolitik des gruppengebundenen Großhandels von derjenigen nichtorganisierter Großhandelsunternehmungen?	S. 122
87.	„Die regionale Preisdifferenzierung ist ein hervorragendes preispolitisches Mittel für den Großhandel!“ Beurteilen Sie die Richtigkeit dieser Aussage!	S. 123
88.	Welche Teilinstrumente kann der Großhandel im Rahmen seiner Konditionenpolitik einsetzen?	S. 124 ff.

		Lösung
89.	Wie wird die „Brutto für Netto-Preisstellung“ im Großhandel gehandhabt?	S. 126 f.
90.	Welche preispolitischen Auswirkungen hat die Preisauszeichnungspflicht im Einzelhandel?	S. 128
91.	Weshalb arbeitet vor allem der mittelständische Einzelhandel häufig mit Gemeinkostenaufschlägen für Warengruppen oder ganze Sortimente?	S. 128
92.	Welche Formen der Preisdifferenzierung eignen sich für einen Einsatz im Einzelhandel?	S. 129
93.	Geben Sie hinsichtlich der Bedeutung der Konditionenpolitik im Einzelhandel eine Wertung ab!	S. 130 f.
94.	Welches stellt die Hauptentscheidung im Rahmen des Teilinstruments der Preisoptik dar?	S. 133
95.	Welche Teilinstrumente sind im Rahmen der Kommunikationspolitik des Handels zu unterscheiden?	S. 134
96.	Auf welchem Wege werden bei der Werbung die Zielgruppen erreicht?	S. 136
97.	Stellen Sie die verschiedenen Formen der Werbung zusammen und suchen Sie jeweils ein passendes Beispiel!	S. 135 ff.
98.	In welche Kategorie der Werbung ist der Slogan *„Durst wird durch Bier erst schön!“* einzuordnen?	S. 136
99.	Auf welche Weise hängen Werbemittel- und Werbeträgerauswahl zusammen?	S. 138
100.	Wodurch unterscheiden sich die theoretisch sinnvolle von den in der Praxis verbreiteten Arten der Werbebudgetplanung?	S. 138
101.	Welche Probleme treten bei der Werbeerfolgskontrolle auf?	S. 139
102.	An welche Zielgruppen richtet sich die Verkaufsförderung?	S. 140
103.	Ist das Kriterium der kurzfristigen Absatzförderung auf alle Maßnahmen der Verkaufsförderung anwendbar?	S. 141
104.	Handelt es sich bei der Versendung von Direktwerbebriefen um eine Werbe- oder eine Verkaufsförderungsmaßnahme?	S. 141
105.	Innerhalb der Public Relations ist die Beeinflussung von Einstellungen bedeutsam, welche sich aus einer kognitiven, einer affektiven und einer conativen Komponente zusammensetzen. Was ist darunter zu verstehen?	S. 142
106.	Treffen Sie eine Aussage zur Bedeutungsentwicklung von Sponsoring-Maßnahmen im Rahmen der Public Relations-Politik!	S. 143
107.	Welche Werbeformen finden schwerpunktmäßig im Großhandel Anwendung?	S. 144

		Lösung
108.	Eine Stahl-Großhandlung schaltet eine ganzseitige Anzeige in der Frankfurter Allgemeinen Zeitung. Wie beurteilen Sie diese Maßnahme?	S. 145
109.	In welchen Formen können Großhandels-Unternehmungen in Bezug auf ihre Außendienste Verkaufsförderung betreiben?	S. 144 f.
110.	Sind bei der Botschaftsgestaltung des Einzelhandels emotionale Elemente in stärkerem oder in geringerem Maße als im Großhandel vorzufinden?	S. 146
111.	Welche Argumente sprechen für den Einsatz des Flugblatts als Werbemittel im Einzelhandel?	S. 146 f.
112.	Beschreiben Sie den möglichen Ablauf einer Kontrolle zur Feststellung des Erfolgs der Flugblatt-Streuung im Einzelhandel!	S. 149 f.
113.	Wodurch sind in rechtlicher Hinsicht der Verkaufsförderung für Endverbraucher Grenzen gesetzt?	S. 151
114.	Welche Public Relations-Maßnahmen sind für den Einsatz auf der Einzelhandelsstufe besonders geeignet?	S. 152

3. Beschaffungsmarketing

Mit der Wandlung vom Verkäufer- zum Käufermarkt haben sich in den meisten Handelsbranchen auch die Gewichte der **Handelspolitik** verschoben. War es beim **Verkäufermarkt** als entscheidende Leistung zu betrachten, die benötigten Waren zu beschaffen, und vollzog sich der Absatz bei dieser Marktkonstellation mehr oder weniger problemlos, so diktiert auf gesättigten **Käufermärkten** mit Angebotsüberhängen die Summe der Kunden die Verhaltensweisen der Anbieter. Die dominante Leistungskomponente besteht bei dieser Marktsituation darin, den Absatz von Produkten in Gang zu bringen und zu halten, Bedürfnisse zu wecken und zu fördern, insgesamt also das Unternehmen möglichst präzise an das Bedürfnisprofil des Absatzmarktes anzupassen.

Analog zu den Erörterungen im Kapitel über die Entgeltpolitik kann bei Verkäufermärkten von einer **progressiven**, bei Käufermärkten von einer **retrograden Unternehmenspolitik** gesprochen werden. Ersteres bedeutet, dass der Beschaffungsmarkt die Fakten setzt, an denen sich der Absatzmarkt zu orientieren hat, oder einzelbetrieblich betrachtet, dass der Beschaffungsbereich des Unternehmens diktiert, was abgesetzt werden kann. Letzteres heißt dagegen, dass der beherrschende Sektor des Unternehmens sein Absatzbereich ist, welcher die Bedürfnisse des Absatzmarktes widerzuspiegeln hat. Von diesen werden – rückwärtsgehend, also retrograd – die notwendigen Verhaltensweisen auf der Beschaffungsseite von Handelsunternehmungen abgeleitet.

Grundsätzlich betrachtet handelt es sich also beim Beschaffungsmarketing auf Käufermärkten um kein eigenständiges Instrument. Vielmehr wird es bestimmt durch das Absatzmarketing; das Beschaffungsmarketing bildet gewissermaßen dessen Erfüllungsgehilfen. Aus diesem Grund wird – um den vertretbaren Umfang eines Basislehrbuchs nicht zu sprengen – auf eine detaillierte Betrachtung dieses Unternehmensbereiches verzichtet. Bei vertieftem Interesse wird auf die zahlreichen Spezialquellen verwiesen, welche im Literaturverzeichnis dieses Werkes enthalten sind.

III. Leistungsfaktoren

Nachdem bisher die Handelsfunktionen als die in volkswirtschaftlicher Sicht dem Handel zukommenden Aufgaben und die marketingpolitischen Instrumente als ihre einzelwirtschaftliche Operationalisierung betrachtet wurden, geht es im folgenden Kapitel um die Frage, unter Einsatz welcher **Betriebsfaktoren** die Handelsleistung erstellt wird. Wie bereits die marketingpolitischen Instrumente, so sollen auch die handelsbetrieblichen Leistungsfaktoren zunächst als Module dargestellt werden, aus welchen das Handelsmanagement die Politik der Leistungserstellung zusammensetzen kann. Aus diesem Grund beschränkt sich das folgende Kapitel auf die **Deskription der Leistungsfaktoren**. Ihre zielorientierte Kombination wird an späterer Stelle dieser Einführung in die Handelsbetriebslehre erörtert.

1. Besonderheiten handelsbetrieblicher Leistungserstellung

Bereits ein oberflächlicher Blick auf die in Industrie und Handel eingesetzten Leistungsfaktoren macht deutlich, dass diesbezüglich zwischen beiden Wirtschaftsbereichen erhebliche Unterschiede bestehen. Die folgende Übersicht stellt die in beiden Wirtschaftssektoren genutzten Einsatzgüter gegenüber:

Allgemeine BWL (*Gutenberg, Wöhe*)	**Allgemeine BWL/ Industrie** (*Heinen*)	**Handelsbetriebslehre** (*Buddeberg*)
Elementarfaktor Menschliche Arbeitsleistung	Potenzialfaktoren	Elementarfaktor Personal
		Elementarfaktor Raum
Elementarfaktor Betriebsmittel		Elementarfaktor sonstige Betriebsmittel
Elementarfaktor Werkstoffe (Roh-, Hilfs-, Betriebsstoffe)	Repetierfaktoren	Elementarfaktoren Hilfs- und Betriebsstoffe
		Regiefaktor Ware
		Sicherungsfaktor Kapital
Dispositiver Faktor	Dispositiver Faktor	Dispositiver Faktor

Es ist nun die Frage zu beantworten, was sich hinter den unterschiedlichen Bezeichnungen für die Leistungsfaktoren an differenzierten Strukturen und Abläufen verbirgt.

Offensichtlich besteht der größte Unterschied zwischen Industrie und Handel in Bezug auf den materiellen Träger der Leistung: Im Falle der Industrie ist dies der Werkstoff, im Handel die Ware. Während der Werkstoff durch Be- und Verarbeitungsvorgänge in seiner Substanz verändert wird und damit nur das Basismaterial eines im Endeffekt neuen Produktes bildet, bleibt die Handelsware ihrem Wesen nach beim Durchlauf durch den Handelsbetrieb gleich. Daraus entsteht das für die Faktorkombination im Handel wesensbestimmende Paradoxon, dass die Handelsware gleichzeitig den wichtigsten und den unwichtigsten Leistungsfaktor in diesem Wirtschaftsbereich darstellt.

Die Gründe, welche die Ware zum wichtigsten Faktor in einem Handelsunternehmen werden lassen, sind im Folgenden zusammengestellt:

(1) Ohne Ware hätte die Handelstätigkeit keinerlei Sinn; sie ist der eigentliche Träger der Handelsleistung.

(2) Die Ware ist der wichtigste Kostenfaktor (mit 50 % bis über 90 % Anteil am Umsatz, abhängig von Branche, Betriebsform und Wirtschaftsstufe).

(3) Die Ware ist ein wesentlicher vermögens- und kapitalbildender Faktor (durchschnittlich ca. 50 % des Gesamtvermögens).

Unwichtig ist der Faktor Handelsware deshalb, weil sich ausschließlich mit ihm gerade keine Handelstätigkeit aufbauen lässt; die Weitergabe völlig unveränderter Handelswaren ohne die Erstellung begleitender Dienste, und sei es zumindest die Dienstleistung der Sortimentsbildung oder Markterschließung, hätte keinerlei Chancen auf Markterfolg. Diesen spezifischen Charakter der Ware bringt Buddeberg mit dem Begriff des **„Regiefaktors"** zum Ausdruck, der besagen soll, dass die Handelsware unter der Regie des Handelsunternehmens stehend mit Dienstleistungen kombiniert wird, ohne sich dabei selbst in der Substanz zu verändern. Auf diese Besonderheit wird auch bei der Behandlung des Rechnungswesens im Handel, speziell im Rahmen der Untersuchung des handelsbetrieblichen Kostenbegriffs, noch näher einzugehen sein.

Die **Kombination** der übrigen Leistungsfaktoren dient im Handel dazu, ein neues Produkt zu erstellen, welches weder mit den Erzeugnissen der Industrie noch mit jenen des Dienstleistungssektors vergleichbar ist: Es handelt sich dabei um eine Verzahnung von Sach- und Dienstleistung, um die Verknüpfung immaterieller Leistungen mit einem materiellen Leistungsträger. Das Resultat dieser Faktorkombination im Handel lässt sich etwa mit dem Terminus „Erhöhung der Sachgüterverwendungsreife" umschreiben.

Eine weitere Besonderheit in der handelsbetrieblichen Leistungsfaktoren-Konstellation ist darin zu erkennen, dass der **Betriebsraum** als spezifisches Einsatzgut einer besonderen Betrachtung wert ist. Die Bedeutung dieses Faktors ist in Industrie- wie in Dienstleistungsunternehmungen in qualitativer wie in quantitativer Hinsicht relativ gering. Im Handel dagegen, vor allem im Einzelhandel, stellt er in guten Standortlagen, welche sich aus der Natur der Einzelhandelstätigkeit heraus oft als notwendig erweisen, allein schon aus Kostengründen einen mit besonderer Aufmerksamkeit zu verfolgenden Leistungsfaktor dar. Jedoch sind auch qualitative Aspekte beim Einsatz des Betriebsraums von nicht unterschätzender Bedeutung für den Absatzerfolg. Diese sind vor allem in der Lage und in der Ausgestaltung der Räumlichkeiten von stationären Handelsbetrieben zu sehen.

Ein wesentliches Augenmerk ist bei der Untersuchung des Einsatzes der handelsbetrieblichen Leistungsfaktoren auf die Möglichkeit der **Substituierbarkeit verschiedener Faktoren** untereinander zu richten. Man denke hier beispielsweise an die Substitution des Faktors Personal durch den Faktor Raum, indem vorher in Bedienung angebotene Ware anschließend in Selbstbedienung verkauft wird.

Ein anderes Beispiel, das die Breite der Substitutionsüberlegungen andeuten kann, ist in der Alternative zwischen einem räumlich ausgedehnten, personalintensiven eingeschossigen Großhandelslager und einem vollautomatisierten Hochregallager zu sehen, bei welchem die Faktoren Personal und Raum soweit möglich durch Kapital bzw. Sachliche Betriebsmittel ersetzt sind. Solche Überlegungen werden zum Teil bei der isolierten Darstellung der einzelnen Leistungsfaktoren im folgenden Kapitel berücksichtigt, zum Teil allerdings auch erst im Rahmen der Untersuchung der handelspolitischen Grundentscheidungen angesprochen, welche sich mit der Kombination der Einzelbausteine zur Unternehmenspolitik im Handel befassen.

2. Darstellung der Leistungsfaktoren

2.1 Leistungsfaktor Personal

In nahezu allen Auflistungen von Leistungsfaktoren marktwirtschaftlicher Unternehmungen wird neben dem Faktor Arbeit bzw. Personal ein **Dispositiver Faktor** ausgewiesen. Diese begriffliche Trennung bezieht sich auf die Differenzierung zwischen führender und ausführender Tätigkeit, auf welche im nachfolgenden ersten Abschnitt eingegangen werden soll. Im Anschluss daran wird der **Faktor Personal** in quantitativer und qualitativer Hinsicht analysiert. In einem dritten Abschnitt schließlich werden die Unterschiede in Bezug auf diesen Leistungsfaktor zwischen der Großhandels- und der Einzelhandelsstufe erörtert.

2.1.1 Führung und Ausführung

Wie in jedem Wirtschaftsbereich, so wird auch im Handel bei der Betrachtung des **Faktors Personal** eine Trennung dahingehend vorgenommen, dass zwischen **ausführenden Funktionen einerseits** und **führenden (= dispositiven) Aufgaben andererseits** unterschieden wird. Geht man von den drei klassischen Phasen jeglicher Tätigkeit der Planung, Realisation und Kontrolle aus, so wird in Handels- wie in allen Wirtschaftsunternehmungen der Dispositive Faktor für die Phasen der Planung und der Kontrolle zuständig sein, während die Realisation sich in Form ausführender Tätigkeiten vollzieht.

Betrachten wir nun den **Dispositiven Faktor im Handel** etwas genauer. Er muss einerseits verschiedene Arten von Knowhow aufweisen, welche in allen Unternehmungen erforderlich sind, andererseits solche Fähigkeiten und Fertigkeiten, welche nur im Wirtschaftsbereich Handel benötigt werden. Zum erstgenannten Bereich gehören beispielsweise Kenntnisse bzw. Erfahrungen auf folgenden Gebieten:

- Investition
- Finanzierung
- Rechnungswesen
- Steuern
- Datenverarbeitung

- Personalführung
- Arbeitsrecht
- etc.

Im Hinblick auf diese Aufgaben unterscheidet sich das **Anforderungsprofil des Handelsmanagement** nur wenig von demjenigen, welches bei der Führung anderer Unternehmungen Geltung besitzt.

Handelstypisches Knowhow ist dagegen vor allem in Form von Kenntnissen über die Ware selbst, über alle mit ihr zusammenhängenden Tätigkeiten sowie über die Branche(n) erforderlich, in der bzw. in denen das Unternehmen tätig ist.

Die **Ausprägung des Dispositiven Faktors** hängt in hohem Maße von der Betriebsgröße ab. Je größer eine Unternehmung, um so eher werden Fachexperten für die verschiedenen Spezialfunktionen beschäftigt werden. Bei mittleren Betriebsgrößen sind dagegen von jedem einzelnen Mitglied der Geschäftsleitung mehrere Führungsfunktionen gleichzeitig zu leisten, bis schließlich im Extremfall des Kleinunternehmens der Unternehmer bzw. die Unternehmerin in Personalunion alle Leitungsaufgaben selbst wahrnehmen müssen. Es ist leicht erkennbar, dass aus dieser Situation ein Qualifikationsproblem entsteht: Eine einzige Person kann nicht auf allen Gebieten über entsprechende Spezialkenntnisse und Fertigkeiten verfügen; hierin liegt ein Wettbewerbsnachteil gegenüber größeren Unternehmungen.

Ein Ausweg ist hier in der sachlich und zeitlich begrenzten Ausgliederung von Führungsfunktionen zu sehen: Beratungsdienste der verschiedensten Art können zur Beschaffung des benötigten Knowhow in Anspruch genommen werden.

Der **Leistungsfaktor ausführende Arbeit** mit seiner Zuständigkeit für die Phase der Realisation betrieblicher Vorgänge ist im Handel in einer außerordentlich großen Bandbreite sowohl qualitativer als auch quantitativer Art anzutreffen. Vereinfachend lässt sich folgender Zusammenhang feststellen:

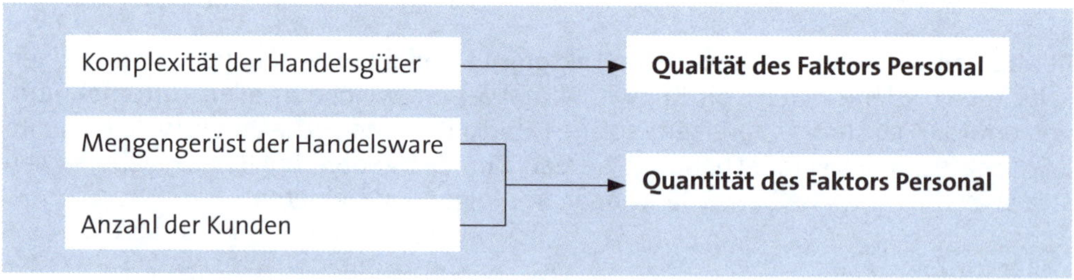

Abb. 40: Einflussgrößen auf Qualität und Quantität des Faktors Personal

Die Komplexität von Handelsgütern als Bestimmungsgröße für die **Qualität des Faktors ausführende Arbeit** ist deshalb so wesentlich, weil üblicherweise für einfach strukturierte Handelsware auch nur einfachste Dienstleistungen infrage kommen. So sind beispielsweise hochwertige Dienste im Zusammenhang mit Schrauben, Nägeln oder Getränkekisten kaum vorstellbar. Dies schließt nicht aus, dass z. B. ein Schraubengroßhändler für seine Kunden anspruchsvolle Marketingideen entwickelt; hierfür ist dann jedoch der Dispositive Faktor stärker gefragt als derjenige der ausführenden Arbeit. Dagegen werden handelsübliche Dienstleistungen für komplexe Güter wie z. B. Großrechner (Beratung, Installation, Wartung etc.) ebenfalls ein hohes Anspruchsniveau aufweisen.

Die dominierende Einflussgröße für den **quantitativen Umfang des Faktors ausführende Arbeit** im Handel ist das Mengengerüst an materiellen warenbezogenen Vorgängen. Je größer das Dienstleistungsspektrum in diesem Bereich, umso mehr Personal ist erforderlich. Am Beispiel des Großhandels stellt sich diese Interdependenz folgendermaßen dar:

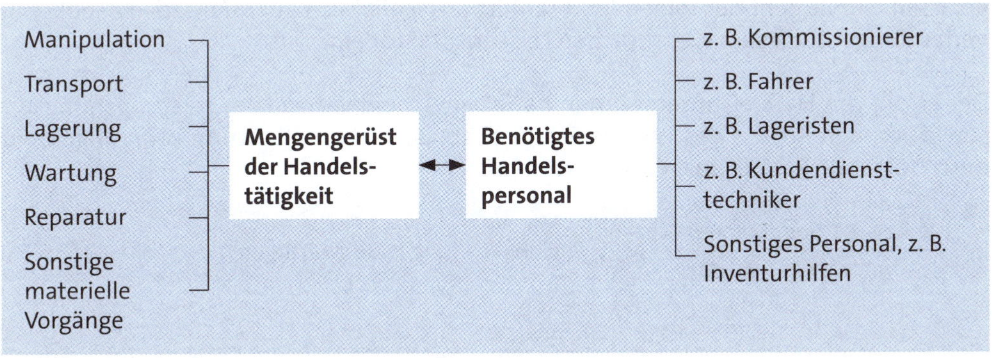

Abb. 41: Handelstätigkeiten und erforderliches Handelspersonal

Als weitere wichtige Bestimmungsgröße der Personalquantität wurde oben die Anzahl der Kunden genannt, da hiervon zahlreiche verschiedenartige Geschäftsvorfälle abhängen:

- Bestellwesen
- Lieferscheinbearbeitung
- Auftragsverwaltung
- Fakturierung
- Bedienung
- Beratung etc.

Es ist erkennbar, dass die Erfordernisse hinsichtlich Umfang und Qualität des Leistungsfaktors Personal – sei es in Form des Dispositiven Faktors oder der ausführenden Arbeit – von den Festlegungen bezüglich der oben besprochenen Module der **Unternehmenspolitik** im Handel abhängen. Sortimentsstruktur, Komplexität der Handelsware und Umfang an Dienstleistungen ergeben sich als Folge der Entscheidungen des Handelsmanagement für die Erfüllung bestimmter Handelsfunktionen bzw. durch die Operationalisierung dieser Entscheidungen in Form der Definition des Handelsmarketing.

Daraus resultiert eine Erkenntnis, die an späterer Stelle noch des Öfteren eine Rolle spielen wird, dass nämlich nicht etwa die Verfügbarkeit von Leistungsfaktoren im Handelsunternehmen dessen Politik bestimmen darf, sondern dass umgekehrt die Leistungsdefinition über das Faktorenprofil zu entscheiden hat. Nur in dieser Richtung sind Anpassungsentscheidungen sinnvoll und erfolgsträchtig, während gegenläufige Reaktionen, z. B. in Form von Leistungsreduktion etwa bei fehlendem Personal, eher passiven, wenn nicht sogar resignativen Charakter haben.

2.1.2 Qualitative Bedeutung

Dem Grundprinzip dieses Werkes folgend, sind die Tabellen, welche die quantitative Bedeutung des Leistungsfaktors Personal aufzeigen, dem elektronischen Anhang beigegeben. Somit geht der folgende Abschnitt ausschließlich auf qualitative Aspekte in Verbindung mit diesem wesentlichen Leistungsfaktor ein.

Der Erfolg von Handelsunternehmen hängt entscheidend von der Leistungsfähigkeit sowie von den Kosten des Faktors Personal ab. Die Personalleistung kann allgemein durch folgende Formel ausgedrückt werden:

$$\frac{\text{Handelsleistung (Menge/Wert)}}{\text{Anzahl Beschäftigte}} = \text{Personalleistung je Beschäftigten}$$

Eine häufig angewendete Formel der Personalleistung ist die der Personenumsatzleistung (Personalproduktivität):

$$\frac{\text{Erzielter Umsatz (brutto)}}{\text{Anzahl Beschäftigte}^{1}} = \text{Personenumsatzleistung/Personalproduktivität}$$

Die Personalleistungsgrößen können auf verschiedene Zeiträume bezogen werden; üblich ist z. B. das Geschäftsjahr.

Beispiel

Die Personenumsatzleistung eines Einzelhandelsunternehmens, welches 5 Mio. € Umsatz im letzten Geschäftsjahr mit einer Zahl von 20 Vollzeitkräften erzielt hat, errechnet sich wie folgt:

$$\frac{\text{5 Mio. € Umsatz brutto}}{\text{20 rechnerische Vollzeitkräfte}} = \text{250.000 € brutto je rechnerische Vollzeitkraft pro Jahr}$$

[1] rechnerische Vollzeitkräfte = **Vollzeitäquivalente**

Soweit in einem Handelsunternehmen auch Teilzeitkräfte, Auszubildende etc. beschäftigt werden, ist zur Errechnung der Personenumsatzleistung die Umrechnung in Vollzeitkräfte erforderlich. Die erzielte Kennzahl, auch als Personalproduktivität bezeichnet, ist ein Spiegelbild der personellen Leistungsfähigkeit eines Handelsunternehmens, wird allerdings erst durch Gegenüberstellung zu externen Betriebsvergleichszahlen aussagefähig. Für verschiedene Klassen von Unternehmungen, gruppiert nach diversen Struktur- und Leistungsmerkmalen, liegen durchschnittliche Leistungswerte vor, welche den innerbetrieblichen Produktivitäten gegenübergestellt werden können, um auf diese Art und Weise Schwachstellen aufzudecken.

Die erzielbare Höhe der Personenumsatzleistung hängt von diversen Faktoren wie z. B. Branche, Betriebsform, Betriebsgröße, Leistungsstruktur etc. ab, deren Berücksichtigung für eine adäquate Beurteilung der erreichten Werte im eigenen Unternehmen unerlässlich ist. Für den letztgenannten Einflussfaktor der Leistungsstruktur hier noch ein kurzes Beispiel:

Beispiel

Im Elektrofachhandel setzt ein Spezialverkäufer bis zu 500.000 € pro Jahr um, ein Werkstattmitarbeiter dagegen nur 30 - 40 T€. Also benötigt z. B. ein City-Geschäft mit einem geringen Werkstatt-Anteil von 10 % bei einem Gesamtumsatz von 1,5 Mio. € drei Verkäufer und vier Werkstatt-Mitarbeiter, dazu zwei Verwaltungs-/Führungskräfte, also insgesamt neun Mitarbeiter(innen); aus diesen Angaben resultiert eine Personenumsatzleistung von rd. 167 T€ pro Jahr. Ein Nachbarschafts-Fachgeschäft mit gleichem Gesamtumsatz, davon jedoch 20 % Werkstatt-Anteil, braucht etwa 12 Beschäftigte, woraus sich ein Leistungswert von nur noch 125 T€ pro Jahr errechnet.

Neben der Personenumsatzleistung existieren im Handel weitere Maßgrößen für die **Ermittlung der Personalleistung**. In Abhängigkeit vom Analyseziel bieten sich als Maßgrößen beispielsweise die Anzahl von Abschlüssen von Außendienstmitarbeitern, die transportierte Menge je Fahrer, die Zahl der kommissionierten Rollbehälter bzw. die Anzahl zusammengestellter Auftragspositionen je Kommissionierer etc. an. Bei der Entwicklung von Leistungskennzahlen zur Messung der Personalproduktivität bestehen erhebliche betriebsindividuelle Spielräume.

Außer der Personalleistung sind vor allem die **Personalkosten** für die Beurteilung der Bedeutung des Leistungsfaktors Personal zu berücksichtigen. Trotz der erheblichen Bandbreite dieser Kostenart in den verschiedenen Handelsbereichen lässt sich doch übereinstimmend feststellen, dass von wenigen Ausnahmen abgesehen die Personalkosten zwischen etwa 50 % und 65 % der gesamten Handlungskosten (ohne Warenkosten) bzw. zwischen ca. 13 % und 25 % des Nettoumsatzes betragen.

Die Personalkostenanteile in Prozent der Gesamtkosten liegen also durchweg über 50 % und erreichen in Prozenten des Umsatzes Werte bis über 30 % (Blumen-Einzelhandel). Außerdem wird sichtbar, dass bezogen auf den Umsatz die Personalkostenquoten im Einzelhandel deutlich höher als jene des Großhandels ausfallen. Dieser Umstand schlägt sich auch in der Kalkulation der Handelsstufen entsprechend nieder.

Von allen innerhalb des Handels bestehenden Unterschieden einmal abgesehen, lässt sich generell eine erhebliche Personalkostenintensität der Handelstätigkeit erkennen. Diese ist mit ursächlich für die hohe Aufmerksamkeit, welche gerade diesem Leistungsfaktor in der überwiegenden Zahl der Handelsunternehmungen zu Recht gewidmet wird.

Die Betrachtung der **qualitativen Bedeutung des Leistungsfaktors Personal** kann zunächst unmittelbar an seine quantitative Bedeutung anknüpfen. Da dieser Betriebsfaktor – sieht man von den Warenkosten einmal ab – den größten Anteil an den Gesamtkosten ausmacht, besitzt er alleine von daher gesehen bereits eine erhebliche Bedeutung. Die Notwendigkeit seiner intensiven Berücksichtigung wird noch deutlicher, wenn man den Aspekt der Kostenbeeinflussbarkeit mit einbezieht.

Personalkosten im Handel sind zwar – wie die Raumkosten, Abschreibungen, Zinsen etc. – überwiegend als **Fixkosten** einzustufen, jedoch besitzen sie diese Eigenschaft nur bei kurzfristiger Betrachtungsweise. Über die Möglichkeiten wie Einstellung, Stundenkürzung oder Entlassung kann unter Beachtung der für die Personalbeschaffung erforderlichen Zeiten sowie der Kündigungsschutzvorschriften auf Beschäftigungsänderungen durch personalpolitische Anpassungsmaßnahmen reagiert werden. Die Kostenbeeinflussbarkeit ist damit bei diesem Leistungsfaktor wesentlich unmittelbarer als z. B. bei den Faktoren Betriebsraum oder Sachliche Betriebsmittel, bei welchen die Kostenhöhe häufig über einen Zeitraum von mehreren Jahren kaum veränderbar ist (Mieten, Abschreibungen etc.). Es lässt sich also zusammenfassend festhalten, dass aufgrund der Größe und der kurzfristigen Beeinflussbarkeit des Kostenblocks, welcher vom Leistungsfaktor Personal verursacht wird, diesem seitens der Kostenverantwortlichen in Handelsunternehmungen eine große Aufmerksamkeit zukommen muss.

Es wäre allerdings zu vordergründig, die qualitative Bedeutung des Faktors Personal ausschließlich auf der Basis des Kostenaspekts zu beurteilen. Aus der Struktur der Handelstätigkeit lässt sich darüber hinaus ableiten, dass diesem Leistungsfaktor auch inhaltlich eine wesentliche Bedeutung beigemessen werden muss. Oben wurde festgestellt, dass es sich bei Handelsunternehmungen um Dienstleistungsbetriebe handelt. Dienstleistungen, so war abgeleitet worden, können von Ausnahmen abgesehen nicht auf Vorrat erstellt werden, sondern müssen als unmittelbare Reaktion auf die Nachfrageäußerung seitens der Abnehmer produziert und an den Kunden abgesetzt werden. Ähnliches war für die Beziehungen zwischen Handelsunternehmung und ihren Lieferanten festgestellt worden. Allenfalls ist eine Bereitstellung der Infrastruktur möglich, welche optimale Rahmenbedingungen für die Dienstleistungsproduktion gewährleistet. Die Qualität von Dienstleistungen steht und fällt aber mit der Qualifikation des zuständigen Personals.

Generell lassen sich hier **zwei Arten von Tätigkeiten** unterscheiden, welche durch den Leistungsfaktor Personal zu erbringen sind:

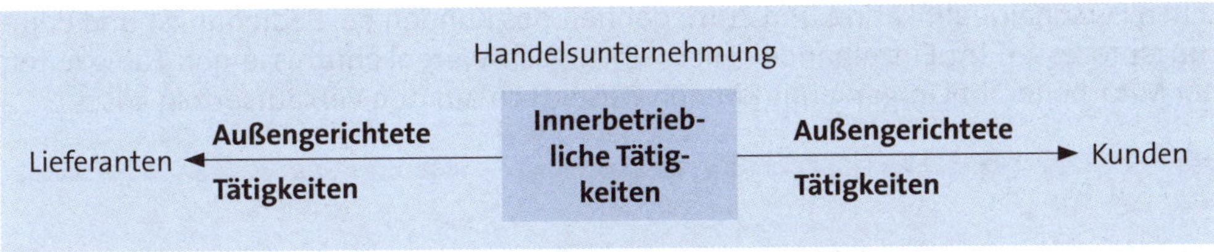

Abb. 42: Zusammenhang zwischen außengerichteten und innerbetrieblichen Tätigkeiten der Handelsunternehmen

Es handelt sich zum einen um die innerhalb des Unternehmens zu verrichtenden Funktionen, zum anderen um jene, welche sich aus den Außenkontakten des Unternehmens, also insbesondere mit Lieferanten und Kunden, ergeben. Als Beispiele für diese beiden Gruppen von Tätigkeiten sind zu nennen:

Innerbetriebliche Tätigkeiten	**Außengerichtete Tätigkeiten**
► Warenmanipulation - Abfüllen - Umpacken - Auszeichnen etc. ► Lagern ► Kommissionieren ► Warenbuchhaltung ► Finanzbuchhaltung ► Allgemeine Verwaltung etc.	► Kontaktknüpfung zu Lieferanten ► Pflege der Lieferantenkontakte ► Beschaffungswesen ► Kundenforschung ► Akquisition ► Bedienung und Beratung ► Absatzentwicklung etc.

Qualifiziertes Personal ist für beide Arten von Tätigkeiten erforderlich; bei den intern zu erfüllenden Aufgaben kann allerdings leichter als bei den außengerichteten Funktionen durch organisatorische Regelungen und eine entsprechende Sachmittelausstattung die Qualität der Leistungserstellung gesteuert werden.

Im Fall der Außenkontakte üben die handelnden Betriebspersonen den entscheidenden Einfluss auf Erfolg oder Scheitern betrieblicher Maßnahmen aus. Einige Beispiele mögen dies verdeutlichen:

Beispiele

Die Termintreue bei der Zustellung per Lkw hängt mehr vom Fahrer als von seinem Fahrzeug ab; die Zufriedenheit eines Kunden mit der neu erworbenen Waschmaschine wird erheblich vom Kundendiensttechniker, welcher den Anschluss des Geräts im Haushalt des Kunden vornimmt, beeinflusst; die Beurteilung eines Einweisungsseminars, mit welchem ein Investitionsgütergroßhändler Abnehmer hochempfindlicher Maschinen über deren Einsatz instruiert, wird im wesentlichen von der Qualifikation des Schulungspersonals abhängen; besonders augenfällig ist der Zusammenhang zwischen Personalqualifikation und Zufriedenheit des Kunden bei Bedienungs- und Beratungsprozessen im Einzelhandel. Hier wirken sich Warenkenntnisse und Fähigkeiten der Mitarbeiter im Umgang mit Kunden wesentlich auf den Verkaufserfolg aus.

In weiten Teilen des Handels, schwerpunktmäßig in mittelständischen Unternehmungen, scheint in Bezug auf die Bedeutungseinschätzung des Faktors Personal noch ein Umdenkprozess erforderlich zu sein, den andere Wirtschaftssektoren (Industrie, Banken) bereits vollzogen haben. Im Handel wird oft noch die Ware, welche ja gerade keine Profilierung gegenüber Wettbewerbern erlaubt, im Rahmen der Unternehmenspolitik in den Vordergrund gestellt, während der für die Konkurrenzfähigkeit der zu erstellenden Handelsleistung ausschlaggebende Faktor Personal allzu oft eine stiefmütterliche Behandlung erfährt. Dies gilt in vielerlei Hinsicht: So fehlt es gerade in mittelständischen Handelsunternehmungen oft noch an einer marktgerechten Entlohnung, einer motivierenden Personalentwicklungsplanung oder auch an einer leistungsfördernden Gestaltung des Arbeitsumfeldes.

Aufgabe 9 > Seite 502

2.1.3 Unterschiede zwischen Großhandel und Einzelhandel

Rückblickend betrachtet lässt sich der wesentliche Unterschied zwischen dem klassischen Großhandel früherer Tage und dem Einzelhandel hinsichtlich des Einsatzes des Faktors Personal dahingehend charakterisieren, dass auf der Großhandelsstufe die Mitarbeiter vor allem zur Steuerung und Abwicklung technisch-logistischer Prozesse des Beschaffens, Lagerns und Absetzens benötigt wurden, während auf der Wirtschaftsstufe Einzelhandel aufgrund des unmittelbaren Endverbraucherkontaktes den Fähigkeiten im Umgang mit Menschen stets ein größerer Stellenwert im Rahmen der Unternehmenspolitik zugemessen wurde.

Nach der Hinwendung zahlreicher Großhandelsunternehmungen zur Absatzseite und dem Aufbau vertikaler Marketingsysteme lässt sich diese krasse Unterscheidung zweifellos nicht mehr aufrechterhalten; sie weist jedoch die grundsätzliche Richtung, in welcher auch heute noch die bedeutsamsten Unterschiede zwischen Großhandel und Einzelhandel in der Art und Weise des Umgangs mit dem Faktor Personal zu finden sind.

Zunächst sollen kurz die verschiedenen **Arten des Faktors Personal** im Groß- bzw. im Einzelhandel betrachtet werden, welche sich aus den verschiedenartigen Tätigkeiten und den hierfür erforderlichen Qualifikationen ergeben. Nachfolgend werden einige exemplarische Personalkategorien gegenübergestellt, welche entweder verstärkt im Großhandel, überwiegend im Einzelhandel oder gleichgewichtig in beiden Wirtschaftsstufen vorzufinden sind:

Großhandel	Groß- und Einzelhandel	Einzelhandel
► Personal für Einkauf und Bestellwesen	► Personal für Marktforschung/Marketing	► Personal für Warenvorgänge (EH-spez.)
► Transport- und Lagerpersonal	► Personal für Rechnungswesen	► Personal für Verkaufsraumgestaltung
► Vertriebs-/Außendienstpersonal	► Datenverarbeitungspersonal	► Bedienungs- und Beratungspersonal
► Personal für gesamte Auftragsabwicklung	► Aus- und Fortbildungspersonal	► Kundendienstpersonal

- **Großhandelspersonal**
  Für die Beschaffungstätigkeit benötigt der Großhandel einen Stab an Einkäufern, welche von ihren Warenkenntnissen her als kompetente Gesprächspartner für die Vertreter von Industrieunternehmungen, Importeuren etc. infrage kommen. Dieses Personal ist zumeist gleichzeitig für die Abwicklung des Bestellwesens zuständig.

  Weiterhin sind Beschäftigte erforderlich, welche die rein logistischen Vorgänge bewältigen: Lkw- und Gabelstaplerfahrer, Kranführer, Kommissionierer, Verlader und sonstiges Lagerpersonal. Für die Gestaltung der kundenbezogenen Kontakte sind Mitarbeiter bzw. Mitarbeiterinnen im Vertriebsbereich erforderlich, je nach Betriebspolitik auch Außendienstmitarbeiter.

  Für die zumeist umfangreichen, informationsbezogenen Kontakte zu Lieferanten und zu Kunden wird ein Stamm an Mitarbeitern im Verwaltungsbereich benötigt. Dieser ist verantwortlich für Tätigkeiten wie Lieferscheinbearbeitung, Rechnungskontrolle, Entgegennahme von Kundenbestellungen, Auftragsbearbeitung, Erstellung von Kommissionierunterlagen, Fakturierung etc. Die genannten Personalgruppen sind im Einzelhandel gar nicht bzw. nicht in gleichem Umfange wie im Großhandel vorzufinden. Hiervon sind ausdrücklich die Großhandelsebenen stufenübergreifender Einzelhandelsunternehmungen sowie der Versandhandel ausgenommen.

- **Personal im Groß- und Einzelhandel**
  Verschiedene Arten von Beschäftigten sind sowohl im Großhandel als auch im Einzelhandel anzutreffen, obwohl sich ihre Tätigkeiten im Detail doch zuweilen stark unterscheiden. Hierzu zählen Mitarbeiter in der Marktforschung, in Stabsabteilungen Marketing, in Finanz- und Betriebsbuchhaltung, in der Aus- und Fortbildung, in Datenverarbeitungsfunktionen und sonstigen zentralen Diensten.

- **Einzelhandelspersonal**
  Schließlich existieren im Einzelhandel verschiedene Gruppen von Personal, welche überwiegend oder ausschließlich auf dieser Wirtschaftsstufe vorzufinden sind. Dazu zählt Personal für das Auszeichnen von Ware, für das Bestücken von Warenträgern, für Dekorations- und ähnliche Gestaltungsarbeiten im Verkaufsraum, für die Bedienung bzw. Beratung des Endverbrauchers und für die Wahrnehmung sämtlicher Dienste, welche in den Haushaltungen der Kunden zu erbringen sind.

Zur Personalqualifikation lässt sich feststellen, dass tendenziell im Großhandel aufgrund des größeren Umfanges rein logistischer Warentätigkeiten der Anteil von geringer ausgebildetem Personal etwas höher sein kann als im Einzelhandel. Verallgemeinernde Aussagen dieser Art sind allerdings mit großer Vorsicht zu treffen, da sie durch Einzelbeispiele stets leicht zu widerlegen sind. So gibt es durchaus Großhandlungen, z. B. im Handel mit hochwertigen Investitionsgütern, in welchen ein mäßig ausgebildetes Personal nicht am Platze wäre, wohingegen beispielsweise in Einzelhandlungen des discountierenden Sektors der Anteil von nicht ausgebildetem oder angelerntem Personal vergleichsweise hoch ist. Aus der Darstellung obiger Personalgruppen lässt sich in jedem Falle ableiten, dass auf der Großhandelsstufe technisch/logistische Qualifikationen in stärkerem Maße erforderlich sein werden, während auf der Einzelhandelsstufe eher verkaufspsychologische Kenntnisse für den erfolgreichen Kontakt zum Endverbraucher benötigt werden.

Zur Personalleistung und deren Messung lassen sich Erkenntnisse gewinnen, wenn man die Struktur der Tätigkeit beider Wirtschaftsstufen miteinander vergleicht. Da auf der Großhandelsstufe – pauschal formuliert – größere Mengen des einzelnen Artikels umgeschlagen werden, wozu technische Hilfen in erheblichem Umfange genutzt werden können, wird die mengen- und üblicherweise auch die wertbezogene Leistung je Beschäftigtem im Großhandel über derjenigen des Einzelhandels liegen. Die Personenumsatzleistung als wichtigste Kennzahl zur Messung der Personalproduktivität ist i. d. R. im Großhandel daher deutlich höher als im Einzelhandel. Dies war bereits aus der oben wiedergegebenen Tabelle zu erkennen.

Aus der Tatsache, dass für einen bestimmten Umsatz bzw. Mengenumschlag im Großhandel eine geringere Zahl an Beschäftigten benötigt wird als im Einzelhandel, lässt sich ableiten, dass die Personalkosten des Großhandels, gemessen in Prozent des Umsatzes, niedriger als im Einzelhandel ausfallen werden. Auch zu dieser Feststellung muss angemerkt werden, dass sich geeignete Beispiele aufzeigen lassen werden, bei welchen die Kostenrelationen genau umgekehrt liegen. Diese sind aber als Ausnahmefälle zu betrachten.

Abschließend soll auf die in beiden Wirtschaftsstufen bestehenden Möglichkeiten der Substitution des Personals durch die Leistungsfaktoren Raum und Sachliche Betriebsmittel eingegangen werden. Wie Beispiele aus dem Pharma-Großhandel gezeigt haben, ist es möglich, auf der Großhandelsstufe zu einem zumindest im logistischen Bereich nahezu vollständigen Ersatz von Personal durch Raum und Sachmittel zu gelangen.

Beim Kontakt zwischen Einzelhandel und Endverbraucher kann dies nur in Ausnahmefällen realisiert werden. Das wichtigste Beispiel hierfür dürfte die Betriebsform des Versandhandels sein. Auch in discountierenden, überwiegend auf Selbstbedienung ausgerichteten stationären Verkaufsstellen des Einzelhandels wird eine hohe **Substitutionsquote** erzielt. Wo es jedoch um den Verkauf hochwertiger und erklärungsbedürftiger Produkte geht, stößt der Versuch, Personal durch andere Leistungsfaktoren zu ersetzen, auf ganz erhebliche Widerstände seitens der Konsumenten. Auf Großhandelsseite ist diese Situation am ehesten vergleichbar mit den Geschäftsbeziehungen zwischen Investitionsgütergroßhandlungen und mittelständischen Abnehmern in der Industrie, die ebenfalls großen Wert auf persönliche Kontakte bei Geschäftsanbahnung und -abwicklung legen.

Insgesamt ist der **Personalfaktor im Einzelhandel** von größerem Einfluss auf den Geschäftserfolg als auf der Großhandelsebene. Dies liegt vor allem an dem Umstand, dass der überwiegende Teil des Personals in Großhandelsunternehmungen keinen unmittelbaren Kontakt zum Kunden hat, sodass von diesem fast ausschließlich die sachliche Qualität der erstellten Leistung beurteilt wird. Im Einzelhandel dagegen kommt auch Personal ohne weitergehende Qualifikation mit dem Kunden in Berührung und trägt somit zum Erfolg oder Misserfolg der Einzelhandelstätigkeit bei.

Beispiel

Man kann sich dies leicht am Beispiel einer mit Auszeichnungstätigkeiten beschäftigten Aushilfskraft veranschaulichen, welche ohne weiteres in der Lage ist, durch eine unqualifizierte, möglicherweise sogar unhöfliche Reaktion auf eine Kundenfrage einen Stammkunden auf Dauer aus einer Einzelhandelsverkaufsstelle zu vertreiben. Diese unmittelbare Wirkung kann beispielsweise ein Lagerarbeiter im Großhandel nicht hervorrufen.

Aus diesem Grunde muss im Einzelhandel auf die Entwicklung einer Grundhaltung beim gesamten Personal hingearbeitet werden, welche sich als Internalisierung des Marketinggedankens umschreiben lässt.

2.2 Leistungsfaktor Betriebsraum

Unter dem Leistungsfaktor **Raum** ist sowohl die überbaute als auch die nicht überbaute Fläche von Handelsunternehmen zu verstehen, welche für die Abwicklung der Handelstätigkeiten genutzt wird oder genutzt werden kann. Im Folgenden werden die Formen dieses Leistungsfaktors, seine quantitative und qualitative Bedeutung sowie die zwischen Groß- und Einzelhandel hinsichtlich der Raumnutzung bestehenden Unterschiede untersucht.

2.2.1 Hauptformen

Nach der **Art der Nutzung** lassen sich folgende wesentliche Formen des Faktors Raum unterscheiden:

Art des Raums	Beschreibung
Verkaufsraum	Jede ebenerdig oder mehrgeschossig angelegte Fläche, welche der Präsentation der zum Verkauf stehenden Ware dient, die vom Kunden betreten werden kann und auf der Umsätze getätigt werden (BAG-Definition).

Art des Raums	Beschreibung
Ausstellungsraum	Fläche, welche der Warenpräsentation dient, ohne dass darauf Umsätze getätigt werden (Ausstellungsfläche ausschließlich für Besichtigungszwecke, Schaufenster, Vitrinen etc.).
Lagerraum	Jene Räumlichkeiten, in denen Ware gelagert wird (auch kurzfristig: z. B. Stauraum für Warenannahme, Bereitstellungsraum für Kommissionen etc.), ohne dass der Kunde zu diesem Bereich Zutritt hat. Folgerichtig kann in diesen Betriebsteilen auf eine marketingorientierte Gestaltung von Raum und Ware verzichtet werden, wie sie für Verkaufsräume üblich ist.
Manipulationsraum	Innerbetrieblicher Bereich, in dem all jene Tätigkeiten wahrgenommen werden, welche die Verwendungsreife der geführten Ware in irgend einer Form erhöhen sollen. Dies bezieht sich auf die gesamte Bandbreite von Manipulationstätigkeiten im Handel (Verpacken, Sortieren, Mischen, Reparieren, Zuschneiden etc.).
Verwaltungsraum	Derjenige Teil eines Handelsunternehmens, in welchem die Verwaltungstätigkeiten im weitesten Sinne von der Unternehmensführung über das Rechnungswesen bis hin zur allgemeinen Verwaltung vorgenommen werden.
Sozialraum	Summe der Räumlichkeiten für das Personal für die Zeiten außerhalb der eigentlichen Arbeitserfüllung; hierunter zählen demnach Aufenthaltsräume, Kantinen, Umkleideräume und Toiletten, Raucherräume etc.
Verkehrs- und Bewegungsraum	Jene Raummodule, welche der Personen- und/oder Warenbewegung dienen. Hierzu zählen beispielsweise Zu- und Abfahrten für Kunden und Lieferanten, Fahrgassen für Stapler, Kräne und sonstige Fördermittel, Gänge, Flure, Treppenhäuser, Aufzüge, Rolltreppen u. Ä. In der Kostenrechnung werden die Bewegungsflächen mit Ausnahme der Verkehrsflächen für Personen- und Lastkraftwagen zur Vermeidung der Gefahr einer zwar präzisen, aber unwirtschaftlichen hochdifferenzierten Kostenaufgliederung meist den Bereichen zugeordnet, innerhalb derer sie angesiedelt sind; es werden also z. B. Lagergänge dem Lagerraum, Treppenhäuser im Verwaltungstrakt dem Verwaltungsraum oder Rolltreppen und Kundenaufzüge dem Verkaufsraum zugeordnet.
Parkfläche	Raum für das Parken von Fremdfahrzeugen (Kunden, Lieferanten etc.), von Fahrzeugen der eigenen Beschäftigten des Unternehmens und von solchen des betrieblichen Fuhrparks.

Art des Raums	Beschreibung
Sonstige Nebenfläche	Räumlichkeiten für betriebsinterne Tätigkeiten, soweit nicht durch die bisherigen Raumkategorien abgedeckt (z. B. Haustechnik, Hausinspektion u. Ä.).

Arten des Faktors Raum in Handelsbetrieben

Untersucht man diese Formen des Faktors Raum nach dem Kriterium der Überbauung, so stellt man fest, dass Verkaufs-, Verwaltungs- und Sozialräume in aller Regel zum überbauten Areal zählen, während Verkehrsflächen zum größten Teil unter die nicht überbaute Fläche zu rechnen sind. Lager- und Parkflächen treten sowohl in überbauter als auch in nicht überbauter Form auf.

Die Systematisierung nach diesem Kriterium wird erschwert durch zahlreiche Ausnahmen. Beispielhaft seien nicht überbaute Verkaufsflächen (z. B. im Garten-Center), überbaute Verkehrsflächen (z. B. in Einkaufszentren) oder nicht überbaute Sozialbereiche (z. B. eine Gartenanlage für die Belegschaft) erwähnt.

2.2.2 Qualitative Bedeutung

Wie bereits beim Leistungsfaktor Personal sind auch beim Faktor Raum die Tabellen, welche seine quantitative Bedeutung aufzeigen, dem elektronischen Anhang beigegeben. Somit geht der folgende Abschnitt wiederum ausschließlich auf qualitative Aspekte in Verbindung mit diesem wesentlichen Leistungsfaktor ein.

Warenbedingt ist der **Faktor Raum in den verschiedenen Geschäftszweigen** von unterschiedlicher Bedeutung. So kommt etwa in der Elektrobranche diesem Leistungsfaktor ein weit geringeres Gewicht zu als in der Branche Floristik- und Gärtnerbedarf bzw. Blumen. Generell fallen aufgrund der Präsentationsnotwendigkeit der Ware sowie der teureren Standorte wegen im Einzelhandel höhere Raumkosten als im Großhandel an. Dies wird besonders deutlich anhand des Kostenunterschieds zwischen den beiden Handelsstufen in der Uhren- und Schmuckbranche, in welcher im Einzelhandel nur in ersten Lagen mit ihren entsprechend hohen Mieten mit Erfolg agiert werden kann. Eine genauere Analyse der Ursachen der verschieden hohen Raumkosten im Groß- bzw. Einzelhandel wird im Folgeabschnitt über die handelsstufenbezogenen Unterschiede beim Einsatz des Betriebsraums vorgenommen.

Der Betriebsraum verursacht nach dem Leistungsfaktor Personal den zweitgrößten Kostenblock im Handel. Die wichtigste Raumkostenart stellen dabei die Miete bzw. – bei eigenerstellten Betriebsräumen – die mietgleichen Kosten (Zins und Abschreibung) dar. Nicht unbedeutend sind jedoch auch die Sachkosten für Geschäftsräume, welche sich insbesondere aus Energie-, Wasser-, Reinigungs- und Instandhaltungskosten zusammensetzen.

Die Flexibilität in der Kostengestaltung für den Betriebsfaktor Raum ist niedrig: Miete bzw. mietgleiche Kosten sind gewöhnlich über Jahre hinweg festliegend, der nach

Ausnutzung aller Rationalisierungsmöglichkeiten verbleibende Sockel an Sachkosten für Geschäftsräume ist grundsätzlich nicht abbaufähig, es sei denn durch eine Verringerung des Bestandes an Betriebsraum, was immer auch mit einer Tätigkeitsveränderung des Unternehmens verbunden ist.

Einsparungspotenziale liegen allenfalls in einer kostenorientierten Bau- und Einrichtungsplanung bei Selbsterstellung von Betriebsräumen, im Ausschöpfen von Verhandlungsspielräumen beim Abschluss von Mietverträgen, im Einsatz energiesparender Geräte und Einrichtungen sowie in der Auswahl des günstigsten Energietarifs. Wenn auch diese Kostensenkungsmöglichkeiten im Vergleich zu jenen beim Faktor Personal als weniger bedeutsam eingestuft werden müssen, so stellen sie dennoch ein Potenzial dar, das gerade in mittelständischen Handelsunternehmungen häufig noch nicht in vollem Umfange genutzt wird. Bei Fehlen des entsprechenden Knowhow im eigenen Unternehmen bietet sich hier die zeitlich befristete Inanspruchnahme von Experten an, z. B. von Architekten, Ladenbauern, Energiefachleuten etc.

Zur weiteren Analyse **der qualitativen Bedeutung des Leistungsfaktors Betriebsraum** ist zunächst auf die enge Verzahnung zwischen diesem und dem marketingpolitischen Instrument der Standortpolitik einzugehen. In die Standortentscheidungen fließen raumbezogene Merkmale als wichtige Auswahlkriterien ein. Während es bei der Standortsuche jedoch darum geht, den richtigen Ort für die handelsbetriebliche Tätigkeit aufzufinden, muss die Untersuchung des Leistungsfaktors Raum stärker auf dessen Rolle im Prozess der handelsbetrieblichen Leistungserstellung abheben.

Unter diesem Gesichtspunkt kommt dem Raum im Handel eine hohe Bedeutung zu; jedoch trifft diese Feststellung nicht in gleichem Maße für Groß- und Einzelhandlungen zu. Für den Handel generell gilt, dass die Wichtigkeit des Faktors Raum mit dem Umfang der übernommenen materiellen Aufgaben und mit seiner Zugänglichkeit für den Kunden ansteigt. Der Zusammenhang zwischen materiellen Leistungsprozessen und dem Betriebsfaktor Raum besteht darin, dass zwangsläufig für das Lagern, den innerbetrieblichen Transport und sämtliche Manipulationsvorgänge von Waren Betriebsraum benötigt wird. Dieser Aspekt der Raumnutzung wirft in erster Linie technische und organisatorische Probleme auf.

2.2.3 Unterschiede zwischen Großhandel und Einzelhandel

Der **Hauptunterschied** in der Nutzung des Faktors Raum zwischen Großhandel und Einzelhandel ist folgendermaßen zu kennzeichnen: Während der Raum im Großhandel als organisatorisch/technisches Mittel dient, um die Marketingziele optimal zu unterstützen, indem die Handlungskosten und die Inventurdifferenzen minimiert werden, erfüllt er im Einzelhandel neben diesen Aufgaben zusätzlich die eigenständige Funktion eines verkaufsfördernden Instruments. Aus dieser Doppelfunktion resultieren im stationären Einzelhandelsgeschäft auch die bereits bei den Instrumenten Platzierungs- und Präsentationspolitik erläuterten Konflikte zwischen Operating und Merchandising, anders ausgedrückt zwischen den Kosten- und den Ertragszielen.

Im lagerführenden Großhandel dominieren die Verkehrs-, Lager-, Manipulations- und Verwaltungsräume. Im Einzelhandel stehen dagegen Park- und Verkaufsfläche im Vordergrund, also jene Bestandteile des Faktors Raum, welche auf den Endverbraucher als Kunden ausgerichtet sind. Dieser strukturelle Unterschied soll anhand zweier exemplarischer Grundrisspläne veranschaulicht werden:

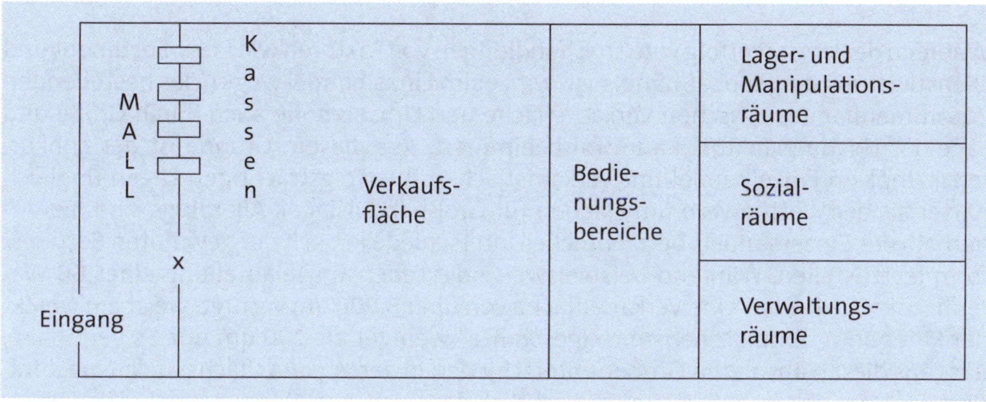

Abb. 43: Grundrissschema einer stationären Einzelhandelsverkaufsstelle

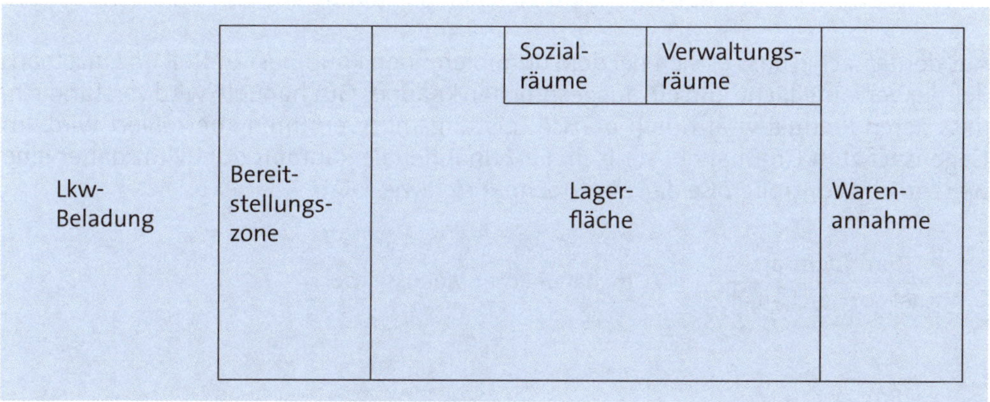

Abb. 44: Grundrissschema einer Lagergroßhandlung

Aus der unterschiedlichen Raum- und Tätigkeitsstruktur resultieren erhebliche Kostendifferenzen: Da im Großhandel i. d. R. größere Mengen des einzelnen Artikels umgeschlagen werden, lässt eine gegebene Raumgröße die Durchschleusung einer größeren Menge zu als im Einzelhandel. Zudem ist durch die Tatsache, dass der Kunde die Großhandelsräumlichkeiten i. d. R. nicht betritt, eine rationellere Umschlagsweise anwendbar. Beides führt zu einer prozentual – auf den Umsatz bezogen – **niedrigeren Raumkostenquote im Großhandel**.

Die Kosten für den Leistungsfaktor Raum sind auf dieser Wirtschaftsstufe jedoch nicht nur relativ, sondern auch absolut – bezogen auf einen Quadratmeter Fläche – niedriger als im Einzelhandel, da billigere Standortlagen genutzt werden können. Weder müssen wegen des Erfordernisses der Kundennähe teure City-Standorte gewählt, noch muss – wegen des im Großhandel vorherrschenden Distanzprinzips – auf die Attraktivität eines Standorts an sich Wert gelegt werden. Schließlich bedarf der ausschließlich für logistische Zwecke genutzte Raum im Großhandel auch keiner marketingorientierten Ausgestaltung als verkaufsförderndes Mittel, wie dies im Einzelhandel die Regel darstellt.

Während der Umsatzerfolg von Großhandlungen von Faktoren wie Preis, Sortiment und Dienstleistungsangebot abhängig ist, wird er im Einzelhandel wegen des bestehenden Zusammenhanges zwischen Verkaufsfläche und Umsatzhöhe auch durch Größe und Lage des Leistungsfaktors Raum mitbeeinflusst. Aus diesem Grunde ist der Konkurrenzkampf im Einzelhandel um Verkaufsflächen in erfolgsträchtigen Lagen ungleich härter als der Wettbewerb um Flächen für Großhandelslager. Allerdings sind hier innerhalb des Einzelhandels beträchtliche Unterschiede je nach der gewählten Betriebsform festzustellen. Während beispielsweise die Lebensmittelabteilung eines SB-Warenhauses i. d. R. über eine Verkaufsfläche von über 3.000 qm verfügt, weist ein Objekt der Kategorie „übrige Lebensmittelgeschäfte" weniger als 200 qm auf. Es liegt nahe, dass aus diesen absoluten Größenunterschieden in der Verkaufsfläche auch eine differierende Bedeutungszumessung hinsichtlich des Leistungsfaktors Raum bei den diversen Betriebsformen resultiert. Dies wirkt sich wiederum auf die Konkurrenzintensität im Wettbewerb um verfügbare Verkaufsflächen nachhaltig aus.

Aus der Tatsache, dass es sich bei dem dominierenden Raumbestandteil im Einzelhandel, der Verkaufsfläche, um ein ausgesprochen knappes Gut handelt, wird verständlich, dass deren Produktivität durch präzise Leistungsmessverfahren kontrolliert wird. Im Gegensatz zum Großhandel stellt im Einzelhandel die Raumproduktivität daher eine wesentliche Kontrollgröße dar. Sie errechnet sich wie folgt:

$$\frac{\text{Bruttoumsatz}}{\text{Anzahl qm Geschäftsfläche}} = \text{Geschäftsflächenproduktivität}$$

$$\frac{\text{Bruttoumsatz}}{\text{Anzahl qm Verkaufsfläche}} = \text{Verkaufsflächenproduktivität}$$

Geschäftsfläche, auch als gewerbliche Fläche bezeichnet, welche nicht unmittelbar für die Darbietung der Ware eingesetzt wird, ist im Einzelhandel als unproduktive Fläche zu betrachten. Daraus folgt, dass man versucht, den Anteil der Nichtverkaufsfläche an der Gesamtflächemöglichst gering zu halten. Der Anteil der Nebenflächen ist bei zunehmender Gesamtfläche eines Einzelhandelsobjekts rückläufig. Dies erklärt sich daraus, dass auch bei Kleinstobjekten eine gewisse Mindestausstattung an Nebenräumen erforderlich ist, welche wenigstens aus einem kleinen Staulager, einem Büro und Sozialräumen bestehen müssen.

Dies bedeutet, dass die „produktive Fläche", also die **Verkaufsfläche**, einen höheren Beitrag zur Deckung der Raumkosten der Nebenflächen erwirtschaften muss. Anders ausgedrückt: Bei kleineren Einzelhandelsbetrieben erreicht die Raumkostenquote in Prozent vom Nettoumsatz einen höheren Wert als bei Großflächen des Einzelhandels. Darin liegt offensichtlich ein Wettbewerbsnachteil für kleinere Einzelhandelsunternehmen.

Ein im Großhandel üblicher Leistungsmaßstab ist der Lagerfüllgrad. Dieser drückt aus, welcher Anteil des verfügbaren dreidimensionalen Raumes durchschnittlich durch Lagerware belegt ist. Die höchsten Leistungswerte im Hinblick auf die räumliche Lagernutzung werden in vollautomatisierten Hochregallagern erreicht.

Aufgabe 10 > Seite 502

2.3 Leistungsfaktor Sachliche Betriebsmittel

Unter **Sachlichen Betriebsmitteln** sind die einem Unternehmen dauerhaft zur Verfügung stehenden Sachgegenstände, also Investitionsgüter, zu verstehen, welche durch mittel- bis langfristige Abgabe von gespeicherten Nutzungsreserven in Kombination mit den übrigen Leistungsfaktoren zur Entstehung der Handelsleistung beitragen. Neben Personal und Betriebsraum stellen sie den dritten Potenzialfaktor (*Heinen*) des Handelsunternehmens dar.

2.3.1 Arten

Nach der Ebene des Unternehmensgeschehens, auf welcher sie eingesetzt werden, lassen sich die Sachlichen Betriebsmittel in solche der materiellen Ebene einerseits und solche der monetären und kommunikativen Ebene andererseits einteilen. Dies verdeutlicht die folgende Tabelle:

Sachliche Betriebsmittel	
für materielle Vorgänge	**für monetäre und kommunikative Vorgänge**
▸ **Lagerausstattung** (Regale und sonstige Warenträger, Beleuchtungseinrichtungen, Geräte zur Kühlung, Belüftung, Beheizung, Befeuchtung, Brandabwehr etc.) ▸ **Ausstattung von Verkaufsräumen** (vorgenannte Betriebsmittel, dazu Dekorationselemente wie Raumteiler, abgehängte Decken, Verspiegelungen etc., Einrichtungen zur Diebstahlsabwehr wie beispielsweise Kameras etc.) ▸ **Maschinen und Geräte für Manipulationstätigkeiten** (Verpackungseinrichtungen, Geräte und Werkzeuge zur Warenbearbeitung, Werkstattausstattungen etc.) ▸ **Fördermittel** (Pkw und Lkw, Kräne, Stapler, Hubwagen, automatisierte Bewegungssysteme, Paletten, Rollbehälter, Einkaufswagen etc.)	▸ **Kassenanlagen mit Zusatzeinrichtungen** (Kassentische, Packtische etc.) ▸ **Kassenschränke bzw. Tresore** ▸ **EDV-Ausstattung** (Hardware und Software) ▸ **Informationseinrichtungen** (Telefon und sonstige Übertragungseinrichtungen, IT-Ausstattung für die Datenspeicherung, Kopierer etc.) ▸ **Büroeinrichtung und -ausstattung** (Büromöbel, Ablagesysteme etc.)

2.3.2 Qualitative Bedeutung

Die **Bedeutung der Sachlichen Betriebsmittel** ist im Handel zunächst durch eine Betrachtung des Umfangs der Investitionen in dauerhaft genutzte Sachgüter und durch die von diesem Leistungsfaktor verursachten Kosten zu erfassen, über welche die folgende Tabelle einen Überblick gibt:

Kosten Sachlicher Betriebsmittel		
Kosten bei Eigentum des Unternehmens	**Kosten bei fremdem Eigentümer**	**Laufende Kosten**
▸ Abschreibungen - nach Zeit - nach Nutzung ▸ Zinsen für gebundenes Kapital	▸ Kosten für Miete oder ▸ Kosten für Pacht oder ▸ Kosten für Leasing	▸ Wartungskosten ▸ Reparaturkosten ▸ Kosten für Betriebsstoffe ▸ Versicherungskosten ▸ etc.

Welche der genannten Kostenarten anfallen, hängt von der Art der Betriebsmittelfinanzierung ab. Bei Kauf entstehen üblicherweise alle oben genannten Kostenarten mit Ausnahme von Mieten/Leasinggebühren. Bei Miete entfallen Abschreibungen und

Zinsen, während beim Leasing normalerweise alle genannten Kosten mit Ausnahme der laufenden Betriebskosten in den Gebühren enthalten sind.

Über die Höhe der **Betriebsmittelkosten** lässt sich pauschal höchstens die Aussage treffen, dass sie selten weniger als 1 % und fast nie über 5 % bezogen auf den Nettoumsatz ausmachen. Welchen Wert innerhalb dieser erheblichen Bandbreite sie annehmen, hängt sehr stark von Wirtschaftsstufe, Branche und Leistungsprofil eines Unternehmens ab. Generell lassen sich jedoch hinsichtlich der quantitativen Bedeutung des Leistungsfaktors Schlüsse aus der Tatsache ziehen, dass die auf ihn zurückzuführenden Kosten selten mehr als 10 % - 15 % der Gesamtkosten eines Handelsunternehmens ausmachen, während die zuvor betrachteten Leistungsfaktoren Personal und Raum im Durchschnitt etwa 70 % - 80 % der Gesamtkosten auf sich vereinen. Um Missverständnissen vorzubeugen, sei hier nochmals darauf hingewiesen, dass unter dem Terminus „Gesamtkosten" jeweils die Handlungskosten unter Ausschluss der Kosten des Wareneinkaufes bzw. Wareneinsatzes zu verstehen sind.

Die **qualitative Bedeutung des Leistungsfaktors Sachliche Betriebsmittel** fällt im gesamten Handel gegenüber der Industrie stark ab. Während im produzierenden Wirtschaftssektor die Sachausstattung gewissermaßen den Nerv eines Unternehmens ausmacht, von dem in hohem Maße die Qualität der hergestellten Produkte abhängig ist, kommt diesem Leistungsfaktor im Handel aufgrund dessen Dienstleistungscharakters eine weniger gewichtige Rolle zu.

Volkswirtschaftlich lässt sich generell die Feststellung treffen, dass mit zunehmender Nähe zum Endverbraucher die Bedeutung des Faktors menschliche Arbeitsleistung stetig zunimmt, während die Wichtigkeit der eingesetzten Sachmittel zurückgeht. Daraus ist abzuleiten, dass im Großhandel mit seiner größeren Verbraucherferne der Sachmitteleinsatz bedeutsamer als auf der Einzelhandelsstufe sein wird. Bedingt durch die Vielfalt des Handels gibt es natürlich auch von dieser Regel wiederum Ausnahmen: So wird beispielsweise ein hoch spezialisiertes Fachgeschäft der EDV-Branche eine relativ umfangreichere Sachmittelausstattung aufweisen als ein überwiegend mit Freilagern agierender Baustoffgroßhandel.

Die **Leistungsfähigkeit der einzusetzenden Betriebsmittel** hängt im Wesentlichen von den in der folgenden Übersicht zusammengestellten Einflussfaktoren ab:

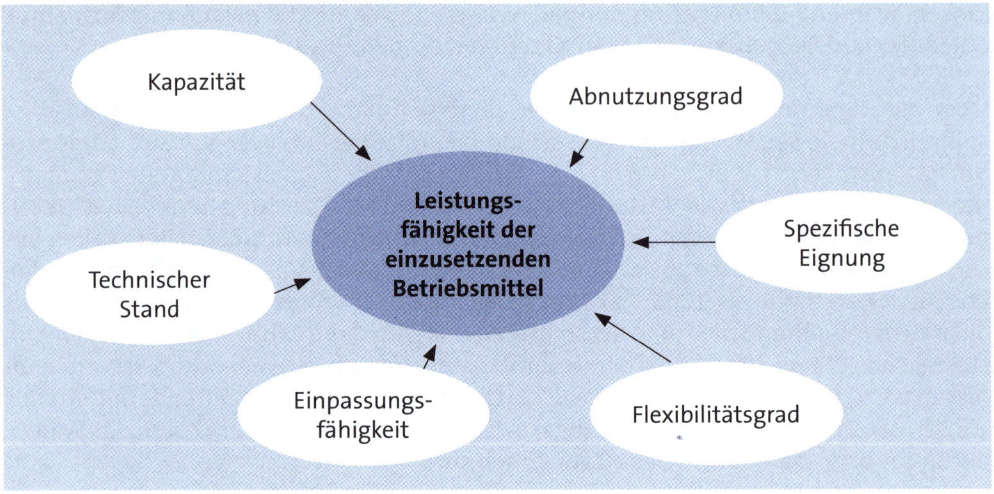

Abb. 45: Einflussfaktoren auf die Leistungsfähigkeit der Sachlichen Betriebsmittel

- Die **Kapazität** bezieht sich z. B. auf das Ladevolumen bei Lkw oder den potenziellen Output einer Verpackungsmaschine je Zeiteinheit etc.
- Beim **technischen Standard** geht es darum, ob neueste Technik, bewährte Geräte oder veraltete Einrichtungen vorhanden sind.
- Der **Abnutzungsgrad** betrifft die bisherige Einsatzdauer eines Investitionsgutes in Relation zur möglichen Gesamtnutzung.
- Unter der **spezifischen Eignung für die zu erfüllende Funktion** ist die Frage zu verstehen, ob es sich um ein unspezifisches, vielseitig einsetzbares Investitionsgut handelt oder um ein solches, das für die vorgesehene Aufgabe eigens konstruiert wurde (Sonderaufbauten bei Lkw, Spezialmaschinen für Stahlanarbeitung etc.).
- Der **Flexibilitätsgrad bei Änderungen der geforderten Leistung** betrifft die Möglichkeit, ein Investitionsgut bei Bedarf an die Anforderungen wechselnder Aufgaben anzupassen (z. B. Wechselaufbauten bei Lkw, universell einsetzbare Maschinen).
- Schließlich ist unter der **Einpassungsfähigkeit in den Gesamtrahmen des Betriebes** zu verstehen, ob ein Investitionsgut vom Alter und technischen Standard her zu der investiven Gesamtausstattung des Unternehmens passt oder ob es deutlich älter bzw. moderner ist; dies wirkt sich beispielsweise auf die Ausfallhäufigkeit aus.

Die weiteren zur qualitativen Bedeutung der Sachlichen Betriebsmittel zu treffenden Aussagen beziehen sich überwiegend auf eine der Wirtschaftsstufen des Großhandels bzw. Einzelhandels, weshalb auf sie erst im folgenden Unterabschnitt eingegangen wird.

2.3.3 Unterschiede zwischen Großhandel und Einzelhandel

Die zwischen Großhandel und Einzelhandel im Hinblick auf den Leistungsfaktor Betriebsraum herausgearbeiteten generellen Unterschiede lassen sich auf die Sachmittel sinngemäß übertragen. Während die im Großhandel eingesetzten **Investitionsgüter** zum größten Teil für die technische Abwicklung des Warengeschäfts und die damit verbundenen sonstigen Aufgaben benötigt werden, dient ein großer Teil der im Einzelhandel eingesetzten Sachlichen Betriebsmittel zur Erzeugung verkaufsfördernder Effekte.

Im Großhandel, zu dem der Kunde keinen Zugang hat, werden die Sachmittel nach **funktionalen Erwägungen** ausgewählt und eingesetzt, gleichviel, ob es sich dabei um Fördermittel, Lagerausstattung, Manipulationsgeräte, EDV-Anlagen oder Büromöbel handelt. Dagegen erfolgt der Einsatz all jener Betriebsmittel im Einzelhandel nach **marketingpolitischen Erwägungen**, welche im Sicht- bzw. Zugriffsbereich des Kunden liegen. Dazu gehören in erster Linie alle Arten von Warenträgern und Dekorationselementen, aber auch Sachgüter wie Kassen oder Einkaufswagen. Bei diesen Investitionsgütern muss ein sinnvoller Kompromiss zwischen funktionaler Gestaltung und kunden- bzw. verkaufswirksamem Design gefunden werden.

Die unterschiedliche Tätigkeitsstruktur von Groß- und Einzelhandel führt zu einigen augenfälligen **Unterschieden in der Betriebsmittelausstattung**: So dominieren im Großhandel eindeutig die materiellen Prozessen dienenden Investitionsgüter wie Lagereinrichtungen und Fördermittel. Dagegen sind im Einzelhandel beispielsweise Kassenanlagen für die Abwicklung der Barzahlung der Kunden vorzufinden, welche im Großhandel aufgrund der überwiegend unbaren Zahlungsweise keinerlei Bedeutung haben (Ausnahme: C&C).

Dass im Großhandel keines der im Einzelhandel eingesetzten dekorativen und ästhetischen Elemente zur Raumgestaltung und Warenpräsentation Verwendung finden wird, versteht sich von selbst. Die Probleme der Warenwirtschaftssteuerung im Einzelhandel, welche sich aus der Kombination umfangreicher Sortimente bei gleichzeitig hoher Anzahl von Kaufakten ergeben, dokumentieren sich auf der Sachmittelebene z. B. durch Scannergeräte zur artikelgenauen Datenerfassung, welche in dieser Form im Großhandel üblicherweise nicht benötigt werden. Dagegen verfügt dieser wiederum zur Abwicklung von Bestellwesen, Auftragsabwicklung und Zahlungsverkehr über eine größere Zahl von Dateneingabestationen, welche in normalen Einzelhandelsunternehmen nicht erforderlich sind.

Die Liste dieser Beispiele ließe sich beliebig fortsetzen; dies ist jedoch nicht Sinn dieses Abschnittes. Vielmehr sollte verdeutlicht werden, dass aus der unterschiedlichen Aufgaben- und Tätigkeitsstruktur in Groß- und Einzelhandel differenzierte Investitionsgüterbedarfe resultieren. Aufgabe des Handelsmanagement im Großhandel ist es nun, die Investitionsgüterausstattung so auszuwählen, zu beschaffen und einzusetzen, dass hierdurch ein möglichst reibungsloser Geschäftsablauf gewährleistet ist (**Optimierung des Operating**). Das Hauptziel des Management im Einzelhandel muss dagegen darin bestehen, mithilfe der Sachlichen Betriebsmittel die festgelegte Marketingkonzeption möglichst präzise umzusetzen (**Optimierung des Merchandising**). Dabei darf die Funktionalität der Investitionsgüter zwar nicht übersehen werden, sie wirkt sich allerdings lediglich als zu beachtende Restriktion aus.

2.4 Leistungsfaktor Ware

Unter dem Leistungsfaktor Ware sind Sachgüter zu verstehen, welche beschafft und ohne wesentliche Be- oder Verarbeitung wieder abgesetzt werden, wobei durch Kombination mit bestimmten Dienstleistungen ein neues ökonomisches Erzeugnis mit höherer Distributionsreife entsteht. Bevor – wie schon bei den bisher angesprochenen Leistungsfaktoren geschehen – die Bedeutung dieses Betriebsfaktors untersucht und diesbezügliche Unterschiede zwischen Groß- und Einzelhandel analysiert werden, soll zunächst der innere Zusammenhang wie auch die Divergenz zwischen den Begriffen Ware und Sortiment erörtert werden.

2.4.1 Zusammenhang zwischen Ware und Sortiment

Betrachtet man einen bestimmten Handelsbetrieb, so ist die von diesem geführte Ware mit seinem Sortiment identisch. Die beiden unterschiedlichen Begriffe bezeichnen hierbei verschiedene Annäherungen an ein- und denselben Gegenstand, also gewissermaßen die beiden Seiten einer Medaille. Spricht man von **Ware**, so differenziert dieser Begriff nicht weiter; er sieht die Handelsgüter als eine amorphe Masse, welche das Handelsunternehmen ausschließlich vor technische und logistische Probleme stellt. Im Hinblick auf die Ware sind vom Handelsunternehmen verschiedene Aufgaben zu erfüllen, welche in die interne Verantwortung des Unternehmens fallen.

Überspitzt ausgedrückt könnte man formulieren, dass es den für die Warenprozesse verantwortlichen Personen letztlich gleichgültig sein kann, was für ein Sortiment gehandelt wird. Sie interessiert nur, wie dies geschieht, und dass sich die Warenabläufe ohne Pannen und zu möglichst niedrigen Kosten vollziehen.

Bei Gebrauch des Begriffes **Sortiment** stellen sich die gehandelten Sachgüter dagegen als geordnete, präzise strukturierte Gesamtheit dar, deren Ordnungskriterium, zumindest auf Käufermärkten, in den Wünschen und Bedürfnissen der Kunden gegeben ist. Wer den Ausdruck Sortiment verwendet, sieht in der Handelsware also das hierarchisch gegliederte, nach Breite und Tiefe sowie Niveau festgelegte, sich dynamisch entwickelnde Abbild der Kundenbedürfnisse. Die Sortimentsverantwortlichen sind am Kriterium des kundenorientierten Absatzerfolgs ausgerichtet. Für sie steht also die absatzgerichtete Abdeckung der Kundenwünsche im Vordergrund ihrer Überlegungen; die Probleme, welches Mengengerüst an Warenbewegung hierfür erforderlich ist, wie die logistischen Prozesse am besten zu bewältigen sind und welche Kosten dabei entstehen, ist für sie letzten Endes ohne jegliches Interesse.

Hier wird in seltener Eindeutigkeit der unvermeidliche Widerspruch handelsbetrieblicher Tätigkeit sichtbar. Dieser kann aus der folgenden Abbildung deutlich nachvollzogen werden:

Aufgaben der Handelsunternehmen

in Verbindung mit der Ware	**in Verbindung mit dem Sortiment**
► Optimierung der Raumnutzung ► Bestandsoptimierung ► Außer- und innerbetrieblicher Transport ► Verpackung ► etc.	► Deckung des Kundenbedarfs ► Verkaufs- bzw. Lieferfähigkeit ► Maßnahmen zur Absatzförderung ► etc.
↓	↓
Ziel: Kostenoptimierung	**Ziel:** Ertragsoptimierung

Abb. 46: Konflikt zwischen warenbezogenen und sortimentsbezogenen Aufgaben des Handelsunternehmens

Der **immanente Konflikt** zwischen:

- technisch-organisatorischer Optimierung und vollständiger Befriedigung der Kundenwünsche
- Operating und Merchandising
- Kostenminimierung und Ertragsmaximierung sowie
- betriebsinterner und marktorientierter Denkweise

wird in dem Begriffspaar **„Ware" – „Sortiment"** mit großer Deutlichkeit zum Ausdruck gebracht.

Eine **wesentliche Aufgabe der Führung** von Handelsunternehmungen besteht darin, durch eindeutige Zielsetzungen und geeignete organisatorische Strukturen diesen dargestellten Konflikt gleichzeitig zu institutionalisieren und zu kontrollieren. Eine einseitige Übergewichtung eines der beiden Pole führt ebenso wenig zum Erfolg wie das Zulassen unkoordinierter Versuche zur unabhängigen Lösung beider Probleme. Nur eine Konfrontation der jeweiligen Ziele und Verfahrensweisen unter der Kontrolle der Unternehmensleitung kann hier zu einem fruchtbaren Kompromiss im Sinne des Markterfolgs eines Handelsunternehmens führen.

2.4.2 Qualitative Bedeutung

Die **Bedeutung des Leistungsfaktors Ware** ist im Handel aufgrund seiner Leistungsstruktur erheblich; der Warenbestand stellt i. d. R. die mit Abstand größte Position des Umlaufvermögens dar. Es treten hier in Abhängigkeit von Betriebsform und Betriebsgröße sowie Sortimentsstruktur stark unterschiedliche Werte auf. Bei reinen Strecken-Großhandlungen ist sogar ein Null-Bestand zu verzeichnen. Hieraus lässt sich ableiten, dass eine pauschale Aussage über den Bestand an Warenvorräten nicht möglich ist.

Neben dem Bestand eignen sich die Kosten dieses Leistungsfaktors für eine Analyse der Rolle, welche ihm im Rahmen der Handelstätigkeit zukommt. Die einzelnen Kosten der Handelsware und damit die Ermittlung des Wareneinsatzes sind dem folgenden Berechnungsschema zu entnehmen:

	Einkaufswert (Menge • Preis)
+	Bezugskosten (Frachten, Zölle etc.)
-	Rabatte, Boni, sonstige Minderungen
=	Einstandswert
+/-	Bestandsänderungen
=	Wareneinsatz

Allein schon die Höhe des Kostenanteils des Wareneinsatzes von Handelsunternehmungen, welcher je nach Wirtschaftsstufe und Branche zwischen etwa 50 % und 95 % bezogen auf den Umsatz ausmacht, lässt das Gewicht dieses Leistungsfaktors deutlich werden. Hieraus wird auch verständlich, weshalb Handelsunternehmungen mithilfe des Einsatzes des Beschaffungsmarketing den Versuch unternehmen, durch Marktforschung, sorgfältige Auswahl der Lieferanten, Verstärkung der Verhandlungsposition diesen gegenüber, Ermittlung optimaler Bestellmengen etc. zu möglichst günstigen Einkaufspreisen und Beschaffungskonditionen zu gelangen. Das in der Handelspraxis verbreitete Schlagwort „Im Einkauf liegt der Gewinn!“ hat hier seinen Ursprung.

Es darf dabei jedoch nicht übersehen werden, dass selbst der günstigste Einkaufspreis den Absatz eines Artikels nicht gewährleisten kann, wenn dieser nicht auf einen entsprechenden Kundenbedarf trifft. Somit kann dem Einkauf nur die Aufgabe zukommen, ein absatzmarktgerechtes Sortiment zu optimalen Preisen und Konditionen zu beschaffen. Sortimente, welche allein nach dem Kriterium des niedrigsten Einkaufspreises zusammengestellt wurden, erfüllen nur in den seltensten Fällen und dann eher zufällig das für den Erfolg unabdingbare Erfordernis der Bedarfsgerechtigkeit.

Selbst marktorientierte Einkäufer kennen die Pannen, welche sich aus dem spontanen Einkauf von „preisgünstigen“ Artikeln ergeben können, deren Absatzchancen im Vorhinein nicht ausgelotet wurden. Häufig werden in diesen Fällen nach entsprechender Lagerdauer Preisreduzierungen erforderlich, welche den erhofften Mehrertrag mindern oder völlig beseitigen können. Im negativsten Fall treten sogar Ertragseinbußen auf, wenn ein schwer gängiger Artikel (**„Ladenhüter“**) unter dem Einstandspreis verkauft werden muss.

Trotz aller berechtigter Bemühungen um Senkung der Wareneinsatzkosten muss also stets dem **Auswahlkriterium der Verkäuflichkeit** von Artikeln Vorrang eingeräumt werden vor jenem der Preisgünstigkeit im Einkauf. Hierbei ist zudem zu berücksichtigen, dass mit steigender Lagerdauer auch die Kosten des im Warenbestand gebundenen Kapitals ansteigen.

Generell ist hinsichtlich der Bedeutung des Betriebsfaktors Handelsware Folgendes festzustellen: Die Ware tritt als materieller Träger der Handelsleistung auf, an dem die

Dienstleistungen des Unternehmens erbracht werden. Ohne das Vorhandensein dieses Trägers ist handelsbetriebliche Leistungserbringung nicht vorstellbar. Variierbar ist lediglich die Form und Intensität der damit zu verbindenden Dienste.

Ihren **eigentlichen Sinn** erhält die Ware jedoch erst dadurch, dass sie als Sortiment strukturiert, d. h. auf die Bedürfnisse der Kunden ausgerichtet wird. Misslingt dieser Vorgang, so kann auch ein kostenmäßig und organisatorisch optimales Warenhandling den Erfolg eines Handelsunternehmens nicht herbeiführen.

Die Messung des Erfolgs des Einsatzes des Leistungsfaktors Handelsware kann durch wert- oder mengenbezogene Kennzahlen ermittelt werden, welche die absatzseitige Durchsetzung der gehandelten Ware berücksichtigen. Beispiele solcher **Zahlenwerte** sind in der nachfolgenden Tabelle zusammengestellt:

Kennzahlen zur Messung des Warenerfolgs	**Erläuterung**
Absatz	Mengenmäßiger Warenverkauf
Umsatz	Wertmäßiger Warenverkauf
Rohertrag	Absoluter Ertrag des Warenverkaufs
Handelsspanne	Relativer Ertrag des Warenverkaufs
Lagerumschlag	Häufigkeit des Bestandsumschlags (z. B. pro Jahr)
Bruttonutzenziffer	Aufschlag mal Umschlag

Während Sortiments-, Warengruppen- oder Artikelumsätze den wertmäßigen Umfang des Warenabsatzes beschreiben, geben Roherträge und Handelsspannen Aufschluss darüber, welchen Beitrag der Warenabsatz nach Abzug der Wareneinsatzkosten zur Deckung der Handlungsgemeinkosten leistet. Aus dem Lagerumschlag lässt sich erkennen, in welcher Häufigkeit – auf eine bestimmte zeitliche Periode bezogen – einzelne Artikel oder auch das gesamte Warenlager umgeschlagen werden. Die **Bruttonutzenziffer** verdeutlicht, wie hoch je Zeiteinheit der fiktive Ertrag des in einen bestimmten Artikel investierten Kapitals ist, indem die Kennzahlen des Aufschlages und des Umschlages miteinander kombiniert werden. Detailliertere Ausführungen zur Berechnung der genannten Kennzahlen finden sich im Kapitel über die Organisation des handelsbetrieblichen Rechnungswesens.

2.4.3 Unterschiede zwischen Großhandel und Einzelhandel

Der auffälligste Unterschied zwischen Groß- und Einzelhandel hinsichtlich des Einsatzes des Faktors Ware besteht zweifellos in der **mengenmäßigen Strukturierung** des einzelnen Umsatzaktes. Während vom Einzelhandel an den Endverbraucher Ware in haushaltsgerechten Mengen abgegeben wird, setzt der Großhandel an seine Kunden – Weiterverarbeiter, Wiederverkäufer und Großverbraucher – in Großmengen ab. Während also der Endverbraucher als Kunde ein Kleid, zwei Glühbirnen, eine DVD oder ein Kilo Mehl kauft, erwirbt der gewerbliche Kunde des Großhandels ganze Partien, Container, Paletten etc. eines bestimmten Artikels (Ausnahmen: z. B. Pharma-Großhandel, technischer Handel, Handwerkshandel).

Mindestens dieselben Dimensionierungen, teilweise auch noch größere Einheiten wie z. B. Lkw-Ladungen, Bahnwaggon-Füllungen oder Schiffsladungen kennzeichnen den Mengenumschlag auf der Eingangsseite der Großhandelsunternehmungen. Hieraus resultiert der unterschiedliche Einsatz von Räumlichkeiten und Sachlichen Betriebsmitteln beim Großhandel einerseits und beim Einzelhandel andererseits.

Eine weitere Folge ist der in Großhandlungen feststellbare größere durchschnittliche **Lagerbestand je Einzelartikel** im Vergleich zur Situation im Einzelhandel. Dies muss jedoch nicht bedeuten, dass der Gesamtlagerbestand einer Großhandelsniederlassung in jedem Falle höher liegen muss als derjenige einer Einzelhandelsverkaufsstelle; gerade bei großflächigen Einzelhandelsbetrieben können die gesamten Warenbestände durchaus den Umfang erreichen, welcher für Großhandelslager typisch ist.

Sofern Großhandlungen von der Industrie hergestellte Verpackungseinheiten bestimmter Artikel ohne Veränderung an die Abnehmer weitergeben, kann ein kontrolltechnisches Problem entstehen: Da die von der Industrie stammende Verpackungseinheit in diesem Falle erst vom weiterverarbeitenden oder wiederverkaufenden Betrieb geöffnet wird, können Qualitätsmängel auch erst zu diesem Zeitpunkt erkannt werden; dies setzt eine entsprechend präzise Wareneingangskontrolle der Großhandelskunden und eine industrieseitige Kulanz bei verspätet entdeckten Mängeln voraus; in der Praxis führt dieser Sachverhalt aber erfahrungsgemäß zu keinen größeren Problemen. Die eingehende Ware wird in solchen Fällen vom Großhandelskunden **„unter Vorbehalt“** angenommen.

Ein weiterer Unterschied hinsichtlich des Leistungsfaktors Ware ist in dessen Strukturierung, anders ausgedrückt, in seiner **sortimentsmäßigen Zusammensetzung** zu erkennen. Die stärker als Einzelhandlungen auf die Beschaffungsmärkte ausgerichteten Großhandelsunternehmungen werden vergleichsweise häufiger ganze Warenblöcke von Herstellern bzw. Importeuren abnehmen – dies gilt vor allem für den Fach-Großhandel –, während Einzelhandlungen eher an den Bedarfen der Endverbraucher ausgerichtete Warensortimente zusammenstellen. Eine ähnliche Politik ist allerdings auch beim Sortiments-Großhandel festzustellen. Es liegt hier offensichtlich eine Nahtstelle zwischen dem Einsatz des Leistungsfaktors Handelsware und der Sortimentspolitik im Rahmen des Handelsmarketing vor.

Weitere Unterschiede zwischen der Großhandels- und der Einzelhandelsstufe hinsichtlich des hier analysierten Leistungsfaktors neben der verschiedenartigen Sortimentsstrukturierung und der differierenden mengenmäßigen Auslegung der Umschlagsakte je Artikel treten nicht auf, da die Ware gewissermaßen das gemeinsame Bindeglied zwischen beiden Wirtschaftsstufen darstellt. Von geringfügigen Veränderungen abgesehen ist es schließlich dieselbe Ware, welche von Großhandelsunternehmungen bezogen, an Einzelhandlungen oder andere Großabnehmer weitergegeben und von diesen schließlich an Endverbraucher abgesetzt oder verarbeitet wird. Lediglich die qualitativen und quantitativen Strukturierungsmuster der Ware können zwischen den Wirtschaftsstufen differieren.

2.5 Leistungsfaktor Kapital

Der Leistungsfaktor Kapital kann allgemein definiert werden als der Gegenwert der Summe aller Vermögensgegenstände, mit welchen eine Unternehmung ihren Geschäftsbetrieb führt. Dabei wird abgehoben auf die Herkunft der für die Betreibung einer Unternehmung erforderlichen Mittel. Es kann unterschieden werden zwischen solchen Kapitalbestandteilen, welche von dem oder den personellen Trägern einer Unternehmung selbst aufgebracht werden (**Eigenkapital**), und solchen, welche in Form von Krediten, Darlehen etc. aus Quellen außerhalb der Unternehmung stammen (**Fremdkapital**). Eigen- und Fremdkapital bilden zusammen das Gesamtkapital, welches auf der Kapitalverwendungsseite der Summe aus Anlagevermögen (Grundstücke, Gebäude, Betriebs- und Geschäftsausstattung, Beteiligungen etc.) und Umlaufvermögen (Warenvorräte, kurzfristige Forderungen, liquide Mittel etc.) entspricht.

2.5.1 Kapital als eigenständiger Faktor

Die zwingende Deckungsgleichheit von Gesamtkapital und Gesamtvermögen könnte es zunächst nahelegen, von der Berücksichtigung eines eigenständigen Betriebsfaktors Kapital abzusehen. Dies würde allerdings die Tatsache vernachlässigen, dass sich bei der Kapitalverwendung und Kapitalbereitstellung faktisch unterschiedliche Problemstellungen ergeben. Außerdem entstehen durch die Nutzung des Kapitals spezifische Kosten (Zinsen), welche über die Entgelte für die Handelsleistung abzudecken sind.

Die **Kapitalverwendung** wird, wie erläutert, von den Entscheidungen gesteuert, welche Art von Betriebsraum in welcher Größe und Qualität an welchem Standort gesichert werden soll, welche Sachlichen Betriebsmittel zur Bewältigung der materiellen, monetären und kommunikativen Unternehmensprozesse einzusetzen sind, welche Waren in welchem Ausmaß beschafft, gelagert, manipuliert werden sollen usw. Diese Fragestellungen begründen die wissenschaftliche und praktische Auseinandersetzung mit den handelsbetrieblichen Leistungsfaktoren Raum, Sachliche Betriebsmittel und Ware.

Die Nahtstelle zwischen diesen Formen der Kapitalverwendung und der **Kapitalbeschaffung** wird gebildet von der Ermittlung der Höhe der benötigten Mittel. Dieser Vorgang kann auch als **Kapitalbedarfsplanung** bezeichnet werden. Er allein würde allerdings noch nicht rechtfertigen, von einem „Leistungsfaktor Kapital“ auszugehen, da die Kapitalbedarfshöhe auch bei Beschränkung der Betrachtung auf die Betriebsfaktoren Personal, Raum, Sachliche Betriebsmittel und Ware ermittelbar wäre.

Eine weitere Gruppe von Problemstellungen rückt dagegen erst in den Blickpunkt des Interesses, wenn man einen eigenständigen Betriebsfaktor Kapital als Untersuchungsobjekt zulässt: Es sind dies beispielsweise die Fragen nach den geeigneten **Quellen für die Mittelbeschaffung**, nach der **Höhe von Zinsen** als dem Entgelt für die externe Kapitalbereitstellung, nach der für eine erfolgreiche Betriebsführung optimalen **Strukturierung des Kapitals** in Eigenkapital, langfristiges und kurzfristiges Fremdkapital, nach der **zeitlichen Dauer der Verfügungsgewalt** über verschiedene Kapitalbestandteile etc.

Sämtliche zuletzt genannten Probleme bleiben bei einer einseitig auf die Aspekte der Mittelverwendung ausgerichteten Analyse außer Betracht. Blieben sie jedoch in der betrieblichen Praxis unberücksichtigt, so ergäbe sich hieraus ein beachtliches Existenzrisiko für eine Unternehmung. Unterkapitalisierung, unproportionierte Anteile von langfristigem und kurzfristigem Fremdkapital, nur kurzfristige Deckung von langfristig benötigten Einsatzgütern etc. bilden Gefahrenpunkte, welche nach zahlreichen Erfahrungen der Praxis den Bestand von Unternehmungen nachhaltig gefährden können. In diesem Sinne spricht *Buddeberg* vom **„Sicherungsfaktor Kapital"**.

Wie in den einleitenden Abgrenzungen ausgeführt, soll an dieser Stelle nur auf die handelsspezifischen Besonderheiten, nicht aber auf die generelle Problematik des Leistungsfaktors Kapital eingegangen werden. Bei grundsätzlichem Interesse für die Kapitalproblematik ist auf die einschlägige betriebswirtschaftliche Grundlagenliteratur zu verweisen.

2.5.2 Qualitative Bedeutung

Die **Bedeutung des Faktors Kapital** wurde aus dem Blickpunkt der Kapitalverwendung im Rahmen der Untersuchung der Leistungsfaktoren des Raumes, der Sachlichen Betriebsmittel und der Ware bereits betrachtet. Bei der Analyse der Kapitalherkunft ist die Eigenkapitalausstattung des Handels von besonderer Bedeutung, da gerade diese zum Ausdruck bringt, wie es um die von *Buddeberg* postulierte Sicherungsfunktion des Faktors Kapital bestellt ist.

Wenn im Einzelhandel eine Reduzierung des Eigenkapitalanteils in Prozent der Bilanzsumme eintritt, wird dadurch die ökonomische Stabilität von Handelsunternehmen verringert, die Widerstandsfähigkeit bei wirtschaftlichen Problemsituationen entsprechend reduziert. Folgerichtig steigt dann die Insolvenzquote (Anzahl der Insolvenzen je 1.000 bestehende Unternehmen) an.

Weiterhin ist von Bedeutung, welche Kosten durch den Einsatz des Faktors Kapital entstehen. Als solche sind – bezüglich der Kapitalherkunft, welche ausschließlich hier betrachtet wird – die Zinsen für das betrieblich gebundene Kapital zu nennen. Diese ergeben sich in der Finanzbuchhaltung als Summe der periodenbezogenen Zinsaufwendungen für Fremdkapital. In der Betriebsbuchhaltung werden sie nach folgender **Formel** berechnet:

Betriebsnotwendiges Kapital • Zinssatz für langfristiges Kapital

Zur Berechnung des betriebsnotwendigen Kapitals wird von nicht betrieblich genutzten Vermögensgegenständen abgesehen; für die verbleibenden Vermögenswerte werden möglichst realitätsnahe Ansätze verwendet. Als langfristiger Zinssatz kann der Diskontsatz oder der marktübliche Durchschnittszinssatz für langfristiges Kapital zum Ansatz gebracht werden. Genauere Ausführungen hierzu finden sich im Kapitel über die Organisation des betrieblichen Rechnungswesens.

In den verschiedenen Geschäftszweigen besitzen die Zinskosten – vor allem durch Waren- und Ausstattungsunterschiede bedingt – ein höchst unterschiedliches Gewicht;

dagegen erweist sich die Handelsstufe diesbezüglich als ein nur wenig differenzierendes Kriterium.

Die mit dem Faktor Kapital zusammenhängende Problematik wird in der Handelspraxis oft nicht ausreichend berücksichtigt. Dies rührt wohl am ehesten daher, dass insbesondere im mittelständischen Handel – ähnlich wie in der mittelständischen Industrie – zwar exzellente Warenkenntnisse vorhanden sind, betriebswirtschaftliches Wissen im engeren Sinne und darunter die Kenntnisse über den richtigen Umgang mit dem Faktor Kapital jedoch oft nicht in hinreichendem Maße vorliegen. Hieraus resultierende Fehler haben Fehlstrukturierungen des Kapitals und überhöhte Zinskosten zur Folge, wodurch nicht selten die Existenz eines von der Warenseite her durchaus konkurrenzfähigen Handelsunternehmens gefährdet wird.

Generell hat der Leistungsfaktor Kapital eine erhebliche Bedeutung für ein Handelsunternehmen: Sowohl bei der Neueröffnung eines Unternehmens oder einer Betriebsstätte als auch im laufenden Geschäftsbetrieb ist es erforderlich, eine tragfähige Kapitalstruktur herzustellen und zu erhalten. Über die notwendige Mindesthöhe des Eigenkapitals lässt sich eine generelle Aussage nicht treffen. Es spielen in diesem Zusammenhang vor allem Faktoren wie Rechtsform und Kapitalintensität des Unternehmens eine Rolle.

In jedem Fall ist jedoch darauf zu achten, dass sich die Bindung von Vermögensgegenständen im Unternehmen in der Kapitalstruktur widerspiegelt. Soweit in diesem Punkt in der Handelspraxis Fehler unterlaufen, basieren sie zumeist auf Missverständnissen hinsichtlich der Bindungsfristen von Vermögensgegenständen. Ein Beispiel soll dies verdeutlichen:

Beispiel

Das in einem Lkw gebundene Kapital wird üblicherweise – vorausgesetzt, dass dies der Markt erlaubt –, in einem Zeitraum von 4 bis 5 Jahren über die Rückflüsse aus den Verkaufserlösen wieder freigesetzt. Dennoch wäre eine mittelfristige Finanzierung hier fehl am Platze, da der Fuhrpark insgesamt betrachtet zur Aufrechterhaltung des Geschäftsbetriebes über die Jahre hinweg konstant gehalten werden muss. Wenn ein Großhandelsunternehmen für den bestehenden Geschäftsumfang 15 Lkw benötigt, so muss zwangsläufig für jedes ausscheidende Fahrzeug ein neues beschafft werden, wenn die Fuhrparkkapazität nicht eingeschränkt werden soll. Noch deutlicher zeigt sich dieser Umstand beim Leistungsfaktor Ware, bei welcher das in einer konkreten Warengeneration gebundene Kapital oft sehr schnell wieder freigesetzt wird, das im durchschnittlichen Warenbestand fixierte Kapital jedoch über lange Zeiträume hinweg unverändert bleibt.

Es ist bei der **Kapitalstrukturierung** folglich zu überprüfen, wie lange bestimmte Vermögenspositionen im Betrieb vorhanden sein müssen, damit der definierte Leistungsumfang ohne Einschränkungen erbracht werden kann. Der so festgestellte Kapitalbedarf ist dann langfristig, sei es in Form von Eigen- oder langfristigem Fremdkapital, zu finanzieren. Man wird üblicherweise feststellen, dass bei dieser Betrachtungsweise auch die meisten Positionen des Umlaufvermögens langfristig finanziert werden müssen; dies gilt sogar für einen gewissen Mindestbestand an liquiden Mitteln, ohne den die Aufrechterhaltung eines reibungslosen Geschäftsablaufes nicht möglich ist.

2.5.3 Unterschiede zwischen Großhandel und Einzelhandel

Zwischen Großhandel und Einzelhandel treten im Hinblick auf Kapitalstruktur und Zinskosten erhebliche Unterschiede auf. Diese resultieren allerdings weitgehend aus der **differenzierten Kapitalverwendung, die verschiedenartige Kapitalstrukturen** und **Zinsbelastungen** zur Folge hat. Auf die Unterschiede in der Kapitalverwendung für die Leistungsfaktoren Raum, Sachliche Betriebsmittel und Ware wurde jedoch in den vorangegangenen Abschnitten bereits eingegangen.

Bezüglich der spezifischen auf den Leistungsfaktor Kapital bezogenen Fragestellungen, wie etwa Methode der Kapitalbedarfsplanung, Berücksichtigung eines „Eröffnungskapitals", Minimierung der Zinskosten für einen gegebenen Kapitalbedarf, anzustrebende Eigenkapitalquote und gesamte Kapitalstruktur usw., ergeben sich aufgrund ihres in hohem Maße formal-betriebswirtschaftlichen Charakters zwischen den in einer Marktwirtschaft tätigen Unternehmen kaum inhaltliche Unterschiede.

Die Betrachtung der einzelnen Leistungsfaktoren von Handelsunternehmungen, welche diese kombinativ zur Erstellung der Betriebsleistung einsetzen können, ist hiermit abgeschlossen. Entsprechend dem Grundaufbau dieser Einführung in die Handelsbetriebslehre wird an dieser Stelle nicht auf Kombinationsprobleme eingegangen. Die vorangegangene Darstellung der Betriebsfaktoren sollte lediglich dazu dienen, die **Bausteine** aufzuzeigen, welche im handelsbetrieblichen Leistungserstellungsprozess zusammengeführt werden müssen.

Es wurden damit alle verfügbaren Baustein- oder Modul-Sammlungen zur Gestaltung der Unternehmenspolitik von Handelsunternehmungen vorgestellt. Als derartige Module wurden analysiert:

- die **Handelsfunktionen**, aus welchen sich ein hinsichtlich der volkswirtschaftlichen Bedarfssituation marktfähiges Leistungsprofil von Handelsunternehmungen entwickeln lässt
- das **analytische Marketinginstrumentarium**, welches zur Gewinnung der für eine erfolgreiche Unternehmenspolitik erforderlichen Informationen eingesetzt wird
- das **handlungsbezogene Marketinginstrumentarium**, welches sich als Operationalisierung des Funktionenbündels in einzelwirtschaftlicher Sicht ableiten lässt
- die **handelsbetrieblichen Leistungsfaktoren**, welche zur Erstellung der Betriebsleistung dienen.

Damit sind alle Einzelelemente bekannt, welche in der Unternehmenspolitik im Handel überhaupt einsetzbar sind. Im Folgenden dritten Teil dieser Einführung in die Handelsbetriebslehre wird es hierauf aufbauend darum gehen, die Grundentscheidungen zu analysieren, welchen sich das Handelsmanagement gegenübergestellt sieht. Diese Grundentscheidungen bilden die Strukturierungsmittel, mit deren Hilfe eine sinnvolle Auswahl und Kombination der oben dargestellten Einzelelemente und -module zu einem widerspruchsfreien, synergetischen System der Unternehmenspolitik erfolgen kann.

Aufgabe 11 > Seite 503

KONTROLLFRAGEN

	Lösung
1. Stellen Sie die Leistungsfaktoren in Industrie und Handel gegenüber und interpretieren Sie das Ergebnis!	S. 161 ff.
2. Worin besteht der Hauptunterschied zwischen Werkstoffen und Handelswaren?	S. 161 f.
3. Welche Gründe sprechen dafür, dass die Ware den wichtigsten Leistungsfaktor des Handels darstellt?	S. 162
4. Inwiefern ist eine eigenständige Untersuchung des Leistungsfaktors Betriebsraum im Handel nützlich?	S. 162
5. Was versteht man unter Substituierbarkeit von Leistungsfaktoren? Geben Sie einige Beispiele für solche Substitutionsvorgänge!	S. 162 f.
6. Welches sind die beiden Komponenten des Faktors Personal?	S. 163
7. Über welches allgemeine bzw. handelstypische Knowhow muss eine Führungskraft des Handels verfügen?	S. 163 f.
8. Wovon hängen die erforderliche Qualität und Quantität des Faktors Personal ab?	S. 165 f.
9. Wie lässt sich der Zusammenhang zwischen dem Mengengerüst der Handelstätigkeit und der Zusammensetzung des benötigten Handelspersonals darstellen?	S. 165
10. Welche Arbeitsabläufe des Handels hängen direkt von der Anzahl der Kunden ab?	S. 165
11. Wie kann die Personalleistung des Handels allgemein ermittelt werden?	S. 166 f.
12. Was versteht man im speziellen unter Personenumsatzleistung?	S. 166
13. Von welchen Faktoren hängt die erzielbare Höhe der Personenumsatzleistung ab?	S. 167
14. Welche Maßgrößen der Personalleistung außer der Personenumsatzleistung kennen Sie?	S. 167
15. „Personalkosten sind Fixkosten!" Beurteilen Sie diese Aussage!	S. 168
16. Auf welche Weise kann man die qualitative Bedeutung des Faktors Personal beschreiben?	S. 168 f.
17. Geben Sie einige Beispiele für innerbetriebliche und außengerichtete Tätigkeiten im Handelsbetrieb!	S. 169
18. Welcher grundlegende Unterschied besteht beim Faktor Personal zwischen Großhandel und Einzelhandel?	S. 170
19. Welche Arten von Personal sind überwiegend im Großhandel, welche überwiegend im Einzelhandel und welche auf beiden Wirtschaftsstufen vorzufinden?	S. 170 f.

	Lösung
20. Könnten Sie sich der Feststellung anschließen, dass generell im Großhandel qualifizierteres Personal als im Einzelhandel benötigt wird?	S. 171 f.
21. Wo ist die Personenumsatzleistung im Normalfall höher: Im Großhandel oder im Einzelhandel? Begründen Sie Ihre Antwort!	S. 172
22. Weshalb kann man sagen, dass das Personal im Einzelhandel den Geschäftserfolg unmittelbarer beeinflusst als jenes im Großhandel?	S. 173
23. Erstellen Sie eine Liste der wesentlichen Arten des Faktors Betriebsraum!	S. 173 f.
24. Nehmen Sie eine Kurzbeschreibung der einzelnen Raumarten vor!	S. 173 f.
25. Normalerweise sind Verkaufsflächen und Sozialbereiche überbaut, Verkehrsflächen dagegen nicht; nennen Sie Ausnahmen von diesen Grundregeln!	S. 175
26. Welche Bedeutung hat der Faktor Raum in verschiedenen Geschäftszweigen?	S. 175
27. Woraus setzen sich die Raumkosten zusammen?	S. 175
28. „Die Raumkosten sind im Handel zwar relativ hoch, aber glücklicherweise im Zeitablauf sehr flexibel gestaltbar." Stimmen Sie zu?	S. 175
29. Auf welche Einsparungspotenziale ist bei den Raumkosten besonders zu achten?	S. 175 f.
30. Worin ist der wichtigste Unterschied im Einsatz des Faktors Raum beim Großhandel und beim Einzelhandel zu erkennen?	S. 176
31. Welche Arten des Faktors Raum dominieren im Großhandel, welche im Einzelhandel?	S. 176
32. Wenn Sie die Raumkosten in Prozent des Nettoumsatzes ausdrücken: Fallen diese dann im Großhandel oder im Einzelhandel höher aus? Begründen Sie Ihre Antwort!	S. 177
33. Woher kommt es, dass der Konkurrenzkampf im Einzelhandel um Verkaufsflächen ungleich härter als der Wettbewerb um Großhandelsflächen geführt wird?	S. 178
34. Wie lässt sich die Produktivität des Faktors Raum messen?	S. 178 f.
35. Welche Grundregel ist hinsichtlich der Relation zwischen Verkaufsfläche und Nebenfläche im Einzelhandel zu beachten?	S. 178 f.
36. Auf welcher Wirtschaftsstufe wird der Lagerfüllgrad als Maßgröße für die Raumnutzung verwendet?	S. 179
37. Wie kann der Leistungsfaktor der Sachlichen Betriebsmittel definiert und abgegrenzt werden?	S. 179
38. Teilen Sie die Sachlichen Betriebsmittel in Kategorien ein und geben Sie Beispiele je Kategorie an!	S. 180

		Lösung
39.	Welche Kostenarten werden durch die Sachlichen Betriebsmittel verursacht?	S. 180
40.	„Der Kostenanteil des Faktors Betriebsmittel ist etwa genau so hoch wie derjenige des Faktors Raum." Stimmen Sie dieser Aussage zu?	S. 181
41.	Wodurch wird die Leistungsfähigkeit von Investitionsgütern beeinflusst?	S. 181 f.
42.	Was ist als Hauptaufgabe der Sachlichen Betriebsmittel im Großhandel einerseits und im Einzelhandel andererseits zu betrachten?	S. 182 f.
43.	Nennen Sie Beispiele für großhandels- bzw. einzelhandelstypische Sachmittel!	S. 183
44.	Wie sind der Zusammenhang und der Unterschied zwischen den Begriffen Ware und Sortiment zu charakterisieren?	S. 184 f.
45.	Für welche Fragen interessiert sich der Warenverantwortliche, für welche der Sortimentsverantwortliche?	S. 184 f.
46.	Welche Kostenarten verursacht der Leistungsfaktor Ware?	S. 185 f.
47.	Welcher betriebswirtschaftliche Fehler kann bei dem Versuch auftreten, möglichst preisgünstige Artikel am Beschaffungsmarkt einzukaufen?	S. 186
48.	Wie kann der Erfolg des Einsatzes des Leistungsfaktors Handelsware gemessen werden?	S. 186 f.
49.	Welche Feststellung lässt sich bezüglich des artikelbezogenen Mengenumschlages im Großhandel einerseits und im Einzelhandel andererseits treffen?	S. 187 f.
50.	Welche Gründe sprechen für die Einführung eines eigenständigen Leistungsfaktors Kapital?	S. 189
51.	Welche Fragen sollen durch die Untersuchung des Leistungsfaktors Kapital beantwortet werden?	S. 189 f.
52.	Welche Gefahren können für ein Unternehmen aus der Vernachlässigung der spezifischen kapitalbezogenen Problemstellungen entstehen?	S. 190
53.	Nach welcher Formel errechnen sich in der Betriebsbuchhaltung die kalkulatorischen Zinskosten?	S. 190
54.	Welche Vermögensgegenstände des Handelsbetriebes sollten mittel- bis langfristig finanziert werden?	S. 190 f.
55.	Erstellen Sie eine Zusammenfassung der Einzelmodule der Unternehmenspolitik von Handelsunternehmungen!	S. 192 f.

C. Basisentscheidungen des Handelsmanagement

Der Teil C. bildet den zentralen Komplex im Rahmen der Untersuchung der Unternehmenspolitik im Handel. Er wird die folgenden **fünf Zielsetzungen** verfolgen:

- Es soll deutlich gemacht werden, aus welchen Basisentscheidungen sich die strategische Handelspolitik zusammensetzt.
- Die Grundzüge der Entscheidung über die Betriebsform(en) eines Handelsunternehmens sollen analysiert werden.
- Die Charakteristik der Grundentscheidung über die Anzahl der Betriebsstätten soll erklärt werden.
- Die Grundentscheidung über die Kooperationsintensität soll untersucht werden.
- Es soll aufgezeigt werden, wie sich das Unternehmensprofil durch Kombination der Basisentscheidungen unter Berücksichtigung unternehmensphilosophischer und strategischer Überlegungen entwickeln lässt.

I. Ableitung der Basisentscheidungen

1. Betriebsform

Bei einer Betrachtung des institutionellen Handels sticht zunächst eine große **Erscheinungsvielfalt der unterschiedlichen Betreibungsformen** ins Auge. Vor allem im Einzelhandel ist dies für jedermann offen erkennbar. Durch eigene Erfahrungen weiß der Endverbraucher, dass ihn unterschiedliche Einkaufsverhältnisse erwarten, wenn er z. B. ein Kaufhof-Warenhaus, ein real-Selbstbedienungswarenhaus, einen ALDI-Discounter, einen Obi-Bau- und Hobbymarkt oder einen Neukauf-Supermarkt besucht.

Besonders augenfällig ist hierbei für den Konsumenten das jeweils unterschiedliche Marketing, also verschiedenartige Sortimente, Preisniveaus, Warenplatzierungsformen etc., während die logistischen und betriebswirtschaftlich-zahlenmäßigen Hintergründe der jeweiligen Betriebsform sich ihm nur in geringerem Maße erschließen und ihn auch kaum interessieren.

Für das beim Großhandel einkaufende Industrie-, Handels- oder Großverbraucherunternehmen ist die Tatsache unterschiedlicher Betriebsformen auf der Großhandelsstufe ebenso vertraut, wie dies soeben für den Endverbraucher hinsichtlich des Einzelhandels dargestellt wurde. Den Beschäftigten von Kundenunternehmungen von Großhandlungen ist bekannt, dass ein Cash and Carry-Abholmarkt mit einem Zustell-Großhandel nicht vergleichbar ist, oder auch, dass es gravierende Unterschiede zwischen einem lagerführenden und einem Strecken-Großhändler gibt.

Die Vielfältigkeit der **Erscheinungsformen** des Handels spiegelt die verschiedenen Kundenbedürfnisse und die jeweils angezielten Marktsegmente wider. Das Handelsmanagement sieht sich der zwingenden Notwendigkeit gegenüber, hinsichtlich der Erscheinungsform(en), mit welcher bzw. welchen man am Markt agieren will, Entscheidungen zu treffen. Diese beziehen sich auf die inhaltliche Dimension der Unternehmenstätigkeit, in deren Rahmen die Entscheidungen zu fällen sind, welche in der nachfolgenden Abbildung visualisiert werden:

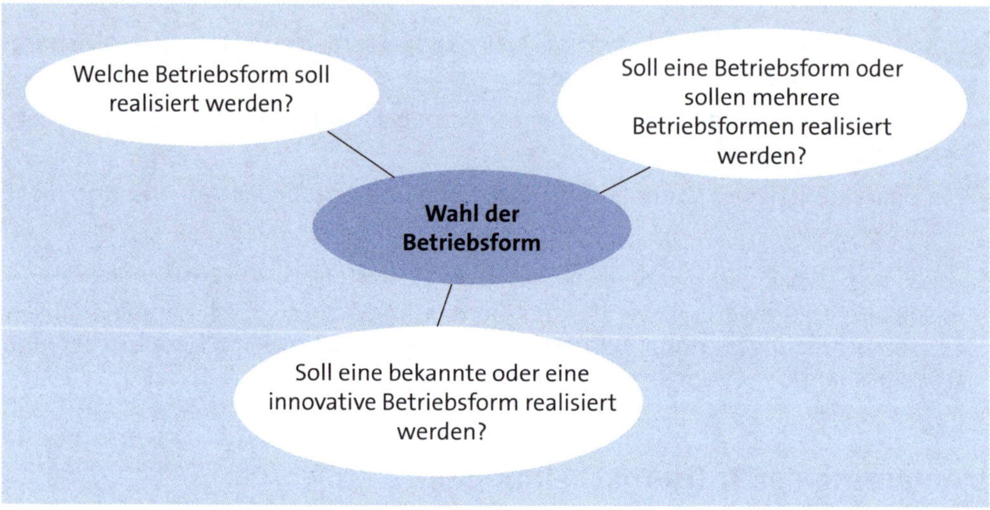

Abb. 47: Entscheidungstatbestände der Betriebsformenwahl

Die Betrachtung der Ursachen von Erfolg bzw. Misserfolg von Handelsunternehmungen weist nachdrücklich darauf hin, dass die bewusste Betriebsformenentscheidung unter Berücksichtigung von Marktveränderungen der stillschweigenden Erhaltung des Status quo deutlich überlegen ist. Es kann also festgehalten werden, dass die inhaltliche Definition der Handelstätigkeit in Gestalt der Entscheidung über die Betriebsform eine der wesentlichen Grundentscheidungen der Unternehmenspolitik im Handel darstellt.

2. Betriebsstättenzahl

Neben dem **Inhalt der Handelstätigkeit** muss auch deren **Umfang** festgelegt werden. Dabei geht es nicht um die Bestimmung der Größe der Einzelobjekte, welche durch die Betriebsformenentscheidung schon weitgehend präjudiziert wird. Nach der Entscheidung für einen bestimmten Betriebstyp bleibt lediglich eine Größenbandbreite, welche ohne Aufgabe dieser Betriebsform weder unter- noch überschritten werden kann.

Keinerlei inhaltliche Verknüpfung zur Betriebsformenentscheidung weist dagegen die Festlegung der **Anzahl der Betriebsstätten** auf, womit also die Entscheidung über die Gesamtunternehmensgröße angesprochen ist. In der Praxis lässt sich beobachten, dass es Unternehmungen mit einer, mit einigen wenigen oder mit zahlreichen Betriebsstätten gibt. So werden etwa Fachhandelsunternehmen in Familienbesitz oft an einem einzigen Betriebsstandort geführt, der häufig über Jahrzehnte hinweg unverändert bleibt. Weiterhin agieren am Markt ebenfalls mittelständische Unternehmen, welche in einem Stadtteil, in einer Ortschaft oder in einer kleineren Region mehrere

Verkaufsstellen betreiben. Diese beiden Formen von Handelsunternehmungen werden auch als Einbetriebs- bzw. Mehrbetriebsunternehmen bezeichnet.

Darüber hinaus existieren Unternehmungen, welche eine bestimmte Betriebsform in einer größeren Anzahl von Exemplaren am Markt etablieren: Diese werden als **Filialunternehmungen** definiert, deren wesentlichstes Merkmal die zentrale Führung bei dezentraler Verkaufstätigkeit darstellt. Solche Filialunternehmungen, wie etwa Aldi, Norma, real,- oder Kaufhof distribuieren gewöhnlich überregional bis national, in Ausnahmefällen sogar international. Ein mittelständischer Charakter kann bei ihnen i. d. R. nicht mehr ausgemacht werden.

Auf den Großhandel bezogen legt die Entscheidung über die Anzahl der Betriebsstätten fest, wie viele **Lager** oder auch **Zweigniederlassungen** ohne eigene Lagerführung von einem Großhandelsunternehmen betrieben werden. Dies korrespondiert mit der Größe des Absatzgebiets einer Großhandlung: Aufgrund logistischer Gesetzmäßigkeiten ist eine nationale Marktversorgung normalerweise nur bei Unterhaltung mehrerer regional gestreuter Betriebsstätten möglich.

Die **Alternativen** der dargelegten Grundentscheidung lassen sich folgendermaßen veranschaulichen:

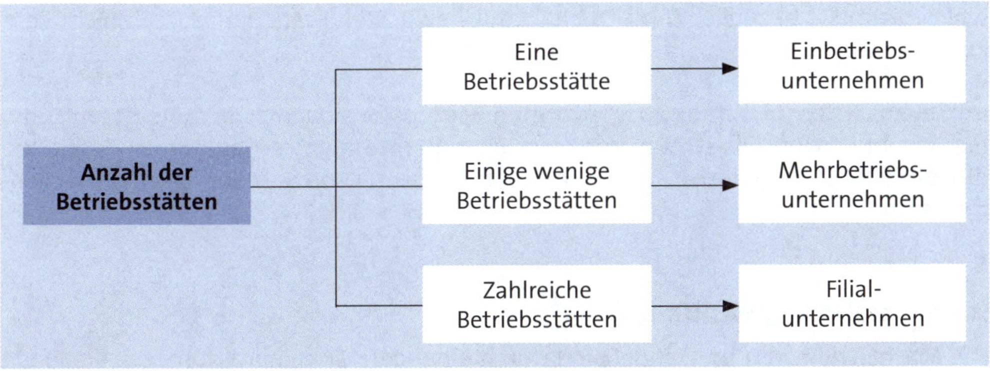

Abb. 48: Unternehmensformen nach Anzahl der Betriebsstätten

Die Entscheidung über die Anzahl der Betriebsstätten ist deshalb im Handel von eminenter Bedeutung, weil die Führungs- und Betreibungsstruktur davon maßgeblich abhängt. Ein Unternehmen mit einer Betriebsstätte – egal, ob im Groß- oder Einzelhandel angesiedelt – kann von der Unternehmensleitung problemlos überschaut und ohne größere Delegationsvorgänge geführt werden. Ein Unternehmen mit mehreren regional konzentrierten Betriebsstätten ist einerseits noch personenbezogen führbar, erfordert andererseits aber bereits eine Führungsorganisation, welche sich der Delegation und gewisser Kontrollmechanismen bedient.

Das Unternehmen mit vielen Betriebsstätten und großer regionaler Ausdehnung verfügt i. d. R. über eine straffe Organisationsstruktur und konsequente Planungs- und Kontrollsysteme. Da die Unternehmensführung bei dieser Größenordnung nicht mehr oder nur noch selten persönlich in den einzelnen Betriebsstätten anwesend sein kann, benötigt sie Möglichkeiten zur **Durchsetzung der unternehmenspolitischen Entscheidungen** bis hin zur Basis. Eine stark personenorientierte Führung gelangt hier schnell an ihre Grenzen, wobei Ausnahmen in der Praxis die Regel bestätigen.

Bezüglich der Anzahl der Verkaufsstellen oder Großhandels-Zweigniederlassungen sehen sich also die im Handel tätigen Unternehmensleitungen vor eine zweite wesentliche Entscheidungsaufgabe gestellt, die das Profil der Unternehmung und der eigenen Tätigkeit nachhaltig beeinflusst. **Persönliche unternehmerische Zielsetzungen**, welche als überökonomisch bezeichnet werden müssen, spielen bei dieser Entscheidung eine wichtige Rolle: Unternehmerpersönlichkeiten, welchen eine unmittelbare Leitung ihres Betriebs bis hin in die Ausführungsebene vorschwebt, werden nicht über die Größenordung des Mehrbetriebsunternehmens hinausgehen dürfen. Wem dagegen eine überregionale Verbreitung der eigenen unternehmerischen Idee mithilfe zahlreicher Großhandels-Betriebsstätten oder Einzelhandels-Verkaufsstellen am Herzen liegt, muss sich der Organisationsform des Filialunternehmens bedienen.

Auch dieser Entscheidung kann seitens des Handelsmanagement nicht ausgewichen werden. Analog zur Betriebsformenentscheidung gilt hier, dass die Beibehaltung einer gewachsenen Betriebsgröße in Form einer bestimmten Anzahl von Verkaufsstellen oder Großhandelsniederlassungen implizit eben doch eine Entscheidung darstellt, welche zumeist bezüglich ihrer Qualität mit bewussten Festlegungsakten nicht konkurrieren kann.

Im Gegensatz zur qualitativ ausgerichteten Betriebsformenentscheidung ist jene über die Anzahl der Betriebsstätten zunächst eine quantitative Festlegung, aus der allerdings wiederum qualitative Konsequenzen für Führung und Betreibung von Unternehmen resultieren.

3. Kooperationsintensität

Die **Machtstrukturen** im Handel sind durch eine klare Dominanz von verschiedenen Konzentrations- und Dauerkooperationsformen gekennzeichnet:

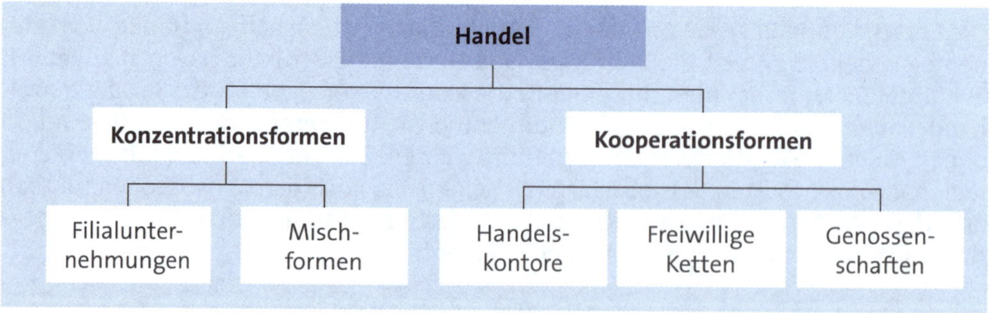

Abb. 49: Konzentrations- und Dauerkooperationsformen des Handels

Ergänzend zum obigen Schaubild ist auf diverse marktstarke **Franchise-Systeme** hinzuweisen, die sich einer Einordnung in diese Darstellung deshalb entziehen, weil sie teils von Konzentrations-, teils von Kooperationsformen betrieben werden. Außerdem ist zu erwähnen, dass es einige Dauerkooperationen gibt, welche sich nicht der Organisationsform des Kontors, der Kette oder der Genossenschaft bedienen, sondern als „Gemeinschaften" verschiedenster Prägung am Markt auftreten.

Angesichts dieser dargelegten Marktmachtstruktur sehen sich die Leitungen der Handelsunternehmungen neben der inhaltlichen Betriebsformenentscheidung und der quantitativen Entscheidung über die Anzahl der Betriebsstätten als drittem wesentlichen Festlegungstatbestand der Unternehmenspolitik vor die Frage gestellt, ob durch Entwicklung eines Filialunternehmens oder Mischkonzerns eine **konzentrative Machtposition** erreicht, ob durch Beteiligung an einer Handelskooperation die **Überlebensfähigkeit** gesichert oder ob der Versuch unternommen werden soll, sich als unternehmerischer Einzelkämpfer in der Wettbewerbslandschaft zu behaupten.

Es ist zu erkennen, dass auch dieser Entscheidungsgegenstand nicht vermieden werden kann. Die Ablehnung der Expansionspolitik und der Beteiligung an einer Kooperation ist gleichbedeutend mit der Entscheidung für die Einzelkämpferrolle.

Die Kooperationsentscheidung lässt sich in Umkehrung der Betrachtungsweise auch als Selbstständigkeitsentscheidung definieren. Dieser Teilbereich der Unternehmenspolitik befindet also darüber, ob die totale Selbstständigkeit des Unternehmers aufrechterhalten oder ob sie in Teilen oder vollständig aufgegeben werden soll. Dass hieraus gravierende Konsequenzen für die Gestaltung des Unternehmens resultieren, ist schon ohne nähere Analyse klar erkennbar; je stärker der Grad der Kooperation, desto mehr betriebliche Teilpolitiken können nicht mehr ohne Beachtung der Grundsätze des Verbunds ausgestaltet werden, welchem man sich angeschlossen hat.

Die Abstufungen des Kooperationsgrades in der Praxis sind in der folgenden Abbildung dargestellt:

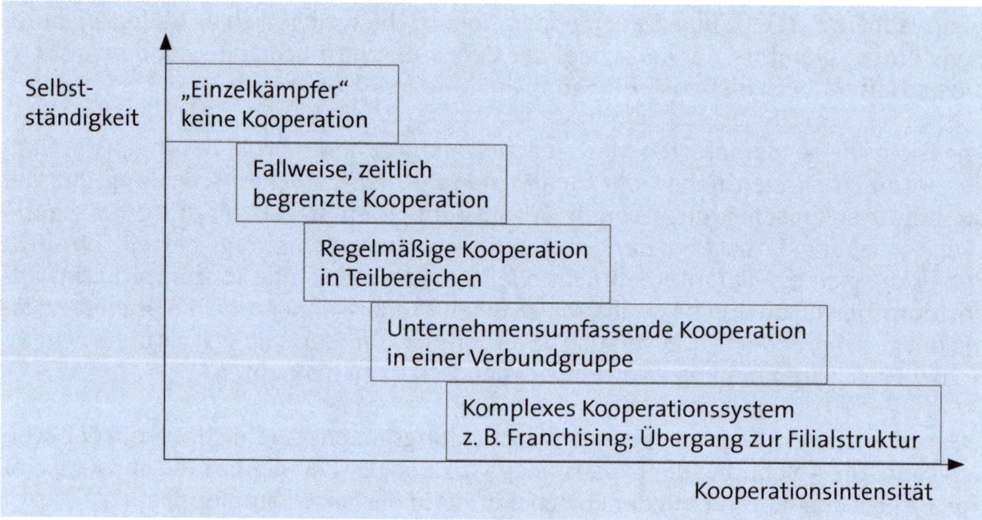

Abb. 50: Zusammenhang zwischen dem Grad der Selbstständigkeit und der Kooperationsintensität

Chancen und Risiken eines Unternehmens sowie sämtliche betriebliche Abläufe werden durch seine Einordnung in das oben dargelegte Kooperations-Spektrum entscheidend beeinflusst. Daher kommt der Bestimmung der Kooperationsintensität eine ähnliche Bedeutung zu wie den vorgenannten Basisentscheidungen hinsichtlich Betriebsform und Betriebsstättenzahl.

Die dargelegten handelspolitischen Grundentscheidungen werden einem festen **Analyseschema** unterworfen, welches in der Ausfüllung der Felder der folgenden Matrix besteht:

Grundentscheidungen der Unternehmens-politik	**Module der Unternehmenspolitik**		
	Handelsfunktionen	**Marketinginstrumente**	**Betriebsfaktoren**
Betriebsformen-entscheidung			
Entscheidung über Betriebsstättenanzahl			
Entscheidung über Kooperationsintensität			

Es wird also analysiert, wie die Erfüllung der Handelsfunktionen, der Einsatz der Marketinginstrumente und die Nutzung der Leistungsfaktoren mit den Entscheidungen über die Betriebsform, die Betriebsstättenzahl und die Kooperationsintensität zusammenhängen. Insbesondere wird herauszuarbeiten sein, dass das Treffen jeder einzelnen Grundentscheidung nur im Rahmen einer ganzheitlichen Betrachtung möglich ist, wenn der Erfolg eines Handelsunternehmens nicht aufs Spiel gesetzt werden soll. Nach diesem Analyseschritt werden für jede Basisentscheidung die wesentlichen Unternehmensgruppen der Handelspraxis vorgestellt, welche sich als Folge unterschiedlicher Entscheidungsfindung ergeben haben. In diesem Zusammenhang werden auch die wichtigen Führungsfragen erörtert, welche mit den verschiedenen Ausprägungen der Handelsunternehmen verbunden sind.

II. Betriebsformenwahl als qualitative Basisentscheidung

Als erste Basisentscheidung, welche im Rahmen der Unternehmenspolitik des Handels zu treffen ist, soll diejenige über die **Betriebsform** bzw. den **Betriebstyp** untersucht werden. Wie oben ausgeführt, legt sie den Inhalt der Handelstätigkeit, das qualitative Leistungsprofil eines Handelsunternehmens fest.

1. Charakterisierung der Entscheidung

Die Handelsleistung wird bestimmt von den ausgewählten Handelsfunktionen, von deren einzelwirtschaftlichen Definitionen in Form der konkreten Ausgestaltung der marketingpolitischen Instrumente und vom kombinativen Einsatz der Betriebsfaktoren, welche optimal auf das projektierte Leistungsprofil zugeschnitten sein müssen. Die Betriebsform ergibt sich also als integriertes Entscheidungsresultat aus den einzelnen Funktionen-, Instrumenten- und Faktorenentscheidungen.

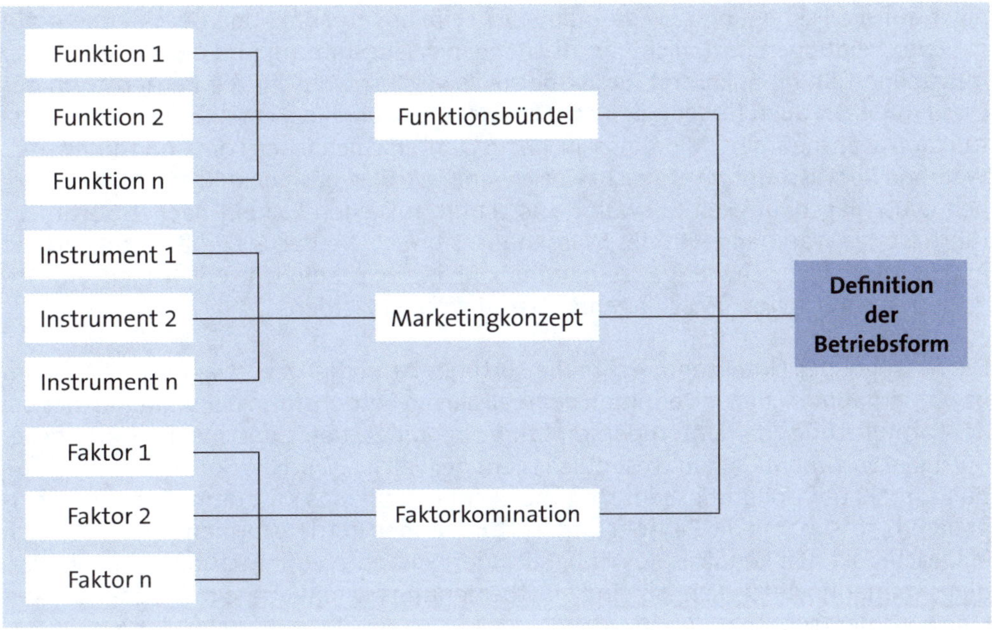

Abb. 51: Die Bestandteile der Betriebsformendefinition

1.1 Funktionenerfüllung und Betriebsform

Im folgenden Abschnitt ist zu untersuchen, wie die Erfüllung der Handelsfunktionen und die Betriebsformenwahl zusammenhängen. Im Einzelnen sind folgende **betriebsformenbildenden Kriterien** der Handelsfunktionen von Interesse:

- die Ausprägung und Intensität der Funktionenerfüllung
- die Kombination der erfüllten Handelsfunktionen
- die Frage der Selbsterfüllung oder Ausgliederung der Funktionen.

Analysiert man die Tätigkeitsstrukturen der verschiedenartigsten Handelsunternehmungen, so stellt man fest, dass durchweg fast alle Handelsfunktionen erfüllt werden, zumindest bezogen auf die essenziellen Handelsaufgaben. Die Unternehmen beider Wirtschaftsstufen des Handels sammeln und/oder verteilen Ware, bilden Sortimente, sichern Erlöse und Leistungen, erschließen die Märkte und wickeln die Umsätze ab.

Im vollen Sinne des Wortes betriebsformenbildend wirken lediglich die Entscheidungen bezüglich der **Raumüberbrückung** und der **Lagerung**. Ein Verzicht auf beide Funktionen ergibt die Betriebsform des Streckengroßhandels, eine Ausgliederung der Aufgabe des Transports zum Kunden führt auf der Großhandelsstufe zum Abhol-Großhandel, während eine vollständige Übernahme des Transports zu den Konsumentenhaushalten in den Einzelhandels-Betriebsformen des Versandhandels (klassische Form und Onlinehandel) und der mobilen Verkaufsstätten verwirklicht ist.

Im Übrigen wird deutlich, dass es bei der Definition von Betriebsformen offenbar weniger auf die Festlegung der überhaupt zu erfüllenden Funktionen als vielmehr auf die Entscheidungen bezüglich der inhaltlichen Ausgestaltung und der Intensität der Aufgabenerfüllung ankommt. So ist beispielsweise sowohl für die Betriebsform des Discounters als auch für jene des Warenhauses festzustellen, dass sie die Sortimentsfunktion wahrnehmen, allerdings in höchst unterschiedlicher Form und Intensität. Während der Discounter vergleichsweise wenige Artikel nach dem Kriterium einer hohen Umschlagshäufigkeit auswählt und damit auf jeden Fall ein flaches Sortiment führt, ist das Warenangebot des Warenhauses um ein Vielfaches größer und darüber hinaus wesentlich schwieriger zu handhaben, da auch zahlreiche erklärungsbedürftige und sich nur selten umschlagende Artikel geführt werden.

Die Aussage „das Unternehmen übt die Sortimentsfunktion aus“ trägt offenbar kaum bzw. überhaupt nicht zur Definition der realisierten Betriebsform bei, während dies bei der Formulierung „das Unternehmen führt ein breites, tiefes und hoch erklärungsbedürftiges Sortiment“ schon wesentlich mehr der Fall ist. Wird die Sortimentsbeschreibung „breit, tief, erklärungsbedürftig“ noch ergänzt um das Kriterium „branchenübergreifend“, so ist damit die Zahl der infrage kommenden Betriebsformen bereits deutlich eingeschränkt. Bei Kenntnis ausschließlich der genannten Informationen bleibt allerdings immer noch fraglich, ob ein Selbstbedienungswarenhaus, ein Warenhaus oder eine Sortimentsgroßhandlung vorliegt.

Je genauer allerdings die erfüllten Funktionen und die Art ihrer Kombination beschrieben werden, was durch die Angabe der getroffenen operationalen Ziel- und Mittelentscheidungen erfolgen kann, um so mehr geht man vom volkswirtschaftlichen Betrachtungsblickwinkel der Handelsfunktionenerfüllung über auf die einzelwirtschaftliche Sichtweise unter dem Stichwort des Handelsmarketing. Als Fazit aus diesen Überlegungen lässt sich also festhalten, dass die gesamtwirtschaftlich dem Handel zufallenden Aufgaben in allgemeiner Formulierung kaum für sich alleine genommen ausreichen, um eine bestimmte typische Erscheinungsform des Handels, also eine Betriebsform, eindeutig zu definieren. Die hierzu nötige Präzisierung der Funktionenerfüllung hinsichtlich Ausprägung und Intensität führt zwangsläufig in die Ableitung des einzelbetrieblichen Marketing und damit über eine reine Funktionenbetrachtung hinaus.

Die Frage der **Selbsterfüllung** oder **Ausgliederung der Funktionenwahrnehmung** leistet keinen Beitrag zur Betriebformenbestimmung. Dies gilt jedenfalls dann, wenn Ausgliederung nicht als generelle Ablehnung der Erfüllung einer Handelsaufgabe verstanden wird, sondern lediglich als Alternative in der Art und Weise der Bewerkstelligung jener Funktionen, zu deren Erfüllung man sich grundsätzlich entschlossen hat.

Hat ein Handelsunternehmen entschieden, eine bestimmte Aufgabe dem Lieferanten bzw. dem Kunden gegenüber zu leisten, so bleibt es ihm dennoch unbenommen, über die **Träger dieser Funktionswahrnehmung** frei zu bestimmen. Für den Kunden ist es etwa völlig unwesentlich, ob der Warentransport zum eigenen Lager oder Haushalt durch Angestellte des Handelsunternehmens oder durch eine beauftragte Spedition erfolgt. Ebenso unwichtig ist es, ob bei Bestehen einer Kreditierungsmöglichkeit die Handelsunternehmung selbst oder ein von ihr beauftragtes Kreditinstitut die Finanzierung übernimmt. Als wesentlich für die Betriebsformencharakterisierung ist also die Summe der Entscheidungen zu werten, welche Handelsfunktionen gegenüber den Geschäftspartnern erfüllt werden sollen, nicht aber, ob das Handelsunternehmen selbst oder beauftragte Hilfsbetriebe die Aufgabendurchführung übernehmen.

1.2 Instrumentennutzung und Betriebsform

Die Festlegung der von einem Handelsunternehmen einzusetzenden marketingpolitischen Instrumente war als einzelwirtschaftliche Operationalisierung der Handelsfunktionenerfüllung definiert worden. Füllt man also die Globalentscheidung, eine bestimmte Funktion zu erfüllen, inhaltlich präzise aus, legt den Umfang der Aufgabenerfüllung fest und gibt einen zeitlichen Rahmen an, innerhalb dessen dies alles geschehen soll, so wird aus der Funktionsentscheidung eine solche über den Einsatz eines marketingpolitischen Instruments. Es erscheint daher der Versuch sinnvoll, durch Betrachtung der genutzten Marketinginstrumente eine Betriebsform eindeutig zu bestimmen.

Wie bereits bei den Handelsfunktionen können auch hier die Einzelfragen untersucht werden, **welche Instrumente in welcher Form und welcher Intensität** eingesetzt werden. Wiederum wird man aber erkennen müssen, dass allein die Benennung der in einer Betriebsstätte genutzten Instrumente für eine Betriebsformenidentifikation nicht ausreicht. Nahezu jedes Unternehmen des Handels betreibt Standort-, Preis-, Platzierungs- oder Werbepolitik. Die Unterschiede liegen ganz offensichtlich auch hier in der inhaltlichen Ausgestaltung und in der Festlegung des Gewichts einzelner Instrumente im Rahmen des Marketing.

Das oben erwähnte Beispiel zum Warentransport kann hier nochmals unter dem Gesichtspunkt des Marketing betrachtet werden: Die Entscheidung für die Transportdurchführung im Rahmen der Dienstleistungspolitik führt zu einer der Zustell-Betriebsformen des Groß- und Einzelhandels. Die Wahl der Selbstbedienung im Rahmen des Teilinstruments Verkaufsmethode im Einzelhandel beschränkt die möglichen Betriebsformen auf jene, bei denen dieses Verkaufsprinzip dominiert: Auf Super- und Verbrauchermärkte, auf Fach- und Discountmärkte, auf SB-Warenhäuser u. Ä. Entscheidet man sich für die Anwendung des Selbstbedienungsprinzips in seiner extremsten Form, so ist damit die Nutzung von Verkaufsautomaten als Betreibungsmethode bestimmt.

Sieht man von solchen Ausnahmefällen ab, so genügt oft nicht einmal die vollständige Angabe der kombinativ einzusetzenden Marketinginstrumente, um eine Betriebsform eindeutig zu definieren.

Beispiel

Die **Marketinginstrumente** sind in einer Betriebsstätte des Handels folgendermaßen ausgestaltet:

- Standort auf der grünen Wiese
- mittelbreites und flaches Sortiment
- einfache Ausstattung
- Massenplatzierung der Ware
- Niedrigpreispolitik
- Werbung mit Handzetteln.

Selbst diese doch bereits relativ präzise Marketingbeschreibung lässt noch immer die Alternative offen, ob es sich hierbei um einen Cash and Carry-Markt des Großhandels oder um einen Verbrauchermarkt des Einzelhandels dreht. Zusammenfassend ist also auch für die **Interdependenzen zwischen Instrumentennutzung** und **Betriebsformenentscheidung** festzustellen, dass eine Betriebstypendefinition mittels der Angabe der genutzten marketingpolitischen Instrumente zwar zu besseren Ergebnissen führt, als dies in Bezug auf die Beschreibung des Funktionenbündels der Fall war, dass jedoch auch auf diese Weise eine zweifelsfreie Betriebsformendefinition nur in Ausnahmefällen möglich ist.

1.3 Faktoreinsatz und Betriebsform

Die bezüglich Funktionenerfüllung und Instrumentennutzung getroffenen Feststellungen lassen sich mit noch größerer Gültigkeit auf die Querverbindungen zwischen **Faktoreinsatz** und **Betriebsform** übertragen. In der derzeitigen internationalen Handelspraxis existiert kein Betriebstyp, welcher auf einen der handelsbetrieblichen Leistungsfaktoren (Personal, Raum, Ware, Sachliche Betriebsmittel, Kapital) verzichten würde. Differenzieren lassen sich wiederum die Ausprägung und Intensität der Nutzung des einzelnen Faktors in Abhängigkeit von der jeweiligen Betriebsform.

So stehen etwa beim vollautomatisierten Hochregallager im Großhandel oder beim Automatenverkauf im Einzelhandel die Leistungsfaktoren Sachliche Betriebsmittel/Kapital eindeutig im Vordergrund, während bei einem Verbrauchermarkt auf der grünen Wiese der Leistungsfaktor Raum und bei einem Bedienungsgeschäft in der Innenstadt der Faktor Personal dominieren. Beim reinen Streckengroßhandel tritt dagegen der Betriebsfaktor Sachmittel völlig in den Hintergrund.

Diese wenigen Beispiele mögen verdeutlichen, dass es zwischen den einzelnen Leistungsfaktoren erhebliche **Substitutionsmöglichkeiten** gibt, welche zur Ausprägung verschiedener Handelsbetriebstypen führen. In keinem Fall ist es aber vorstellbar, dass auf einen der Faktoren vollständig verzichtet wird. Selbst wenn es gelänge, durch Robotereinsatz die Prozesse des Warenhandlings in vollem Umfange zu automatisieren, müsste der Faktor Personal trotzdem zumindest in seiner dispositiven Ausprägung vorhanden sein. Auch beim Streckengroßhandel ohne jegliche Lagerführung ist der Faktor Raum in geringem Umfang für die Abwicklung der notwendigen Informations- und Vermittlungsvorgänge erforderlich.

Definiert man nun anhand der eingesetzten betrieblichen Leistungsfaktoren bestimmte Betriebsformen, so stößt man wiederum auf die Problematik, dass verschiedene Typen durch äußerst **ähnliche Faktorenkombinationen** gekennzeichnet sind. Dies gilt beispielsweise für bestimmte Formen des Zustell-Großhandels einerseits und den Vertrieb über mobile Verkaufsstellen im Einzelhandel andererseits; es trifft ebenfalls zu für den Cash and Carry-Großhandel auf der einen und den Verbrauchermarkt auf der anderen Seite. Trotz Strukturgleichheit hinsichtlich Qualität und Gewichtung der einzelnen Leistungsfaktoren resultiert also keine zweifelsfreie Betriebstypenableitung. Damit wird bestätigt, was nach Untersuchung der Interdependenzen zwischen Betriebsformenentscheidung und Funktionenerfüllung bzw. Instrumentennutzung bereits zu vermuten war, dass nämlich auch die Faktorenkombination als ausschließliches Charakterisierungskriterium für Betriebsformen nicht tragfähig ist.

1.4 Betriebsform als Resultat von Funktionen-, Instrumenten- und Faktorenkombination

Wie der Abbildung 51 entnommen werden konnte, ist die Betriebsform als qualitativer Ausdruck der Unternehmensleistung zu definieren als eine bestimmte Erscheinungsform des Handels, welche sich eindeutig erst durch präzise Angabe der erfüllten Handelsfunktionen, der eingesetzten Marketinginstrumente sowie der genutzten Leistungsfaktoren beschreiben lässt.

Grundsätzlich sind bei der **Betriebsformenentscheidung** zwei verschiedene Vorgehensweisen möglich: **Erstens** kann eine bestehende, in der Praxis mehr oder weniger scharf abgegrenzte Betriebsform als sinnvolle Betreibungsvariante betrachtet und im eigenen Unternehmen umgesetzt werden, was vor allem Abstimmung des eigenen Handelsmarketing und des Faktoreinsatzes auf die zu realisierende Betriebsformencharakteristik bedeutet. **Zweitens** können unter Vernachlässigung bestehender Betriebstypen allein aufgrund von festgestellten Kundenbedürfnissen bestimmte Funktionen-, Instrumenten- und Faktorenbündel zusammengestellt werden, wobei sich als kombinatives Resultat eine innovative Betriebsform ergibt.

Vom Aufwand und dem erforderlichen Knowhow her ist die Umsetzung einer bestehenden Betriebsform im Unternehmen wesentlich leichter zu realisieren als eine eigenständige Betriebstypeninnovation. Hieraus lässt sich bezüglich der Betriebsformengenerierung ein Wettbewerbsvorteil von Großunternehmungen des Handels ausmachen, wobei durchaus auch für kleine und mittlere Unternehmungen aufgrund ihrer oft größeren Kreativität und zweifellos vorhandenen Flexibilität konkurrenzpolitische Möglichkeiten bestehen. Diese werden durch die Nähe des Unternehmers/der Unternehmerin zum Markt oft noch verstärkt.

Die Entscheidung für eine bestimmte Betriebsform als inhaltliche Festlegung der Handelsleistung vollzieht sich in mehreren Phasen.

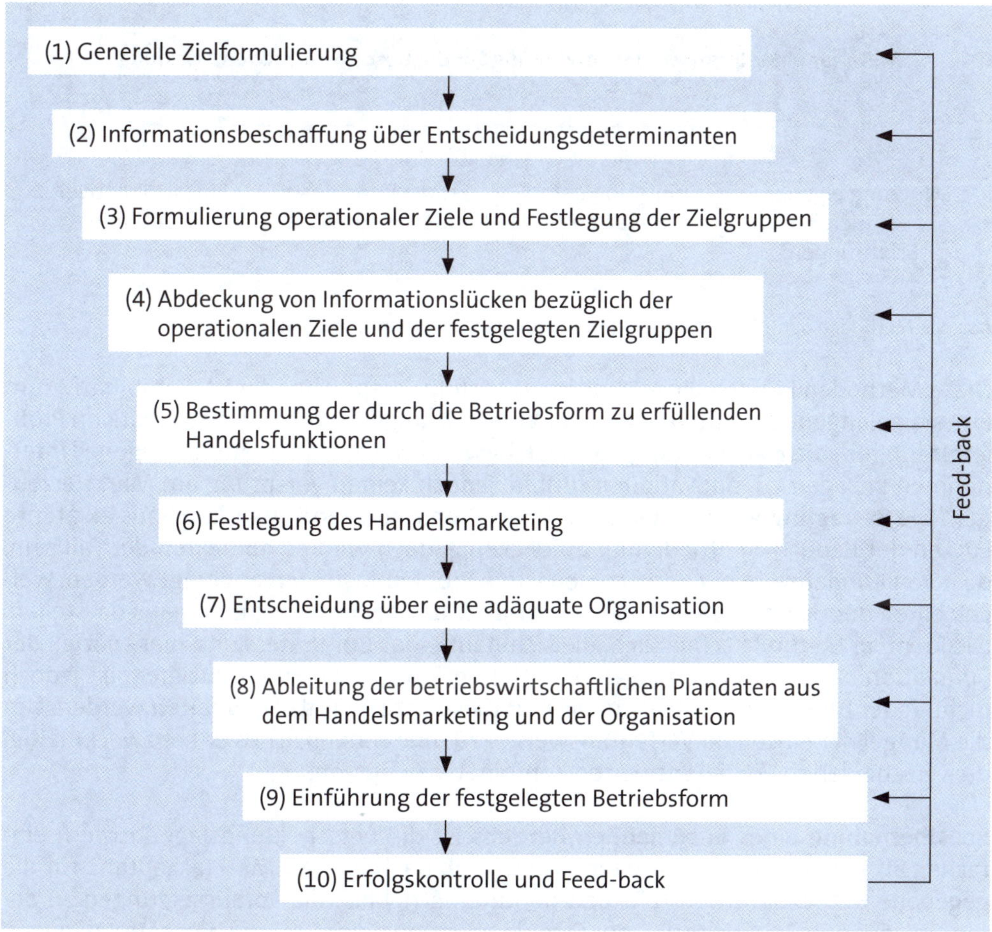

Abb. 52: Phasenschema zur Betriebsformenentwicklung

Abhängig davon, ob zunächst die Entscheidung für eine bereits existierende Betriebsform getroffen wird, welche im Unternehmen eingeführt werden soll, oder ob aus der Bestimmung der Einzelkomponenten eine neue Betriebsform entwickelt wird, kann der obenstehende Entscheidungsablauf sich in der Abfolge der Schritte bis zu einem gewissen Grade verändern.

Die wichtigsten Methoden der Informationsgewinnung und damit der Entscheidungsvorbereitung für die Konzeption eines neuen Betriebstyps sind aus der folgenden Abbildung zu erkennen:

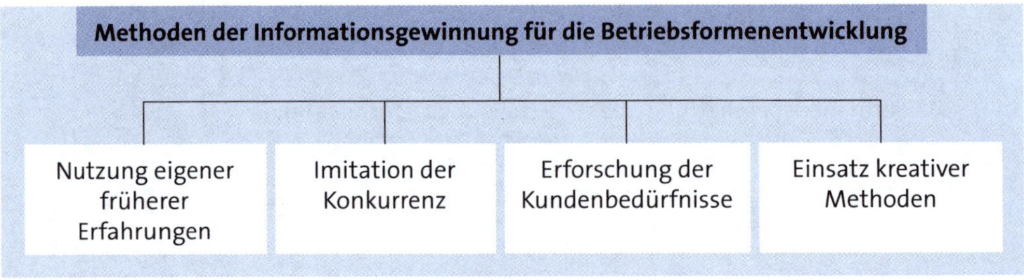

Abb. 53: Methoden der Informationsgewinnung für die Betriebsformenentwicklung

Diese Methoden können einzeln, oder, was Erfolg versprechender ist, kombinativ zum Einsatz gelangen. Die **Nutzung eigener Vorerfahrungen** führt kaum zu kreativen Problemlösungen; die **Nachahmung von Wettbewerbern** kann zwar auf das eigene Unternehmen bezogen zu Innovationen führen, jedoch keinen Vorsprung am Markt erzeugen. Die **Befragung von Kunden** nach ihren Wünschen kann zwar durchaus eklatante Lücken der Bedürfnisbefriedigung aufdecken, jedoch wird es nur selten der Fall sein, dass von Kundenseite her wirklich neuartige Problemlösungen angeregt werden, welche einen deutlichen qualitativen Schritt über das bisher Erreichte hinaus darstellen. Die **kreative Methode** schließlich, die sich häufig des Computers und hier speziell der Simulation bedient, vermag zwar neue theoretische Ideen zu produzieren, ist jedoch nicht in der Lage abzuschätzen, inwieweit diese der Realität standhalten werden. Um die Mängel der einzelnen Verfahrensweisen zu überwinden, ist es daher zweckmäßig, die verschiedenen Vorgehensweisen kombinativ zu nutzen.

Bei **Übernahme eines bestehenden Betriebs** ist die Entscheidungslage insofern einfacher, als lediglich überprüft werden muss, ob nach wie vor Marktakzeptanz für die gegebene Betriebsform besteht und ob innerbetrieblich die Voraussetzungen zu deren Optimierung vorliegen. Bei der Eigenkonzeption eines Betriebstyps muss dagegen Schritt für Schritt bei der Bestimmung der Einzelkomponenten vorgegangen werden, woran sich eine Überprüfung des Endresultats auf Kompatibilität und Optimalität anzuschließen hat. Diese wird i. d. R. zu Korrekturen führen, was bedeutet, dass der Regelkreis zwischen Planung, experimenteller Kontrolle und Plankorrektur mehrfach durchlaufen werden muss, bevor ein hinreichend erfolgreiches Konzept fertig gestellt ist.

Zusammenfassend ergibt sich also die Betriebsform im Handel als eine typische Erscheinungsform von Betriebsstätten des Groß- oder Einzelhandels, welche unter Beachtung der Unternehmensziele und unter Berücksichtigung aller entscheidungsrelevanten Determinanten im Umfeld, beim Wettbewerb, auf der Kundenseite etc. durch Bestimmung des zu erfüllenden Funktionenbündels, durch dessen einzelwirtschaftliche Operationalisierung in Gestalt des Handelsmarketing und durch eine darauf basierende Organisation zum möglichst wirtschaftlichen Einsatz der Leistungsfaktoren des Handelsbetriebes entwickelt werden muss.

Zum besseren Verständnis dieses Sachverhalts ist im Anhang eine **Fallstudie** enthalten, anhand derer die Konzeption einer Betriebsform in der Handelspraxis nachvollzogen werden kann. Insgesamt wird erkennbar, dass die Betriebsformenentscheidung die inhaltliche Festlegung dessen bedeutet, was das Handelsunternehmen als qualitative Leistung am Markt anbieten will.

2. Problematik einer Klassifizierung der Betriebsformen

Eine eindeutige Beziehung zwischen einer theoretisch definierbaren und abgrenzbaren Betriebstypenbeschreibung und einer bestimmten Gruppe von Betriebsstätten in der Praxis, welche präzise alle Definitionskriterien erfüllen, wäre als Voraussetzung einer erfolgreichen **Klassifizierung** anzusehen. Tatsächlich sind die Erscheinungsformen der Handelsbetriebe in der Praxis von einer solch klaren Einordnungsmöglichkeit weit entfernt.

Im Sinne der Bemühungen der Praxis, Betriebsformen neu zu entwickeln oder zu variieren, kann es für die Handelswissenschaft jedoch keine gangbare Lösung sein, auf jeglichen Versuch einer Systematisierung der Erscheinungsformen der Handelsbetriebe von vornherein zu verzichten. Der hier vorzustellende Klassifizierungsversuch baut auf den drei zur Klassenbildung möglicherweise geeigneten Merkmalen der **Handelsfunktionen**, der **marketingpolitischen Instrumente** und der **handelsbetrieblichen Leistungsfaktoren** auf.

Man stelle sich einen n-dimensionalen Raum vor, welcher durch von einem Nullpunkt ausgehende Achsen gebildet wird, die jeweils für eine erfüllbare Handelsfunktion stehen. Die Intensität der Erfüllung der jeweiligen Funktion könnte dann durch die entsprechende Entfernung vom Nullpunkt auf der Achse angezeigt werden. Die von einer konkreten Betriebsstätte des Handels ausgeübten Funktionen ließen sich als Punkt in diesem n-dimensionalen Raum darstellen.

Dieser Sachverhalt soll anhand einer zweidimensionalen Darstellung veranschaulicht werden:

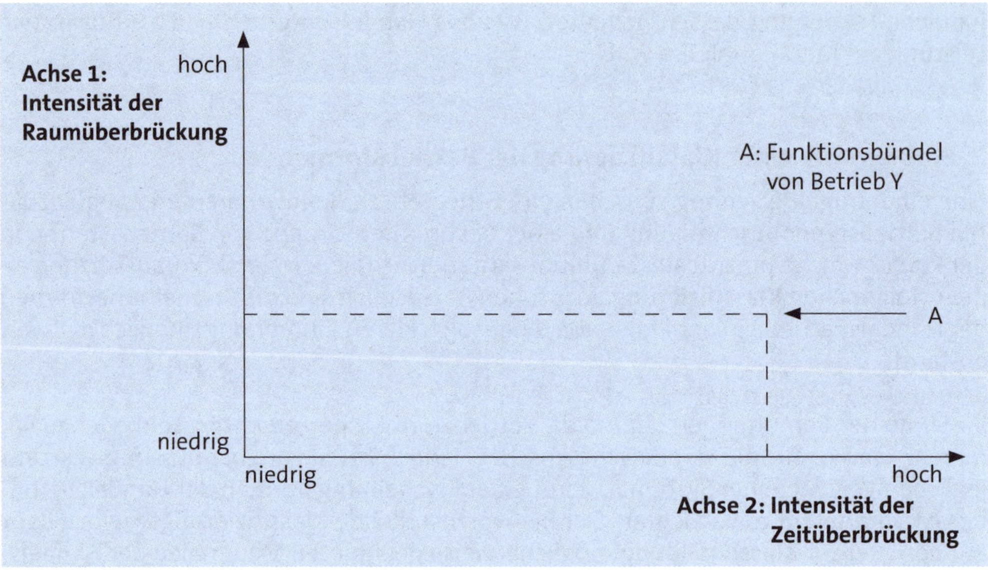

Abb. 54: Beispiel für Funktionenmatrix einer Betriebsform

Bildete man auf diese Weise sämtliche in der Praxis vorkommenden **Funktionenbündel** ab, so würden sich Punktwolken mit hoher Dichte ergeben. Diese wären dann als besonders leicht bzw. erfolgreich zu realisierende Funktionenkombinationen zu identifizieren. Analog hierzu könnte man auch bezüglich der marketingpolitischen Instrumente und der eingesetzten handelsbetrieblichen Leistungsfaktoren vorgehen. Als statistisches Verfahren böte sich hierzu die Cluster-Analyse an, wobei die zu berücksichtigenden qualitativen Daten durch Binarisierung zuvor in metrische Form zu überführen wären (*Hüttner*).

Die auf diese Art und Weise gewonnenen Punktwolken, also die in der Realität **häufigsten Funktionen-, Instrumenten-** und **Faktorenkombinationen**, könnte man wiederum in einem dreidimensionalen Raum zusammenführen, welcher sich aus einer Funktionen-, Instrumenten- und Faktorenachse herstellen ließe. Auf diesen Achsen wären jeweils die als häufig erkannten Kombinationen abzutragen.

In dem neugebildeten hoch komplexen Raum ergäben sich nun abermals Punkte aus der Zusammenführung von in der Praxis vorzufindenden Funktionen-, Instrumenten- und Faktorenbündeln. Bei einer großen Zahl derart erfasster Handelsbetriebsstätten ließen sich wiederum Punktwolken erkennen, welche als in der Realität häufige Funktionen-, Instrumenten- und Faktoren-Konstellationen zu interpretieren wären. Genau dies aber war, wie oben abgeleitet, die Definition der Betriebsform im Handel. Eine Punktwolke im dreidimensionalen Raum entspräche somit einer in der Praxis vorzufindenden **typischen Betriebsform des Groß- oder Einzelhandels**.

Aus der geschilderten Vorgehensweise wird die hohe **Komplexität** eines solchen Klassifizierungsvorgangs erkennbar. Neben diesem Problem muss auf die Schwierigkeit hingewiesen werden, dass die Variablen, welche die Räume erster Ordnung (Funktionenraum, Instrumentenraum, Faktorenraum) bilden, keineswegs diskrete, sondern stetige Variable sind, weswegen die Funktionenbündel etc. und schlussendlich die kombinativen Konstellationen, welche die Betriebsformen darstellen sollen, sich eben nicht als spezifizierbare Punkte, sondern nur als Punktwolken größerer Dichte ergeben. Für eine präzise Klassifikation fehlt es daher an der erforderlichen Trennschärfe.

Beispiele

Im Rahmen der marketingpolitischen Instrumente ist das Teilinstrument Verkaufsmethode als Kontinuum von totaler Selbstbedienung (Automatenverkauf) bis zur totalen Bedienung (im Fach- bzw. Spezialgeschäft) vorstellbar. Auf diesem Kontinuum kann durch unternehmerische Entscheidungen letztlich jeder Punkt eingestellt werden. Im Falle des Instruments der Preispolitik können von starker Aggressivität (Dauerniedrigpreise etwa beim Postengeschäft) bis zum permanenten Hochpreisniveau (z. B. bei Boutiquen in 1a-Lagen) alle denkbaren Varianten preispolitischen Verhaltens Anwendung finden. Bezüglich des Einsatzes des Leistungsfaktors Personal kann eine Bandbreite realisiert werden, welche von einer großen Anzahl hochqualifizierter Kräfte (Spezialgeschäft mit Fremdbedienung) bis zu einer Reduktion des Personaleinsatzes auf das mögliche Mindestmaß (z. B. bei vollautomatisierten Hochregallagern im Großhandel) reicht.

Diese Beispiele können dahingehend verallgemeinert werden, dass bei fast jeder Handelsfunktion, fast jedem marketingpolitischen Instrument und nahezu bei jedem betrieblichen Leistungsfaktor eine große Zahl an alternativen Verfahrensweisen wählbar ist. Hieraus resultiert eine Vielzahl an Kombinationsmöglichkeiten, welche rein rechnerisch gegen unendlich strebt. Da die konkreten Realisationen der verschiedenen Entscheidungsvariablen durch zahlreiche Umstände wie Einstellung der Geschäftsleitung, Potenzial des Unternehmens oder der Betriebsstätte, Eigenschaften des Standorts, Struktur der Kundschaft etc. beeinflusst werden, fallen sie fast zwangsläufig in einem Betrieb zumindest geringfügig anders aus als in einem anderen, welcher ansonsten strukturgleich ist.

Jeder Klassifikationsversuch führt daher zu einer ungerechtfertigten Simplifizierung der Gegebenheiten in der Realität, indem unscharfe Kombinationspunktwolken als eindeutig abgrenzbare Betriebstypen dargestellt und Grenzen zwischen zwei Betriebsformen mit einer gewissen Ähnlichkeit des Öfteren fast willkürlich gezogen werden, um zu einigermaßen handhabbaren Kategorien zu gelangen. Tatsächlich wird aber damit der Erscheinungsvielfalt der Praxis, den zahlreichen unterschiedlichen Schattierungen in der Betreibung von Handelsbetriebsstätten nur unzureichend Rechnung getragen.

Aus diesem Grund unterbleibt an dieser Stelle eine Klassifizierung, welche Präzision vorgaukelte, ohne sie tatsächlich erreichen zu können. Die folgenden Ausführungen beschränken sich darauf, wesentliche Erscheinungsformen der Handelspraxis und etablierte Betriebstypenbezeichnungen zu umreißen, ohne dabei zu verkennen, dass es hinsichtlich der darzustellenden Formen zahlreiche Mischtypen und darüber hinaus in der Realität eine große Anzahl von Handelsbetriebsstätten gibt, welche durch die folgenden **Grobcharakterisierungen von Betriebsformen** nicht abgedeckt werden. Dies rührt vor allem daher, dass in der Handelspraxis durch kreative Verknüpfung von Betriebsformenmerkmalen (z. B. Möbel in Selbstbedienung) permanent neue Typen entwickelt werden, ein Vorgang, den man auch als morphologische Synthese bezeichnet.

3. Überblick über Betriebsformen

Im Folgenden soll zunächst auf einige verbreitete Betriebsformen des Großhandels, im Anschluss daran auf prägnante Beispiele aus dem Einzelhandelsbereich eingegangen werden. Innerhalb der Betrachtung von Betriebsformen der Wirtschaftsstufen wird weiter unterschieden zwischen **primären** und **sekundären Betriebsformen**. Unter ersteren sind solche Betriebstypen zu verstehen, welche sich originär als eine bestimmte Funktionen-, Instrumenten- und Faktorenkombination ergeben. Als sekundäre Betriebsformen werden dagegen solche Erscheinungsformen der Handelspraxis bezeichnet, in welchen primäre Betriebsformen zu Kombinationen höherer Ordnung zusammengefasst werden. Dieser Zusammenhang kann wie folgt veranschaulicht werden:

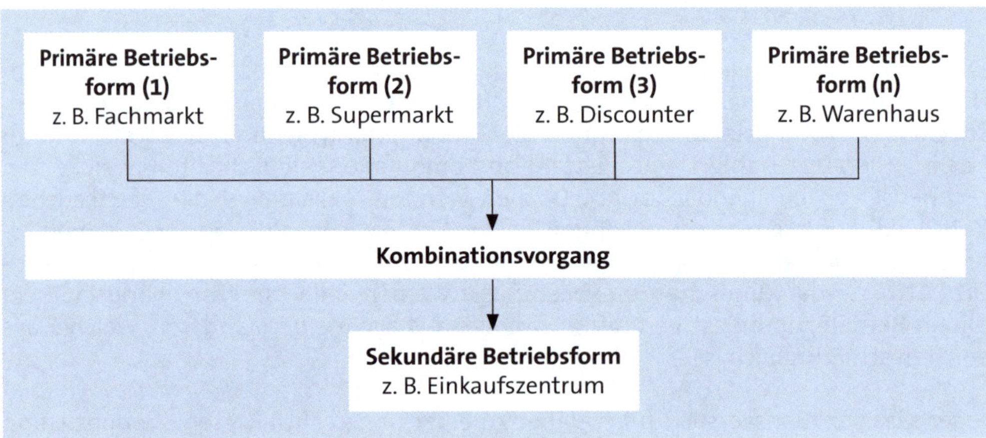

Abb. 55: Zusammenhang zwischen primären und sekundären Betriebsformen

Bei vertieftem Interesse an Betriebsformendarstellungen sowie an der Thematik der Betriebsformenentwicklung wird die Lektüre der folgenden Spezialquelle empfohlen: *Lerchenmüller/Vochezer/Vogler,* Lexikon Betriebsformen. Supermarkt, Discounter & Co.: Strukturen, Fakten, Trends, Frankfurt am Main 2011.

3.1 Klassische Betriebsformen des Großhandels

3.1.1 Primäre Betriebsformen

Nach dem Merkmal der Transportübernahme zum Kunden lassen sich **Zustell-** und **Abhol-Großhandel** unterscheiden. Nach dem Kriterium des Sortimentsumfanges differenziert man zwischen **Spezial-** und **Sortimentsgroßhandlungen**. Bei Verwendung beider Kriterien resultieren vier Großhandels-Grundtypen, welche die folgende Übersicht darstellt:

		Übernahme des Transports zum Kunden	
		ja	nein
Sortimentsumfang	breit	Sortimentszustell-Großhandel	Sortimentsabhol-Großhandel
	schmal	Spezialzustell-Großhandel	Spezialabhol-Großhandel

Abb. 56: Betriebsformen des Großhandels nach Transportübernahme und Sortimentsumfang

(1) Sortiments- und Spezialgroßhandel

Sortimentsgroßhandel bedeutet normalerweise, dass ein über mehrere Branchen sich erstreckendes Sortiment geführt wird. Zum mindesten aber wird vom ihm eine Branche vollständig abgedeckt. Vom **Spezialgroßhandel** werden höchstens die Waren einer Branche, gewöhnlich jedoch nur solche eines Branchenausschnitts geführt. Es ist zu erkennen, dass zwischen beiden Betriebsformen ein fließender Übergang vorliegt. Beispiele für Sortimentsgroßhandlungen finden sich vor allem bei jenen Einkaufsgenossenschaften und Freiwilligen Ketten, welche für die angeschlossenen Mitglieder sowohl Lebensmittel (Food) als auch Nichtlebensmittel (Non-Food) beschaffen (z. B. Edeka, Rewe, Spar). Freie, dass heißt nicht in Kooperationen eingebundene Großhandelsbetriebe, betätigen sich eher als Spezialgroßhandlungen, da sie in dieser Funktion spezialisierte Markt- bzw. Warenkenntnisse besonders stark zur Geltung bringen können.

(2) Zustell- und Abhol-Großhandel

Die Entscheidung für die **Zustellung** oder für die Einrichtung eines **Abhol-Großhandels** hat weit reichende Konsequenzen für die logistischen Vorgänge sowie für den Prozess der Umsatzabwicklung. **Übernahme des Transports zum Kunden** bedeutet:

- Unterhaltung eines eigenen Fuhrparks bzw. Vergabe von Transportaufgaben an Speditionen
- Durchführung der Kommissionierung
- Erstellung von Lieferpapieren
- Sicherstellung der Rücknahme von Leergut und Transporthilfsmitteln (Paletten, Rollbehälter, Getränkekisten, Fleischsatten etc.).

Dabei wurden nur die wichtigsten im Rahmen der Kundenzustellung anfallenden Aufgaben genannt.

Die Führung eines **Abhol-Großhandels** (auch als Cash and Carry-Großhandel, abgekürzt C&C, bezeichnet), erfordert dagegen die kundengerechte Gestaltung des Lagers, insbesondere eine den Zugriff durch den Abholer ermöglichende Warenplatzierung. Zur Erfassung der Kundenkäufe und zur Abwicklung von Barzahlungsvorgängen ist eine Check out-Linie einzurichten. Im Verkaufsbereich des Großhandelslagers muss eine stete **Warenpräsenz** gewährleistet werden. Bereits die Erwähnung dieser wenigen wesentlichen Unterschiede macht deutlich, in welch erheblichem Umfang die gesamte Geschäftstätigkeit eines Großhandelsunternehmens durch die Entscheidung für oder gegen Zustellung der Ware zum Kunden beeinflusst wird.

Der Vollständigkeit halber sollen hier auch konventionelle Abhol-Großhandlungen erwähnt werden, welche allerdings in ihrer reinen Form immer mehr an Bedeutung verlieren. Bei diesem Betriebstyp sucht der Kunde die Großhandels-Betriebsstätte auf und tätigt seinen Einkauf nach dem Bedienungsprinzip. Er äußert seine Wünsche an einem Tresen, das Personal des Großhandelsbetriebs holt die entsprechenden Artikel aus einem für den Kunden nicht zugänglichen Lager. Diese relativ aufwändige Verfahrensweise eignet sich nur bei geringem Mengenumschlag je Artikel, wie er vor allem im Spezialgroßhandel vorkommen kann. Auf den Aspekt des Kundensegments bezogen lässt sich feststellen, dass insbesondere Handwerker mit ihrem oft sehr spezialisierten Bedarf auf diese Weise versorgt werden.

Während diese Großhandelsbetriebsform als ausschließliche Vertriebsmethode kaum noch anzutreffen ist, gibt es in der Praxis zahlreiche Unternehmen, welche ihr Hauptgeschäft in der Betriebsform des Zustellhandels abwickeln, nebenbei jedoch einen konventionellen Verkauf nach dem Abholprinzip betreiben, bei dem es oft auch mit der Unterscheidung zwischen gewerblichen und privaten Kunden nicht allzu genau genommen wird.

(3) Streckengroßhandel

Eine weitere Betriebsform des Großhandels ergibt sich aus dem **Verzicht auf eigene Lagerung der Ware**. Betriebe ohne eigenes Lagergeschäft werden als Streckengroßhandlungen bezeichnet. Diese nehmen eine **Vermittlerfunktion** zwischen Herstellern bzw. Importeuren einerseits und Abnehmern andererseits wahr, indem sie die Verbindung zwischen Anbietern und Nachfragern herstellen und sich am Risiko der abgewickelten Geschäfte dadurch beteiligen, dass sie Eigentum an der gehandelten Ware erwerben, ohne dabei jedoch in den körperlichen Übermittlungsprozess der Handelsgüter eingeschaltet zu sein. Der Lieferant des Streckengroßhändlers transportiert die Ware i. d. R. unmittelbar zum Betrieb des Abnehmers. Die anschließende Verrechnung erfolgt allerdings über die Streckengroßhandlung. Auch die Entscheidung für diese Betriebsform hat erhebliche Konsequenzen für die betrieblichen Abläufe, da weder Lager- noch Transporteinrichtungen benötigt werden. Hauptgegenstand der Geschäftstätigkeit von Streckengroßhandlungen ist zwar juristisch gesehen nach wie vor die Ware, faktisch betrachtet dagegen eine Kombination aus Informationen und Rechten.

(4) Großverbraucherzustell-Service

Als Sonderform des Sortimentszustell-Großhandels ist der **Großverbraucherzustell-Service (GV-Service**, z. B. REWE-WIBU) zu erwähnen. Diese Betriebsform hat sich darauf spezialisiert, Großverbraucher mit allen benötigten Waren zu versorgen. Als solche werden beispielsweise eingestuft:

- Krankenhäuser
- Heime (Alten-, Kinder-, Pflegeheime etc.)
- Hotels, Restaurants etc.
- Kantinen von Unternehmen, Schulen, Kasernen etc.

Die Nachfrage dieser und ähnlicher Kunden bezieht sich auf Lebensmittel und Getränke, fertige Mahlzeiten, Süßigkeiten, Zeitschriften, Spirituosen und Tabakwaren, aber auch – vor allem im gastronomischen Sektor – auf echte Nonfood-Artikel wie z. B. Verbrauchsgüter für Bäder und Toiletten (Seife, Toilettenpapier, Duschgel usw.). Die **Besonderheiten** dieser Betriebsform sind folgende:

- **Notwendigkeit eines Spezialsortiments**
  Im Gegensatz etwa zum Lebensmittelhandel benötigt beispielsweise ein Hotel entweder Großgebinde (Marmeladeeimer) oder Portionspackungen.
- **Notwendigkeit spezifisch geschulten Personals**
  Die Gruppe der Kontaktpersonen bei den Kundeneinrichtungen unterscheidet sich deutlich von den sonstigen Abnehmern des Großhandels; so bedarf etwa der Chefkoch eines 5-Sterne-Hotels einer anderen Behandlung als der Warenannahmeleiter eines Industriebetriebs oder ein Einzelhändler.
- **Notwendigkeit eines kundengerechten Dienstleistungsangebots**
  Die Abnehmer von Großverbraucherzustell-Großhandlungen erwarten eine ergänzende Dienstleistungspalette, wie sie im sonstigen Großhandel nicht vorzufinden ist. Daher gehören Beratungsleistungen in Form von Menüvorschlägen, Speisezettelplanungen, Diätplänen oder auch Vorschlägen für küchenorganisatorische Abläufe zum Dienstleistungsangebot eines erfolgreichen GV-Service.

(5) Rack Jobber

Eine weitere Sonderform des Großhandels stellt der Rack Jobber (z. B. Wenco) dar, welcher auch als Regalgroßhändler bezeichnet wird. Dieser mietet in Einzelhandelsverkaufsstätten Regale oder, allgemeiner formuliert, Teile der Verkaufsfläche an, auf welchen er sein Warenangebot selbst betreut. Dies bedeutet, dass Mitarbeiter des Großhandelsunternehmens die abverkauften Mengen der geführten Artikel erfassen, für ständige Warenpräsenz sorgen und die Preisauszeichnung sowie die Beschickung der Warenträger eigenständig vornehmen.

Damit ergibt sich für den Rack Jobber die Möglichkeit, sein **Marketingkonzept bis zum Endverbraucher** auszudehnen. Der Einzelhändler erhält für die Überlassung von Verkaufsfläche eine Vergütung, welche auch die Wahrnehmung der Inkasso-Funktion abdeckt. Der Vorteil einer Kooperation mit Rack Jobbern besteht für Einzelhändler darin, dass bei gesicherten Einnahmen keinerlei Verantwortlichkeit und auch kein Risiko für den vermieteten Teil der Verkaufsfläche übernommen werden muss. Dies bietet sich vor allem bei solchen Sortimentsbestandteilen an, welche einerseits zum Profil der Einzelhandelsverkaufsstelle passen, andererseits aber außerhalb der Warenkenntnis des Einzelhändlers liegen. Rack Jobber sind vor allem in **Selbstbedienungsgroßflächen des Einzelhandels** vorzufinden und vertreten insbesondere Warengruppen wie Haushaltwaren, Spielzeuge, Wolle, Batterien, Werkzeuge, Kurzwaren, Tonträger etc. Eines der bekanntesten Beispiele stellt die Firma Wenco dar.

Die Betriebsform im Handel war definiert worden als Kombinationsresultat aus einem bestehenden Bündel erfüllter Handelsfunktionen, eingesetzter Marketinginstrumente und für die Leistungserstellung genutzter Betriebsfaktoren. Es wäre nur im Rahmen einer Monographie über die Betriebstypen des Handels möglich, für jeden einzelnen nach dem genannten Muster vorgehend sämtliche Charakteristika zusammenzustellen. Hier soll dies lediglich zur Verdeutlichung des Prinzips an einem Beispiel, nämlich dem des **Sortimentszustell-Großhandels**, durchgeführt werden. In der folgenden Abbildung sind die für die genannte Betriebsform charakteristischen Merkmale zusammengefasst:

Beispiel

Handelsfunktion	Art der Erfüllung durch Sortimentszustell-Großhandel	Marketinginstrument	Einsatz durch Sortimentszustell-Großhandel	Leistungsfaktor	Art der Nutzung durch Sortimentszustell-Großhandel
Mengenumgruppierungsfunktion	Wahrnehmung der Verteilungsaufgabe	Leistungsinhalt	breites Sortiment mit disponibler Tiefe; Dienstleistungspolitik im Rahmen der Betriebsform variabel	Personal	Knowhow bezüglich Zustellung (z. B. Tourenplanung) erforderlich; spezialisiertes Personal notwendig, vor allem Fahrer, Kommissionierer und Kontrolleure zur Zusammenstellung der Aufträge im Großhandel
Sortimentsbildungsfunktion	Abnehmerorientierte Sortimentsbildung, Funktion wird stark erfüllt	Leistungsausmaß	Einzelne Betriebsstätte wegen breitem Sortiment relativ groß; Unternehmensgröße betriebsformenunabhängig		
Preisbildungsfunktion	Wird erfüllt; keine Besonderheiten durch Betriebsform	Leistungssubstanzkern	Wichtigste Dienstleistung ist die Zustellung	Betriebsraum	Rationelle Gestaltung des Betriebsraums möglich, da er vom Kunden nicht betreten wird; bei Lkw-Einsatz Bereitstellung von Verkehrs-, Beladungs- und Parkraum erforderlich
Warenmanipulationsfunktion	Art der Erfüllung durch Betriebsform nicht beeinflusst; hängt von gehandeltem Sortiment ab	Zeitbezug der Leistung	Besondere Bedeutung von Lieferfristen, -zeitpunkten, -rhythmen; wichtig auch Zustellungsflexibilität		

Handelsfunktion	Art der Erfüllung durch Sortimentszustell-Großhandel	Marketinginstrument	Einsatz durch Sortimentszustell-Großhandel	Leistungsfaktor	Art der Nutzung durch Sortimentszustell-Großhandel
Leistungssicherungsfunktion	Funktion wird im handelsüblichen Rahmen in Abhängigkeit vom geführten Sortiment durchgeführt	Standortpolitik	Wegen Zustellung Verkehrsorientierung von Bedeutung; außerdem Gleis- und Wasseranschluss nötig; ansonsten Distanzen zu Kunden beachten	Sachliche Betriebsmittel	Kommissioniergerät, Beladungseinrichtungen, zumeist eigene Transportmittel (i. d. R. Lkw) erforderlich
Allgemeine Informationsfunktion	Lieferanten werden über Kundenwünsche, Kunden über Wareneigenschaften informiert	Gestaltung des Absatzsystems	Absatzmethode: Lagergeschäft; Absatzorgane: Vertrieb/Außendienst; Absatzwege: Direktabsatz an Abnehmer		
Beeinflussungsfunktion	Kunde betritt Betrieb nicht, daher Bedarfsweckung und Kaufstimulation nicht durch Warenplazierung und -präsentation, sondern nur durch kommunikative Maßnahmen (Werbung, Verkaufsförderung)	Entgeltpolitik	Zustellkosten sind zu berücksichtigen, für Konditionen spielen Zustellhäufigkeit und -rhythmus eine erhebliche Rolle	Ware	Siehe Sortiment: In jedem Fall breit, zuweilen auch tief strukturiert nötig
Raumüberbrückungsfunktion	Wird durch Zustell-Großhandel kundenseitig sehr stark wahrgenommen	Werbepolitik	Direktwerbung (Werbebriefe, Prospekt, außerdem Fachzeitschriftenanzeigen)	Kapital	Höhe des einzusetzenden Kapitals unter anderem durch oben genannte Sachliche Betriebsmittel determiniert
Zeitüberbrückungsfunktion	Vordisposition, Lagerung sowie Umsatzkreditierung werden in starkem Ausmaß wahrgenommen	Verkaufsförderungspolitik	Kundenbezogene Verkaufsförderung wesentlich u. möglich, da wegen Zustellung Direktkontakt und Kenntnis der Kundenbetriebsstätte		
Umsatzdurchführungsfunktion	Umsatzabwicklung erfolgt durch Warenübergabe beim Kunden; Inkasso geschieht bargeldlos	Kundenbezogene Public Relations	Darstellung des Großhandelsleistungserstellungsprozesses sinnvoll, da Betriebsstätte des Großhandels Kunden nicht bekannt		

Charakterisierung der Betriebsform des Sortimentszustell-Großhandels

Aus der obigen Abbildung ist zu erkennen, dass die exemplarisch ausgewählte Betriebsform des Sortimentszustell-Großhandels durch eine für sie **typische Konstellation von Handelfunktionen, Marketinginstrumenten** sowie **Leistungsfaktoren** gekennzeichnet ist. Diese Kombination wird wesentlich durch die Hauptdeterminanten der Betriebsform bestimmt, welche im vorliegenden Beispiel in den Tatbeständen der Lagerung, der Zustellung und des Angebots eines breiten Sortiments bestehen. Betriebliche Misserfolge drohen, wenn die betriebsformenbildenden Elemente nicht in aufeinander abgestimmten Kombinationen vorliegen. Die Prüfung der Vereinbarkeit und des Ausmaßes an erreichter Synergie durch die gewählte Kombination von Elementen stellt daher eine wesentliche Aufgabe des Handelsmanagement dar.

Auf einfache Art und Weise lässt sich aus der vorstehenden Abbildung ersehen, wie die **Wechselwirkung** zwischen der Entscheidung für eine bestimmte Betriebsform und den Festlegungen bezüglich der Einzelkomponenten beschaffen ist: Wird beispielsweise die Betriebsform des Zustell-Großhandels zu jener des Streckengroßhandels verändert, so kann logischerweise die Dienstleistung des Warentransports zum Kunden nicht mehr ausgeübt werden. Auch die Wahrnehmung der Leistungssicherungsfunktion kommt nicht mehr in vollem Umfange infrage, da mangels körperlichen Durchlaufs der Handelsware durch die Betriebsstätte des Handelsunternehmens eine Prüfung nicht mehr erfolgen kann.

Umgekehrt würde bei einem Verzicht auf die Einzelkomponente der Zustellung von einer Betriebsform „Zustell-Großhandel" eben nicht mehr gesprochen werden können; es läge dann bei Beibehaltung aller Raumkomponenten ein Cash and Carry-Großhandel vor. Leistungspolitik im Handel dokumentiert sich also inhaltlich in der gewählten Betriebsform, so wie umgekehrt die Entscheidung für eine bestimmte Betriebsform deren Einzelkomponenten mit festlegt.

3.1.2 Sekundäre Betriebsformen

Oben waren sekundäre Betriebsformen definiert worden als Resultate der Kombination mehrerer primärer Betriebsformen. Entsprechend entstehen sekundäre Großhandels-Betriebsformen durch räumliche Konzentration von Großhandelsunternehmungen gleichen oder unterschiedlichen Typs. Es lassen sich hier **zwei verschiedene Formen** unterscheiden:

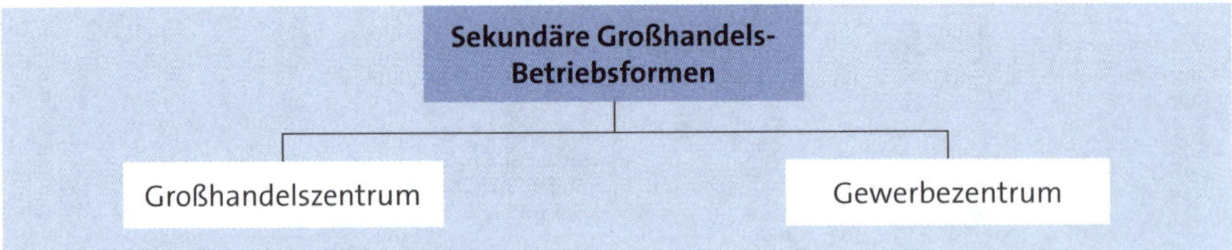

Abb. 57: Sekundäre Großhandels-Betriebsformen

Der Unterschied zwischen beiden Formen besteht darin, dass beim **Großhandelszentrum** ausschließlich Unternehmungen des Großhandels in räumlicher Konzentration zusammengefasst sind, während im Falle des **Gewerbezentrums** verschiedene Unternehmungen, darunter auch solche des Großhandels, auf einer abgegrenzten Fläche gemeinsam tätig sind. Damit sind allerdings nicht solche Gewerbegebiete gemeint, welche sich mehr oder weniger zufällig aufgrund städtebaulicher Planungen ergeben haben, sondern Zentren, welche als solche geplant und bis zu einem gewissen Grade einheitlich geführt werden.

In geplanten Zentren werden die integrierten Unternehmungen sich hinsichtlich ihrer Tätigkeiten und Leistungsangebote sinnvoll zu ergänzen haben. Dies kann im Großhandel am ehesten dann der Fall sein, wenn Abhollager mit komplementären Sortimenten in einem Zentrum tätig werden. Eine Ergänzungsfunktion anderer Art liegt dann vor, wenn sich in Gewerbezentren neben Handels- und Industriebetrieben auch Dienstleistungsunternehmungen niederlassen, welche etwa im Banken-, im Versicherungs-, im Kommunikations- oder auch im logistischen Bereich angesiedelt sind. Speditionen, Bankfilialen, Versicherungsagenturen, aber auch Postämter, Arztpraxen oder Gastronomiebetriebe stellen gemeinsam ein sinnvolles komplementäres Angebot an Diensten für die Tätigkeit von Industrie- und Handelsunternehmungen bereit.

Gewerbezentren in diesem weiten Sinne können jedoch streng genommen nicht mehr als sekundäre Betriebsformen des Großhandels bezeichnet werden, da Unternehmungen dieser Wirtschaftsstufe in ihnen nur noch eine eher untergeordnete Rolle spielen. In den seltensten Fällen wird es bei Gewerbezentren eine Konstellation geben, bei welcher die Großhandelsunternehmungen als dominierende Teilnehmer des Zentrums agieren können.

Echte Großhandelszentren sind dagegen in der Praxis selten; dies gilt zumindest für die BRD, wo bisher nur in Saarbrücken ein deutsch-französisches Zentrum realisiert wurde. Dies liegt wohl daran, dass im Großhandel im Gegensatz zum Einzelhandel, bei dem kooperative Angebote eine hohe Attraktionswirkung auf den Kunden ausüben können, im Normalfall eine derartige Anziehungskraft von einem Zentrum nicht ausgehen wird. Einzige Ausnahme bilden die oben angesprochenen komplementären Abhollager, die von ihrer Marktbedeutung her jedoch vernachlässigbar sind. Eine unmittelbare Nutzenstiftung aus der Zusammenarbeit verschiedener Zustell-Großhandelsbetriebe lässt sich nicht erkennen, wenn man einmal von eventuell denkbaren Rationalisierungen durch gemeinschaftliche Nutzung logistischer Einrichtungen oder von Geräten zur Warenmanipulation absieht; es kann daher davon ausgegangen werden, dass diese sekundäre Betriebsform keine große Zukunft besitzt.

3.2 Klassische Betriebsformen des Einzelhandels

3.2.1 Primäre Betriebsformen

Die hohe Anzahl und Vielgestaltigkeit von primären Betriebsformen des Einzelhandels im Vergleich zum Großhandel lässt sich dadurch erklären, dass auf dieser Wirtschaftsstufe der Betriebstyp eine weit **wichtigere Marketingfunktion** ausübt als auf der Großhandelsstufe. Da mit Ausnahme des Cash and Carry-Großhandels und der Sonderform des Rack Jobbers für Kunden die Betriebsstätte des Großhandels gewöhnlich verschlossen bleibt und somit die internen betrieblichen Prozesse überwiegend nach technisch-organisatorischen Gesichtspunkten gestaltet werden können, determiniert die **beabsichtigte Beeinflussung des Kunden** in den Verkaufsstellen des Einzelhandels – mit Ausnahme des Versandhandels – die Betriebsformen dieser Wirtschaftsstufe.

Da es nur wenige organisatorisch sinnvolle unterschiedliche Gestaltungsformen gibt, ist somit im Großhandel der **Spielraum für Betriebsformenvariationen** schnell erschöpft; dagegen erzwingt die Vielzahl der unterschiedlichen Kundengruppen und die Differenziertheit deren Erwartungen an den Einzelhandel eine entsprechende Vielseitigkeit der Darbietung des Angebots. Diese kundensegmentorientierte Ausrichtung der Marketingpolitik ist also die Ursache für die große Zahl unterschiedlicher Betriebsformen in der Einzelhandelspraxis.

Der rasche zeitliche Wandel von **Kundenverhaltensweisen** und **-erwartungen** bedingt darüber hinaus auch eine hohe Dynamik in der Anpassung von Betriebsformen und in der innovativen Entwicklung neuer Betriebstypen, während die organisatorischen Grundrezepte des Großhandels über deutlich längere Zeiträume mehr oder weniger unverändert aufrechterhalten werden können. Auf diesen Aspekt wird im Rahmen des Abschnitts über die Dynamik der Betriebsformen näher eingegangen.

Die folgende Auflistung nennt jene primären Betriebsformen des Einzelhandels, welche im nachstehenden Abschnitt in kurzer Form charakterisiert werden sollen:

(1) SB-Geschäft
(2) Bedienungsgeschäft
(3) Convenience-Store
(4) Fachgeschäft
(5) Spezialgeschäft
(6) Supermarkt
(7) Discounter
(8) Gemischtwarengeschäft
(9) Klein-Verbrauchermarkt
(10) Fachmarkt
(11) Fachdiscounter
(12) Factory Outlet Center
(13) Verbrauchermarkt
(14) SB-Warenhaus
(15) Warenhaus
(16) Kaufhaus
(17) Kleinpreisgeschäft
(18) Versandhandel
(19) Mobile Verkaufsstätte
(20) Verkaufsautomat
(21) Kiosk
(22) sonstige Betriebsformen.

Die Darstellung der Betriebsformen der Einzelhandels-Praxis folgt der in der vorangegangenen Übersicht erstellten Reihenfolge:

(1) Selbstbedienungsgeschäft (SB-Geschäft)
Dieser in der Praxis gebräuchliche Begriff ist insofern irreführend, als es nicht nur eine Betriebsform gibt, welche nach dem Prinzip der Selbstbedienung arbeitet. Unter dieser Bezeichnung wird von Praktikern eine kleinflächige Verkaufsstelle (bis etwa 200 qm Verkaufsfläche) verstanden, welche im Wesentlichen Lebensmittel des täglichen Bedarfs in Selbstbedienung führt. Aufgrund der geringen Fläche sind die Abläufe meist

unrationell, das Preisniveau entsprechend hoch. Vom Kunden wird diese Betriebsform überwiegend zur Deckung des Vergesslichkeitsbedarfs genutzt. Sie ist wohnbezogen, also **in Kundennähe** angesiedelt. Die Zukunftsprognose fällt aufgrund des **ungünstigen Preis-Leistungsverhältnisses** negativ aus.

(2) Bedienungsgeschäft

Wie SB-Geschäfte zählen auch Bedienungsgeschäfte zu den traditionellen **kleinflächigen Betriebsformen** des Einzelhandels (ebenfalls bis maximal 200 qm Verkaufsfläche). Bezüglich der fehlenden Eindeutigkeit des Begriffs gilt die obige Feststellung zum SB-Geschäft analog. Einzige Unterschiede sind die Verwendung des Bedienungsprinzips und die Tatsache, dass es Bedienungsgeschäfte **auch im Nonfood-Bereich** gibt. Wie beim SB-Geschäft sind auch hier die **Zukunftsaussichten negativ** zu bewerten.

(3) Convenience-Store

Hierbei handelt es sich um eine moderne und professionell geführte Form des früheren Tante Emma-Geschäfts. Angeboten wird ein überwiegend lebensmittelorientiertes Sortiment zur Deckung des Alltagsbedarfs sowie eine Palette von ebenfalls alltäglich benötigten Dienstleistungen. Wie der Name sagt, geht es um die Steigerung der Bequemlichkeit für den Kunden; dies betrifft sowohl die angebotenen Produkte (z. B. Fertiggerichte, Fast Food) als auch die Form des Einkaufs (z. B. lange Öffnungszeiten, Akzeptanz von Kreditkarten). Neben gastronomischen Offerten (Snacks, Kaffee, Sekt etc.) sind als mögliche Dienstleistungen z. B. die Filmentwicklung, Lotto-Toto-Annahme, telefonische Bestellannahme mit Zustellung, Post-Agentur, Kopier- und Fax-Geräte, Internet-Zugang zu nennen. Als Betreiber bzw. Initiatoren treten derzeit beispielsweise Mineralölgesellschaften (Aral), die Deutsche Bahn AG, Spar und Lekkerland auf. Als Standorte kommen Flughäfen, Bahnhöfe, Tankstellen, aber auch Innenstadtlagen bzw. sonstige Lauflagen in Betracht. Ausstattung und Einrichtung sind gewöhnlich hochwertig und erlebnisorientiert, das Preisniveau entsprechend mittel bis hoch. Convenience-Shops zeichnen sich durch eine aktive Kommunikationspolitik aus. Ihre Entwicklungschancen sind als gut bis sehr gut zu beurteilen.

(4) Fachgeschäft

Das Fachgeschäft ist eine Betriebsform des **Nichtlebensmittel-Sektors**; es ist in Wohn- oder in City-Lagen angesiedelt. Die Verkaufsfläche liegt zumeist zwischen etwa 200 qm und 600 qm. Diese Größenordnung ist erforderlich, um das Sortiment aufnehmen zu können, welches für ein Fachgeschäft kennzeichnend ist. Es umfasst Güter einer Branche oder Teilbranche, welche in mittlerer Sortimentstiefe vorgehalten werden. Das Warenangebot wird um **güterspezifische Dienstleistungen** ergänzt. Zu den wesentlichen Kennzeichen gehört insbesondere eine qualifizierte Beratung des Kunden, das Preisniveau ist vergleichsweise hoch. Fachgeschäfte stellen die traditionelle Form des Nonfood-Einzelhandels dar. Vor allem wegen des Wettbewerbs durch Fachmärkte und Fachdiscounter kann für diese Betriebsform in der Zukunft bestenfalls eine **Stagnation** erwartet werden.

(5) Spezialgeschäft

Spezialgeschäfte bilden eine Fortentwicklung von Fachgeschäften in dem Sinne, dass sie im gewählten Branchenausschnitt ein **tiefes Sortiment** führen. Da somit auch Artikel angeboten werden müssen, welche nur selten nachgefragt werden, ist die Umschlagshäufigkeit des Warenbestandes sehr niedrig. Die **Kundenberatung** und **ergänzende Dienstleistungen** pflegen noch stärker als beim Fachgeschäft ausgeprägt zu sein. Dadurch liegt auch das Preisniveau im Allgemeinen mindestens auf Fachgeschäfts-Level, normalerweise jedoch darüber. Spezialgeschäfte finden sich häufig in **City-Lagen**; sie benötigen ein großes Einzugsgebiet, da sich ansonsten die Vorhaltung auch sehr selten nachgefragter Artikel nicht lohnen würde. In kleineren Orten bzw. Dörfern sind Spezialgeschäfte daher nur sehr selten anzutreffen. Bevorzugt werden sie in den Zentren von Mittel- und Großstädten tätig. Auch beim Spezialgeschäft ist künftig von einer Stagnation auszugehen.

(6) Supermarkt

Der Supermarkt ist je nach Ausprägung das Fach- bzw. Spezialgeschäft des **Lebensmittelhandels**. Es finden sich dort auf gewöhnlich etwa 400 qm - 800 qm Verkaufsfläche Lebensmittel-Vollsortimente (Artikelzahl ca. 3.000 - 6.000). Während bei Nonfood-Fach- und Spezialgeschäften die Bedienung dominiert, sind im Supermarkt neben Bedienungsabteilungen auch Selbstbedienungsbereiche anzutreffen. **Frischwaren** (Fleisch, Wurst, Käse, Brot etc.) werden normalerweise **in Bedienung** angeboten, während das restliche Lebensmittelsortiment in Selbstbedienung verkauft wird. Wohnbezogene und City-Lagen werden als Supermarktstandorte bevorzugt. Aufgrund attraktiver Ausstattung und qualifizierten Bedienungspersonals pflegt das **Preisniveau relativ hoch** zu sein. Der Supermarkt stellt die traditionelle Form des Lebensmitteleinzelhandels dar, welche den Höhepunkt ihrer Entwicklung bereits deutlich hinter sich zu haben schien. Derzeit erlebt der Supermarkt eine kleine Renaissance, deren Dauer momentan nicht prognostizierbar ist. Dies gilt vor allem für den so genannten **„großen Supermarkt"**, der nach Vorbildern in den USA auf 1.000 qm - 2.000 qm Verkaufsfläche ein breiteres und tieferes Sortiment als der klassische Supermarkt führt. Die Sortimentswertigkeit ist als hoch zu charakterisieren, weswegen insbesondere anspruchsvolle Zielgruppen zu den Kunden gehören.

(7) Discounter

Das wichtigste Instrument des Discounters ist der **niedrige Preis**. Um ihn realisieren zu können, werden auf Verkaufsflächen zwischen ca. 400 qm und 800 qm, teilweise auch darüber, straffe Sortimente geführt, in welchen fast ausschließlich Artikel mit hoher Umschlagshäufigkeit enthalten sind. Discounter sind Food-Anbieter, wobei hier gemäß der Sprachregelung in der Praxis unter Food nicht nur Lebensmittel, sondern sonstige Güter des Alltagsbedarfs wie Wasch-, Putz-, Reinigungsmittel, Körperpflegeartikel u. Ä. inbegriffen sind. Die Standortlagen sind wohnbezogen bzw. verkehrsorientiert. Wie Supermärkte benötigen auch Discounter wegen des Umfangs des Durchschnittseinkaufs eine gewisse Anzahl von Parkplätzen für Autokunden.

Man unterscheidet zwischen den so genannten „harten" und den „weichen" Discountern; die harten Discounter sind der ersten Discountgeneration zuzurechnen, bei welcher fast völlig auf Frischwaren verzichtet wurde. Die Artikelzahlen liegen bei diesen Märkten zwischen etwa 600 und 1.000. Der weiche Discounter führt darüber hinaus auch ein begrenztes Sortiment an Frischwaren wie etwa Obst und Gemüse, Molkereiprodukte, in jüngerer Zeit zuweilen auch Tiefkühlkost. Die Artikelzahl des Sortiments steigt dadurch auf etwa 1.200 - 1.500 an. Zur Ermöglichung des niedrigen Preisniveaus wird die Ausstattung einfach gehalten, Bedienungs- und sonstige Dienstleistungen werden nicht angeboten.

Im Gegensatz zu allen bisher dargestellten Betriebsformen eignet sich der geringen Spanne wegen der Discounter kaum für eine Betreibung durch den klassischen selbstständigen Einzelhändler. Erst im **Filialsystem** entfaltet er seine durchschlagende Wirkung. Bekannte Beispiele sind die Firmen bzw. Vertriebsschienen ALDI, Lidl, Netto, Penny und Norma. Die **Zukunftsaussichten** des Discounters sind nach wie vor als **gut** zu beurteilen, da gerade bei nicht erklärungsbedürftigen Gütern des Alltagsbedarfs der heutige Konsument großen Wert auf preisgünstige Einkaufsstätten legt, in denen er zu Gunsten des niedrigen Preises gerne auf eine aufwändige Ausstattung oder qualifizierte Beratung verzichtet.

(8) Gemischtwarengeschäft

Dieser Betriebstyp, oft auch als „ländliches Gemischtwarengeschäft" bezeichnet, findet sich, wie bereits der Name andeutet, vor allem im **ländlichen Raum**. Auf rund 200 qm - 400 qm Verkaufsfläche wird ein Sortiment angeboten, welches einen großen Teil des Alltagsbedarfs der Bevölkerung abdecken kann. Hierzu gehören über ein gestrafftes Supermarktsortiment hinaus Warengruppen wie etwa Gartengeräte, Werkzeuge, Kurzwaren, Kleintextilien, Spielwaren und vieles mehr. Der nicht gerade als wissenschaftlich einzustufende Begriff des **Sammelsuriums** drückt den Sortimentsumfang des Gemischtwarengeschäfts wohl am besten aus.

Hinsichtlich der Verkaufsmethode finden sich sowohl **Bedienung als auch Selbstbedienung**. Wegen des in Teilen des Sortiments niedrigen Warenumschlages, teilweise auch wegen monopolähnlicher Stellung solcher Geschäfte als Alleinversorger in ländlichen Orten tendiert das **Preisniveau nach oben**. Obwohl die Entwicklung der Gemischtwarengeschäfte bereits seit langem rückläufig ist, kann dennoch davon ausgegangen werden, dass bei Vorliegen bestimmter Standort- und Einzugsgebiets-Voraussetzungen dieser Betriebstyp auch in den kommenden Jahren noch am Markt vertreten bleiben wird.

(9) Klein-Verbrauchermarkt

Der Klein-Verbrauchermarkt bietet auf einer Verkaufsfläche, welche zumeist zwischen 800 qm und 1.500 qm liegt, ein vollständiges Lebensmittelsortiment sowie ergänzende Nonfood-Warengruppen an, soweit das Kriterium der **hohen Umschlagshäufigkeit** erfüllt ist. Diese Betriebsform entstand als Konsequenz aus der Novellierung der Baunutzungsverordnung, in deren § 11 Abs. 3 eine Verhinderungsmöglichkeit für großflächige Betriebsformen des Einzelhandels geschaffen wurde. Hiernach waren Verkaufsstellen des Einzelhandels außer in City-Lagen und in ausgewiesenen Sondergebieten nur noch unter sehr eng abgegrenzten Voraussetzungen genehmigungsfähig.

Die davon betroffenen Unternehmungen reagierten mit der Einführung jenes Betriebstyps, welcher in der Praxis unter der Bezeichnung „Typ 1000" (1.000 qm) bekannt wurde. Dieser findet sich bevorzugt in teilintegrierten Lagen, das heißt, in Randlagen von Ortschaften. Er ist jedoch auch in wohnbezogenen und in City-Lagen anzutreffen. Das

Preisniveau ist in Abhängigkeit von der Konkurrenzsituation mittel bis niedrig. In jedem Fall liegt es unter dem des Supermarktes. Frischwaren werden im Allgemeinen in Bedienung, das gesamte restliche Sortiment in Selbstbedienung angeboten.

Nach einer neuerlichen Novellierung der Baunutzungsverordnung wurde die problemlos zu genehmigende Maximal-Geschoßfläche auf 1.200 qm herabgesetzt. Infolgedessen weisen die Verkaufsflächen von Klein-Verbrauchermärkten, welche nach dieser Novellierung eröffnet wurden, maximale Verkaufsflächen von 1.000 qm auf. Die Zukunftschancen dieses Betriebstyps sind als gut zu bewerten, da bei ihm der Alltagseinkauf nach dem Prinzip des One-Stop-Shopping zu vergleichsweise günstigen Preisen durchgeführt werden kann. Aus diesem Grunde ist allerdings eine größere Zahl an Parkplätzen unabdingbar für den Markterfolg.

(10) Fachmarkt
Der Fachmarkt bietet Sortimente des Nonfood-Sektors an. Im Gegensatz zum Fachgeschäft nutzt er dabei allerdings – begünstigt durch die größere Verkaufsfläche – verstärkt die Möglichkeiten der **Selbstbedienung** und der attraktiven, erlebnisorientierten Warenplatzierung und -präsentation. Zum absoluten Umfang der Verkaufsfläche ist keine generelle Aussage möglich, da diese von der Branche abhängt. So kann ein Fachmarkt für Modeschmuck durchaus auf einer Fläche von 100 qm bis 200 qm betrieben werden, während Bau- und Hobby- oder Möbelmärkte mehrere tausend qm Fläche benötigen. Aufgrund rationellerer Arbeitsabläufe auf der größeren Fläche und wegen der stärkeren Nutzung des Selbstbedienungsprinzips liegen Fachmärkte im Preisniveau üblicherweise unter Fach- und Spezialgeschäften. Dennoch bieten sie die jeweils **branchenüblichen Beratungs-** und **sonstigen Dienstleistungen** an. Als Standorte kommen vor allem Innenstädte und Stadtrandlagen infrage; ein ausreichendes Parkplatzangebot ist unabdingbare Erfolgsvoraussetzung. Der Fachmarkt muss als zukunftsorientierte Betriebsform beurteilt werden, da er dem heutigen Bedürfnis nach Verbindung von Freizeit und Einkauf stärker als das traditionelle Fachgeschäft entgegenkommt.

(11) Fachdiscounter
Durch konsequente Anwendung der Discountprinzipien, also Reduzierung der Bedienung und der Dienstleistungen bei einem nach dem Kriterium hoher Umschlagshäufigkeit gestalteten Sortiment, entwickelte sich im **Nonfood-Sektor** aus dem Fachgeschäft einerseits und dem Fachmarkt andererseits der Fachdiscounter. Wie der Fachmarkt bietet er auf einer branchenabhängigen Fläche Nonfood-Waren an, wobei durchgängig nach dem Prinzip der Selbstbedienung vorgegangen wird. Durch **Wegfall der Bedienung**, einfache Ausstattung und hohen Warenumschlag wird eine **aggressive Niedrigpreiskalkulation** ermöglicht.

Als Standorte kommen vor allem wohnbezogene und Stadtrandlagen in Betracht, während Innenstädte aufgrund der hohen Mietkosten üblicherweise nicht infrage kommen. Wie Fachmärkte können auch Fachdiscounter in Kooperation mit anderen Einzelhandelsbetriebsformen außerhalb von Ortschaften („auf der grünen Wiese") angesiedelt sein. Eine ausreichende Anzahl von Parkplätzen ist zwingend erforderlich. Die **Zukunftschancen** des Fachdiscounters werden **positiv** eingeschätzt, da durch das steigende Informationsniveau beim Endverbraucher ständig weitere Warengruppen

Selbstbedienungseignung erlangen. Fachdiscounter weisen zusammen mit den Fachmärkten seit Jahren die höchsten Wachstumsraten aller Einzelhandels-Betriebsformen auf.

Als discountfähig erweisen sich in jüngerer Zeit sogar prinzipiell erklärungsbedürftige Güter, z. B. des IT-Sektors, welche noch vor Jahren fast ausschließlich in solchen Betriebsformen gekauft wurden, in denen eine qualifizierte Beratung vorhanden war. Dabei darf allerdings nicht außer acht gelassen werden, dass sich der Endverbraucher in zahlreichen Fällen die benötigten Kaufinformationen in Fachbetriebsformen verschafft, um anschließend das laut Beratung für die eigenen Zwecke günstigste Produkt in discountierenden Betriebsformen zu einem niedrigeren Preis zu erwerben. Auf diese Weise erfüllen Betriebstypen wie Fach- oder Spezialgeschäft die Informationsfunktion für Discount-Betriebstypen mit, ohne hierfür ein Entgelt zu erhalten.

(12) Factory Outlet Center („FOC“)
Beim Factory Outlet Center (FOC) handelt es sich um die derzeit wohl umstrittenste Betriebsformenentwicklung, welche nicht durch den institutionellen Handel selbst, sondern durch Hersteller initiiert wurde und vorangetrieben wird. Es handelt sich dabei um eine großflächige Betriebsform, in welcher mehrere Hersteller branchenübergreifende Non Food-Sortimente zu in Relation zum Fachhandel niedrigen Preisen anbieten. Da es sich dabei jedoch vorwiegend um auf hohem Niveau angesiedelte Markenartikel handelt, ist das FOC keinesfalls als Niedrigpreis-Anbieter einzustufen. Es darf auch nicht mit dem an die Produktionsstätte eines Herstellers angegliederten Fabrikverkauf verwechselt werden.

Ursprünglich aus der Idee des Verkaufs von fehlerhafter Ware bzw. Rückläufern aus dem Einzelhandel entstanden, haben sich die früher vor allem in den USA, in Frankreich und in Großbritannien vorzufindenden FOC zunehmend mehr zu einer eigenständigen Erlebnis-Betriebsform für den Direktvertrieb von Markenartikeln durch die jeweiligen Hersteller gewandelt. Das Sortiment stammt häufig aus den Bereichen Textil, Schuhe, Schmuck etc.; vielfach werden auch Handelsunternehmen und Dienstleistungsbetriebe, z. B. Restaurants, als Konzessionäre in das Center integriert. In diesem Falle wird aus dem FOC ein geplantes Einkaufszentrum, also eine sekundäre Betriebsform, auf welche im Folgeabschnitt noch genauer eingegangen wird. Die Standorte sind meist in Außenlagen, verkehrsgünstig, insbesondere autobahnnah gelegen; häufig werden Konversionsobjekte des militärischen Bereichs bzw. nicht mehr genutzte Fabrikgebäude für die Unterbringung von FOC verwendet. Die Gestaltung kann als kreativ erlebnisorientiert bezeichnet werden.

In Deutschland gibt es inzwischen ein flächendeckendes Netz von über dreißig Factory Outlets. Das bekannteste dürfte die so genannte „Outlet City“ in Metzingen sein, welche alle bekannten Textilmarken beherbergt. Sie wird von Käufern aus aller Welt frequentiert, die neben dem Besuch der Outlet City oft auch ein touristisches Programm absolvieren. Die weitere quantitative Entwicklung dieses herstellerinitiierten Betriebstyps in Deutschland ist derzeit noch nicht abzuschätzen, da mit den um ihre Innenstädte besorgten Kommunen einerseits und dem um Umsätze und Erträge fürchtenden Facheinzelhandel andererseits nicht unbedeutende Einflussnehmer die Ausbreitung der Factory Outlet Center zu begrenzen suchen.

(13) Verbrauchermarkt

Als Verbrauchermarkt werden Einzelhandelsverkaufsstellen mit einer Verkaufsfläche zwischen ca. 1.500 qm und 3.000 qm bezeichnet, welche schwerpunktmäßig ein **Lebensmittel-Vollsortiment**, darüber hinaus jedoch auch Artikel aus verschiedenen **Nonfood-Warenbereichen** führen. Dabei werden auch Waren des aperiodischen Bedarfs wie z. B. Kleinmöbel, Elektrogeräte, Textilien, Schuhe, Bau- und Hobby-Artikel etc. angeboten. Das Sortiment des Verbrauchermarktes ist also sehr breit, dabei jedoch äußerst flach, wenn man vom Lebensmittelsortiment absieht. Aus dem Nonfood-Sektor werden ausschließlich Artikel mit hoher Umschlagshäufigkeit geführt.

Baulichkeiten und Verkaufsstellenausstattung sind sehr einfach gehalten, Dienstleistungen mit Ausnahme der Bedienung im Lebensmittelfrischebereich werden nicht erbracht. Für Nonfood-Artikel kommt generell das Selbstbedienungsprinzip zum Tragen. Durch diese Geschäftspolitik wird eine aggressive Preispolitik ermöglicht. Als Standorte werden überwiegend teilintegrierte und Außenlagen bevorzugt; hierfür sind Kostengründe ausschlaggebend. Eine große Zahl an Parkplätzen ist für den Verbrauchermarkt obligatorisch.

Wegen der strikten Anwendung des Discountprinzips (**Niedrigpreis**) haben sich Verbrauchermärkte, wie im Übrigen auch Discounter, insbesondere in solchen Regionen der Bundesrepublik durchgesetzt, in welchen aufgrund der Wirtschaftsstruktur, vor allem wegen höherer Arbeitslosenquoten, eine unterdurchschnittliche Kaufkraft festzustellen ist. Beispiele dafür sind etwa das Saarland und das Ruhrgebiet. Wegen der Bequemlichkeit des Einkaufes und des bei nicht erklärungsbedürftigen Gütern vom Konsumenten geschätzten niedrigen Preisniveaus sind die künftigen Aussichten des Verbrauchermarktes als gut zu beurteilen, wenn auch die Neuansiedlung solcher Flächen aufgrund § 11 Abs. 3 Baunutzungsverordnung nur noch eingeschränkt möglich ist.

(14) Selbstbedienungs-Warenhaus

Das SB-Warenhaus, in der Praxis auch als „großer Bruder“ des Verbrauchermarktes bezeichnet, hat in seiner Entstehungsphase die Prinzipien der Betriebsform Verbrauchermarkt lediglich auf eine größere Verkaufsfläche projiziert; der Betriebstyp verfügt über ein Minimum von 3.000 qm Verkaufsfläche, nach oben kann eine feste Begrenzungslinie nicht angegeben werden. Verkaufsflächen von 20.000 qm oder mehr sind in der Praxis keine Seltenheit.

Die Betriebsform hat sich in den vergangenen Jahren im Niveau deutlich nach oben entwickelt (**„Trading up“**). Heute stehen die meisten SB-Warenhäuser den Warenhäusern vom Erscheinungsbild her näher als den Verbrauchermärkten. Die angebotenen Sortimente lassen sich mit jenen der Warenhäuser durchaus vergleichen; bei unternehmensindividueller Schwerpunktsetzung werden **Artikel aus allen denkbaren Branchen** angeboten. Das Sortiment ist also breit und mitteltief, in einzelnen Segmenten zuweilen auch tief. Die Palette der angewandten Verkaufsmethoden reicht von totaler

Selbstbedienung bis zu vollständiger Bedienung. Das Preisniveau kann heute als mittel bis leicht unterdurchschnittlich bezeichnet werden. Dienstleistungen werden angeboten, soweit die Charakteristik der geführten Waren dies erfordert. Insbesondere besteht im Gegensatz zum Verbrauchermarkt beim SB-Warenhaus üblicherweise für großvolumige und schwergewichtige Artikel ein Heimzustelldienst (z. B. bei Möbeln, Großgeräten des Elektrobereichs, Teppichen), der oft outgesourct wird.

Der Betriebstyp ist zuweilen in teilintegrierten Lagen, sehr häufig allerdings in Außenstandorten mit günstiger Verkehrsanbindung anzutreffen. Darunter ist die Lage an stark befahrenen Bundesstraßen, an Autobahnkreuzen etc. zu verstehen. Aufgrund dieser Tatsache benötigen SB-Warenhäuser ein sehr großes Parkplatzangebot. Wegen ihrer guten Erreichbarkeit, aufgrund der Möglichkeit, nahezu den gesamten Bedarf mit einem Einkauf zu decken sowie des durchschnittlichen bis günstigen Preisniveaus wegen können für die bestehenden Objekte dieser Betriebsform sehr gute Zukunftsaussichten prognostiziert werden. Die Neuansiedlung stößt dagegen aus den oben genannten Gründen auf Schwierigkeiten.

(15) Warenhaus

Das Warenhaus ist eine der ältesten Betriebsformen des Einzelhandels; es existiert bereits seit etwa 140 Jahren. Seit jeher gilt es als Inbegriff des Vollsortimenters, was mit dem Slogan „Alles unter einem Dach“ treffend charakterisiert wird. Die klassischen Warenhäuser sind fast stets in City-Lagen vorzufinden und verfügen über eine Mindestverkaufsfläche von rund 3.000 qm, welche auf mehrere Etagen verteilt ist. Eine Obergrenze kann kaum angegeben werden; Weltstadtwarenhäuser in Metropolen wie New York, Tokio, London oder Paris erreichen Verkaufsflächen von mehreren 10.000 qm.

Das Sortiment ist breit und tief, wobei Abstufungen in den einzelnen Warengruppen möglich sind. Die Artikelzahlen liegen im Durchschnitt um 100.000, allerdings sind hier erhebliche Bandbreiten je nach Standort feststellbar. Warenhäuser in Mittelstädten verfügen über kaum mehr als 70.000 - 80.000 Artikel, während solche in Groß- und Weltstädten mindestens 130.000 Artikel führen. Die Ausstattung pflegt mittleres bis hohes Niveau aufzuweisen, die Intensität der angebotenen Dienstleistungen kann in gleicher Weise charakterisiert werden. Als Verkaufsmethoden sind alle Varianten, die völlige Selbstbedienung, Vorwahlprinzip, Teilselbstbedienung bis hin zur Bedienung anzutreffen. Das Preisniveau über alle Warengruppen hinweg gesehen ist als durchschnittlich einzustufen.

Die jüngere Geschichte der Warenhäuser ist durch erhebliche Probleme gekennzeichnet; als Stichworte seien hier nur niedriger Warenumschlag bei hohen Beständen, Verödung von Innenstädten, Parkplatznot, Anfahrtsprobleme etc. zu nennen. Diese Entwicklungen haben in den letzten Jahren zu Marktanteilsverlusten der Betriebsform Warenhaus und damit der Betreiberunternehmungen geführt. Durch Gegenmaßnahmen wie Betonung des Erlebniskaufs, Setzung von Sortimentsschwerpunkten, Schaffung von verkaufsorientierten branchenübergreifenden Sortimentslandschaften, vor allem aber durch Diversifikationsstrategien in Richtung auf eine verstärkte Berücksichtigung von Fachmarktkonzepten haben die Warenhausunternehmungen derzeit die

Marktanteilsverluste teilweise wieder egalisieren können. Dennoch muss die Zukunft dieser Betriebsform eher negativ eingeschätzt werden.

(16) Kaufhaus

Die Betriebsform des Kaufhauses ist mit derjenigen des Warenhauses in zahlreichen Geschäftsprinzipien vergleichbar, wie z. B. hinsichtlich des Standorts, der Ausstattung, der Dienstleistungsintensität und des Preisniveaus. Wesentlicher Unterschied ist der **Sortimentsumfang**: Im Kaufhaus ist im Gegensatz zum Warenhaus nur eine Branche vertreten. Die größte Bedeutung hat in diesem Rahmen das Textilkaufhaus, in welchem auf verschiedenen Etagen ein mehr oder weniger vollständiges Textilsortiment vorzugsweise in Teilselbstbedienung oder Bedienung mit Vorwahlprinzip geführt wird. Durch die Beschränkung auf eine Branche ist i. d. R. auch die Verkaufsfläche des Kaufhauses kleiner als diejenige des Warenhauses. Bei Anpassung an den Erlebnistrend im Einzelhandel kann davon ausgegangen werden, dass die Betriebsform Kaufhaus in den kommenden Jahren ihre Marktposition wird erhalten können.

(17) Kleinpreisgeschäft

Kleinpreisgeschäfte, auch als **Juniorwarenhäuser** oder Einheitspreisgeschäfte bezeichnet, wurden in der Vergangenheit i. d. R. als Tochtergesellschaften von Warenhausunternehmungen betrieben (z. B. Kaufhalle, Bilka). Einzige Ausnahme eines spezialisierten Kleinpreisunternehmens in der Bundesrepublik ist die Firma Woolworth, die jedoch auch mit erheblichen wirtschaftlichen Problemen zu kämpfen hat.

Diese Betriebsform führt auf einer Verkaufsfläche, welche i. d. R. zwischen 800 qm und 2.000 qm liegt, ein breites, jedoch relativ flaches Sortiment. Gewöhnlich ist auch ein begrenztes Lebensmittelsortiment vorzufinden, welches jedoch im Gegensatz etwa zum Verbrauchermarkt beim Kleinpreisgeschäft nicht dominiert. Hier steht vielmehr der **Nonfood-Sektor** im Vordergrund. Als Verkaufsmethoden herrschen **Selbstbedienung** und **Vorwahlprinzip** vor. Das Preisniveau ist mittel bis niedrig. Die Ausstattung weist erhebliche Ähnlichkeit mit derjenigen von Warenhäusern auf, wobei allerdings hochwertige Bereiche vollständig fehlen.

Als Standorte kommen ausschließlich Innenstadtlagen in Betracht. Ein Parkplatzangebot kann somit fast nur durch Tiefgaragen oder Parkhäuser geschaffen werden. Auch in diesem Punkt besteht Übereinstimmung mit der Betriebsform des Warenhauses. Insgesamt weisen die Kleinpreisgeschäfte eine rückläufige Tendenz auf, da sie mit Angebotsagglomerationen z. B. von Fachmärkten, Fachdiscountern und Dienstleistungsbetrieben, wie sie etwa in Einkaufszentren zu finden sind, kaum konkurrieren können. Es ist daher ein allmählicher weiterer Rückgang dieser Betriebsform zu prognostizieren.

(18) Versandhandel

Die Betriebsform des Versandhandels ist in ihrer gesamten Geschäftstätigkeit durch das **Distanzprinzip** geprägt. Innerhalb des Einzelhandels stellt sie diejenige Betreibungsform dar, welche die Raumüberbrückungsfunktion am konsequentesten, nämlich bis „in das Wohnzimmer" des Verbrauchers, wahrnimmt. Dies erfordert ein Auftragsannahme- und -verwaltungssystem sowie logistische Verfahrensweisen, welche sehr viel Ähnlichkeit mit jenen des Großhandels aufweisen. Bezüglich der Umsatzakquisition und -durchführung hat jedoch der Versandhandel das Problem einer deutlich zahlreicheren Abnehmerschaft zu bewältigen.

Hinsichtlich **Sortiments- und Preisgestaltung** ist bei den Versandhandlungen eine **große Variationsbreite** zu beobachten. Es gibt Anbieter mit warenhausähnlichem Sortiment (z. B. Quelle, Otto), aber auch solche mit spezialisierten Sortimenten (z. B. Klingel für Textilien). Spezialversender weisen tendenziell ein höheres, Universalversender dagegen in der Mehrzahl ein niedrigeres Preisniveau im Vergleich zu Warenhäusern auf. Typische Dienstleistungen dieser Betriebsform bestehen in umfangreichen Garantieversprechen und weitgehenden Umtauschmöglichkeiten.

Neben dem typenbildenden Merkmal der Sortimentsbreite bzw. -tiefe ist als weiteres Differenzierungsmerkmal des heutigen Versandhandels insbesondere die Form der Kommunikation mit den Kunden zu nennen. Hiernach lassen sich die Subformen des klassischen und des Onlinehandels unterscheiden:

- **Klassischer Versandhandel**
  Sein wesentlichstes Kommunikationsinstrument ist der in Papierform erstellte **Katalog**. Für den Kunden ist damit der Vorteil verbunden, dass er in Ruhe zuhause das Warenangebot prüfen und von dort aus seine Bestellung aufgeben kann. Andererseits hat er keine Möglichkeit, die angebotene Ware vor dem Kauf unmittelbar zu prüfen. Dies führt zu gewissen Sortimentsbeschränkungen bezüglich Artikeln, bei welchen der Kunde üblicherweise eine physische Begutachtung vor dem Kauf vorzunehmen wünscht (z. B. bei Pelzen, wertvollen Schmuckstücken, Tabakspfeifen).

  Eine der erheblichsten durch den Versandhandel zu lösenden Schwierigkeiten besteht darin, dass für die Gültigkeitsdauer des Katalogs durch das Versandhandelsunternehmen zwar nicht de jure, aber de facto eine Garantie für den ausgedruckten Preis und für die Präsenz der angebotenen Ware abgegeben wird. Dies setzt die Beschaffung entsprechend großer Warenmengen je Artikel bzw. Dauerverträge mit Lieferanten voraus. Artikel, welche erheblichen Preisschwankungen unterworfen sind oder die nur in begrenzter Menge beschafft werden können, eignen sich für den Verkauf über den Versandhandel nur bedingt.

- **Onlinehandel**
  Wegen der außerordentlichen Bedeutung, welche der Onlinehandel erlangt hat, wird dieser **unter Punkt 3.3** einer vertieften Analyse unterzogen.

  Insgesamt kann der Betriebsform des Versandhandels vor allem wegen der Einkaufsbequemlichkeit und auch wegen der Vorteile, die sie weniger mobilen Bevölkerungskreisen bietet, eine weiterhin positive Zukunftschance bescheinigt werden.

(19) Mobile Verkaufsstätte

Wie der Begriff ausdrückt, ist die Betriebsform des **mobilen Verkaufs** dadurch gekennzeichnet, dass nicht die Kunden sich zu einer stationären Verkaufsstelle begeben, sondern der Einzelhändler zum Kunden kommt. Genutzt werden hierfür Transportmittel vom Kleintransporter bis zum großen Lkw mit Anhänger. Als Sortimente eignen sich Frischwaren (Obst und Gemüse, Backwaren, Tiefkühlkost etc.), Getränke, landwirtschaftliche Erzeugnisse im weiteren Sinne (Wein, Honig etc.) sowie Lebensmittel allgemein. Letztere werden aus größeren Lkw heraus nach dem Selbstbedienungsprinzip verkauft; diese Angebotsform findet vor allem dort Akzeptanz, wo durch Ausdünnung des stationären Verkaufsstellennetzes Versorgungslücken insbesondere bei der immobilen Bevölkerung aufgetreten sind.

Das mobile Verkaufsgeschäft ist vergleichsweise **kostenaufwändig**, sobald es mit angestellten Fahrern und spezialisierten Lkw betrieben wird, woraus ein relativ hohes Preisniveau resultiert. Eine andere Situation liegt bei der landwirtschaftlichen Direktvermarktung vor, bei welcher durch das Umgehen diverser Handelsstufen unter Umständen beim Haustürgeschäft niedrigere Preise zu verzeichnen sind, als wenn sich der Kunde die entsprechenden Produkte im stationären Handel kauft.

Die **Zukunftschancen des mobilen Verkaufs** sind als **günstig** zu beurteilen, was sich vor allem aus der oben genannten Tatsache einer Reduzierung der flächendeckenden Handelsversorgung ergibt. Da die durchschnittliche objektbezogene Betriebsgröße von Handelsverkaufsstellen ansteigt, müssen diese immer größere Einzugsgebiete erschließen, um überlebensfähig zu bleiben. Dadurch werden zwangsläufig kleinere Wohneinheiten, Siedlungen und kleine Dörfer verstärkt ohne eigene Versorgung mit stationären Einkaufsstätten sein. Bevölkerungsgruppen wie etwa kinderreiche Familien, bei denen die finanziellen Verhältnisse die Haltung eines Zweitwagens nicht ermöglichen, oder auch ältere Menschen werden dadurch zunehmend von der notwendigen Versorgung mit Alltagsgütern abgeschnitten. Diese Marktlücke deckt der mobile Verkauf teilweise ab. Solange die Abnahme der Anzahl stationärer Verkaufsstätten bei gleichzeitiger Zunahme der durchschnittlichen Verkaufsfläche je Objekt fortschreitet, wird wohl auch der Wachstumstrend der mobilen Verkaufswagen anhalten. Zudem wird auf diesem Wege auch das Bequemlichkeitsbedürfnis in Bezug auf häufig benötigte Alltagsgüter befriedigt.

(20) Verkaufsautomat
Wie bereits bei den vorgenannten Betriebsformen handelt es sich auch beim Verkaufsautomaten um eine etwas exotische, trotzdem aber nicht unbedeutende Betreibungsform des Einzelhandels. Ihr dominantes Prinzip ist die totale Selbstbedienung. Während selbst im dienstleistungsarmen Discounter der Kunde zumindest in der Inkasso-Phase auf eine Verkaufskraft stößt, muss er beim Verkaufsautomaten auch den Zahlungsvorgang selbst durchführen.

Für den Verkauf im Automaten bieten sich vor allem solche Artikel an, bei denen ein Bedarf seitens der Kunden auch zu solchen Zeiten auftritt, in denen der stationäre Einzelhandel gewöhnlich nicht mehr geöffnet ist. Dies gilt insbesondere für Zigaretten, Getränke und Süßigkeiten. Automaten mit einem derartigen Warenangebot finden sich dementsprechend in **unmittelbarer Konsumentennähe**. Darüber hinaus werden Automaten für spezifische Bedarfe aufgestellt, wie etwa Speise- und Getränkeautomaten an Autobahnraststätten oder Blumenautomaten in der Nähe von Krankenhäusern.

Der sachliche Anwendungsbereich von Verkaufsautomaten ist insgesamt gesehen nicht allzu groß: Weder erklärungsbedürftige, hochwertige oder großvolumige noch gesetzlichen Auflagen unterworfene Artikel wie Arzneimittel oder Spirituosen können über Automaten verkauft werden. Die künftigen Aussichten dieser Betriebsform sind eher negativ zu bewerten. Es bleibt abzuwarten, ob sich ausgebaute Automatensysteme mit größerem Warenangebot in Deutschland durchsetzen können.

(21) Kiosk

Wie der Verkaufsautomat stellt auch der Verkaufskiosk eine Betriebsform des Einzelhandels dar, welche früher Nutznießer der inzwischen abgeschafften Ladenschlussregelung war. Als Kioske werden kleinflächige Verkaufsstellen des Einzelhandels bezeichnet, welche aufgrund ihres **spezialisierten Sortiments** nicht an das Ladenschlussgesetz gebunden sind. In der Regel werden Kioske von einer, maximal von zwei Personen geführt. Das Warenangebot besteht im Wesentlichen aus Tabakwaren, Zeitschriften, Getränken, Kleinspirituosen sowie Süßigkeiten aller Art. Kioske sind in **wohnnahen Standortlagen** zu finden, was ihrer Bestimmung entspricht, spontan auftretenden Bedarf außerhalb der normalen Öffnungszeiten zu decken. Aufgrund der zeitlich bedingten Monopolsituation ist das **Preisniveau** der Kioske als **hoch bis sehr hoch** zu charakterisieren. Für ihre Zukunftschancen gilt die Aussage zu Verkaufsautomaten analog.

(22) Sonstige Betriebsformen

- **Einzelhandelsbereiche von Tankstellen**
  Bei dieser nicht dem institutionellen Handel zuzurechnenden Betriebsform werden dem Kiosk ähnliche Sortimente, dazu selbstverständlich zahlreiche mit dem Auto-Sektor zusammenhängende Artikel überwiegend in Selbstbedienung angeboten.
- **Postengeschäfte**
  Diese bieten nach dem Prinzip des niedrigst möglichen Beschaffungspreises Postenware ohne jegliche Sortimentskontinuität zum Verkauf an. Als Beschaffungsquellen kommen verunglückte Lkw, zur Versteigerung stehende Lager von in Konkurs gegangenen Handelsunternehmungen etc. infrage.
- **Gemeinschaftswarenhaus**
  Von außen nicht als solche erkennbare Kooperation verschiedener Einzelhändler, deren Resultat sich für die Kunden als Warenhaus darbietet. Diese zuerst in Schweden realisierte Betriebsform kam – zumindest bisher – in der Bundesrepublik Deutschland nicht zum Zuge.
- **Catalogue Showroom**
  Betriebsform, welche in den USA eine gewisse Bedeutung erlangt, sich in Europa allerdings nicht durchgesetzt hat. Bei ihr wählt der Kunde entweder nach einem Katalog und/oder in einem Musterraum die gewünschten Artikel aus und trägt sie auf einem Bestellschein ein. Auf dieser Grundlage werden sie sodann im Handelslager kommissioniert, woraufhin sie der Kunde übernehmen, bezahlen und nach Hause transportieren kann. Als ergänzendes Geschäftsprinzip ist diese Verfahrensweise allerdings auch bei in Deutschland etablierten Einzelhandelsunternehmen anzutreffen (z. B. Möbelhaus IKEA).

- **Off-price-Store**
  Betriebsform, welche ebenfalls nur in den USA Marktbedeutung besitzt; dabei handelt es sich um stationäre Verkaufsstätten, in welchen überwiegend Markenartikel zu stark herabgesetzten Preisen angeboten werden.
- **Pop-up-Store**
  In der Regel nur kurzfristig „auftauchendes" Geschäft, das in leerstehenden Räumen eröffnet wird. Es dient dem schnellen Warenabsatz auf Zeit, oft nur einer einzigen Marke z. B. aus dem Textilbereich. Häufig werden beim Pop-up-Verkauf Saisonwaren angeboten.
- **Flagship-Store**
  Keine Betriebsform im engeren Sinne, sondern ein besonders herausragendes Outlet einer bestimmten Vertriebsschiene. Der Name stammt aus der Seefahrt: Das „Flaggschiff" ist dabei das Führungsschiff einer Flotte, das besonders gut ausgestattet ist und auf dem sich i. d. R. der Oberbefehlshaber der Flotte aufhält.
- **Factory Store (Fabrikverkauf)**
  An Herstellungsbetriebe angegliederte Verkaufsstellen, in welchen mit Fehlern behaftete, aber auch reguläre Erzeugnisse aus der eigenen Produktion oft zu niedrigeren als marktüblichen Preisen verkauft werden. Diese Betriebsform ist nicht dem institutionellen Handel zuzurechnen.

Abschließend ist auf einen Begriff kurz einzugehen, welcher häufig im Rahmen der Behandlung der Betriebsformen des Einzelhandels Erwähnung findet; gemeint ist hier das **(Massen)-Filialunternehmen**. Dieses wird vom Statistischen Bundesamt sowie in diversen Instituts- und Verbandsstatistiken als eigenständige Betriebsform behandelt. Bei Filialunternehmen handelt es sich um Betriebe, welche unter einheitlicher Leitung stehen, die Verkaufsprozesse jedoch dezentral in zahlreichen Verkaufsstellen abwickeln. Bei logischer Prüfung stellt man fest, dass diese Definition auf zahlreiche Handelsunternehmungen mit den unterschiedlichsten inhaltlichen Leistungsprofilen zutrifft.

Dezentraler Verkauf bei zentraler Leitung ist beispielsweise bei Warenhaus- und Verbrauchermarktunternehmungen, bei Discountern, Supermärkten, Fachmärkten usw. zu beobachten. Folglich ist der Begriff des Filialunternehmens denkbar ungeeignet, eine inhaltlich abgrenzbare Form der Betreibung einer Verkaufsstätte des Einzelhandels zu umschreiben. Vielmehr handelt es sich dabei um eine Organisationsform, welche entsteht, wenn ein Unternehmen seine Verkaufstätigkeit dezentralisiert.

Der damit angesprochene Entscheidungstatbestand, nämlich die Variation der Anzahl der Verkaufsstellen eines Unternehmens, wird im folgenden Kapitel („Festlegung der Anzahl der Betriebsstätten ...") als eigenständiges Entscheidungsproblem des Handelsmanagement untersucht. Der Zuordnungsmöglichkeit wegen sei jedoch darauf hingewiesen, dass unter Massenfilialunternehmen im Sinne der einschlägigen Statistiken in der Bundesrepublik Deutschland jene Einzelhandelsunternehmen zu verstehen sind, welche als dezentrale Verkaufsstellen klassische Supermärkte oder Discounter führen.

In Anknüpfung an die oben diskutierte Problematik der Betriebsformenklassifikation im Einzelhandel ist nochmals davor zu warnen, aus der oben stehenden Grobbeschreibung verschiedener Betriebstypen zu schließen, die in der Praxis vorkommenden Erscheinungsformen des Einzelhandels ließen sich auf solch einfache Weise in echte Klassen einteilen. Die Übergänge zwischen den beschriebenen Betriebsformen sind fließend, es existieren Verkaufsstellen mit Elementen mehrerer Betriebsformen, es entstehen ständig innovative Betriebstypen, welche wiederum verschiedene bewährte Komponenten traditioneller Betreibungsformen integriert haben usw. Diese Tatsache gilt es zu berücksichtigen, wenn man sich der dargestellten Betriebsformen als eines Hilfsmittels bedient, um sich im Dickicht der hoch differenzierten Erscheinungsformen der Verkaufsstellen des Einzelhandels ein wenig zurechtzufinden.

3.2.2 Sekundäre Betriebsformen

Die sekundären Betriebsformen sind mit den primären insofern gänzlich unvergleichbar, als sie sich nicht aus der Zusammenfügung eines Funktionen-, Instrumenten- und Faktorenprofils ergeben, sondern so entstandene Betriebstypen zu einem Einzelhandelssystem höherer Ordnung vereinen; andererseits scheint ihre Betrachtung an dieser Stelle sinnvoll, da sich aus der Aggregation verschiedener Betriebsformen eine neue, spezifische Problematik ergibt, welche sogar zur Entstehung eines eigenständigen Berufsbildes („Center-Manager") geführt hat. **Drei sekundäre Betriebsformen** des Einzelhandels sind zu unterscheiden:

(1) Kleinzentren

(2) gewachsene Einkaufszentren

(3) geplante Einkaufszentren.

(1) Kleinzentren

Unter Kleinzentren ist die erste Generation von geplanten Kooperationen verschiedener Einzelhandelsbetriebe an einem Standort zu verstehen. Hierzu integrierte man einige wenige Verkaufsstellen verschiedener Unternehmen auf einer gemeinsamen Fläche, womit man die Bevölkerung im unmittelbaren Naheinzugsgebiet ansprechen wollte. Solche Kleinzentren setzten sich häufig aus einem **Lebensmittelgeschäft**, eventuell ergänzenden Betrieben des Lebensmittelhandwerks wie **Fleischereien** und **Bäckereien**, möglicherweise einer **Drogerie** und einer **Reinigung** sowie im allgemeinen einer **kleinen Bank- oder Sparkassenfiliale** zusammen.

Viele dieser Kleinzentren waren der Konkurrenz durch großflächige Betriebsformen des Einzelhandels sowie durch die aufkommenden Einkaufszentren nicht gewachsen. Dies lag zum einen an dem unzureichenden Sortiments-Mix, zum anderen daran, dass auf die Dauer kaum überlebensfähige Betriebsformen wie z. B. kleine Bedienungs- oder Selbstbedienungsgeschäfte mit einbezogen waren. Aus diesen Gründen wurden viele dieser früheren Kleinzentren inzwischen umstrukturiert oder völlig anderen Verwendungen zugeführt. Nur in Ausnahmefällen kommt ihnen heute noch eine lokal eng begrenzte Versorgungsfunktion zu.

(2) Gewachsene Einkaufszentren

Unter gewachsenen Einkaufszentren sind solche **Agglomerationen von Einzelhandels-** und **komplementären Dienstleistungsbetrieben** zu verstehen, welche nicht durch systematische Planung entstanden sind, sondern sich mehr oder weniger zufällig im Laufe der Zeit entwickelt haben. Sie sind vor allem in Ortszentren und in den Kernbereichen von Stadtteilen vorzufinden. Es ist zweifelhaft, ob auf diese Agglomerationen der Begriff Betriebsform, selbst in seiner sekundären Form, angewendet werden kann, da dieser doch gemeinhin ein Mindestmaß an Absicht beim Zustandekommen impliziert und da eine als Betriebsform zu bezeichnende Erscheinungsform des Handels auch vom Kunden als Einheit empfunden werden sollte.

Jedoch ist nicht zu übersehen, dass viele der gewachsenen Zentren sich in den letzten Jahren darum bemüht haben, zumindest im Nachhinein ein **einheitliches Erscheinungsprofil** zu erzeugen. Dies geschah durch Zusammenarbeit der beteiligten Einzelhandelsunternehmungen und sonstiger Betriebe auf verschiedenen Ebenen, so beispielsweise in Form von Gemeinschaftswerbung, durch kooperativ zu Stande gekommene Verkaufsförderungsaktionen, durch einheitliche Verhaltensweisen im Hinblick auf den Dienstleistungsabend, durch gemeinschaftliche Versuche zur Lösung von Parkplatzproblemen usw. In verschiedenen Fällen wurden auch Berater eingeschaltet, welche Vorschläge zur Erhöhung der Attraktivität dieser Zentren unterbreiten sollten.

Dies alles kann jedoch nicht darüber hinwegtäuschen, dass das gewachsene Einkaufszentrum keine typische Betriebsform mit klar erkennbarem Profil bildet, sondern allenfalls in Teilen und zudem sehr langfristig in diese Richtung entwickelt werden kann. Letztlich wird in der Mehrzahl der Fälle das **Selbstständigkeitsstreben** der beteiligten Einzelhandelsunternehmer eine meist unüberwindliche Grenze für Bemühungen um ein kollektives Erscheinungsprofil darstellen. Die Zukunftschancen gewachsener Einkaufszentren hängen somit sehr stark von Zufälligkeiten im Zuge ihrer Entstehung ab und sind zudem mit politisch motivierten städtebaulichen Entscheidungen der Gemeinden in engster Weise verknüpft.

(3) Geplante Einkaufszentren

Beim geplanten Einkaufszentrum ist der Begriff der sekundären Betriebsform in vollem Umfange gerechtfertigt, da in diesem Falle durch die Agglomeration der Komponenten des Zentrums ein **einheitliches Erscheinungsprofil** erzeugt werden soll, wobei spezifische Probleme auftreten, welche sich unter der Bezeichnung „Center-Management" zusammenfassen lassen.

Ein geplantes Einkaufszentrum besteht zumeist aus einem oder mehreren Magnetbetrieben, wofür sich beispielsweise Warenhäuser, Verbrauchermärkte oder ähnliche Betriebsformen eignen, weiterhin aus einer größeren Anzahl von **Fach- und Spezialgeschäften**, möglicherweise aus **Fachmärkten**, schließlich i. d. R. aus **komplementären Dienstleistungsbetrieben** wie z. B. Reinigung, Reisebüro, Restaurant, Schuhreparatur, Schlüsseldienst usw. Generell kann jede der oben beschriebenen primären Betriebsformen in ein Einkaufszentrum integriert werden.

Die wesentlichen **Entscheidungen des Center-Management**, welche die Eigenproblematik derartiger Zentren zum Ausdruck bringen, bestehen in der Standortwahl für das Zentrum, in der Entwicklung des Vertragswerks für alle kooperierenden Unternehmen, in der Bestimmung des Branchen-Mix sowie in der Konzeption einer Kommunikationspolitik des Zentrums als ganzem.

Die Schwierigkeiten, welche sich hinter diesen Entscheidungen verbergen, sind vielfältig: So ist beispielsweise die Standortanalyse für ein Einzelgeschäft mit einer solchen für ein Zentrum kaum vergleichbar; die Verträge mit den Einliegern müssen einerseits die Einheitlichkeit des Zentrums garantieren, sie dürfen jedoch andererseits nicht zu stark in den persönlichen Gestaltungsspielraum des einzelnen beteiligten Unternehmens eingreifen; der **Branchen-Mix** muss nicht nur einmalig unter Berücksichtigung der Konsumentenstruktur im Einzugsgebiet festgelegt, sondern auch auf Dauer trotz des zwangsläufigen Wechsels einzelner Kooperationsbetriebe aufrecht erhalten werden.

Diese wenigen Beispiele sollen andeuten, dass die Planung, Realisation und Führung eines Einkaufszentrums eine spezifische Aufgabenstellung bildet, welche sich qualitativ deutlich von der Bestimmung einer primären Betriebsform durch Funktionenauswahl, Instrumentenfestlegung und Faktorbestimmung unterscheidet. Die Verantwortung des Center-Managements ist hoch, ein Versagen wirkt sich i. d. R. negativ auf alle beteiligten Betriebe aus. Die Zukunftsaussichten geplanter Einkaufszentren können allgemein als sehr günstig eingeschätzt werden. Im Falle gelungener Gestaltung (Corporate Identity!) sind sie in besonderer Weise geeignet, die Bedürfnisse des heutigen Konsumenten nach Erlebnis, Atmosphäre und damit nach Verknüpfung von Freizeit und Einkauf zu erfüllen.

Abschließend soll auf einen Zukunftstrend im Zusammenhang mit der Weiterentwicklung der sekundären Betriebsformen hingewiesen werden, welcher wie viele andere Wandlungen des Handels auch mit Zeitverzögerung aus den USA und Kanada auf Europa übergegriffen hat: Die Rede ist von weiterentwickelten geplanten Zentren (**„Mega-Zentren“**), welche neben Einkaufsstätten und Dienstleistungsbetrieben zusätzlich Freizeiteinrichtungen wie beispielsweise Schwimmbad, Tennisplatz, Kino etc. integriert haben. Bei dieser Zentrenkategorie verschwimmt die Grenzlinie zwischen Einkaufsmöglichkeit und Einrichtung zur Freizeitgestaltung vollends. Es entsteht ein multifunktionales System, welches in der Lage ist, die verschiedensten Interessen der Konsumenten an einem Standort zu befriedigen. Gelungene Beispiele hierfür stellen die neuentwickelten Großzentren der Migros/Schweiz sowie das CentrO Oberhausen dar. Die Zukunftsaussichten für diese Zentrengattung sind unter dem Aspekt des Freizeitwertes und des Erlebniswertes für die Kunden als sehr gut zu beurteilen.

Nicht unerwähnt bleiben darf in diesem Abschnitt der Begriff des **„Fachmarktzentrums“**, welches eine Spezialform des geplanten Einkaufszentrums darstellt. In ihm werden, wie bereits der Name ausdrückt, verschiedene Fachmärkte zu einer branchenübergreifenden Angebotsform vereinigt. Im Übrigen ist auf die Darlegungen zum geplanten Einkaufszentrum im Allgemeinen zu verweisen. Die Zukunftsaussichten von Fachmarktzentren dürfen als sehr gut eingeschätzt werden, dies selbst angesichts der baurechtlichen Restriktionen im Zusammenhang mit dem § 11 Abs. 3 der Baunutzungsverordnung.

Der Vollständigkeit halber ist hier abschließend nochmals auf das Factory Outlet Center zu verweisen, welches bei Integration mehrerer Hersteller, Handels- und Dienstleistungsunternehmen als weitere Form des geplanten Einkaufszentrums einzustufen ist. Das FOC wurde oben bereits genauer charakterisiert.

3.3 Onlinehandel

3.3.1 Grundlagen zum Onlinehandel

Da es sich beim Onlinehandel um eine relativ neue Betriebsform handelt, wird im Folgenden auf ihn genauer eingegangen als auf die bisher betrachteten Betriebsformen des stationären Handels. Damit soll dem Leser ein Einblick in die Spezifika in Bezug auf Marketing, Organisation und Controlling gegeben werden, welche den Onlinehandel charakterisieren.

Zunächst werden im Rahmen des folgenden Abschnitts über die Grundlagen des Onlinehandels folgende inhaltliche Aspekte betrachtet:

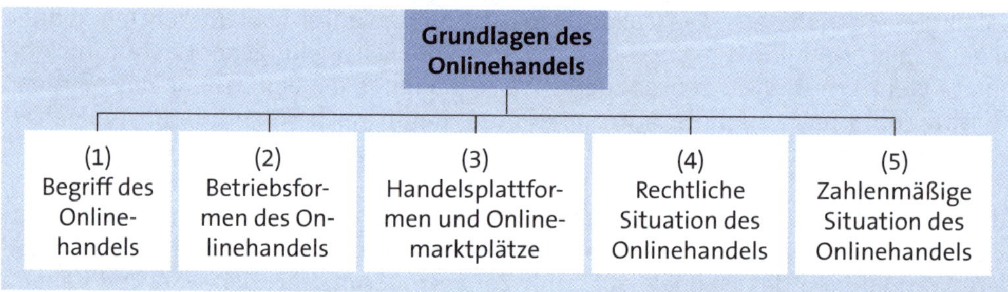

Abb. 58: Die Grundlagen des Onlinehandels

(1) Begriff des Onlinehandels

Eine besondere Position im Rahmen der Betriebsformen des Handels nimmt inzwischen der Onlinehandel ein. *Müller-Hagedorn/Natter (2011, S. 140)* stellen fest: *„Auch der Verkauf über das Internet kann als Wahl einer speziellen Betriebsform gesehen werden"*. Die Bedeutung des Onlinehandels nimmt im Zuge der steigenden Nutzung des Internets kontinuierlich zu.

Nach *Rüdiger* wird unter Onlinehandel die elektronische Unterstützung derjenigen Aktivitäten verstanden, die in direkter Verbindung mit dem Kauf und Verkauf von Gütern und Dienstleistungen zwischen Unternehmungen und Endkonsumenten mittels des Internet stehen (*Rüdiger, K., 2008, S. 12*).

Synonym zu Onlinehandel findet auch der Begriff des elektronischen Handels Verwendung. Im Lexikon Betriebsformen wird er folgendermaßen definiert: *„Beim elektroni-*

schen Handel werden die Waren über das Internet angeboten und ermöglichen so den bequemen Einkauf vom PC aus" (*Lerchenmüller/Vochezer/Vogler, 2011, S. 48*). Zu ergänzen ist, dass der Zugang zu Onlineanbietern auch mobil erfolgen kann.

(2) Betriebsformen des Onlinehandels
Der Onlinehandel wird i. d. R. dem Versandhandel zugerechnet, da zumeist die über das Internet bestellte Ware zum Kunden transportiert wird. Im Fall dieser Erscheinungsform liegt Distanzhandel vor. Allerdings existieren auch Varianten mit Selbstabholung der bestellten Artikel durch die Kunden in einer stationären Handelsbetriebsstätte.

Systematisierungsansätze für Onlinehandlungen nutzen verschiedene Differenzierungskriterien wie beispielsweise die Art der Kaufempfehlung, die Möglichkeiten der Überprüfung der Ware durch den Kunden oder auch die Form der Versandabwicklung (vgl. *Barth/Hartmann/ Schröder, 2007, S. 98 ff.*). Letzteres Kriterium scheint unter Praxisgesichtspunkten die größte Relevanz zu besitzen. Hiernach lassen sich Onlinehandlungen mit Zustellung der Waren zum Kunden und solche mit Selbstabholung unterscheiden. Bei der erstgenannten Betriebsform muss durch das Online-Unternehmen ein Logistikkonzept entwickelt werden, das sowohl die Anlieferung der Waren zum Kunden als auch die Retrodistribution im Fall von Retouren beinhaltet. Die Logistikleistung kann dabei vom Unternehmen selbst erbracht oder an einen Logistikdienstleister ausgegliedert werden.

Nach einer Studie der ibi research an der Universität Regensburg (*Krabichler u. a., 2008*) führten von 270 Teilnehmern an der Umfrage 93 % einen klassischen Online-Shop.

Bei der zweitgenannten Betriebsform ist lediglich die handelsübliche Logistikleistung der Lieferung an dezentrale stationäre Betriebsstätten des Unternehmens zu erbringen. Diese Variante stellt eine neuere Entwicklung im Onlinehandel dar, die beispielsweise von real und von REWE experimentell erprobt wird (vgl. *Rode, J., 2010, S. 2*). Die Betriebsform mit Selbstabholung der Ware durch den Kunden wird auch als Drive-in-Konzept bezeichnet. Die wesentliche Frage, die über den Erfolg dieses Konzepts entscheiden wird, besteht darin, ob ein Kunde, der bequem mobil oder vom häuslichen PC aus bestellt, die Bereitschaft aufbringt, mit dem eigenen Fahrzeug die gekauften Güter in einer stationären Betriebsstätte des Handelsunternehmens abzuholen.

(3) Handelsplattformen und Onlinemarktplätze
Eine gänzlich andere Form des Onlinehandels liegt vor, wenn sich ein Unternehmen an einer Handelsplattform beteiligt bzw. auf einem unternehmensübergreifenden Onlinemarktplatz tätig wird. In diesem Falle verzichtet ein Unternehmen auf die Alleinstellung, die bei einem eigenen Online-Shop gegeben ist. Es nutzt dabei eine bereits vorhandene IT-Infrastruktur. Ein wesentlicher Vorteil besteht darin, dass eine große Zahl von Kunden bei relativ niedrigen Marketingkosten erreicht werden kann.

Bekannte Plattformen sind etwa Amazon, Otto oder Neckermann, über die Markenartikler und Händler den Onlinevertrieb kostengünstig abwickeln können. Weitere Einsparpotenziale können erschlossen werden, indem man dem Betreiber der Plattform auch die Logistik zum Endkunden überlässt (vgl. *Wilhelm/Krieger, in: Der Handel, Sonderpublikation Online Handel, 24.04.2009, S. 8*).

(4) Rechtliche Situation des Onlinehandels

Laut der Zentrale zur Bekämpfung unlauteren Wettbewerbs e. V. sind beim Onlinehandel zahlreiche Rechtsfragen zu klären, bei welchen den Unternehmen in der Praxis häufig Fehler unterlaufen. Die folgende Tabelle gibt ohne Anspruch auf Vollständigkeit einen Überblick über zu klärende Rechtstatbestände und nennt exemplarisch dabei auftretende Fehlermöglichkeiten:

Rechtlicher Aspekt	Inhalt des Rechtsaspektes	Exemplarische Fehler
Anbieterkennzeichnung	Name des Anbieters, bei juristischen Personen zusätzlich Rechtsform Vertretungsberechtigter Ladungsfähige Anschrift, vollständige Kontaktdaten Umsatzsteueridentifikationsnummer	Anbieterkennzeichnung nur schwer auffindbar (z. B. über unklare Bezeichnungen oder zu viele Hyperlinks) Vertretungsberechtigter ist nicht oder falsch benannt (z. B. Verwendung abgekürzter Vornamen) Angabe einer Postfachadresse
Informations- und Gestaltungspflichten nach den Fernabsatzvorschriften des BGB	Widerrufs- oder Rückgaberecht Preisangabe	Falsche Fristangabe (z. B. „2 Wochen ab Vertragsschluss" bei Warenlieferung) Ausschluss der Annahme unfreier Rücksendungen Forderung der Rücksendung in Originalverpackung Preise nicht in unmittelbarer Nähe der Ware Fehlen von Preisbestandteilen (z. B. Netzkartenvertrag bei Handykauf)

Rechtlicher Aspekt	Inhalt des Rechtsaspektes	Exemplarische Fehler
Allgemeine Geschäftsbedingungen	Gewährleistung/Mängelhaftung Gerichtsstandsklausel	Ausschluss der Gewährleistung (z. B. bei Gebrauchtwaren) Einschränkung der Verjährungsfristen auf unter zwei Jahre bei Neu- und unter einem Jahr bei Gebrauchtwaren Vereinbarung, wonach der Gerichtsstand am Sitz des Verkäufers liegt

Eine offene Rechtsfrage besteht darin, ob Hersteller von den Onlinehändlern verlangen können, Vertragsprodukte mindestens in einem gewissen Umfang offline zu verkaufen. Nach derzeitiger Rechtslage können Hersteller reine Internethändler ausschließen. Neue EU-Leitlinien sollen für mehr Klarheit im Onlinehandel sorgen: Engt der Hersteller den Spielraum ein, kann dies kartellrechtswidrig sein. Die EU-Kommission vertritt die Meinung, es müsse jedem Händler grundsätzlich erlaubt sein, das Internet als Verkaufskanal zu nutzen.

Ein weiterer rechtsrelevanter Aspekt ist durch das wirtschaftliche Zusammenwachsen Europas und die zunehmende Globalisierung bedingt. Hierdurch steigt gerade im Onlinehandel der Anteil an grenzüberschreitenden Verträgen stetig an. Immer häufiger wird somit der ausländische Verbraucher zur Vertragspartei. Bei derartigen Verträgen gilt eine Reihe von Besonderheiten.

Unternehmer sollten stets hinterfragen, ob ihr Vertragswerk auch auf Verträge mit Auslandsbezug anwendbar bleibt. Ein besonderes Augenmerk ist hierbei auch auf die Allgemeinen Geschäftsbedingungen zu legen, die gemäß § 305 Abs. 1 BGB für eine Vielzahl von Verträgen vorformulierte Vertragsbedingungen darstellen. Einzelne AGB-Klauseln können im internationalen Geschäftsverkehr ihre Gültigkeit verlieren und somit sogar zum Nachteil des Verwenders werden.

Da es in einem Grundlagenwerk zur Handelsbetriebslehre nicht möglich ist, die gesamte komplexe Rechtssituation bei Onlinegeschäften darzustellen, wird insoweit auf die weiterführende einschlägige Literatur verwiesen.

(5) Zahlenmäßige Situation des Onlinehandels

Wie generell in diesem Werk üblich, werden auch bezüglich des Onlinehandels die relevanten Zahlen dem elektronischen Anhang beigefügt. Generell kann festgehalten werden, dass der Umfang dieser Geschäftsform stark steigende Werte aufweist. Alle wesentlichen Indikatoren zeigen ein erhebliches Wachstum auf. Dies gilt für die Zahl der Nutzer des Internets, für die Zahl der Online-Shops, für deren Kunden, für die realisierten Online-Umsätze etc.

3.3.2 Marketing des Onlinehandels

Die Bestandteile des Marketing im Onlinehandel werden in der folgenden Abbildung dargestellt:

Abb. 59: Bestandteile des Marketing im Onlinehandel

Ziele und Strategien des Onlinehandels
Bezüglich der strategischen Ziele (wie z. B. Marktführerschaft), der außerökonomischen Ziele (wie z. B. Kundengewinnung und -bindung) sowie der taktischen monetären Ziele (wie z. B. Gewinn oder Rendite) unterscheiden sich Onlinehandlungen nicht von stationär tätigen Handelsunternehmen. Lediglich auf den unteren Zielebenen lassen sich Spezifika durch die Art der Leistungserbringung erkennen (hinsichtlich Zielen wie die Anzahl der Besucher des Web-Shops, Anzahl von Produktrezensionen im Shop etc.).

Die wichtigste Strategie-Entscheidung für Handelsunternehmen, die im Web tätig werden wollen, ist diejenige zwischen einer **Ein-Kanal-** und einer **Mehr-Kanal-Strategie**. Es ist also darüber zu befinden, ob der Verkauf über das Internet als einzige Vertriebsform genutzt oder ob Online- und stationärer Handel parallel betrieben werden sollen. Bei dieser Entscheidung sind zahlreiche Aspekte von Bedeutung wie beispielsweise Marktabdeckung bei deutlichen Zielgruppen- und Verhaltensänderungen, Chancen durch Channel-Hopping versus Kannibalisierungseffekte etc. Bei tiefer gehendem Interesse sei auf die einschlägige Literatur verwiesen (z. B. *Heinemann, G., 2011, insbesondere S. 1 - 17,* oder auch *Müller-Hagedorn/Natter, 2011, S. 140 - 147*).

Nach dem E-Payment Barometer von 2010 (*Bender 2010, S. 42*) ist rund ein Drittel der Onlinehändler auch stationär tätig. Der Trend geht offensichtlich zum **Multi-Channeling**. Diese strategische Verhaltensweise kann auf drei Wegen entstehen:

(1) klassische Versandhändler eröffnen einen Web-Shop

(2) reine Onlinehändler eröffnen stationäre Betriebsstätten

(3) klassische stationäre Händler eröffnen einen Web-Shop.

Die jüngste Entwicklung ist die mit Ziffer (3) gekennzeichnete. Eine immer größer werdende Anzahl an stationären Händlern entdeckt nun auch den Vertriebskanal Internet. So starteten beispielsweise Anfang 2010 Media-Markt und Saturn mit einem Web-Angebot (vgl. *Wilhelm, S., 2010, S. 56*), ab Winter 2011 beginnt die Rewe in einigen großen deutschen Städten mit einem Onlinehandel in Kombination mit einem Drive-in-Konzept (vgl. *o. V.: Rewe greift online an, 2010, S. 6*).

Der Vergleich der Geschäftsmodelle fördert Überraschendes zutage: Laut GBI-Genios Deutsche Wirtschaftsdatenbank GmbH haben abgesehen vom Internetpionier Amazon neun der zehn marketingstärksten Händler im Netz ihre Wurzeln im physischen Geschäft (stationär oder Versandhandel). In fast allen Stufen des Kaufprozesses (Wahrnehmung, Kauferwägung, Kundenloyalität) schlagen Multichannel-Unternehmen sogar reine Onlinehändler in puncto Internetmarketing.

Die besondere Stärke der Mehrkanalhändler besteht darin, dass sie die klassischen Erfolgsstrategien des stationären Handels auch im Onlinehandel zur Anwendung bringen: Wichtig für den Erfolg sind vor allem die Standortlage (z. B. Platzierung in Suchmaschinen), eine kundengerechte Ladengestaltung (Website) und ein ausgefeiltes Loyalitätsmanagement (CRM). Die besten Multichannel-Händler wenden vor allem diese drei altbewährten Handelsgesetze aus der Offlinewelt erfolgreich im Netz an.

Analytisches Marketing im Onlinehandel

Wie im Stationären Handel sind auch im Onlinehandel die drei wichtigsten Felder des Analytischen Marketing die Lieferanten-, Kunden- und Konkurrenzanalyse. Generell können die Methoden und Quellen der Marktforschung unabhängig vom gewählten Vertriebskanal angewandt werden. Unterschiede treten jedoch zumindest bei der Kunden- und Konkurrenzanalyse bei den zu erhebenden Inhalten auf. Dies soll durch zwei Beispiele verdeutlicht werden:

Beispiele

Beispiel 1

Exemplarisch für die **Kundenanalyse** kann auf eine Studie der Mobile Marketing Association (MMA) verwiesen werden. Mit dieser Untersuchung wurde festgestellt, dass in Deutschland 13 % der Handynutzer per Mobiltelefon einkaufen und auch auf diesem Wege bezahlen. Zum Vergleich: In Großbritannien liegt der entsprechende Prozentwert bei 19 %, in Frankreich bei 9 %. Dabei sind vor allem die Kunden in der Altersklasse von 18 bis 34 Jahren aktiv, von denen 21 % mit dem Handy einkaufen und bezahlen (vgl. Mobile Marketing Association MMA (Hrsg.), in: Der Handel Nr. 07 - 08 vom 07.07.2010, S. 32).

Beispiel 2

Ein Beispiel für die **Konkurrenzanalyse** liegt mit der OMEX Wettbewerbsstudie vor, durchgeführt von McKinsey. In dieser Studie wurde die Onlinemarketingexzellenz von mehr als 100 Handelsunternehmen in Deutschland untersucht. Die Analyse zeigt, dass noch erhebliche Potenziale für Onlinegeschäfte im Handel gegeben sind. Lediglich 8 % seiner Umsätze generiert der deutsche Einzelhandel durchschnittlich aus dem Internet (vgl. *Behrenbeck* u. a., in: Der Handel Nr. 03 vom 10.03.2010, S. VIII).

Auch die Methode des Benchmarking eignet sich für den Einsatz im Rahmen der Marktforschung von Online-Einzelhändlern. Dabei lassen sich folgende Formen des Benchmarking unterscheiden:

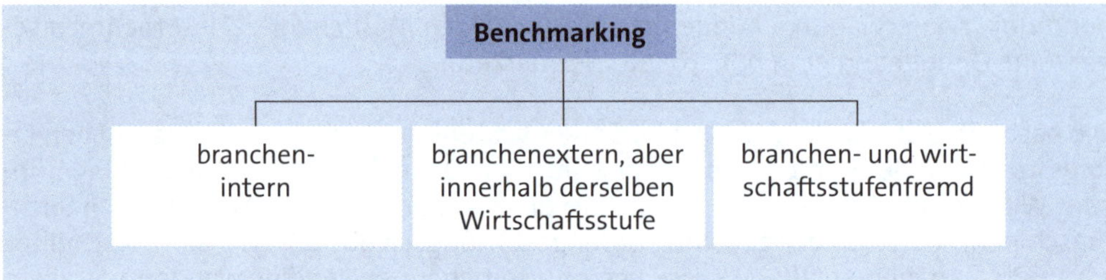

Abb. 60: Formen des Benchmarking

Beim brancheninternen Benchmarking sind Best Practice-Lösungen von Onlinehändlern auf Übertragungsmöglichkeiten hin zu untersuchen, die in derselben Branche wie das Marktforschung betreibende Unternehmen tätig sind. Beim branchenexternen Benchmarking stehen Unternehmen im Fokus, die ebenfalls Online-Einzelhandel durchführen, jedoch in einer anderen Branche. Beim branchen- und wirtschaftsstufenfremden Benchmarking kommen generell alle Unternehmen für eine Analyse infrage, bei welchen Strukturen und/oder Prozesse beispielhaft gestaltet sind.

Für eine vertiefende Beschäftigung mit Marktforschungsfragen den Onlinehandel betreffend wird auf die unter dem Stichwort „qualitatives Controlling" erwähnten Methoden sowie auf die im Literaturverzeichnis angegebenen Quellen verwiesen.

Aktionsorientiertes Marketing im Onlinehandel
Wie im stationären Einzelhandel werden auch im Onlinehandel die klassischen Instrumentalbereiche zum Einsatz gebracht:

Abb. 61: Die Instrumentalbereiche im Onlinemarketing

- **Leistungssubstanzpolitik im Onlinehandel**
  Das ehemalige Warenhaus-Konzept „Alles unter einem Dach" lebt im Internet wieder auf. Aufgrund der im Onlinehandel nicht vorhandenen räumlichen Beschränkung, wie sie der klassische Einzelhandel kennt, kann im Prinzip jedes am Markt gängige Sortiment geführt werden. Voraussetzung ist lediglich die Möglichkeit der Beschaffung bestellter Artikel mit der in Verbindung stehenden Zustell-Logistik. Dennoch

wird es im Allgemeinen eine sortimentsmäßige Schwerpunktsetzung geben, da die Kunden an Sortimente gewöhnt sind, welche sie im stationären Handel vorzufinden pflegen. Dies stellt aber eher ein psychologisches denn ein technisches Problem dar.

Grundsätzlich können alle am Markt befindlichen Güter über den Online-Vertriebsweg verkauft werden. Es gibt allerdings solche Artikel, bei welchen die Eignung für den Online-Vertrieb höher ist sowie solche, bei denen die Eignung niedriger eingestuft werden muss. Für den Onlinehandel geeignete Artikel sind vor allem jene, die keiner persönlichen Beratung bedürfen, also selbstbedienungsgeeignet sind. Außerdem müssen sie über die Voraussetzung der Digitalisierbarkeit verfügen. Beispiele hierfür sind Elektrogeräte, Tonträger, Bücher und Textilien.

Untersucht man die Bedeutung des Onlinehandels in verschiedenen Branchen, so ergibt sich eine Dominanz folgender Warengruppen:

- Bücher/Zeitschriften
- elektronische Produkte/Telekommunikation
- Veranstaltungstickets/Eintrittskarten
- Mode (Textilien und Schuhe).

Weniger für den Online-Vertrieb geeignet sind Artikel, bei welchen der Kunde i. d. R. eine vorherige unmittelbare Prüfung durchführen möchte, wie dies z. B. bei Frischwaren im Lebensmittelsektor der Fall ist. Es ist daher nicht davon auszugehen, dass beispielsweise Obst und Gemüse oder frische Fleisch- und Wurstwaren in größerem Umfang über den Onlinehandel vertrieben werden können.

Die das Sortiment begleitenden Dienstleistungen entsprechen im Wesentlichen jenen des stationären Handels. Selbstverständlich ist eine Schwerpunktbildung bei der Zustellung der Güter, der Retourenabwicklung und beim Beschwerdemanagement erkennbar. Auch der After Sales-Service, z. B. in Form eines Call Centers, wird im Onlinehandel eine besondere Bedeutung besitzen. Hinzuweisen ist schließlich auf die Möglichkeit, über das Internet Kombinationen von Sortiment, Dienstleistung und Handwerksleistung anzubieten und zu verkaufen (*Heinemann, 2012, S. 37*).

Beispiel

Ein Beispiel hierfür ist die Ausstattung eines Badezimmers, bei welcher die Dienstleistung der Zustellung ebenso obligatorisch ist wie die Handwerksleistung des Einbaus bzw. der Installation der gelieferten Einrichtungsgegenstände.

- **Transferleistungspolitik des Onlinehandels**
  Generell spielt im Onlinehandel die Standortpolitik eine geringe Rolle. Hier liegt ein grundlegender Unterschied zum stationären Handel vor, da es für den Kunden beim Einkauf im Internet unbeachtlich ist, wo sich das entsprechende Unternehmen befindet. Es ist lediglich von Bedeutung, dass die Lieferung eingekaufter Artikel in einem seitens des Kunden als vertretbar angesehenen Zeitraum geschieht. Dies sicher zu stellen, ist eine organisatorische Aufgabe eines Online-Shops, jedoch letztlich keine Frage des Marketing.

Die Wahl des Absatzweges ist durch den Onlinevertrieb vorgegeben. Die Entscheidung über Absatzorgane entfällt, da die Aufgabe des Kundenkontaktes in Verbindung mit dem Kauf in elektronisch automatisierter Form durchgeführt wird. Eine gewisse Bedeutung besitzt die Frage der personellen Auswahl bei bestimmten After Sales-Services wie etwa einem Call-Center; hierbei handelt es sich allerdings eher um eine Entscheidung der Dienstleitungs- als um eine solche der Transferleistungspolitik.

Das Instrument der Warenplatzierung des stationären Einzelhandels findet sich in analoger Form auch im Onlinehandel wieder. Ein Online-Shop muss die von ihm angebotenen Sortimente auf seiner Website so „platzieren", dass der Kunde sich zurechtfindet und seine Suchzeit begrenzt bleibt. Hierfür existiert ein Fundus praxisorientierter Literatur, welche sich mit der Gestaltung von Websites beschäftigt. Auf diese muss an dieser Stelle verwiesen werden (*Heinemann, 2012; Stahl u. a., 2009*).

Die Präsentation des Online-Sortiments erfolgt ebenfalls in elektronischer Form. Hier bestehen im Wesentlichen analoge Möglichkeiten wie im stationären Einzelhandel, wobei auf die Einschränkung hinzuweisen ist, dass eine Erlebnisatmosphäre hierbei nur bedingt geschaffen werden kann.

Die Bedienungsform ist generell jene der Selbstbedienung; der Kunde befüllt bei seinem Einkauf einen Online-Warenkorb, welcher nach Bezahlung an ihn ausgeliefert werden muss. Insofern bildet die Zustell-Logistik einen wesentlichen Baustein im Marketing des Onlinehandels. Nach einschlägigen Untersuchungen erwartet der Kunde die Belieferung in Abhängigkeit vom Sortimentsbereich in 24, allenfalls in 48 Stunden. Die meisten Onlinehandlungen haben ihre Logistikleistungen für die Kundschaft an Fremdfirmen vergeben, also Outsourcing betrieben.

Da in vielen Fällen die gelieferte Ware beim Onlinehandel nicht den Erwartungen bzw. Wünschen der Kunden entspricht, ist die Möglichkeit eines unkomplizierten Umtausches bzw. einer Rückgabe der gelieferten Artikel als Regelleistung von Online-Shops zu betrachten. In Branchen mit entsprechend sensibler Ware (z. B. Textilhandel) erreichen die Rückgabequoten 50 % und mehr. Die Art und Weise der Retourenorganisation ist jedoch keine Frage des Marketing mehr, weswegen auch auf sie im Folgeabschnitt über die Organisation der Prozesse im Onlinehandel eingegangen wird.

In einer nicht unbeträchtlich hohen Anzahl von Fällen wird es außerdem auch zu Diskussionen zwischen dem Betreiber des Onlinehandels und dem Kunden kommen, weswegen das Beschwerdemanagement bei dieser Vertriebsform wie die Zustellung und das Retourenmanagement zu den Basisleistungen zu rechnen sein wird. In diesem Zusammenhang ist auch auf das so genannte „Call Center-Problem" hinzuweisen: um Personalkosten einzusparen, werden hier häufig automatisierte Systeme verwendet, wohingegen der Kunde eher den persönlichen Kontakt mit einem Menschen wünscht. Wenn jedoch Personal eingesetzt wird, so muss dieses kompetent sein, was wiederum zu einer Erhöhung der Personalkosten führt. Dieses Dilemma ist bei Online-Shops grundsätzlich nicht zu vermeiden, wobei viele Unternehmen auf diesem Gebiet des Marketing das mögliche Optimum noch nicht realisiert haben.

► **Entgeltpolitik des Onlinehandels**
Da die Situationen von stationärem Einzelhandel und Onlinehandel nicht vergleichbar sind, es sich also um unterschiedliche Marktkonstellationen handelt und verschiedenartige Leistungserstellungsprozesse vorliegen, werden beim Onlinevertrieb

andere Preise zu kalkulieren sein als bei stationärem Verkauf. Zum einen liegen die Kosten des Onlineverkaufs unter jenen des stationären Verkaufs, sodass grundsätzlich davon ausgegangen werden kann, dass die Online-Preise niedriger angesetzt werden können. Zum anderen entsteht beim digitalen Vertrieb eine optimale Vergleichsmöglichkeit für die Kunden, was sich ebenfalls nachhaltig auf die Preisbildung auswirken wird. In systematischer Hinsicht ergeben sich dagegen keine gravierenden Unterschiede zwischen Online- und stationärem Verkauf. Grundsätzlich lassen sich Preise nach dem Verursachungsprinzip oder aber nach dem Tragfähigkeitsprinzip bilden. Für Letzteres ist die Zahlungsbereitschaft der Kunden zu messen, wofür die Ermittlung der Elastizitäten (Absatzveränderungen infolge von Preisänderungen) mittels Warenwirtschaftssystemen durchgeführt werden kann.

Wegen der Markttransparenz beim elektronischen Vertrieb könnte angenommen werden, dass das Mittel der Preisdifferenzierung hier nicht infrage kommt. Dies trifft jedoch nicht in vollem Umfang zu. Denkbar ist etwa eine regionale Preisdifferenzierung, für welche herausgefunden werden muss, wie die Kunden die Distanzen zu konkurrierenden Anbietern subjektiv wahrnehmen. Auch der objektive Umstand der Berücksichtigung der Logistikkosten bei der Preisbildung erlaubt bis zu einem gewissen Grade eine regionale Preisdifferenzierung. Eine weitere Möglichkeit, die Preistransparenz zu unterlaufen, welche für den Kunden durch Portale wie günstiger.de, preisvergleich.de, geizhals.at etc. gegeben ist, liegt in Paketangeboten mehrerer Produkte oder von Kombinationen zwischen Produkt und Dienstleistung, durch welche für die Kunden ein unmittelbarer Preisvergleich erschwert wird.

Hinzuweisen ist schließlich auch auf die Preisbildung nach dem Online-Auktionen-Prinzip: Von einem Startpreis ausgehend erfolgt eine Erhöhung des Verkaufspreises durch jedes eingehende Angebot. Man kann in diesem Zusammenhang von einer einseitig dynamischen Preisbildung sprechen. Üblicherweise sind derartige Verkaufsaktionen zeitlich begrenzt.

Alle Vereinbarungen im Rahmen der Konditionenpolitik mit generellem Charakter sind in den Allgemeinen Geschäftsbedingungen (AGB) zu regeln; dies gilt beispielsweise für die Weitergabe von Kosten der Zustellung oder der Versicherung.

- **Kommunikationspolitik im Onlinehandel**

  Aufgrund des digitalen Charakters der Kundenkommunikation ist eine dem stationärem Handel vergleichbare klare Definition dieses Marketingteilinstruments im Onlinehandel nicht möglich. Jegliche Aktivität der Herstellung des Kundenkontaktes, des Warenangebots im Online-Shop, der Abwicklung der Bestelltätigkeit etc. stellt bis zu einem gewissen Grade auch eine kommunikative Maßnahme dar, welche gewissermaßen in Doppelfunktion innerhalb der Kommunikationspolitik eingesetzt werden kann.

  Generell ist festzustellen, dass es für Online-Shops ebenso wie für stationäre Geschäfte die Möglichkeit der klassischen Bewerbung des Online-Kanals gibt. Auf diese Möglichkeit wird hier nicht weiter eingegangen, da sie bereits im Zusammenhang mit der Analyse des Absatzmarketing des stationären Einzelhandels betrachtet worden war.

  Die spezifischen Möglichkeiten der Kommunikationspolitik für Online-Shops sind in der folgenden Abbildung in exemplarischer Form zusammengestellt:

Kommunikationsinstrument	Beispiele
Online-Werbung	Suchmaschinenwerbung Newsletter Präsenz auf Preisvergleichsseiten
Online-PR	Digitale Presseinformationen Mailing-Kampagnen an Meinungsführer Blogs
E-Mail-Marketing	Trigger-E-Mails Transaction-E-Mails After-Sales-E-Mails
Telefon- und Mobile-Marketing	Inbound-Telefon-Marketing Outbound-Telefon-Marketing Mobile-Marketing
Social Media-Marketing	Soziale Netzwerke Online-Foren Online-Communities

Von besonderer Bedeutung im Rahmen der Kommunikationspolitik des Onlinehandels sind die Social Media. Es ist festzustellen, dass die Anzahl der Web 2.0-Seiten deutlich schneller wächst als die der klassischen Portale. Die Wirkungen der Kommunikation über Social Media werden derzeit mit wachsender Intensität im Rahmen der Marketingforschung untersucht. Es ist prinzipiell davon auszugehen, dass die Meinungsbildung der Kunden durch Social Media in anderer Weise verläuft, als dies bislang bei klassischem Verkauf der Fall war. Ging man in der Vergangenheit davon aus, dass eine schlechte Erfahrung häufiger an Dritte weitergegeben wird als eine schlechte, jedoch in überschaubarem Rahmen, so muss nun angenommen werden, dass durch die Verbreitungsmöglichkeiten im Internet gerade negative Kundenerfahrungen in kürzester Zeit einem sehr großen Interessentenkreis zugänglich werden. Dies unterstreicht die Notwendigkeit eines hochkompetenten Verhaltens am Markt, der Fehler immer weniger verzeiht als in der Vergangenheit.

In der Praxis ist zu beobachten, dass sich bei der Gestaltung der Werbebudgets die Online-Kommunikationsmaßnahmen immer stärker niederschlagen. Auch für den Einsatz von Social Media finden sich in den aktuellen Budgets der Unternehmen bereits entsprechende Ansätze. Zur Bedeutung der Preisvergleichsseiten wurde oben bereits festgestellt, dass diese für die Gestaltung der Entgeltpolitik von erheblicher Bedeutung sind. Es darf dabei nicht übersehen werden, dass diese Seiten eine kommunikationspolitische Wirkung haben, da vom Kunden als überhöht angesehene Preisgestaltungen sich sehr schnell bei der aktuellen wie bei der potenziellen Kundschaft verbreiten.

Abschließend ist die von Experten häufig vorgebrachte Kritik zu erwähnen, dass bei der kommunikativen Gestaltung der Websites der im Onlinehandel tätigen Unternehmen noch sehr häufig der Fehler zu beobachten ist, dass eine zu starke Selbstdarstellung der Unternehmen stattfindet, während es als wesentlich Erfolg versprechender anzusehen sei, den Aufbau von Markenwelten rund um Produkte voranzutreiben. Hier besteht auch eine positive Möglichkeit der Bewerbung von Eigenmarkenprogrammen der Handelsunternehmen.

- **Marketing-Mix im Onlinehandel**
  Inhaltliche Aussagen zum Marketing-Mix sind an dieser Stelle nicht möglich. Der Mix wird sich jeweils nach den geführten Sortimenten, den angebotenen Dienstleistungen und der gesamten Unternehmenssituation zu richten haben. Insofern bleibt an dieser Stelle nur der Hinweis, dass die üblichen Regeln für die Zusammenstellung des Marketing-Mix zu beachten sind: Ausgehend von einem Dominanzinstrument (z. B. Sortimentspolitik) sind die weiteren Elemente des Mixes abzuleiten, damit Synergien und keine konfliktären Situationen auftreten. Der Marketing-Mix muss also insgesamt konsistent sein und den Marketingzielen sowie der Marketingstrategie des Unternehmens entsprechen, damit auch durch die Kombination der Instrumente die angestrebte Corporate Identity verwirklicht werden kann.

3.3.3 Organisatorische Prozesse im Onlinehandel

Das Marketing ist zweifellos als unternehmenspolitischer Schwerpunkt des Onlinehandels zu betrachten. Dennoch müssen auch die Prozesse organisatorisch optimiert werden, um den elektronischen Vertrieb erfolgreich zu gestalten. Die folgende Abbildung gibt einen Überblick über die zu regelnden Prozessebenen:

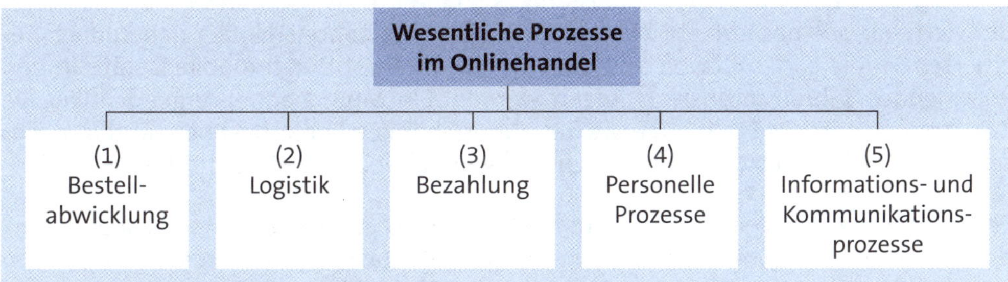

Abb. 62: Wesentliche Prozesse im Onlinehandel

(1) Bestellabwicklung

Für eine erfolgreiche Abwicklung des Bestellprozesses ist es wesentlich, eine höchst mögliche Transparenz für die Kunden zu schaffen. Hierfür muss eine detaillierte Beschreibung der Produkte erfolgen, wobei auf die Kriterien der Relevanz, Aktualität und Verständlichkeit zu achten ist. Es empfiehlt sich eine multimediale Darstellungsform. Mit dreidimensionalen Produktansichten und IPTV, also Fernsehen im Internet, kann der Erlebnischarakter des Einkaufs im Internet verstärkt werden (*Zirkel, 2008*). Zur Information der Kunden ist Material zum Download oder als Link bereitzustellen, z. B. Bestsellerlisten, Produktbewertungen von Kunden, Expertenmeinungen etc. (*Heinemann, 2012, S. 134 f.*).

Zur Transparenzerhöhung ist es ebenfalls erforderlich, Preise, Aufschläge, Zusatzkosten etc. exakt anzugeben. Weitere Hilfe kann gegeben werden in Form von Entscheidungs-Tools wie etwa Finanzierungsmöglichkeiten und Wirtschaftlichkeitsberechnungen. Soweit es sich um Bestandskunden handelt, ist auch die Bereitstellung der Bestell-Historie sinnvoll.

Im Gegensatz zu früheren Prognosen ist aus Sicht der Kunden auch der klassische Papier-Katalog nach wie vor eine wichtige Informationsgrundlage. Dagegen findet die Bestellkarte kaum noch Verwendung.

Für die Abwicklung des eigentlichen Bestellprozesses ist es wesentlich, dass festgelegt wird, wie die eingehenden Bestellungen entgegengenommen und weiterverarbeitet werden und wer dafür verantwortlich ist. Zum Standard zählt die Ausstellung einer Bestätigungsmail über die Bestellung. Diese sollte sowohl die Bestellangaben (z. B. Produktmenge, -größe, -farbe) als auch die Liefer- bzw. Rechnungsadresse enthalten. Dies ermöglicht den Kunden die Überprüfung der Bestellung und eröffnet ihnen die Chance, erforderlichenfalls falsche Eingaben zu korrigieren. Die Bestätigungsmail kann manuell oder automatisch erzeugt und den Kunden zugeschickt werden (*Stahl u. a., 2009, S. 224*).

Wachsende Bedeutung kommt der Möglichkeit der mobilen Bestellung zu. Mit einer steigenden Zahl von Apps für Smartphones wird das Suchen, Informieren und Kaufen ohne Medienbruch möglich. Nach einschlägigen Studien (vgl. z. B. eine Untersuchung der Otto Group in Zusammenarbeit mit Google: o. V.: Die Zukunft des Handels ist mobil, in: Der Handel, Sonderpublikation Online Handel, 30.06.2010, S. 17) besitzen derzeit 11 % der Deutschen ein „handelsfähiges" Handy; in zwei Jahren soll bereits fast jeder vierte ein solches nutzen. 71 % der heutigen Smartphone-Nutzer gehen nach der zitierten Studie zudem davon aus, dass sie das Internet durch mobile Geräte in den kommenden Jahren intensiver nutzen werden. Ein Multichannel-Angebot inklusive Smartphone wird als Standard erwartet. Wer sich im Onlinehandel behaupten möchte, muss dem Wunsch der Nutzer nach mobilen Angeboten nachkommen.

Ein spezifisches Problem im Onlinehandel stellen so genannte „Scherzbestellungen" dar, bei welchen sowohl tatsächlich existierende als auch Fantasieadressen angegeben werden. Um diese abzuwehren, empfehlen sich Plausibilitätsprüfungen, mit welchen allerdings nicht jede derartige Bestellung erkannt werden kann. Eine weitere Gefahr liegt in Bestellungen von Minderjährigen ohne Zustimmung der Erziehungsberechtigten. Auch für dieses Problem ist eine Lösung nicht verfügbar, die in allen entsprechenden Fällen greift.

(2) Logistik
Die Logistik ist bei Onlinegeschäften einer der entscheidenden Erfolgsfaktoren. Als logistische Aufgaben im Onlinehandel sind die Kommissionierung der Bestellungen, gegebenenfalls die Verpackung des Versandgutes, die Auslieferung und die Retourenabwicklung zu nennen. Da sich diese Funktionen im Onlinehandel nicht wesentlich von jenen unterscheiden, welche auch durch den Großhandel und den klassischen Versandhandel bewältigt werden müssen, kann an dieser Stelle auf eine detaillierte Darstellung verzichtet werden. In jedem Fall sind die gerade bei elektronischen Bestellungen vorliegenden Kundenerwartungen auf schnelle und fehlerfreie Belieferung zu berücksichtigen, da die Kundenzufriedenheit hiervon maßgeblich beeinflusst wird.

Bei Nutzung einer Plattform besteht für den Internethändler die Möglichkeit, die Endkundenlogistik dem Plattformbetreiber zu überlassen. Dies nimmt ihm allerdings die Verantwortung für die Schnelligkeit und Korrektheit der Lieferung nicht ab.

Eine Besonderheit im Internethandel besteht darin, dass in Abhängigkeit von den bestellten Gütern neben der physischen Distribution auch der mobile Versand in Betracht kommt. Letzteres bietet sich bei Waren wie Onlinespielen, Musik, Videos etc. an.

Eine von den Kunden zunehmend geschätzte Alternative zur Zustellung ist die Abholung der bestellten Waren. Bei dieser Variante (Drive in-Konzept) bestellt der Kunde im Internet und holt seinen fertig kommissionierten Einkauf selbst ab. Ein Beispiel hierfür findet sich bei der Firma real (Metro Group), welche mit einem Online-Supermarkt inklusive Frischware-Abteilungen dieses Geschäftskonzept testet (vgl. *Rode, J.*, in: LZ Nr. 45 vom 12.11.2010, S. 2). Auch die REWE und die Otto-Group planen ähnliche Angebote für ihre Kunden. Ein wichtiger Vorteil dieser Verfahrensweise besteht im Wegfall der Versandkosten. Fraglich ist allerdings, ob Kunden, welche ohnehin den Weg zur Abholfiliale zurücklegen müssen, auf das multisensorische Einkaufserlebnis – Fühlen, Riechen, Schmecken – verzichten wollen.

Es liegt im Charakter von Onlinegeschäften begründet, dass dem Retourenmanagement eine beträchtliche Bedeutung zukommt. Dieser Geschäftsprozess weist naturgemäß ein hohes Konfliktpotenzial auf. Schnelligkeit, Unkompliziertheit und Kulanz bei der Abwicklung von Retouren sind als entscheidende Erfolgskriterien zu betrachten.

(3) Bezahlung

Ein wesentlicher Unterschied zwischen stationärem Einzelhandel und Onlinehandel besteht in der deutlich größeren Vielfalt der möglichen Zahlungsverfahren bei elektronisch abgewickelten Geschäften. Einen Überblick über mögliche Zahlungsformen im Onlinehandel gibt die folgende Abbildung, welche auf einer Zusammenstellung von ibi research basiert (zitiert bei *Stahl u. a., 2009, S. 108 ff.*):

Formen der Bezahlung im Onlinehandel	
Klassische Bezahlformen	**E-Payment-Verfahren**
► Rechnung ► Vorkasse	► E-Mail basierte Zahlungsverfahren: Anypay, Moneybookers, PayPal ► Karten basierte Zahlungsverfahren: GeldKarte, paysafecard, T-Pay MicroMoney
► Nachnahme ► Lastschrift ► Kreditkarte	► Mobiltelefon basierte Zahlungsverfahren: Crandy, mpass ► Inkasso- und Billing-Verfahren: ClickandBuy, iclear, infin-Micropayment, Telefonische Mehrwertdienste, z. B. Dialer-Verfahren und Premium-SMS, T-Pay, WEB.Cent

Neben der komplexen Ablauforganisation der zahlreichen Bezahlformen ist beim Onlinehandel vor allem das Problem zu lösen, dass gleichzeitig der Kunde vor Missbrauch und der Onlinehändler vor Zahlungsausfällen geschützt wird. So wird beispielsweise bei PayPal ein selbst entwickeltes System zur Missbrauchsvorbeugung eingesetzt, das bei derzeit rund 193 Mio. Kundenkonten zum Einsatz gelangt. PayPal wurde 1998 als

Tochterunternehmen von eBay gegründet und ermöglicht es Privatpersonen und Unternehmen, Onlinezahlungen sicher, schnell und einfach auszuführen und zu empfangen. PayPal baut auf der existierenden Finanzinfrastruktur für Bankkonten und Kreditkarten auf und verarbeitet Transaktionen in Echtzeit (vgl. Presseinformation PayPal Deutschland GmbH, 15.09.2009).

Nach einer Studie von ibi research aus dem Jahre 2009 ist das Verfahren am weitesten verbreitet, bei dem elektronisch getätigte Einkäufe durch elektronische Banküberweisungen über Internetbanking bezahlt werden. Dagegen konnte sich in Deutschland Mobile Payment, also das Bezahlen mit dem Handy, noch nicht durchsetzen. Der Grund hierfür ist vor allem in Sicherheitsbedenken der Kunden zu suchen. Immerhin noch 27 % bezahlen die über das Internet gekauften Waren oder Dienstleistungen ausschließlich auf konventionellem Wege. Erfolgreicher sind Verfahren des Mobile Payment dagegen in einigen anderen Ländern. So wird beispielsweise das M-Payment-Verfahren „paybox“, das in Deutschland wieder eingestellt wurde, in Österreich von den vier größten Mobilfunkbetreibern als gemeinsamer Standard unterstützt. Weitere Beispiele im Ausland genutzter Verfahren sind MobiPay (Spanien), Obopay (USA) oder M-Pesa (Kenia) (*Stahl u. a., 2009, S. 108 ff.*). Inwieweit in Verbindung mit dem neuen Personalausweis, der seit November 2010 zusammen mit einer PIN-Sicherheitsnummer eingeführt wird, weitere Zahlungsverfahren für das Netz entstehen, muss abgewartet werden.

Zusammenfassend ist festzustellen, dass die Kriterien Akzeptanz, Sicherheit und Kosten eines Zahlungssystems entscheidend für die Auswahl der von Onlinehändlern angebotenen Zahlungsformen sind.

(4) Personelle Prozesse

Im Rahmen der personellen Prozesse ist darüber zu entscheiden, wer den Online-Shop verantwortet. Diesbezüglich müssen klare Zuständigkeiten geschaffen werden. Vor allem abhängig von der Größe des Online-Shops ist festzulegen, ob die zu erfüllenden Aufgaben – Pflege des Online-Shops, Einstellung neuer Produkte, inhaltliche und optische Überarbeitungen, Weiterentwicklung des Shops im Hinblick auf Strategie oder auch erforderliche Rechtsänderungen etc. – in einer Hand liegen oder jeweils spezialisierten Kräften zugeordnet werden sollen.

Bestimmte Kompetenzen sind beim Onlinehandel nicht erforderlich. Dazu zählen etwa Standortanalytik oder Ladenbau. Andere Qualifikationen haben dagegen an Bedeutung hinzugewonnen, verschiedene Fertigkeiten wie z. B. Webdesign und Netzwerktechnik sind überhaupt erst beim Onlinevertrieb erforderlich geworden. Für die professionelle Bewältigung des Onlinehandels hat sich ein neuer Beruf entwickelt: Der E-Commerce-Manager (*Gerth, 2010, S. 18*). Er fungiert als Mittler zwischen Marketing und Vertrieb, Technik und Logistik und benötigt hierfür Kenntnisse in Marketing, Vertrieb, Webdesign, Content und Netzwerktechnik. Auch ein Überblick über Einkauf, Warenwirtschaft und Lagerhaltung ist in diesem Beruf hilfreich, weswegen man ihn als Schnittstellenposition definieren kann.

Im Übrigen unterscheidet sich das Personalwesen als typische Querschnittsfunktion im Onlinehandel kaum von jenem, welches bei stationärem Handel anfällt. Dies gilt für aufbauorganisatorische Instrumente wie Stellenbeschreibung oder Betriebsordnung ebenso wie für ablauforganisatorische Prozesse z. B. in Verbindung mit Personaleinsatz oder Entlohnung. Auch Rechtsfragen (Tarifvertrag, Mitbestimmung, Kündigungsrecht etc.) werden im Onlinehandel nicht anders zu handhaben sein als im stationären Handel, weswegen auf die detaillierte Behandlung dieser Aspekte der Unternehmenspolitik an dieser Stelle verzichtet werden kann.

(5) Informations- und Kommunikationsprozesse
Wegen des Charakters des Onlinehandels besteht eine enge Verbindung zwischen den Maßnahmen der Kommunikationspolitik und der Ausgestaltung der Informations- und Kommunikationsprozesse. Insoweit kann hier auf die obigen Ausführungen im Rahmen des Abschnitts zum Onlinemarketing verwiesen werden.

Eine Besonderheit stellt die Festlegung der richtigen Keywords für Suchmaschinen dar. Nicht die unternehmensinterne Logik, sondern die Denkweise der (potenziellen) Kunden muss als Leitlinie bei der Suche nach erfolgreichen Schlüsselbegriffen Berücksichtigung finden.

Für eine reibungslose Kommunikation zum und mit dem Kunden sind bestimmte ablauforganisatorische Fragen zu klären und auf der Website den Kunden zu kommunizieren. Dazu gehören die AGB, insbesondere die Handhabung von Garantie- und Gewährleistungsfällen, sowie die den Kunden zustehenden Umtausch- und Rückgaberechte (*Stahl u. a., 2009, S. 37*).

Zur Herstellung von Vertrauen ist es empfehlenswert, den Besuchern der Website die Menschen vorzustellen, die hinter dem Online-Shop stehen. Damit kann bis zu einem gewissen Grade der fehlende Face-to-face-Kontakt ersetzt werden. Falls es einen E-Commerce-Manager gibt, wie er als neues Berufsbild oben beschrieben wurde, muss dieser zwingend auf der Website vorgestellt werden.

Ein wesentlicher Aspekt im Rahmen der Informations- und Kommunikationsprozesse ist die Einhaltung aller datenschutzrechtlichen Bestimmungen, um juristischen Auseinandersetzungen vorzubeugen.

3.3.4 Controlling im Onlinehandel

Die Steuerung des Onlinehandels gehorcht grundsätzlich denselben Prinzipien, die auch im stationären Handel Gültigkeit haben: Es ist ein Controlling-Regelkreis zu schaffen, der sich aus Zielen, Planung, Kontrolle, Abweichungsanalyse und Einleitung von Optimierungsmaßnahmen zusammensetzt. Unterschiede treten dagegen im Hinblick auf die qualitativen und quantitativen Maßgrößen auf, die bei der Planung und Kontrolle der Online-Aktivitäten eingesetzt werden können. Die folgende Abbildung gibt ohne Anspruch auf Vollständigkeit in exemplarischer Form Verfahren des qualitativen Controlling sowie Maßgrößen des quantitativen Controlling wieder, die sich im Onlinehandel als sinnvoll erwiesen haben:

Verfahren des qualitativen Controlling	Maßgrößen des quantitativen Controlling
► Imageanalyse einzelner Werbemittel ► Klickpfad-Statistik ► Heatmap (Klicks auf nicht verlinkte Texte oder Grafiken) ► Logfile-Analyse (z. B. Zeitpunkt des Zugriffs, IP-Adresse des Web-Seiten-Besuchers, angefragtes Element etc.) ► Analyse der verwendeten Suchwörter in Suchmaschinen/Preisvergleichsseiten ► Analyse häufiger Einstiegs-/Ausstiegsseiten	► Besuchshäufigkeit ► Verweildauer ► Anzahl von Downloads ► Konversionsrate ► Kaufrate ► durchschnittlicher Warenkorbwert ► Cross-Selling-Quote ► Umsatz mit einer Kampagne ► Kosten einer Kampagne

Um einem „Information Overload" vorzubeugen, ist es sinnvoll, sich auf einige wenige Verfahren und daraus gewonnene Kennzahlen zu beschränken. Die Auswertungstiefe hat sich dabei insbesondere an den Kriterien Größe und Heterogenität des Online-Vertriebs auszurichten.

Die obige Abbildung verdeutlicht, dass im Onlinehandel neben generellen Controllingaktivitäten, wie sie in jedem Handelsunternehmen anfallen (z. B. Planung und Kontrolle von Umsätzen und Kosten), offensichtlich ein besonderes Augenmerk auf das Website-Controlling zu legen ist. Dabei werden die Akzeptanz des eigenen Internet-Auftritts analysiert, seine Wirkungen ermittelt und darauf basierend Optimierungsansätze entwickelt.

Für das Website-Controlling schlägt *Kreutzer (2012, S. 144)* folgende Controllingmaßnahmen vor:

Maßnahme	Inhalt der Maßnahme
Usability-Analyse	Nutzungsanalyse des eigenen Internet-Auftritts
Blickregistrierung (Eye-Tracking)	Aufzeichnung und Auswertung des Blickverlaufs eines Betrachters mithilfe einer Augenkamera
On-Site-Befragung	Umfrage zu Nutzerdaten, Wünschen, Erwartungen, Verbesserungsvorschlägen etc.
Analyse des Website-Traffic	Untersuchung zur Anzahl und Intensität der Website-Besuche

Von *Bennefeld* wurde der Begriff des „Web-Controlling 3.0" als aktuelle Controlling-Weiterentwicklung in die Diskussion eingebracht. Er versteht darunter die Einbeziehung externer Informationen zur Bewertung der Kennzahlen. Dazu arbeitet das von *Bennefeld* geführte Unternehmen etracker GmbH in Hamburg mit der GfK zusammen. Die Kooperation läuft folgendermaßen ab: Onlinehändler stellen ihre Abverkaufszahlen über eine Schnittstelle im etracker-Web-Controlling der GfK Retail and Technology zur Verfügung und erhalten dafür exklusive und aussagekräftige Informationen zu Markttrends und aktuellen Entwicklungen, die für die Optimierung des Sortiments und für die Preisgestaltung genutzt werden können (*Bennefeld*, in: *Stahl u. a., S. 103*).

3.3.5 Bewertung des Onlinehandels

Im Folgenden soll eine kurze Bewertung des Onlinehandels vorgenommen werden. Hierfür werden in der nachstehenden Abbildung Vorteile und Nachteile gegenübergestellt:

Vorteile des Onlinehandels	Nachteile des Onlinehandels
► Verbesserte Kaufentscheidungen durch effizienteren Zugang zu mehr Informationen ► Zugang zu mehr Alternativen im Kaufentscheidungsprozess ► Höhere Preistransparenz und Preisgünstigkeit des Angebots im Internet ► Zumindest theoretisch unbeschränktes Sortiment ► Bequemlichkeit: Einkauf von Zuhause aus ► Keine Beschränkung durch Ladenschlusszeiten, keine Wartezeiten an Kassen ► Anonymität des Kunden beim Einkauf ► Spaß beim Internetkauf aufgrund der Neuartigkeit des Mediums	► Erfordernis bestimmter technischer Voraussetzungen ► Mangelnde Beurteilbarkeit des Online-Händlers und der angebotenen Leistungen ► Subjektive Abneigung gegen die Anonymität des Internets ► Technische Probleme beim Bestell- oder Zahlungsvorgang ► Mängel bei der Belieferung, z. B. längere Lieferzeiten als beim Kaufabschluss angegeben, falsche oder beschädigte Waren ► Zahlungsstörungen, z. B. durch fehlende Ermittelbarkeit des Rechnungsempfängers oder Liquiditätsprobleme ► Auftreten von Betrugsfällen ► Probleme in Verbindung mit Sicherheit und Datenschutz

Die in der vorstehenden Abbildung zusammengestellten Vorteile und Nachteile des Onlinehandels stammen im Wesentlichen von *Schnedlitz/Schönleitner (2004, S. 323)*, *Rüdiger (2008, S. 53 ff.)* und *Stahl u. a. (2009, S. 156 ff.)*. Insgesamt führt die Analyse der Vor- und Nachteile des Onlinehandels zu einer positiven Beurteilung. Dass die Konsumenten dies ebenfalls so einschätzen, belegen die Entwicklungszahlen der letzten Jahre nachdrücklich.

3.3.6 Zukunft des Onlinehandels

Die weitere Entwicklung des Onlinehandels wird durch bereits heute erkennbare Zukunftstrends bestimmt werden. Mit diesen befassen sich zahlreiche Autoren und Institutionen (vgl. beispielsweise: *Heinemann, Rode, Zirkel, GBI-Genios*, sowie weitere im vorstehenden Abschnitt zitierte Quellen). Aus diesen Quellen lassen sich einige wahrscheinliche Trends zusammenstellen:

- Internationalisierung/Globalisierung des Onlinehandels
- Multi-Channeling
- Onlinehandel über mobile Endgeräte
- visuelle Produktsuche
- Drive-in-Konzepte.

Internationalisierung/Globalisierung des Onlinehandels
Neue Umsätze lassen sich durch die Ausdehnung des virtuellen Absatzgebiets eines Onlinehändlers in ausländische Märkte erschließen. Dank elektronischer Kommunikation und wegen Englisch als überwiegend genutzter Verkehrssprache sind die Markteintrittsbarrieren im Onlinehandel bei weitem niedriger als bei stationärem Handel. Aufwändig kann sich dagegen der Aufbau einer internationalen Logistik/Retrodistribution darstellen.

Prognose: Die Internationalisierung im Onlinehandel wird zunehmen. Globaler Vertrieb im wörtlichen Sinne ist dagegen eher unwahrscheinlich.

Multi-Channeling
In strategischer Hinsicht bietet der parallele Vertrieb über stationären und Onlinehandel größere Vorteile – jedenfalls bei erfolgreichem Cross-Channel-Management – als Nachteile, die z. B. in Form von Kannibalisierungseffekten auftreten können. In jedem Fall müssen die beiden Vertriebswege integriert, also vernetzt genutzt werden.

Prognose: Die Multi-Channeling-Strategie wird sich gegenüber singulären Vertriebsstrategien immer stärker durchsetzen.

Onlinehandel über mobile Endgeräte
Die Nutzung mobiler Endgeräte für den Onlinehandel passt organisch zu der Entwicklung, dass eine immer größere Zahl von Kunden mit Smartphones die unterschiedlichsten Aktivitäten online vornimmt. Im Rahmen von Onlinegeschäften geht es vor allem um die mobile Bestellung, Bezahlung sowie die Inanspruchnahme von Services. Wichtig für die Durchsetzung mobiler Endgeräte sind die Kriterien intuitive Bedienung, Geschwindigkeit und Einfachheit.

Prognose: Der Anteil der Nutzung mobiler Endgeräte wird im Onlinehandel in Zukunft deutlich wachsen.

Visuelle Produktsuche
Bei der Suche nach Produkten besteht schon heute die Möglichkeit, die Wunschartikel im Internet nicht nur mit verbalen Suchbegriffen zu beschreiben, sondern auch Bilder der Artikel einzugeben, für die ein Interesse vorliegt. Ein spezifisches Computerprogramm findet dann passende Waren und offeriert diese als Suchergebnisse.

Prognose: Die visuelle Suche nach Artikeln wird künftig die Suche über verbale Eingaben zunehmend ergänzen.

Drive-in-Konzepte
Bei Drive-in-Konzepten bestellt der Kunde im Internet und holt seinen fertig gepackten Einkauf selbst ab. Ein Beispiel für die Anwendung dieses Konzepts ist der oben erwähnte Real Online-Supermarkt inklusive Frischware-Abteilungen. Auch im Textilhandel sind Drive-in-Angebote schon heute Realität: Nach der elektronisch getätigten Bestellung wird die Ware an ein Outlet des Textilunternehmens geliefert, wo sie vom Kunden abgeholt werden kann. Dies ist ein Service, den reine Distanzhändler nicht bieten können.

Prognose: Drive-in-Konzepte werden in verstärktem Maße als Alternative zur Lieferung der Ware zur Wohnung des Kunden genutzt werden.

Die skizzierten Zukunftstrends im Onlinehandel erheben keinen Anspruch auf Vollständigkeit. Sie sollen lediglich deutlich machen, dass es sich beim Onlinehandel um eine sich dynamisch verändernde Vertriebsform handelt. Für die Handelsunternehmen gilt es, neue Entwicklungen aufmerksam zu verfolgen und Erfolg versprechende Trends rechtzeitig in die eigene Unternehmenspolitik zu integrieren.

3.4 Dynamik der Betriebsformen

Das einzig beständige ist der Wandel. Dieser Satz trifft auch auf die Betriebsformen des Handels zu. Beobachtet man die Betriebstypenlandschaft im Zeitablauf, so stellt man fest, dass immer wieder neue Erscheinungsformen zu registrieren sind, dass bestehende Typen sich verändern und andere gänzlich aus dem Markt ausscheiden. Dieser stetige Veränderungsprozess wird auch als **Betriebsformendynamik** bezeichnet. In den folgenden beiden Abschnitten soll zunächst dieses Phänomen dargestellt und anschließend hinsichtlich seiner Ursachen analysiert werden. Daraus lassen sich dann auch Prognosen für die künftige Weiterentwicklung der Betriebsformen ableiten.

3.3.1 Darstellung

Beobachtet man die Entwicklung der Betriebsformen in der Handelspraxis, so stellt man fest, dass eine gewisse Analogie zur Entwicklung von Produkten besteht. Auf der Basis früherer Untersuchungen (vgl. vor allem *Mc Nair* und *Nieschlag*) hat sich *Silvia Berger* mit den Ähnlichkeiten zwischen dem Lebenszyklus von Betriebsformen und Produkten auseinandergesetzt.

Der Verlauf der Betriebsformenentwicklung wurde von ihr in einem Schaubild dargestellt, welches nachstehend wiedergegeben wird; es stellt für die Phasen der Einführung, des Wachstums, der Reife und der Degeneration von Betriebsformen des Einzelhandels die Veränderungen der Größen Umsatz und Deckungsbeitrag im Zeitablauf dar:

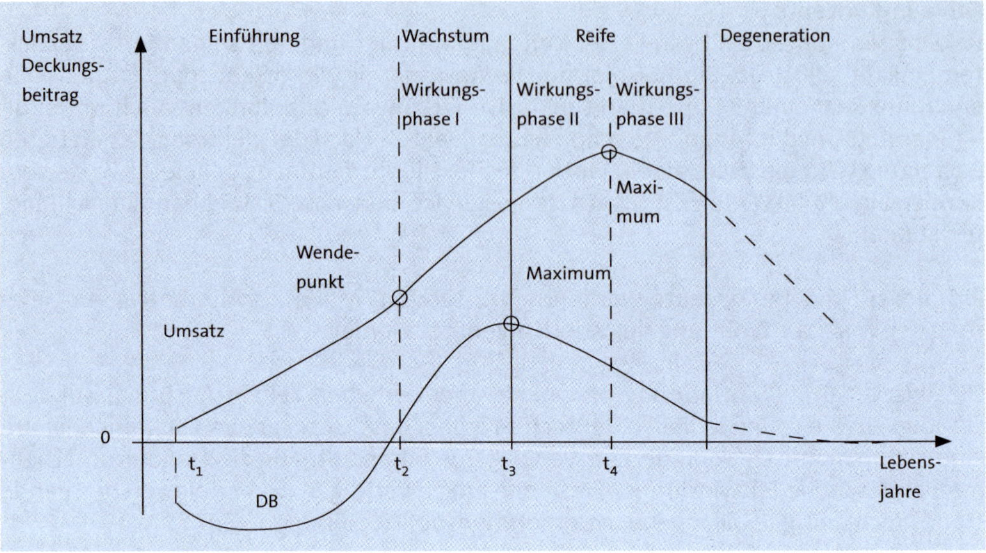

Abb. 63: Der Lebenszyklus von Betriebsformen im Einzelhandel

Quelle: *Berger, S.:* Ladenverschleiß, S. 194

Die Beobachtungen von *Berger* gelten für die Wirtschaftsstufe des Einzelhandels; für den Großhandel sind ähnliche Entwicklungsverläufe der Betriebstypen nicht festzustellen, da – wie oben bereits dargelegt – er sich mit seinen Betreibungsformen nicht wie der Einzelhandel an kürzerfristige Bedürfnisveränderungen bei den Endverbrauchern anpassen muss und da wegen der Tatsache, dass die Kunden i. d. R. den Großhandel nicht betreten, keine Notwendigkeit besteht, andere als technisch oder organisatorisch sinnvolle Veränderungen vorzunehmen.

Der Lebenszyklus der Betriebsformen verläuft wie derjenige von Produkten in Phasen: Bei allen neu entwickelten Betriebstypen folgt auf die **Entstehungsphase** eine solche des **Aufschwungs**, falls sie sich überhaupt am Markt als erfolgreich erweisen. Nach einem bestimmten Zeitraum tritt eine **Marktsättigung** bezüglich der neuen Betriebsform ein; die Reifephase ist erreicht. Von diesem Lebenszyklusabschnitt an sind jedoch keine zwingenden Abfolgen mehr gegeben. Eine Betriebsform kann nach der **Reifephase** in die **Degenerationsphase** übergehen und aus dem Markt ausscheiden; sie kann jedoch auch über einen langen Zeitraum hinweg mehr oder weniger unverändert existieren, oder aber durch aktives Handeln der Betreiber im Sinne von **Relaunching-Maßnahmen** in eine neue **Aufschwungphase** übergeleitet werden. Zumindest kann der Wechsel von der Reife- in die Degenerationsphase auf diese Art und Weise hinausgezögert oder sogar ganz verhindert werden.

Ein Beispiel für einen modellentsprechenden Entwicklungsverlauf bietet das oben charakterisierte **Selbstbedienungsgeschäft**. Diese flächenmäßig kleinste Form unter den Lebensmittelanbietern entstand mit Einführung der Selbstbedienung in den 60er-Jahren durch die Umwandlung von Bedienungsgeschäften des Lebensmitteleinzelhandels. Nach einer Aufschwungphase – parallel zum Siegeszug der Selbstbedienung – erreichte es seine Reifephase, in welcher es sich zunehmend stärkerer Konkurrenz durch Discounter, Supermärkte und großflächige Lebensmittelanbieter gegenübersah. Inzwischen befindet sich das Selbstbedienungsgeschäft in der Degenerationsphase, was durch von Jahr zu Jahr rückläufige Betriebszahlen dokumentiert wird. In einigen Jahren dürfte es von wenigen Ausnahmen abgesehen am Markt nicht mehr anzutreffen sein.

Einen völlig anderen Verlauf nahm hingegen die Entwicklung der **Betriebsform des Warenhauses.** Diese um 1870 in Paris entstandene Form des Einzelhandels konnte ihre Reifephase bis in die heutige Zeit ausdehnen. Zwar mussten immer wieder Rückschläge hingenommen und Marktanteilsverluste akzeptiert werden, doch gelang es jedesmal, durch geeignete Variationen und innovative Teilveränderungen diesen Prozess aufzuhalten. Auf die nähere Zukunft bezogen gibt es wohl keinen Handelsexperten, welcher dem Warenhaus einen drastischen Abschwung oder gar einen völligen Verlust der Marktposition prognostizieren würde.

Zur Erklärung der Betriebsformendynamik ist es erforderlich, ihre Ursachen zu untersuchen, um somit genauere Zukunftsaussagen zu ermöglichen. Dies soll im folgenden Abschnitt geschehen.

3.3.2 Ursachen

Zu den Ausführungen dieses Abschnitts sei bemerkt, dass es hier nicht um eine vollständige Erfassung und Verknüpfung sämtlicher denkmöglicher Ursachen für die Betriebsformendynamik gehen kann. Vielmehr sollen innerhalb verschiedener **Ursachenkategorien** ausgewählte Beispiele dargestellt werden, welche zum Verständnis für das Zustandekommen von Anpassungen der Betriebsformen an Veränderungen im Unternehmensumfeld bzw. in der Unternehmung selbst beitragen können.

Einleitend soll kurz auf die Ursachen der Betriebsformenveränderungen auf der Großhandelsstufe eingegangen werden. Wie bereits erläutert, ist die Dynamik der Betriebstypenentwicklung im Großhandel wesentlich geringer als im Einzelhandel; da in der überwiegenden Zahl der Fälle der Kunde den Großhandelsbetrieb nicht betritt, interessiert ihn lediglich die erbrachte Leistung, nicht aber die Art und Weise deren Erstellung. Daher sind Betriebsformenänderungen bei Großhandelsunternehmungen im wesentlichen auf Entwicklungen im Bereich Technik und Organisation zurückzuführen. So haben etwa neue Möglichkeiten in der Logistik, bei den Kommunikationstechniken, in der warenwirtschaftlichen Steuerung des Betriebes etc. zu Umstellungen in den internen Abläufen von zahlreichen Großhandelsunternehmungen geführt.

Als neuere Betriebsformen, welche Marketingüberlegungen entspringen, sind der **GV-Service** und das **Rack Jobbing** zu nennen. Im ersteren Falle führte die gezielte Berücksichtigung der Bedürfnisse von Großverbrauchern wie Heimen, Kantinen und Gastronomiebetrieben zur Ausprägung spezifischer Sortimente, Distributionsverfahren und Mitteln der Werbung und Verkaufsförderung.

Beim Rack Jobbing stand die Absicht verschiedener Großhandlungen Pate, das entwickelte eigene Marketingkonzept, welches von der Sortiments- über die Platzierungs-

und Präsentations- bis hin zur Verkaufsförderungspolitik reichte, in unverfälschter Form bis zum Endverbraucher durchzusetzen. Die Entwicklung dieser Betriebsform war also erst durch einen Umdenkprozess im Großhandel möglich, der darin bestand, dass man als Aufgabe nicht mehr nur die reine Warenbeschaffung und -lagerung, ggf. noch deren Zustellung an den Kunden, sondern darüber hinaus die Ausübung von Marketingfunktionen im weiteren Sinne zu verstehen begann.

Der Schwerpunkt einer Untersuchung der Ursachen der Betriebsformendynamik muss jedoch eindeutig auf der Einzelhandelsstufe liegen, auf der man einen permanenten Wandel der Betriebstypen mit zum Teil einschneidenden Veränderungen der Einzelhandelslandschaft beobachten kann. **Betriebstypenvariationen** und **-innovationen** werden im Einzelhandel nicht als Selbstzweck durchgeführt, sondern sie resultieren aus dem Versuch, die Veränderungen der Kundenbedürfnisse auf möglichst präzise Weise in der Ausgestaltung der Handelsleistung abzubilden. Neben den Wünschen der Konsumenten existieren weitere Einflussfaktoren, z. B. rechtliche Entwicklungen, welche in ihrer Konsequenz zu Abwandlungen eines Betriebsformenkonzepts führen können. In kurz gefasster Form könnte man die Feststellung treffen, dass jede veränderte Betriebsform als Antwort auf **Veränderungen der relevanten Umweltbedingungen** zu betrachten ist.

Berger formuliert diesen Vorgang negativ: Sie spricht davon, dass am Markt befindliche Betriebsformen sich durch die Veränderungen im Umfeld „abnutzen"; dies bezeichnet sie als Store erosion (Ladenverschleiß). Die Ursachen der **Store erosion** – und damit auch der Entstehung neuer Betriebsformen, welche die aus dem Markt ausscheidenden Typen ersetzen – sind komplexer Natur. Sie lassen sich nach dem Kriterium der Verursachung in verschiedene Kategorien einteilen, welche in der folgenden Abbildung zusammengestellt sind:

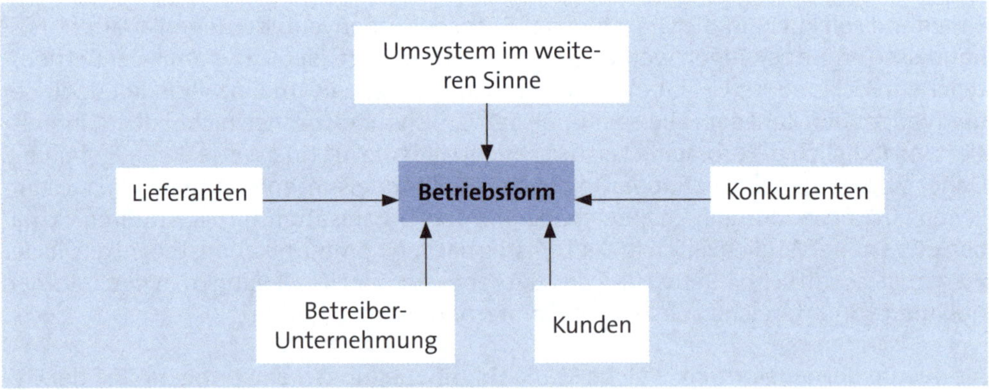

Abb. 64: Determinanten des Betriebsformenwandels

(1) Umsystem im weiteren Sinne

Darunter sind zunächst jene staatlichen Stellen, Behörden, Organisationen etc. zu verstehen, welche im Umfeld eines Handelsunternehmens tätig und in der Lage sind, dessen Politik zu beeinflussen, so z. B.:

- Legislative
- Exekutive
- Judikative
- Gewerkschaften
- Bundesbank etc.

In erster Linie ist hier der Staat als gesetzgebende Institution anzusprechen. **Gesetze** haben sich immer wieder nachhaltig auf die **Betriebsformenentwicklung** ausgewirkt. So hat beispielsweise das Ladenschlussgesetz zum Entstehen des Automatenverkaufs geführt, weil so auch außerhalb der gesetzlich gestatteten Öffnungszeiten ein Verkauf bestimmter Güter ermöglicht wurde.

Besonders drastisch hat sich die Einführung der Baunutzungsverordnung (§ 11 Abs. 3) bemerkbar gemacht, mit welcher der Ansiedlung großflächiger Einzelhandelsbetriebsformen außer in Innenstädten und in ausgewiesenen Sondergebieten ein Riegel vorgeschoben werden sollte. Durch diese Verordnung haben sich die oben beschriebenen, in der Praxis als „Typ 1.000" zusammengefassten Betriebstypen des Klein-Verbrauchermarktes, des Fachmarktes und des Fachdiscounters entwickelt. Während bei den beiden letztgenannten Formen die gesetzliche Regelung nur eine von mehreren Entstehungsursachen war, kann der Klein-Verbrauchermarkt nahezu ausschließlich als Resultat der Baunutzungsverordnung angesehen werden.

Auf die Zukunft gesehen kann darüber spekuliert werden, ob durch die Entwicklung im Bereich der Umweltgesetzgebung möglicherweise ein neuer Betriebstyp entstehen wird. Bei gesetzlicher Verankerung der Rücknahmeverpflichtung für alle Arten von Verpackung könnte eine Betreibungsform, welche sich schwerpunktmäßig mit der Retrodistribution beschäftigt, gute Marktdurchsetzungschancen besitzen.

Dem **Umsystem** zuzurechnen sind weiterhin alle Institutionen oder Einzelpersonen, durch welche betriebsformenrelevante technische und organisatorische Rahmenbedingungen der Handelstätigkeit beeinflusst werden. Beispielhaft können hier Beratungsunternehmen, Verbände, Ingenieurbüros etc., aber auch Forschungsbereiche von Unternehmen der verschiedensten Wirtschaftssektoren und -stufen genannt werden. Als betriebsformenbildende bzw. -beeinflussende Entwicklungen der jüngeren Vergangenheit, welche aus diesem Umfeldausschnitt stammen, sind beispielsweise anzuführen:

- Scanning als Warenausgangserfassungssystem
- POS-Banking als Möglichkeit zur bargeldlosen Zahlungsabwicklung
- vollautomatisierte Lager- und Kommissioniersysteme (für den Bereich des Versandhandels) etc.
- elektronische Kommunikationsmöglichkeiten.

Derartige das Handlungsspektrum erweiternde Möglichkeiten stellen für Handelsunternehmen einerseits Chancen dar, andererseits aber auch Zwänge: Werden sie nicht im Sinne der Anpassung oder Neuentwicklung von Betreibungsformen genutzt, so entsteht hierdurch ein Wettbewerbsnachteil gegenüber den innovationsfreudigeren Konkurrenten.

Schließlich werden aus dem Umsystem Einflüsse wirksam, welche nicht einzelnen Verursachern zugeschrieben werden können, sondern sich aus der allgemeinen Entwicklungsdynamik heraus ergeben. Als Beispiel soll der derzeitige Arbeitskräftemangel im Einzelhandel genannt werden, welcher etwa dazu führen kann, dass eine personalintensive Betriebsform, z. B. ein Spezialgeschäft, nicht aufrechterhalten werden kann.

(2) Lieferanten
Die Politik der Lieferanten des Einzelhandels wirkt sich in zahlreichen Einzelkomponenten auf die Ausgestaltung einer Betriebsform aus. Hier ist beispielsweise der im Großhandel bestehende Trend zu erwähnen, in größeren Intervallen jeweils größere Mengen an den Einzelhandel zu liefern; dies führt zu verstärkter Übernahme der Lagerfunktion im Einzelhandel. Weiter kann die Einführung von Handelsmarken durch Großhandlungen genannt werden, welche die Sortimentspolitik der Einzelhandelskunden berühren.

Solche Detailveränderungen stehen jedoch nicht im Mittelpunkt der Betrachtung. An dieser Stelle soll es vor allem darum gehen, solche Einflussnahmen zu untersuchen, welche eine gesamte Betriebsform in einer wesentlichen inhaltlichen Komponente variieren oder sogar zum Entstehen einer völlig neuen Betriebsform führen können. Dazu jedoch sind die genannten Einzelmaßnahmen nicht zu zählen.

Von größerer Bedeutung sind in diesem Zusammenhang die Bemühungen verschiedener vor allem in Kooperationsformen des Handels tätiger Großhandlungen, für die angeschlossenen Kunden vollständige **Marketing-** und **Organisationskonzepte** zu entwickeln, als deren Folge neuartige oder veränderte Betriebsformen entstehen. Solche Entwicklungen werden zusätzlich zum reinen Warenangebot den Kunden zur Verfügung gestellt, womit die Großhandlung neben der eigenen Profilierung auch die Zielsetzung verfolgt, eine größere Einheitlichkeit der gesamten Kooperation auf der Einzelhandelsstufe herbeizuführen. Damit kann beim Endverbraucher Größe und Leistungsfähigkeit demonstriert werden. In die Betriebsformenentwicklungen kooperierender Großhandlungen fließen dabei alle Elemente ein, welche sich auf die Einflusskategorien Umsystem, Konkurrenz und Kunden erstrecken.

(3) Konkurrenten
Der Einfluss von Konkurrenten auf die Betriebsformenveränderung ist nicht inhaltlicher Natur, sondern lediglich im Sinne von Initiierung oder Ausübung von Druck zu verstehen. Dies bedeutet, dass erkennbare Betriebsformenänderungen bei wichtigen Konkurrenten das Management eines Handelsunternehmens dazu auffordern, die Marktwirksamkeit dieser Variationen oder Innovationen zu prüfen und gegebenenfalls daraufhin die beobachteten Veränderungen zu übernehmen. Gleichzeitig wirkt sich das Wissen um mögliche Aktivitäten von Wettbewerbern in Bezug auf Betriebsfor-

menentwicklung permanent als latenter Druck in Hinsicht auf eigene betriebsformenbildende Maßnahmen aus. Es ist Aufgabe der Konkurrenzmarktforschung, nach außen erkennbare Betriebsformenentwicklungen der Konkurrenten in möglichst detaillierter Form zu erheben, um somit den Entscheidungsträgern im eigenen Unternehmen fundiertes Material zur Verfügung stellen zu können.

(4) Kunden

Die von der Kundschaft ausgehenden Einflüsse sind bei der Betriebsformenentwicklung als die bedeutsamsten einzustufen. Es lässt sich hier eine größere Zahl von Unterkategorien unterscheiden; beispielhaft sind zu nennen:

- demografische Veränderungen bei den Endverbrauchern
- soziografische Veränderungen
- psychografische Veränderungen
- Verhaltensänderungen aufgrund technischer Entwicklungen etc.

Eine **demografische Änderung** mit Betriebsformenrelevanz bildet z. B. die Verschiebung der Alterspyramide in der Bevölkerung. Eine wichtige **soziografische Veränderung** liegt in der Zunahme von Single-Haushalten. Als einflussnehmende **psychografische Entwicklungen** sind etwa die veränderten Denkweisen im Hinblick auf die Gestaltung der Freizeit, die Bedeutung des Umweltschutzes etc. zu nennen.

Eine **Verhaltensumstellung der Kunden**, welche auf eine veränderte Mittelausstattung der Haushalte zurückzuführen war, konnte in Form des motorisierten Großeinkaufes beobachtet werden: Nachdem im Zuge der ansteigenden Ausstattung der Haushalte mit Pkw auch die Überbrückung größerer Entfernungen möglich wurde, konnten in den Randzonen der Städte und „auf der grünen Wiese“ großflächige Einzelhandelsbetriebsformen entstehen, was vor dieser Mobilitätserhöhung der Bevölkerung kaum vorstellbar gewesen wäre. Ein weiteres Beispiel in dieser Richtung stellte die vermehrte Ausstattung der Haushaltungen mit Kühlschränken und Tiefkühlschränken sowie -truhen dar. Durch diese Veränderungen wurden größere Einkäufe, insbesondere auch Vorratskäufe bei Frischwaren innerhalb des Lebensmittelsortimentes möglich. Auch hierdurch wurden die großflächigen Betriebsformen des Einzelhandels begünstigt. In jüngster Zeit verändern sich Verhaltensweisen von Kunden durch die steigende Ausstattung der Haushalte mit PC und Internetzugang.

Abschließend sei hier noch ein betriebsformenbildender Trend der letzten Jahre erwähnt: Ein großer Teil der heutigen Konsumenten ist bereit, nicht erklärungsbedürftige Artikel des täglichen Bedarfs ohne Beratung, Bedienung und unter Verzicht auf Serviceleistungen in Betriebsstätten des Einzelhandels zu erwerben, welche durch einfachste Ausstattung gekennzeichnet sind. Hierfür erwartet er allerdings auch einen entsprechend niedrigen Preis. Im Gegensatz hierzu steht eine hohe Bereitwilligkeit, für höherwertige Konsumgüter, etwa für Musikanlagen, Fernsehgeräte, Textilien etc. sowie für Artikel des Freizeitsektors (Sport-, Reise-, Bau- und Hobby-Ausstattung etc.) bei entsprechender Qualität höhere Preise zu bezahlen. Dafür fordert der Kunde dann aber auch eine qualifizierte Beratung und ein umfangreiches Serviceangebot.

Um die vom Kunden ausgehenden Einflüsse in adäquater Weise bei Entwicklungen von Betriebsformenkonzepten berücksichtigen zu können, ist es erforderlich, die Wünsche der Konsumenten durch Befragungen zu ermitteln, die Tendenzen in Bezug auf Kundenverhaltensweisen ebenfalls empirisch zu erheben (z. B. durch Panels) und die künftigen Anforderungen der Verbraucher durch geeignete Prognoseverfahren abzuleiten.

(5) Betreiber-Unternehmung

Als letzte Gruppe von Determinanten sind diejenigen anzusprechen, welche sich auf die Unternehmung selbst beziehen, die als Betreiberin von Einzelhandelsverkaufsstellen agiert. Diese können zum einen in Form von Potenzialen, zum anderen als Restriktionen auftreten. Im Bereich der Potenziale sind beispielsweise **technische Innovationen** oder auch **kreative Marketing-** oder **Organisationsideen** zu nennen, welche im eigenen Unternehmen entwickelt wurden und von daher bei Nutzung in einer neuen oder abgewandelten Betriebsform zu Wettbewerbsvorteilen führen können.

Eine Restriktion, welche den Mitvollzug von Betriebstypenentwicklungen behindert, kann beispielsweise in Gestalt von **nicht ausreichend vorhandenem Knowhow** der Unternehmensleitung bezüglich bestimmter innovativer Betriebsformen auftreten. Ebenso kann die **fehlende Kapitalausstattung** eines Unternehmens der Grund sein, dass bestimmte Betriebstypen nicht realisierbar sind. So ist etwa ein SB-Warenhaus auf der Grundlage des von einem Fachgeschäft aufzubringenden Kapitals kaum finanzierbar.

Fassen wir zusammen: **Der Betriebsformenwandel wird von einer Vielzahl von Faktoren beeinflusst.** Rechtliche Entwicklungen erzwingen, technische Erfindungen ermöglichen neuartige Betriebsformen, veränderte Einstellungen und Verhaltensweisen sowie Mittelausstattungen der Kunden legen die Entwicklung neuer Konzepte nahe. Die Aktivitäten von Lieferanten und Konkurrenten wirken initiierend und in einem gewissen Sinne als Katalysatoren für die Übernahme bzw. Eigenkonzeption neuer Betriebstypenmodelle durch den Einzelhandel. Neben diesen und weiteren extern wirksamen Faktoren treten auch innerhalb des Unternehmens Determinanten auf, welche in positiver wie in negativer Richtung von Relevanz für die Entwicklung oder Veränderung von Betriebstypen sein können.

Die Dynamik der Betriebsformen übt einen gewissen Zwang auf Handelsunternehmungen in Richtung auf die Betriebstypendiversifikation aus. Zumindest bei größeren Unternehmungen ist ein abrupter Übergang von degenerierenden zu innovativen Betriebsformen nicht möglich; es müssen also wenigstens über eine gewisse Zeit hinweg auslaufende und neu eingeführte Betreibungsformen parallel geführt werden, womit die betroffenen Handelsbetriebe nach außen zwangsläufig das Erscheinungsbild eines diversifizierenden Unternehmens bieten. Sinnvoller ist es allerdings, sich die **Betriebsformendiversifikation** nicht von den äußeren Entwicklungen aufzwingen zu lassen, sondern strategisch zu planen, um stets über ein ausgewogenes Betriebstypen-Mix zu verfügen. Hierauf wird im Rahmen der Untersuchung der komplexen Unternehmensprofilierung durch Zusammenführung der handelsbetrieblichen Grundentscheidungen genauer eingegangen.

4. Zukunft der Betriebsformenentwicklung

Für die Zukunft der Betriebsformenentwicklung lassen sich einige Mega-Trends prognostizieren, welche die Betriebsformenlandschaft nachhaltig verändern werden. Die wesentlichsten Trends sind in der folgenden Tabelle zusammengestellt:

Trends der Betriebsformenentwicklung	Erläuterung
Anstieg der Betriebsformeninnovationen im stationären Handel	Aufgrund des Vordringens des Onlinehandels wird der stationäre Handel zu kreativen Neuentwicklungen gezwungen, mit denen der Marktanteilsverlust teilweise ausgeglichen werden kann.
Wachstum der Nonfood-Discounter	Hybrider Verbraucher akzeptiert die aus dem Lebensmittelsektor vertrauten Discountangebote zunehmend auch im Nonfood-Sektor. Einschränkungen bei Sortiment, Service und Ausstattung der Märkte werden wegen der kompensierenden Preisvorteile in Kauf genommen.
Wachstum des Onlinehandels	Die generell zunehmende Nutzung des Internet führt auch im Handel zu einer stärkeren Durchsetzung des elektronischen Einkaufs.
Marktanteilsgewinne kleiner Betriebstypen	Der Convenience-Trend fördert wohnort-nahe Handelsangebote, womit zwangsläufig eine Begrenzung der Betriebsgröße einhergeht. Positiven Einfluss übt auch die nostalgische Sehnsucht des Verbrauchers nach dem „Tante Emma-Flair" aus.
Märkte in Citylagen gewinnen Marktanteile	Die Renaissance der Innenstädte wird politisch gefördert. Für die Kunden ist damit der Freizeitaspekt des Einkaufens verbunden („Shopping"), der in Cities besonders gut gelebt werden kann.

Bekanntermaßen sind Prognosen deshalb so schwierig, weil sie sich auf die Zukunft beziehen. Dies gilt auch im Hinblick auf die künftige Entwicklung der Betriebsformenlandschaft. Die oben zusammengestellten Trends geben die Meinung bekannter Handelsexperten wieder, welche für den HandelsMonitor 2012/2013 (*Morschett u. a., 2012, S. 64 ff.*) nach ihrer Einschätzung der künftigen Entwicklungen der Betriebsformen befragt wurden.

Aufgabe 12 > Seite 503

KONTROLLFRAGEN

		Lösung
1.	Welche Einzelentscheidungen sind im Rahmen der Betriebsformenentscheidung zu treffen?	S. 198
2.	Welche Arten von Handelsunternehmen ergeben sich nach dem Kriterium der Betriebsstättenzahl?	S. 199
3.	Vollziehen Sie das Analyseschema nach, welches zur Untersuchung der Grundentscheidungen der Unternehmenspolitik im Handel eingesetzt wird!	S. 202
4.	Inwiefern ist die Betriebsformenwahl als qualitative Grundentscheidung zu betrachten?	S. 203
5.	Wie hängen die handelsbetriebliche Funktionenerfüllung und die Betriebsformenwahl zusammen?	S. 204 f.
6.	Welche Betriebsform resultiert im Großhandel aus dem völligen Verzicht auf Raumüberbrückung und Lagerung?	S. 204
7.	Welche Betriebsformen des Einzelhandels nehmen die Raumüberbrückungsfunktion am stärksten wahr?	S. 204
8.	Weshalb kann alleine mit der Definition der ausgeübten Funktionen eine Betriebsform nicht eindeutig charakterisiert werden?	S. 204 f.
9.	Leistet die Untersuchung der Frage der Selbsterfüllung oder Ausgliederung von Funktionen einen Beitrag zur Betriebsformendefinition?	S. 205
10.	Welche Betriebsform ergibt sich aus einer extremen Anwendung des Selbstbedienungsprinzips?	S. 206
11.	„Wenn alle Marketinginstrumente genannt sind, welche ein Betrieb einsetzt, so kennt man auch dessen Betriebsform." Wie beurteilen Sie diese Aussage?	S. 206
12.	Gibt es einen Betriebstyp des Handels, welcher auf einen der Leistungsfaktoren Personal, Raum, Sachmittel, Ware oder Kapital vollständig verzichtet?	S. 207
13.	Welche Leistungsfaktoren dominieren bei einem Zustell-Großhandel, welche bei einem Verbrauchermarkt auf der grünen Wiese?	S. 207
14.	Skizzieren Sie die Bestandteile der Betriebsformendefinition!	S. 207 f.
15.	Welche grundsätzliche Alternative stellt sich bei der Betriebsformenentscheidung?	S. 208
16.	In welchen Phasen vollzieht sich die Entwicklung einer Betriebsform?	S. 209
17.	Welche wesentlichen Methoden kommen für die Informationsgewinnung bzw. die Entscheidungsvorbereitung im Rahmen der Konzeption eines neuen Betriebstyps infrage?	S. 210
18.	Nehmen Sie ausführlich Stellung zur Problematik einer Klassifizierung der Betriebsformen des Handels!	S. 211 ff.

		Lösung
19.	Welche Gründe verhindern eine tragfähige praxisnahe Klassifizierung der Handelsbetriebsformen?	S. 213 f.
20.	Wie ist der Unterschied zwischen primären und sekundären Betriebsformen zu kennzeichnen?	S. 214
21.	Nennen und beschreiben Sie einige wesentliche Betriebsformen des Großhandels!	S. 215 ff.
22.	Welche Betriebstypen im Großhandel ergeben sich nach dem Kriterium der Transportübernahme?	S. 215 f.
23.	Welche Betriebstypen im Großhandel ergeben sich nach dem Kriterium des Sortimentsumfangs?	S. 215
24.	Worin unterscheiden sich der Cash and Carry-Großhandel und der konventionelle Abhol-Großhandel?	S. 215 f.
25.	In welcher Weise arbeitet die Betriebsform des Streckengroßhandels?	S. 216
26.	Welche Kundensegmente kann der Großverbraucherzustell-Service bedienen?	S. 217
27.	Welche Vorteile können dem Einzelhandel aus einer Zusammenarbeit mit einem Rack Jobber entstehen?	S. 217 f.
28.	Im vorangegangenen Kapitel wurde in Form einer Übersicht die Betriebsform des Sortimentszustell-Großhandels charakterisiert; führen Sie derartige Betriebsformenbeschreibungen auch für die übrigen Großhandels-Betriebsformen durch!	S. 218 ff.
29.	Welche Bedeutung haben im Großhandel sekundäre Betriebsformen? Beantworten Sie diese Frage vor allem in Gegenüberstellung zu der Bedeutung sekundärer Betriebsformen im Einzelhandel!	S. 220 f.
30.	Welche Merkmale kennzeichnen ein Großhandels-Zentrum?	S. 220 f.
31.	Ist das Gewerbezentrum als echte Großhandels-Betriebsform zu betrachten?	S. 221
32.	Weshalb gibt es im Einzelhandel eine größere Anzahl an Betriebsformen als im Großhandel?	S. 221 f.
33.	Welche Betriebsformen des Einzelhandels mit einiger Marktbedeutung können unterschieden werden?	S. 222
34.	Wie sind die Zukunftsaussichten des Selbstbedienungs- und des Bedienungsgeschäfts einzuschätzen?	S. 222 f.
35.	Worin besteht der Unterschied zwischen Fach- und Spezialgeschäften?	S. 223 f.
36.	Fachgeschäft und Supermarkt sind einerseits ähnlich, andererseits unterschiedlich; worin besteht die Ähnlichkeit, worin die Unterschiedlichkeit?	S. 223 f.

	Lösung
37. Welche Betriebsform ist dadurch entstanden, dass auch im Nonfood-Sektor das Discountprinzip angewendet wurde?	S. 226
38. Was versteht man unter dem Begriff „Typ 1000“ und welche Ursache führte zu seiner Entstehung?	S. 225 f.
39. Welche Einzelhandelsbetriebsformen sind als besonders zukunftsträchtig anzusehen?	S. 226 f.
40. Welche Betriebsformen des Einzelhandels verfügen über Verkaufsflächen von mehr als 3.000 qm?	S. 228 f.
41. Nennen Sie die wesentlichen Unterschiede zwischen den Betriebsformen des Warenhauses und des Kaufhauses!	S. 229 f.
42. Welches sind die konstitutiven Merkmale, die den Versandhandel einerseits und den mobilen Verkauf andererseits von allen übrigen Betriebsformen deutlich unterscheiden?	S. 230 ff.
43. Welche Betriebsformen, die in anderen Ländern, z. B. in den USA oder in Schweden, bekannt sind, konnten sich bisher in der Bundesrepublik Deutschland nicht durchsetzen?	S. 233 f.
44. Ist das Filialunternehmen eine Betriebsform?	S. 234
45. Welcher der sekundären Betriebsformen des Einzelhandels sind die günstigsten Zukunftsaussichten einzuräumen?	S. 236 f.
46. Kann ein gewachsenes Einkaufszentrum als echte sekundäre Betriebsform des Einzelhandels bezeichnet werden? Begründen Sie Ihre Antwort!	S. 236
47. Wie sind die Aussichten von Mega-Zentren in Deutschland zu beurteilen?	S. 237
48. Wie lässt sich der Onlinehandel definieren?	S. 238 f.
49. Welche Betriebsformen lassen sich im Onlinehandel unterscheiden?	S. 239
50. Welche Aspekte sind im Onlinehandel rechtsrelevant?	S. 240 f.
51. Was versteht man unter „Multi-Channeling“?	S. 242 f.
52. Welche Besonderheiten bestimmen das Marketing von Onlinehandlungen?	S. 241 ff.
53. Wie können die organisatorischen Prozesse im Onlinehandel gestaltet werden?	S. 249 ff.
54. Welche Besonderheiten ergeben sich im Controlling des Onlinehandels?	S. 253 ff.
55. Welche Vorteile bzw. Nachteile kennzeichnen den Onlinehandel?	S. 255
56. Welche Trends werden vermutlich die Zukunft des Onlinehandels prägen?	S. 255 ff.

	Lösung
57. Wie lässt sich der Inhalt des Begriffs „Betriebsformendynamik“ umreißen?	S. 257
58. Was ist unter dem Lebenszyklus einer Betriebsform zu verstehen und in welche Phasen lässt er sich einteilen?	S. 257 f.
59. Auf welcher Wirtschaftsstufe – Groß- oder Einzelhandel – ist die Betriebsformendynamik höher?	S. 259
60. Ist der Feststellung zuzustimmen, dass der Lebenszyklus von Betriebsformen zwingenden Gesetzmäßigkeiten unterliegt?	S. 258
61. Aufgrund welcher Einflüsse verändern sich Betriebsformen im Großhandel?	S. 259 f.
62. Welche Betriebsformen des Großhandels haben sich auf der Basis von Marketingüberlegungen entwickelt?	S. 259 f.
63. Inwiefern drückt das Rack Jobbing einen grundlegenden Wandel im Marketingverständnis des Großhandels aus?	S. 259 f.
64. Was besagt der Begriff „Store erosion“?	S. 260
65. Welche Determinanten des Betriebsformenwandels können unterschieden werden?	S. 260 ff.
66. Inwiefern beeinflusst die Rechtsprechung die Betriebsformenentwicklung im Handel?	S. 261
67. Welche technischen Entwicklungen der jüngeren Vergangenheit haben betriebsformenverändernd gewirkt?	S. 261 f.
68. Wie ist die Rolle des Großhandels bei der Fortentwicklung von Handelsbetriebsformen zu sehen?	S. 262
69. Am stärksten wird der Betriebsformenwandel von der Kundenseite her beeinflusst; in welcher Weise?	S. 263 f.
70. Welche Betriebstypen konnten sich erst durch die gestiegene Mobilität der Bevölkerung entwickeln?	S. 263
71. Welche Betriebsformendeterminanten innerhalb der Betreiber-Unternehmungen können als Potenziale, welche müssen als Restriktionen eingestuft werden?	S. 264
72. Wie hängen Betriebsformendynamik und Betriebstypendiversifikation zusammen?	S. 264
73. Welche Trends werden vermutlich die Zukunft der Betriebsformenentwicklung bestimmen?	S. 265

III. Festlegung der Anzahl der Betriebsstätten als quantitative Basisentscheidung

Die Entscheidung über die **Anzahl der Betriebsstätten** tritt sowohl im Großhandel als auch im Einzelhandel auf, wobei sie bei letzterem die größere Bedeutung besitzt. Dort stellt sie eine der Basisentscheidungen dar, weil die Unternehmenspolitik je nach Anzahl der Betriebsstätten jeweils völlig unterschiedlich beschaffen ist. So ist etwa ein Einbetriebsunternehmen in der Form der Betreibung mit einem Filialunternehmen in keiner Hinsicht vergleichbar. Diese Entscheidung entspricht der oben bereits angesprochenen unternehmensbezogenen Betriebsgrößenfestlegung.

Während die Bestimmung der objektbezogenen Betriebsgröße, z. B. gemessen in Quadratmeter Geschäftsfläche oder Verkaufsfläche, durch die Betriebsformenentscheidung mehr oder weniger vorgegeben ist, kann die Bestimmung der Anzahl von Objekten, welche nach einem bestimmten Betriebsformenkonzept betrieben werden sollen, hiervon völlig unabhängig erfolgen. Das Handelsmanagement muss sich also entscheiden, ob es einen Betriebstyp als mittelständisches Unternehmen „in einfacher Ausfertigung" betreiben möchte (**Einbetriebsunternehmen**), ob ein lokales Einzugsgebiet durch einige wenige persönlich steuerbare Betriebsstätten abgedeckt werden soll (**Mehrbetriebsunternehmen**), oder ob ein großflächiges Absatzgebiet durch zahlreiche Objekte eines Betriebstyps oder unterschiedlicher Betriebsformen versorgt werden soll (**Filialunternehmung**).

1. Charakterisierung der Entscheidung

Bei der Charakterisierung der unternehmensbezogenen Betriebsgrößenentscheidung wird davon ausgegangen, dass es sich hierbei nicht nur um einen quantitativen Entscheidungstatbestand handelt. Wäre dies der Fall, so könnte man die Betrachtung dieses Problems auf die Festlegung eines Multiplikationsfaktors reduzieren, mit welchem die gewählte Betriebsform zu vervielfachen wäre. Es ist jedoch nachweisbar, dass mit dem Überschreiten bestimmter Größenschwellen qualitative Veränderungen verbunden sind, welche eine genauere Problemanalyse erforderlich machen.

Der folgende Hauptabschnitt beschäftigt sich mit den Auswirkungen der Veränderung der Betriebsstättenzahl; die nachstehende Abbildung macht deutlich, welche Wirkungen in diesem Zusammenhang zu untersuchen sind.

Abb. 65: Auswirkungen der Veränderung der Betriebsstättenzahl

1.1 Funktionenerfüllung und Betriebsstättenzahl

Zunächst soll hier kurz der **Begriff der Betriebsstätte** definiert werden: Es ist hierunter im Großhandel eine räumlich separierte Funktionseinheit zu verstehen, welche sich mit der Erfüllung unmittelbar warenbezogener Tätigkeiten, nicht warenbezogener Aufgaben oder mit beidem beschäftigen kann. Derartige Betriebsstätten werden im Großhandel häufig als Niederlassungen oder als Zweigstellen bezeichnet.

Im Einzelhandel ist die Betriebsstätte zu definieren als eine räumlich abgegrenzte Verkaufsstelle, eigenständige Lagereinrichtung oder Zentralstelle für Führungs- und Verwaltungsaufgaben. Letztere pflegen allerdings selbst bei sehr großen Einzelhandlungen an einem bzw. an wenigen Standorten konzentriert zu sein, während die Verkaufsstellen in sehr großer Zahl auftreten können. Während also im Großhandel unter der Entscheidung über die Anzahl der Betriebsstätten die Festlegung der Anzahl von Lagern bzw. Niederlassungen verstanden wird, ist derselbe Entscheidungstatbestand im Einzelhandel als Bestimmung der Anzahl von Verkaufsstellen zu interpretieren.

Aus der folgenden Abbildung geht hervor, welche Abhängigkeiten zwischen der Funktionenerfüllung von Handelsunternehmungen und der Anzahl der geführten Betriebsstätten bestehen:

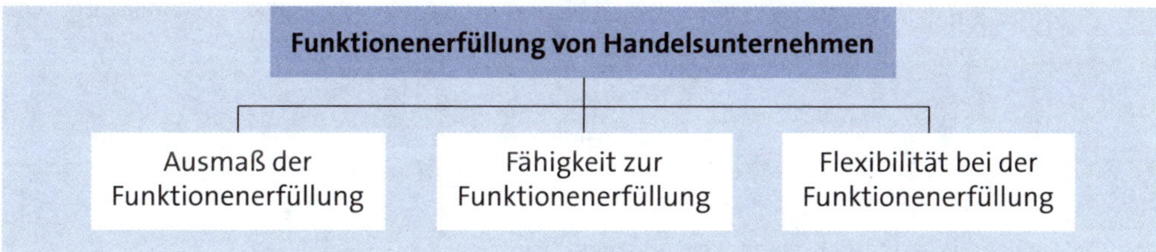

Abb. 66: Die Dimensionen der Funktionenerfüllung von Handelsunternehmen

(1) Ausmaß der Funktionenerfüllung

Es liegt auf der Hand, dass bei steigender Zahl der Betriebsstätten der Umfang der Erfüllung von Handelsaufgaben steigt. Dieser rein quantitative Aspekt ist jedoch in qualitativer Hinsicht zu ergänzen: Bei zunehmender Betriebsstättenzahl entstehen durch die räumlichen Entfernungen zusätzliche Erfordernisse der Funktionswahrnehmung, welche bei einer oder wenigen Betriebsstätten nicht gegeben sind.

Beispiel

Ein Beispiel hierfür ist die **Raumüberbrückungsfunktion** in Form der Wahrnehmung von Transportaufgaben, welche bei räumlicher Distanz zwischen den verschiedenen Betriebsstätten und der Zentrale erforderlich werden. So erwächst etwa aus der Belieferung von Filialen aus einem Zentrallager oder aus der Sicherstellung der Verkaufsbereitschaft durch Umlagerungen zwischen Einzelhandelsverkaufsstellen ein logistisches Problem, welches nur bei Unternehmungen mit mehreren Betriebsstätten überhaupt in Erscheinung tritt.

Ein weiteres Beispiel für den vergrößerten Funktionsumfang bildet die Zeitüberbrückung durch Lagerhaltung, welche bei einer größeren Zahl an Betriebsstätten oft nicht nur in diesen, sondern zusätzlich in einer zentralen Lagereinrichtung durchgeführt wird, womit die Liefer- bzw. Verkaufsbereitschaft innerhalb des Unternehmens gesteigert werden soll.

(2) Fähigkeit zur Funktionenerfüllung

Für bestimmte Handelsfunktionen steigt mit zunehmender Betriebsstättenzahl auch die Fähigkeit zur Wahrnehmung dieser Aufgaben an. Die folgende Abbildung zeigt Beispiele solcher Funktionen auf:

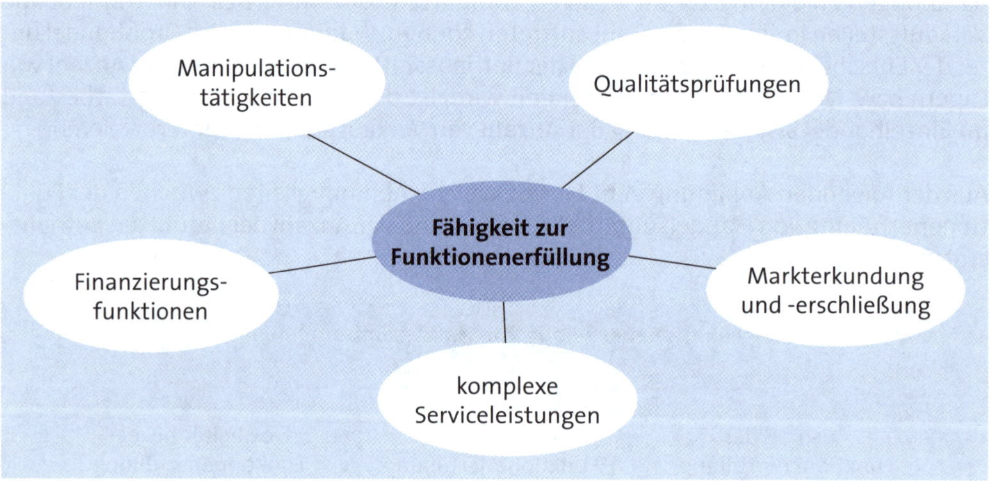

Abb. 67: Von der Mindestbetriebsstättenzahl abhängige Funktionen

Für einige dieser Funktionen ist eine bestimmte Mindesthöhe des Kapitals erforderlich, bei anderen Handelsaufgaben können erst ab einer größeren Zahl der Verkaufsstellen im Einzelhandel oder der Zweigniederlassungen im Großhandel zentrale Spezialisten ausgelastet werden, welche andernfalls zu einer überhöhten Fixkostenbelastung führen würden. In der Verfügbarkeit einer bestimmten Kapitalbasis und in der Einsatzmöglichkeit von Spezialkräften sind demnach für Unternehmungen mit einer größeren Anzahl an Betriebsstätten Vorteile gegenüber kleineren Unternehmungen zu erkennen.

Hier deutet sich eine der Hauptschwierigkeiten in diesem handelsbetrieblichen Entscheidungsbereich an: Es gilt, die für die eigene Wirtschaftsstufe bzw. Branche typischen Schwellen zu erkennen, an denen rationelle Betriebsabläufe möglich sind. Bewegt man sich in den Intervallen zwischen solchen Schwellen, so muss man den Nachteil in Kauf nehmen, bestimmte Aufgaben bereits erfüllen zu müssen, ohne die entsprechenden Aufgabenträger schon voll auslasten zu können. So benötigt etwa ein kleines Filialunternehmen mit beispielsweise 15 - 20 Verkaufsstellen bereits einen eigenständigen Einkaufsbereich, kann diesen jedoch nicht wie ein Massenfilialunternehmen auslasten.

Für diese Problematik können **Personalunionslösungen** weiterhelfen, d. h. dass bestimmte Kräfte gleichzeitig für mehrere Aufgaben zuständig sind. Dadurch werden aber gleichzeitig die Spezialisierungsmöglichkeit und damit die Qualifikationshöhe in den einzelnen Aufgabengebieten reduziert. Für sporadisch anfallende Funktionen wie beispielsweise die Markterkundung vor der Neueröffnung einer Betriebsstätte können externe Berater eingeschaltet werden. Je geringer die Betriebsstättenanzahl eines Unternehmens, desto häufiger ist für Spezialaufgaben die Nutzung solcher externer Angebote erforderlich.

(3) Flexibilität bei der Funktionenerfüllung

In umgekehrter Richtung ist das Ausmaß an Flexibilität bei der Erfüllung der Handelsfunktionen zu sehen. Je größer die Anzahl der Betriebsstätten, desto weniger flexibel wird sich eine Unternehmung bei der Wahrnehmung der Handelsaufgaben verhalten können. Durch die mit steigender Betriebsgröße geringer werdende Möglichkeit einer unmittelbaren Präsenz des obersten Handelsmanagement in den einzelnen Zweigniederlassungen oder Verkaufsstellen ist es erforderlich, die Erfüllung verschiedener Funktionen zur Vermeidung von individuellen Fehlern zu standardisieren. Beispiele für solche Standardisierungsnotwendigkeiten gehen aus der folgenden Übersicht hervor:

Steigende Betriebsgröße →	Notwendigkeit zur Standardisierung von Handelsaufgaben	Beispiele: ► Markterschließung ► Quantitätsfunktion ► Qualitätsfunktion ► Raum- und Zeitüberbrückung ► Umsatzabwicklungsfunktion

Abb. 68: Steigender Standardisierungsbedarf von Handelsfunktionen bei steigender Betriebsgröße

Standardisierung bedeutet dabei, dass die genannten Aufgaben in Stellenbeschreibungen und Betriebsanweisungen niedergelegt werden. Kurzfristige Reaktionen auf Marktveränderungen bzw. Konkurrenzmaßnahmen werden dadurch jedoch erschwert. Insofern ist für kleinere Unternehmungen des Handels mit wenigen oder nur einer einzigen Betriebsstätte hinsichtlich der Flexibilität der Funktionserfüllung ein Wettbewerbsvorteil gegenüber größeren Unternehmungen zu konstatieren.

1.2 Instrumentennutzung und Betriebsstättenzahl

Die Interdependenzen zwischen Nutzung der marketingpolitischen Instrumente und Betriebsstättenzahl sollen unter folgenden zwei Aspekten untersucht werden:

(1) positive Auswirkungen einer steigenden Betriebsstättenzahl auf den Instrumenteneinsatz

(2) negative Auswirkungen einer steigenden Betriebsstättenzahl auf den Instrumenteneinsatz.

Wie hinsichtlich der Funktionenerfüllung dargelegt, so ist auch für den Einsatz der marketingpolitischen Instrumente einerseits die Überlegenheit von Unternehmungen mit einer größeren Anzahl von Betriebsstätten durch eine höhere Kapitalbasis und möglichen Spezialisteneinsatz, andererseits deren Unterlegenheit durch geringere Flexibilität und andere größenbedingte Nachteile festzustellen. Diese Behauptung soll für die einzelnen marketingpolitischen Instrumentalbereiche näher untersucht werden:

(1) Analytisches Marketinginstrumentarium
Größere Unternehmungen verfügen über die Möglichkeit, Marktforschung mit eigenen Kräften in professioneller Form durchzuführen. Andererseits besteht jedoch auch eine größere Notwendigkeit zum Einsatz dieses marketingpolitischen Instruments, da der verschiedenen Betriebsstätten wegen größere Einzugs- bzw. Absatzgebiete, umfangreichere Kundengruppen und komplexere Marktfelder, insbesondere Konkurrenzsituationen, einer Erforschung bedürfen.

(2) Aktionsorientiertes Marketing

- **Leistungssubstanzpolitik**
  Bei diesem marketingpolitischen Instrumentalbereich sind die beiden gegengerichteten Konsequenzen einer höheren Anzahl von Betriebsstätten gut zu erkennen: Mit zunehmender Betriebsgröße können Handelsunternehmungen leichter eine beschaffungsseitige Produktpolitik im Sinne der Beeinflussung von Herstellern oder der Vergabe von Aufträgen für die Handelsmarkenproduktion durchführen. Bestimmte Dienstleistungen können eher bereitgestellt werden, wenn die Betriebsgröße zunimmt, wie z. B. überregionale Zustelldienste oder die Unterhaltung von Wartungs- und Reparaturzentren beispielsweise im Elektrogerätesektor.

  Andererseits erzwingt jedoch eine größere Zahl an Betriebsstätten die Bereitstellung zusätzlicher Leistungen wie z. B. die Abstimmung der Sortimente auf regionale Bedarfsunterschiede. Ähnliches gilt für die Dienstleistungsangebote; während etwa ein Fachgeschäft an einem festen Standort sich mit seinem Dienstleistungsspektrum auf die bekannte Stammkundschaft einrichten kann, muss eine Unternehmung mit zahlreichen Verkaufsstellen, welche über eine größere Region verteilt sind, die unterschiedlichen Kundenstrukturen mit den damit verbundenen Anforderungen in entsprechende Dienstleistungsaktivitäten umsetzen, um am Markt erfolgreich zu sein.

- **Transferleistungspolitik**
  Das Grundprinzip der Ausdehnung der Möglichkeiten bei gleichzeitigem Anwachsen der Notwendigkeiten bei steigender Betriebsgröße wiederholt sich auch bei diesem Instrumentalbereich. Durch größere Unternehmungen sind beispielsweise spezialisierte Standortanalytiker einsetzbar, für die Durchführung von Platzierungs- und Präsentationsmaßnahmen im Einzelhandel können Experten beschäftigt werden, welche standardisierte Platzierungsschemata und Präsentationsrichtlinien entwickeln, die auf der Basis einschlägiger Untersuchungen konzipiert sind.

  Andererseits entsteht erst durch eine größere Anzahl von Betriebsstätten ein erhöhter Bedarf an Standortanalysen bzw. die Notwendigkeit, standardisierte Platzierungsschemata anzuwenden. Bei Vorliegen nur einer einzigen Betriebsstätte kann sich die Unternehmensleitung persönlich um die entsprechenden Aufgaben kümmern, wobei dann allerdings nicht in allen Fällen die erforderliche Sachkenntnis vorhanden ist.

- **Entgeltpolitik**
  Bei Unternehmungen mit zahlreichen Betriebsstätten entstehen durch Aufteilung der Märkte in zeitlicher, regionaler oder kundenbezogener Hinsicht erst die Möglichkeiten der Ertragsverbesserung durch Preisdifferenzierungsstrategien. Umgekehrt betrachtet sehen sich auch nur größere Unternehmungen vor die Notwendigkeit gestellt, sich auf verschiedenartige Marktsegmente durch eine differenzierte Kalkulation einzustellen.

- **Kommunikationspolitik**
  In diesem marketingpolitischen Instrumentalbereich sind die Konsequenzen einer unterschiedlichen Zahl an Betriebsstätten besonders augenfällig: Größere Unternehmungen können sich beispielsweise überregionaler Medien wie Rundfunk, Fernsehen oder Tageszeitungen mit größerem Verbreitungsgebiet bedienen, während diese Werbeträger für Unternehmen mit einer Betriebsstätte ohne jede Bedeutung sind. Für die Gestaltung von Werbemitteln können größere Unternehmungen eher Spezialisten wie Werbetexter oder -grafiker zum Einsatz bringen. Innerhalb der Verkaufsförderung besteht für Unternehmungen mit zahlreichen Betriebsstätten die Chance, z. B. durch spezialisierte Trainer mit der Schulung von Verkaufspersonal innerhalb des eigenen Betriebes Erfolge zu erzielen.

  Andererseits sind größere Unternehmungen mit ausgedehnteren Absatzgebieten auch gezwungen, sich Medien größerer Reichweite zu bedienen; sie sehen sich in der Beurteilung ihrer Kommunikationspolitik anderen Bewertungskriterien ausgesetzt, als dies z. B. beim Fachgeschäft mit Stammkundschaft der Fall ist.

Für eine **standardisierte Marketingplanung** und **-kontrolle** besteht bei Unternehmungen mit mehreren Betriebsstätten eine wesentlich größere Notwendigkeit als bei Betrieben, welche an einem einzigen Standort agieren. Kann im letztgenannten Falle der Unternehmer/die Unternehmerin persönlich die Marketingvorgänge überwachen, so ist bei Unternehmen mit zahlreichen Betriebsstätten ein unabhängig von persönlicher Präsenz des Management wirksames Planungs- und Kontrollsystem (**„Controlling-System“**) für Marketingaktivitäten erforderlich. Zusammenfassend lässt sich feststellen, dass das Anwachsen der Betriebsgröße durch die Erhöhung der Zahl der Betriebsstätten einerseits ausgedehntere Möglichkeiten des Einsatzes der marketingpolitischen Instrumente mit sich bringt, andererseits aber gerade erst durch die gestiegene Größe bestimmte Notwendigkeiten innerhalb des Marketingkonzepts entstehen.

Deutliche **Nachteile** einer größeren Betriebsstättenzahl sind darin zu sehen, dass durch den erforderlichen umfangreicheren Instrumenteneinsatz die mittel- bis langfristige Bindung von Ressourcen erhöht und durch die Notwendigkeit zu standardisierten Lösungen die Flexibilität im Einsatz der Instrumente vermindert wird.

Beispiele

Beispiel 1

So kann etwa eine zur Herstellung von Handzetteln etablierte eigene Druckerei eines Einzelhandelsunternehmens mit Filialstruktur nicht von heute auf morgen durch die

Vergabe der Druckaufträge an eine Fremddruckerei ersetzt werden. Zumindest können sich durch eine solche Maßnahme Probleme dadurch ergeben, dass die gebundenen Sachmittel und Arbeitskräfte nicht ohne Schwierigkeiten anderen Verwendungen zugeführt werden können.

Beispiel 2

Im Fall zentraler Preiskalkulation entsteht eine gewisse Starrheit der Absatzmarktpreise, wodurch eine kurzfristige Anpassung an lokale Konkurrenzmaßnahmen sehr erschwert wird.

Wie schon im Fall der Handelsfunktionen gilt also auch für die marketingpolitischen Instrumente, dass bei steigender Anzahl der Betriebsstätten sich weitergehende Gestaltungsmöglichkeiten eröffnen, die insbesondere auf die Kapital- und Personalbasis zurückzuführen sind, während gleichzeitig die Flexibilität des gesamten Unternehmenssystems abnimmt. Betrachtet man die Entwicklungen in der Praxis, so lässt sich feststellen, dass die größenbedingten Vorteile offensichtlich gegenüber den aufgezeigten Nachteilen in der Vergangenheit überwogen haben; dies ist aus erheblichen Marktanteilsverschiebungen von den nicht organisierten Unternehmungen mit einer oder wenigen Betriebsstätten hin zu den konzentrativen Unternehmungsformen und kooperativen Gruppen eindeutig abzuleiten. Nicht zuletzt ist dieser Trend auch darauf zurückzuführen, dass die Großunternehmungen gelernt haben, die größenbedingten Nachteile zumindest teilweise durch standortindividuelle Konzepte auszugleichen.

1.3 Faktoreinsatz und Betriebsstättenzahl

Die Erstellung der Handelsleistung erfordert den kombinativen Einsatz der handelsbetrieblichen Leistungsfaktoren. Bei Erweiterung der Unternehmung in quantitativer Hinsicht durch Angliederung zusätzlicher Betriebsstätten wird zwangsläufig auch der Umfang der benötigten Leistungsfaktoren erhöht:

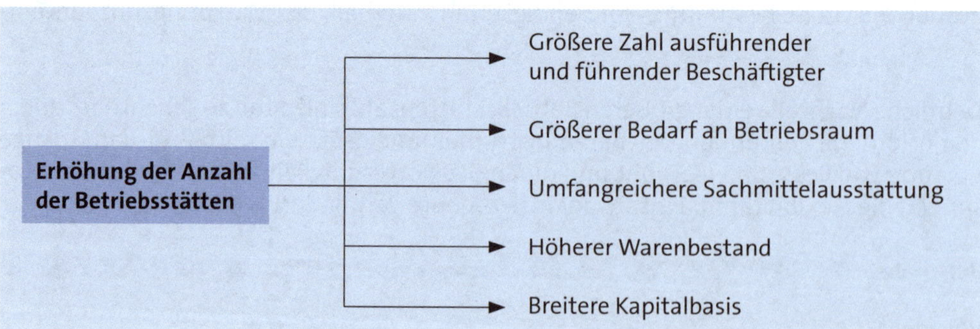

Abb. 69: Konsequenzen beim Faktoreinsatz durch Erhöhung der Anzahl an Betriebsstätten

Während die aus der Abbildung erkennbaren quantitativen Konsequenzen einer steigenden Anzahl von Betriebsstätten im allgemeinen in der Praxis beachtet werden, da sie sehr naheliegend sind, wird der qualitative Aspekt hierbei oft außer acht gelassen. Dieser ist vor allem darin zu sehen, dass die Qualifikation des Management einen höheren Standard annehmen muss, wenn sich ein Unternehmen auf eine größere Zahl von Betriebsstätten erweitert. Personale Führung, welche beim Einbetriebsunternehmen die Regel darstellt, muss durch formale Führung unter Nutzung von Delegationsmöglichkeiten ersetzt werden.

Insbesondere kommt es darauf an, dass bei einem Unternehmen mit zahlreichen Betriebsstätten **synergetische Effekte** durch die Unternehmensleitung erkannt und forciert werden. Darunter ist zu verstehen, dass nicht nur die einzelne Betriebsstätte für sich genommen optimiert wird, sondern dass aus dem Zusammenwirken der verschiedenen Ressourcen ein Leistungsprodukt entsteht, welches höherwertig ist als die einfache Summe der Teile. Um dies zu erreichen, kann auch einmal der Verzicht auf einzelne Teiloptima erforderlich werden!

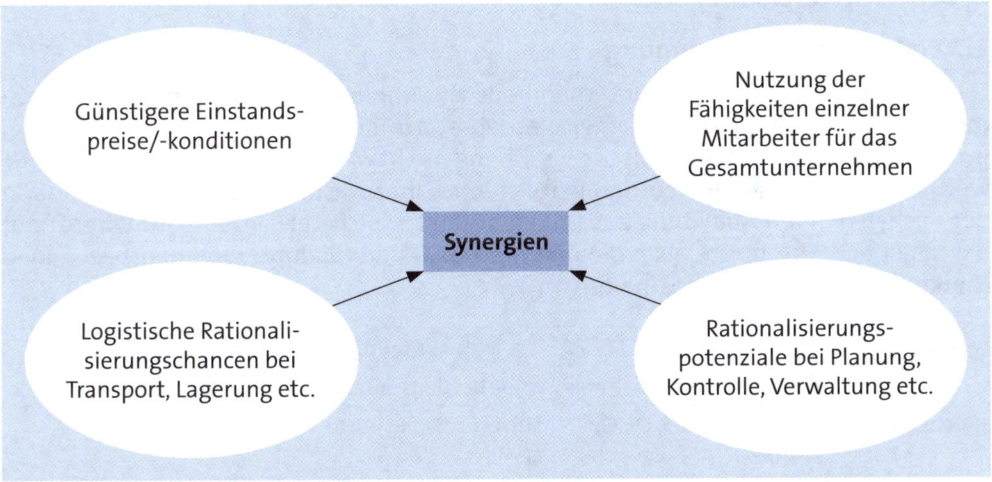

Abb. 70: Synergien bei Handelsunternehmen mit großer Betriebsstättenzahl

Streng logisch betrachtet sind die genannten Vorteile zunächst keine Folge einer großen **Betriebsstättenzahl**, sondern einer entsprechenden Gesamtunternehmensgröße. Praktisch gesehen sind jedoch bestimmte Unternehmens- bzw. Gruppengrößen nur noch über eine hohe Zahl an Betriebsstätten realisierbar. So ist beispielsweise eine Betriebsgröße, welche zu einem Nachfragevolumen von mehreren Mrd. € führt oder die eine Verpflichtung eines Top-Managers mit einem Jahreseinkommen von mehr als einer halben Mio. € ermöglicht, mit einer einzigen oder auch mit einigen wenigen Betriebsstätten nicht mehr erreichbar.

Werden diese **Vorteile** nicht ausgenutzt, so kann ein größeres Handelsunternehmen leicht ins Hintertreffen geraten, da die Größe zunächst den höheren Planungs-, Kontroll- und allgemeinen Verwaltungsaufwand verursacht. Wenn Unternehmer bzw. angestellte Handelsmanager die erweiterten Führungsaufgaben mit denselben Mitteln zu bewältigen versuchen, welche im Einbetriebsunternehmen erfolgreich sind, resultieren daraus Unwirtschaftlichkeiten, welche in der Praxis unter der anschaulichen Bezeichnung vom „zentralen Wasserkopf" bekannt sind.

Das wohl gravierendste Problem in diesem Zusammenhang, auf welches im Rahmen der Behandlung der Organisation der Handelsunternehmungen näher eingegangen wird, dürfte in der **Anpassung des Führungsverhaltens** an eine durch Ausweitung der Betriebsstättenzahl veränderte Unternehmensstruktur zu sehen sein. Bei Expansion vom Ein- über das Mehrbetriebsunternehmen zum Filialunternehmen müssen Führungs- und Motivationskonzepte gefunden werden, welche die Funktionsfähigkeit großer Handelsgebilde garantieren, bei welchen allzu leicht der einzelne Mitarbeiter in der Anonymität der großen Zahl unterzugehen droht. Die größenbedingten Schwierigkeiten in der Personalführung dürfen insofern wohl als das Zentralproblem der Unternehmenserweiterung zum Filialunternehmen betrachtet werden.

2. Betriebsgrößenkategorien

2.1 Einbetriebsunternehmung

Die Kategorie des Einbetriebsunternehmens ist definiert als Summe jener Unternehmungen, welche aus einer einzigen Betriebsstätte bestehen. Es handelt sich dabei um die klassische mittelständische Großhandels- bzw. Einzelhandelsunternehmung, welche häufig als Familienbetrieb geführt wird. Ihre wesentlichen Merkmale sind in der nachstehenden Abbildung zusammengefasst, welche gleichzeitig im Vorgriff auf die folgenden Abschnitte auch die **mehrbetriebs-** und **filialunternehmensbezogenen Merkmalsausprägungen** beinhaltet:

Merkmal	Ausprägung		
	Einbetriebsunternehmen	**Mehrbetriebsunternehmen**	**Filialunternehmen**[1]
Rechtsform	Einzelfirma, KG, OHG, GmbH	Einzelfirma, KG, OHG, GmbH	GmbH, AG
Absatzgebiet	Großhandel: Lokal bis regional Einzelhandel:Naheinzugsgebiete	Großhandel: Regional bis überregional Einzelhandel: Ortschaften bzw. Kleinregionen	Großhandel: National bis international Einzelhandel: Regional bis international
Betriebsraum	Klein- bis Mittelflächen	Klein- bis Mittelflächen	Vor allem Mittel- bis Großflächen
Betriebsform	Großhandel: Alle Betriebsformen möglich Einzelhandel: Fach- und Spezialgeschäft, Bedien.- und SB-Geschäft	Großhandel: Alle Betriebsformen möglich Einzelhandel: Wie bei Einbetriebsunternehmen	Großhandel: Alle Betriebsformen möglich Einzelhandel: Alle Betriebsformen, auch großflächige, möglich

[1] Der Begriff „Filialunternehmen" ist einzelhandelsspezifisch; da ein analoger Fachterminus für den Großhandelsbereich nicht existiert, muss dort mit Umschreibungen wie etwa „Unternehmen mit einer großen Zahl an Betriebsstätten" gearbeitet werden.

Merkmal	**Ausprägung**		
	Einbetriebsunternehmen	**Mehrbetriebsunternehmen**	**Filialunternehmen**
Sortiment	Konzentration auf eine (Teil-)Branche	Konzentration auf eine (Teil-)Branche	Oft branchenübergreifende Tätigkeit
Kundenkreis	Stammkunden	Stamm- und Gelegenheitskunden	Stammkundschaft nicht die Regel, aber auch nicht ausgeschlossen

Wesentliche Merkmale des Einbetriebs-, des Mehrbetriebs- und des Filialunternehmens

Die in der vorstehenden Übersicht genannten Merkmalsausprägungen der Klassen von Unternehmen nach der Betriebsstättenzahl sind nicht im Sinne generell geltender Gesetze, sondern nur als Tendenzbeschreibungen zu verstehen, welche für die Mehrzahl der Unternehmungen jeder Kategorie zutreffen.

Die **Führung der Einbetriebsunternehmungen** ist im Allgemeinen stark personenbezogen ausgerichtet, die Person des Unternehmers bzw. der Unternehmerin steht im Mittelpunkt. Traditionelle Einstellungen herrschen vor, innovative Verfahren des Handelsmanagement werden üblicherweise erst nach ihrer Etablierung am Markt übernommen. Experimentierfreude ist in vielen Fällen nicht anzutreffen, was zum Teil daraus verständlich wird, dass ein einziges misslungenes Experiment die Existenz des Gesamtunternehmens aufs Spiel setzen könnte. Die finanzielle Struktur ist normalerweise durch hohe Eigenkapitalanteile gekennzeichnet.

Im Hinblick auf die **Marktmachtrelationen** ist festzustellen, dass das Einbetriebsunternehmen – abgesehen von der Möglichkeit kooperativer Zusammenschlüsse – zu den Marktteilnehmern mit geringen Einflussmöglichkeiten zählt. Daraus resultiert, dass auf Gegebenheiten am Markt oft nur reagiert werden kann. Chancen zum aktiven Handeln beschränken sich meist auf das eng abgegrenzte Einzugsgebiet. Die Chance der Ausübung von Druck auf die beschaffungsseitigen Verhandlungspartner entfällt. Ebenso können zur Absatzseite hin keine gravierenden **Marktveränderungen** initiiert werden.

Entsprechend der strukturellen Tätigkeitsunterschiede zwischen Groß- und Einzelhandel dominieren auf der erstgenannten Handelsstufe die Einbetriebsunternehmen. Die Einzelobjekte der Mehrbetriebsunternehmen sind dabei im Durchschnitt größer als die Betriebsstätten der Einbetriebsunternehmen.

2.2 Mehrbetriebsunternehmung

Als Mehrbetriebsunternehmung des Handels bezeichnet man Unternehmen mit zwei bis ca. zehn Betriebsstätten. Diese Abgrenzung gilt insbesondere für den Einzelhandel, während im Großhandel eine differenzierte Betrachtung erforderlich ist. Dies wird im Abschnitt über die Besonderheiten der Betriebsgrößenentscheidung im Großhandel und Einzelhandel näher zu erörtern sein. Die Obergrenze von zehn Betriebsstätten, welche beispielsweise von der **Katalogkommission** (Kommission zur Handels- und Absatzwirtschaftlichen Forschung) gesetzt wurde, hat eine praxisbezogene Begründung: Ab dieser Größenordnung geht das persönlich geführte Mehrbetriebsunternehmen in ein Gebilde mit anonymer Führungsstruktur über. Wie bei allen Kontinua ist auch hier der Übergang fließend.

Die Grundmerkmale des Mehrbetriebsunternehmens wurden bereits in der obenstehenden Übersicht zusammengestellt. Vergleicht man sie mit jenen des Einbetriebsunternehmens, so fällt eine weitgehende **Deckungsgleichheit** auf. Wie dieses ist auch des Mehrbetriebsunternehmen dem mittelständischen Bereich zuzurechnen, die oben getroffenen Feststellungen hinsichtlich Familienorientierung, Rechtsform, personenbezogener Führung etc. sind in vollem Umfange übertragbar. Üblicherweise beschränkt sich das Mehrbetriebsunternehmen auf einen Betriebstyp. Soweit hiervon abgewichen wird, beruht dies eher auf Zufall denn auf gezielter Unternehmensstrategie. Bei der Größenordnung von Mehrbetriebsunternehmen wäre die völlig eigenständige Entwicklung und Betreibung mehrerer Betriebsformen wegen des damit verbundenen Aufwandes auch betriebswirtschaftlich kaum vertretbar. Aus dieser Problemlage heraus sind zahlreiche **Handelskooperationen** bemüht, für ihre Mitglieder verschiedene Betriebstypen-Konzepte zu entwickeln oder entwickeln zu lassen, die sie anschließend als Kooperationsleistung anbieten (z. B. Fachgeschäfts- und Fachmarkt-Konzepte).

Wie im Fall der Einbetriebsunternehmung werden auch beim Mehrbetriebsunternehmen kleine bis mittlere Flächen bevorzugt. Das Absatzgebiet ist lokal oder regional begrenzt. Beim Einzelhandel finden sich die Verkaufsstellen von Mehrbetriebsunternehmen gewöhnlich in einer Stadt oder in einem kleineren regionalen Raum konzentriert.

Die **betriebswirtschaftliche Struktur** des Mehrbetriebsunternehmens ist durch den Übergang von der personenbezogenen Führung durch den Unternehmer zu einem formalen Führungssystem gekennzeichnet. Mit zunehmender Zahl der Betriebsstätten muss sich die Unternehmensleitung immer stärker von den ausführenden Tätigkeiten zurückziehen und auf die Vornahme von Leitungsfunktionen beschränken. Diese Umstellung erfordert erfahrungsgemäß eine längere Zeitspanne und wirft in vielen Fällen erhebliche personenbezogene Probleme auf.

Steigt die Zahl der Betriebsstätten gegen zehn und mehr an, kann sich die Delegation nicht mehr länger nur auf ausführende Tätigkeiten erstrecken, sondern es müssen auch Führungsaufgaben delegiert werden. Eine solche Übertragung von Verantwortung fällt Unternehmern, welche vorher alle Entscheidungen selbst getroffen haben, oft noch wesentlich schwerer als der Rückzug aus den ausführenden Funktionen.

Das **Marketing** der Mehrbetriebsunternehmung beginnt sich zu differenzieren, ansatzweise müssen Überlegungen zu standortindividuellen Marketingkonzepten angestellt werden. Hinsichtlich der Organisation muss die Improvisation zunehmend mehr in den Hintergrund treten; es müssen Organisationsmittel zur Anwendung gelangen, wie sie in der folgenden Tabelle zusammengestellt sind:

Organisationsinstrument	Erklärung
Organigramm	Abbildung der Unternehmensstruktur
Stellenplan	Definition der einzelnen Stellen im Organigramm
Stellenbeschreibung	Inhaltliche Ausgestaltung der einzelnen Stellen
Betriebsordnung	Übergreifende Regelungen für alle Mitarbeiter/innen
Personalentwicklungsplan	Darstellung der Karrierewege im Unternehmen
Arbeitsanweisung	Beschreibung eines Betriebsprozesses

Es ergeben sich im Vergleich zur Einbetriebsunternehmung zusätzliche **Leitungsaufgaben**, beispielsweise die der Revision. Das Abrechnungs- und allgemeine Verwaltungssystem muss soweit standardisiert werden, dass es auch ohne permanentes Zutun der Geschäftsleitung funktionsfähig bleibt.

Die Unternehmerpersönlichkeiten, welche den Schritt von der Ein- zur Mehrbetriebsunternehmung wagen, sind hinsichtlich betriebswirtschaftlichem Verständnis, Innovationsfreude, unternehmerischem Wagemut etc. in vielen Fällen den Einbetriebsunternehmern überlegen. Aus diesem Grund sowie der objektiv größeren Nachfragemacht wegen werden sie von den Unternehmen auf der Beschaffungsseite als Verhandlungspartner anders eingeschätzt, als dies bei Einbetriebsunternehmen der Fall ist.

Dennoch müssen auf die gesamte Handelslandschaft bezogen auch die Mehrbetriebsunternehmen jener Kategorie von Betrieben zugerechnet werden, denen auf überregionale und nationale Märkte bezogen keine eigenständige Gestaltungskraft zukommt. Wenn auch unternehmensintern und im lokalen Absatzgebiet aktive Verhaltensweisen zum Tragen kommen können, so ist doch das Mehrbetriebsunternehmen im Hinblick auf den Gesamtmarkt auf **Anpassungsstrategien** angewiesen.

In der Praxis der vergangenen Jahre waren es gerade die Mehrbetriebsunternehmen, welche ein besonderes Kaufinteresse bei **Konzentrations-** und **Kooperationsformen** des Handels ausgelöst haben. Der regional oder lokal durchaus vorhandenen Marktbedeutung wegen dienten diese mittelständischen Unternehmen häufig für Großgruppierungen des Handels zur Arrondierung des Absatzgebietes, zur Ausfüllung von unternehmensbezogenen „weißen Flecken“ sowie zur Sicherung zukunftsträchtiger Standorte. Aus diesen Gründen sind bei Unternehmensübernahmen in vielen Fällen gerade Mehrbetriebsunternehmen Gegenstand des Aufkaufs; dies gilt vor allem im Lebensmittelhandel.

Zur Bedeutung der Mehrbetriebsunternehmen kann auf die obenstehenden Ausführungen bezüglich der Einbetriebsunternehmen verwiesen werden, wobei lediglich der Standpunkt zu wechseln ist.

Aufgabe 13 > Seite 503

2.3 Filialunternehmung

Unter Filialunternehmung soll ein Handelsunternehmen mit mindestens zehn Betriebsstätten verstanden werden. Auch hier gilt wieder, dass diese Begriffsklärung vorzugsweise im Einzelhandel angewendet werden kann, während für den Großhandel eine andere Betrachtungsweise erforderlich ist. Kennzeichnend für das Filialunternehmen ist eine zentrale Führung bei dezentraler Geschäftsabwicklung. Auf der Großhandelsstufe kommen als dezentrale Betriebseinrichtungen z. B. Zweiglager, Wartungszentren, Niederlassungen für Zwecke der Bestellannahme und Auftragsabwicklung infrage. Auf der Einzelhandelsstufe ist die wesentliche dezentral abzuwickelnde Funktion die des Verkaufes. Der geschilderte Unternehmensaufbau lässt sich am Beispiel eines Einzelhandelsfilialunternehmens wie folgt veranschaulichen:

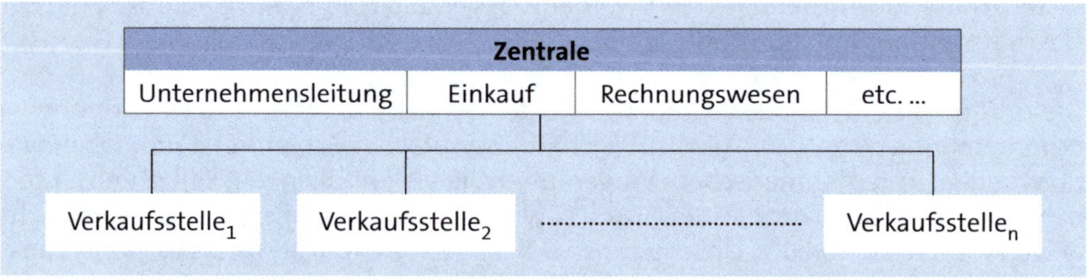

Abb. 71: Der grundsätzliche Unternehmensaufbau eines Einzelhandelsfilialunternehmens

Die meisten Filialunternehmungen überschreiten den mittelständischen Rahmen deutlich. Die **Grundmerkmale dieses Unternehmenstyps** wurden in der Abbildung im Abschnitt über das Einbetriebsunternehmen bereits mit erfasst. Als besonders bedeutsam ist das Merkmal der regionalen bis internationalen Ausdehnung der Absatzgebiete einzuschätzen. Unter den Rechtsformen der Filialunternehmungen dominieren die Kapitalgesellschaften, also die GmbH und die AG.

Die Betreibung solcher Unternehmungen ist gewöhnlich nicht mehr auf Einzelpersonen bezogen; damit soll nicht etwa ausgesagt werden, dass nicht einzelne starke Persönlichkeiten auch ein solches Unternehmen nachhaltig prägen könnten. Es soll lediglich damit zum Ausdruck gebracht werden, dass Unternehmungen dieser Größenordnung nicht mehr vom persönlichen Umgang zwischen Unternehmer und Mitarbeiter getragen sein können, sondern dass an die Stelle der unmittelbaren Kontakte mittelbare, gewissermaßen symbolische Beziehungen zwischen der Unternehmensleitung und den Beschäftigten treten müssen.

Die Filialunternehmung benötigt eine **übergreifende Marketingstrategie**, eine ausgebaute betriebliche Organisation und in jedem Falle ein hochprofessionelles Management. Einer der wesentlichsten Aspekte, welche die Unternehmenspolitik von Filialunternehmungen bestimmen, ist der Konflikt zwischen einheitlicher Unternehmensgestaltung und objektbezogener Individualität. Ersteres ist der Außenwirkung des Unternehmens sowie der Kontrollierbarkeit der Betriebsprozesse wegen unverzichtbar, letzteres scheint unter dem Aspekt einer optimalen Abdeckung der jeweiligen Kundenbedürfnisse geboten.

Die **Filialunternehmungen**, insbesondere jene, welche national oder international tätig sind, verkörpern neben den **großen Kooperationsgruppen** jenen Bereich des Handels, welcher von der Industrie gemeint ist, wenn sie von **„Nachfragemacht des Handels“** spricht. In der Tat sind Unternehmungen dieser Größenordnung als marktstarke Geschäftspartner von Herstellern einzustufen, welche mit großen Industrieunternehmungen auf gleicher Ebene verhandeln und gegenüber mittelständischen Herstellern häufig eine dominierende Rolle einnehmen können.

Einige **Entscheidungstatbestände**, welche bei Ein- und Mehrbetriebsunternehmungen wenig oder gar nicht auftreten, erlangen beim Filialunternehmen große Bedeutung. Beispielhaft können genannt werden:

- räumliche Ausdehnung des Absatzgebietes
- regionale Streuung der Betriebsstätten
- Realisierung einer oder mehrerer Betriebsformen
- Anzahl der Betriebsstätten je Betriebsform
- Tätigkeitsausweitung durch Diversifikationsmaßnahmen auf außerhalb des Handels gelegene Bereiche.

Die genannten Entscheidungsnotwendigkeiten machen deutlich, dass die Führung von Filialunternehmungen des Handels mit der Leitung von Ein- oder Mehrbetriebsunternehmen qualitativ nicht mehr vergleichbar ist. Nicht zuletzt wird dies auch durch andere Formen der Finanzierung belegt, welche bei Handelsunternehmungen dieser Größenordnung üblich sind. Hinsichtlich Umfang und Komplexität unterscheidet sich das Finanzmanagement von national oder international distribuierenden Handelsunternehmungen nicht mehr von jenem großer Industriebetriebe.

Im Zuge der Darstellung der Kategorien von Handelsunternehmungen nach der Anzahl der Betriebsstätten sollte deutlich geworden sein, was oben bezüglich der **Unternehmer-** bzw. **Manager-Persönlichkeiten** bereits festgestellt wurde: Die erforderlichen Eigenschaften, Erfahrungen, aber auch Einstellungen, welche zur Führung eines Einbetriebsunternehmens bzw. eines Filialunternehmens erforderlich sind, unterscheiden sich derart gravierend voneinander, dass ein Wechsel von Führungspersonen zwischen den beschriebenen Kategorien nicht nur schwierig, sondern in den meisten Fällen unmöglich sein wird. Damit soll jedoch keinerlei Wertung der Qualität dieser verschiedenartigen Tätigkeiten verbunden sein.

3. Regionale Streuung der Betriebsstätten und Festlegung des Absatzgebietes

Die in engem Zusammenhang mit der Festlegung der Anzahl der Betriebsstätten stehenden Entscheidungen über deren regionale Streuung und bezüglich der Größe des Absatzgebietes fallen natürlich nur im Rahmen von Mehrbetriebsunternehmungen bzw. Filialunternehmungen an. Die Entscheidungsalternativen werden aus folgendem Tableau sichtbar:

Betriebsstättenstreuung	**Größe des Absatzgebietes**			
	(a) lokal	(b) regional	(c) national	(d) international
flächendeckend (I)	I a	I b	I c	I d
nicht flächendeckend (II)	II a	II b	II c	II d

Entscheidungsalternativen bezüglich regionaler Betriebsstättenstreuung und Festlegung der Größe von Absatzgebieten

Die in der obigen Übersicht mit I.a bis II.d gekennzeichneten **Typen von Handelsunternehmungen** lassen sich folgendermaßen charakterisieren:

Typ I.(a)

Hierbei handelt es sich um **Mehrbetriebsunternehmen**, welche im lokalen städtischen oder ländlichen Bereich eine vollständige Gebietsabdeckung erreicht haben. Darunter ist zu verstehen, dass die Einzugsgebiete der einzelnen Betriebsstätten das Gesamteinzugsgebiet der Unternehmung vollständig abdecken. Um dies zu erreichen, müssen üblicherweise gewisse Überschneidungen zwischen den Teileinzugsbereichen hingenommen werden. Der Begriff der Flächendeckung lässt sich wie folgt veranschaulichen:

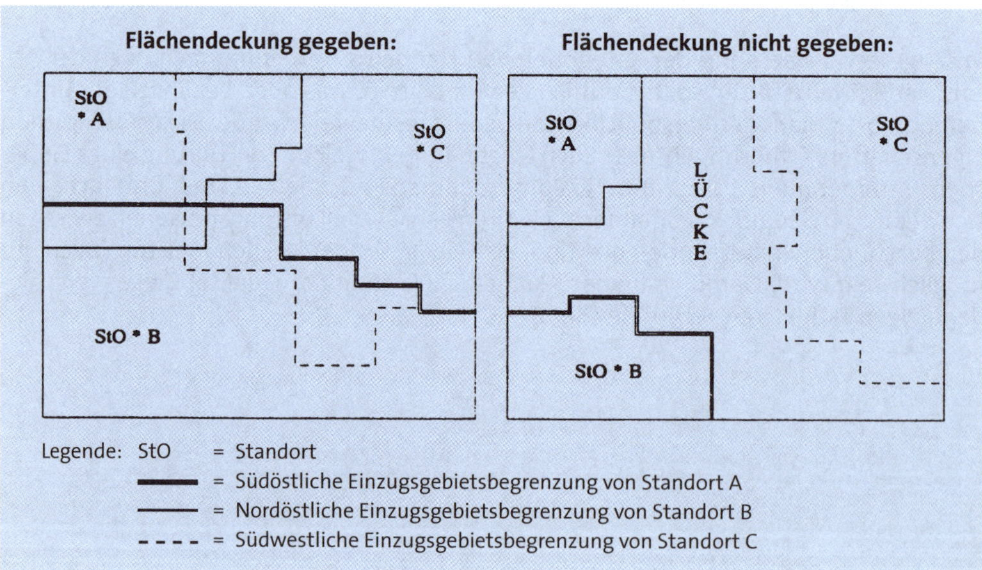

Abb. 72: Veranschaulichung des Begriffs der Flächendeckung

Betrachtet man die Entwicklungen in der Handelspraxis der letzten Jahre, so wird deutlich, dass gerade der Unternehmenstyp I.(a) (lokal flächendeckend) durch die **Expansionsbemühungen großer Filialisten** in vielen Fällen in erhebliche Bedrängnis geraten ist:

Durch die flächendeckende Überspannung des Gesamteinzugsgebiets bei Unternehmen des Typs I.(a) führt jede Neuansiedlung eines Wettbewerbsbetriebes zu oft empfindlichen Umsatzeinbußen. Aus diesem Grund werden häufig zur Konkurrenzabwehr auch solche Objekte realisiert, welche unter Rentabilitätsgesichtspunkten nicht verwirklicht worden wären. Das Endresultat solcher Entwicklungen kann darin bestehen, dass das flächendeckende Mehrbetriebsunternehmen zwar den Markteintritt von Wettbewerbern abgewehrt hat, dabei aber in die Verlustzone geraten ist. In Extremfällen muss in einer derartigen Situation als letzter Ausweg ein rechtzeitiger Verkauf des gesamten Unternehmens an die expansionswilligen Großfilialisten ins Auge gefasst werden.

Typ II.(a)
Hierunter fallen **Mehrbetriebsunternehmungen**, welche ihr Gesamteinzugsgebiet nicht vollständig abdecken. Häufig stellt diese Form des Mehrbetriebsunternehmens eine Entwicklungsstufe auf dem Weg zum Typ I.(a) dar. Umsatzeinbußen in diesem Stadium durch Konkurrenzansiedlungen können noch durch eigene Expansion im Gesamteinzugsgebiet ausgeglichen werden.

Typ I.(b)
Dieser Typ bildet die **Übergangsstufe** zwischen dem großen **Mehrbetriebsunternehmen** und dem **Kleinfilialisten**. Dabei wird eine bestimmte Region (Großraum Köln, Südschwarzwald etc.) durch ein Unternehmen flächendeckend versorgt. Die Anzahl der Betriebsstätten reicht in diesen Fällen von mindestens 10 bis maximal rund 100. Wie die flächendeckenden Mehrbetriebsunternehmen sind auch die entsprechend distribuierenden Kleinfilialisten durch Verdrängungswettbewerb extrem gefährdet. Häufig erfolgt als Abwehrmaßnahme das Überschreiten des Regionalraumes.

Typ II.(b)
Der nicht flächendeckend arbeitende **Kleinfilialist** befindet sich häufig auf dem Weg zum Unternehmenstyp I.(b). Bei Verzicht auf die Flächendeckung können Schwierigkeiten in der Logistik (unrationelle Touren vom Zentrallager zu den Filialen) und unwirtschaftliche Reisetätigkeiten von Außendienstlern wie Bezirksleitern und Revisoren auftreten. Trotz dieser Nachteile kann es sich als sinnvoll erweisen, bestimmte Teilgebiete der Absatzregion auszusparen, z. B. bei lokal begrenzten starken Wettbewerbsaktivitäten, welche im Fall einer Erschließung dieses Gebietes einen ruinösen Konkurrenzkampf erwarten lassen; es kann auch dann nützlich sein, wenn aus verkehrstechnischen, infrastrukturellen Gründen die Erschließung bestimmter Gebiete zu verhältnismäßig hohen Kosten führen würde; schließlich kann es auch vorkommen, dass zwischen zwei Teileinzugsgebieten zwar eine Lücke besteht, diese jedoch hinsichtlich des Umsatzpotenzials zu gering ist, um eine in die Gesamtkonzeption passende Betriebsstätte auslasten zu können.

Typ I.(c)
Die **vollständige nationale Flächendeckung** im oben definierten Sinne wurde bisher von keinem Filialunternehmen des Handels, bezogen auf das Gebiet der Bundesrepublik Deutschland, erreicht. Alle Unternehmungen dieser Größenordnung weisen mehr oder weniger große Abdeckungslücken auf. Dies ist darauf zurückzuführen, dass die Erschließung eines nationalen Absatzgebietes bis zur totalen Erfüllung der theoretischen Definition der Flächendeckung (siehe auch Abb. 72) keinerlei betriebswirtschaftlichen Sinn ergibt. Ein solches Streben wäre wohl nur mit dem Begriff der Pedanterie korrekt beschrieben.

Praxisnäher kann von nationaler Flächendeckung dann ausgegangen werden, wenn eine Filialunternehmung näherungsweise in allen Teilregionen eines nationalen Absatzgebietes mit einer für Konkurrenten spürbaren Wirkung am Markt tätig ist. Nach dieser Begriffsklärung können Unternehmungen wie Lidl und Aldi in diese Kategorie eingereiht werden. Vorteile dieser Situation bestehen beispielsweise in der Fixkostendegression bei der Durchführung nationaler Werbemaßnahmen oder in der Möglichkeit der Entwicklung von kostenoptimalen Organisations-, insbesondere Logistikstrukturen. Ein weiterer positiver Aspekt der nationalen gegenüber der regionalen Distribution ist darin zu sehen, dass Ertragseinbußen in Regionen mit hoher Konkurrenzintensität in Gebieten mit geringerem Wettbewerbsdruck ausgeglichen werden können (regionale Preisdifferenzierung!).

Typ II.(c)
Soweit die fehlende Flächendeckung trotz nationalem Distributionsanspruch nicht darauf zurückzuführen ist, dass sich ein Filialunternehmen in der geplanten Entwicklung zur vollständigen Flächenabdeckung befindet, stellt dieser Umstand im Normalfall ein Wettbewerbshandicap dar. Lücken im Absatzgebiet führen fast zwangsläufig zu Streuverlusten bei der Werbung und zu unnötigen Kosten, welche alleine dadurch verursacht werden, dass die nicht bearbeiteten Gebiete im Rahmen der logistischen und sonstigen Betreuung der einzelnen Betriebsstätten überbrückt werden müssen. Filialunternehmungen, welche im Prinzip bundesweit tätig sind, jedoch einzelne weiße Flecken konstatieren, versuchen daher gewöhnlich, diese durch Expansionsstrategien bzw. durch Aufkauf anderer Unternehmungen abzudecken.

Typ I.(d)
Flächendeckende internationale Filialunternehmungen existieren derzeit nicht. Es sind auch Zweifel angebracht, ob dies innerhalb eines überschaubaren zeitlichen Rahmens von einem der großen Handelsunternehmen angestrebt werden wird. Logistische oder ähnliche Vorteile sind aus einer internationalen Flächendeckung nicht zu erwarten. Aufgrund unterschiedlicher Sprachen und Mentalitäten ist eine international einheitliche Kommunikationspolitik in näherer Zukunft kaum vorstellbar. Einen „internationalen Konsumenten“ gibt es nicht und wird es in absehbarer Zeit auch nicht geben. Daher spricht unter betriebswirtschaftlicher Betrachtungsweise nichts dafür, eine vollständige Marktabdeckung im internationalen Rahmen oder auch nur im EWR zu erreichen. Die weltweit flächendeckende Handelsunternehmung wird wohl in den kommenden Jahrzehnten – je nach Einstellung des Betrachters – eine unerfüllbare Vision oder ein nicht zu befürchtender Alptraum bleiben.

Typ II.(d)
Bereits heute existieren dagegen Filialunternehmungen, welche im internationalen Bereich tätig sind, ohne dabei Flächendeckung anzustreben. Beispiele hierfür sind aus dem bundesdeutschen Handel z. B. Firmen wie Metro oder Aldi. Es werden dabei nach Erschließung des nationalen Marktes andere Länder vorwiegend im EU-Bereich für Aktivitäten ausgewählt, in welchen wiederum zu Beginn nur Teilregionen erschlossen werden. So ist beispielsweise die Firma Aldi heute in Australien, Belgien, Dänemark, Frankreich, Großbritannien, Irland, Luxemburg, Niederlande, Österreich und USA aktiv. Im Zuge der Verwirklichung der EU wird sich zur Erhaltung der Marktbedeutung jedes größere Filialunternehmen des Handels vor die Notwendigkeit gestellt sehen, im internationalen Rahmen tätig zu werden.

Für den Erfolg solcher Maßnahmen sind umfangreiche Marktforschungsaktivitäten, eine solide Finanzierung sowie die Gewinnung von Spitzenmanagern aus dem jeweils zu erschließenden Land erforderlich, welche in der Lage sind, die landesspezifischen Wettbewerbsfaktoren in realistischer Weise in die Politik des expandierenden Filialunternehmens einzubringen.

Der Zusammenhang zwischen den Gesetzmäßigkeiten der Größe des Absatzgebietes und der regionalen Streuung der Betriebsstätten wird aus der folgenden Abbildung ersichtlich:

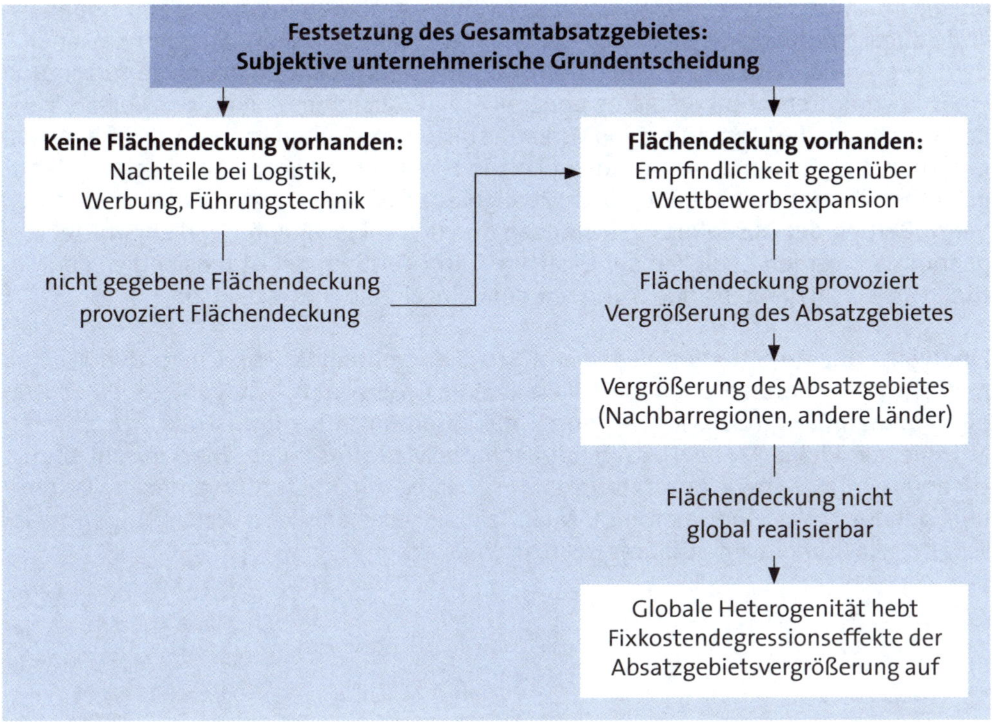

Abb. 73: Überblick über Gesetzmäßigkeiten für Größe des Absatzgebietes und regionale Streuung der Betriebsstätten

Wie zu erkennen ist, provozieren die Nachteile bei Logistik, Werbung und Führungstechnik im Falle nicht gegebener Flächendeckung die Expansion des Unternehmens, bis ein Zustand der relativen Flächendeckung erreicht ist. Von diesem Zeitpunkt ab steigt die Empfindlichkeit gegenüber der Expansion von Wettbewerbern logischerweise stark an. Dem wiederum versucht man durch eine Vergrößerung des Absatzgebietes entgegen zu wirken; hier spielt insbesondere die Internationalisierung eine wesentliche Rolle.

Aufgrund der erheblichen Probleme im Hinblick auf Marketing, Organisation – darunter insbesondere Logistik – und Controlling wird eine globale Flächendeckung von keinem Handelsunternehmen angestrebt und ist wohl auch theoretisch nicht denkbar. Der Grund hierfür liegt darin, dass zunächst aufgrund der infrastrukturellen, sprachlichen sowie kulturellen Homogenität eines Landes Flächendeckung zu Degressionsvorteilen führt. Wegen der Heterogenität der verschiedenen Länder im Falle internationaler Aktivitäten gilt dagegen diese Regel nicht mehr. Daher kann eine totale Flächendeckung im europäischen oder gar weltweiten Rahmen keine sinnvolle betriebswirtschaftliche Zielsetzung sein.

4. Betriebsgrößenentscheidung im Großhandel und im Einzelhandel

Die bisherigen Ausführungen zum Problem der Betriebsgrößenentscheidung in Bezug auf die Anzahl der Betriebsstätten waren zu einem größeren Teil auf die Einzelhandelsstufe zugeschnitten. Aus Sicht des Großhandels stellt sich diese Frage etwas anders dar. Der grundlegende Unterschied besteht darin, dass im Einzelhandel die Versorgung eines bestimmten Absatzgebietes generell – eine Ausnahme bildet der **Versandhandel** – nur durch die Platzierung von Verkaufsstätten geschehen kann. Für Großhandelsunternehmungen gilt diese Grundregel nicht. Hier kann die Erschließung eines Marktgebietes alternativ entweder durch **Zweigniederlassungen** bzw. **-lager** oder durch **Vergrößerung der Auslieferungsdistanzen** durch Wahl geeigneter Verkehrsmittel vorgenommen werden. Lediglich der Cash and Carry-Großhandel ist hinsichtlich der Methode der Absatzgebietsabdeckung mit dem Einzelhandel vergleichbar.

Eine völlig andere Situation liegt beim **Streckengroßhandel** vor. Durch den Wegfall materieller Warenfunktionen wird die regionale Größe des Arbeitsgebietes einer Streckengroßhandlung überwiegend durch die kommunikative Infrastruktur bestimmt. Mithilfe von kleinen Niederlassungen kann die Marktforschung, Markterschließung, Lieferantenpflege sowie Absatztätigkeit im Ausland durchgeführt werden. Im Extremfalle genügt sogar eine Telefon-, E-Mail, Telefax- oder ähnliche Verbindung, um Geschäfte selbst über weite Distanzen abzuschließen.

Für den lagerführenden Großhandel bestehen folgende **Entscheidungsalternativen**:

		Betriebsstätten des Verkaufs	
		eine	**mehrere**
Lagerbetriebs-stätten	**eine**	Eine zentrale Betriebsstätte (Verkauf und Lager) (1)	Ein Lager, mehrere Verkaufshäuser (2)
	mehrere	Zentraler Verkauf, mehrere Auslieferungs-Lager (2)	Mehrere Niederlassungen (Verkauf und Lager) (3)

Entscheidungsalternativen für den lagerführenden Großhandel

(1) Einbetriebsunternehmung

Das Unternehmen führt seine Geschäfte von einem Standort aus. Obschon auch hier theoretisch die Möglichkeit einer räumlich unbegrenzten Marktversorgung durch Einschaltung von Flugzeug, Seeschiff, Bahntransport oder Lkw-Ferntransport besteht, ergeben sich nach dem Prinzip der Thünen'schen Kreise Absatzgebietsgrenzen, welche durch die Transportkosten verursacht werden. Dieses Faktum soll durch nachstehendes Schaubild verdeutlicht werden:

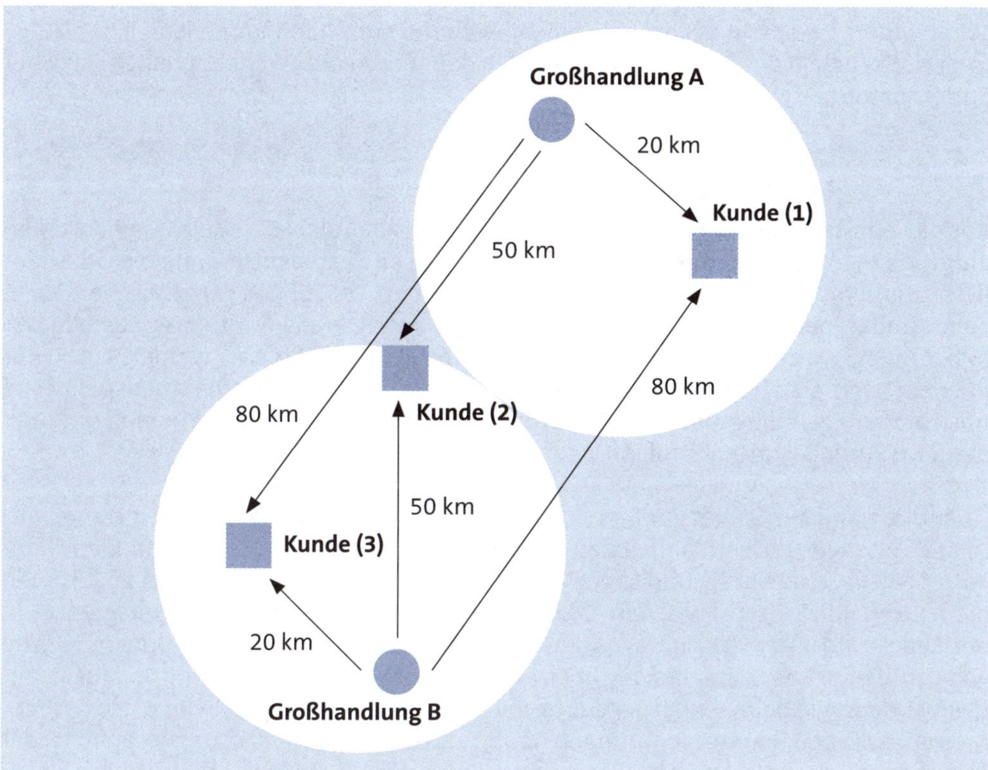

Abb. 74: Kostenbedingte Absatzgebietsbegrenzung

Das folgende **Zahlenbeispiel** soll die Situation aufzeigen, welche sich aus den Lieferentfernungen der obigen Abbildung ergibt:

Beispiel

Bei gegebenen Ausgangsdaten lässt sich der Zusammenhang zwischen Logistikkosten und Größe des Absatzgebietes wie folgt veranschaulichen:

Ausgangsdaten	Großhandlung A	Großhandlung B
Preis für Artikel X: Transportkosten:	1.000 €/Stück 10 €/km	1.500 €/Stück 10 €/km

Rechnung:
Aus diesen Angaben resultiert, dass bei Kauf eines Stücks von Artikel X der Kunde (1) von Großhandlung A mit 1.200 € je Kaufeinheit belastet wird. Soll derselbe Kunde von Großhandlung B beliefert werden, so ergeben sich für ihn Kosten in Höhe von 2.300 €. Hinsichtlich dieses Kunden kann also Großhandlung B der Großhandlung A keine Konkurrenz machen. Trotz des höheren Abgabepreises von B gilt jedoch das gleiche spiegelbildlich für Kunde (3): Aufgrund der Lieferentfernung wird die Großhandlung A diesem Kunden 1.800 € in Rechnung stellen, während Großhandlung B lediglich 1.700 € fordert. Bezüglich des Kunden (2) wird durch den niedrigeren Abgabepreis bei gleicher Entfernung Handlung A zum Zuge kommen.

Aus diesem stark vereinfachten Beispiel wird bereits deutlich, dass selbst bei **Vorteilen aufgrund niedrigerer Abgabepreise** ab einer gewissen Zustellentfernung ein Großhandelsunternehmen mit einem Konkurrenten, der den Vorteil der geografischen Nähe zum Kunden besitzt, nicht mehr konkurrieren kann. Daraus folgt, dass Zustellgroßhandlungen, welche in Form des Einbetriebsunternehmens geführt werden, i. d. R. nur über ein begrenztes Absatzgebiet verfügen können. Wird die unternehmenspolitische Absicht verfolgt, eine größere Region abzudecken, so kann dies im Normalfall nur über mehrere Betriebsstätten erfolgen.

Über die mögliche Gebietsgröße der Einbetriebs-Großhandlung lässt sich keine pauschale Aussage treffen. Zahlreiche Faktoren wie topografische Gegebenheiten, Konkurrenzdichte, Transport- und Lagerfähigkeit der gehandelten Waren etc. bestimmen die Maximaldistanzen zwischen Großhandelsstandort und Absatzgebietsgrenze. In der Regel wird man jedoch davon ausgehen können, dass Großhandlungen, welche von nur einem Lager aus liefern, über eine regionale Bedeutung kaum hinausgelangen werden. Wie beim Einbetriebsunternehmen des Einzelhandels wird diese Kategorie von Großhandelsunternehmungen häufig als Familienbetrieb in der Rechtsform der Personengesellschaft geführt. Persönlicher Führungsstil, Wahrnehmung vieler Spezialaufgaben durch den Unternehmer selbst, größenmäßig beschränkte Lager mit einfacher Ausstattung und ein kleiner Fuhrpark sind typische, wenn auch nicht allgemeinverbindliche Merkmale dieses Großhandelstyps.

(2) Regionalgroßhandlung mit zwei bis etwa fünf Betriebsstätten
Dieser Großhandelstyp – mit einem fließenden Übergang zur nächstgrößeren Kategorie – ist von der Struktur her, wenn auch nicht hinsichtlich der Größe, dem Mehrbetriebsunternehmen des Einzelhandels vergleichbar. Angestrebt wird **keine nationale** oder **internationale Marktabdeckung**, sondern lediglich die Versorgung eines regionalen bis überregionalen Gebiets, z. B. Rhein-Main-Region, Ruhrgebiet, Baden-Württemberg. Die Hauptaktivitäten erfolgen bei diesem Großhandelstyp vom Zentralstandort aus: Dies bedeutet, dass Einkauf, Hauptlager, Verwaltung usw. an diesem Zentralort konzentriert sind.

Im Übrigen hängt die **Art der Geschäftstätigkeit** davon ab, ob im Sinne der Klassifizierung des obigen Schaubilds mehrere Verkaufshäuser bei einem Zentrallager oder aber mehrere Auslieferungslager bei einem zentralen Verkaufsstandort betrieben werden. **Dezentrale Auslieferungslager** verfolgen im Wesentlichen den Zweck, die Logistik zu vereinfachen und Transportkosten zu reduzieren. Derartige Zweigniederlassungen führen demnach kein „Eigenleben“, sondern sind in ihrem Tätigkeitsumfang im Wesentlichen auf Logistikaufgaben reduziert. Die **fehlende Eigenständigkeit** wirkt sich folgerichtig auch auf die Qualifikation der Niederlassungsleitung aus. Hier genügen in aller Regel Kenntnisse über Lager und Fuhrpark, da alle anderen Funktionen vom Zentralstandort aus gesteuert oder dort erfüllt werden.

Werden mehrere Verkaufshäuser, aber nur ein **zentrales Lager** unterhalten, so übernehmen die dezentralen Betriebsstätten die Aufgaben der Kundenakquisition, der Pflege der Kontakte zu den Abnehmern, der Bestellannahme, der Reklamationsabwicklung etc. Verkaufshäuser sind aufgrund ihres Tätigkeitsprofils eigenständiger als Zweiglager. Von der **personellen Besetzung** her sind überwiegend verkäuferische Kräfte tätig, während logistisches Personal nicht benötigt wird, da alle materiellen Warenvorgänge von der Zentrale durchgeführt werden.

Im Gegensatz zum zuvor dargestellten Lokal- bzw. Regional-Großhandel des Typs (1) stellt die **Großhandlung mit mehreren Zweiglagern oder Verkaufshäusern** eine Unternehmensform dar, welche an der Grenze des Mittelstandes angesiedelt ist oder zum Teil auch deutlich darüber hinausreicht. Hier werden Umsätze von mehreren 100 Mio. bis zu einigen Mrd. € pro Jahr erreicht, die Beschäftigtenzahlen liegen zum Teil in einer Größenordnung von einigen Tausend Mitarbeitern und Mitarbeiterinnen, die Summe der Lagerflächen kann durchaus einige Zehntausend Quadratmeter oder mehr erreichen. Diese Dimensionierung erfordert für Großhandlungen des Typs (2) ein professionelles Management, weshalb diese Betriebe üblicherweise nicht mehr als Familienunternehmung, sondern als Kapitalgesellschaften mit angestellten Managern betrieben werden.

Wie im Fall des Einzelhandels erbringt diese Größenordnung gegenüber Großhandlungen des Typs (1) Knowhow- und Kostenvorteile, weswegen im unmittelbaren Wettbewerb zwischen Großhandelsunternehmungen der Typen (1) und (2) gewöhnlich letztere die Oberhand behalten. Ihre Zukunftschancen dürfen daher als gut bezeichnet werden, während Einbetriebsunternehmungen des Großhandels eine rückläufige Tendenz aufweisen.

(3) National oder international tätige Großhandelsunternehmungen mit zahlreichen Betriebsstätten

Dieser Typ ist im freien, ungebundenen Großhandel kaum noch anzutreffen. Er kommt vor im Rahmen der Großunternehmungen des Einzelhandels, bei denen, wie bereits erläutert, eine ausgebaute funktionale Großhandelsstufe vorhanden ist. Außerdem tritt er in der Handelspraxis bei den großen kooperativen Gruppen (Ketten, Genossenschaften) auf.

Während bei den Großhandelsstufen von national oder international tätigen Einzelhandelsunternehmungen die Zweigniederlassungen ähnlich wie im Fall der regionalen Großhandlungen überwiegend logistische Aufgaben zu erfüllen haben, besitzen die freien bzw. Kooperations-Großhandlungen dieser Größenordnung **Niederlassungen mit größerer Selbstständigkeit**. Diese Niederlassungen und ihre Zentralen erfüllen i. d. R. folgende Aufgaben:

Aufgabenteilung bei nationalen/internationalen Großhandlungen	
Aufgaben der Zentrale	**Aufgaben der Niederlassung**
► Akquisition von und Kontaktpflege zu Großlieferanten und Großkunden ► Entfaltung nationaler Werbeaktivitäten ► Wahrnehmung von Public Relations-Aufgaben ► Niederlassungs-Controlling ► etc.	► Marktforschung ► Einkauf ► Kundenbetreuung ► Eigenständige Lagerführung ► Zustellung ► Fakturierung ► etc.

Die Führung solcher Unternehmungen erfordert ein Management, welches durchaus mit jenem großer Industrie-, Bank- oder Versicherungsunternehmungen vergleichbar ist.

Ähnlich wie beim Einzelhandel ist die Entscheidung für eine der dargestellten Großhandelskategorien weniger auf betriebswirtschaftliche, sondern stärker auf außerökonomische Faktoren zurückzuführen. Die Einstellungen der jeweiligen Unternehmer und angestellten Manager in Bezug auf die wünschenswerte Art ökonomischer Betätigung wirkt entscheidend auf die Bestimmung der Größenkategorie ein. Es ist allerdings unverkennbar, dass lokale Großhandlungen des Typs (1) aufgrund von Kosten- und Knowhow-Nachteilen schlechtere Zukunftschancen haben als die beiden übrigen beschriebenen Großhandelskategorien.

Die Analyse von Besonderheiten der Betriebsgrößenentscheidung im Einzelhandel kann kurz gehalten werden, da – wie oben erläutert – die Erörterungen bezüglich Einbetriebs-, Mehrbetriebs- und Filialunternehmungen zu einem großen Teil auf die Einzelhandelsstufe bezogen waren. Als Sonderfall ist der **Distanzhandel**, also im Wesentlichen der Versandhandel, zu nennen, für den das Problem der Entscheidung über die Anzahl der Betriebsstätten in dieser Form nicht auftritt.

Bei der Festlegung der Größe seines Absatzgebietes spielen zum einen **Marketingaspekte** eine bedeutsame Rolle: Bei der Sortimentspolitik sind regionale bzw. nationale Besonderheiten zu berücksichtigen, bei Überschreiten des Währungsraums treten hinsichtlich der Zahlungsabwicklung Probleme auf, bei internationaler Tätigkeit erfordern die Sprachbarrieren eine differenzierte Kommunikationspolitik etc.

Zum anderen sind bei dieser Frage **Kostenaspekte** von Bedeutung: Vor allem sind hier die Transportkosten zu berücksichtigen, welche sich in Abhängigkeit von den Tarifzonen der Post und der Bahn ergeben. Einen weiteren wichtigen Kostenfaktor bildet im Versandhandel der Katalogdruck und -versand, was sich bei zahlreichen Versandhandelsunternehmungen in einer Beschränkung auf bestimmte Regionen niederschlägt. Aus oben genannten Gründen wird im Allgemeinen ein national begrenztes Versandgebiet nicht überschritten.

Als wesentlichste Probleme einer höheren Betriebsstättenzahl sind zusammenfassend die komplexere Unternehmensführung, das standortindividuelle Marketing (im Einzelhandel), die Bewältigung der logistischen Aufgaben und das Controlling der Betriebsstätten zu nennen. Die **Komplexität der Entscheidungsvorgänge** erhöht sich um ein Vielfaches, wenn Festlegungen bezüglich der Anzahl der Betriebsstätten für mehrere unterschiedliche Betriebsformen zu treffen sind.

5. Anstieg der durchschnittlichen Unternehmensgröße

In den vorangegangenen Ausführungen wurden verschiedene Argumente genannt, welche auf die **wettbewerbliche Überlegenheit** größerer gegenüber kleineren Unternehmungen hinweisen. Im Folgenden werden die wesentlichen Wettbewerbsvorteile zusammengefasst:

- höhere Nachfragemacht gegenüber Lieferanten
- geringere Abhängigkeit von Kunden
- stärkere Kapitalbasis
- Rationalisierungseffekte durch Kostendegression
- Qualitätsvorsprung durch Einsatz von Spezialisten.

Diese Gründe führen auf allen Wirtschaftsstufen und in nahezu allen Branchen zu ansteigenden durchschnittlichen Unternehmensgrößen.

Die politischen Bemühungen zur Sicherung des Wettbewerbs auf dem Wege der Erhaltung des Mittelstandes – in der Bundesrepublik Deutschland vor allem getragen durch das Bundeskartellamt – haben diese Tendenz verlangsamen, letztlich jedoch nicht aufhalten können. Einen neuen Schub in Richtung auf wachsende Unternehmensgrößen hat die Verwirklichung des EU-Binnenmarktes verursacht, da wachstumswillige Unternehmungen der Kartellbehörde gegenüber mit einer Ausweitung der relevanten Märkte argumentieren konnten. Im Zuge der **Globalisierung der ökonomischen Aktivitäten** wird zunehmend häufiger auch das Argument der erforderlichen Wettbewerbsfähigkeit gegenüber Unternehmungen aus den USA, Japan oder anderen wirtschaftsstarken Ländern ins Feld geführt. Somit sind für den Großhandel wie für den Einzelhandel eindeutige Konzentrationstendenzen zu beobachten. Dies gilt sowohl für die Anzahl der Unternehmen als auch für deren Umsätze. Dieser Befund – **Entwicklung zu ansteigenden Unternehmensgrößen** – ist unverkennbar, wenn auch die vor allem von Interessenvertretern des Mittelstands zuweilen geäußerte Prognose, dass in wenigen Jahren der gesamte Einzelhandel unter einige wenige Anbieter aufgeteilt sein werde, sich bislang nicht bewahrheitet hat. Aktivitäten in Marktnischen, oft in Form eines Nebenerwerbs, sind auch in der heutigen Handelslandschaft nicht von Anfang an zum Scheitern verurteilt.

Dies lässt sich damit begründen, dass Großunternehmungen ihrer **geringeren Flexibilität** wegen Marktnischen nicht (mehr) oder nur noch mit Mühe abdecken können. Derartige Nischen können sich in Bezug auf vernachlässigte Kundengruppen, Regionen (Renaissance der mobilen Verkaufsstellen!), aber auch im Hinblick auf spezifische Warenbereiche ergeben. Beispiele hierfür sind der Kunsthandel, der Handel mit Antiquitäten, Geschenkartikeln usw. Diese **Marktnischen** werden wohl auch in den kommenden Jahren für kreative, risikofreudige, dabei aber betriebswirtschaftlich versierte Unternehmer ein Erfolg versprechendes Tätigkeitsfeld abgeben.

Wird dagegen der Weg zur Unternehmensvergrößerung beschritten, so bietet sich die Alternative internen oder externen Wachstums an. Unter **internem Wachstum** ist die allmähliche Expansion eines Unternehmens durch Eröffnung zusätzlicher Betriebsstätten und/oder Erweiterung des Absatzgebiets zu verstehen. **Externes Wachstum** vollzieht sich im Wesentlichen durch Unternehmensaufkäufe und über Fusionen. Die zweite Methode ist die schnellere, weshalb sie in den vergangenen Jahren von zahlreichen Unternehmungen bevorzugt wurde. Andererseits ist das Risiko solcher Wachstumsstrategien nicht unerheblich; spektakuläre Fälle, allen voran derjenige der Coop, belegen dies nachdrücklich. Trotz solcher Beispiele ist die Bereitschaft zum Aufkauf von Unternehmen nach wie vor ungebrochen. Spitzenreiter bei dieser Entwicklung ist die Lebensmittelbranche, jedoch sind auch in anderen Branchen ähnliche Tendenzen erkennbar.

	Lösung
1. Worin besteht der Hauptunterschied zwischen der objektbezogenen Betriebsgrößenentscheidung und der Festlegung der Unternehmensgröße?	S. 270
2. Was ist im Großhandel bzw. im Einzelhandel unter einer Betriebsstätte zu verstehen?	S. 271
3. Welche Funktionen müssen i. d. R. erst bei einer größeren Anzahl von Betriebsstätten erfüllt werden?	S. 271 f.
4. Können Sie Funktionen nennen, bei denen erst ab einer gewissen Anzahl der Betriebsstätten die Fähigkeit zu ihrer Erfüllung gegeben ist?	S. 272
5. Wie ist die Interdependenz zwischen Anzahl der Betriebsstätten und Flexibilität bei der Funktionserfüllung zu sehen?	S. 273
6. Welche positiven bzw. negativen Auswirkungen sind aus einer steigenden Betriebsstättenzahl auf den Einsatz der marketingpolitischen Instrumente zu erwarten?	S. 273 ff.
7. „Unternehmungen mit einer größeren Anzahl an Betriebsstätten verfügen über größere Handlungsspielräume, sehen sich aber auch größeren Zwängen gegenüber.“ Operationalisieren Sie diese Feststellung!	S. 274 f.
8. Welche Interdependenzen bestehen zwischen Betriebsstättenzahl und Standardisierung?	S. 275 f.
9. Woraus lässt sich schließen, dass die größenbedingten Vorteile gegenüber den entsprechenden Nachteilen überwiegen?	S. 276
10. Welche Konsequenzen hat eine Erhöhung der Anzahl der Betriebsstätten auf den Einsatz der Leistungsfaktoren?	S. 276 ff.
11. Ist es ausreichend, den Leistungsfaktoreinsatz quantitativ an eine gestiegene Anzahl von Betriebsstätten anzupassen? Begründen Sie Ihre Antwort!	S. 276 f.
12. Welche Synergieeffekte sind bei größeren Unternehmungen mit zahlreichen Betriebsstätten zu erwarten?	S. 277
13. Welche Schwierigkeit ist als das Zentralproblem einer Unternehmenserweiterung zum Filialbetrieb anzusehen?	S. 277 f.
14. Welche Rechtsformen dominieren bei der Einbetriebsunternehmung?	S. 278
15. Wie unterscheiden sich die Absatzgebiete bei Einbetriebs-, Mehrbetriebs- und Filialunternehmungen?	S. 278
16. Wie ist die Kundenstruktur bei diesen drei Unternehmensgrößenklassen beschaffen?	S. 279

		Lösung
17.	Durch welche Merkmale ist die Führung von Einbetriebsunternehmen charakterisiert?	S. 279
18.	In welchen Merkmalen unterscheidet sich das Mehrbetriebs- vom Einbetriebsunternehmen?	S. 279 ff.
19.	„Mehrbetriebsunternehmen verfügen i. d. R. bereits über mehrere verschiedene Betriebstypen." Können Sie dieser Aussage zustimmen?	S. 280
20.	Wie ist die Marktmachtsituation eines durchschnittlichen Mehrbetriebsunternehmens zu beurteilen?	S. 281
21.	Was ist als konstitutives Merkmal des Filialunternehmens zu betrachten?	S. 282
22.	Welche Voraussetzungen müssen geschaffen werden, damit eine Filialunternehmung mit Erfolg am Markt tätig sein kann?	S. 282 f.
23.	Zwischen welchen Entscheidungsalternativen hinsichtlich der regionalen Betriebsstättenstreuung und der Festlegung der Größe des Absatzgebietes können Mehrbetriebs- und Filialunternehmungen wählen?	S. 284
24.	Was versteht man unter dem Begriff Flächendeckung?	S. 284
25.	Welche Konsequenz tritt ein, wenn bei erreichter Flächendeckung eines Unternehmens Konkurrenten eine Expansionspolitik verfolgen?	S. 285 ff.
26.	Welche Nachteile können auftreten, wenn eine Einzelhandelsunternehmung im Absatzgebiet Abdeckungslücken aufweist?	S. 285 ff.
27.	Wurde bisher von einem Filialunternehmen in der Bundesrepublik Deutschland die vollständige Flächendeckung im theoretischen Sinne des Begriffes erreicht? Begründen Sie Ihre Antwort!	S. 286
28.	Es wird prognostiziert, dass sich in absehbarer Zukunft flächendeckende internationale Filialunternehmungen nicht herausbilden werden. Wie begründet sich diese Vorhersage?	S. 286
29.	Welche zusammenfassenden Grundregeln lassen sich für die Einzelentscheidungen über die Größe des Absatzgebietes und über die regionale Streuung von Betriebsstätten aufstellen?	S. 287 f.
30.	Welche Aussage lässt sich bezüglich Unternehmensgröße und Betriebsstättenzahl bei Streckengroßhandlungen treffen?	S. 288
31.	Stellen Sie die betriebsstättenbezogenen Entscheidungsalternativen lagerführender Großhandlungen zusammen!	S. 289 ff.
32.	Inwiefern spielen die Kosten bei der Festlegung der Größe des Absatzgebietes von Großhandlungen eine so bedeutsame Rolle?	S. 289 f.
33.	Welche Aufgaben kommen Verkaufshäusern, Zweiglagern bzw. Niederlassungen des Großhandels zu?	S. 291 f.

		Lösung
34.	Welche Funktionen werden von den Zentralen national oder international tätiger Großhandlungen erfüllt?	S. 292
35.	Weshalb wird i. d. R. von Versandhandlungen ein national begrenztes Absatzgebiet nicht überschritten?	S. 293
36.	Stellen Sie die Vorteile größerer Unternehmungen gegenüber Klein- und Mittelbetrieben des Handels zusammen!	S. 293
37.	Welchen Erfolg hatten die politischen Bemühungen zur Sicherung des Wettbewerbs und des mittelständischen Handels?	S. 293 f.
38.	Es wird oft von einem Trend zu wachsenden Unternehmensgrößen gesprochen; trifft dies in der Praxis zu?	S. 294
39.	Wodurch unterscheiden sich die Strategien des internen und des externen Wachstums?	S. 294

IV. Basisentscheidung über Kooperationsintensität

Kooperation kann ganz allgemein definiert werden als freiwillige Zusammenarbeit. Auf den wirtschaftlichen Bereich bezogen bedeutet dies, dass Unternehmungen zum Zwecke der Realisierung eines höheren Zielerreichungsgrades bestimmte betriebliche Aufgaben gemeinsam erfüllen. Unter **Kooperationsintensität** ist das Ausmaß der Zusammenarbeit zu verstehen. Hier ist eine Bandbreite von einer einmaligen Zusammenarbeit auf einem für die Unternehmung unwichtigen Gebiet bis hin zu einer langfristigen vertraglich abgesicherten Kooperation möglich, welche die gesamte Unternehmenspolitik betrifft.

Das Zusammenarbeiten mit Partnern erfordert das Eingehen auf deren Bedürfnisse und Ziele. Kooperation ist demnach stets mit Einbußen in der Entscheidungsfreiheit eines Unternehmens verbunden. Je langfristiger die Kooperation und je wichtiger die betroffenen Unternehmensbereiche, umso höher ist der Verlust an Selbstständigkeit, der im Sinne der Kooperation hingenommen werden muss. Andererseits ist aber gerade dann der potenzielle Nutzen des Zusammenwirkens größer als bei sporadischen Kooperationen. Jedes Handelsunternehmen sieht sich vor diese Konfliktsituation gestellt.

Sie bildet damit den dritten grundlegenden **Entscheidungstatbestand** der Handelspolitik. Neben der inhaltlichen Festlegung der Tätigkeit (Betriebsform) und der Bestimmung des Umfangs der Aktivitäten (Anzahl der Betriebsstätten) muss das Handelsmanagement über den **Kooperationsgrad** und die damit verbundenen Konsequenzen entscheiden:

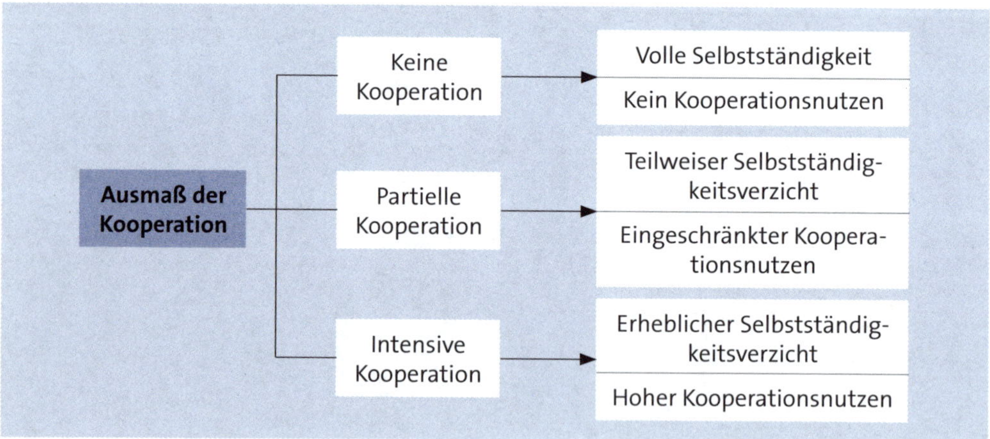

Abb. 75: Alternativen der Kooperationspolitik

Dieser Entscheidung kann sich die Leitung von Handelsunternehmungen ebenso wenig entziehen wie den beiden zuvor analysierten; keine Entscheidung ist hier gleichbedeutend mit Kooperationsverzicht. Der Entscheidungstatbestand beschränkt sich auch nicht, wie vielfach fälschlicherweise angenommen wird, auf kleine und mittlere Unternehmungen, sondern gilt ebenso für Großunternehmungen des Handels, wie viele Beispiele aus der Praxis beweisen.

1. Charakterisierung der Entscheidung

1.1 Funktionenerfüllung und Kooperationsintensität

Der Zusammenhang zwischen der **Kooperationsintensität** und der Erfüllung der Handelsfunktionen kann unter zwei Gesichtspunkten analysiert werden:

- Auswirkungen der Kooperation auf die Fähigkeit zur Funktionserfüllung
- Auswirkungen der Kooperation auf die Effektivität und Wirtschaftlichkeit der Funktionserfüllung.

Bei kleineren Handelsunternehmungen ist die **Fähigkeit zur Erfüllung einiger Handelsfunktionen** nicht gegeben. Dies gilt beispielsweise für die Markterschließung in Bezug auf Auslandsmärkte, für die Qualitätssicherung durch Unterhaltung eines eigenen Labors oder von Prüfwerkstätten, für Finanzierungsfunktionen etc. Hier stellt die Kooperation mit anderen Unternehmungen den einzigen Weg dar, um die entsprechenden Handelsaufgaben überhaupt wahrnehmen zu können. Stellt also ein mittelständisches Handelsunternehmen fest, dass im gewählten Marktausschnitt die Erfüllung bestimmter Funktionen erforderlich oder sinnvoll ist, die eigenen Ressourcen hierfür aber nicht ausreichen, so wird man versuchen, diesen Mangel durch Zusammenarbeit mit geeigneten Partnern auszugleichen.

Während die Frage der Fähigkeit zur Erfüllung bestimmter Handelsfunktionen nur für Unternehmen bis zu einer bestimmten Betriebsgröße relevant ist, trifft die Überlegung, ob manche **Funktionen durch Kooperation effektiver bzw. kostengünstiger zu erfüllen** sind, für alle Handelsunternehmungen zu. Unter diesem Gesichtswinkel kann grundsätzlich jede Handelsaufgabe für kooperative Erfüllung infrage kommen.

Beispiele

Als Beispiele können gemeinschaftliche Zeitüberbrückung (Lagerhaltung), kooperative Raumüberbrückung durch von mehreren Unternehmungen zu nutzende Fuhrparks oder die Wahrnehmung von Finanzierungsaufgaben mittels einer Institution, welche von mehreren Unternehmungen betrieben wird, genannt werden.

Diese wenigen Beispiele machen bereits deutlich, dass durch Kooperationen auch für größere Unternehmungen Steigerungen der Wirtschaftlichkeit möglich sind. Gerade seltener gebrauchte Einrichtungen, Sachmittel und Kenntnisse sind geeignete Gegenstände einer Zusammenarbeit von Handelsunternehmungen gleich welcher Größenordnung. Für kleinere Unternehmungen stellt die Kooperation eine Möglichkeit dar, hinsichtlich der Erfüllung von Handelsfunktionen ein Ressourcenpotenzial zu erschließen, das dem von größeren Unternehmungen entspricht.

1.2 Instrumentennutzung und Kooperationsintensität

Der zwischen Funktionenerfüllung und Kooperationsintensität festgestellte grundsätzliche Zusammenhang lässt sich auch auf die Nutzung des marketingpolitischen Instrumentariums übertragen. Für kleinere Handelsunternehmungen stellt die Zusammenarbeit mit anderen Unternehmen oft die einzige Möglichkeit dar, bestimmte Marketinginstrumente zu nutzen, während für alle Handelsunternehmungen gilt, dass Effektivität und Wirtschaftlichkeit des Instrumenteneinsatzes auf dem Wege der Kooperation gesteigert werden können.

Kooperationen im analytischen Marketing:

- systematische Auslandsmarktforschung
- Beauftragung professioneller Marktforschungsinstitute für umfangreiche Forschungsprojekte
- Durchführung methodisch einwandfreier Marktforschungsaktionen für spezielle Fragestellungen, welche für kleine Handelsunternehmungen wegen fehlendem Knowhow und aufgrund zu hoher Kosten kaum alleine realisierbar sind
- Auswertung und Dokumentation von Daten.

Für größere Unternehmungen wäre dies zwar prinzipiell ebenfalls ein gangbarer Weg zur Kosteneinsparung, jedoch werden gerade Informationsvorteile, z. B. das Wissen um besonders günstige Einkaufsmöglichkeiten im Ausland, von Großunternehmen des Handels bevorzugt in einen Wettbewerbsvorsprung umgesetzt. Gleiches gilt für Marktforschungsaktionen bei Kunden, da die Kenntnis über deren Wünsche und Bedürfnisse die Gestaltung eines marktgerechten Absatzmarketing erlaubt.

Innerhalb des Beschaffungsmarketing existiert für Klein- und Mittelunternehmen des Handels keine andere Möglichkeit als die der Kooperation, um hinsichtlich des Nachfragevolumens mit Großunternehmungen bei den Preisverhandlungen mit den Lieferanten konkurrieren zu können. In einer Vielzahl von Fällen in der Praxis war daher der Gedanke der **Bündelung der Nachfragemengen** der ausschlaggebende Beweggrund für das Eingehen einer Kooperation. Bei den Einkaufsgenossenschaften wurde dieses Argument für eine Zusammenarbeit sogar zum **konstitutiven Kooperationsmerkmal**. Jedoch auch für Großunternehmungen ist dieser Aspekt keineswegs ohne Bedeutung, obwohl sie bereits über beträchtliche Nachfragemacht verfügen. Dies kann damit belegt werden, dass sich auch Großfilialunternehmungen zu Einkaufsgemeinschaften zusammenfinden bzw. über gemeinschaftliche Kontore (z. B. Markant) verrechnen, wodurch sich bei den Lieferanten zusätzliche Preiszugeständnisse aushandeln lassen.

Ein weiteres wichtiges Anwendungsbeispiel für Kooperationen im Beschaffungsmarketing stellt die **Erzeugung von Eigenmarken** dar, welche von kooperierenden Händlern bei Industrieunternehmungen in Auftrag gegeben werden. Dies setzt allerdings längerfristige und intensive Kooperationsverhältnisse zwischen kleineren Handelsunternehmungen voraus. Für Großunternehmen des Handels liegt hierin keine sinnvolle Handlungsalternative, da die Eigenmarke gerade den Zweck erfüllen soll, das eigene

Unternehmen gegenüber Wettbewerbern zu profilieren. Wer aufgrund einer bestimmten erreichten Betriebsgröße in der Lage ist, Eigenmarken herzustellen bzw. herstellen zu lassen, wird daher kein Interesse daran haben, die positiven Wirkungen dieser Aktivitäten mit anderen Unternehmungen zu teilen.

Im Rahmen des Absatzmarketing besteht eine Vielzahl an **Kooperationsmöglichkeiten**; diese können hier nur beispielhaft angedeutet werden:

Marketinginstrument	Beispiele für Kooperationsmöglichkeiten
▸ Leistungssubstanzpolitik - Sachleistungspolitik - Dienstleistungspolitik	 Eigenmarkenproduktion (siehe oben) Zustelldienst Servicestationen Wartungsdienste Reparaturwerkstätten usw.
▸ Transferleistungspolitik	Standortaktivitäten
▸ Entgeltpolitik	Anwendung gemeinsamer Kalkulationsrichtlinien und Preisempfehlungen
▸ Kommunikationspolitik	Gemeinsame Werbeaktivitäten Verkaufsförderungsaktionen Public Relations-Maßnahmen

Kooperationsmöglichkeiten im Absatzmarketing

Die aufgezeigten Kooperationsmöglichkeiten beziehen sich überwiegend auf **horizontale Kooperationsformen**, d. h. auf die Zusammenarbeit zwischen Unternehmen einer Wirtschaftsstufe. Weitere Kooperationspotenziale treten in Erscheinung, wenn vertikale Kooperationsformen betrachtet werden, bei welchen Unternehmen verschiedener Wirtschaftsstufen zusammenarbeiten. Neben den genannten Möglichkeiten kommt hier beispielsweise die Unterstützung von Einzelhandlungen bei der Sortimentsfindung seitens Großhandelsunternehmen infrage, die Forcierung bestimmter Distributionsmaßnahmen durch Unternehmen der vorgelagerten Stufen, die Durchführung von Schulungen im Rahmen der Verkaufsförderungspolitik durch Hersteller oder Großhandelsunternehmungen für Mitarbeiter von Einzelhandlungen etc.

Abschließend ist darauf hinzuweisen, dass in Abhängigkeit von dem oder den Instrumenten, bei welchen kooperiert wird, die Intensität der Zusammenarbeit mehr oder weniger hoch ausfällt. So ist etwa ein gemeinsamer Zustelldienst als kooperative Dienstleistungsmaßnahme bei niedriger Kooperationsintensität denkbar, eine werbliche Zusammenarbeit setzt bereits einen höheren Kooperationsgrad voraus, während sortimentspolitische oder gar preispolitische Kooperationsmaßnahmen auf eine sehr hohe Intensität der Kooperation hindeuten.

1.3 Faktoreneinsatz und Kooperationsintensität

Was den kombinativen Einsatz der handelsbetrieblichen Leistungsfaktoren anbelangt, so lässt sich hier die Kooperation als das geeignete Mittel darstellen, mithilfe dessen dem ökonomischen Prinzip im engsten Sinne des Wortes Rechnung getragen werden kann. Es geht darum, bei gegebener Zielsetzung den Mitteleinsatz durch kooperative Tätigkeit zu verringern oder bei vorhandenen Mitteln den Zielerreichungsgrad zu optimieren.

Kooperationsmöglichkeiten sind bei allen handelsbetrieblichen Leistungsfaktoren erkennbar:

(1) Leistungsfaktor Personal

Spezialisiertes Personal kann zuweilen von größeren Unternehmungen und muss häufig von kleineren Unternehmungen zur Erfüllung von Sondertätigkeiten auf kooperativer Basis eingesetzt werden. Beispiele sind Beratungsdienste verschiedenster Art, etwa für die Erstellung von Logistikkonzeptionen, die Installierung bzw. Betreibung von EDV-Systemen, für Marktforschungstätigkeiten etc. Konkret kann dies beispielsweise bedeuten, dass eine Werbegemeinschaft von Einzelhändlern einen Werbetexter oder -grafiker beauftragt oder für die Vorbereitung einer größeren werblichen Aktion eine Werbeagentur einschaltet. Ein Beispiel einer stärker institutionalisierten Kooperation liegt in **Genossenschaften** vor, bei welchen in den Zentralen Fachexperten beschäftigt werden, welche allen angeschlossenen Kooperationsunternehmungen zur Verfügung stehen.

(2) Leistungsfaktor Raum

Kooperationen beim Leistungsfaktor Raum bieten sich in Form **gemeinsamer Lagereinrichtungen** oder **Räumlichkeiten für Manipulationstätigkeiten** an. So werden beispielsweise in Hafenstädten von mehreren Handelsunternehmungen spezialisierte Lagerhäuser mit der Aufbewahrung empfindlicher Importgüter wie Tee und Kaffee oder auch Orientteppiche und Antiquitäten beauftragt.

Eine auf den Faktor Raum bezogene Kooperation besonderer Art ist in den **Großhandelszentren** bzw. **Einkaufszentren des Einzelhandels** gegeben. Hier kann bei einer bestimmten Betreibungskonstellation eine gemeinschaftlich gekaufte oder angemietete Fläche unter einheitlicher Verwaltung geführt werden, wobei dem Center-Management dann auch die Aufgabe zufällt, die Gemeinschaftsflächen wie Gänge, Rolltreppen, Verkehrs- und Parkflächen im Auftrag der Kooperation funktionsfähig zu erhalten.

Einen Sonderfall der raumbezogenen Kooperation bildet die **Anmietung eines gemeinsamen Messestandes** durch mehrere Handelsunternehmungen.

(3) Leistungsfaktor Sachliche Betriebsmittel

Umfangreiche kooperative Maßnahmen sind hinsichtlich des Leistungsfaktors der Sachlichen Betriebsmittel möglich. **Investitionsgüter**, welche von einzelnen Unternehmungen nicht ausgelastet oder mangels Kapitalausstattung überhaupt nicht angeschafft werden könnten, sind in Kooperationen sinnvoll einsetzbar. Dazu zählen beispielsweise:

- Lkw für Zustelldienste
- Kühl- und Tiefkühleinrichtungen
- Bearbeitungsgeräte, z. B. in Service-Centers des Stahlhandels
- Großfördermittel wie Kräne und Stapler usw.

Vor allem bei räumlicher Konzentration der Kooperationspartner, wie sie bei Zentren des Groß- und Einzelhandels vorliegt, bietet sich die **gemeinschaftliche Nutzung** von Investitionsgütern mit hohem Anschaffungswert an.

Eine Möglichkeit der Zusammenarbeit, welche eine derartige geografische Konzentration nicht erfordert, besteht in der gemeinschaftlichen Nutzung von **zentralen EDV-Einrichtungen**, die durch geeignete unmittelbare Kommunikationsverbindungen oder entsprechende Formen des Datenträgeraustausches für mehrere Unternehmungen gleichzeitig nutzbar gemacht werden können.

Eine besondere Bedeutung besitzen gemeinschaftlich genutzte Sachmittel im **landwirtschaftlichen Handel**. Hier werden zum Zwecke der Kosteneinsparung Einrichtungen wie Tanks, Silos, Misch-, Sortier- und Abfülleinrichtungen in kooperativen Gemeinschaften genutzt.

(4) Leistungsfaktor Ware

Der Faktor Handelsware **entzieht sich grundsätzlich einer kooperativen Nutzung**; dies liegt daran, dass jedes Handelsunternehmen nur jene Ware am Absatzmarkt anbieten kann, über die es zunächst in irgendeiner Form die alleinige Verfügungsgewalt erlangt hat. Allerdings besteht die Möglichkeit, Güter mit geringer Umschlagshäufigkeit, welche von mehreren Kooperationspartnern im Sortiment geführt werden sollen, **in gemeinsamen Lagereinrichtungen** verfügbar zu halten. Auf diese Weise wird der Lagerbestand beim einzelnen Kooperationsmitglied gesenkt und die Gefahr der wirtschaftlichen, technischen oder durch sonstige Gründe bedingten Veralterung oder Entwertung von Waren reduziert. Von besonderem Gewicht ist diese Form der Kooperation bei den Genossenschaften und Freiwilligen Ketten des Handels.

(5) Leistungsfaktor Kapital

Für den Leistungsfaktor Kapital schließlich lässt sich feststellen, dass seine **kooperative Nutzung** nur dort in Betracht kommt, wo **eine dauerhafte** und **intensive Zusammenarbeit** erfolgt. Die gegenseitige Abhängigkeit, welche durch gemeinschaftliche Kapitalnutzung entsteht, ist so hoch, dass sie nur bei langfristiger Kooperation ratsam erscheint. Dort allerdings, so z. B. bei Ketten und Genossenschaften, ist es durchaus üblich, gemeinschaftlich Kapital bei verschiedenen Finanzierungsinstituten zu beschaffen und für die Zwecke der Kooperation einzusetzen.

Oft versetzt überhaupt erst die Teilnahme an einer Intensivkooperation das einzelne Mitglied in die Lage, für umfangreiche und dabei risikobehaftete Investitionen das erforderliche Kapital zu beschaffen. Die Neugründung großflächiger Verkaufsstellen des Einzelhandels wäre beispielsweise für junge Existenzgründer mangels einer entsprechenden Eigenkapitalbasis i. d. R. unmöglich. Erst die Sicherheit, welche durch die Kooperation geboten wird, veranlasst Banken und andere Finanzierungsinstitute, für solche Gründungs- oder auch Erweiterungsvorhaben das benötigte Kapital zur Verfügung zu stellen. Finanzkooperationen werden auch von Großunternehmungen genutzt, wenn Projekte etwa in Form von Auslandsbeteiligungen realisiert werden sollen, die einen derartigen Umfang aufweisen, dass sie die Finanzkraft eines einzelnen Unternehmens übersteigen.

Bei der gemeinschaftlichen Nutzung von Leistungsfaktoren darf nicht übersehen werden, dass neben den hieraus erwachsenden **Chancen** durchaus **auch Risiken** zu berücksichtigen sind:

- Gefahr von Streitigkeiten über die Ausgestaltung der kooperativen Aktivitäten
- Risiken aus einer abrupten Beendigung der Zusammenarbeit durch einen oder mehrere Kooperationspartner
- negative Folgen der Abhängigkeit, in welche sich man als Mitglied einer Kooperation regelmäßig begibt.

So ist es beispielsweise fast unmöglich, das eigene Unternehmen kurzfristig aus einer Einkaufskooperation herauszulösen, da die eigenen Kontakte zum Beschaffungsmarkt durch eine solche Form der Zusammenarbeit verloren gehen. Ähnlich schwierig wird es sein, bei gemeinsamer Nutzung eines EDV-Zentrums in kurzer Zeit die Steuerung und Verwaltung der Betriebsprozesse auf ein eigenes EDV-System umzustellen. Hierzu fehlen in dieser Situation sowohl die personellen als auch die sachlichen und organisatorischen Voraussetzungen.

Aus diesen Gründen müssen vor dem Eingehen einer Kooperation neben den zu erwartenden Vorteilen auch die Nachteile und Probleme hinreichend beachtet werden; insbesondere sind die infrage kommenden Partner einer genauen Prüfung zu unterziehen, und es sind Überlegungen darüber anzustellen, wie im Falle des Scheiterns der Kooperation zu verfahren ist. Ferner müssen Kontrolleinrichtungen geschaffen werden, deren Ausstattung und Befugnisse sich nach dem Umfang und der Intensität, vor allem aber nach dem Risiko der einzugehenden Kooperation zu richten haben.

Bei der **Entwicklung von Formen der Zusammenarbeit** empfiehlt sich ein stufenweises Vorgehen, welches im Zuge der Entwicklung der Kooperation ein allmähliches Kennenlernen der Partner erlaubt. Die bestehenden Risiken und Probleme der Zusammenarbeit sollten gerade bei kleineren Handelsunternehmungen jedoch nicht dazu führen, dass die Chancen von Kooperationen völlig ungenutzt bleiben. Irrationale Ängste vor dem Verlust unternehmerischer Selbstständigkeit sind in jedem Fall fehl am Platze, da das Eingehen von Kooperationen oft den einzig gangbaren Weg zur Erhaltung oder Verstärkung der Marktposition darstellt. Diese Feststellung gilt insbesondere für mittelständische Unternehmungen des Handels, ist zum Teil jedoch auch durch die Vergrößerung der Wirtschaftsräume in Abhängigkeit von der Branche auf mittlere bis große Unternehmungen übertragbar.

2. Klassifizierung von Handelskooperationen

Das Klassifizieren möglicher Kooperationsformen dient dem praktischen Zweck, die wählbaren Alternativen aufzuzeigen, welche im Rahmen der Basisentscheidung über die Kooperationsform und -intensität bestehen. Die verschiedenen möglichen Arten der Zusammenarbeit (vgl. hierzu auch *Bidlingmaier* in *HWA*) sind in der folgenden Übersicht zusammengestellt:

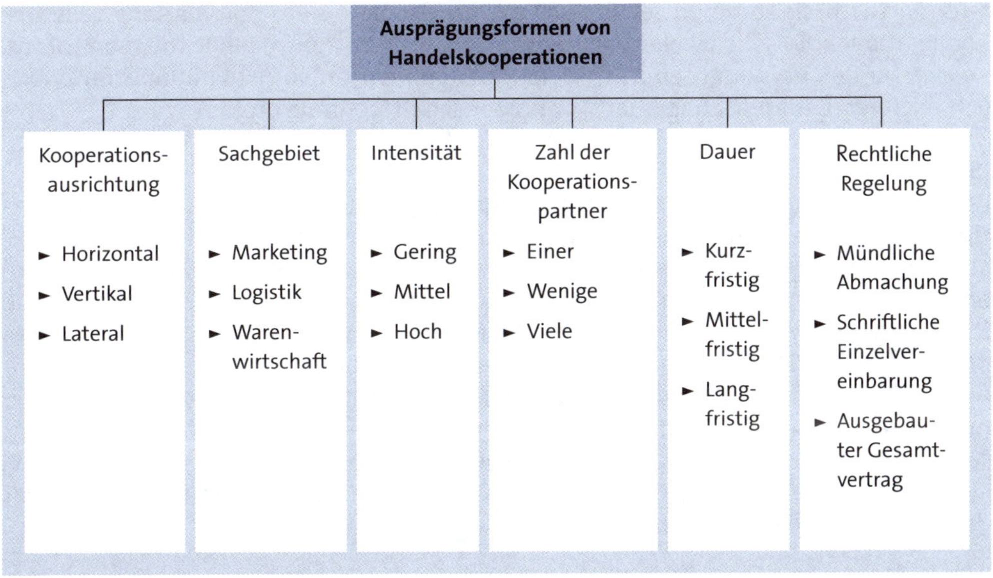

Abb. 76: Klassifikation von Handelskooperationen

(1) Kooperationsausrichtung

Horizontale und vertikale Kooperationen erfolgen innerhalb einer Branche; **horizontale Kooperationen** sind dabei solche zwischen Unternehmungen derselben Wirtschaftsstufe, während bei der **vertikalen Kooperation** Partner aus verschiedenen Wirtschaftsstufen, also z. B. Hersteller, Großhändler und Einzelhändler, zusammenarbeiten. **Laterale Kooperationen** sind branchen- oder sogar wirtschaftssektorenübergreifend; in diese Ausprägungsform einzustufen wäre etwa die Zusammenarbeit zwischen einem Handelsunternehmen und einer Versicherungsgesellschaft.

(2) Sachgebiet

Kooperationen lassen sich einteilen nach dem **Gegenstand der gemeinsamen Tätigkeit**, welche sich z. B. auf die Bereiche des Marketing, der Verwaltung, der Personalwirtschaft, der Finanzbuchhaltung usw. beziehen kann. Möglich ist auch die Zusammenarbeit in mehreren Tätigkeitsbereichen.

(3) Intensität

Nach dem **Grad der Zusammenarbeit** lassen sich wenig intensive Kooperationen, solche mit mittlerer sowie mit hoher Intensität unterscheiden. Eine Zusammenarbeit geringer Intensität wäre beispielsweise eine einmalige koordinierte Werbeaktion, eine Kooperation mittlerer Intensität könnte im gemeinsamen Wareneinkauf zu sehen sein, während eine hochintensive Kooperation z. B. in Franchise-Systemen vorliegt.

(4) Zahl der Kooperationspartner

Von **bilateralen Kooperationen** spricht man, wenn nur zwei Unternehmungen beteiligt sind; diese können sehr flexibel, unter Umständen sogar improvisiert ablaufen. Einen etwas höheren Organisationsgrad erfordert die Zusammenarbeit zwischen mehreren Partnern; sie kommen gewöhnlich nicht mehr ohne eine Koordinationsstelle aus. Kooperationen zwischen vielen Partnern setzen die Schaffung einer Institution voraus, welche für den ordnungsgemäßen Ablauf der gemeinsamen Aktivitäten verantwortlich zeichnet (Center-Management, Genossenschaftszentrale etc.).

(5) Dauer

Es lassen sich **kurz-, mittel-** und **langfristige Kooperationen** unterscheiden. **Kurzfristige** gemeinsame Aktivitäten sind oft einmaliger Natur und beschränken sich auf bestimmte, in wenigen Tagen oder Wochen abwickelbare Maßnahmen. **Mittelfristige** Kooperationen erfordern einen höheren Planungsaufwand und erreichen eine zeitliche Dauer von einigen Wochen bis zu mehreren Monaten, in Ausnahmefällen bis zu einem oder zwei Jahren. **Langfristige** Kooperationen korrespondieren zwar nicht zwangsläufig, aber doch häufig mit hoher Kooperationsintensität und erstrecken sich über einen Zeitraum von mehreren Jahren. Sie können auch auf unbestimmte Dauer angelegt sein. Langfristige gemeinschaftliche Vorgehensweisen müssen in die Unternehmensstrategien der beteiligten Partner einbezogen werden und sind somit Angelegenheit der obersten Managementebene.

(6) Rechtliche Regelung

Es kann differenziert werden zwischen Kooperationen, bezüglich derer lediglich **mündliche Abmachungen** bestehen, solchen, über die **schriftliche Einzelvereinbarungen** getroffen werden, und schließlich gemeinsamen Aktivitäten, für welche ausgebaute **Vertragswerke** erstellt werden. Kurzfristige Aktionen geringer Tragweite werden in der Praxis zumeist nur mündlich vereinbart, mittelfristige Kooperationen auf unternehmerischen Teilgebieten werden durch Einzelvereinbarungen festgehalten, während Dauerkooperationen auf umfassenden Verträgen basieren.

Zwischen den einzelnen Klassifikationskriterien sind verschiedene **Interdependenzen** zu erkennen:

In der überwiegenden Zahl der Kooperationsfälle korrespondiert geringe Intensität der Zusammenarbeit mit Kurzfristigkeit und mündlicher Abmachung, während Kooperationen hoher Intensität langfristig angelegt und vertraglich abgesichert zu sein pflegen. Intensive Dauerkooperationen beziehen sich häufig auf das gesamte Unternehmen oder zahlreiche Teilsektoren, während sich kurzfristige Einzelmaßnahmen oft nur auf einen betrieblichen Teilbereich erstrecken.

Soweit intensive gesamtunternehmerische Kooperationsbeziehungen geknüpft werden, bewegen sich diese im Allgemeinen im Rahmen der horizontalen und/oder vertikalen Zusammenarbeit, während **laterale Kooperationen** meist nur betriebliche Teilpolitiken betreffen. Schließlich kann bezüglich der Zahl der Kooperationspartner festgestellt werden, dass wegen des hohen Aufwandes einer Zusammenarbeit vieler Unternehmungen diese gewöhnlich nur als langfristige und fast immer intensive Kooperationsform in der Praxis zu beobachten ist.

Bei Betrachtung aller untersuchten Klassifikationskriterien kristallisiert sich die Kooperationsintensität als dasjenige Merkmal heraus, welches in Korrespondenz zu einigen anderen Kriterien die entscheidende Wirkung auf die Ausgestaltung der Unternehmenspolitik besitzt. Es lässt sich auch in der Handelspraxis beobachten, dass das Systematisierungsmerkmal der Kooperationsintensität zur Unterscheidung der verschiedenen kooperativen Handelsgebilde die größte Trennschärfe besitzt. Aus diesem Grunde wird das genannte Kriterium im folgenden Abschnitt zur systematischen Darstellung der Kooperationsformen der Handelspraxis herangezogen.

3. Stufen der Kooperationsintensität

Beim Merkmal der **Kooperationsintensität** handelt es sich um keine diskrete, sondern um eine stetige Variable. Dies bedeutet, dass sich auf dem Kontinuum zwischen völligem Verzicht auf Kooperationen und der intensivst möglichen Dauerkooperation jede denkbare Zwischenstufe durch geeignete kooperationspolitische Maßnahmen realisieren lässt. Dennoch wird für die folgende Analyse eine Dreiteilung des Kontinuums gewählt, bei welcher zwischen unterbleibender bzw. schwacher Kooperation, intensiver Zusammenarbeit und schließlich der Kooperation in einem filialähnlichen System unterschieden wird:

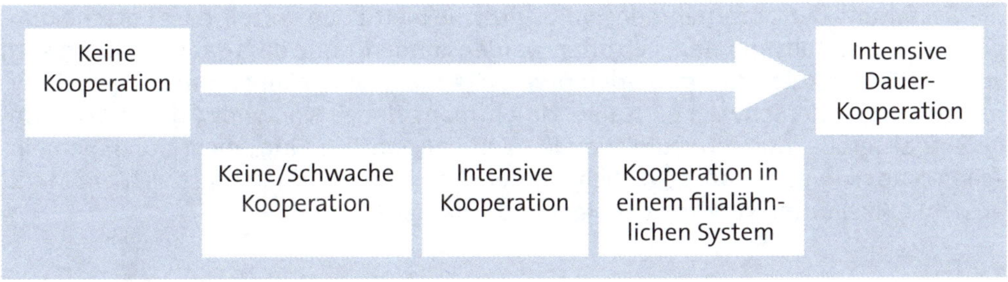

Abb. 77: Stufen der Kooperationsintensität

Diese Aufteilung begründet sich daraus, dass jede dieser Intensitätsstufen zu typischen, klar definierbaren unternehmenspolitischen Konsequenzen führt. Es handelt sich somit weniger um eine theoretisch begründbare als vielmehr um eine praktisch relevante Untergliederung.

3.1 Keine oder schwache Kooperation

Hier können alle Unternehmungen subsummiert werden, die auf Kooperationsmöglichkeiten ganz oder weitgehend verzichten. Es handelt sich dabei in der Praxis häufig um solche Unternehmungen aller Größenordnungen, welche vom klassischen Selbstständigkeitsideal geprägt sind. Die Ursachen für Kooperationsverzicht können entweder in einer einzelkämpferischen Einstellung des Management, in fehlenden Informationen oder in einem objektiven Mangel an Kooperationsgelegenheiten zu suchen sein.

Das nicht kooperierende Unternehmen trifft also alle wesentlichen Entscheidungen alleine. Rücksichten auf andere Marktteilnehmer müssen nur insoweit geübt werden, als die Markt-, speziell die Wettbewerbsverhältnisse dies geraten erscheinen lassen. Die Verantwortlichkeit für betriebliche Erfolge oder Misserfolge liegt somit ausschließlich bei den Entscheidungsträgern des Unternehmens.

Vom Grundsatz her eine ähnliche unternehmenspolitische Situation besteht bei **schwacher Kooperationsintensität**, worunter verstanden werden soll, dass auf einzelnen, klar abgegrenzten Gebieten der Unternehmenspolitik gemeinsame Aktivitäten mit Partnern durchgeführt werden, welche letztlich die Selbstständigkeit des Unternehmens nicht entscheidend beeinträchtigen. Beispiele hierfür sind in der Anmietung eines gemeinsamen Messestandes oder in der Beteiligung einer Handelsunternehmung an einer Werbekooperation zu sehen. Der nur unwesentlichen Schmälerung der freien Entscheidungsfähigkeit des schwach kooperierenden Unternehmens steht auf der anderen Seite eine ebenfalls nur geringe positive Wirkung der Kooperation gegenüber. Seitens der Kundschaft werden Unternehmungen dieser Kategorie als selbstständige Wirtschaftseinheiten wahrgenommen, welche keinen oder nur geringen Außeneinflüssen unterliegen.

Die Entscheidung für eine schwache Kooperationsintensität wirkt sich gravierend auf die Gestaltung der Unternehmenspolitik aus: Sie bietet den Vorteil, dass Entscheidungen schnell, notfalls spontan, getroffen werden können, ohne dass dabei die Interessen von Partnern berücksichtigt werden müssen. Andererseits können im eigenen Unternehmen liegende Schwächen, sei es durch mangelndes Knowhow, durch zu geringe Betriebsgröße, durch unzureichende Kapitalausstattung etc., nicht durch gemeinschaftliche Aktivitäten ausgeglichen werden. Das Unternehmen muss sich am Markt ausschließlich unter Nutzung der Eigenpotenziale behaupten.

3.2 Intensive Kooperation

Intensive Kooperationen greifen in die Entscheidungsabläufe des Handelsunternehmens spürbar ein. Es lassen sich unter diesem Begriff die verschiedensten kooperativen Aktivitäten zusammenfassen, welche sich auf eines oder mehrere wesentliche Teilgebiete der Unternehmenspolitik beziehen und auf kürzere oder längere Zeit angelegt sein können. Im Gegensatz zu schwächeren Formen der Zusammenarbeit sind die Konsequenzen beträchtlich: Die Entscheidungsträger müssen bei Festlegungen, welche die Kooperation betreffen, die Interessen der Partnerunternehmungen berücksichtigen und gegebenenfalls zeitraubende und – bei Konflikten – den eigenen Unternehmenszielsetzungen nicht voll entsprechende Lösungswege beschreiten. Dafür entfalten solche Kooperationen im Fall des Funktionierens auch erhebliche positive Wirkungen für alle Beteiligten.

Trotz der Reduzierung der freien Entscheidungsfähigkeit bleibt generell die Selbstständigkeit der beteiligten Handelsunternehmungen in solchen Kooperationen erhalten. Ob diese für die Kunden sichtbar werden, hängt davon ab, ob sie sich auf dem Gebiet des Absatzmarketing oder in unternehmensinternen Bereichen abspielen.

Beispiele für intensive Kooperationen und deren institutionalisierte Formen sind aus der folgenden Abbildung zu erkennen:

Beispiele intensiver Kooperationen	Institutionalisierte Kooperationen
► Zusammenarbeit beim Einkauf	Arbeitsgemeinschaften
► Preispolitische Zusammenarbeit	Verrechnungskontore
► Kommunikationspolitische Zusammenarbeit mit CI-Folgen	Einkaufsgenossenschaften
► Gemeinsame EDV-Einrichtung	Betriebsgenossenschaften
	Freiwillige Ketten

Abb. 78: Beispiele intensiver Kooperationen und institutionalisierter Kooperationen

3.3 Kooperation in filialähnlichem System

Die **intensivste Stufe** der Kooperation führt für die beteiligten Unternehmungen dazu, dass sie zu Gunsten der positiven Wirkungen der Zusammenarbeit auf einen großen Teil der unternehmerischen Selbstständigkeit verzichten. Im Gegensatz zu den bisher angesprochenen Kooperationsformen hat dies für das Außenverhältnis solcher Unternehmen zur Folge, dass sie kaum noch als selbstständige Wirtschaftseinheiten wahrgenommen werden. Vielmehr werden Sie dem kooperativen Gebilde zugeordnet, was aus **vereinheitlichten Marketingkomponenten**, insbesondere aus einer einheitlichen äußeren Gestaltung und Namensgebung der Kooperationsbetriebe resultiert.

Der substanzielle **Unterschied** zu den übrigen Zusammenarbeitsformen besteht darin, dass in vielen wichtigen, unter Umständen in allen wesentlichen unternehmenspolitischen Teilbereichen aufgrund der getroffenen Kooperationsvereinbarungen Vorgaben zu beachten sind. Die entsprechenden Entscheidungen können also vom Management des Kooperationsunternehmens nicht mehr frei getroffen werden.

Die rechtliche Abwicklung derartiger Formen der Zusammenarbeit erfolgt über ausgebaute **Vertragssysteme**, welche in der Praxis unter verschiedenen Namen in Erscheinung treten; sie werden als Kooperationssysteme, **Vertragshändlersysteme** oder auch als **Franchising** bezeichnet. Diesen Systemen ist eine bestimmte Struktur gemeinsam:

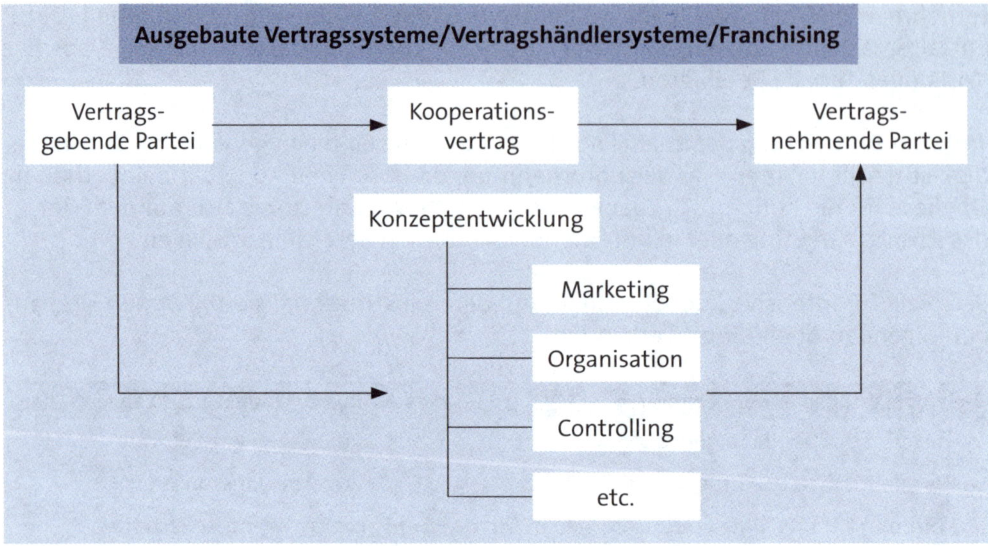

Abb. 79: Strukturen von Kooperationen im filialähnlichen System

Die als vertragsgebende Partei agierende Unternehmung entwickelt ein **Konzept** (in den Bereichen Marketing, Organisation etc.), welches als Gesamtpaket den Vertragsnehmern angeboten wird. Diese verpflichten sich zur vertragsgemäßen Nutzung des Kooperationskonzepts, darüber hinaus wird im Allgemeinen eine Gegenleistung vereinbart, welche in einer Gebühr, aber auch z. B. in Warenabnahmeverpflichtungen bestehen kann.

Bei **Franchise-Systemen** im Handel oder zumindest unter Beteiligung des Handels können als Kooperationspartner auftreten:

(1) Genossenschaftszentralen und -mitglieder
Bei Einkaufsgenossenschaften von Einzelhändlern, z. B. BÄKO, Rewe, Interfunk etc., wurde in der Entstehungsphase durch Rückwärtsintegration der Aufbau einer eigenen Großhandelszentrale betrieben. Diese tritt heute in vielen Fällen ihrerseits als Franchise-Geber auf.

(2) Freie Großhändler und ihre Kunden
Das bedeutendste Beispiel in Europa stellt hier die Spar-Gruppe dar, bei welcher neben den üblichen Lieferanten-Kunden-Verhältnissen auch franchiseähnliche Systeme zwischen den Spar-Großhandlungen und den mit ihnen verbundenen Einzelhändlern eingeführt wurden.

(3) Filialsysteme und selbstständige Händler
Einige Filialunternehmungen vergeben Verkaufsstellen inklusive des eigenen Vertriebskonzepts an Selbstständige als Franchise-Partner. Dabei kann es sich sowohl um neu erschlossene Objekte als auch um bisherige Filialen handeln („Reprivatisierung"). Exemplarisch für diesen Typ des Franchising ist Obi zu nennen.

(4) Industrie- und Handelsunternehmungen
Franchise-Systeme existieren auch zwischen Herstellern und Handelsbetrieben mit herstellerorientierten Sortimenten; Beispiele sind etwa BMW, Benetton oder WMF. In diesen Fällen agiert das Industrieunternehmen als Franchise-Geber, wobei es die eigenen Produkte in Kombination mit einem Marketingkonzept an franchisenehmende Einzelhandelsbetriebe abgibt.

Um Missverständnissen vorzubeugen: Franchising stellt nicht etwa eine Erfindung des Handels dar, sondern ein **wirtschaftsbereichsübergreifendes Kooperationskonzept**, welches auch im Handel Anwendung gefunden hat. Als bekanntes Exempel aus dem handelsverwandten Wirtschaftssektor der Gastronomie kann beispielsweise McDonald's erwähnt werden.

Die Situation des Handelsunternehmers in einem Franchise-System hat einen spezifischen Charakter. Volle unternehmerische Entscheidungsfreiheit besitzt er nur vor Beginn der Partnerschaft; entschließt er sich, diese einzugehen, so muss er von diesem Zeitpunkt ab Bestimmungen des Franchise-Vertrages einhalten. Auf dessen inhaltliche Bedingungen wird weiter unten im Rahmen des Abschnitts über die in der Praxis bestehenden Franchise-Systeme näher eingegangen. In jedem Fall enthält ein derartiger Vertrag Festlegungen für zahlreiche wichtige Bereiche der Unternehmenspolitik.

Der franchisenehmende Handelsbetrieb übt die klassischen **unternehmerischen Funktionen** nur noch in sehr begrenztem Umfang aus. Als Selbstständigkeitsmerkmale verbleiben das **unternehmerische Risiko** und die damit verbundene **Gewinnchance**, die juristische Selbstständigkeit, der daraus resultierende etwas unabhängigere Umgang mit der Kundschaft und die Aufgabe der Personalführung. Auch in diesem Bereich allerdings kann der Franchise-Vertrag Vorgaben enthalten.

Zusammenfassend ist zum Charakter von Kooperationen auf der Basis von Franchise-Systemen festzustellen, dass hiermit der fließende Übergang vom selbstständigen Unternehmer zum **erfolgsbeteiligten Filialleiter** erreicht ist. Zwischen der Rolle, welche ein Franchise-Unternehmer spielt, dessen Vertrag ihn in nahezu allen essenziellen unternehmenspolitischen Bereichen festlegt, und jener, welche ein Filialleiter einnimmt, der standort-individuelles Marketing betreiben kann und am Erfolg bzw. Misserfolg durch leistungsbezogene Entlohnungsanteile beteiligt ist, besteht nur noch ein feiner Unterschied. Eine derartig extreme Festlegung ist allerdings nicht für alle Franchise-Systeme kennzeichnend.

Das Entstehen von Kooperationssystemen der beschriebenen Art hat in der Handelslandschaft zu weit reichenden Veränderungen geführt. Auslöser hierfür war die Tatsache, dass es für den Konsumenten letztlich irrelevant wurde, ob er seine Einkäufe bei einem Franchising-Verbund oder bei einem „echten" Filialunternehmen tätigte. Die folgende Abbildung zeigt auf, worin die Ähnlichkeiten von Filialunternehmen und hochentwickelten Franchise-Systemen im Außenverhältnis bestehen:

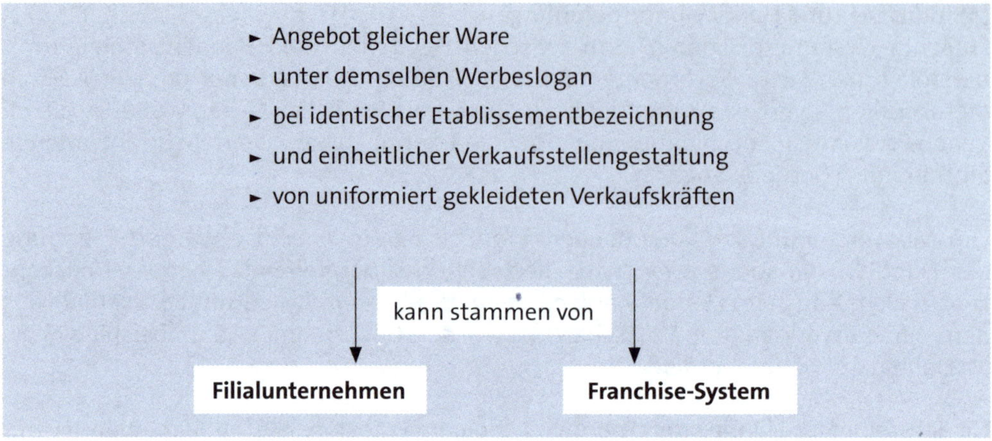

Abb. 80: Strukturelle Ähnlichkeit von Filialunternehmen und hochentwickelten Franchise-Systemen

Also wird der Konsument an diese für ihn strukturgleich erscheinenden Handelssysteme auch identische Qualitätsansprüche stellen. Durch Koordinationsschwierigkeiten bedingte Leistungsschwächen der Vertragssysteme werden auf Dauer vom Verbraucher nicht akzeptiert. Dies wiederum zwingt die Franchise-Zusammenschlüsse, ihr Leistungsprofil und die Qualität des Angebots zumindest auf die gleiche Höhe wie dasjenige der Filialunternehmen zu bringen. Dies ist möglich, wenn die Franchise-Zentralen die Betreiber der angeschlossenen Verkaufsstellen durch die Übernahme aller Funktionen entlasten, für welche auch in den Filialunternehmungen Spezialisten eingesetzt werden. Beispiele für solche Tätigkeiten (Forschung, EDV etc.) wurden oben bereits mehrfach erwähnt.

Arbeitsteilung, Spezialisteneinsatz und Einbringung hoher Kapitalpotenziale sind für den nicht organisierten, mittelständischen Handelsbetrieb nicht möglich. Von daher resultieren aus der Konkurrenz zwischen Filialunternehmen und Franchise-Systemen zunehmend gravierendere Wettbewerbsnachteile für den traditionellen selbstständigen Handelsunternehmer. Diese führen in zahlreichen Fällen zur unvermeidlichen Alternative der Aufgabe eines Handelsbetriebes oder des Anschlusses an eine Kooperation. In dieser Entwicklung ist einer der Hauptgründe für den Rückgang des nicht organisierten Handels zu sehen.

4. Verbundsysteme in der Praxis

Nach der vorangegangenen grundsätzlichen Analyse der drei Hauptkategorien der Kooperationspolitik soll es im folgenden Abschnitt darum gehen, jene kooperativen Gruppen mit Marktbedeutung vorzustellen, welche sich in den vergangenen Jahren bzw. Jahrzehnten in der Handelspraxis der Bundesrepublik Deutschland entwickelt haben.

4.1 Darstellung der wichtigsten Verbundsysteme

Unter dem Begriff des Verbundsystems sind jene **kooperativen Handelsgebilde** zu verstehen, welche durch intensive, dauerhaft angelegte Zusammenarbeit der Partner gekennzeichnet sind und die vom Markt, also insbesondere von Lieferanten und Kunden, aufgrund faktischer Verhaltensweisen und eines bestehenden Verbund-Images als Kooperationssysteme wahrgenommen werden. Als wichtigste **Formen von Verbundsystemen** sollen dargestellt werden:

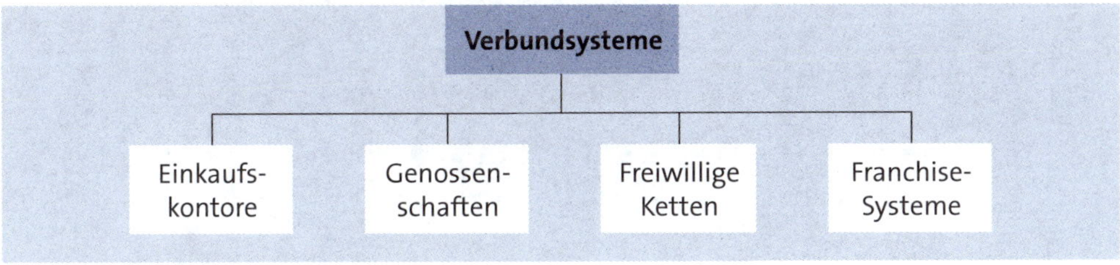

Abb. 81: Wichtige Arten von Verbundsystemen im Handel

Die Einordnung der **Genossenschaften** in die Verbundsysteme könnte insofern als problematisch empfunden werden, als es sich dabei im Gegensatz zu den übrigen genannten Verbundarten gleichzeitig um eine Rechtsform handelt. Jedoch ist die Genossenschaft im Unterschied zu anderen Rechtsformen wie OHG oder GmbH nicht einfach ein Rechtsmantel, welcher auf alle Arten wirtschaftlicher Tätigkeit anzuwenden wäre, sondern per definitionem ein kooperatives Gebilde. Das Zusammenarbeiten von Partnern ist als konstitutive Eigenschaft der Genossenschaft zu betrachten. Wenn diese hier als eine Form der Verbundsysteme behandelt wird, so ist damit nicht in erster Linie der rechtliche, sondern vor allem der ökonomische Aspekt dieser Wirtschaftsgebilde angesprochen. In der Tat stellen handelspraktisch gesehen die genossenschaftlich organisierten Handelskooperationen eine wesentliche Gattung der Verbundgruppen mit hoher Marktbedeutung dar.

4.1.1 Kontore

Das Kontor, hier verstanden im Sinne des Einkaufskontors, ist ein äußerst schillernder Begriff. Ursprünglich bezeichnete er als kaufmännischer Fachausdruck lediglich den Geschäftsraum eines Kaufmanns. Der heutige Begriffsinhalt bezeichnet eine **kooperative Einrichtung verschiedener Unternehmungen** und **Gruppen** des Handels, welche dem Zweck dient, Einkaufsvorgänge über eine zentrale Stelle abzuwickeln.

Hauptzweck ist die Zentralverrechnung oder Zentralregulierung, deren Ablauf aus der folgenden Abbildung zu erkennen ist:

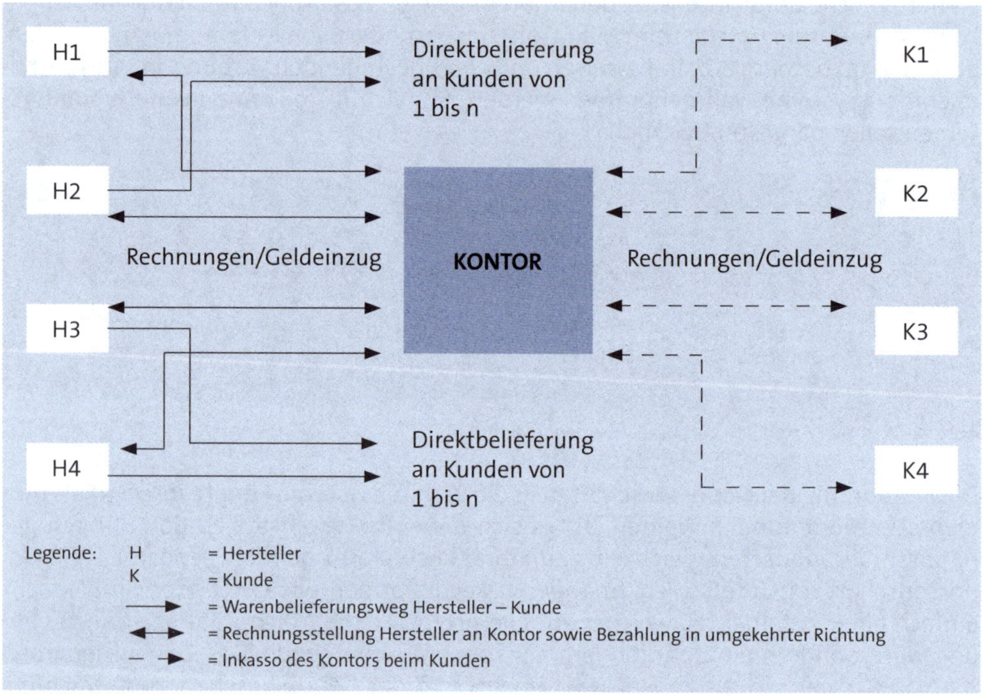

Abb. 82: Ablauf der Zentralregulierung

Aufgrund der **Vorteile** der Verwaltungsvereinfachung und der höheren Sicherheit des Zahlungseinganges, welche sich aus dieser Verfahrensweise für die Lieferanten des Kontors ergeben, sind sie zu Zugeständnissen bei den Abgabepreisen bereit. Je größer das Verrechnungsvolumen, welches ein Kontor auf sich vereinigen kann, umso höher die bei den Lieferanten erzielbaren Preisnachlässe.

Oben war davon gesprochen worden, dass „Kontor" ein schillernder Begriff sei; dies deswegen, weil seine Hauptfunktion, die Zentralregulierung, auch von verschiedenen anderen Verbundgruppen des Handels wie z. B. Ketten oder Genossenschaften ausgeübt wird, die insofern ebenfalls als Kontore zu bezeichnen sind. Andererseits haben reine Verrechnungskontore im Laufe der Zeit mit der Erfüllung von Zusatzfunktionen begonnen, durch welche sie sich in Struktur, Leistung und äußerem Erscheinungsbild den enger zusammenarbeitenden Verbundgruppen des Handels angenähert haben.

Hier sollen unter Einkaufskontoren jene Zusammenschlüsse verstanden werden, deren Hauptzweck in der zentralen Verrechnung besteht, selbst wenn in den vergangenen Jahren weiterführende Aufgaben von ihnen übernommen wurden. Das bedeutendste deutsche Kontor ist die Markant AG.

Durch Wachstum der bisherigen und Hinzugewinnung neuer Mitglieder ist die Entwicklung der großen Kontore in den vergangenen Jahren sehr positiv verlaufen. Das genannte Beispiel ist ein Beleg für die heutige Bedeutung der Kontore, welche gerade auch auf europäischer Ebene äußerst positive Entwicklungen zu verzeichnen haben.

Als die wichtigsten **Aufgaben** der modernen Kontore lassen sich nennen:

- Marktforschung und -erschließung
- Kontaktpflege mit Lieferanten
- Herausgabe von Marktinformationen
- Rahmenverhandlungen mit zu listenden Lieferanten
- Schaffung von Eigenmarken
- Zentralverrechnung, gegebenenfalls Delkredere
- Beratung und Schulung
- Entwicklung von Konzeptionen für die angeschlossenen Unternehmen in den Bereichen Marketing, Organisation etc.

Mitglieder von Kontoren können Ein- und Mehrbetriebsunternehmen, Filialunternehmungen sowie Verbundgruppen des Handels wie Genossenschaften und Ketten werden. Das wesentliche **Problem** der Kontore besteht in eben dieser **Inhomogenität der Mitglieder**, wodurch relativ niedrige Konzentrationsquoten auf das Kontor zu Stande kommen. Dieser Umstand wiederum führt zu Problemen in den Verhandlungen mit den Lieferanten, zu Mehrfachmitgliedschaften von Unternehmen in verschiedenen Kontoren, zu Fremdbeschaffungen, die am Kontor vorbeilaufen, und damit insgesamt zu einer geringeren Marktbedeutung als theoretisch denkbar.

An dieser Situation können die Kontore allerdings wenig ändern, da ihnen über das Argument der Vorteilhaftigkeit einer Mitgliedschaft hinaus keinerlei Druckmittel zur Erhöhung der Konzentrationsquote zur Verfügung stehen. Diesem Mangel versuchen sie durch zunehmend stärkere **Ausweitung des Dienstleistungsangebots** auf allen Ebenen entgegenzuwirken, womit sich auch die Bemühung um Herausbildung eines eigenständigen Gruppen-Images verbindet. Diese Ziele werden vor allem durch Sortimentsvereinheitlichung, Eigenmarkenbildung, Propagierung eines gemeinsamen Namens und Signets sowie kooperative PR-Aktionen verfolgt.

Die **Zukunftsaussichten** der Kontore sind positiv einzuschätzen, da der Grundgedanke, nämlich die Vereinfachung des Geschäftsverkehrs zwischen Lieferanten und Kunden durch die Zwischenschaltung einer rationalisierend und absichernd wirkenden Schaltstelle, eine ökonomische Logik besitzt. Es ist mit einer zunehmenden Konzentration bei den Kontoren zu rechnen, da Größe in diesem Falle gleichbedeutend mit besseren Konditionen und damit überzeugenderen Beitrittsargumenten für neue Mitglieder ist. Außerdem ist heute bereits festzustellen, dass die bisher vorwiegend im Nahrungsmittelbereich tätigen Kontore sich zunehmend auch im Nonfood-Sektor durchsetzen. Sie stellen insgesamt gesehen weniger eine Gefährdung der bisherigen Konzentrations-

und Kooperationsformen des Handels dar, sondern üben eher eine ergänzende Funktion aus, indem sie die Position des Handels gegenüber den Industrieunternehmen verstärken.

4.1.2 Genossenschaften

Genossenschaften sind Selbsthilfeeinrichtungen, welche zum gemeinsamen Vorteil der Mitglieder betrieben werden. Ihre rechtliche Regelung erfolgte im Genossenschaftsgesetz von 1889. Nach der Eintragung in das Genossenschaftsregister darf die Vereinigung den Zusatz „e. G." (eingetragene Genossenschaft) führen. Die wichtigsten **Merkmale** dieser Rechtsform sind:

(1) **Solidarprinzip** zwischen den Mitgliedern

(2) **Demokratisches Prinzip**
Im Gegensatz zu Kapitalgesellschaften hat jedes Genossenschaftsmitglied nur eine Stimme („Ein Mann – eine Stimme-Prinzip"); es können nicht wie bei der Aktiengesellschaft Genossenschaftsanteile gesammelt und damit Einfluss auf die genossenschaftliche Entscheidungsfindung genommen werden.

(3) **„Dreifach-Natur"** der Genossenschaft
Das erste Grundmerkmal („Natur" = Grundmerkmal) der Genossenschaft ist der bestehende Rechtsmantel, also die eingetragene Genossenschaft, welche als juristische Person kaufen und verkaufen, Grundstücke erwerben, Prozesse führen kann etc. Das zweite Charakteristikum ist die Sozialbeziehung zwischen den Genossen, die aus ähnlichen Interessen geborene zwischenmenschliche Verbindung, durch welche die Genossenschaft sich deutlich von anderen Wirtschaftsunternehmungen unterscheidet. Das dritte wesensbestimmende Merkmal der Genossenschaft ist ihr eigenständiger Geschäftsbetrieb, d. h. dass die Genossenschaft als Arbeitgeber für Personal auftritt, welches mit den von der Genossenschaft bereitgestellten Sachmitteln dem Auftrag nachkommt, im Sinne der genossenschaftlichen Ziele für die Mitglieder tätig zu werden.

Es existieren für **unterschiedliche Bereiche** verschiedene Arten von Genossenschaften, wie aus der folgenden Tabelle zu erkennen ist:

Arten von Genossenschaften	
Im Allgemeinen	**Im Besonderen mit Handelstätigkeit**
► Verkehrsgenossenschaften ► Wohnungsbaugenossenschaften ► Bankgenossenschaften ► Landwirtschaftliche Betriebsgenossenschaften ► Handwerkliche Betriebsgenossenschaften	► Einkaufsgenossenschaften der Händler ► Konsumentengenossenschaften ► Beschaffungs- und Absatzgenossenschaften der Landwirtschaft ► Verwertungsgenossenschaften der Fischerei-, Wein- und Forstwirtschaft ► Absatzgenossenschaften der Händler und Handwerker

Für intensivere Studien über das vielgestaltige Gebiet der Genossenschaften muss auf die einschlägige Literatur verwiesen werden.

Die folgende Zusammenstellung gibt einen Überblick über Branchen, in welchen in wesentlichem Umfang genossenschaftliche Aktivitäten anzutreffen sind. Gleichzeitig wird je Branche ein bedeutendes Beispiel einer dort agierenden Genossenschaft angegeben.

Genossenschaftsart	Sortiments- bzw. Tätigkeitsschwerpunkte	Unternehmen (Beispiele)
Kreditgenossenschaften	(Finanz-)Dienstleistungen	Volks- und Raiffeisenbanken Sparda-Banken PSD-Banken ...
Ländliche Genossenschaften	Milch, Obst u. Gemüse, Wein, Fleisch, etc.	BayWa RWZ AGRAVIS ...

Genossenschaftsart	Sortiments- bzw. Tätigkeits-schwerpunkte	Unternehmen (Beispiele)
Genossenschaften des Handels und des Handwerks	Alle üblichen Handelsbranchen, z. B. Lebensmittel, Textilien, Schuhe, Sportartikel, Haushaltswaren, Elektro, Schreibwaren etc. Alle üblichen Handwerksbranchen, z. B. Maler, Dachdecker, Schreiner, Installateure etc.	BÄKO EDEKA ElectronicPartner Euronics Garant Getränkering Hagebau Interfunk Intersport Markant Opticland Quick Schuh REWE Sanacorp ZEDACH ...
Konsum- und Dienstleistungsgenossenschaften	Konsumgüter	Deutsche Energiegenossenschaft div. Bildungseinrichtungen ...

Man erkennt, dass in nahezu allen wesentlichen Bereichen des Handels genossenschaftliche Aktivitäten zu verzeichnen sind. Die Tatsache, dass ca. die Hälfte des bundesdeutschen Lebensmittelumsatzes von Genossenschaften, kooperativen Freiwilligen Ketten und ähnlichen Kooperationsgruppen realisiert wird, verdeutlicht wohl am nachdrücklichsten deren bedeutsame Rolle, welche oft unterschätzt wird. Die Außenumsätze der Mitglieder der großen exemplarisch ausgewählten Handelsgenossenschaften übertreffen gerade im Lebensmittelhandel die Umsätze der bedeutendsten deutschen Filialunternehmungen wie Schwarz-Gruppe (Lidl, Kaufland) oder Aldi.

Bei den Genossenschaften des Handels haben sich im Laufe der Zeit erhebliche qualitative Veränderungen vollzogen. Es wurden die früheren traditionellen Funktionen – Einkauf und logistische Aufgaben – auf nahezu alle betrieblichen Bereiche von der Datenverarbeitung über die Mitarbeiterschulung bis zur Versicherung ausgedehnt. Dadurch sind die Genossenschaften zu wesentlich intensiveren Kooperationen und nach außen hin zu schlagkräftigeren Teilnehmern am Wettbewerb herangewachsen.

Ein nach außen erkennbares Zeichen innerer Umstellungen ist im **Rechtsformenwandel** gegeben. Zur Lösung von Problemen z. B. in den Bereichen Führung und Kontrolle, Wettbewerbspolitik sowie Kapitalbeschaffung und Konstanthaltung der Kapitalhöhe haben große genossenschaftliche Gruppen (Edeka, Rewe) in ihren zentralen und regionalen Institutionen die Rechtsform der e. G. vielfach in diejenige der AG bzw. der GmbH umgewandelt, ohne damit jedoch automatisch den genossenschaftlichen Charakter der Kooperation beseitigen zu wollen. Ein Mittel zur Erhaltung der Genossenschaftsstruktur trotz Rechtsformenumwandlung in eine Kapitalgesellschaft stellt beispielsweise die Ausgabe vinkulierter Namensaktien dar. Diese doch schon sehr stark ins Detail gehende Betrachtung kann an dieser Stelle nicht weiter vertieft werden. Auf die angedeuteten Probleme, welche Ursachen der Veränderungen hinsichtlich der Rechtsform waren, wird allerdings im Abschnitt über die Managementprobleme der Verbundsysteme noch genauer eingegangen.

Ein direkt steuerbares Instrument im Konkurrenzkampf haben die Genossenschaften durch die Übernahme verschiedener Filialunternehmungen und durch den Aufbau von „Regiebetrieben“ entwickelt, welche mit eigenen Angestellten betrieben werden. Mit gezielten Marketingstrategien und der Ableitung adäquater Organisationskonzepte konnte an die neueren Entwicklungen im Handel wieder Anschluss gewonnen werden, wodurch auch der lange Zeit zu beobachtende Marktanteilsverfall der genossenschaftlichen Gruppen gestoppt werden konnte. Heute sind die Genossenschaften in die Reihe der ernstzunehmenden Wettbewerbskräfte des deutschen Handels zurückgekehrt. Ihre **Zukunftsaussichten** werden von Experten nahezu einhellig in allen Branchen als zufriedenstellend bis gut bezeichnet.

Dahinter steht ein neues Verständnis von unternehmerischer Selbstständigkeit, welches mittelständisches Unternehmertum nicht mehr als Einzelkampf mit unzureichenden Wettbewerbsmitteln versteht, sondern von einer Arbeitsteilung zwischen den selbstständigen Unternehmern und den die Spezialfunktionen durch Fachkräfte abdeckenden Zentralen kooperativer Gruppen ausgeht. Auf diese Weise, so kann angenommen werden, ist im Rahmen genossenschaftlicher Verbundgruppen auch in Zukunft die Überlebensfähigkeit des selbstständigen Unternehmertums in der Bundesrepublik Deutschland zu sichern.

4.1.3 Freiwillige Ketten

Freiwillige Ketten entstanden aus dem Zusammenschluss von Großhändlern mit Einzelhandelskunden. Die Initiative ging hierbei von der Großhandelsseite aus, welche damit die Ziele der Sicherung eines konstanten Kundenkreises und der Festigung der eigenen Marktposition verfolgte. Den Einzelhändlern wurden als Anreiz für eine Beteiligung an der Kooperation Leistungen wie z. B. günstigere Abgabepreise, Unterstützung bei der Sortimentsbildung, Gemeinschaftswerbung, Schulung und Beratung etc. angeboten.

Wesentliche Beispiele solcher Freiwilliger Ketten waren in der Vergangenheit z. B.:

- VEGE
- IfA
- A & O
- HKG
- SPAR.

Aus dieser Auflistung ist heute nur noch ein Name, nämlich derjenige der SPAR, übriggeblieben, zumindest bezogen auf den gesamteuropäischen Raum. Die deutsche SPAR wurde 2005 durch die EDEKA übernommen, wodurch diese zum deutschen Marktführer im Lebensmittelhandel aufrückte. Die übrigen o. g. Ketten haben sich entweder aufgelöst, oder sie sind in den heutigen Kontoren der Markant bzw. Gedelfi integriert worden.

Das **Hauptproblem** der Freiwilligen Ketten bestand in einer zu großen Unverbindlichkeit der Mitgliedschaft. Während Filialisten mit straffen Marketingkonzepten Marktanteile hinzugewannen und die wettbewerbsstarken Genossenschaften sich schon relativ früh auf diese Form des Wettbewerbs einzustellen begannen, setzten die Ketten zu sehr auf Freiwilligkeit, was u. a. im Einkauf zu nicht konkurrenzfähigen Preisen führte.

Das **Leistungsprofil** der SPAR als der heute in Europa einzig verbliebenen Freiwilligen Kette mit Marktbedeutung ist in vielen Punkten mit dem der Genossenschaften deckungsgleich. Neben den traditionellen Funktionen der Marktforschung, -erschließung und des Einkaufs sowie der Übernahme der Logistik (Lagerung und Transport) wird ein Bündel an Dienstleistungen angeboten, welches von Beratung über Standortsicherung, von Mitarbeiterschulung bis Investitionsgütervermittlung, von Finanzierungen bis hin zur Bereitstellung vollständiger Marketingkonzepte reicht.

4.1.4 Franchise-Systeme

Der Begriff des **Franchising** war oben bereits definiert worden als eine vertragliche Kooperation zwischen einem Franchise-Geber und einem Franchise-Nehmer, wobei ersterer ein Leistungskonzept entwickelt und zur Verfügung stellt, letzterer dieses Konzept übernimmt und hierfür eine Gebühr entrichtet. In diesem allgemeinsten Verständnis deckt der Begriff alle entsprechend gestalteten Vertragskooperationen in der Wirtschaft ab *(Giesler/Nauschütt, 2007, S. 12 ff.)*.

Auf den Handel übertragen stellt sich das Franchising dar als die **Bereitstellung eines Betreibungskonzepts** für Handelsbetriebsstätten durch einen Franchise-Geber, während sich der Franchise-Nehmer zur Einhaltung der essenziellen Bestandteile des Konzepts verpflichtet, wodurch nach außen hin der Eindruck eines filialähnlichen Handelssystems entsteht.

Bei der Behandlung der Franchise-Systeme an dieser Stelle entsteht ein systematisches Problem. Es könnte der Eindruck entstehen, dass es sich dabei neben Kontoren, Genossenschaften und Freiwilligen Ketten um eine weitere, von den bisher angesprochenen Formen überschneidungsfrei abzugrenzende Art der Intensivkooperation handelte. Dies ist jedoch nur sehr bedingt der Fall, da Franchising auch bei Genossenschaften und Ketten als eine der praktizierten Zusammenarbeitsformen festzustellen ist. Daraus folgt, dass Franchise-Systeme in **zwei Hauptausprägungen** unterschiedlicher Art im Handel auftreten:

- als Module innerhalb übergreifender Verbundgruppen wie Ketten und Genossenschaften
- als eigenständige Kooperationssysteme, dann im Allgemeinen initiiert durch Industrieunternehmungen oder freie Träger (z. B. Einzelhandels-Filialsysteme).

Als Franchise-Geber kommen also vor allem Industrieunternehmen, Dienstleistungsunternehmen, Filialunternehmen des Handels sowie Genossenschaftszentralen infrage. Die folgende Tabelle gibt einen Überblick über die TOP 10 im Jahre 2010:

Rang	Franchise-System	Betriebstyp/Branche	Betriebe in Deutschland
1	TUI/First	Reisebüros	1.405
2	McDonald´s	Systemgastronomie	1.334
3	Schülerhilfe	Nachhilfe	1.023
4	Studienkreis	Nachhilfe	1.008
5	Kamps Bakeries	Bäckereien	930
6	Subway	Systemgastronomie	755
7	Fressnapf	Tiernahrung	723
8	Apollo-Optik	Augenoptiker	670
9	Burger King	Systemgastronomie	650
10	Foto Quelle	Fotohandel	560

Weitere Beispiele bekannter Franchise-Systeme sind die folgenden:

- Porst (Photobedarf)
- Eismann (Tiefkühlkost)
- Vobis (Datenverarbeitung, Elektro)
- REWE-Gruppe (Lebensmittel)
- EDEKA-Gruppe (Lebensmittel))
- Nordsee (Fischfachgeschäfte)
- OBI (Bau- und Heimwerkermärkte)
- Stinnes (Baumärkte)
- Rodier (Modespezialgeschäfte)
- Salamander (Schuhfachgeschäfte)
- Benetton (Bekleidung)
- Yves Rocher (Schönheitsbedarf)
- BMW (Automobile)
- First Reisebüro (Reiseservice)
- Quick-Schuh (Schuhfachgeschäfte)
- Kentucky Fried Chicken (Fast-Food).

Diese Auflistung trägt rein exemplarischen Charakter. Sie soll die Vielfalt der Branchen verdeutlichen, in welchen Franchise-Systeme existieren. Umfangreichere Zusammenstellungen von Franchise-Systemen finden sich in schriftlichen Veröffentlichungen und auf der Website des Deutschen Franchise-Verband e. V.

Im Zeitraum der letzten drei Jahrzehnte war ein stetiges Wachstum sowohl der Franchise-Systeme, deren Filialen bzw. Partner, ihrer Umsätze als auch der Beschäftigtenzahlen zu verzeichnen.

Die wesentlichen **Gestaltungselemente** von Franchise-Systemen im Handel lassen sich folgendermaßen zusammenfassen:

- Franchise-Konstante (Name, Logo, Hausfarbe)
- einheitliches Konzept für Außengestaltung (z. B. Fassade)
- Vorschläge oder verbindliche Vorgabe für Inneneinrichtung
- Sortiments- und Preisvorgaben
- einheitliches Erscheinungsbild und Verhaltensregeln für das Personal
- Warenplatzierungs- und Präsentationsvorgaben
- Gemeinschaftswerbung und einheitliche Verkaufsförderungsmaßnahmen
- gemeinsame Public Relations-Aktionen.

Die meisten Franchise-Systeme beinhalten darüber hinaus Unterstützungsangebote seitens des Franchise-Gebers bei **Standortfindung** und **-sicherung**, bei der **Finanzierung** und in **verschiedenen organisatorischen Fragen**. Die Reifegrade der Konzepte hinsichtlich Ausgestaltung, Schlüssigkeit, Synergiebeachtung etc. sind allerdings sehr unterschiedlich.

Die **Zukunftschancen** der Franchise-Systeme sind als gut zu bezeichnen, vor allem deshalb, weil es sich dabei nicht allein um dem Wettbewerb ausgesetzte Gruppierungen, sondern gleichzeitig um ein Prinzip der Zusammenarbeit handelt, welches von jeder Konzentrations- und Kooperationsform des Handels sowie darüber hinaus genutzt werden kann. Selbst wenn einzelne im Franchising geführte Gruppen sich am Markt als nicht wettbewerbsfähig erweisen, steht dies doch der Durchsetzungsfähigkeit des Grundgedankens des Franchising nicht im Wege. Die auf der Hand liegenden **Vorteile** der höheren Effektivität durch Arbeitsteilung, Spezialisierung und Professionalität sowie der stärkeren Marktdurchsetzung durch Größe ebnen diesen Systemen den weiteren bei der Marktdurchdringung zurückzulegenden Weg.

Für Existenzgründer sind Franchise-Systeme geradezu ideal; es entfällt die Notwendigkeit einer eigenständigen Konzeptentwicklung, es wird zumindest eine Unterstützung bei der Finanzierung gegeben, und vor allem besteht für den Existenzgründer nicht die Notwendigkeit, einen unbekannten Namen („Maier, Müller, Schulze") am Markt durchzusetzen, vielmehr ist mit der Systemübernahme nahezu eine Erfolgsgarantie verbunden, welche auf allgemein bekannten Namen wie Benetton oder McDonald's beruht.

Der Franchise-Geber auf der anderen Seite erhält mit unternehmerischem Denken und entsprechender Risikofreude ausgestattete Geschäftspartner, für welche die Chance des Gewinns und die Gewissheit, Verluste aus der eigenen Tasche bezahlen zu müssen, als Motivationsunterstützung wirken.

Diese Form des Zusammenwirkens zwischen Franchise-Geber und -Nehmer macht solche Systeme gegenüber Filialunternehmen einerseits und nicht organisierten Handelsbetrieben andererseits so erfolgreich. Voraussetzungen für das Funktionieren dieser Kooperationsform sind allerdings eine ausreichende Marktgröße, welche die Multiplikation eines Konzepts überhaupt erlaubt, sowie die Bereitschaft, zunächst in das zu multiplizierende System umfangreiche Investitionen zu tätigen. Ein schlechtes Franchise-Konzept sorgt für Misserfolg und für Streitigkeiten zwischen den Kooperationspartnern.

Aufgabe 14 > Seite 504

4.2 Managementprobleme

Grundsätzlich stellen sich in Verbundgruppen die gleichen Führungsprobleme wie in anderen Unternehmungen. Es ist über die Handelsleistung zu entscheiden, über ihre Vermarktung, ihre Erstellung, über Umfang und Zeitbezug des Geschäftsbetriebes etc. Es sind dabei dieselben betriebswirtschaftlichen Grundsätze anzuwenden, welche in der gesamten Wettbewerbswirtschaft Gültigkeit besitzen.

Ein Problem, welchem Verbundgruppen in geringerem Umfange begegnen als andere Handelsinstitutionen, ist unzureichende Motivation der Betriebsstätten-Leitungen, da es sich bei diesen i. d. R. um selbstständige Unternehmer handelt. Andererseits tritt eine Reihe von Schwierigkeiten auf, welche aus den spezifischen Zielsetzungen und Strukturen der kooperativen Handelsgruppen resultieren. Diese besonderen Führungsprobleme sollen hier kurz erörtert werden. Sie lassen sich mit folgenden Schlagworten umreißen:

(1) Problem der Entscheidungsfindung

(2) Problem der Entscheidungsdurchsetzung

(3) Problem der Verbundgruppenkontrolle

(4) Problem der Interpretation des Solidarprinzips

(5) Problem der Finanzierung der Zentralleistungen

(6) Problem des Gruppenkapitals

(7) Problem der Führungsqualität in Verbundgruppen.

(1) Problem der Entscheidungsfindung

Kooperationen sind grundsätzlich durch die Zusammenarbeit selbstständiger Partner gekennzeichnet. Die Entwicklung von Entscheidungen zwischen Gleichberechtigten kann sich mitunter als schwierig erweisen. Alleine schon aufgrund der Mentalität selbstständiger Unternehmer, welche gewohnt sind, die Geschicke ihres Unternehmens durch eigene Entscheidungen zu beeinflussen, ist eine **Abstimmung der Ziele, Strategien und Mittel** zur Zielerreichung in vielen Fällen schwierig und langwierig. Insbesondere in genossenschaftlichen Verbundgruppen mit einer großen Zahl von Mitgliedern erschwert die demokratische Struktur die Entscheidungsfindung.

Um dem abzuhelfen, werden an zentrale Institutionen zuweilen Entscheidungskompetenzen hinsichtlich des Alltagsgeschäfts übertragen. Wesentliche Entscheidungen allerdings bedürfen nach wie vor der demokratischen Willensbildung. Aus diesen Gründen sind Verbundgruppen in fast allen Fällen durch langsamere Entschlussprozesse gekennzeichnet, als sie in Filialunternehmungen des Handels üblich sind. Die Aufgabe des Verbundgruppen-Management besteht nun darin, Wege zur Entscheidungsfindung zu installieren, welche im Bedarfsfall zu einer Beschleunigung der Entscheidungsabläufe führen, und im Übrigen eine vorausschauende Politik zu pflegen, welche künftigen Entscheidungsbedarf frühzeitig erkennt. Zudem ist eine hohe Sensibilität in Bezug auf die Interessen der Verbundgruppenbeteiligten notwendig, falls in bestimmten Situationen Spontanentscheidungen getroffen werden müssen, welche dann nachträglich zu rechtfertigen sind.

(2) Problem der Entscheidungsdurchsetzung

Dieses Problem ist spiegelbildlich zu jenem der Entscheidungsfindung zu sehen. Hat sich die Verbundgruppe zu einer bestimmten Vorgehensweise entschlossen, so ist damit keineswegs garantiert, dass alle kooperierenden Unternehmungen die entsprechende Entscheidung auch tatsächlich für gut halten und mittragen. Eher noch schwieriger stellt sich die Situation dar, wenn das Management der Verbundgruppe in Eigenverantwortung eine Entscheidung getroffen hat und versucht, diese bei den Kooperationspartnern durchzusetzen.

Im Gegensatz zu Filialunternehmungen ist es nicht möglich, per Anweisung zum Ziel zu gelangen. Vielmehr ist in kooperierenden Gruppen ein hohes Maß an Überzeugungskraft, Geduld und Vertrauenswürdigkeit notwendig, um eine effektive Führungsarbeit leisten zu können. Das Problem der Entscheidungsdurchsetzung bezieht sich erstens auf die Schwierigkeit, eine einmal erfolgte Willensbildung tatsächlich in Verhalten aller Beteiligten umzusetzen, und zweitens auf die Zeitdauer dieser Umsetzung.

Beispiel

Das Problem der Entscheidungsdurchsetzung kann durch das Beispiel der Standortsicherung verdeutlicht werden: Wird von einem Makler ein zukunftsträchtiger Standort für ein neues Objekt mehreren Interessenten angeboten, und hat sich die Leitung der Verbundgruppe grundsätzlich zur Anmietung entschlossen, muss jedoch die Kooperationsbeteiligten von der Richtigkeit dieser Entscheidung überzeugen, so kann in der hierfür erforderlichen Zeit ein Mitbewerber längst mit dem Makler zum Abschluss gelangt sein. Die Schwierigkeiten bei der Entscheidungsfindung und -durchsetzung sind demnach als objektive Wettbewerbsnachteile von Verbundgruppen gegenüber zentral geführten Filialunternehmungen zu betrachten.

(3) Problem der Verbundgruppenkontrolle
Bei Kapitalgesellschaften wird die Führungsaufgabe von einem Vorstand wahrgenommen, welcher von einem externen Aufsichtsrat kontrolliert wird. Beide Gremien sollten zumindest theoretisch voneinander unabhängig sein. Bei genossenschaftlichen Verbundgruppen setzen sich Vorstand und Aufsichtsrat aus den Mitgliedern der Genossenschaft zusammen. Durch die Sozialnatur der Genossenschaft, also die vergleichsweise engen persönlichen Kontakte zwischen den Mitgliedern, ist hier ganz offensichtlich eine externe Kontrolle nicht vorhanden. Dies führt dazu, dass Missstände oft gar nicht, zuweilen zu spät, in sehr vielen Fällen jedenfalls nicht mit der gebotenen Deutlichkeit kritisiert werden.

(4) Problem der Interpretation des Solidarprinzips
Kooperative Gruppen, hier vor allem Ketten und Genossenschaften, arbeiten auf der Basis des Solidarprinzips zwischen den Mitgliedern. Dies bedeutet, dass wettbewerbswirtschaftliche Selektionsprinzipien innerhalb der Kooperationen nicht in der gleichen Schärfe zur Wirksamkeit gelangen wie außerhalb. Dieser unter sozialen Gesichtspunkten als positiv zu betrachtende Tatbestand wirkt sich ökonomisch gesehen nicht selten als Schutz für wirtschaftlich nicht mehr sinnvoll führbare Betriebe aus. Da die leistungsfähigeren Mitgliedsunternehmungen somit für die schwächeren Kooperationsbeteiligten Ausgleichslasten zu tragen haben, geraten sie nicht selten selbst in Schwierigkeiten, dem Wettbewerbsdruck standzuhalten.

Für die Leitung der Verbundgruppe entsteht daraus der nur kompromissartig zu lösende Konflikt, entweder Solidarität für alle walten zu lassen unter Hinnahme der Gefahr, dass die gesamte Kooperation untergeht, oder die wirtschaftlich nicht mehr leistungsfähigen Betriebe rechtzeitig aus der Verbundgruppe auszuschließen, um deren Existenz insgesamt abzusichern. Dieses Entscheidungsproblem wirft neben den betriebswirtschaftlichen vor allem menschliche Fragen auf, welche ohne eine entsprechende Sensibilität nicht adäquat bewältigt werden können. Ein Ignorieren dieser für Verbundgruppen spezifischen Schwierigkeit allerdings gefährdet die ökonomische Lebensfähigkeit der gesamten Kooperation, was die Schicksale von verschiedenen Genossenschaften oder auch von Freiwilligen Ketten wie IfA, VEGE usw. in aller Deutlichkeit gezeigt haben.

(5) Finanzierung der zentralen Leistungen

Die Zentralen von Verbundgruppen, welche sowohl im Warengeschäft für angeschlossene Mitglieder als auch in deren Versorgung mit Dienstleistungen involviert sind, haben grundsätzlich zwei Möglichkeiten zur Finanzierung der geleisteten Dienste, welche aus der folgenden Abbildung ersichtlich sind:

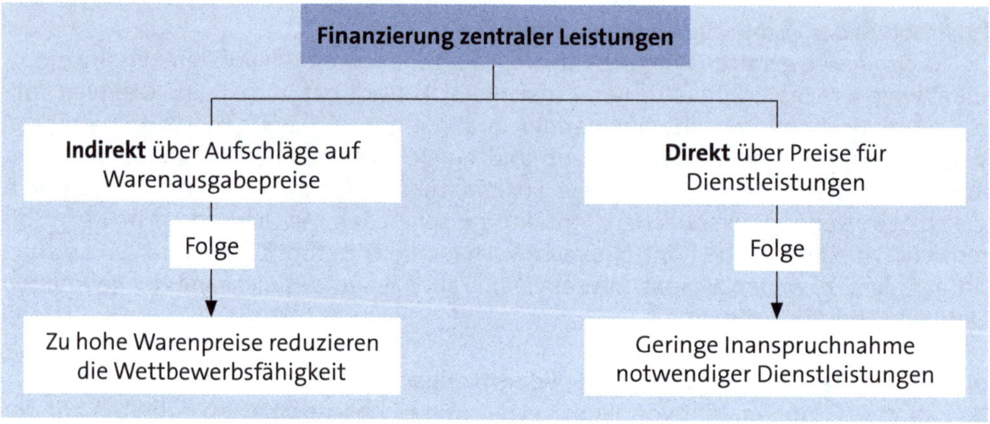

Abb. 83: Formen der Finanzierung zentraler Leistungen und ihre Folgen

Bei beiden Vorgehensweisen existieren Vor- und Nachteile; die Abdeckung der Zentralkosten über die Warenpreise verteuert die gehandelten Güter, wodurch die Wettbewerbsfähigkeit der Verbundgruppenmitglieder am Markt beeinträchtigt werden kann. Außerdem bietet diese Vorgehensweise Ansatzpunkte beispielsweise für konkurrierende Filialunternehmungen, bei Verbundgruppenmitgliedern mit niedrigeren Warenpreisen Abwerbung zu betreiben.

Eine Umlage der Zentralkosten auf die angebotenen Dienstleistungen verstößt zum ersten gegen den Solidargedanken insbesondere der Genossenschaften, wonach die Gemeinschaft für die schwächeren Mitglieder gewisse Unterstützungsleistungen erbringen sollte; zum zweiten schafft diese Variante eine für manche Verbundgruppenzentralen gefährliche Transparenz, da sie damit in einen echten Kostenwettbewerb mit spezialisierten Dienstleistungsunternehmungen eintreten müssen. Drittens schließlich entsteht ein psychologisches Problem aus einer in der Praxis weit verbreiteten Erwartungshaltung von Kooperationsbetrieben gegenüber ihrer Verbundgruppe, welche darin besteht, dass von Einrichtungen innerhalb des eigenen Zusammenschlusses in jedem Falle Leistungen gleicher Qualität zu niedrigeren Preisen als auf dem freien Markt gefordert erwartet werden. Dabei bestehen durchaus nicht bei allen Leistungsnehmern realistische Vorstellungen über die Marktpreise für bestimmte Dienste.

Bei kostenorientierter Dienstleistungskalkulation können somit die Verbundzentralen zwar im allgemeinen tatsächlich unter den Marktpreisen liegende Gebühren in Rechnung stellen, jedoch werden diese von vielen Mitgliedern immer noch als zu hoch empfunden, weswegen die entsprechenden Dienste weniger nachgefragt werden. Durch den Auslastungsrückgang erhöhen sich aber wiederum die Stückkosten je Dienstleistungseinheit, was am Ende die Konkurrenzfähigkeit ganzer zentraler Dienstleistungsbereiche infrage stellen kann.

(6) Problem des Gruppenkapitals
Dieses Problem tritt insbesondere bei Genossenschaften auf, welche sich über Genossenschaftsanteile der Mitglieder finanzieren. Im Gegensatz zu Aktiengesellschaften, bei welchen das Kapital konstant bleibt, kann dieses bei Genossenschaften beträchtlich schwanken. Die Ursache liegt darin, dass Aktienkapital zwar den Eigner wechseln, jedoch der Gesellschaft nicht verloren gehen kann, es sei denn, es werde durch Verluste aufgezehrt. Dagegen müssen bei Ausscheiden von Genossen aus der Genossenschaft deren Anteile ausbezahlt werden; das entsprechende Kapital geht also verloren, wenn es nicht gelingt, den Mitgliederabgang durch Neuzugänge zu ersetzen.

Benötigt eine Aktiengesellschaft Kapital für eine größere Investition oder für die Übernahme eines anderen Unternehmens, so kann dieses durch die Ausgabe von Aktien bereitgestellt werden. Für die Genossenschaft bleibt bei plötzlichem großem Kapitalbedarf nur die Aufnahme von Fremdkapital in Form von Bankkrediten, Darlehen etc. Diese Problemlage reduziert die finanzielle Flexibilität der Genossenschaften und bewirkt im Falle des Ausscheidens zahlreicher Mitglieder innerhalb eines kurzen Zeitraums kapitalmäßige Instabilität.

(7) Problem der Führungsqualität
Für Verbundgruppen des Handels stellt es sich generell als schwierig dar, geeignete Führungskräfte zu finden, welche der Bedeutung dieser Gruppen sowie dem Schwierigkeitsgrad der dort auftretenden Aufgaben gewachsen sind. Die Ursachen für diesen Umstand sind recht komplex. Sie sind nachfolgend zusammengestellt:

- unterdurchschnittliche Vergütung
- überwiegend rein interne Führungskräfte-Akquisition
- durch Fusionen/Übernahmen wachsende Unternehmensgröße ohne Anpassung des Führungs-Knowhows
- Imagerückstand der Führungspositionen in Verbundgruppen gegenüber Industrie, Banken, Consulting-Unternehmen etc.

Der erste Grund ist im Vergütungsniveau zu sehen. Tendenziell liegt die Durchschnittsentlohnung im Handel unter dem Niveau der Industrie; hinzukommt, dass für Positionen in Kooperationsorganen aufgrund der fehlenden unmittelbaren Verantwortung für die Ergebnisse der beteiligten Unternehmungen herausragende Vergütungen kaum durchsetzbar sind.

Besonders gravierend wirkt sich dieser Umstand in genossenschaftlichen Gruppen aus, da von der Denkweise der Mitglieder her die Genossenschaftsführung nicht mit gleichen Augen wie beispielsweise die Unternehmensleitung einer Aktiengesellschaft betrachtet wird. Es wird ein ideelles Engagement vorausgesetzt, welches den Verzicht auf marktadäquate Gehälter beinhaltet. Eine weitere Ursache des Führungsproblems ist im Image der kooperativen Gruppen zu sehen. Für bewährte Führungskräfte aus anderen Wirtschaftsbereichen bedeutet der Wechsel in eine kooperative Handelsgruppe, von wenigen Ausnahmen bei bedeutenden Verbundgruppen abgesehen, im Allgemeinen einen Image-Abstieg.

Das Führungskräfteproblem in kooperativen Gruppen wird noch dadurch verstärkt, dass diese nur ungern Führungskräfte von außerhalb akquirieren. Es wird oft damit argumentiert, dass Manager aus dem Industrie-, dem Banken- oder dem Versicherungsbereich sich nicht in die spezifischen Probleme von Verbundgruppen des Handels eindenken könnten. Die Führungskräfte aus dem eigenen Bereich sind nun in der Tat mit den internen Gegebenheiten von Kooperationsgruppen besser vertraut; andererseits droht hierdurch der Führungsmangel der Betriebsblindheit, da gesichtsfelderweiternde Erfahrungen aus anderen Wirtschaftssektoren fehlen.

Ein letzter Grund des Führungsqualitätsproblems ist in der Umstrukturierung der Verbundgruppen in den vergangenen Jahrzehnten begründet, welche auf dem Wege des Fusionierens in größere Dimensionen hineingewachsen sind. Bei Zusammenschlüssen von Ketten, Genossenschaften oder Kontoren wurden in den seltensten Fällen Führungskräfte von außen zur Leitung eines fusionierten Verbundes geworben; vielmehr übernahmen i. d. R. die Führungskräfte der sich zusammenschließenden kooperativen Gruppen die erweiterte Führungsfunktion. Bei dieser Verfahrensweise besteht jedoch früher oder später die Gefahr, dass bisher erfolgreiche Handelsmanager ab einer bestimmten Größenordnung des neu entstandenen Verbundes den qualitativ veränderten Anforderungen nicht mehr gewachsen sind (**„Peter-Prinzip“**). Zahlreiche Erfahrungen aus der Praxis haben gezeigt, dass dieser Sachverhalt nicht selten den fehlenden Markterfolg von neu entstandenen Großverbünden beeinträchtigt hat.

Zusammenfassend lässt sich festhalten, dass bei Führungspositionen in großen Verbundgruppen des Handels ein zum Teil drastisches Missverhältnis zwischen Schwierigkeit der Aufgaben einerseits und Image sowie Vergütung der Position andererseits vorliegt. Mit zunehmender Professionalität in der Arbeitsweise der Zusammenschlüsse beginnt sich diese Situation zu verändern. Dennoch ist auch heute noch eine positive Einstellung zum Grundgedanken des kooperativen Verbunds im Handel erforderlich, um in solchen Organisationen Führungsaufgaben zu übernehmen.

Aufgabe 15 > Seite 504

5. Besonderheiten der Kooperationsentscheidung im Großhandel und im Einzelhandel

Die vorangegangenen Ausführungen haben bereits deutlich gemacht, dass eine Unterscheidung zwischen Großhandels- und Einzelhandelsstufe bei intensiven Dauerkooperationen nicht mehr sinnvoll ist, da diese sich durchwegs auf beide Wirtschaftsstufen erstrecken. Kontore, Genossenschaften, Ketten und die von diesen oder anderen Franchise-Gebern betriebenen Handelssysteme vereinigen – funktional gesehen – die Erfüllung von Großhandels- wie von Einzelhandelsaufgaben.

Eine Betrachtung der **Unterschiede von Kooperationen** im Großhandel und im Einzelhandel ist also nur hinsichtlich der horizontalen Zusammenarbeit möglich. Hierbei ist festzustellen, dass aufgrund der Struktur der Tätigkeit sich im Einzelhandel eine größere Bandbreite an Kooperationsmöglichkeiten als im Großhandel ergibt. Der Attraktionswirkung komplementärer Angebote auf den Kunden wegen sind Standortkooperationen im Einzelhandel deutlich häufiger anzutreffen als auf der Großhandelsstufe: Während das Einkaufszentrum im Einzelhandel Marktbedeutung erlangen konnte, kann dies nicht in gleichem Umfange für das Großhandelszentrum festgestellt werden.

Auch bei den in der Praxis bedeutsamen **Werbekooperationen** lässt sich ein breiteres Anwendungsfeld in Bezug auf Einzelhandlungen als auf Großhandlungen feststellen. Da erstere den Endverbraucher bzw. Endverwender anzusprechen haben, bietet sich der Einsatz von Massenkommunikationsmitteln an. Aufgrund deren Kosten liegt hier eine Zusammenarbeit zwischen nicht konkurrierenden Einzelhandelsunternehmungen nahe. Dagegen ist die Werbepolitik von Großhandelsunternehmungen überwiegend im Bereich der **Direktwerbung** angesiedelt, bei welcher eine Kooperation kaum infrage kommt, da sie weder Effektivitäts- noch Kostenvorteile verspricht.

Eine Zusammenarbeit ist dagegen im Bereich der rückwärtigen Dienste auf beiden Wirtschaftsstufen denkbar und sinnvoll. Hierunter fallen Kooperationsmöglichkeiten auf den Gebieten der Warenzustellung, der Lagerung, der Gerätewartung und -reparatur, der Datenverarbeitung, der Buchführung usw. Was dabei zwischen Groß- und Einzelhandel differiert, sind die Inhalte der kooperativ zu erfüllenden Aufgaben, worauf oben bereits genauer eingegangen wurde, nicht jedoch die Art und Weise der Anknüpfung, Durchführung und Erfolgskontrolle von Kooperationen.

6. Trend zur Steigerung der Kooperationsintensität

6.1 Strukturelle Kooperation

Die Steigerung der Kooperationsintensität ist als eine Erhöhung zum einen der Häufigkeit, zum anderen der Stärke des Kooperierens zu interpretieren. Es bestehen eindeutig **Zunahmetendenzen bei den intensiven Dauerkooperationen** in Form von Handelszusammenschlüssen.

Diese Entwicklung kommt nicht von ungefähr. Wem es nicht durch die Besetzung einer kleinen Marktnische gelingt, sich aus dem intensiven Wettbewerb auszuklammern, der muss die Wettbewerbsvorteile kompensieren, welche den konzentrativen Großbetriebsformen durch Nachfragemacht, Kostendegressionswirkungen und Fähigkeit zum Einsatz von Spezialisten zuwachsen. Diese auszugleichen ist jedoch dem einzelnen kleinen oder mittleren Unternehmen aus eigener Kraft nicht mehr möglich. Die Beteiligung an einer kooperativen Gruppe stellt somit die einzige Möglichkeit dar, Selbstständigkeit bis zu einem gewissen Grad beizuhalten und dennoch wettbewerbsfähig zu bleiben. Aus diesem Sachverhalt resultieren die Marktanteilszuwächse der jüngeren Zeit von Genossenschaften und Franchise-Systemen.

Die strukturelle **Kooperationsentscheidung** stellt sich neben den Grundentscheidungen über Inhalt und Ausmaß der Handelstätigkeit heute allen Handelsunternehmungen bis hin zu den Großunternehmen. Von gravierender, unter Umständen sogar existenzieller Bedeutung ist diese Entscheidung allerdings nur für kleinere und mittlere Handelsunternehmungen. Falls diese nach Analyse ihrer Tätigkeit zu dem Schluss gelangen, dass sie weder in einer verteidigbaren Marktnische aktiv sind noch eine solche in absehbarer Zukunft erschließen können, so bleibt für sie – drastisch formuliert – nur noch die Entscheidung zwischen Verkauf des Unternehmens und Anschluss an eine Kooperation offen. Soll also die Selbstständigkeit der unternehmerischen Tätigkeit abseits von Marktnischen erhalten bleiben, so ist dies alleine auf dem Weg über eine neu definierte Selbstständigkeitsform in Verbundgruppen des Handels möglich.

6.2 Prozessuale Kooperation in der Wertschöpfungskette durch Efficient Consumer Response (ECR)

Die Steigerung der Kooperationsintensität ist als eine Erhöhung zum einen der Häufigkeit, zum anderen der Stärke des Kooperierens zu interpretieren. In den vergangenen Jahren ist die Zahl von prozessualen Kooperationen in der Wertschöpfungskette angestiegen, welche sich auf bestimmte Teilgebiete der Unternehmenspolitik beziehen und i. d. R. zeitlich begrenzt sind. Für diese vertikalen Kooperationen ist vor allem ein Konzept maßgebend, welches unter der Bezeichnung **„Efficient Consumer Response"** (ECR) bekannt wurde. Eine ausführliche Darstellung findet sich beispielsweise bei *Seifert*, der sich in seinem Werk vor allem mit Supply Chain Management (SCM), Category Management (CM) und Radio Frequenz Identification (RFID) befasst (*Seifert, 2006*).

Wörtlich übersetzt bedeutet ECR „wirtschaftliche Antwort auf die Kundenbedürfnisse". Es handelt sich dabei um ein Konzept der Zusammenarbeit zwischen Herstellern, Großhändlern, Einzelhändlern und Dienstleistungsunternehmen wie z. B. Logistik- und Finanzdienstleistern. Die Grundstruktur von ECR-Kooperationen ist in der folgenden Abbildung dargestellt:

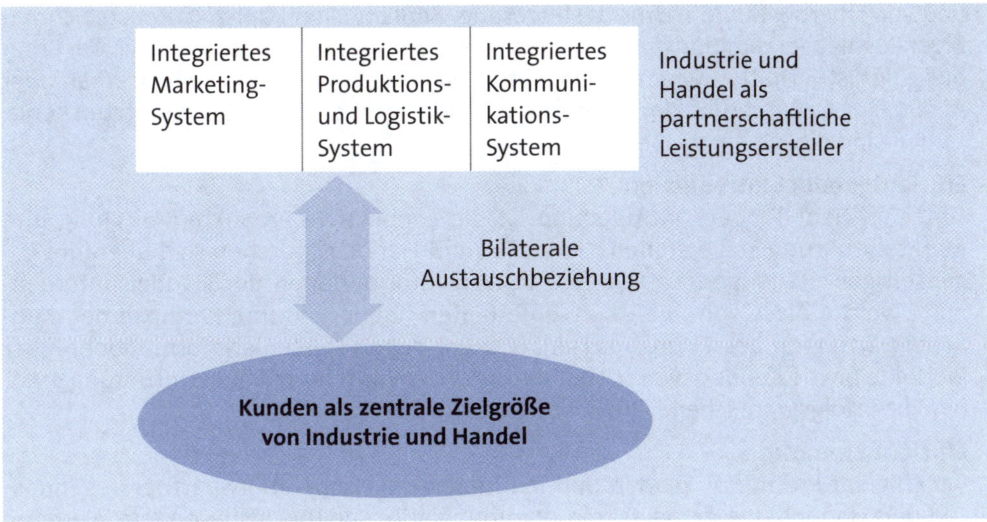

Abb. 84: Die Grundstruktur von ECR-Kooperationen

Im Laufe der letzten Jahrzehnte haben sich verschiedene ECR-Subinstrumente entwickelt, über welche an dieser Stelle nur ein kurzer Überblick ohne Anspruch auf Vollständigkeit gegeben werden kann:

- **Efficient Assortment: Category Management (CM) und Space Management (SM)**
  Bei **Efficient Assortment** handelt es sich um kooperative Produkt-/Sortimentspolitik. Unter dem Teilinstrument **Category Management** (CM) wird die Planung und Kontrolle kundenorientierter Warengruppen als strategischer Geschäftseinheiten unter Zusammenführung der Funktionen Einkauf, Absatzmarketing und Logistik bei Dominanz des Absatzmarketing verstanden. Im Handel hat sich für diese übergreifende Funktion ein neues Berufsbild entwickelt: der **Category Manager**. Er erfüllt in Personalunion die Aufgaben des Einkaufs und des Verkaufs sowie die Steuerung der unternehmensinternen Prozesse. Bei CM sind folgende Schritte durchzuführen:

  (1) Analyse einer als Category definierten Warengruppe

  (2) Analyse des Kundenpotenzials der Warengruppe

  (3) Planung einer neuen Strategie für die Warengruppe

  (4) Umsetzung der Strategie durch operatives Marketing

  (5) Bewertung der Ergebnisse.

  Ziel von CM ist die kooperative Optimierung der Produktprogramme der Hersteller und der Handelssortimente unter Nutzung von Marktforschungsresultaten. Hierbei werden Erfolgskennzahlen eingesetzt wie z. B. Umsatz, Rohertrag, Handelsspanne und Umschlagshäufigkeit der Produkte.

  Das **Space Management (SM)** steht in logischem Zusammenhang zum CM. Es erfüllt die Aufgabe der Optimierung der Raumnutzung im stationären Einzelhandel. Gemäß dem Grundkonzept von ECR arbeiten auch hier Hersteller, Händler und Dienstleister zusammen. Ziele von SM sind beispielsweise die Vermeidung von Bestandslücken und von Überbeständen, Umsatzsteigerung, Senkung von Kapitalkosten, gleichmäßiger Regalabverkauf und die Schaffung von Raum für neue Produkte. Nach der Erhebung der Ist-Situation wird mithilfe spezialisierter Programme wie Spaceman oder Apollo eine Optimierung der Raumnutzung angestrebt. Die hierbei genutzten Kennzahlen sind dieselben wie bei CM.

- **Efficient Product Introduction**
  Unter Efficient Product Introduction ist die kooperative Produktentwicklung und Markteinführung zu verstehen. Hersteller und Händler tauschen sich über ihre gegenseitigen Planungen aus. Erstere nutzen Informationen der Handelsunternehmen, welche diese von ihren Kunden erhalten haben, um ihre Produkte den Kundenerwartungen besser anzupassen. Letztere geben Herstellerinformationen über Produkte an die Kunden weiter. Gemeinsame Aktivitäten zur Markteinführung erhöhen die Erfolgswahrscheinlichkeit von Innovationen.
- **Efficient Promotion**
  Bei Efficient Promotion planen und realisieren die Kooperationspartner aus Industrie und Handel eine gemeinsame Kommunikationspolitik. Insbesondere Werbung und Verkaufsförderung werden stufenübergreifend durchgeführt. Die Abstimmung der Kommunikationskonzepte hilft Konflikte zu vermeiden und Synergien hervorzubringen.
- **Supply Chain Management**
  Beim kooperativen Supply Chain Management werden logistische Prozesse von Industrie- und Handelsunternehmen – oft unter Einschaltung von Logistikdienstleistern – nicht mehr unternehmensbezogen optimiert, vielmehr wird die gesamte Logistikkette betrachtet. Lager- und Transportvorgänge der beteiligten Partner werden aufeinander abgestimmt, wodurch Kosten eingespart, Prozesse beschleunigt und Fehlerquellen reduziert werden können. Ein Problem stellt die von allen Partnern als gerecht empfundene Verteilung der realisierten Einsparpotenziale dar. Als Beispiele für Verfahren, die bei kooperativem Supply Chain Management eingesetzt werden, können **Efficient Replenishment, Cross Docking** und die Nutzung von **Radio Frequency Identification** (RFID) genannt werden. Efficient Replenishment zielt auf die Optimierung der Warenversorgung auf der Einzelhandelsstufe ab, Cross Docking ersetzt die physische Lagerung innerhalb des Logistikprozesses durch die unmittelbare Beladung der zu den Kunden fahrenden Lkw aus den anliefernden Lkw der Hersteller, und RFID nutzt die weit reichenden Möglichkeiten intelligenter Etiketten für Informationsvorgänge und für die Warenverfolgung in der Logistikkette.

Der vorstehende Überblick soll genügen, um die Bandbreite der im Rahmen von ECR möglichen Kooperationschancen zu verdeutlichen. Es kann festgestellt werden, dass sich immer mehr Unternehmen aus den Sektoren Industrie, Handel und Dienstleistung an ECR-Projekten beteiligen, womit der Marketingerfolg aller beteiligten Partner gesteigert und Produktivitätsreserven erschlossen werden können.

		Lösung
1.	Definieren Sie die Begriffe Kooperation und Kooperationsintensität!	S. 298
2.	Welche Grundalternativen stehen im Rahmen der Kooperationspolitik zur Verfügung?	S. 298
3.	Bei welchen Handelsfunktionen schafft die Kooperation zwischen kleineren Unternehmungen erst die Voraussetzungen zu ihrer Erfüllung?	S. 299
4.	Bei welchen Funktionen ist durch Kooperation eine Steigerung von Effektivität und/oder Wirtschaftlichkeit zu erwarten?	S. 299
5.	Im Rahmen des analytischen Marketing bieten sich einige Ansätze für kooperatives Vorgehen. Nennen Sie Beispiele hierfür!	S. 300
6.	Welche Kooperationsmöglichkeiten sind im Rahmen des Beschaffungsmarketing zu erkennen?	S. 300
7.	Stellen Sie Beispiele für Kooperationsansätze im Absatzmarketing nach absatzpolitischen Instrumenten geordnet zusammen!	S. 300 f.
8.	In welcher Weise kann beim Einsatz der handelsbetrieblichen Leistungsfaktoren kooperiert werden?	S. 301 ff.
9.	Inwiefern stellt das Einkaufszentrum als sekundäre Betriebsform des Einzelhandels eine auf den Leistungsfaktor Raum bezogene Kooperationsform dar?	S. 302
10.	In welchen Formen vollziehen sich sachmittelbezogene Kooperationen im landwirtschaftlichen Sektor?	S. 303
11.	Begründen Sie, weshalb in Bezug auf den Faktor Ware die Kooperationsspielräume nur sehr gering sind!	S. 303
12.	In welcher Weise läuft eine kapitalbezogene Kooperation ab, durch welche die Neugründung großflächiger Verkaufsstellen des Einzelhandels ermöglicht werden soll?	S. 303 f.
13.	Welche Risiken können auftreten, wenn im Rahmen des Einsatzes der handelsbetrieblichen Leistungsfaktoren kooperiert wird?	S. 304
14.	Nach welchen Kriterien können Handelskooperationen klassifiziert werden? Nennen Sie Beispiele je Kooperations-Kategorie!	S. 304 ff.
15.	Welche Interdependenzen bestehen zwischen den verschiedenen Arten der Kooperation?	S. 306 f.
16.	Aus welchem Grunde kann die Kooperationsintensität als entscheidendes Klassifizierungskriterium angesehen werden?	S. 307
17.	Wie wirkt sich eine geringe Kooperationsintensität auf die Gestaltung der Unternehmenspolitik aus?	S. 308
18.	Welche Formen gemeinschaftlicher Aktivitäten können als Beispiele intensiver Kooperation dienen?	S. 308 f.

	Lösung
19. In welcher Art und Weise haben sich intensive Kooperationen in der Handelspraxis institutionalisiert?	S. 309
20. Wie gestaltet sich die Relation zwischen Entscheidungsfreiheit und Bindung in Kooperationen, die filialähnlichen Charakter haben?	S. 309 f.
21. Wie sind generell solche Kooperationen in rechtlicher Hinsicht ausgestaltet?	S. 310
22. Franchise-Systeme bilden die wesentlichste Gruppe derartiger Intensivstkooperationen; wer kommt bei diesen als Partner (Franchise-Geber bzw. -Nehmer) infrage?	S. 310 f.
23. „Ein Franchise-Nehmer ist doch im Grunde nichts anderes mehr als ein erfolgsbeteiligter Filialleiter!" Diskutieren Sie diese Behauptung!	S. 311
24. Welche Konsequenzen entstehen daraus, dass der Endverbraucher nicht mehr zwischen Franchise- und Filialsystemen unterscheiden kann?	S. 311 f.
25. Welche wesentlichen Verbundsysteme sind in der Handelspraxis festzustellen?	S. 313
26. Was ist unter einem „Kontor" zu verstehen?	S. 313 f.
27. Wie vollzieht sich der Ablauf der Zentralregulierung?	S. 314
28. Welche Aufgaben werden von modernen Handelskontoren erfüllt?	S. 315
29. Welche strukturellen Probleme behindern eine erfolgreiche Arbeit der Kontore?	S. 315
30. Durch welche wesentlichen Merkmale sind Genossenschaften gekennzeichnet?	S. 316
31. In welchen Wirtschaftsbereichen und Branchen sind Genossenschaften mit Marktbedeutung tätig?	S. 317 f.
32. Welche gravierenden Veränderungen haben sich in den vergangenen Jahren in den genossenschaftlichen Gruppen vollzogen?	S. 318 f.
33. Welche Ursachen waren für die zum Teil erheblichen Marktanteilsverluste der Freiwilligen Ketten in der jüngeren Vergangenheit verantwortlich?	S. 320
34. Wie hat sich die Entwicklung der Franchise-Systeme in der Bundesrepublik Deutschland in den drei letzten Jahrzehnten vollzogen?	S. 322
35. Stellen Sie die wesentlichen Gestaltungselemente von Franchise-Systemen des Handels zusammen!	S. 322
36. Inwiefern bildet das Franchising für Existenzgründer eine hervorragende Möglichkeit des Markteintritts?	S. 322 f.
37. Welche Managementprobleme sind für Verbundgruppen des Handels spezifisch?	S. 323 ff.

		Lösung
38.	Auf welche Weise wird versucht, die Entscheidungsfindung in Verbundgruppen des Handels zu beschleunigen?	S. 324
39.	Worin ist die besondere Schwierigkeit der Entscheidungsdurchsetzung in kooperativen Handelsgruppen zu erkennen?	S. 324 f.
40.	Welche unterschiedlichen Interpretationen des Solidarprinzips in Verbundgruppen des Handels sind möglich?	S. 325
41.	Aus welchen Gründen stellt die Finanzierung zentraler Leistungen in kooperativen Gruppen für diese ein äußerst schwerwiegendes Problem dar?	S. 326 f.
42.	Welche Ursachen können für das Führungskräfteproblem in kooperativen Gruppen verantwortlich gemacht werden?	S. 327 f.
43.	Auf welcher Handelsstufe ist eine größere Bandbreite der Kooperationsmöglichkeiten festzustellen?	S. 329
44.	Welche betriebswirtschaftlichen Gründe verursachen den Trend zur Steigerung der Kooperationsintensität im Handel?	S. 329
45.	Für welche Betriebsgrößenkategorien ist die Frage der Kooperation von entscheidender, wenn nicht sogar existenzieller Bedeutung?	S. 330
46.	Was ist unter Efficient Consumer Response (ECR) zu verstehen?	S. 330
47.	Erklären Sie die Funktionsweise der Konzepte „Category Management" und „Space Management"!	S. 331 f.
48.	Welche Marketingaufgaben werden im Rahmen von Efficient Promotion erfüllt?	S. 332
49.	Was bedeutet „Supply Chain Management"?	S. 332

V. Entwicklung des Unternehmensprofils

Das Gesamtprofil einer Unternehmung, welches über ihren Erfolg oder Misserfolg am Markt entscheidet, entsteht aus der **Zusammenführung der drei Grundentscheidungen über die Betriebsform, das Ausmaß der Handelstätigkeit** und **die Kooperationsintensität**. Damit diese drei Basisfragen sinnvoll entschieden und effizient miteinander kombiniert werden können, ist eine Grundvorstellung über die Gestalt des Unternehmens erforderlich. Es ist zwar nicht abzustreiten, dass Handelsunternehmungen existieren und sogar Gewinne erzielen, welche keine derartigen grundsätzlichen Überlegungen angestellt haben, jedoch ist dieser Umstand mehr als Zufall denn als Bestätigung der fehlenden Notwendigkeit einer Auseinandersetzung mit solchen grundsätzlichen Erwägungen anzusehen.

Der logisch sinnvolle und auch praktisch angemessene Weg zum Erfolg besteht darin, dass man sich – umgangssprachlich ausgedrückt – zunächst darüber klar wird, wo man hin will, bevor man festlegt, wie man dorthin kommt. Die folgende Abbildung verdeutlicht, wie die Entwicklung des Gesamtprofils eines Handelsunternehmens ablaufen kann:

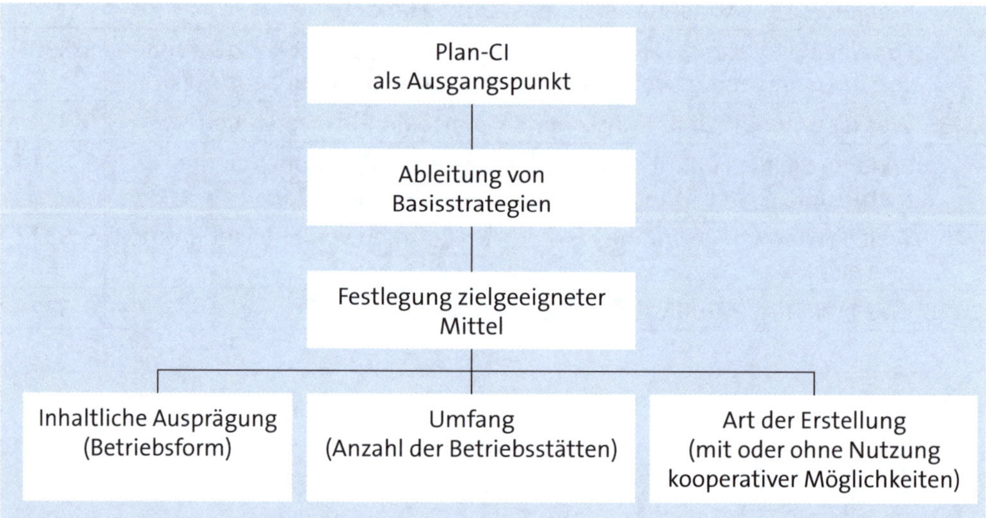

Abb. 85: Entwicklung des Gesamtprofils eines Handelsunternehmens

1. Unternehmensphilosophie und Corporate Identity

Befragt man Handelsunternehmer, insbesondere mittelständische, hinsichtlich ihrer grundlegenden Zielvorstellungen, so erntet man entweder Unverständnis oder erhält Antworten wie „Geld verdienen", „selbstständig sein", „Waren verkaufen", „Gewinn machen" etc. Es ist klar erkennbar, dass sich mit derartig allgemein formulierten Zielen das Profil eines Handelsunternehmens nicht herausarbeiten lässt, da sie ebenso gut auch im Versicherungs-, Industrie- oder einem sonstigen Wirtschaftssektor verfolgt werden könnten.

Damit sich das **Erscheinungsbild eines Unternehmens** („Unternehmens-Image") ausprägen lässt, dürfen nicht nur die Unternehmer- oder Manager-Persönlichkeiten Klarheit über ihre eigenen Zielvorstellungen haben, sondern der Organisation als solcher muss eine Zielsetzung gegeben werden, welche selbstverständlich in ihren Grundlagen nicht in Widerspruch zu den persönlichen Zielen der Entscheidungsträger stehen darf. Eine solche Organisationszielsetzung, die Grundsätze der Leistungserstellung und -verwertung betreffend, kann als Unternehmensphilosophie definiert werden, deren Ergebnis im Erfolgsfalle eine klar erkennbare Unternehmenspersönlichkeit ist. Hierfür hat sich der Begriff der „Corporate Identity" durchgesetzt.

Die **Schritte zur Entwicklung einer Corporate Identity (CI)** lassen sich wie folgt umreißen:

1. Klarwerden der Entscheidungsträger über die persönlichen Ziele, welche mittels der Tätigkeit im Unternehmen realisiert werden sollen
2. Umsetzung der persönlichen Ziele in angesichts der Marketingsituation realistische Unternehmensziele und -grundsätze
3. Vermittlung dieser Grundziele an die Mitarbeiterinnen und Mitarbeiter des Unternehmens
4. Umsetzung der Ziele in Strategie- und Mittelentscheidungen, welche für Kunden und Lieferanten, für Wettbewerber sowie die breite Öffentlichkeit die Unternehmenshaltung erkennbar werden lassen
5. Veranschaulichung der Unternehmensgrundhaltung in einer geschlossenen nach außen erkennbaren Form (Corporate Design)

Abb. 86: Schritte zur Entwicklung einer Corporate Identity

Diese mehr formale Schrittfolge ist zu ergänzen um einige inhaltliche Überlegungen, aus welchen der **Charakter der CI** deutlich werden soll: Die in der Übersicht angesprochenen Unternehmensziele und -strategien müssen, sollen sie eine Unternehmenspersönlichkeit im Sinne des Wortes ermöglichen, auf eine Alleinstellung der Unternehmung abzielen. Wie man beim Menschen nur dann vom Vorliegen einer Persönlichkeit spricht, wenn eine gewisse Einmaligkeit und Unverwechselbarkeit erkennbar ist, so muss auch die eine CI anstrebende Unternehmung etwas aufzuweisen suchen, wodurch sie sich auf dem Markt eindeutig profiliert. Dies kann z. B. eine technische Entwicklung, eine neuartige Dienstleistung oder ein kreativ zusammengestelltes Sortiment sein. Man bezeichnet diese „Spezialität" eines Unternehmens, welche ihre Sonderstellung und damit ihre Persönlichkeit ausmacht, als **„unique selling proposition" (USP)**.

Anhand dieses Gedankenganges wird der **enge Zusammenhang zwischen CI und Marketing** auf Käufermärkten ersichtlich: Bei Dominanz der Marktorientierung, vor allem absatzmarktbezogen, wird die USP im Bereich des Marketing angesiedelt sein müssen, wenn sie CI-prägend wirken soll. Außerhalb dieses unternehmenspolitischen Bereichs liegende Besonderheiten im Sinne von Wettbewerbsvorteilen, wie z. B. eine in Relation zu den Konkurrenten günstigere Kostenstruktur, besitzen nur dann Imagewirkung, wenn sie marketingpolitisch umgesetzt werden. Im vorliegenden Beispiel könnte dies durch ein niedriges Preisniveau geschehen.

Hingewiesen werden soll schließlich auf den **engen Zusammenhang zwischen CI-Entwicklung und Führung**. Im obigen Phasenschema war unter Punkt 3. die Notwendigkeit der Vermittlung der Unternehmensziele an die Beschäftigten des Betriebes angesprochen worden, da diese ihrerseits als Überträger und Multiplikatoren der geplanten CI auftreten sollen. Diese Absicht ist nur über ein Führungsverhalten erreichbar, welches sachlich überzeugend und persönlich glaubhaft erkennbar macht, dass das Management den angestrebten Charakter des Unternehmens, insbesondere die als Ziel formulierte USP, für realistisch und am Markt Erfolg versprechend hält. Besteht diese innere Überzeugung nicht oder besitzen die Leitungskräfte selbst keine klare Vorstellung hinsichtlich der zu verwirklichenden CI, so kann deren Vermittlung an das Personal – und im Übrigen auch an die verschiedensten Adressaten außerhalb des Unternehmens – kaum gelingen.

Zusammenfassend lässt sich **Corporate Identity** also begreifen als eine gemeinsame Denk- und Handlungsweise aller Mitglieder einer Unternehmung, vor allem auch der Führungskräfte, welche auf einer marketingbezogenen Profilierung (USP) basiert und durch Verinnerlichung und Umsetzung in Politik nach außen erkennbar wird. In der Praxis wird vielfach der Fehler einer Verwechslung zwischen Corporate Design und Corporate Identity begangen, sodass der fünfte Schritt der obigen Übersicht vor dem ersten getan wird. Man beauftragt hierzu ein Graphikerbüro, welches einen Namen, ein Zeichen und ein Haussymbol entwirft, das auf allen Firmen-Lkw, Briefbögen, Plakaten etc. abgedruckt wird. Mit diesen Äußerlichkeiten glaubt man fälschlicherweise, eine Corporate Identity geschaffen zu haben. Es ist jedoch unmöglich, etwas zu veranschaulichen, von dem man selbst nicht weiß, wie es aussehen soll. CI kann nur als Ergebnis der oben beschriebenen Entwicklung entstehen, niemals aber durch den kurzfristigen Entwurf eines **Corporate Design** erzwungen werden.

Einige Beispiele sollen die Idee der Corporate Identity veranschaulichen:

Beispiele

Wenn man aus dem industriellen Bereich die Namen Daimler, BMW, Volkswagen, Opel und Porsche nennt, so entstehen bei demjenigen, der diese Namen hört bzw. liest, bestimmte Assoziationen hinsichtlich der Ziele der dahinterstehenden Unternehmungen. So werden beispielsweise Daimler mit Qualität und Prestige, BMW mit Sportlichkeit und Technik, Volkswagen und Opel mit Funktionalität und Zuverlässigkeit, Porsche mit Fahrspaß und Rennsport assoziiert. Dies sind gewissermaßen die Grundprogramme, welche im Sinne der oben erläuterten USP die Politik dieser Unternehmungen bestimmen.

Auch aus dem Handelssektor sind Unternehmungen bekannt, welche eine eindeutige USP und daraus abgeleitet eine klare Corporate Identity besitzen. So steht, um nur zwei höchst unterschiedliche Beispiele heranzuziehen, Nordsee für ein kompetentes Fischangebot, ALDI für konsequente Preisaggressivität bei zufriedenstellender Qualität. Diese Beispiele verdeutlichen: Corporate Identity kann nur aus der **Gesamtwirkung eines Unternehmens**, nicht jedoch z. B. aus der Headline einer Werbeanzeige oder der Aufschrift auf einem Firmenfahrzeug entstehen.

Die geschilderten Überlegungen und Beispiele führen zu einer weiteren Schlussfolgerung: Corporate Identity kann nicht von heute auf morgen aus dem Boden gestampft werden, sondern muss sich als Ergebnis eines längeren Prozesses ergeben. Hier liegt nochmals der Vergleich mit der menschlichen Persönlichkeit nahe, bei welcher man auch nicht am Abend beschließen kann, am nächsten Morgen als neue Persönlichkeit aus dem Haus zu gehen. So etwa erscheinen aber verschiedene Versuche in der Praxis, durch äußerliche kosmetische Maßnahmen eine neue Unternehmenspersönlichkeit in kürzester Zeit zu erzeugen. Solche Versuche sind von vornherein zum Scheitern verurteilt.

Corporate Design als äußerliches Abbild der Corporate Identity wird somit als eine Art „Nebenprodukt" der Entwicklung der Unternehmenspersönlichkeit sichtbar; wenn die innere Corporate Identity-Entwicklung gelungen ist, wird der äußere Ausdruck fast zwangsläufig folgen.

Zusammenfassend lässt sich also festhalten: Das Treffen und Kombinieren der handelsbetrieblichen Grundentscheidungen bezüglich Betriebsform, Anzahl der Betriebsstätten und Kooperationsintensität ist nur auf der Basis einer **stimmigen Unternehmensphilosophie** möglich. Die Festlegung des Inhaltes und des Ausmaßes der Handelstätigkeit sowie die Lösung der Frage, ob die Unternehmensziele alleine oder zusammen mit anderen Unternehmungen in Kooperationen angestrebt werden sollen, können nur dann sinnvoll, widerspruchsfrei und damit synergetisch getroffen werden, wenn die grundlegenden Unternehmensziele bekannt sind, die den Ausgangspunkt zur Herausbildung einer Corporate Identity bilden sollen. Jede Abkehr von dieser logisch vorgegebenen Reihenfolge muss zu Resultaten führen, welche entweder gar nicht oder nur durch Zufall zum Markterfolg führen.

2. Alternative Basisstrategien

Die **grundlegenden Unternehmensziele** bedürfen einer Umsetzung in Strategien. Darunter sind Handlungskonzepte zu verstehen, welche langfristig angelegt sind, d. h. einen Zeitraum von mehreren Jahren umfassen, und die unter Berücksichtigung der Unternehmenspotenziale und deren Grenzen die Basis und den Rahmen für Maßnahmenplanungen abgeben. Für die Strategieentwicklung ist auf den vorherrschenden Käufermärkten die Orientierung an den Kundenbedürfnissen unumgänglich. Die Kunden bilden die **Zielobjekte der Handelstätigkeit**; insofern schlagen sich Veränderungen bei der Kundschaft zwingend auf die strategische Ausrichtung der Handelsunternehmen nieder. Vor allem hinsichtlich des Endverbraucherverhaltens existiert inzwischen eine Vielzahl an theoretischen und praxisorientierten Schriften. Nur einige wesentliche Aspekte sollen hier erwähnt werden:

- Der Einzelhandel muss bei seinen Kunden von einem gespaltenen Konsumverhalten ausgehen (**„hybrider Verbraucher“**); für wenig erklärungsbedürftige Alltagsgüter wird servicefreie Selbstbedienung bei niedrigem Preis erwartet, bei individuellen, prestigeträchtigen, höherwertigen Artikeln gilt das Gegenteil.
- Im Nahrungsmittelbereich wird der Kompromiss zwischen Gesundheit, Umweltbewusstsein und Genuss gesucht. Der Convenience-Aspekt (Bequemlichkeit) tritt in den Vordergrund.
- Artikel für Freizeit und Selbstverwirklichung, zum Teil auch für Selbstdarstellung gewinnen an Bedeutung. Auf diese bezogen fordert der Verbraucher den Erlebniskauf.
- Die Bedienung **bestimmter Zielgruppen** mit spezifischen Betriebsformen bzw. Sortimenten wird sich nach Expertenmeinung vermutlich durchsetzen. Insbesondere Senioren, Singlehaushalte und Kunden mit Migrationshintergrund werden als Zielgruppen besondere Beachtung finden (*Morschett u. a., 2012, S. 290 ff.*). Beispiele für Anpassungsmaßnahmen zu Gunsten der Zielgruppe der Senioren sind etwa bessere Kundenleitsysteme, spezielle Seniorenkassen, niedrigere Regale, bequemere Einkaufswagen, helle Ausleuchtung und große Schrift, Ruhezonen etc.

Insgesamt wird auch im Einzelhandel in den folgenden Jahren ein tendenziell immer kritischerer, mündigerer Konsument angenommen, welcher vom Handel als Partner angesprochen werden muss. Diese Entwicklung wird sich durch die vermehrte Nutzung von Smartphones zur Informationsbeschaffung über Hersteller, Produkte und Preise – gerade auch während des Einkaufsvorgangs – verstärken. Der Handel wird gut beraten sein, sich durch eine intensivierte Qualifikationsverbesserung des Personals auf diese Veränderung vorzubereiten.

Bei systematischer Betrachtung der im Handel zu treffenden **Strategieentscheidungen** wird erkennbar, dass von jedem Unternehmen drei miteinander zusammenhängende Strategieentscheidungen gefällt werden müssen, welche **das Leistungs-, das Markt- und das Konkurrenzkonzept des Unternehmens** betreffen. Im Einzelnen können folgende Strategiekategorien des Handels unterschieden werden, innerhalb derer jeweils eine Alternative auszuwählen ist:

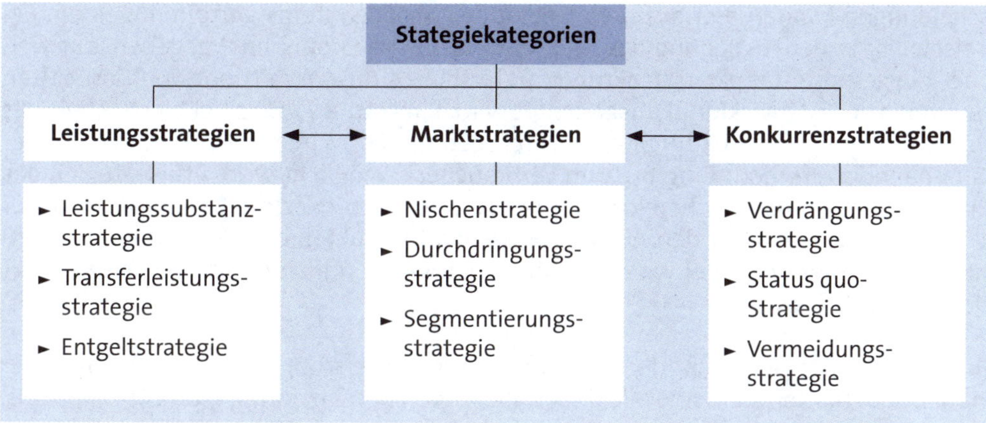

Abb. 87: Strategien des Handels

Es muss darüber entschieden werden, mit welcher generellen Leistungsidee (siehe oben: **Unique selling proposition – USP**) am Markt angetreten werden soll. Diese Leistungsidee ist der sachliche „Fixpunkt" (*Nieschlag, Dichtl, Hörschgen*), der den Einsatz des gesamten marketingpolitischen Instrumentariums, die dahinterstehenden Handelsfunktionen und die zur Leistungserstellung aufzubauende Unternehmensorganisation determiniert. Hier sind zwei Teilentscheidungen zu treffen:

- Festlegung der Komplexität des Leistungs-Fixpunkts
  - eine konkrete Leistung als USP
  - eine bestimmte Kombination von Leistungselementen als USP
- Festlegung des oder der Sachgebiete, aus dem/denen der Leistungs-Fixpunkt stammt
  - Fixpunkt aus Leistungssubstanzpolitik
  - Fixpunkt aus Transferleistungspolitik
  - Fixpunkt aus Entgeltpolitik.

(1) Leistungsstrategien
Im Fall der Wahl einer **Leistungssubstanzstrategie** wird eine bestimmte Sachleistung (Sortiment) oder eine oder mehrere Dienstleistungen zum Basiselement der Handelsleistung. Klassische Beispiele hierfür sind etwa das Warenhaus mit seinem breiten, branchenübergreifenden sowie tiefen Sortiment („Alles unter einem Dach") oder das Spezialgeschäft mit einem sehr tiefen Einbranchen-Sortiment. Beispiele für Handelsunternehmungen mit Dienstleistungsstrategien sind z. B. der Großverbraucher-Zustellservice oder das auf Imbiss- und Plattenherstellung spezialisierte Lebensmittelunternehmen. Weiterhin kann auch eine Kombination bestimmter Sach- und Dienstleistungen als Zentralstrategie bestimmt werden. Exemplarisch sei hierfür der Stahlgroßhandel mit Steel Service Center genannt.

Die zweite **strategische Möglichkeit** besteht darin, die **Transferleistung** in den Mittelpunkt der Handelstätigkeit zu stellen. Die am weitesten reichenden Grundentscheidungen können hier auf dem Gebiet des Absatzsystems getroffen werden. Ein Beispiel ist in der Festlegung des Streckenprinzips im Großhandel gegeben, auf welches die gesamte Tätigkeitsstruktur (Markterschließung, Vermittlung von Geschäften und finanzielle Abwicklung) ausgerichtet wird. Ein konträres Beispiel hierzu stellt das Rack-Jobbing dar, da hierdurch eine Durchsetzung der Marketingvorstellungen einer Großhandelsunternehmung bis zum Verbraucher ermöglicht wird. Als Strategien des Einzelhandels in diesem Bereich sind der Hausvertrieb oder die Betreibung mobiler Verkaufsstätten, z. B. für den Absatz von Tiefkühlprodukten oder Backwaren, zu nennen. Eine immer wichtiger werdende Ausprägung der Transferleistungstrategie stellt der Online-Verkauf dar.

Bei **Entgeltstrategien** rückt der Preis für die Handelsleistung in den Mittelpunkt der Handelspolitik. Beispiele sind alle discountierenden Betriebsformen des Einzelhandels, für die stellvertretend die Firma ALDI erwähnt werden soll. Bei dieser Strategie müssen alle anderen marketingpolitischen Instrumente, also Sortiments-, Dienstleistungs- oder auch Platzierungs- und Präsentationspolitik dem Primat des niedrigen Preises untergeordnet werden.

Entscheidet sich eine Unternehmung, welche bisher eine bestimmte Leistungsstrategie verfolgt hat, für die Aufnahme weiterer Leistungs-Fixpunkte als Zentralfaktoren der Unternehmenspolitik, so ist dies gleichbedeutend mit der Entscheidung für leistungsbezogene Betriebsformendiversifikation, da sich eine neue USP normalerweise mit der bisherigen Betriebsform nicht umsetzen lässt. Beispielsweise kann in einem Spezialgeschäft eine Entgeltstrategie nicht realisiert werden; hierzu ist die Diversifikation in eine discountierende Betriebsform erforderlich.

(2) Marktstrategien

Hinsichtlich der Art der Marktbearbeitung kann sich ein Handelsunternehmen zwischen der **Marktnischen**-, der **Marktdurchdringungs-** und der **Marktsegmentierungsstrategie** entscheiden. Bei ersterer wird ein von Wettbewerbern nicht abgedeckter Marktausschnitt als Betätigungsfeld festgelegt. Diese Strategie eignet sich vor allem für Klein- und Mittelbetriebe des Handels, welchen die Versorgung einer kleineren Kundengruppe zur Sicherung der Unternehmensexistenz ausreicht. Die Marktnische kann regional, kundenbezogen oder sachorientiert definiert werden.

Bei der **Marktdurchdringungsstrategie** wird versucht, den gesamten Markt oder einen möglichst großen Teil hiervon mit der eigenen Leistungsidee zu bedienen. Dies ist vor allem beim Handel mit problemloser Massenware möglich, wie insbesondere Beispiele von discountierenden Großfilialunternehmen im Lebensmittelsektor deutlich machen.

Die **Segmentierungsstrategie** besteht darin, dass der Markt in einzelne Teilsegmente aufgeteilt wird, wobei sich räumliche, kunden- und leistungsorientierte Gliederungskriterien anbieten. Das Resultat ist die Entstehung verschiedener Unternehmensbereiche, deren Leistungssubstanz, Transferleistung, Entgelt- und Kommunikationspolitik möglichst präzise an den Bedürfnissen des jeweiligen Marktausschnittes orientiert sind. Mischkonzerne des Handels wie die Metro-Gruppe, Handelsgruppen wie Rewe sowie die schweizerische Konsumentengenossenschaft Migros verfolgen diesen Weg.

Wie zuvor für die Leistungsstrategien, so kann auch für die Marktstrategien festgestellt werden, dass die Anwendung einer zusätzlichen strategischen Verhaltensweise zur Betriebsformendiversifikation führt. Auch die geplante Erschließung eines neuen Kundensegmentes im Rahmen der Segmentierungsstrategie läuft im Allgemeinen auf die Etablierung einer im Unternehmen bisher nicht vorhandenen Betriebsform hinaus. So können beispielsweise in der Textilbranche jüngere Bevölkerungskreise durch ein bestehendes traditionelles Fachgeschäft nur schwer angesprochen werden; hierzu wird man zweckmäßigerweise in den Betriebstyp der Boutique diversifizieren.

(3) Konkurrenzstrategien

In Bezug auf das Verhalten zu Wettbewerbern lassen sich drei generelle Verfahrensweisen unterscheiden: **Verdrängung, Erhaltung des Status quo** sowie **Konkurrenzvermeidung**. Im ersteren Fall wird der Versuch unternommen, durch aggressives Agieren am Markt Anteile von Konkurrenten abzuziehen. Stark expansive Unternehmungen können nur auf diese Weise ihre Ziele verwirklichen. Als Beispiele sind Aldi oder auch die Schwarz-Gruppe (Lidl, Kaufland) anzuführen.

Ist eine gewisse Marktposition erreicht und die Expansion weitgehend abgeschlossen, so folgt üblicherweise eine **Strategie**, welche den **Status quo** zu erhalten sucht. Dabei wird lediglich darauf geachtet, dass Konkurrenten kein Eindringen in die vom Unternehmen bedienten Marktbereiche gelingt. Diese Strategie ist nicht immer ganz freiwillig, sondern häufig auf das eigene Unvermögen zu einer weiteren Expansion zurückzuführen. Über lange Jahre befanden sich die bundesdeutschen Warenhausunternehmungen in dieser Situation, und auch die genossenschaftliche EDEKA-Gruppe konnte in der Vergangenheit längere Zeit mit dieser Strategie in Verbindung gebracht werden. Inzwischen ist die EDEKA – wie bekannt – Marktführer in Deutschland und somit nicht mehr auf die Status quo-Strategie angewiesen.

Die **Vermeidungsstrategie** besteht darin, dass man der Konkurrenz soweit möglich aus dem Wege geht. Diese Strategie wird von kleineren Handelsunternehmungen bevorzugt und ist zumeist mit der Marktnischenstrategie deckungsgleich.

Zwischen den verschiedenen strategischen Alternativen bestehen zahlreiche logische Zusammenhänge. So ist etwa eine Entgeltstrategie, welche mit aggressiven Preisen agiert, fast immer auf Verdrängung des Wettbewerbs ausgerichtet. Wie erwähnt entspricht eine Marktnischenstrategie fast immer der Konkurrenzvermeidung. Die Strategie der Erhaltung des Status Quo ist mit der Marktdurchdringungsstrategie nicht vereinbar. Es ist also vom Handelsmanagement bei der Wahl der jeweiligen Strategiealternative zu beachten, dass keine Widersprüche und Konflikte zwischen den strategischen Teilbereichen in Bezug auf Leistung, Markt und Wettbewerb aufgebaut werden. Weiterhin ist darauf zu achten, dass die grundlegende Unternehmensidee, die Basisphilosophie, in Einklang mit den gewählten Strategien steht. Ist diese Voraussetzung erfüllt, so können auf dieser Grundlage die Teilentscheidungen hinsichtlich Betriebsform, Ausmaß der Handelsleistung und Kooperationsintensität abgeleitet werden.

Ein anderer strategischer Ansatz betrachtet die unterschiedlichen Marktkonstellationen als Ausgangspunkt für die Entwicklung von Handlungsmöglichkeiten für Unternehmen. Hierbei wird differenziert zwischen Märkten mit hohen bzw. niedrigen Chancen einerseits und hohen bzw. niedrigen Risiken andererseits. Die sich daraus ergebenden Normstrategien sind in der folgenden Abbildung wiedergegeben:

Wettbewerbsrisiken	**Wettbewerbschancen**			
	hoch		**niedrig**	
hoch	Sicherung und Expansion	○	Sicherung	–
niedrig	Expansion	+	Keine Strategieänderung	○

Legende: + Situation positiv zu bewerten
○ Sowohl Vor- als auch Nachteile vorhanden
– Situation negativ zu bewerten

Unternehmensstrategien nach Wettbewerbschancen und -risiken

Bei hohen Chancen und Risiken, wie sie für neue Märkte (z. B. Osteuropa, China) kennzeichnend sind, wird eine Expansionsstrategie bei gleichzeitiger Sicherung der bisher bearbeiteten Märkte sinnvoll sein. Hierfür benötigt ein Handelsunternehmen beträchtliche Potenziale etwa im Hinblick auf Standortakquisition, aber auch hohe Kompetenzen in Bezug auf Controllinginstrumente. Bei zunehmender Erschließung solcher Märkte steigen die Risiken und sinken die Chancen, sodass ein Strategiewechsel in Richtung auf Absicherung des Erreichten angezeigt ist. Risikofreie Märkte mit hohen Chancen werden nur im Ausnahmefall angetroffen. Auf alten Märkten ist wegen der dort gegebenen niedrigen Chancen wie Risiken eine Strategieänderung nicht erforderlich.

3. Unternehmensprofil bei einfach strukturierten Handelsunternehmen

Unter einfach strukturierten Handelsunternehmungen werden Ein- bzw. Mehrbetriebsunternehmen mit einheitlichem Leistungsangebot verstanden. Bei ihnen kann der Ablauf zur Verknüpfung der Grundentscheidungen wie folgt dargestellt werden:

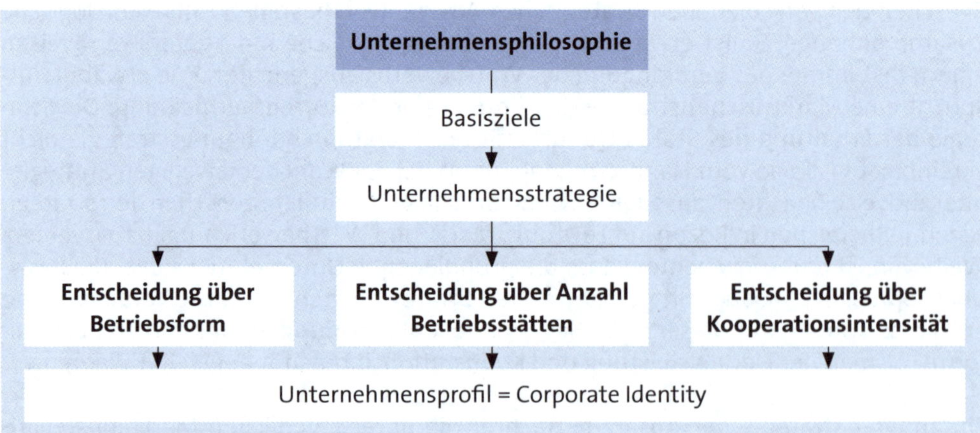

Abb. 88: Verknüpfung der Grundentscheidungen bei einfach strukturierten Handelsunternehmen

Die **Unternehmensphilosophie**, die Basiszielsetzung des Unternehmens, wird bei dieser Art von Handelsunternehmungen zumeist von persönlichen Zielvorstellungen der Unternehmer/-innen entscheidend bestimmt. Daraus wird eine zielführende Gesamtstrategie, bestehend aus einer Sach-, Markt- sowie Konkurrenzstrategie, entwickelt. Diese wird inhaltlich umgesetzt durch die Betriebsformenentscheidung, in welcher die Festlegungen bezüglich zu erfüllender Handelsfunktionen, einzusetzender marketingpolitischer Instrumente und zu nutzender Leistungsfaktoren des Handels zusammenfließen. Bei Klein- und Mittelbetrieben des Handels ist nur eine Betriebsform festzulegen, welche üblicherweise über längere Zeiträume hinweg erhalten bleibt.

Die Entscheidung über den Umfang der Handelstätigkeit bezieht sich nur darauf, ob eine oder einige wenige Betriebsstätten unterhalten werden sollen. Eine Expansion vollzieht sich im Normalfall schrittweise, d. h. von einer auf zwei, von zwei auf drei Betriebsstätten etc. Unzweckmäßig wäre es, beispielsweise von zwei Betriebsstätten in einem Zuge auf eine doppelte oder gar dreifache Anzahl überzugehen. Für die so konzipierte Unternehmung ist schließlich zu entscheiden, ob sie ohne kooperative Unterstützung den Versuch unternehmen soll, sich alleine am Markt zu behaupten, ob in Einzelfällen auf Teilgebieten der Unternehmenspolitik mit anderen Unternehmen zusammengearbeitet oder ob die enge Anlehnung an eine kooperative Gruppe des Handels gesucht werden soll. Das Gesamtresultat aus diesen Entscheidungen führt zu einem typischen Unternehmensprofil, welches sich als Gesamtbild oder Corporate Identity darstellt.

Der dargestellte Ablauf ist als idealtypisches Schema zu verstehen. In der Praxis vollzieht sich die Entwicklung kleiner und mittlerer Unternehmungen gewöhnlich nicht in der geschilderten Systematik, sondern eher zufällig aufgrund des Wirkens externer und interner Determinanten. Jedoch selbst für den Versuch, eine methodisch einwandfreie Konzeption durchzuführen, ist von der Anwendung hoch entwickelter Entscheidungsverfahren in der Praxis abzuraten, da das Entscheidungsproblem nur von geringer Komplexität ist, das für die Anwendung entsprechender Verfahren erforderliche Knowhow in mittelständischen Handelsunternehmen oft fehlt und der Freiheitsgrad der Entscheidungen meist niedrig ist.

Das letztgenannte Argument ist folgendermaßen zu interpretieren: Von Existenzgründungen abgesehen, besteht beim kleinen oder mittleren Handelsunternehmen ein bestimmter Betriebstyp, welcher nur bei starkem Veränderungsdruck seitens des Marktes aufgegeben wird. Sind Umstellungen nötig, so erfolgen diese mangels bestehender Möglichkeiten zu eigenen Betriebstypeninnovationen im Allgemeinen unter Anpassung an am Markt bereits bewährte Neuentwicklungen. Bezüglich der Anzahl der Betriebsstätten liegt gewöhnlich nur die Entscheidung an, ob **ein** weiteres Objekt realisiert werden soll. Wenn mittelständische Handelsunternehmen Dauerkooperationen angeschlossen sind, so pflegt dies traditionell gewachsen und deshalb längerfristiger Natur zu sein. Auch kooperative Aktivitäten in Werbe- oder Service-Gemeinschaften werden von mittelständischen Handelsunternehmern gewöhnlich langfristig angelegt.

Zusammenfassend lässt sich zur Struktur der Unternehmensentwicklung bei kleinen und mittleren Handelsunternehmungen also feststellen, dass üblicherweise die konstant bleibenden Faktoren der Unternehmenspolitik ein deutliches Übergewicht gegenüber den zu variierenden Elementen besitzen, sodass nur geringe Freiheitsgrade des Handelns gegeben sind.

Dennoch muss auch den im mittelständischen Bereich angesiedelten Handelsunternehmungen bei Neugründung, bei grundlegenden Umstellungen oder Erweiterungen, bei Wechsel des Tätigkeitsgebietes oder auch nur bei einer unregelmäßig stattfindenden Überprüfung der Marktadäquanz der bisherigen Unternehmenstätigkeit empfohlen werden, den oben dargestellten Entscheidungsrahmen sowie -ablauf zu berücksichtigen. Ohne explizite Formulierung der Basisziele und der Grundstrategien, ohne die Sicherstellung eines widerspruchsfreien Unternehmensprofils laufen gerade kleine und mittlere Handelsunternehmen Gefahr, von Großunternehmungen aus dem Markt gedrängt zu werden, welche dieses Instrumentarium methodisch anwenden. Diese Gefahr ist dann besonders groß, wenn nicht die Unterstützung einer Verbundgruppe des Handels gesucht, sondern eine Alleinexistenz im Sinne der klassischen Selbstständigkeit realisiert werden soll.

4. Unternehmensprofil bei komplex strukturierten Handelsunternehmen

Als **komplex strukturiert** werden Handelsunternehmen dann aufgefasst, wenn sie z. B. auf verschiedenen Wirtschaftsstufen tätig sind, unterschiedliche Betriebsformen in differierender Anzahl realisiert haben, an diversen Kooperationen mit unterschiedlich hoher Intensität teilhaben etc. Bei solchen Handelsgebilden sind Entscheidungen über die einzelnen zu verwirklichenden Betriebstypen, über deren jeweils zu platzierende Anzahl sowie darüber notwendig, in welcher Form die so entstandenen Unternehmensbereiche im Umfeld kooperieren sollen. Um derartige komplexe Entscheidungssituationen erfolgreich bewältigen zu können, ist der Einsatz verschiedener **Analyse-** und **Planungsinstrumente** erforderlich, auf die im folgenden Abschnitt näher eingegangen werden soll, bevor einige Beispiele hoch komplexer Handelsunternehmungen der Praxis dargestellt werden.

4.1 Instrumente für Programmentscheidungen

Es soll hier nicht von dem theoretischen Fall ausgegangen werden, dass ein stark differenziertes Großunternehmen des Handels neu gegründet und entsprechend geplant werden soll. Dieser Fall wäre für die Praxis absolut irrelevant, da sich alle Unternehmungen und Gruppen dieses Komplexitätsgrades in längeren Zeiträumen entwickelt haben. Der Entscheidungsprozess beginnt insofern nicht mit einer „tabula rasa“ (leerer Tafel), sondern hat eine gegebene Unternehmensstruktur zu berücksichtigen.

Es ist also davon auszugehen, dass ein **Gesamterscheinungsbild eines Unternehmens** vorliegt, welches aus verschiedenen erkenn- und definierbaren Teilbereichen besteht. Um für ein solches Wirtschaftsgebilde eine Überprüfung und erforderlichenfalls eine

Revision der einzelnen handelspolitischen Grundentscheidungen vornehmen zu können, ist es notwendig, zunächst die Unternehmensziele einer Betrachtung zu unterziehen. Es muss geprüft werden, inwieweit die Oberziele der einzelnen Unternehmensbereiche, sofern sie denn explizit formuliert wurden, mit den Basiszielen des Gesamtunternehmens übereinstimmen. Stellt man fest, dass Zielkonflikte auftreten, oder dass für das Unternehmen oder seine Teilbereiche Ziele bisher nicht formuliert wurden, so muss dies vor der Einleitung weiterer Schritte nachgeholt werden.

Anschließend sind die Gesamtstrategie des Unternehmens, die Teilstrategien der Unternehmensbereiche und die Grundentscheidungen hinsichtlich zu realisierender Betriebsformen, festzulegender Betriebsstättenanzahlen und zu bestimmender Kooperationsgrade systematisch zu planen und zu verknüpfen, um das Risiko der Entscheidungen zu vermindern und die Erfolgswahrscheinlichkeit auf einem befriedigenden Niveau anzusiedeln.

Es wird vorausgesetzt, dass die erforderlichen Entscheidungsdaten in Rohform durch geeignete Marktforschungstätigkeiten vorliegen. Auf Möglichkeiten und Probleme der Informationsgewinnung über das Umsystem des Unternehmens sowie die unternehmensinternen entscheidungsbedeutsamen Daten wird an dieser Stelle nicht mehr eingegangen (vgl. hierzu die Ausführungen zum analytischen Marketinginstrumentarium im 2. Kapitel dieses Buches). Bei den anzusprechenden Verfahren handelt es sich also um solche, welche der Auswertung und planerischen Umsetzung vorliegender Daten dienen. Die potenziellen Analyseinstrumente sind in der folgenden Abbildung dargestellt:

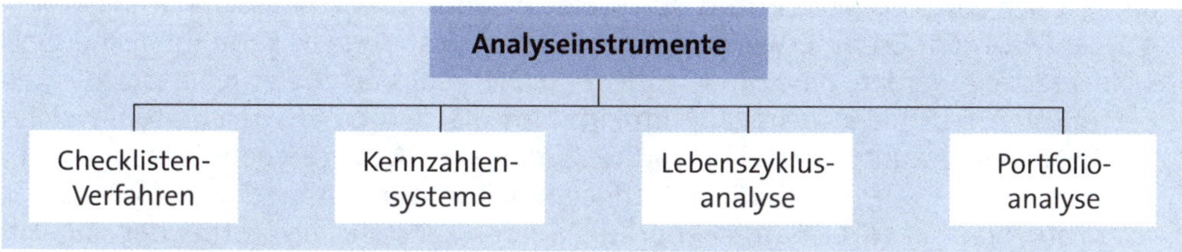

Abb. 89: Analyseinstrumente zur Entwicklung des Unternehmensprofils

- **Checklisten-Verfahren**

  Mit Checklisten verschiedenster Art lassen sich die betriebsformen-, betriebsgrößen- sowie die kooperationsrelevanten Tatbestände in Bezug auf das eigene Unternehmen sowie hinsichtlich der bedeutenden Wettbewerber auflisten. Hieraus lässt sich der absolute wie relative Ist-Zustand des eigenen Unternehmens, vor allem hinsichtlich qualitativer Kriterien, ablesen. Es können Vergleiche zu wesentlichen Wettbewerbern gezogen und Ansatzpunkte für Verbesserungen und Weiterentwicklungen des eigenen Unternehmens gewonnen werden.

  Obwohl Checklisten prinzipiell auf die Erfassung qualitativer Aspekte zugeschnitten sind, ist eine Quantifizierung der erhobenen Sachverhalte dennoch nicht völlig ausgeschlossen. Verschiedene Kriterien lassen sich mit Punktbewertungen versehen oder sie können mit Verbalskalen (z. B. „sehr gut“ bis „sehr schlecht“) beurteilt werden. Sollen Kriterien nach Prioritäten abgestuft werden, so kann man darüber hinaus mit Gewichtungsfaktoren arbeiten. Damit lassen sich für die Bewertung des eigenen Unternehmens oder für dessen Vergleich mit Wettbewerbsunternehmungen zahlenmäßig ausdrückbare Resultate erzielen.

Dies darf aber nicht darüber hinwegtäuschen, dass bei jeder Umsetzung qualitativer Aspekte in quantitative Werte die subjektive Komponente eine nicht zu unterschätzende Rolle spielt. Daher können bestimmte Betriebsformen oder Typen von Kooperationen durch Wahl geeigneter Skalen bzw. Gewichtungsparameter je nach Einstellung des Auswerters in einem positiveren oder negativeren Licht erscheinen.

- **Kennzahlensysteme**
  Kennzahlensysteme sind im Gegensatz zu Checklisten für die **Erfassung und Verarbeitung von unmittelbar quantifizierbaren Größen** einsetzbar. Sie setzen sich aus einzelnen Kennzahlen zusammen, die natürlich auch isoliert zur Beurteilung bestimmter Faktoren nutzbar sind. Kennzahlen können sich auf die Umsatz- und Ertragslage, auf die Kosten- und Ergebnissituation, die Finanz- und Kapitallage oder auch auf die Produktivitätssituation beziehen. Sie können für verschiedene Unternehmensteile aufgestellt werden, sich auf unterschiedliche zeitliche Abschnitte erstrecken und für inner- und zwischenbetriebliche Vergleiche herangezogen werden.

  Der Nutzen zur Vorbereitung der Verknüpfung der Grundentscheidungen der Handelspolitik besteht darin, dass durch Kennzahlensysteme Aufschlüsse darüber gewonnen werden können, wie bisher geführte Betriebsformen in Abhängigkeit von der Größenordnung der jeweiligen Vertriebsschiene sowie vergangene Kooperationsaktivitäten sich zahlenmäßig beim eigenen Unternehmen und, soweit erhältlich, bei Konkurrenzunternehmungen niedergeschlagen haben.

  So lässt sich beispielsweise ermitteln, ob eine bestimmte Vertriebsschiene in der Vergangenheit mehr Ertrag erwirtschaftet hat als eine andere; es kann möglicherweise festgestellt werden, dass die Anzahl der bisher realisierten Betriebsstätten eines bestimmten Typs nicht ausreicht, um eine Umsatzbasis zu erwirtschaften, welche zur Fixkostendeckung ausreichend wäre. Ein anderes Analyseergebnis könnte sein, dass eine früher allein ausgeübte Handelsfunktion durch Abwicklung in kooperativer Form spürbar wirtschaftlicher erfüllt werden kann, als dies vorher der Fall war. Soweit Unternehmensziele durch Plankennzahlen quantifiziert wurden, kann eine Kennzahlenanalyse dazu führen, dass der Erfolgsbeitrag einzelner Unternehmensteile zur Gesamtzielerreichung offengelegt wird.

- **Lebenszyklusanalyse**
  Im Rahmen der Behandlung der Dynamik der Betriebsformen des Handels war auf das Modell des Lebenszyklus bereits eingegangen worden (vgl. hierzu Abb. 63, S. 258). Dieses kann zur **Analyse der Ist-Situation** eines Unternehmens und seiner Teilbereiche einen wesentlichen Beitrag leisten, indem die verschiedenen geführten Betriebstypen mit seiner Hilfe daraufhin untersucht werden können, in welchem Reifestadium sie sich befinden. Derartige Feststellungen können für isolierte Maßnahmen im Rahmen der jeweiligen Vertriebsschienen genutzt werden. Wesentlich bedeutsamer ist jedoch der Einbezug solcher Ergebnisse in eine Portfolio-Analyse. Insofern kommt der Lebenszyklusanalyse im Wesentlichen eine Vorbereitungsfunktion im Hinblick auf die Erstellung eines aussagekräftigen Betriebsformen-Portfolios zu.

- **Portfolio-Analyse**

Zur Vorbereitung strategischer Handelspolitik ist das Instrument der Portfolio-Analyse von wesentlicher Bedeutung. Diese ist vor allem in zwei Ausprägungen bekannt geworden: Als Vier-Felder-Portfolio, entwickelt von der Boston Consulting Group, sowie als Neun-Felder-Portfolio, konzipiert durch die Mc Kinsey-Gruppe. Die Wirkungsweise der Portfolio-Analyse kann hier nicht im Detail beschrieben werden; es wird hierzu auf die umfangreiche einschlägige Literatur verwiesen.

Generell geht es dabei um die Bewertung von Produkten, Abteilungen, Betriebsformen etc. (**„Strategische Geschäftseinheiten“**) nach verschiedenen Kriterien, welche durch die Achsen eines Koordinatensystems veranschaulicht werden. In diesem werden die untersuchten strategischen Geschäftseinheiten positioniert. Man erhält hierdurch Erkenntnisse über Images und Leistungsstrukturen, über strategische Chancen und Risiken für das eigene Unternehmen. Auch entsprechende Konkurrenzprofile können einbezogen werden.

Die Anwendung der Portfolio-Methode auf die Handelsproblematik ist in mannigfacher Weise möglich (vgl. etwa *Barth, Tietz*). Im hier interessierenden Zusammenhang kann sie zur Beurteilung der vom Unternehmen geführten Betriebsformen genutzt werden. Dies veranschaulicht die folgende Abbildung:

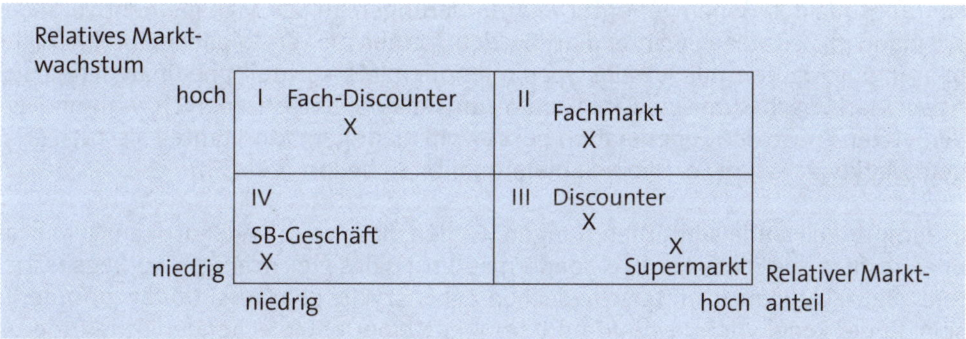

Abb. 90: Betriebsformen-Portfolio

Die einzelnen vom Unternehmen geführten Betriebsformen werden einer Lebenszyklusanalyse unterworfen. Daraus ergibt sich die Einstufung nach dem relativen Marktwachstum des jeweiligen Betriebstyps im Vergleich zu der Wachstumsrate der Branche(n), in welcher bzw. welchen er vorkommt. Weiter ist der betriebstypenspezifische relative Marktanteil des Unternehmens in Bezug auf den oder die stärksten Mitbewerber zu ermitteln. Mithilfe beider Angaben ist die Positionierung des einzelnen Typs im Portfolio möglich. Die Bedeutung der Betriebsform für das Unternehmen aufgrund des auf sie entfallenden Umsatz- oder Deckungsbeitragsanteils kann durch die Größe des Betriebsformensymbols, also z. B. durch den Radius bei Benutzung von Kreisen, wiedergegeben werden.

Ein solches Portfolio kann einem Handelsunternehmen bzw. einer Verbundgruppe wesentliche Aufschlüsse darüber erbringen, ob die Unternehmensstruktur hinsichtlich der geführten Betriebsformen und bezüglich der Größe der jeweiligen Vertriebsschiene die Zukunft des Unternehmens in ausreichendem Maße absichert. Zu viele „alte“ Betriebsformen ohne weitere Wachstumschancen führen zwar i. d. R. zu einer positiven Ertragslage, da für sie weder Entwicklungs- noch Durchsetzungsaufwendungen anfallen, stellen jedoch für die fernere Zukunft eine Gefährdung dar. Durch innovative Betriebsformen können die jetzigen Ertragsbringer früher oder später an Marktbedeutung verlieren, wodurch die Existenz eines Unternehmens nicht länger gesichert wäre. Aus dem Betriebsformen-Portfolio lassen sich also Schlüsse über Ausgewogenheit oder Änderungsbedürftigkeit der vorhandenen Vertriebsschienen des Unternehmens, auch hinsichtlich der größenmäßigen Auslegung, gewinnen.

Werden Handlungsnotwendigkeiten in Richtung auf die Erweiterung des im Unternehmen vorhandenen Betriebsformenspektrums erkannt, so ist damit die Strategie der Betriebstypendiversifikation angesprochen. Die Etablierung junger, aber bereits am Markt eingeführter, oder eigenentwickelter innovativer Betriebsformen wird dabei als Mittel für eine zukunftsträchtigere Gestaltung des Betriebsformen-Portfolios eingesetzt.

An dieser Stelle ist auf einen bedeutsamen Zusammenhang zwischen Portfolio-Analyse, darin dokumentierter Unternehmensentwicklung und erforderlichen Führungsqualifikationen hinzuweisen. Geht es um die Etablierung innovativer Betriebstypen mit hohem Marktwachstum bei noch niedrigem Marktanteil, so sind eher visionäre Führungsqualifikationen gefragt. Die Anforderungen an das Management verändern sich dann im Zeitablauf, während die Betriebsformen die verschiedenen Lebenszyklusphasen durchlaufen. Bei Betriebstypen mit hohem Marktanteil, aber inzwischen niedrigem Marktwachstum sind Fähigkeiten zum Relaunching erforderlich, während es in der letzten Phase der Degeneration bei sowohl niedrigem Marktanteil als auch geringem Marktwachstum vor allem Saniererqualitäten bedarf (*Pümpin*).

In komplexen Handelsunternehmungen werden diese verschiedenartigen Qualifikationen nicht in zeitlicher Abfolge, sondern aufgrund des gleichzeitigen Vorliegens mehrerer Betriebstypen in unterschiedlichen Lebenszyklusphasen simultan erforderlich sein. In der Regel wird dies nur auf dem Wege einer entsprechenden Strukturierung der Gesamtgeschäftsleitung sichergestellt werden können.

Für die **Planung der gesamten Unternehmensstruktur** lassen sich das oben erwähnte Checklisten-Verfahren sowie die Kennzahlensysteme in einer erweiterten Form nutzen, indem neben Vergangenheitsfakten und -zahlen auch zukunftsgerichtete Plangrößen berücksichtigt werden. Grundsätzlich können qualitative und quantitative Aspekte der künftigen Unternehmensstruktur geplant bzw. prognostiziert werden. Wurde beispielsweise aufgrund der Portfolio-Analyse die Notwendigkeit der Realisierung innovativer Betriebstypen erkannt, so kann mithilfe von Checklisten deren künftiges Aussehen erarbeitet und unter Einsatz z. B. der Break even-Analyse festgestellt werden, ab welcher Anzahl von Betriebsstätten ein neu einzuführender Betriebstyp vermutlich Gewinne abwerfen wird.

Neben den Analyseinstrumenten, welche sich auch für Planungszwecke einsetzen lassen (also vor allem Checklisten-Verfahren und Kennzahlensysteme) existieren spezifische Planungsverfahren für die verschiedensten Zwecke und unterschiedlichsten Anwendungen. Darunter finden sich auch solche Methoden, welche sich im Rahmen ihres gesamten Nutzungsspektrums auch für die Planung der Unternehmensstruktur komplexer Handelsbetriebe eignen; auf zwei dieser Verfahren soll an dieser Stelle kurz eingegangen werden. Die nachstehende Abbildung zeigt den Zusammenhang der Planungsverfahren Netzplantechnik, Entscheidungs- und Simulationsmodelle sowie Budgetierung:

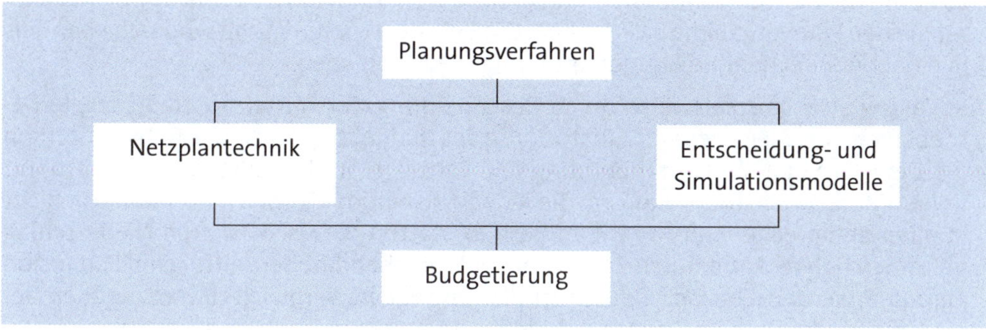

Abb. 91: Planungsverfahren zur Entwicklung des Unternehmensprofils

- **Netzplantechnik**
  Für die Planung der zeitlichen Abwicklung der Maßnahmen zur Gestaltung der Unternehmensstruktur bietet sich die Netzplantechnik an, bei welcher Zeitpläne für betriebliche Aktivitäten unter besonderer Berücksichtigung von Engpässen in zeitlicher Hinsicht („kritischer Pfad“) erstellt werden. Mit diesem Instrument können die Abläufe beispielsweise von Betriebstypenneuentwicklungen, Portfolio-Umstrukturierungen, von Aufstockungen oder Reduzierungen der Anzahl der Betriebsstätten in bestimmten Unternehmensbereichen, von Einleitung und Durchführung von Kooperationsmaßnahmen usw. geplant werden. Dabei werden zeitkritische Entwicklungen offenbar, zu erwartende Engpässe treten deutlich zutage. Hierauf kann wiederum mit geeigneten Budgetierungsmaßnahmen reagiert werden.
- **Entscheidungs- und Simulationsmodelle**
  Schließlich ist, obwohl in der Handelspraxis wenig verbreitet, auf die Möglichkeit des Einsatzes höher entwickelter Entscheidungs- und Simulationsmodelle hinzuweisen. Dabei sind Total- und Partialmodelle zu unterscheiden. Bereits im Zusammenhang mit Managementinformations-Systemen war darauf hingewiesen worden, dass Totalmodelle aufgrund der außerordentlich hohen Zahl der zu berücksichtigenden Faktoren selbst bei Nutzung aller Möglichkeiten der EDV nur ein wenig praktikables Instrument darstellen. Aus diesem Grunde überwiegen Partialmodelle, bei welchen bestimmte Teilbereiche, hier also einzelne Vertriebsschienen oder Vertriebsschienen-Kombinationen, einer quantitativen Optimierung unterworfen werden. Stufenweise können dann die Partiallösungen zu einem widerspruchsfreien Gesamtsystem aggregiert werden. Zu dieser außerordentlich komplexen Problematik sei auf die einschlägige Literatur, so z. B. auf das Werk von *Gümbel* verwiesen.

  Im Fall einer sinnvollen Vorgehensweise bei der Planung mündet die Summe aller inhaltlichen Festlegungen in das Planungsinstrument der Budgetierung ein. Unrichtig wäre es dagegen, wenn zunächst die Verteilung des Budget beschlossen und anschließend die inhaltliche Planung an die so geschaffenen Restriktionen angepasst würde. Im Folgenden wird die Aufgabe dieses Planungsinstruments kurz erläutert.

- **Budgetierung**
  Die Budgetierung setzt die inhaltliche Planung in zieladäquate Ressourcenverteilung um. Somit ist unter diesem Instrument die Verteilung der Gesamtmittel eines Unternehmens auf seine einzelnen Teilbereiche bzw. Aktivitäten gemäß der einzelnen sachlichen Planvorgaben zu verstehen. Die Betriebstypenplanung wird sich ebenfalls in einer entsprechenden Budgetverteilung niederschlagen.

  So lassen sich beispielsweise durch Beschneidung der Mittel für traditionelle Betriebstypen bei gleichzeitiger Aufstockung des Budget für innovative Betriebsformen die Gewichte in einer Unternehmung neu verteilen: Im Fall einer Betriebsform mit hohen Marktwachstumschancen, die jedoch bisher im eigenen Unternehmen nicht in einer entsprechenden Anzahl an Betriebsstätten dieses Typs ihren Niederschlag gefunden haben, kann durch Zuweisung entsprechend hoher Mittel eine Expansion gefördert werden. Ebenso ist durch die Planung von im Vergleich zu vergangenen Geschäftsperioden höheren oder niedrigeren Budgets eine Ausweitung oder aber Beschränkung von kooperativen Aktivitäten möglich.

Zusammenfassend lässt sich der Entscheidungsablauf zur Gestaltung der Gesamtstruktur komplexer Handelsunternehmungen in Form der folgenden Übersicht darstellen:

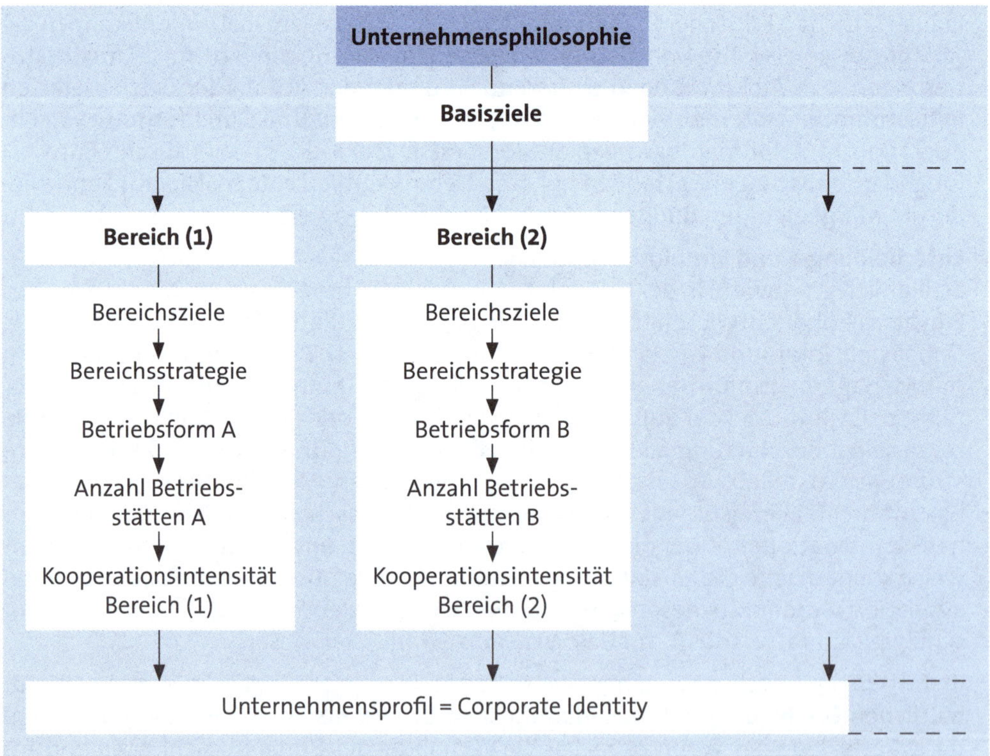

Abb. 92: Verknüpfung der Grundentscheidungen bei komplex strukturierten Handelsunternehmen

Im Gegensatz zu einfach strukturierten Handelsunternehmungen verläuft der Prozess der Verknüpfung der Basisentscheidungen in Großunternehmungen bzw. Gruppen des Handels differenzierter und diffiziler: Sind die **Unternehmensphilosophie** und die **Basisziele** bekannt, so muss darüber entschieden werden, in wie viele unterschiedliche Bereiche inhaltlicher Tätigkeit die Unternehmung aufgegliedert werden soll. Bei bestehenden Unternehmungen bedeutet dies, dass aufgrund des Betriebsformen-Portfolios festzustellen ist, ob eine Erhöhung, eine Reduzierung oder eine Umstrukturierung der strategischen Geschäftseinheiten notwendig ist.

Für die einzelnen Unternehmensbereiche sind sodann aus den Basiszielen **Bereichsziele** abzuleiten, welche wiederum in Bereichsstrategien umzusetzen sind. Diese, wie oben ausgeführt, setzen sich aus Sach-, Markt- und Konkurrenzstrategien zusammen. Auf dieser Grundlage kann nun die inhaltliche Ausgestaltung der Handelstätigkeit im entsprechenden Bereich, also die Betriebsform, bestimmt werden. Diese setzt sich ihrerseits aus den Teilentscheidungen über die zu erfüllenden Handelsfunktionen, die nutzbaren marketingpolitischen Instrumente und die einzusetzenden betrieblichen Leistungsfaktoren zusammen. Nach der inhaltlichen Festlegung ist zu entscheiden, in welcher Anzahl von Objekten der entsprechende Betriebstyp am Markt zu realisieren ist. Schließlich muss darüber befunden werden, in welchem Umfange und in welcher Art und Weise der entsprechende Unternehmensbereich mit anderen Handelsunternehmungen bzw. im Rahmen von multilateralen Zusammenschlüssen kooperieren soll.

In dieser Weise ist für alle Teilbereiche des Unternehmens zu verfahren. Dabei ist ein besonderes Augenmerk auf die Frage zu richten, in welcher Größenordnung ein bestimmter Betriebstyp mindestens etabliert werden muss, damit der Break-even-Point erreicht wird.

Ist die Festlegung der Unternehmensbereiche abgeschlossen, so folgt als letzter Schritt deren **Koordinierung zur Gesamtunternehmensstruktur**. Dabei ist auf Widerspruchsfreiheit, synergetische Wirkung und Imageeinheitlichkeit zu achten. Wesentlich ist dabei die Frage, ob die verschiedenen Bereiche für das Unternehmensumfeld, insbesondere für die Kunden, als Bestandteile eines einheitlichen Unternehmens erkennbar werden oder ob sie sich in der Außenwirkung wie eigenständige Unternehmen präsentieren sollen (z. B. Metro-Group). Im letzteren Fall beschränkt sich die Herstellung von Widerspruchsfreiheit zwischen den Unternehmenssektoren auf den internen logistisch-organisatorischen Tätigkeitsbereich, während im ersteren Fall die Verbundwirkung zwischen den Unternehmensteilen nach außen von besonderer Bedeutung ist.

Es liegt auf der Hand, dass die Entscheidungskomplexität mit der Anzahl der realisierten Betriebsformen, bei Tätigkeit auf verschiedenen Wirtschaftsstufen, bei Realisierung unterschiedlich vieler Betriebsstätten je Betriebstyp und bei verschieden hohen Kooperationsintensitäten der Unternehmensbereiche stetig zunimmt. Die höchsten Koordinationsschwierigkeiten treten auf, wenn die geführten Betriebstypen sehr unterschiedlich sind und dennoch alle Unternehmensteile als zu einem einheitlichen Unternehmen gehörend erkennbar bleiben sollen. Bei dieser Konstellation kann das Erzeugen einer Corporate Identity im oben definierten Sinne den Schwierigkeitsgrad der Quadratur des Kreises annehmen. Ein gelungenes Beispiel hierfür stellt die Migros (Schweiz) dar.

Aufgabe 16 > Seite 504

4.2 Erscheinungsformen komplexer Handelsunternehmen

Unter dem Begriff „komplexe Handelsunternehmung" sollen nicht nur eigentliche Unternehmungen im gesellschaftsrechtlichen Sinne, sondern auch auf Dauer eng kooperierende Verbundgruppen des Handels verstanden werden. Komplexität kann durch unterschiedliche Ursachen entstehen und sich in verschiedenen Erscheinungsformen dokumentieren, welche in der folgenden Abbildung zusammengefasst sind:

Abb. 93: Merkmale von Komplexität bei Handelsunternehmen

Im Folgenden werden die Organigramme bzw. Firmenstrukturbilder der Douglas Holding AG und der METRO Group wiedergegeben, welche auf exemplarische Weise den Aufbau solcher komplexer Handelsorganisationen verdeutlichen sollen:

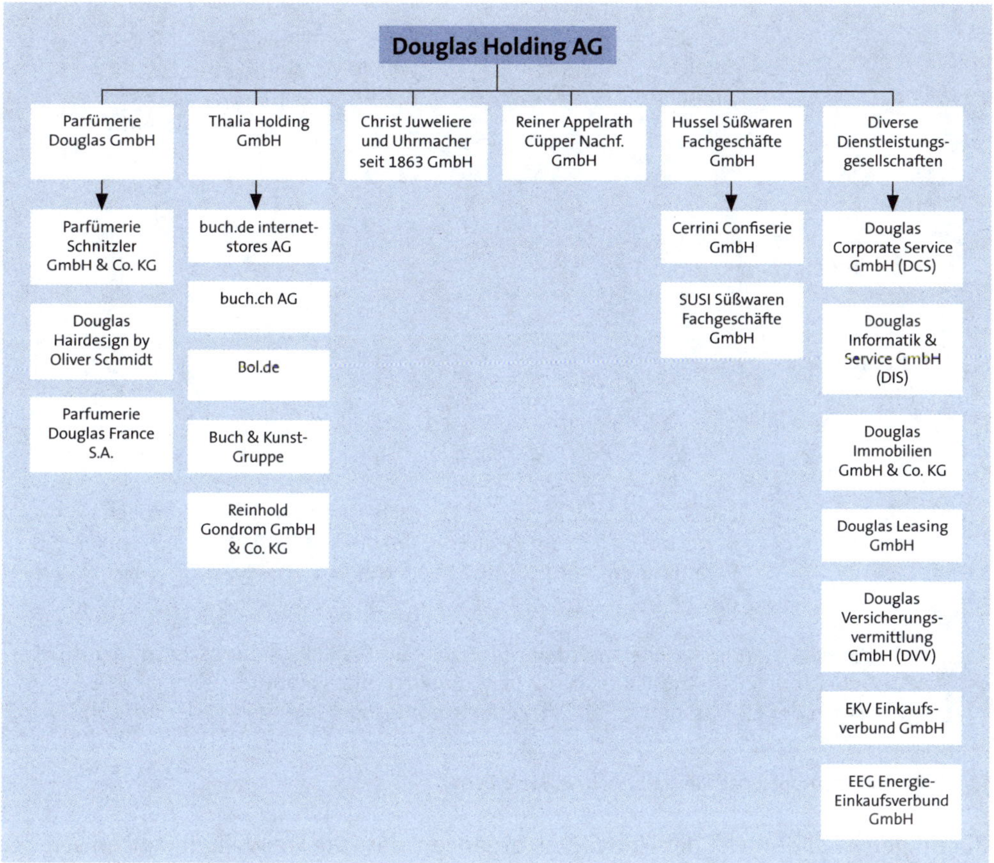

Abb. 94: Organigramm der Douglas Holding AG

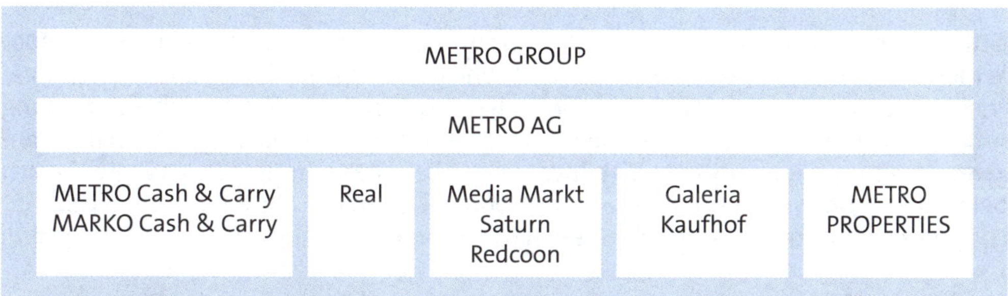

Abb. 95: Organigramm der METRO Group

In systematischer Hinsicht ergeben sich aus den strategischen Einzelentscheidungen die Erscheinungsformen von Handelsunternehmen bzw. -gruppen. Diese prägen in ihrer Summe die Struktur der Handelslandschaft in Deutschland. Legt man bei der Klassifizierung die Kriterien „Initiator“ bzw. „Betreiber“ des Unternehmens/der Handelsgruppe zu Grunde, ergeben sich die in der folgenden Abbildung wiedergegebenen Strukturen:

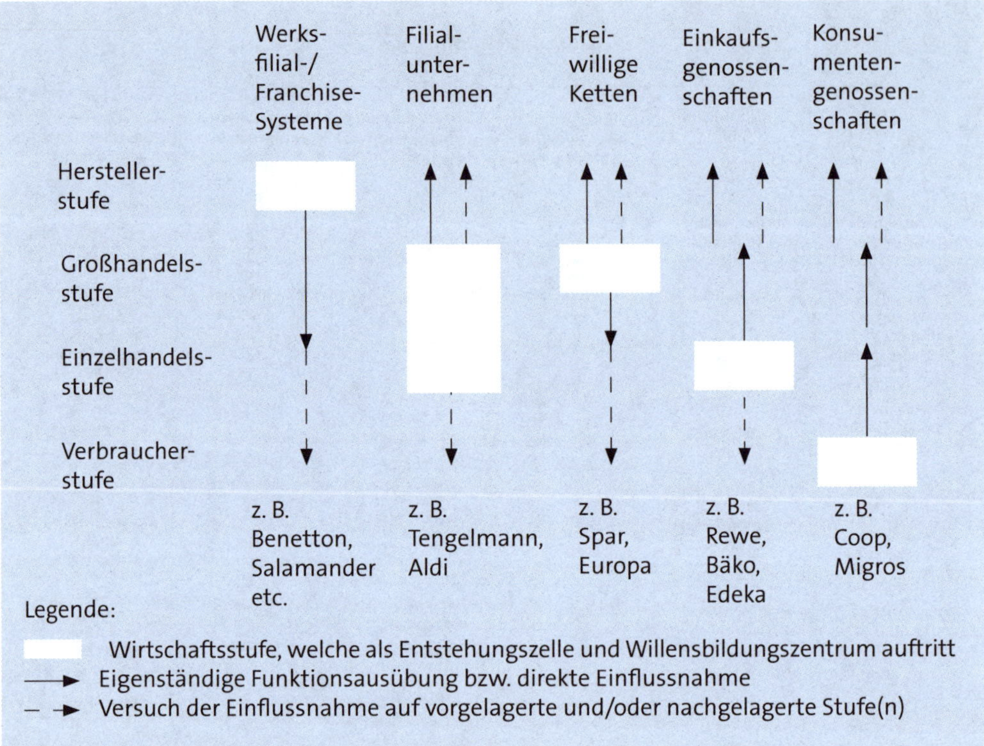

Abb. 96: Handelsgruppen nach Initiatoren bzw. Betreibern

Zur obigen Abbildung ist der Hinweis zu ergänzen, dass die Freiwilligen Ketten seit der Übernahme der Spar insbesondere durch die Edeka in Deutschland keine Marktbedeutung mehr haben. In anderen europäischen Ländern existiert die Spar dagegen weiter.

Grundsätzlich gilt, dass in vielen Fällen Konzentration und Kooperation keine Gegenpole mehr darstellen, sondern durch verschiedene Handelsgruppen kombinativ vorangetrieben werden. Somit wird ein hervorstechendes Merkmal der Gruppenentwicklung in den nächsten Jahren das Entstehen zunehmender Querverbindungen zwischen **konzentrativen** und **kooperativen Gebilden** sein. Filialunternehmungen engagieren sich bei Kooperationen; umgekehrt erwerben Kooperationen wie die Rewe- oder die Edeka-Gruppe Filialunternehmen bzw. bauen in Form von Regiebetrieben eigene Filialen auf.

Für die so entstehenden Handelsorganisationen kristallisiert sich als Rechtsmodell das **Holding-System** heraus. Es werden für die Gesamtunternehmensentwicklung Holding-Gesellschaften gegründet, welche für die übergeordnete Strategie und die Vermögensverwaltung zuständig sind. Das operative Geschäft wird auf einzelne Unternehmensbereiche, meist in Form selbstständiger Gesellschaften, übertragen. Als Rechtsformen dominieren hier die Kapitalgesellschaften, also GmbH bzw. AG.

Wesentliche Veränderungen ergeben sich auch aus der zunehmenden Vertikalisierung der Wertschöpfungsketten. Hersteller werden zu Händlern, beispielsweise durch die

Errichtung von Factory Outlet Centern (FOC) und über Online-Shops, Händler werden zu Herstellern, z. B. durch ein steigendes Ausmaß an Eigenmarken, und beide arbeiten in kooperativen Wertschöpfungsketten zusammen (*Morschett u. a., 2012, S. 44 ff.*).

Auf eine weitere Komponente der Unternehmenspolitik der heutigen Handelsgruppen ist an dieser Stelle abschließend hinzuweisen: Die Komplexität des oben dargestellten Kombinationsvorgangs zur Verknüpfung der Grundentscheidungen der Handelspolitik wird durch weitere Aktivitäten erhöht, welche mit dem Begriff der **lateralen Diversifikation** umrissen werden können. Handelskonzerne und Verbundgruppen beschränken sich ebenso wenig wie Großunternehmungen der Industrie und des Finanzsektors auf ihr traditionelles Tätigkeitsgebiet, sondern dehnen ihr Aktionsfeld auch auf außerhalb des Handels gelegene Tätigkeiten aus.

Dem Handel relativ nahestehende Aktivitäten sind dabei solche in der Gastronomie, der Immobilienwirtschaft und im Tourismus; jedoch betreffen **Diversifikationsbestrebungen** durchaus nicht nur diese Bereiche. Die Ausdehnung auf andere Wirtschaftssektoren erfolgt mangels eigenem Knowhow üblicherweise auf dem Weg über den Erwerb von **Beteiligungen** unterschiedlicher Höhe. Um diese zu finanzieren, werden international angelegte Kapitalbeschaffungsaktionen durchgeführt. Wird dabei nicht mit der notwendigen Solidität und/oder dem erforderlichen Sachverstand vorgegangen, können sich daraus unabsehbare Folgen für solche „zusammengekaufte“ Wirtschaftsgebilde ergeben. Das Schicksal der Coop-Gruppe legt hierfür ein beredtes Zeugnis ab.

Es soll an dieser Stelle dabei bleiben, auf die angerissene Problematik aufmerksam zu machen, da es nicht Aufgabe eines Einführungswerkes in die Handelsbetriebslehre sein kann, sich mit den schwierigsten Managementproblemen von Mischkonzernen im Detail auseinanderzusetzen. In jedem Falle erfordert die Lösung solcher Fragen Kenntnisse, welche das übliche Handels-Knowhow weit übersteigen. Die Leitung von in verschiedenen Wirtschaftssektoren tätigen Mischkonzernen erfordert somit völlig neue Führungsstrukturen, bei denen eine auf einzelne Wirtschaftsbereiche spezifizierte Ausrichtung des Managements eher schadet denn nutzt. Diese Entwicklung kann mit dem Stichwort der Renaissance der Generalisten zusammengefasst werden.

KONTROLLFRAGEN

		Lösung
1.	Woraus setzt sich das Gesamtprofil einer Unternehmung zusammen?	S. 336
2.	In welchen Schritten lässt sich ein Erfolg versprechendes Unternehmensprofil entwickeln?	S. 337
3.	Was versteht man unter einer Corporate Identity und wie entsteht sie?	S. 337 f.
4.	Wodurch ist eine „Unique selling proposition“ (USP) gekennzeichnet?	S. 337 f.
5.	Worin besteht der Zusammenhang zwischen Corporate Identity und Marketing?	S. 338
6.	Wie beeinflusst das Führungsverhalten die Corporate Identity?	S. 338
7.	Erklären Sie den Zusammenhang der Begriffe Corporate Identity und Corporate Design!	S. 338 f.
8.	Versuchen Sie für selbstgewählte Beispielunternehmungen aus verschiedenen Wirtschaftsbereichen festzustellen, ob diese über eine CI verfügen und wie diese gegebenenfalls charakterisiert werden kann!	S. 338 f.
9.	Welche Basisstrategien kommen für eine Anwendung im Handel infrage?	S. 339 ff.
10.	Wie ist der Zusammenhang zwischen USP und Leistungsstrategie zu sehen?	S. 341
11.	Wie ist die Grundstruktur einer Entgeltstrategie beschaffen?	S. 342
12.	Welche Teilstrategien sind unter dem Begriff der Marktstrategie zu subsummieren?	S. 342
13.	Nach welchen Kriterien können Märkte bei Anwendung der Segmentierungsstrategie unterteilt werden?	S. 342 f.
14.	Welche unterschiedlichen Verhaltensweisen sind im Rahmen der Konkurrenzstrategie möglich?	S. 343
15.	Wie kann die Betriebsformendiversifikation in einen gedanklichen Zusammenhang mit den Handelsstrategien gebracht werden?	S. 342 f.
16.	Zeigen Sie bestehende logische Zusammenhänge zwischen den einzelnen strategischen Alternativen auf!	S. 343
17.	Welche Unternehmensstrategien lassen sich nach den Kriterien Wettbewerbschancen und -risiken unterscheiden?	S. 344
18.	In welcher Weise vollzieht sich der Prozess der Verknüpfung der handelsbetrieblichen Grundentscheidungen bei einfach strukturierten Handelsunternehmen?	S. 344 f.
19.	Wie ist der Freiheitsgrad hinsichtlich der handelspolitischen Grundentscheidungen in mittelständischen Handelsunternehmen einzuschätzen?	S. 345 f.

		Lösung
20.	Welche Analyseinstrumente können von komplexen Handelsunternehmen zur Vorbereitung der Grundentscheidungen eingesetzt werden?	S. 347 ff.
21.	Wozu dient im Rahmen handelspolitischer Grundentscheidungen die Checklisten-Methode?	S. 347 f.
22.	Welche Rolle spielen in diesem Zusammenhang die Kennzahlensysteme?	S. 348
23.	In welcher Weise lässt sich die Lebenszyklus-Analyse innerhalb der Portfolio-Analyse nutzen?	S. 348 f.
24.	In welcher Form kann die Portfolio-Analyse zur Lösung der Betriebsformenproblematik im Handel eingesetzt werden?	S. 349 f.
25.	Welche spezifischen Planungsinstrumente kommen innerhalb der Gestaltung der handelspolitischen Grundentscheidungen zum Tragen?	S. 350 ff.
26.	Für welchen Planungsaspekt ist die Budgetierung geeignet?	S. 352
27.	Wie stark sind Entscheidungs- und Simulationsmodelle zur Gestaltung der Grundentscheidungen der Unternehmenspolitik in der Handelspraxis verbreitet?	S. 351 f.
28.	Wie kann der Entscheidungsablauf zur Verknüpfung der Grundentscheidungen bei komplex strukturierten Handelsunternehmungen beschrieben werden?	S. 352 f.
29.	Bei Vorliegen welcher Merkmale kann von komplexen Handelsunternehmungen gesprochen werden?	S. 354
30.	Suchen Sie in Geschäftsberichten komplexer Handelsunternehmen nach deren Organigrammen!	S. 355 f.
31.	Welche Handelsgruppen nach Initiatoren bzw. Betreibern können unterschieden werden?	S. 356
32.	Inwiefern erhöht laterale Diversifikation den Komplexitätsgrad einer Unternehmung?	S. 357
33.	In welchen Wirtschaftsbereichen wird der Handel im Rahmen lateraler Diversifikationsaktivitäten vergleichsweise häufig tätig?	S. 357

D. Organisatorische Umsetzung der Basisentscheidungen

Die hinsichtlich der Gestaltung der Unternehmensorganisation betriebswirtschaftlich zweckmäßige, wenn auch in der Handelspraxis nicht immer anzutreffende Vorgehensweise besteht darin, das Unternehmensprofil in der oben geschilderten Weise aus Marktgegebenheiten abzuleiten und im Anschluss daran die Organisation darauf abzustimmen. Weniger sinnvoll erscheint der passive Weg, bei welchem das Leistungsangebot eines Handelsunternehmens sich an den gegebenen organisatorischen Zuständen als nicht veränderbaren Rahmenbedingungen orientiert. Die Organisation muss vielmehr ein Hilfsmittel zur Realisierung einer Erfolg versprechenden marktorientierten Handelspolitik sein. Der folgende vierte Teil der vorliegenden Einführung in die Handelsbetriebslehre geht von der erstgenannten Auffassung aus, d. h. davon, dass die Organisation an das Marktleistungsprofil anzupassen sei und nicht umgekehrt. Auf der Grundlage dieser Überlegung soll der Teil D. dieses Werkes die folgenden **drei Zielsetzungen** verfolgen:

- Aus den Marketingvorgaben soll ein mit diesen kompatibles Personalwesen abgeleitet werden.
- Analog hierzu soll ein Überblick über die Grundzüge der Warenwirtschaft gegeben werden, wobei sowohl die physische Ebene der Warenwirtschaft als auch deren Steuerung durch Warenwirtschaftssysteme betrachtet werden sollen.
- Schließlich soll auf eine effiziente Gestaltung des internen Rechnungswesens eingegangen werden.

Bei der Behandlung der Personalorganisation, der Organisation der Warenwirtschaft sowie der Organisation des internen Rechnungswesens stehen ablauforganisatorische Problemstellungen im Vordergrund. Auf die Behandlung der handelsbetrieblichen Aufbauorganisation wird dagegen aus zwei Gründen verzichtet: Zum ersten ergeben sich im Hinblick auf mögliche Strukturbilder (Organigramme) sowie auf Organisations- oder Betriebsordnungen keine so wesentlichen Unterschiede zu anderen Wirtschaftsbereichen, dass entsprechende Erörterungen in einer Einführung zur Handelsbetriebslehre zwingend erforderlich erschienen; zum anderen existiert eine größere Anzahl von einschlägigen Literaturquellen, aus welchen sich die angesprochenen Inhalte bei tiefergehendem Interesse erschließen lassen. Dem Literaturverzeichnis ist aus diesem Grunde ein Abschnitt beigefügt, welcher entsprechende Quellen beinhaltet.

Da im Folgenden also schwerpunktmäßig **ablauforganisatorische Probleme** behandelt werden, soll einleitend kurz auf Begriff und Wesen der Ablauforganisation eingegangen werden.

Die Handelsunternehmung war an anderer Stelle als interaktives System gekennzeichnet worden (*Ulrich*), in welchem sich soziale, materielle, monetäre und informatorische Prozesse abspielen. Diese **vier Prozessarten** waren als auf unterschiedlichen Dimensionen der Unternehmung angesiedelt charakterisiert worden. Zielorientierte Prozessabläufe sind grundsätzlich regelungsbedürftig. In diesem Sinne ist der **Begriff der Ablauforganisation** zu verstehen: Es handelt sich dabei um die Regelung sämtlicher Vorgänge im Unternehmen, welche sich auf der Basis der bestehenden Aufbauorganisation vollziehen. Die zu organisierenden Vorgänge können auf den genannten Ebenen der Unternehmung ablaufen, also sozialer, materieller, monetärer oder informatorischer Natur sein. Entsprechend lassen sich folgende Bereiche der Ablauforganisation unterscheiden:

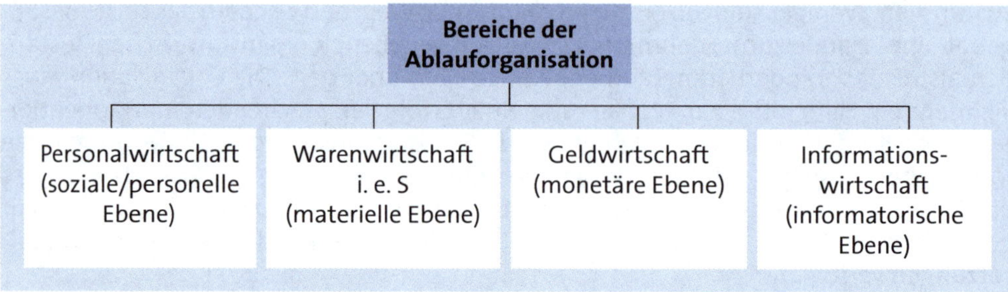

Abb. 97: Die Bereiche der Ablauforganisation

Wie schon in den übrigen Kapiteln dieser Einführung in die Handelsbetriebslehre soll es auch im Folgenden über die Ablauforganisation nur um handelsspezifische Gegebenheiten, nicht aber um allgemeine betriebswirtschaftliche Grundtatbestände gehen. Deshalb wird bei der Erörterung der Ablauforganisation auf jene Unternehmensbereiche abgehoben, in denen beim Handel Besonderheiten festzustellen sind: Auf das Personalwesen, die Warenwirtschaft und das interne Rechnungswesen.

Der Zusammenhang zwischen Aufbau- und Ablauforganisation soll zuvor in Form eines Schaubilds veranschaulicht werden:

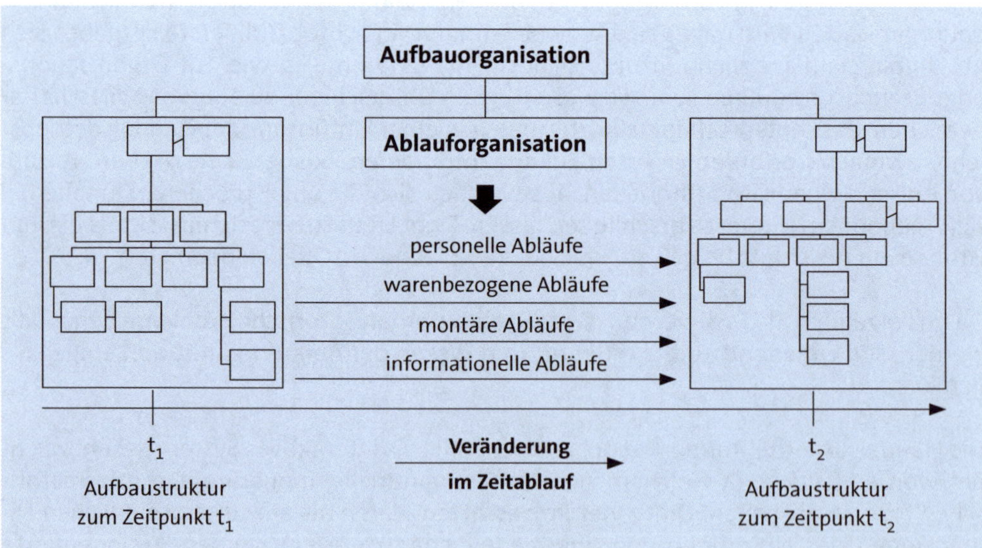

Abb. 98: Zusammenhang zwischen Aufbau- und Ablauforganisation

Die Abbildung der Aufbaustruktur einer Unternehmung ergibt sich aus einer statischen Betrachtung. Sie stellt gewissermaßen eine Momentaufnahme des Unternehmens zu einem bestimmten Zeitpunkt t_1 dar. Durch Einbezug der Zeitdimension, in der obigen Abbildung durch die Zeitachse dargestellt, beginnt sich die existierende Aufbauorganisation in Bewegung zu setzen, aktiv zu werden, wobei sie sich verändert. Die Aktivitäten und Änderungsprozesse werden durch die Ablauforganisation in Richtung auf die festgelegten Unternehmensziele dirigiert.

Nach einem gewissen Zeitraum ergibt sich zu einem weiteren Zeitpunkt (im obigen Schaubild t_2) ein neuer, im Vergleich zum Zeitpunkt t_1 veränderter Zustand der Unternehmensstruktur. Dieser kann als Aufbauorganisation zum Zeitpunkt t_2 ermittelt werden. Da Abläufe, Unternehmensprozesse erst durch die Dimension Zeit hervorgerufen werden, tragen sie zwangsläufig einen dynamischen Charakter, der ihre Regelungsfähigkeit durch eine Ablauforganisation gewissen Grenzen unterwirft. Diesen Problemen wird im folgenden Kapital eine vertiefte Aufmerksamkeit zu widmen sein.

I. Organisation des Personalwesens

Gemäß der Aufteilung des Leistungsfaktors Personal in einen dispositiven, steuernden und in einen ausführenden Bestandteil wird im Folgenden zunächst auf die Organisation der Führungstätigkeit, im Anschluss daran auf die Organisation der ausführenden Tätigkeit eingegangen. Abschließend werden Unterschiede im Bereich der Personalorganisation zwischen den Wirtschaftsstufen des Großhandels und des Einzelhandels analysiert.

1. Führungstätigkeit

1.1 Selbstorganisation des Management

Selbstorganisation, also das Setzen persönlicher Ziele, die Definition selbst wahrzunehmender Aufgaben im Unternehmen, Zeitmanagement und Kontrolle der Ergebnisse der eigenen Tätigkeit, stellt eine unabdingbare Voraussetzung für eine effiziente Aktivität aller Führungskräfte der Wirtschaft dar. Die Grundlagen des Selbstmanagement, da nicht handelsspezifisch, sind daher nicht Gegenstand unserer Untersuchung. Es soll aber auf einige Sonderaspekte aufmerksam gemacht werden, welche im Rahmen des Selbstmanagement von Führungskräften des Handels eine Rolle spielen.

Ein wesentlicher Unterschied zu anderen Wirtschaftssektoren lässt sich an einem kleinen Beispiel verdeutlichen:

Beispiel

Wenn sich ein Unternehmer in der Industrie regelmäßig über die Ordnungsmäßigkeit der Abläufe in Produktion, Lager, Versand etc. informieren möchte, so genügt ein Rundgang auf dem Werksgelände, der mit Ausnahme von Großunternehmungen in relativ kurzer Zeit absolviert werden kann. Mit einem vertretbaren Zeitbudget lassen sich auf diese Weise Ziele wie Erhaltung des persönlichen Kontakts zum Leistungserstellungsprozess, Beweisen von Präsenz gegenüber den Mitarbeitern usw. erreichen. Wenn ein Einzelhandelsunternehmer selbst in einem noch recht kleinen Unternehmen mit beispielsweise 8 Filialen, welche in einem Gebiet von 40 km Durchmesser verteilt sind, ein ähnliches Verhalten zeigen möchte, so hätte er für eine einzige Rundfahrt im Minimum zwei Stunden zu investieren. Ähnlich verhält es sich bei Großhandlungen, welche mit externen Lagern bzw. Zweigniederlassungen arbeiten. Allerdings ist die Problematik der Betriebsstättenstreuung im Einzelhandel spürbar größer als im Großhandel.

Während sich der geschilderte Sachverhalt auch bei Großunternehmungen vor allem des Einzelhandels bemerkbar macht, da hier im Fall von Hunderten oder Tausenden von Filialen die im Prinzip durchaus wünschenswerte sporadische Anwesenheit der Unternehmensleitung in den einzelnen Betriebsstätten nicht mehr realisierbar ist, tritt ein zweites Spezifikum des Selbstmanagement im Handel nur in kleinen und mittelständischen Unternehmungen auf: Es handelt sich dabei um ein **Mentalitätsproblem**.

Ähnlich wie in Handwerksbetrieben ist in kleinen Handelsunternehmungen mit einer Betriebsstätte und wenigen Mitarbeitern die persönliche, auch **manuelle Mitarbeit des Unternehmers/der Unternehmerin** unverzichtbar. Erfolgt nun eine Erweiterung des Unternehmens durch Errichtung weiterer Betriebsstätten, so müsste damit eigentlich eine Umgewichtung der unternehmerischen Tätigkeiten von der Ausführung zur Planung, Steuerung und Kontrolle erfolgen. Eben diese Umstellung fällt aber vielen mittelständischen Unternehmern schwer; sie finden ihre Befriedigung, das Gefühl, etwas geleistet zu haben, nur in solchen Situationen, in welchen sie selbst „anpacken". Daraus entstehen fast zwangsläufig Zeitprobleme, welche in vielen Fällen eine Vernachlässigung der eigentlichen Führungsaufgaben zur Folge haben.

Es ist in der Übergangsphase vom Klein- zum Mittelbetrieb deswegen notwendig, dass sich die Führungskräfte klare Vorstellungen bezüglich zu erreichender Ziele, zu setzender Prioritäten, selbst zu erfüllender und zu delegierender Aufgaben entwickeln. Hierzu können **Checklisten** dienen, welche z. B. folgendermaßen aufgebaut sein können:

Tätigkeitsbereich	Zielsetzung	Priorität	Durchführung	
			Selbst	Delegation
Bestellwesen	Verkaufsbereitschaft	Stufe II	- -	an Abteilungsleiter
Ausbildung Führungsnachwuchs	Hohe Managementqualität	Stufe I	X	- -
etc.				

Für die bei allen Führungskräften in gleicher Weise auftretenden Probleme des Selbstmanagement wird auf die umfangreiche einschlägige Literatur verwiesen.

1.2 Management-Informations-Systeme

Unter Management-Informations-Systemen (**„MIS"**) werden verbundene Daten- und Methodenbanken verstanden, welche zur Lösung von Führungsaufgaben in Unternehmungen eingesetzt werden können. Es wird hier auf den Abschnitt über Marketing-Informations-Systeme im Kapitel über das analytische Marketing-Instrumentarium verwiesen, da die dortigen Ausführungen weitgehend auch auf MIS übertragbar sind.

MIS treten in verschiedenen Formen auf und erfüllen unterschiedliche Aufgaben. Über diese gibt die folgende Abbildung einen Überblick:

Management-Informations-Systeme				
Formen	Autonome Systeme		Abhängige Systeme	
Aufgaben	Sammlung	Verarbeitung	Speicherung	Abgabe von Informationen

Abb. 99: Formen und Aufgaben von Management-Informations-Systemen (MIS)

Zur Informationsbeschaffung können unternehmensexterne und -interne Quellen genutzt werden. Durch die Verfügbarkeit einer Daten- und einer Methodenbank entsteht die Möglichkeit, die für bestimmte Führungsprobleme relevanten Daten und Fakten mithilfe geeigneter Methoden zu verarbeiten.

Als **autonom** werden solche Systeme bezeichnet, wenn sie innerhalb eines Unternehmens ohne Verbindung mit externen Einrichtungen arbeiten können. **Abhängige** Management-Informations-Systeme sind durch eine Verknüpfung unternehmensinterner und -externer informationsverarbeitender Einrichtungen gekennzeichnet. Insbesondere externe Datenbanken spielen hier eine bedeutsame Rolle. Natürlich ist es nicht ausgeschlossen, dass ein im Prinzip autonomes MIS externe Informationseinrichtungen zusätzlich nutzt.

Zu der **Arbeitsweise** und zu den **Leistungsanforderungen von MIS** kann rekapituliert werden, was bezüglich der Marketing-Informations-Systeme festgestellt wurde: Nach einer anfänglichen Euphorie, welche sich die Lösung sämtlicher Führungsprobleme durch ganzheitliche EDV-gestützte Systeme erhoffte, begnügt man sich heute mit einem geringeren, dafür aber realitätsnäheren Anspruchslevel. Man versucht, mithilfe von Partialsystemen Teilbereiche des Unternehmens zu steuern. Als solche Teilbereiche kommen im Handel der Einkauf, das Lager, der Fuhrpark, der Vertrieb, die finanzielle Abwicklung, die Investitionsplanung, die Finanzbuchhaltung etc. infrage.

Die Leitung eines Handelsunternehmens, welche mit einem MIS arbeiten will, muss entweder zu erheblichen **personellen Investitionen** in entsprechende Experten bereit sein, oder sich selbst die erforderlichen Kenntnisse aneignen. Ersteres ist i. d. R. nur Mittel- bzw. Großunternehmen möglich, letzteres ist als Nebentätigkeit ohne Vernachlässigung der Führungsaufgaben außerordentlich schwierig. Hinzu kommt, dass ein MIS nicht ausschließlich mit Standardinformationen und -methoden arbeiten kann, welche extern erworben werden können. Es müssen zahlreiche unternehmensbezogene

Daten erfasst und eingegeben werden, dazu müssen verschiedene Methoden mit unternehmensspezifischen Parametern versehen werden, um im Einzelfall praktisch verwertbare Resultate zu erzielen. Dies alles ist nur bei Bereitschaft zur Umstellung organisatorischer Abläufe möglich und erfordert erhebliche Anstrengungen in Bezug auf Motivation und Schulung von Beschäftigten des Unternehmens.

Die Erwähnung dieser Probleme soll keinesfalls die Schlussfolgerung induzieren, dass letztlich der vollständige Verzicht auf MIS für Handelsunternehmungen die bessere Vorgehensweise darstelle. Es steht außer Zweifel, dass ohne Nutzung der heutigen Möglichkeiten der Informationstechnologie auch Handelsunternehmungen auf Dauer nicht mehr erfolgreich im Markt konkurrieren können. Es sollte lediglich einer allzu simplifizierenden Auffassung über die Wirkungsweise von MIS vorgebeugt werden.

1.3 Führungsverhalten

Der Begriff der **Führung** ist in der Literatur in vielfältiger Weise definiert und erörtert worden. Die Zielsetzung der Führung als einer Managementfunktion in Handelsunternehmungen besteht darin, durch die Summe aller personalbezogenen Maßnahmen und Verhaltensweisen eine Optimierung der menschlichen Arbeitsleistung im Unternehmen zu erreichen. Diese Aussage stellt keinen Widerspruch zu der Forderung dar, dass der Mensch in seiner gesamten Komplexität in der Arbeitswelt zu akzeptieren und respektieren sei. Es kann im Gegenteil davon ausgegangen werden, dass nur jene Unternehmung auf Dauer ökonomischen Erfolg erzielen kann, welche dafür Sorge trägt, dass auf lange Sicht die **Wünsche und Bedürfnisse der Beschäftigten** angemessen berücksichtigt werden.

Aus diesem Grund müssen im Rahmen der Führung alle Einflussfaktoren der menschlichen Arbeitsleistung einbezogen werden, also auch jene, welche außerhalb des Unternehmens zu suchen sind. Hierzu liefert das folgende Schaubild einen Überblick:

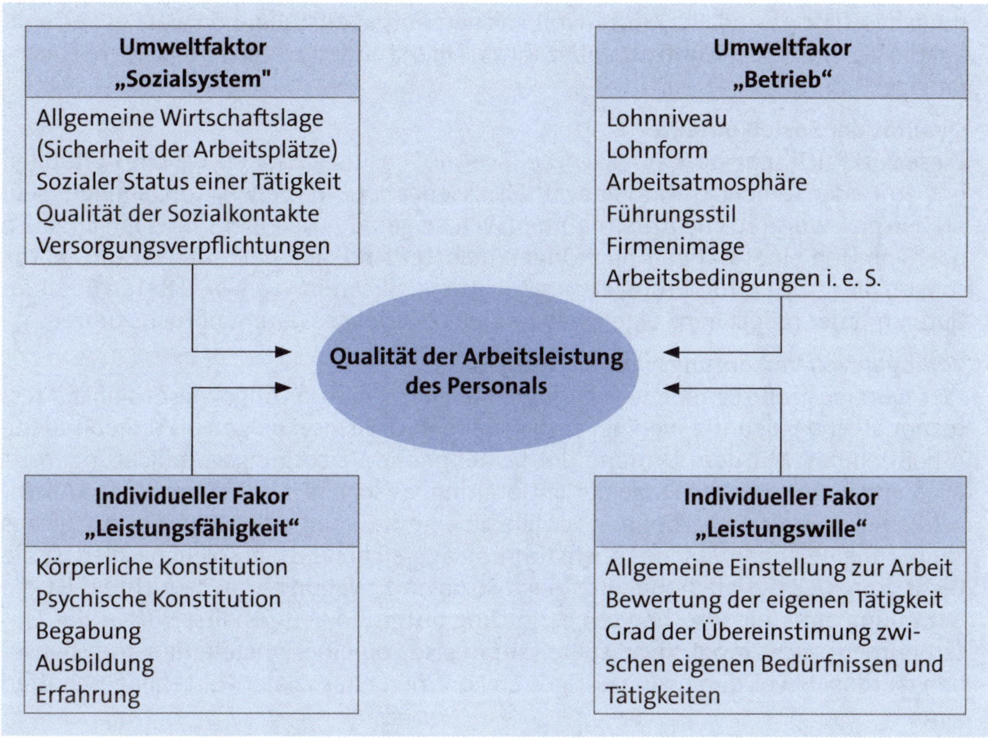

Abb. 100: Bestimmungsfaktoren der Qualität der Personalleistung

Von einer Führungskraft wird eine ganzheitliche Sichtweise gefordert, da nur eine solche die Bedürfnisse der arbeitenden Menschen und die Anforderungen einer Unternehmung in sinnvoller Weise zu kombinieren in der Lage ist. Zum ersten müssen Einflussfaktoren Berücksichtigung finden, welche im Umfeld der Unternehmung angesiedelt sind. Diese sind in der obigen Übersicht unter dem Stichwort des **Umfeldfaktors Sozialsystem** zusammengefasst:

- **Allgemeine Wirtschaftslage**
  Diese kann sich je nach Ist-Zustand und Zukunftsprognose auf die psychische Situation von Arbeitnehmern und Arbeitnehmerinnen günstig oder ungünstig auswirken. Besonders wesentlich ist hierbei die Frage der Sicherheit der Arbeitsplätze. Es kann keinesfalls als sinnvolle Motivationsmaßnahme angesehen werden, wenn in Zeiten schwacher Konjunktur von den Beschäftigten Arbeitsleistung durch den Hinweis auf die Gefahr des Arbeitsplatzverlusts gewissermaßen erpresst wird.
- **Sozialer Status einer Tätigkeit**
  Dieser steht in unmittelbarem Zusammenhang mit der individuellen Bewertung der eigenen Aufgaben. Vom hohen Status eines Geschäftsführers beispielsweise geht

zweifellos eine motivierende Wirkung aus, welche auch zur freiwilligen Erbringung von überdurchschnittlichem Engagement beiträgt. In umgekehrter Weise kann sich der niedrige soziale Status von Beschäftigten im Handel auswirken, welche ausschließlich mit einfachen Arbeiten wie z. B. Regalauffüllung oder Warenauszeichnung beschäftigt sind. Bei Kräften mit solchen Aufgabenstellungen wäre es verfehlt, auf die gleiche Bereitschaft zu unbezahlten Überstunden zu vertrauen wie bei hochrangigen Führungskräften.

- **Qualität der Sozialkontakte**
  Diese wirkt sich sehr stark auf das Arbeitsvermögen aus. Personen, welche in stabilen und zufriedenstellenden Familienverhältnissen leben, werden leistungsfähiger sein als beispielsweise solche Arbeitnehmer, welche gerade von einer schweren Ehekrise oder vom Tod eines nahen Angehörigen belastet sind. Ignoriert man diesen Faktor, so wird dies zu Überforderung der im Privatbereich bereits stark belasteten Beschäftigten mit der möglichen Folge eines totalen Leistungszusammenbruchs führen.
- **Vorliegen von Versorgungsverpflichtungen**
  Wer z. B. eine große Familie zu versorgen hat, wird durch das Angewiesensein auf feste monatliche Einkünfte weniger zum Arbeitsplatzwechsel neigen als ungebundene Arbeitnehmer. Mit dem Umfang der bestehenden Versorgungsverpflichtungen ist auch eng verbunden die Frage der Entlohnung; es scheint nicht sinnvoll, den Alleinverdiener in einer sechsköpfigen Familie zu einem Gehalt zu beschäftigen, welches kaum für eine angemessene Lebensführung ausreichend ist. In solchen Fällen ist die Festlegung der Gehaltshöhe auch nach sozialen Erwägungen auszurichten. Ist die Bezahlung einer entsprechenden Vergütung aufgrund der Gehaltsstruktur des Unternehmens nicht möglich, so sollte fairerweise von einer Anstellung ganz abgesehen werden, bevor durch zu niedriges Einkommen ein sozialer Härtefall geschaffen wird.

Zum zweiten ist der **Umfeldfaktor Betrieb** zu betrachten:

- **Niveau der Belohnung**
  Liegt dieses nicht wenigstens im Durchschnitt der Branche, so darf sich eine Unternehmung weder über Motivationsverlust der Arbeitnehmer noch über eine erhöhte Fluktuation wundern.
- **Entlohnungsform**
  Hier ist vor allem der Unterschied zwischen Zeit- und Leistungslohn relevant. Dieser kann sich sehr stark auf die Leistungsbereitschaft auswirken. Wenn nicht durch hohe Grundvergütung und/oder das inhaltliche Potenzial eines Arbeitsplatzes Motivation erzeugt wird, so stellt die leistungsbezogene Entlohnung oft den einzig möglichen Weg zur Leistungssteigerung der Mitarbeiter dar. Bei einfachen, aus sich heraus nicht motivierenden Tätigkeiten wirkt sich ein zeitbezogener Lohn oft in Richtung auf die Reduzierung der Arbeitsleistung aus.
- **Allgemeine Arbeitsatmosphäre**
  Wie viele Betriebsklimaanalysen bewiesen haben, bildet diese in einer Unternehmung einen wesentlichen Einflussfaktor der Leistungsbereitschaft. Stellt die Unter-

nehmensleitung fest, dass das Leistungsniveau insgesamt absinkt oder niedrig ist, so scheint die Durchführung einer Betriebsklimaanalyse zweifellos angezeigt.

- **Führungsstil**
  Die Art der Führung durch die leitenden Kräfte eines Unternehmens ist als eine der wesentlichen Bestimmungsgrößen der Arbeitsatmosphäre im Betrieb anzusehen. Die folgende Übersicht verdeutlicht die möglichen anwendbaren Führungsstile:

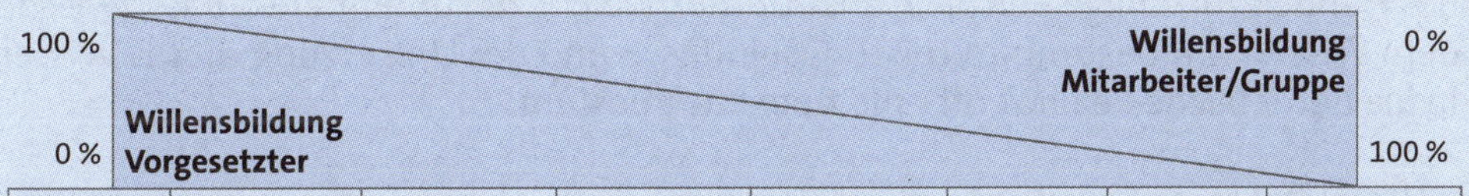

Charakterisierung	Vorgesetzter entscheidet, setzt durch, notfalls Zwang	Vorgesetzter entscheidet, setzt mit Manipulation durch	Vorgesetzter entscheidet, setzt mit Überzeugung durch	Vorgesetzter informiert, Meinungsäußerung der Betroffenen	Gruppe entwickelt Vorschläge, Vorgesetzter wählt aus	Gruppe entwickelt in vereinbartem Rahmen autonom	Gruppe entscheidet autonom, Vorgesetzter als Integrator, Koordinator
Benennung	„autoritär“	„patriarchalisch“	„informierend“	„beratend“	„kooperativ“	„partizipativ“	„demokratisch“

Autoritärer Führungsstil → Demokratischer Führungsstil

Abb. 101: Führungsstilvarianten (nach *Steinle*)

Während mittlerweile in der Wirtschaft nahezu unbestritten ist, dass eine verstärkte Einbeziehung der Mitarbeiter in den Entscheidungsprozess motivationssteigernd wirkt, ist die Umsetzung dieser Erkenntnis in der Handelspraxis noch überwiegend in den Anfängen begriffen. Es dominieren der autoritäre Führungsstil (in discountierenden Filialunternehmungen), die patriarchalische Unternehmensführung (vor allem in mittelständischen Handelsunternehmungen), sowie der informierende, beratende Führungsstil (vor allem in größeren traditionellen Handelsunternehmungen). Kooperative, partizipative und demokratische Führungsformen sind dagegen im Handel lediglich als singuläre experimentelle Versuche anzutreffen. Offensichtlich wird also in Bezug auf diesen Einflussfaktor der menschlichen Arbeitsleistung das vorhandene Motivationspotenzial noch nicht ausreichend ausgeschöpft.

In engem Zusammenhang mit dem Führungsstil ist das **Informationsverhalten der Leitungskräfte** zu sehen. Informationen über die Zusammenhänge des Gesamtunternehmens, über die zu erreichenden Ziele, über die Bedeutung des Eigenbeitrags für die Zielrealisation stärken die Leistungsbereitschaft. Umgekehrt wirkt sich ein geringer Informationsgrad aus, bei dem die einzelnen Mitarbeiter nur auf Anweisungen reagieren, ohne letztlich zu wissen, welche Rolle ihre eigene Tätigkeit im Gesamtunternehmen einnimmt. Ein offenes, transparenzschaffendes Informationsverhalten ist als leistungsfördernde Komponente nicht zu unterschätzen.

- **Firmenimage**
  Das Image des Unternehmens kann sich insofern auf die Arbeitsleistung der Beschäftigten auswirken, als ein Mitarbeiter, welcher die Zugehörigkeit zu einem bestimm-

ten Unternehmen in seinem privaten Umfeld mit Stolz herausstellen kann, im Allgemeinen einen größeren Leistungswillen aufweisen wird als jener, welcher des Images seines Arbeitgebers wegen seine Betriebszugehörigkeit eher verschweigen muss.

- **Allgemeine Arbeitsbedingungen im engeren Sinne**
  Kälte, Lärm, unzureichende Beleuchtung, triste Sozialeinrichtungen, unhandliche Maschinen und Einrichtungen etc. tragen kaum zur Förderung der Leistungsbereitschaft bei. Obwohl dieser Zusammenhang banal zu sein scheint, sind in der Praxis des Handels unzählige Beispiele anzutreffen, welche dokumentieren, dass zwischen dem Wissen um bestimmte Leistungseinflüsse und der Umsetzung dieses Wissens in die betriebliche Realität oft eine tiefe Kluft besteht.

Die Umfeldfaktoren Sozialsystem und Betrieb wirken sich auf den **personenbezogenen Einflussfaktor der Leistungsfähigkeit** aus:

- **Körperliche Konstitution**
  Ein Arbeitnehmer kann nur so leistungsfähig sein, wie seine Gesamtverfassung dies zulässt. Es ist deshalb nötig, dass die Führungskräfte eines Unternehmens die körperliche Konstitution eines Arbeitnehmers bei der Beurteilung der Belastbarkeit miteinbeziehen. Werden Körperkraft, Ausdauer, Anfälligkeit für Krankheiten, Lebensalter etc. nicht ausreichend berücksichtigt, so kann es leicht zu einem Auseinanderfallen zwischen den Anforderungen einer Tätigkeit (z. B. im Großhandelslager) und den objektiven Möglichkeiten einer Person kommen.
- **Psychische Konstitution**
  Schwieriger als der körperliche Zustand ist die psychische Situation (Stabilität, Konzentrationsvermögen, Selbstvertrauen etc.) eines Beschäftigten zu erkennen. Trotz dieser schwereren Einschätzbarkeit ist sie von nachhaltiger Auswirkung auf die Fähigkeit zur Leistungserbringung.

  Diese beiden Faktoren sind offensichtlich nur dann bei der Zumessung des Leistungsanspruches einzubringen, wenn sich Führungskräfte die Zeit nehmen, die einzelnen Mitarbeiter und Mitarbeiterinnen als Individuen zur Kenntnis zu nehmen. Dies weist darauf hin, dass Führen bei weitem nicht mit dem Erteilen von Anweisungen und der Ergebniskontrolle beendet ist, sondern dass die Beschäftigung mit den einzelnen Personen im Verantwortungsbereich einer Führungskraft zu den entscheidenden Leitungsaufgaben zu rechnen ist.

  Konkret bedeutet dies einen offenen Blick für Erscheinungsbild und Auftreten von Mitarbeitern, ein Interesse für deren privaten Bereich sowie die Bereitschaft, sich notfalls auch außerhalb der Arbeitszeit und außerhalb des Unternehmens mit den Problemen von Arbeitskräften auseinanderzusetzen. Als Beispiel sei auf die Problematik alkoholabhängiger Mitarbeiter im Betrieb hingewiesen, deren Behandlung durch die Unternehmensleitung als Prüfstein für das gegebene Führungsverständnis betrachtet werden kann.
- **Begabung, Ausbildung, Erfahrung**
  Diese Merkmale bilden die objektive Basis für das berufsbezogene Leistungsvermögen. Werden diese Aspekte nicht genügend erforscht und bei der Arbeitszuweisung berück-

sichtigt, so ergeben sich daraus Über- oder Unterforderungen der Mitarbeiter. Beides kann als in gleichem Maße schädlich für die Leistungsfähigkeit beurteilt werden.

Neben den konstitutionellen Grundtatbeständen kann der **Einflussfaktor Leistungswille** als Kristallisationspunkt aller übrigen Einflussgrößen angesehen werden:

- **Allgemeine Einstellung zur Arbeit**
  Diese ist bereits als komplexes Endresultat zahlreicher Wirkgrößen einzustufen. Wenn eine Arbeitskraft von der Grundeinstellung her nur deshalb berufstätig ist, weil sie sich die privaten Interessen oder den erforderlichen Unterhalt für eine Familie auf irgend eine Art und Weise verdienen muss, so kann von ihr keine hohe Leistungsbereitschaft erwartet werden. Dies ist im Allgemeinen durch Leistungsanreize gleich welcher Art nicht veränderbar.

  Betrachtet dagegen ein Mitarbeiter/eine Mitarbeiterin die Berufstätigkeit als wesentlichen Teil des Lebens und als zur Selbstverwirklichung unverzichtbar, so entsteht hierdurch eine intrinsische Motivation, die selbst bei fehlenden äußeren Leistungsanreizen noch wirksam bleibt. Gegen diese Grundeinstellungen kann nur schwer, teilweise überhaupt nicht angegangen werden. Wesentlich scheint, dass eine Führungskraft über die entsprechenden Einstellungen der Untergebenen informiert ist, um das eigene Führungsverhalten darauf abstellen zu können.

- **Bewertung der eigenen Tätigkeit**
  Wie eine Arbeitskraft die eigene Tätigkeit einschätzt, hängt zum Teil vom objektiven sozialen Status ab; dies muss jedoch nicht in allen Fällen gegeben sein. So kann beispielsweise ein Hauptabteilungsleiter die eigene Position negativ bewerten, weil er sich zu Aufgaben im Vorstand eines Unternehmens befähigt fühlt. Umgekehrt kann eine Kraft, welche z. B. mit der Regalnachfüllung beschäftigt ist, auf die Aufrechterhaltung eines attraktiven Regalbildes stolz sein.

  Leistungswillig wird nur eine solche Arbeitskraft sein, welche die eigene Tätigkeit positiv beurteilt. Um dies herbeizuführen, muss erstens der Versuch unternommen werden, allen Beschäftigten die Wertigkeit ihrer Arbeit zu verdeutlichen. Durch entsprechende Informationen kann darauf hingewirkt werden, dass auch eine einfach strukturierte Tätigkeit als wertvoll für das Gesamtunternehmen erkannt wird. Zweitens sollten Führungskräfte deutlich machen, dass für sie der menschliche Wert eines Mitarbeiters von der ausgeübten Funktion unabhängig ist. Dies kann glaubhaft nur dann gelingen, wenn leitende Mitarbeiter/-innen hiervon auch überzeugt sind. Wer in dünkelhafter Manier den Wert des Menschen nach der beruflichen Position abstuft, darf sich über Leistungsverweigerung seitens von ihm selbst abgewerteter Arbeitskräfte nicht wundern.

- **Grad der Übereinstimmung zwischen eigenen Bedürfnissen und Tätigkeitsprofil**
  Hierdurch wird der Leistungswille sehr stark beeinflusst. Dies gilt sowohl in Bezug auf das Niveau als auch hinsichtlich der Struktur der auszuübenden Tätigkeiten. Das Gefühl, überlastet oder unterfordert zu werden, beeinträchtigt die Leistungsbereitschaft. Die gleiche Folge tritt ein, wenn die Tätigkeit vom Schwierigkeitsgrad her als angemessen betrachtet wird, ein Arbeitnehmer jedoch lieber eine inhaltlich andere Funktion wahrnehmen würde.

Um Deckung zwischen individuellen und betrieblichen Anforderungen zu erreichen, ist es notwendig, dass für jede Stelle im Unternehmen ein Tätigkeitsprofil und für jeden Mitarbeiter ein Möglichkeiten und Neigungen berücksichtigendes Leistungsprofil erstellt wird. Erst dann kann versucht werden, bei einer möglichst großen Anzahl von Stellen Übereinstimmung zwischen Positionsanforderung und Mitarbeiterwünschen herbeizuführen. Die schwierigste Aufgabe in diesem Zusammenhang stellt der Umgang mit jenen Mitarbeitern dar, welche sich selbst über- bzw. unterschätzen. Solche Führungsprobleme lassen sich nur lösen, wenn Leitungskräfte über ein ausreichendes Maß an Menschenkenntnis und psychologischem Einfühlungsvermögen verfügen.

Als wesentliches Fazit dieses Abschnittes sollte deutlich geworden sein, dass die Voraussetzungen effektiver Führungstätigkeit sich keineswegs auf das Vorliegen von Fachkenntnissen und Erfahrungen beschränken, sondern dass soziale Führungskompetenz im weitesten Sinne als entscheidende Eigenschaft von Führungskräften anzusehen ist. Es ist zu konstatieren, dass diesem Aspekt weder in der theoretischen noch in der praktischen Aus- und Fortbildung ausreichend breiter Raum gegeben wird.

2. Ausführende Tätigkeit

In diesem Abschnitt kann nur auf einige wenige bedeutende Fragen der personalbezogenen Ablauforganisation eingegangen werden. Insbesondere können keine auf einzelne Branchen zugeschnittenen Ablaufmodelle entwickelt werden. Die betrachteten Aspekte beziehen sich daher auf solche Personalprobleme, welche im gesamten Handel oder zumindest übergreifend in einer Wirtschaftsstufe anzutreffen sind.

2.1 Personalbedarfsplanung

Aufgrund ihrer unterschiedlichen Merkmale sind die eher langfristig ausgerichtete Personalbedarfsplanung und die stärker kurzfristig orientierte Personaleinsatzplanung zu unterscheiden. Die folgende Tabelle zeigt die Unterschiede dieser beiden Planungsinstrumente auf:

Personalplanung	
Personalbedarfsplanung	**Personaleinsatzplanung**
► langfristig	► kurzfristig
► strategisch	► taktisch
► stellenorientiert	► personenorientiert

In der Handelspraxis ist vielfach festzustellen, dass keine systematische Planung des Personalbedarfs vorgenommen wird, sondern in eher kurzfristiger Sichtweise Ersatzbeschaffungen vorgenommen werden, wenn Mitarbeiter das Unternehmen verlassen bzw. Neueinstellungen durchgeführt werden, wenn sich das Geschäftsvolumen ausweitet. Ist der Geschäftsgang dagegen rückläufig, so wird oft kurzfristig Personal entlassen, wobei man sich einseitig an einem bestimmten Personalkostenziel orientiert. Diese Verhaltensweise ist nicht geeignet, um im Sinne der Unternehmensziele eine optimale Personalstärke und -struktur zu schaffen. Hierfür bedarf es einer methodischen, zukunftsgerichteten Personalbedarfsplanung, welche anschließend durch eine Personaleinsatzplanung zu ergänzen ist.

Der Ablauf einer sinnvollen Personalbedarfsplanung ist durch folgende **Schritte** gekennzeichnet:

Abb. 102: Schritte der Personalbedarfsplanung

Die einzelnen Schritte sollen im Folgenden kurz erläutert werden:

1. Schritt: Vergangenheitsbezogene Analyse des Arbeits-Mengengerüsts
Zunächst müssen die Geschäftspartner und sonstigen Institutionen identifiziert werden, welche für das Handelsunternehmen Arbeit verursachen. Daran anschließend muss das gesamte Arbeitsvolumen in verschiedene Tätigkeitsblöcke unterteilt werden, welche überwiegend durch empirische Erhebungen quantitativ und qualitativ zu bestimmen sind. Das folgende Schaubild zeigt die Struktur des Mengengerüsts auf:

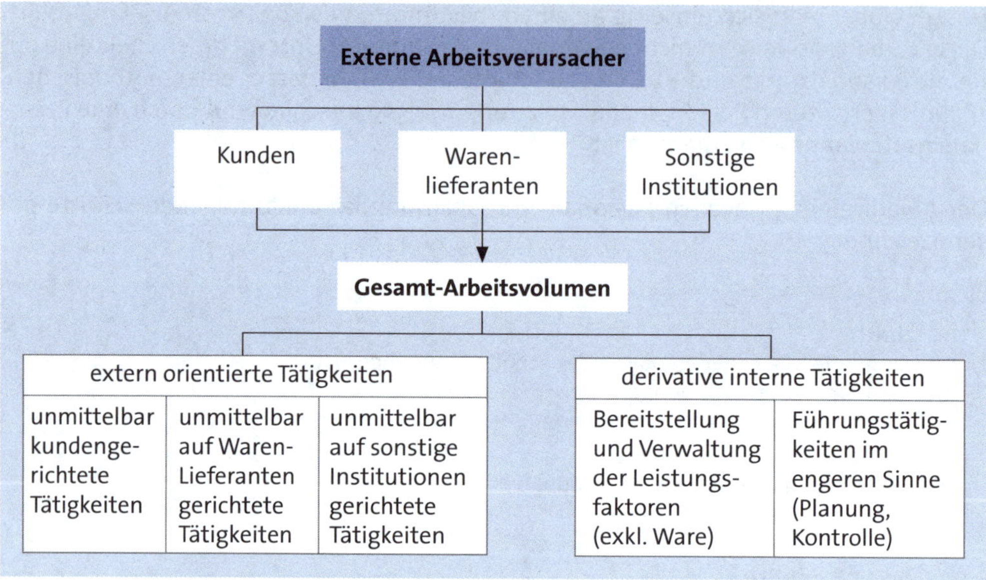

Abb. 103: Die Struktur des Arbeits-Mengengerüsts

Die wichtigsten **Arbeitsverursacher** für ein Handelsunternehmen sind in den Kunden und den Warenlieferanten zu sehen. Dies ergibt sich aus der Rolle des Handels als Mittler zwischen Anbietern und Nachfragern. Hinzu kommen verschiedene Institutionen, welche – allerdings in geringerem Umfange – diverse Tätigkeiten im Handelsunternehmen induzieren. Dazu zählen beispielsweise Behörden wie das Gewerbeaufsichtsamt, statistische Ämter, an welche die Handelsunternehmen Daten abzugeben haben, das Finanzamt etc.

Das hieraus entstehende **Gesamt-Arbeitsvolumen** zerfällt in extern orientierte Tätigkeiten, welche aus dem unmittelbaren Kontakt mit den Arbeitsverursachern entstehen, und derivative interne Tätigkeiten, also solche, welche die betrieblichen Rahmenbedingungen zur Leistungserstellung schaffen und erhalten sollen. Die erstgenannte Tätigkeitsgruppe lässt sich weiter unterteilen in Aktivitäten, welche unmittelbar **kundengerichtet** sind, wie Auftragsannahme, Warenbearbeitung, Kommissionierung, Warenzustellung, Kundenberatung etc., Tätigkeiten, die in **direktem Zusammenhang mit den Warenlieferanten** stehen, wie etwa Durchführung von Bestellungen, Warenannahme oder Rechnungskontrolle, und schließlich in Arbeiten mit unmittelbarer Ausrichtung auf sonstige Arbeitsverursacher, wie z. B. das Erstellen von Statistiken oder das Anfertigen von Steuererklärungen.

Die zweite Tätigkeitsgruppe lässt sich unterteilen in die **Bereitstellung und Verwaltung sämtlicher Leistungsfaktoren**, welche die handelsbetriebliche Leistungserstellung erst ermöglichen, also etwa die Investitionsgüterbeschaffung, die Kapitalbeschaffung, die Personalbeschaffung und -verwaltung, die Wartung von Maschinen und Fördermitteln usw., außerdem in Führungstätigkeiten im engeren Sinne, worunter insbesondere die Planung und Kontrolle des Handelsgeschehens zu verstehen sind.

Zur Ermittlung des Mengengerüsts sind verschiedene empirische Erhebungen erforderlich, deren drei Grundformen sind:

- Ermittlung der kundenverursachten Tätigkeiten
- Ermittlung der lieferantenverursachten Tätigkeiten
- Ermittlung der internen Tätigkeitsstruktur des Handelsbetriebs.

Als Beispiele für die Erhebung der kundenverursachten Tätigkeiten sind Auftrags- und Bestellanalysen, Kundenfrequenzerhebungen und Umsatzerfassungen zu nennen. Beispiele empirischer Analysen für die Ermittlung lieferantenverursachter Tätigkeiten sind in der Untersuchung der eigenen Bestellvorgänge und der Wareneingangsstruktur, oder auch in der Erfassung der Tätigkeiten zur Rechnungsverwaltung und -kontrolle gegeben. Erhebungsbeispiele zur Feststellung der internen Tätigkeitsstruktur sind Analysen der Führungsaktivitäten, Ermittlung der Aufgabenerfüllung im Rechnungswesen oder die Auswertung der Vorgänge in der Sachmittelbeschaffung und -verwaltung.

Zur Ermittlung der kundenverursachten Tätigkeiten bietet sich einerseits eine Erfassung der Umsätze, andererseits eine Erhebung der Kundenzahlen an. Es ist somit erforderlich, über die einzelnen Stunden des Tages hinweg sowie im Verlauf der Tage einer Woche die jeweils im Markt befindlichen Kunden und die von diesen realisierten Umsätze aus den Kassendaten zu erschließen. Hieraus wird die Umsatz- sowie Kundenstruktur ersichtlich, deren Kenntnis nicht nur für die Personalbedarfsplanung, sondern im Weiteren auch für die Personaleinsatzplanung bekannt sein muss.

Zur Ermittlung der lieferantenverursachten Tätigkeiten bietet sich ebenfalls eine systematische Erfassung an, mit welcher festgehalten wird, welche Lieferanten zu welchen Zeiten welche Mengen im Markt anliefern und welche zeitliche Beanspruchung vom Eintreffen des Lieferanten bis zu seiner Abfahrt entsteht.

Die Ermittlung der internen Tätigkeitsstruktur, welche vor allem warenverursacht ist, erfolgt mittels der Vornahme so genannter „Multimoment Studien". Dabei handelt es sich um Erhebungen, bei welchen bestimmte Abläufe zu „vielen Zeitpunkten" (= „Multi-Moment"), d. h. in kurzen zeitlichen Intervallen festgehalten werden. Im vorliegenden Beispiel werden von einer Gruppe von Erhebern die jeweils ausgeübten Tätigkeiten der Angestellten einer Einzelhandels-Verkaufsstelle in Intervallen zwischen 5 und 15 Minuten aufgenommen. Die Erhebung erfolgt getrennt nach den verschiedenen Abteilungen der Betriebsstätte. Durch Aggregierung können so präzise Strukturbilder bezüglich der Sortierungsmerkmale Tätigkeit, Abteilung und Tätigkeit je Abteilung gewonnen werden.

2. Schritt: Ermittlung von Ist- und Soll-Produktivitäten

Die Ermittlung von Ist-Produktivitäten erfolgt generell durch die Gegenüberstellung von **Input-** und **Output-Größen**. Auf den Leistungsfaktor Personal bezogen bedeutet dies, dass Leistungsresultate wie die Anzahl kommissionierter Aufträge oder bedienter Kunden, die erzielten Umsätze etc. auf die hierfür eingesetzten Mitarbeiter bezogen werden. Die zu Grunde liegende Zeiteinheit kann ein Jahr, ein Monat, eine Woche oder eine Stunde sein. Daraus ergeben sich z. B. folgende **Kennziffern**:

$$\frac{\text{Umsatz}}{\text{Personalstunden}} = \text{Personenumsatzleistung je Stunde}$$

$$\frac{\text{Anzahl bedienter Kunden}}{\text{Personalstunden}} = \text{Kundenbedienungsleistung je Personalstunde}$$

$$\frac{\text{Kommissionierte Aufträge eines Monats}}{\text{Anzahl Kommissionierer}} = \text{Monatskommissionierleistung je Mitarbeiter}$$

Auf diese Weise können verschiedene sinnvolle Relationen zwischen Output und Personal-Input gebildet werden.

Die Ist-Leistung sagt jedoch noch nichts darüber aus, wie die erzielte **Personalproduktivität** zu bewerten ist. Hierfür ist es erforderlich, interne und externe Vergleiche durchzuführen. **Interne Gegenüberstellungen** können beispielsweise vorgenommen werden zwischen:

- Monat und Vormonat
- laufendem Monat und Entsprechungsmonat des Vorjahres
- laufendem Jahr und Durchschnittswert der Vorjahre
- verschiedenen Abteilungen
- verschiedenen Einzelhandelsfilialen
- verschiedenen Großhandelslagern
- etc.

Interne Zeitvergleiche eröffnen den Blick auf Veränderungen, also auf Verbesserungen oder Verschlechterungen der Personalleistung im Zeitablauf. Vergleiche zwischen verschiedenen Betriebsstätten erbringen Erkenntnisse über Leistungsunterschiede im Unternehmen. Beide Formen des internen Vergleichs lassen jedoch nicht erkennen, ob durch Managementfehler, strukturelle Nachteile oder andere Ursachen bedingt die Leistungswerte des eigenen Unternehmens hinter einem objektiv erreichbaren Standard zurückbleiben.

Diese Information erschließt sich nur durch **externen Betriebsvergleich**. Durch Gegenüberstellung der eigenen Werte zu Vergleichsdaten der Branche, vor allem zu den Resultaten erfolgreicher Unternehmungen, kann man erkennen, ob das eigene Unternehmen unter den Branchenführern zu finden ist, die Durchschnittswerte des Wirtschaftszweiges gerade erreicht oder ob das Unternehmen nicht auf einem konkurrenzfähigen Stand ist. Dabei ist allerdings zu beachten, dass betriebsstätten-

oder unternehmensindividuelle Faktoren wie z. B. bauliche Gegebenheiten einer Betriebsstätte oder ein höheres Dienstleistungsniveau eines Unternehmens die Personalleistungswerte nachhaltig beeinflussen können. Zum Vergleich dürfen nur solche Unternehmungen herangezogen werden, welche in den wichtigen Leistungs- und Strukturmerkmalen auch tatsächlich vergleichbar sind.

Weiterhin ist darauf aufmerksam zu machen, dass keinesfalls für heterogene Betriebsteile einheitliche **Personal-Soll-Leistungen** festgelegt werden dürfen. Dies soll an einem extremen Beispiel veranschaulicht werden:

Beispiel

Der vollständig in Bedienung geführte Tabakwaren- und Zeitschriften-Shop eines Warenhauses kann zwangsläufig nicht dieselbe Produktivität erzielen wie die überwiegend in Selbstbedienung betriebene Lebensmittelabteilung. Würde für das gesamte Warenhaus eine durchschnittliche Soll-Leistung des Personals festgelegt, so würde hierdurch der Shop benachteiligt, die Lebensmittelabteilung bevorzugt. Fazit: Es müssen für jeden Unternehmens- bzw. Betriebsstättenteilbereich, welcher durch eine eigenständige Art der Leistungserstellung gekennzeichnet ist, spezifische Personalproduktivitäten vorgegeben werden.

Sowohl innerhalb von Warengruppen, vor allem aber zwischen diesen ist aufgrund verschiedener Tätigkeitsstrukturen bei den Personalleistungskennziffern eine sehr große Bandbreite gegeben, welche bei Bedarfsplanungen berücksichtigt werden muss.

3. Schritt: Planung des künftigen Arbeits-Mengengerüsts
Der künftige Personalbedarf kann nur auf der Basis eines **prognostizierten Arbeitsvolumens** bestimmt werden. Es ist daher erforderlich, die Maßgrößen des Arbeits-Mengengerüsts, welche vergangenheitsbezogen zur Errechnung von Ist-Produktivitäten herangezogen wurden, in Zukunftsprognosen umzusetzen.

Bei der Wahl der Bedarfsvorhersageverfahren ist zunächst zu entscheiden, ob diese absatz- bzw. verbrauchsorientiert oder programmorientiert sein sollen. Letztgenannte Verfahren beruhen auf vorgegebenen Fertigungsprogrammen und sind daher für die Industrie sehr gut, für den Handel dagegen weniger gut geeignet. Somit werden absatz- bzw. verbrauchsorientierte Verfahren anzuwenden sein. Von hoher praktischer Relevanz sind in diesem Zusammenhang insbesondere die Mittelwertrechnung und die exponentielle Glättung. Für eine vertiefte Beschäftigung mit den hier angesprochenen Verfahren bzw. mit der gesamten Problematik der Bedarfsvorhersage im Handel wird auf die große Zahl einschlägiger Monographien und Aufsätze verwiesen, welche sich mit den unterschiedlichen theoretischen Möglichkeiten der Bedarfsprognose unter verschiedenen Tätigkeitsbedingungen und Marktsituationen auseinandersetzen. Exemplarisch kann hier verwiesen werden auf *Bichler/Lörsch, Hanke, Herrmann, Kopsidis etc.*

Um eine sinnvolle Personalbedarfsplanung durchführen zu können, ist es allerdings erforderlich, die Daten des Mengengerüsts nicht nur für eine einzige längere zeitliche Periode zu bestimmen; es muss zumindest eine Unterteilung in **langfristige Vorhersagen** (ein bis drei Jahre), **mittelfristige Prognosen** (Halbjahr bis Jahr) und **kurzfristige Berechnungen** (bezogen auf einzelne Monate oder sogar Wochen) vorgenommen werden. Weiterhin ist es notwendig, Globalzahlen für das Gesamtunternehmen in solche für Betriebsteile, z. B. Filialen, Abteilungen etc., aufzuschlüsseln.

Als sinnvollerweise eigenständig zu planen haben sich solche organisatorischen Betriebseinheiten erwiesen, in welchen ein zurechenbarer Personaleinsatz stattfinden kann. So ist es beispielsweise angebracht, in einem Warenhaus den künftigen Personalbedarf z. B. für die Möbelabteilung zu ermitteln, da i. d. R. eine relativ fest zugeordnete Personalbesetzung für diesen Bereich verantwortlich ist. Dagegen wäre es wenig nützlich, für die Unterwarengruppe der Obst- und Gemüsekonserven eine separate Personalbedarfsplanung vornehmen zu wollen, da für diese und andere Unterwarengruppen ein übergreifender Personaleinsatz stattfindet.

4. Schritt: Ableitung des künftig erforderlichen personellen Inputs
Der zukünftig benötigte Personalbedarf besitzt zwei unterschiedliche Aspekte: Es müssen

- die quantitative Dimension und
- die qualitative Dimension

des Personalbedarfs festgelegt werden. Im Rahmen der quantitativen Dimension müssen Entscheidungen darüber getroffen werden, welche Anzahl an Arbeitskräften bzw. welche Arbeitsstundenzahl in der Zukunft erforderlich sein werden. Innerhalb der qualitativen Dimension muss darüber befunden werden, mit welcher Personalstruktur die künftigen Aufgaben am besten bewältigt werden. Diese wiederum wird durch Merkmale wie Ausbildung, Berufserfahrung, physische Konstitution etc. charakterisiert.

Die **quantitative Personalbedarfsbestimmung** vollzieht sich als reines Rechenverfahren, in dem das geplante Arbeits-Mengengerüst durch die Soll-Produktivität dividiert wird. Wurde beispielsweise für eine bestimmte Abteilung ein Umsatz für das Folgejahr in Höhe von 0,5 Mio. € prognostiziert und beträgt die auf das Jahr bezogene Personalproduktivität 200.000 € je Vollkraft, so ergibt sich aus diesen Ausgangswerten ein Personalbedarf von 2,5 Vollkräften für die entsprechende Abteilung.

Die Bestimmung der **qualitativen Personalstruktur der Zukunft** ist schwieriger als die obige quantitative Berechnung. Es müssen hierzu die im vorangegangenen Kapitel dargelegten aufbauorganisatorischen Hilfsmittel wie Stellenplan und Stellenbeschreibungen herangezogen werden. Aus ihnen lässt sich erkennen, über welche Qualifikationsmerkmale die Beschäftigten verfügen müssen, welche in den einzelnen betrieblichen Bereichen zum Einsatz gelangen sollen.

5. Schritt: Ableitung der Personalbeschaffungs- und Personalentwicklungsplanung
Die qualitativ und quantitativ in der Zukunft benötigte Personalzusammensetzung muss mit dem **bestehenden Personalbestand** verglichen werden. Daraus lässt sich erkennen, inwieweit das vorhandene Personal in der Lage ist, die künftigen Arbeitsanforderungen zu bewältigen. Festgestellte Lücken zwischen Bedarfsprognose und Ist-Situation sind mithilfe von Personalbeschaffungs- und Personalentwicklungsmaßnahmen zu schließen.

Dies bedeutet, dass bei den vorhandenen Beschäftigten eine systematische, auch zeitlich präzisierte Karriereplanung vorgenommen wird. Für jede Mitarbeiterin/jeden Mitarbeiter muss dabei überlegt werden, welcher berufliche Weg im Unternehmen im Einzelfall möglich scheint, und welche Ausbildungs- und Weiterbildungsmaßnahmen für das Erreichen bestimmter Karriereziele durchgeführt werden müssen. Positionen, bei welchen eine Besetzungsmöglichkeit durch bereits angestellte Kräfte nicht gegeben ist, sowie solche Arbeitsstellen, welche durch Versetzungen und Beförderungen frei werden, müssen aus dem Arbeitsmarkt aufgefüllt werden. Dazu ist es erforderlich, in einem Beschaffungsplan die in der Zukunft benötigten Kräfte nach Anzahl, Qualifikation und Zeitpunkt auszuweisen. Nur so ist eine vorausschauende, Erfolg versprechende Personalsuche möglich.

Die Personalentwicklungsplanung kann als hervorragendes **Motivationsinstrument** eingestuft werden. Wenn Mitarbeiter und Mitarbeiterinnen bereits beim Eintritt in ein Unternehmen oder zumindest nach Ablauf der Probezeit die für sie infrage kommenden Entwicklungsmöglichkeiten kennen, welche selbstverständlich im Zeitablauf fortgeschrieben werden müssen, so erwächst hieraus ein Anreiz, die in Aussicht gestellten Ziele auch tatsächlich zu erreichen. Gleichzeitig wirkt dieses Instrument einer zu hohen Personalfluktuation entgegen, da das Wissen um – natürlich nur bei eigener Bewährung – mögliche Karrierefortschritte durchaus eine Arbeitskraft an das Unternehmen binden kann. Werden dagegen Karrieresprünge ausschließlich aufgrund eines Wechsels der Arbeitsstelle für möglich gehalten, so erhöht dies die Fluktuationsquote gerade bei entwicklungsfähigen Arbeitskräften.

Zahlreiche Handelsunternehmungen verfahren in der Praxis nicht auf die dargestellte Art und Weise. Personal wird oft erst dann gesucht, wenn das Entstehen einer Vakanz unmittelbar bevorsteht oder sogar bereits eingetreten ist. Unter solchen Umständen muss häufig auf Bewerber zurückgegriffen werden, welche die zu besetzende Stelle nicht optimal ausfüllen können. Daraus können unzureichende Funktionsbewältigung, Frustrationen auf Arbeitgeber- wie auf Arbeitnehmerseite, in drastischen Fällen auch mehrfache Suchprozesse resultieren, bevor eine Position endgültig besetzt werden kann. In betriebswirtschaftlichen Erfolgsgrößen ausgedrückt, bedeutet dies Ertragseinbußen und Entstehung vermeidbarer Kosten.

Das Fehlen von Personalentwicklungsplanungen kann verschiedene **negative Konsequenzen** nach sich ziehen: Zum einen werden abrupte Versetzungen und Beförderungen ohne rechtzeitige Vorbereitung durch entsprechende Fortbildungsmaßnahmen notwendig; zum anderen wird in vielen Fällen eine Demotivation der Mitarbeiter eintreten, welche bestehende Entwicklungsmöglichkeiten im eigenen Unternehmen überhaupt nicht kennen oder zumindest den Eindruck gewinnen müssen, dass sich das Unternehmen um ihr Weiterkommen keinerlei Gedanken macht. Die Unterlassung der Personalbeschaffungs- und der Personalentwicklungsplanung beinhaltet so viele Nachteile, dass ein Verzicht auf diese beiden personalpolitischen Instrumente mit dem Anspruch, eine moderne Unternehmensführung zu betreiben, als nicht vereinbar bezeichnet werden muss.

Aufgabe 17 > Seite 505

2.2 Personaleinsatzplanung

Bei der Personaleinsatzplanung handelt es sich um den kurzfristigsten Aspekt der Personalbedarfsplanung; dabei wird das benötigte Personal in quantitativer und qualitativer Hinsicht für die unmittelbar bevorstehende Planungsperiode bestimmt. Diese beträgt im Einzelhandel üblicherweise eine Woche und wird weiter in Tage, zum Teil sogar in Stunden unterteilt. Vom Grundsatz her vollzieht die Personaleinsatzplanung die Schritte der Personalbedarfsplanung nach:

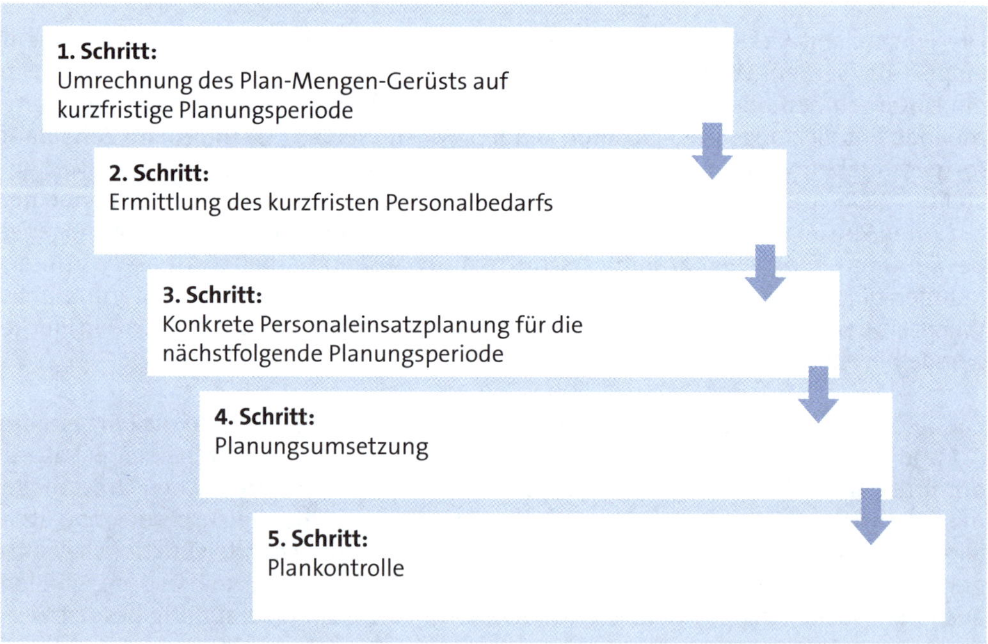

Abb. 104: Schritte der Personaleinsatzplanung

1. Schritt: Umrechnung des Plan-Mengengerüsts auf kurzfristige Planungsperioden
Die überwiegend für das Folgejahr geplanten Werte (Umsatz, Kundenzahl etc.) müssen zur Durchführung der Personaleinsatzplanung auf Wochen, Tage und Stunden umgerechnet werden. Dazu ist die Kenntnis über die **zeitliche Arbeitsverteilung** von außerordentlicher Bedeutung.

So wäre es beispielsweise falsch, einen Jahresumsatzwert durch einfache Division durch 12 auf Monate umzurechnen. Ebenso unrichtig wäre es, die Arbeitsbelastung je Stunde z. B. in einer Einzelhandelsverkaufsstelle dadurch zu errechnen, dass man das Tagesarbeitsvolumen durch die Anzahl der Öffnungsstunden teilt.

Vielmehr ist es erforderlich, die durch Statistiken und eigene empirische Erhebungen (siehe oben) gewonnenen **Daten über die Arbeitsstrukturen** für die Aufschlüsselung des Gesamtarbeitsvolumens heranzuziehen.

Beispiel

Die folgende Tabelle soll veranschaulichen, wie dies für die Monatsplanung am Beispiel der Maßgröße Umsatz vonstatten gehen kann:

Planjahresumsatz Folgejahr: 10 Mio. €		
Monatsumsatzanteile Vorjahre (Durchschnittswerte)		**Planmonatsumsätze Folgejahr (€)**
Monat	**Anteil am Jahresumsatz (%)**	
Januar	7,5	750.000
Februar	6,0	600.000
März	8,0	800.000
April	7,5	750.000
Mai	9,0	900.000
Juni	7,8	780.000
Juli	7,4	740.000
August	7,0	700.000
September	7,9	790.000
Oktober	9,2	920.000
November	8,7	870.000
Dezember	14,0	1.400.000
Gesamt	100,0	10.000.000

In analoger Weise kann die Zerlegung von Arbeitsvolumina der Woche oder des Tages auf Wochentage bzw. einzelne Arbeitsstunden vollzogen werden. Es konnte sowohl für den Großhandel als auch den Einzelhandel nachgewiesen werden, dass bei gegebener Kundenstruktur verhältnismäßig stabile Nachfrageverhaltensweisen zu verzeichnen sind. Diese verursachen einen relativ konstanten Arbeitsbedarf, zumindest soweit kundenbezogene Tätigkeiten angesprochen sind. Nur aufgrund dieser Tatsache sind auch im Einzelhandel, in welchem stochastische Kundenfrequenzverläufe die Regel sind, **systematische Planungssysteme** überhaupt anwendbar. Es ist zu ergänzen, dass die zeitliche Detaillierung des Arbeitsvolumens jeweils für solche selbstständigen organisatorischen Einheiten im Unternehmen durchgeführt werden muss, für welche, wie oben dargelegt, ein mehr oder weniger in sich geschlossener Personalstamm zuständig ist.

2. Schritt: Ermittlung des kurzfristigen Personalbedarfs
Durch Division der kurzfristigen Arbeitsvolumina durch die Soll-Produktivitäten je organisatorische Einheit errechnen sich die erforderlichen Arbeitstage bzw. -stunden. Hierbei ist zu differenzieren zwischen bezahlten und geleisteten Arbeitsstunden; erstere umfassen die Gesamtheit aller aufgrund von Arbeits- und/oder Tarifverträgen zu bezahlenden Stunden, letztere dagegen nur jene Zeiten, welche von den Beschäftigten tatsächlich im Betrieb geleistet werden. Die folgende Abbildung verdeutlicht die Zusammensetzung der bezahlten Arbeitsstunden sowie die Kategorien der nicht geleisteten, jedoch bezahlten Stunden:

Bezahlte Arbeitsstunden

Geleistete Arbeitsstunden

Nicht geleistete Arbeitsstunden
- (tariflicher) Jahresurlaub
- bezahlter Sonderurlaub
- Krankheit
- Ausbildung von Lehrlingen außerhalb des Betriebes
- bezahlte Fort- und Weiterbildung
- etc.

Abb. 105: Zusammensetzung der bezahlten Arbeitsstunden

Die Personaleinsatzplanung zieht sinnvollerweise die **Leistungszeiten** als Planungszeiten heran, da ausschlaggebend für die Erfüllung der betrieblichen Aufgaben ausschließlich jene Zeiten sind, in welchen die Arbeitnehmer im Unternehmen für die Leistungserstellung zur Verfügung stehen. Die Fehlzeiten schwanken in unplanbarer Art und Weise, weshalb sie bei der Planung außer Ansatz bleiben müssen. So hat das Unternehmen z. B. keinerlei Einfluss darauf, wann eine Grippeepidemie die Belegschaft dezimiert, und es kann nur in begrenztem Umfange die urlaubsbedingten Abwesenheiten nach den eigenen Vorstellungen formen; zu stark wirken sich hier etwa die von Seiten des Staates gesetzten Schulferienzeiten aus.

Andererseits ist die Summe der **Abwesenheitszeiten** langfristig in einem Unternehmen weitgehend konstant: Auf ein Jahr bezogen ist die Urlaubsquote präzise aufgrund tariflicher Gegebenheiten ermittelbar, die Krankheitsquote pflegt nur geringen Schwankungen unterworfen zu sein, solange im Unternehmen keine einschneidenden Veränderungen auftreten. Damit lässt sich ein Pool an bezahlter, jedoch nicht zu leistender Arbeitszeit einrichten, welcher in den einzelnen Wochen und Monaten in unterschiedlicher Höhe beansprucht wird.

3. Schritt: Konkrete Personaleinsatzplanung für die nächstfolgende Planungsperiode
Ist der kurzfristige Bedarf an Leistungszeiten je Organisationseinheit des Unternehmens errechnet, welcher sich aus den empirischen Erhebungen zum Mengengerüst

ergeben hat, so kann in die letzte Planungsphase eingetreten werden. Hier ist konkret festzulegen, welche Mitarbeiter mit welchen Funktionen in welchen betrieblichen Bereichen im Laufe der kommenden Planungsperioden eingesetzt werden sollen. Bei dieser Operationalisierung der Planung sind verschiedene Determinanten zu berücksichtigen:

- abwesende Mitarbeiter (wegen Krankheit, Urlaub etc.)
- Schulzeiten von Auszubildenden
- spezifische Arbeitszeitwünsche einzelner Mitarbeiter
- geplante eigene Werbeaktionen
- bekannt gewordene Aktivitäten der Wettbewerber
- von Lieferanten geplante Anlieferungszeiten
- etc.

Die Berücksichtigung dieser Faktoren ist zum einen nötig, um konkreten Mitarbeitern/Mitarbeiterinnen spezifische Aufgaben zuweisen zu können, zum anderen, um in der Planung bereits bekannte Sondereinflüsse wirksam werden zu lassen.

Die technische Umsetzung der Planung kann auf unterschiedliche Art und Weise erfolgen. Elektronische Zeiterfassungssysteme und darauf basierende Programme für die Personaleinsatzplanung ersetzen heute vielfach die früher üblichen manuellen Planungsverfahren. Letztere nutzen vor allem Magnet-, Steck- und Planungstafeln nach dem Lego-System. In jedem Falle sind flexible Planungshilfsmittel sinnvoller als handschriftliche Formulare, da bei ihnen während des Planungsvorganges noch leichter variiert und bei bekannt werdenden Änderungen (z. B. durch Krankheit) sofort Korrekturen angebracht werden können.

Die Visualisierung der Planungsergebnisse mittels der genannten Hilfsmittel kann sich im Führungsprozess rationalisierend auswirken, da hierdurch persönliche Weisungen der Leitungskräfte an die unter Umständen große Zahl einzelner Arbeitskräfte ersetzt werden können.

4. Schritt: Planungsumsetzung

Geht man von der theoretischen Annahme aus, dass es im betrieblichen Ablauf keine Unwägbarkeiten gebe, so wäre die Personaleinsatzplanung mit dem tatsächlichen Arbeitsablauf identisch. Jedem, der mit den Gegebenheiten der Praxis hinreichend vertraut ist, ist bekannt, dass es selbst bei einer optimalen Planung immer wieder zu **Anpassungsbedarf** kommen wird. Unvorhergesehene Krankheitsfälle, unentschuldigte anderweitige Abwesenheiten des Personals, plötzliche Umstellungen von Lieferterminen, selbst Wettereinflüsse machen Plankorrekturen unausweichlich. Führungskräfte im Handel müssen fähig sein, auf überraschende Änderungen der geplanten Situation mit Improvisationen zu reagieren, welche das Planungskonzept nicht zerstören, sondern die unvorhergesehenen Imponderabilien soweit möglich integrieren. Selbst der perfekteste Plan kann also die persönliche Anwesenheit und die Problemlösungsfähigkeit der Führungskräfte nicht ersetzen.

5. Schritt: Plankontrolle
Eine der wesentlichsten Aufgaben der Planung besteht darin sicherzustellen, dass die eintretenden Ist-Werte aufgrund der bestehenden Plandaten einer **Kontrolle** unterzogen werden können. Somit ist es auch bei der Personaleinsatzplanung erforderlich, in regelmäßigen Abständen eine Kontrolle der Planeinhaltung durchzuführen. Als Kontrollzeiträume können in Abhängigkeit von der Art des Handelsunternehmens Wochen, Monate oder Quartale, selten noch kürzere oder längere Zeiträume angesetzt werden.

Der Ablauf der Kontrolle vollzieht sich durch Gegenüberstellung der geplanten mit den tatsächlich eingetretenen Arbeitszeiten. Dies gilt sowohl für die geleisteten als auch für die darüber hinaus bezahlten Arbeitszeiten. Werden Abweichungen festgestellt, so ist zunächst zu prüfen, ob sie auf vom Handelsunternehmen nicht zu vertretende Umstände zurückzuführen sind. Ist dies der Fall, so ergibt sich normalerweise kein Handlungsbedarf. Andernfalls ist durch geeignete Maßnahmen wie z. B. Personalschulung oder Kritikgespräche mit Führungskräften darauf hinzuwirken, dass künftig die Planungen straffer eingehalten werden. Bei fortdauernden Planverfehlungen können unter Umständen auch Strukturfehler der Planung zu Grunde liegen.

Die personalpolitischen Instrumente der Bedarfs- und Einsatzplanung wurden hier vergleichsweise detailliert dargelegt, weil es sich beim Leistungsfaktor Personal sowohl um den mit Abstand kostenintensivsten als auch um den für die Qualität der Handelsleistung bedeutendsten Betriebsfaktor handelt. Wesentliche Zielsetzungen, welche sich mithilfe einer systematischen Personalbedarfs- und -einsatzplanung verwirklichen lassen, sind:

- Schaffung von Transparenz im Personalbereich
- Verwirklichung einer strategischen Personalbeschaffungspolitik
- Etablierung einer Personalentwicklungsplanung zur Unternehmenssicherung und Mitarbeitermotivation
- Bindung entwicklungsfähiger Mitarbeiter/Mitarbeiterinnen an das Unternehmen
- Kosteneinsparung durch rationellen Personaleinsatz
- Verhinderung von Über- und Unterforderung des Personals
- Verhinderung von Kundenunzufriedenheit durch unzureichende Bedienung
- Förderung von umzubauenden Unternehmensbereichen durch gezielte Personalzuweisung
- Schaffung der Voraussetzung für eine leistungsbezogene Entlohnung durch Herstellung der Messbarkeit der Arbeitsleistung über Soll-Produktivitäten.

Aufgrund der außerordentlichen **Bedeutung der Personalbedarfs-** und **-einsatzplanung** darf dieser betriebliche Tätigkeitsbereich nicht dem Zufall überlassen werden, sondern muss einer systematischen Planung auf empirischer Basis unterzogen werden. Darüber hinaus ist die Bereitschaft des Handels erforderlich, vom starren Denken in Vollzeitkräften abzugehen und stattdessen die Einführung flexibler Arbeitszeitsysteme in Angriff zu nehmen, durch die erst eine Anpassung an schwankende Arbeitsanforderungen möglich sein wird.

Das Vordringen der **Teilzeitbeschäftigung im Handel** verdeutlicht, dass man in vielen Unternehmungen begonnen hat, sich mit der Flexibilisierung des Personaleinsatzes zu beschäftigen. Auch das Aufkommen von variablen Arbeitszeitverträgen, bei welchen den Mitarbeitern und Mitarbeiterinnen eine bestimmte Stundenzahl garantiert wird, welche bei Bedarf jedoch auch bis zu einer vertraglich festgelegten Obergrenze überschritten werden kann, weist in diese Richtung.

Weiter gehende Flexibilisierungsmöglichkeiten werden mit dem Einsatz von Arbeitszeitmodellen geschaffen. So erweist sich beispielsweise ein **Jahresarbeitszeitmodell** als ein sehr geeignetes Verfahren, wenn es um den Ausgleich von saisonal bedingten Schwankungen im Arbeitsanfall geht (*Barth, 2007, S. 58*).

Beispiel

Bei Garten-Centern ist der Arbeitsstundenbedarf im Jahresverlauf sehr ungleichmäßig verteilt. Einer hohen Kundennachfrage im Frühjahr stehen umsatzschwache Zeiten z. B. im November oder im Februar gegenüber. Als personalpolitische Lösung bietet sich hier die Vereinbarung einer bestimmten Jahresarbeitszeit an. Es wird ein Arbeitszeitkonto geführt, das erst nach Ablauf eines gesamten Geschäftsjahrs ausgeglichen sein muss.

Auch längerfristige Arbeitszeitvereinbarungen sind in der Praxis anzutreffen. So können Beschäftigte Überstunden über einen längeren Zeitraum hinweg kumulieren und als Ausgleich ein „Sabbatical“ in Anspruch nehmen, also ein arbeitsfreies Halbjahr oder Jahr. Andere Modelle streben eine bessere Vereinbarkeit von Familie und Beruf an. Damit wird dem zunehmenden Wunsch von Arbeitnehmern entsprochen, eine ausgewogene Balance zwischen Beruf und Familie zu finden. Der HandelsMonitor 2012/2013 sieht darin einen Zukunftstrend, mit welchem dem Fachkräftemangel im Handel entgegengewirkt werden kann (*Morschett u. a., 2012, S. 287*).

Um älteren Arbeitnehmern eine längere berufliche Aktivität zu ermöglichen, werden flexible Modelle des Übergangs in den Ruhestand praktiziert. Dabei wird die Möglichkeit eröffnet, die letzten Berufsjahre mit einer Teilzeitbeschäftigung zu bestreiten. Auch dies kann als Möglichkeit zur Erschließung von Personalressourcen gesehen werden, die andernfalls den Unternehmen verloren gehen würden.

Die zunehmende Heterogenität der Beschäftigungsformen und Arbeitszeitmodelle ist für die Handelsunternehmen Chance und Herausforderung zugleich. Ein professionell betriebenes Personalwesen ist eine unverzichtbare Voraussetzung für die Nutzung der zahlreichen unterschiedlichen Möglichkeiten, die den Unternehmen bei der Beschäftigung von Arbeitnehmern zur Verfügung stehen. Nur auf diese Weise können die zum Teil konfliktären Ziele der Sicherung eines ausreichenden Potenzials an Arbeitskräften, deren Auslastung mit der Folge einer hohen Produktivität, der Senkung der Personalkosten und der Erhöhung der Kundenzufriedenheit erfolgreich verfolgt werden.

2.3 Personalentlohnung

Entlohnungs- und Beteiligungssysteme stehen in enger inhaltlicher Beziehung zueinander. Während jedoch Entlohnungssysteme naturgemäß in jedem Handelsunternehmen angewendet werden, sind Beteiligungssysteme bis heute nur in einer geringen Anzahl von Unternehmen anzutreffen.

Der Mitarbeiterentlohnung kommen in Handelsunternehmungen unterschiedliche Funktionen zu, welche aus der folgenden Abbildung hervorgehen:

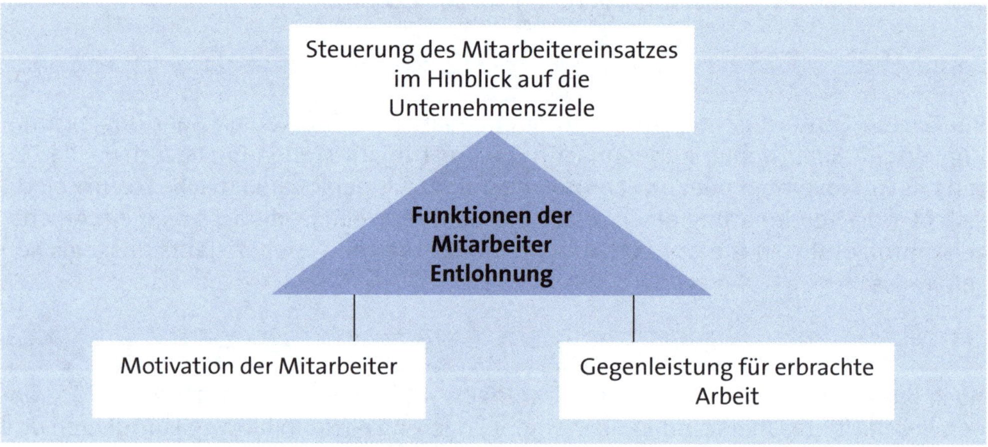

Abb. 106: Die Funktionen der Mitarbeiterentlohnung

Als Grundformen der Entlohnung lassen sich **Zeit-** und **Leistungslohn** unterscheiden. Der **Zeitlohn** stellt eine Vergütung für erbrachte Arbeitszeit dar, wohingegen der Leistungslohn sich an den Resultaten der Arbeitsleistung orientiert. Der Zeitlohn bildet die im Handel eindeutig dominierende Entlohnungsform. Sein Hauptvorteil besteht in der einfachen Handhabung. Mit den Beschäftigten werden dabei i. d. R. Stundenlöhne oder Monatsgehälter vereinbart, welche unabhängig von der erbrachten Leistung ausgezahlt werden.

Daraus wird auch schon der wesentliche Nachteil dieses Entlohnungsverfahrens erkennbar: Da Mehr- bzw. Minderleistung keinen Einfluss auf die Höhe der Vergütung ausübt, besitzt diese Entlohnungsform keinen Anreizcharakter. Dies ist nur dann anders, wenn der Zeitlohn eine solche Höhe erreicht, dass dadurch auch ohne weitere Anreize das Gefühl einer hohen Leistungsverpflichtung ausgelöst wird. Dies wird jedoch normalerweise nur bei Führungspositionen der Fall sein. Im Übrigen geht jedoch von einem fixen Zeitlohn keine das Leistungsengagement steigernde Wirkung aus.

Es würde also nahe liegen, eine leistungsbezogene Bezahlung als Grundentlohnungsform in Handelsunternehmungen zu etablieren. Es existieren jedoch einige Gründe, welche dies verhindern:

- fehlende Messbarkeit verschiedener Funktionen
- Problem der ursachengerechten Erfolgszuordnung
- Sicherheitsbedürfnis von Arbeitnehmern
- Tarifvereinbarungen.

Leistungsbezogen entlohnt werden können generell nur solche Tätigkeiten, bei welchen die Leistung **in messbaren Größen** zu erfassen ist. Solche Größen können z. B. Mengen, Stückzahlen, Umsätze oder Kunden sein. Stärker qualitativ ausgerichtete Aufgaben entziehen sich dagegen der präzisen Messung. Hierzu sind zu rechnen fast alle Führungstätigkeiten, Stabsaufgaben wie Marktforschung und Konzeptentwicklung, ausführende Tätigkeiten wie Regalauffüllung und Warenpflege usw. Für alle Positionen, welche ausschließlich oder überwiegend aus nicht messbaren Tätigkeiten bestehen, sind leistungsbezogene Entlohnungsformen nicht oder nur schwierig etablierbar.

Verschiedene Tätigkeiten, wie z. B. der Verkauf in Fachgeschäften oder -märkten, können hinsichtlich ihres Erfolges zwar gemessen, in Abhängigkeit von der betrieblichen Organisation aber unter Umständen nur schwer bestimmten Arbeitskräften **verursachungsgerecht zugeordnet** werden.

Beispiel

Ein Kunde nimmt die Beratung durch Verkäufer A in Anspruch, kann sich aber noch nicht zum Kauf entschließen. Nach Einholung von Informationen in Konkurrenzgeschäften kehrt er zurück und erwirbt den Gegenstand der vorherigen Beratung bei Verkäufer B. Eine am Umsatz oder an der Anzahl kaufender Kunden orientierte Entlohnung würde also im Beispielsfalle den Verkäufer A ungerechtfertigt benachteiligen.

Im psychologischen Bereich ist der Hintergrund des Sicherheitsstrebens angesiedelt. Nach der Maslowschen Pyramide rangiert das **Sicherheitsbedürfnis** vor dem Streben nach Anerkennung und Selbstverwirklichung. Nur für die Gruppe der Unternehmer kann explizit davon ausgegangen werden, dass diese für die Chancen der Selbstständigkeit und unter Umständen hoher Gewinne die Risiken von Verlusten bis hin zum Untergang des geführten Unternehmens in Kauf zu nehmen bereit sind.

Für die Mehrzahl der abhängig tätigen Arbeitnehmer und Arbeitnehmerinnen muss dagegen angenommen werden, dass sie die genannten Risiken nicht tragen wollen und daher auch auf die Vorteile der Selbstständigkeit verzichten. Ihnen wäre somit nicht damit gedient, wenn man eine leistungsbezogene Entlohnung mit der Möglichkeit des Null-Verdienstes installieren würde. Aus diesem Grunde pflegen leistungsorientierte Vergütungssysteme lediglich ergänzend zu Zeitentlohnungsverfahren hinzuzutreten. Der Zeitlohn soll hierbei je nach Risikofreudigkeit der Betroffenen das Existenzminimum oder den Lebensstandard absichern, während die leistungsbezogenen Entlohnungsbestandteile als Aufgeld betrachtet werden, das durch besondere Leistungen verdient werden kann.

Aus dem rechtlichen Bezugsrahmen der Unternehmung schließlich stammt der vierte Hinderungs- bzw. Erschwerungsgrund, der bei der Einführung von leistungsorientierten Entlohnungsverfahren zu beachten ist. Die meisten der in den verschiedenen Wirtschaftsbereichen ausgehandelten **Tarifvereinbarungen** würden die ausschließliche Nutzung einer leistungsbezogenen Entlohnungsform ohnehin für alle von diesen Abmachungen betroffenen Arbeitnehmer und Arbeitnehmerinnen verhindern.

Fasst man die vorstehenden Gedanken zusammen, so lässt sich schlussfolgern, dass leistungsorientierte Entlohnungssysteme nur für quantifizierbare Tätigkeiten als ergänzende Entlohnungsform und auch nur in einer solchen Weise angewendet werden können, dass sie nicht gegen geltende Tarifregelungen verstoßen.

Gängige **Bemessungsgrundlagen für leistungsorientierte Entlohnung** sind im Handel beispielsweise die folgenden:

- Umsatz
- Rohertrag/Deckungsbeitrag/Handelsspanne
- beeinflussbare Kostenarten
- Inventurdifferenzen
- akquiriertes Auftragsvolumen
- Anzahl neu gewonnener Kunden
- Kommissionierte Warenmenge (z. B. gemessen in Paletten, Rollbehältern, Colli)
- Anzahl von Eingabezeilen bei Terminal-Arbeitsplätzen
- kassierte/registrierte Artikelpositionen etc.

Die Vielfalt dieser Maßgrößen macht deutlich, dass es eine einheitliche Vorgehensweise bei der leistungsbezogenen Entlohnung nicht geben kann. Generell muss jene Bezugsgröße ausgewählt werden, welche einen hohen Grad an **Beurteilungsgerechtigkeit** verspricht. Die ausgewählte Maßgröße wird zumeist in ein Punktesystem umgesetzt, aus welchem sich dann die erzielte Leistungsentlohnung errechnen lässt. In zahlreichen Fällen wird aus der Praxis berichtet, dass man negative Erfahrungen mit leistungsorientierten Entlohnungssystemen gesammelt habe. In der Tat ist die Gefahr ungünstiger Auswirkungen oder sogar eines völligen Scheitern groß, wenn nicht verschiedene Voraussetzungen beachtet werden. Diese Vorbedingungen eines erfolgreichen Einsatzes der Leistungsentlohnung sollen im Folgenden kurz zusammengefasst werden:

Abb. 107: Voraussetzungen erfolgreicher Leistungsentlohnungssysteme

- **Voraussetzung der kooperativen Planung**
  Leistungsvorgaben dürfen unter keinen Umständen von vorgesetzten Stellen ohne Einbezug der Betroffenen festgelegt werden. Die Diskussion über die Bemessungsgrundlage und die Erzielung eines Einverständnisses zwischen Arbeitgeber- und Arbeitnehmerseite über die Realisierbarkeit der festgelegten Zielwerte ist unverzichtbare Vorbedingung für das Funktionieren einer leistungsorientierten Entlohnung.
- **Voraussetzung der Beeinflussbarkeit der Prämie durch die betroffenen Beschäftigten**
  Es muss sichergestellt sein, dass die in ein System der leistungsbezogenen Vergütung einbezogenen Mitarbeiter über jene Entscheidungskompetenzen verfügen, welche sie benötigen, um die Höhe der Prämie auch tatsächlich zu beeinflussen. Trifft die vorgesetzte Stelle eines leistungsentlohnten Beschäftigten wesentliche Entscheidungen selbst, die sich auf die Höhe der Prämie auswirken, so entfällt weitgehend mangels Steuerbarkeit die motivierende Wirkung der Leistungsvergütung.
- **Voraussetzung der Durchschaubarkeit des Prämiensystems**
  Eine leistungsbezogene Vergütung kann nur dann einen Anreiz darstellen, wenn die Betroffenen die zu erwartende Höhe der Prämie selbst ermitteln können. Es muss ein durchschaubarer Zusammenhang zwischen erbrachter Leistung und auszuzahlender Prämie geschaffen werden. Behält sich die Unternehmensleitung, wie dies zum Teil in mittelständischen Unternehmungen der Fall ist, die letztliche Entscheidung über die Höhe der Prämie vor bzw. legt sie diese nach von den Mitarbeitern nicht erkennbaren Kriterien fest, so kann daraus leicht Gleichgültigkeit oder auch

Verärgerung bei den Beschäftigten entstehen. In jedem Fall wird die Steuerungsfunktion von Prämiensystemen auf diese Weise nicht genutzt.

- **Voraussetzung der Attraktivität der Prämie**
  Die Höhe der leistungsbezogenen Vergütung muss unter Berücksichtigung des Fixums eines Beschäftigten eine solche Höhe erreichen, dass sich für diesen auch subjektiv ein Mehreinsatz tatsächlich lohnt. Wird die monatlich erreichbare Prämie einer Verkaufskraft im Einzelhandel beispielsweise auf 25 € festgelegt, so kann hieraus keine nennenswerte Leistungssteigerung erwartet werden. Ebenso wenig wird eine Prämie von z. B. maximal 2.500 € bei einer Führungskraft mit einem Grundgehalt von 75.000 € per annum zu erheblichem Mehreinsatz führen.

  Gründe für zu niedrig angesetzte Prämien sind entweder Sparsamkeit am falschen Platz oder traditionelle Einstellungen über „gerechte" Vergütungshöhen hinsichtlich bestimmter Lebensalter oder Positionen. Es gibt jedoch keinen objektiven Grund, welcher dagegen spräche, einem Mitarbeiter einen gewissen Teil des Mehrertrages zukommen zu lassen, welchen er für die Unternehmung erwirtschaftet. Gelingt es beispielsweise einem Filialleiter im Einzelhandel, durch Erhöhung von Umsatz oder Handelsspanne den Rohertrag um 50.000 € zu steigern, so ist es für das Unternehmen nicht schädlich, jedoch für den Mitarbeiter stark motivierend, wenn er von diesem Betrag z. B. 15.000 € als Prämie ausbezahlt bekommt.

- **Voraussetzung der Verhinderung einseitiger Zieloptimierung**
  Leistungsentlohnungen, welche auf einer einzigen Bemessungsgröße basieren, stellen für die Prämienberechtigten eine große Versuchung dar, sich bei sämtlichen Aktivitäten auf die Optimierung der entscheidenden Bezugsgröße zu beschränken. So können beispielsweise bei Anwendung der Prämienfaktoren Absatzmenge oder Umsatz Ertragsaspekte vernachlässigt werden, bei Festlegung der Personalkosten als Bemessungsgrundlage können zum Nachteil der Kunden- und Personalzufriedenheit betriebswirtschaftlich nicht vertretbare Reduzierungen der Beschäftigtenzahl erfolgen, bei alleinigem Ansatz des Prämienfaktors Inventurdifferenz können notfalls unter Zuhilfenahme von Manipulationen Senkungen dieser Maßgröße bewerkstelligt werden. All dies kann nicht im Sinne einer ganzheitlichen Orientierung am Unternehmenszielsystem sein.

  Aus diesem Grund empfiehlt sich eine mehrfaktorielle Prämienbasierung, d. h. dass verschiedene Bemessungsgrößen sich mithilfe eines Punktsystems in eine bestimmte Prämienhöhe umsetzen. Wenigstens können für entscheidende Erfolgsfaktoren der Unternehmung Höchst- oder Mindestgrenzen bestimmt werden, die von den prämienentlohnten Mitarbeitern unbedingt beachtet werden müssen, wenn sie nicht Abstriche an der erzielbaren Prämie hinnehmen wollen.

- **Voraussetzung eines sinnvollen Prämienverlaufes in Abhängigkeit von der Mehrleistung**
  Die Höhe der Prämie und die Mehrleistung stehen in einer funktionalen Abhängigkeit. Die Prämie für Mehrleistungen kann in grober Unterteilung einen degressiven, proportionalen oder progressiven Verlauf nehmen. Progressiv gestaltete Prämien haben sich generell als schädlich erwiesen, da eine in stärkerem Maße als die Leistung steigende Prämie bei bestimmten Charakteren zu maßlosen Leistungsan-

strengungen führt, durch welche die Gesundheit von Mitarbeitern beeinträchtigt werden, aber auch die Fehlerquote bei der Arbeitserledigung ansteigen kann.

Als sowohl für Mitarbeiter als auch für das Unternehmen nützlich haben sich dagegen solche Prämienverläufe gezeigt, welche bis zu einem gewissen Grad an Mehrleistung proportional oder progressiv ansteigen, dann aber in einen degressiven Verlauf umschlagen. In extremen Fällen besteht die Möglichkeit, ab einer bestimmten Leistungshöhe für weitere Steigerungen keine Prämienerhöhung mehr vorzusehen, wodurch der Anreiz für Mehrleistungen ab diesem Punkt entfällt. Zwei mögliche sinnvolle Prämienverläufe werden im Folgenden gegenübergestellt:

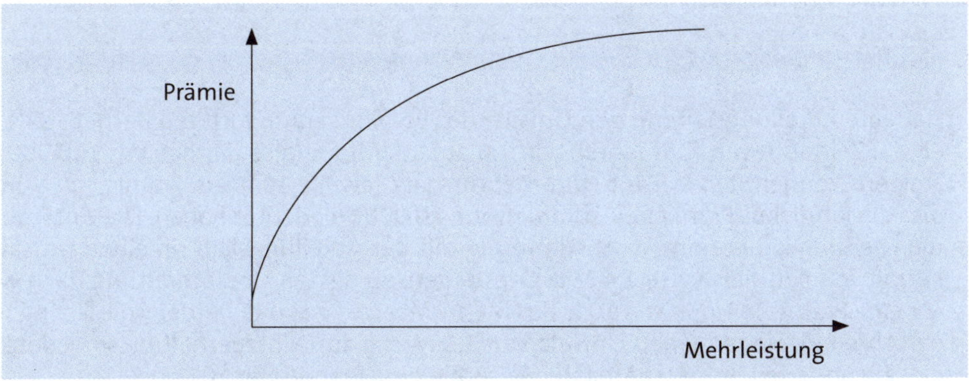

Abb. 108: Degressiver Prämienverlauf

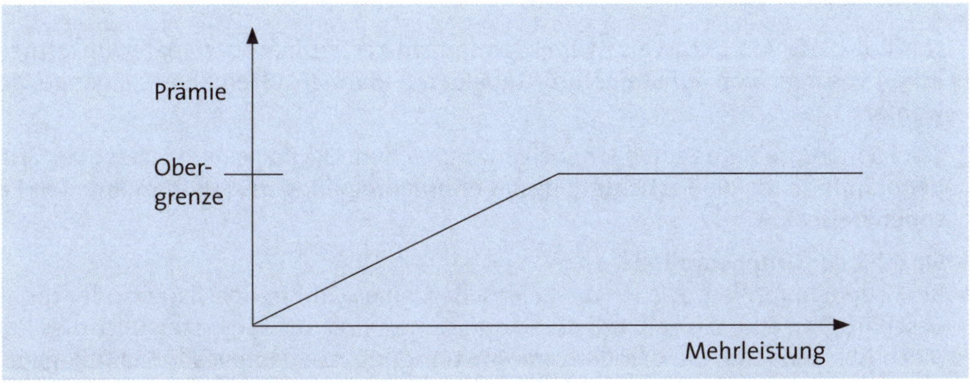

Abb. 109: Proportionaler Prämienverlauf mit Höchstgrenze

- **Voraussetzung der zeitlichen Unbegrenztheit eines leistungsbezogenen Entlohnungssystems**
  Wenn für Leistungssteigerungen Prämien vergeben werden, so wird zu irgendeinem Zeitpunkt eine Situation erreicht sein, bei der eine weitere Leistungssteigerung nicht mehr möglich ist. Bereits vorher sind gewöhnlich degressive Effekte zu beobachten. Dies würde bedeuten, dass Beschäftigte, welche ihre Potenzialreserven ausgeschöpft haben, zunächst weniger und anschließend gar keine Prämie mehr erhalten würden. Ein völliger Motivationsverlust wäre die vermutliche Folge. Statt das erreichte Leistungsniveau aufrechtzuerhalten, würden betroffene Mitarbeiter bei lo-

gischem Nachdenken zunächst in ihrer Leistung nachlassen, wodurch ihre Prämieneinkünfte auch nicht niedriger wären als bei ausgereizter Leistungsreserve, um anschließend durch erneute Leistungssteigerung wieder in den Genuss einer Prämie zu gelangen.

Um solche Verhaltensweisen zu verhindern, muss spätestens beim Beginn der Leistungsdegression das bisherige Prämiensystem durch eine neue Gestaltung der leistungsbezogenen Entlohnung ersetzt werden. Diese könnte beispielsweise so beschaffen sein, dass bestimmte Leistungswerte, welche in der Vergangenheit bereits erreicht wurden, als Soll-Größen festgelegt werden, ab deren Erreichen das Prämiensystem zu greifen beginnt.

Beispiel

Hat eine Abteilungsleiterin den Umsatz des von ihr verantworteten Betriebsteils in einem Zeitraum von fünf Jahren von 1,0 auf 1,5 Mio. € (also jährlich um 100.000 €) steigern können und bekam vom Mehrumsatz jeweils 10 % als Prämie, so würde dies ein jährliches Prämieneinkommen von 10.000 € bedeutet haben. Die Unternehmensleitung könnte nun in Abstimmung mit der Abteilungsleiterin einen Umsatzbetrag von beispielsweise 1,4 Mio. € festlegen, ab dessen Überschreitung nach wie vor eine Prämie in Höhe von 10 % des Mehrumsatzes gezahlt werden soll. Gelingt es der Abteilungsleiterin, den Umsatz von 1,5 Mio. € aufrechtzuerhalten, so bedeutet dies für sie in jedem Geschäftsjahr weiterhin eine Prämie von 10.000 €.

Nur auf diese Art und Weise kann dem ansonsten früher oder später unvermeidlichen Versagen von auf Steigerung angelegten Prämiensystemen entgegengewirkt werden.

Zwei Sonderprobleme sind hier noch anzusprechen: Die Frage der **Einzel-** oder **Gruppenprämie** sowie die **Festlegung des in Prämienregelungen einzubeziehenden Personenkreises.**

- **Einzel- oder Gruppenprämie**
  Bei Gruppenprämien, z. B. für die Belegschaft eines Großhandelslagers oder für alle Beschäftigten einer Einzelhandelsverkaufsstelle, wirkt auf den ersten Blick die Grundidee überzeugend, die gemeinsame Anstrengung, kooperatives Verhalten, gegenseitige Unterstützung und Solidarität zu fördern. Dagegen stehen jedoch die Probleme unterschiedlicher Leistungsfähigkeit und -willigkeit; ob nun differierendes Vermögen oder Bereitschaft die Ursache sind, in jedem Falle ergeben sich quantitativ und/oder qualitativ unterschiedlich hohe Leistungsbeiträge der Gruppenmitglieder. Daraus folgt, dass die Leistungsträger einer Gruppe für die weniger leistungsfähigen Mitglieder mitarbeiten müssen. Dies führt in der Praxis häufig zu Unzufriedenheit und Streit.

  Ein weiteres Problem der Gruppenprämie bildet die Notwendigkeit einer Entscheidung darüber, ob alle Beteiligten eine Prämie in gleicher Höhe erhalten sollen, oder ob diese abgestuft werden soll. Geringere Prämienhöhen werden oft für Mitarbeiter mit niedrigerem Lebensalter und/oder Ausbildungsstand als gerecht angesehen, obwohl dies durchaus nicht in allen Fällen dem tatsächlichen Leistungsbeitrag entspricht. Das Auffinden eines für alle akzeptablen und berechenbaren Modells zur Prämienaufteilung gestaltet sich meist außerordentlich schwierig.

Entscheidet man sich dafür, den Mitgliedern einer Gruppe unterschiedlich hohe Prämien auszuzahlen, so erwächst hieraus ein Folgeproblem: Es muss bestimmt werden, welche Führungskraft für die Prämienverteilung zuständig sein soll. Nimmt die für die Gruppe verantwortliche Führungskraft diese Aufgabe wahr, so wirken sich empfundene Ungerechtigkeiten nicht nur auf das Verhältnis der Gruppenmitglieder untereinander, sondern auch auf jenes zu dem/der Gruppenvorgesetzten negativ aus.

Betraut man dagegen eine hierarchisch auf höherem Niveau angesiedelte Führungsebene mit der Prämienzumessung, wird zum einen unter Umständen die Realitätsnähe der Beurteilung des Leistungsbeitrags einzelner Mitarbeiter und Mitarbeiterinnen in Zweifel zu ziehen sein, zum anderen könnte auch die Auslagerung einer von der Logik her der Gruppe selbst zukommenden Kompetenz an eine außerhalb liegende Führungsposition zu Motivationsverlusten führen.

Die Einzelprämie vermeidet diese Nachteile; es darf jedoch nicht übersehen werden, dass sie individualistische Verhaltensweisen, unter Umständen auch konkurrierende Aktivitäten innerhalb organisatorischer Einheiten eines Betriebes nach sich ziehen kann. Trotz dieser Nachteile hat sich die Einzelprämie ihrer leichteren Handhabbarkeit wegen in der Praxis weitgehend durchgesetzt.

- **Festlegung des in Prämienregelungen einzubeziehenden Personenkreises**
  Nach dem Prinzip der eigenständigen Beeinflussbarkeit der Prämienfaktoren durch die betroffene Person kommt eine leistungsorientierte Entlohnung meist nur für Beschäftigte ab einem bestimmten hierarchischen Level im Unternehmen infrage.

  Es werden daher im Allgemeinen Führungskräfte etwa bis zur Ebene der Abteilung oder einer vergleichbaren organisatorischen Einheit in Prämienlohnsysteme einbezogen. Ausnahmen hiervon bilden beispielsweise Funktionsgruppen wie Außendienstmitarbeiter oder Kommissionierer, bei welchen die Kriterien der Leistungsmessbarkeit und der -beeinflussbarkeit in vollem Umfang erfüllt sind. Nachstehend wird ein konkretes Beispiel eines **Prämienentlohnungssystems** vorgestellt, welches für Filialleiter in der Praxis des Einzelhandels eingesetzt wird:

Beispiel

Berechnung des Jahresprämie	
(1) Faktor Umsatz	Für je 1 % über Plan = 100 € + 10 % des rechnerischen Mehrrohertrags im Vergleich zu Rohertrag bei Plansumme und bei Vorjahresspanne Summe : 2 = Prämie (1)
(2) Faktor Spanne	Für je 0,1 % über Plan = 50 € + 20 % des Mehrrohertrags im Vergleich zu Rohertrag bei Planumsatz und Planungsspanne Summe : 2 = Prämie (2)
(3) Faktor Personalkosten	Für je 0,1 % unter Plan = 50 € + 20 % der rechnerischen Einsparung gegenüber Plan-Personalkosten, auf erzielten Umsatz bezogen Summe : 2 = Prämie (3)
(4) Faktor Inventurdifferenz	Für je 0,1 % unter Plan = 150 € + 20 % der Einsparung gegenüber Planinventurdifferenz, auf erzielten Umsatz bezogen Summe : 2 = Prämie (4)
Jahresprämie	Prämie (1) + Prämie (2) + Prämie (3) + Prämie (4)
	= Gesamtprämie

Abschließend soll nochmals auf die oben genannten drei Funktionen einer leistungsbezogenen Entlohnung zurückgekommen werden. Die Aufgabe der Gegenleistung für von Arbeitnehmern erbrachte Mehrleistungen ist erfüllt, wenn die Prämien von diesen subjektiv als adäquat betrachtet werden. Hierfür dürfte in erster Linie die Höhe der Prämie in Relation zur Mehrleistung verantwortlich sein. Komplexer stellt sich die Aufgabe der Motivation der Mitarbeiter dar. Alle oben zusammengestellten Voraussetzungen müssen erfüllt sein, damit diese Wirkung eintreten kann. Die dritte Aufgabe von Prämienentlohnungssystemen, nämlich als Hilfsmittel zur Steuerung des Unternehmens zu dienen, wurde bisher noch nicht beleuchtet.

Prämienentlohnungssysteme eignen sich in hervorragender Weise, um erkannte **Schwachstellen im Unternehmen** zu beseitigen. Dies ist insbesondere möglich durch die gezielte Einbringung von prämienwirksamen Faktoren bzw. durch deren Gewichtung. Wird beispielsweise der zu niedrige Umsatz als Schwachstelle erkannt, so bietet die Höhergewichtung des Prämienfaktors Umsatz die Gewähr dafür, dass alle leistungsentlohnten Mitarbeiter ihre Bemühungen auf die Beseitigung dieses Schwachpunkts konzentrieren werden. Damit sich diese Anstrengungen nicht zu Ungunsten anderer wichtiger Erfolgsfaktoren auswirken, kann in der oben beschriebenen Form mit Grenzwerten gearbeitet werden, deren Über- bzw. Unterschreiten sich prämienreduzierend auswirkt. Auf diese Art und Weise lässt sich jedes beliebige **quantifizierbare Unternehmensziel** in den Mittelpunkt der Anstrengungen der Beschäftigten rücken.

Weiterhin besteht die Möglichkeit, diesen **Steuerungsmechanismus** nicht nur undifferenziert auf das gesamte Unternehmen, sondern auf seine einzelnen Bestandteile anzuwenden. So können etwa in einem Einzelhandelsunternehmen in einer Filiale durch entsprechende Prämienfaktorengewichtung der Umsatz gesteigert, in einer anderen der Rohertrag erhöht, in einer dritten die Personalkosten gesenkt und in einer vierten Filiale die Inventurdifferenzen reduziert werden. Eine derartige differenzierte Zielsetzung lässt sich bis etwa auf Abteilungsebene entwickeln.

Neben der Möglichkeit der sachlichen Aufschlüsselung existiert weiterhin die Chance einer **zeitlichen Faktorendifferenzierung**. So kann in einem Jahr besonderes Augenmerk auf den Erfolgsfaktor Umsatz, im Folgejahr dagegen auf die Erfolgsgröße der Kosten gerichtet werden. Durch die Vielzahl der möglichen Prämienfaktoren sowie durch ihre sachliche und zeitliche Differenzierbarkeit verfügt die Unternehmensleitung mit leistungsorientierten Entlohnungssystemen über ein zwar komplexes, gleichzeitig aber hochwirksames Instrument zur Bekämpfung aller quantitativ erfassbaren Schwachstellen in einer Unternehmung.

Aufgabe 18 > Seite 506

2.4 Personalbeteiligung

Unter Personalbeteiligung ist im weitesten Sinne die materielle und/oder immaterielle Einbeziehung von Mitarbeitern in die Finanzierung bzw. Willensbildung im Unternehmen zu verstehen. Die Fragen der immateriellen Mitarbeiterbeteiligung, also des Einbezugs in die Entscheidungsprozesse im Unternehmen, waren am Rande bereits im Abschnitt über das Führungsverhalten im Handel angesprochen worden. Bei dieser Beteiligungsform wird im Wesentlichen die intrinsische, also in der Person des Beschäftigten wirkende Form der Arbeitsmotivation stimuliert.

In folgenden unternehmenspolitischen Teilbereichen bestehen Möglichkeiten des Einbezugs von Beschäftigten in die Entscheidungsfindung:

- Sortimentsgestaltung
- Warenplatzierung
- Präsentation
- Formulierung von Werbebotschaften
- Organisation der Warenprozesse

- Personaleinsatzorganisation
- Zusammensetzung der Mitarbeiterschaft/Auswahl neu einzustellender Kräfte
- etc.

Die Möglichkeit, über Unternehmensziele, das Marketing oder die Organisation mitentscheiden zu können, wird im Regelfalle eine erhebliche Steigerung der Leistungsbereitschaft und der Bindungsintensität der Beschäftigten an das Unternehmen zur Folge haben.

Die zweite Variante der Personalbeteiligung, nämlich die materielle Mitarbeiterbeteiligung, ist ebenfalls geeignet, die Mitarbeiter an das Unternehmen zu binden. Ihre Formen sind vielfältig. Einige Beispiele mögen dies verdeutlichen:

- Stille Beteiligung
- Mitarbeiterdarlehen
- Belegschaftsaktien
- GmbH-Beteiligung
- Genossenschaftsanteil.

Ihre Verbreitung nimmt in der Unternehmenspraxis zu. Die wichtigste Beteiligungsform ist diejenige über Belegschaftsaktien. Gefördert und statistisch erfasst wird die materielle Mitarbeiterbeteiligung von der Arbeitsgemeinschaft zur Förderung der Partnerschaft in der Wirtschaft e. V. (AGP).

Auch in den Handelsunternehmen nimmt generell die Verbreitung der Mitarbeiterbeteiligung zu. Das ifo-Institut stellte fest, dass der Anteil der Unternehmen, in welchem Mitarbeiterbeteiligungen zu verzeichnen sind, mit zunehmender Beschäftigtenzahl deutlich ansteigt (*ifo, 2002*). Die Gründe für diese Entwicklung sind zum einen in dem betriebswirtschaftlichen Nutzen und zum anderen in der staatlichen Förderung der Mitarbeiterbeteiligung zu sehen.

Als betriebswirtschaftliche Vorteile sind vor allem die folgenden zu nennen:

- Möglichkeit zur Beschaffung von Eigenkapital
- Steigerung des Mitarbeiterengagements durch verbesserte Motivation und gesteigerte Verantwortlichkeit im Unternehmen.

Die Kombination materieller Beteiligungsformen mit leistungsorientierten Entlohnungsverfahren und Einbindung von Mitarbeitern in die Entscheidungsfindung im Unternehmen ist zweifellos eine geeignete Form, zu verstärktem Engagement des Personals beizutragen, das Verantwortlichkeitsgefühl der Beschäftigten für das Unternehmen zu stärken und die Betriebsbindung zu erhöhen.

Die behandelten Bestandteile der Personalpolitik erbringen einzeln eingesetzt zwar einen gewissen Nutzen für das Unternehmen, entfalten ihre vollständige Wirkung jedoch erst in der kombinativen Anwendung. Die verschiedenen **personalpolitischen Instrumente** stehen zueinander in komplementärer Beziehung und vermögen in gemeinsamer Anwendung synergetische Effekte auszulösen. Dies gilt sowohl für eine klare und übersichtliche Aufbauorganisation, für faire, den Interessen der Arbeitgeber- wie der Arbeitnehmerseite dienende Arbeitsverträge, für ein Führungsverhalten, bei welchem die Beschäftigten mehr als gleichwertige Partner denn als zum Gehorsam verpflichtete Untergebene gesehen werden, für eine systematische Personalentwicklungsplanung, für eine sowohl Über- wie Unterforderung vermeidende Personaleinsatzplanung, für eine leistungsorientierte Entlohnung als auch für ein die Unternehmensbindung stärkendes Beteiligungssystem. Nur in wenigen Unternehmungen wurde bisher die Chance einer solchen integrierten Personalpolitik vollständig erkannt und genutzt.

2.5 Personalkontrolle

Die Objekte der Personalkontrolle sind aus der folgenden Abbildung zu ersehen:

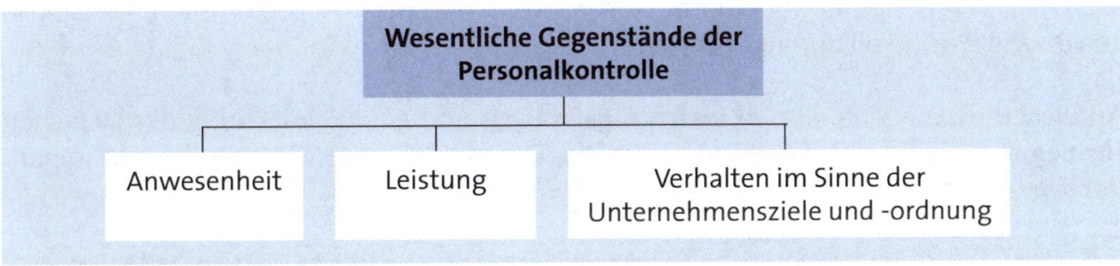

Abb. 110: Gegenstände der Personalkontrolle

Kontrolle der Anwesenheit

Die Formen der Kontrolle der Anwesenheit des Personals reichen von einfacher **Blickkontrolle** bis zu **elektronischen Zeiterfassungssystemen**. Bei kleinen Unternehmen bzw. Betriebsstätten reicht i. d. R. eine einfache Form der Anwesenheitskontrolle aus. Diese sollte allerdings zumindest in schriftlicher Form, z. B. auf Anwesenheitslisten, erfolgen, da solche Unterlagen Auswertungen, z. B. zur Vorbereitung einer systematischen Personalbedarfsplanung, erlauben.

Bei größeren Unternehmungen bieten sich **Stechkartensysteme** an, bei welchen die Stechuhr an einer zentralen Stelle angebracht ist und von sämtlichen Beschäftigten zumindest bei Betreten und Verlassen der Betriebsstätte betätigt werden muss. Bei dieser Verfahrensweise werden von der ermittelten Brutto-Arbeitszeit die zustehenden Pausen pauschal abgezogen, was sich normalerweise günstig für die Beschäftigten auswirkt, da so Pausenüberziehungen und sonstige Abwesenheiten sich nicht negativ auf dem Arbeitszeitkonto auswirken. Präziser und im Allgemeinen ungünstiger für die Belegschaft ist die Regelung, dass bei jedem Betreten und Verlassen der Arbeitsstelle, sei es zu Pausen, zu Arztbesuchen oder welchen Abwesenheiten auch immer, die Stechuhr betätigt werden muss.

In der am stärksten ausgebauten Form erfolgt das Festhalten der Anwesenheitszeiten über **elektronische Zeiterfassungssysteme**. Bei diesen erhält i. d. R. jede Arbeitskraft eine Magnetkarte, mit welcher über Erfassungsgeräte, die in den einzelnen Abteilungen installiert sind, eine auf Kostenstellen bezogene und soweit möglich verursachungsgerechte Arbeitszeitzurechnung zu allen Teilen des Betriebes vorgenommen werden kann, was zum einen für die Durchführung von Personaleinsatzplanungen, zum anderen für eine effiziente Kostenstellenrechnung von Bedeutung ist.

Kontrolle der Leistung

Die Kontrolle der Leistung des Personals ist hier nicht im inhaltlichen Sinne anzusprechen, da dies bereits Gegenstand der vorangegangenen Abschnitte war und im Zusammenhang mit der Betriebsstatistik nochmals angesprochen wird. Hier geht es ausschließlich um die ablauforganisatorische Seite der Leistungskontrolle.

Zu ihrer Durchführung ist es erforderlich, sämtliche bestehenden Leistungsvorgaben in nachvollziehbarer Form (schriftlich, elektronisch) niederzulegen. Im Grundsatz sind alle Erfolgsmaßstäbe, wie sie im Rahmen der leistungsorientierten Entlohnung angeführt wurden, auf diese Weise zu behandeln. Die erreichten Ist-Werte sind ebenfalls zu erfassen und festzuhalten. So können in geeigneten zeitlichen Rhythmen, als welche z. B. Tage, Wochen, Monate oder auch das Geschäftsjahr infrage kommen, Vergleiche zwischen Ist und Soll durchgeführt werden.

An diese müssen sich eine **Abweichungsanalyse** und eine **Erforschung der Ursachen für negative Zielverfehlungen** anschließen. Der geschilderte Vorgang kann in folgender Weise erfasst werden:

IST	SOLL	Abweichung	Ursache	Maßnahmen

Bei vom Personal zu vertretenden Minderleistungen ist in adäquater Weise zu reagieren, wobei die Art der Gegenmaßnahme sehr stark davon abhängen wird, ob das Verfehlen des Leistungsziels auf objektiv fehlende Leistungsfähigkeit oder auf Leistungsunwilligkeit zurückzuführen war. Im ersteren Fall sind fördernde und weiterbildende Maßnahmen sinnvoll, in letzterem Fall werden auf Dauer disziplinarische Aktionen nicht zu vermeiden sein. Auch in diesem Zusammenhang erweist eine leistungsorientierte Entlohnung ihren Wert. Bei Nichterfüllung der Leistungsziele tritt die für die betroffenen Beschäftigten negative Konsequenz gewissermaßen automatisch ein, sodass Sanktionen im engeren Sinne nicht erforderlich werden. Vielmehr empfinden die Beschäftigten die verminderte oder ausbleibende Prämienzahlung als selbst verursacht.

Schwieriger gestaltet sich die Leistungskontrolle bei qualitativen Tätigkeiten ohne zahlenmäßige Messbarkeit. Hier kann nur durch langfristige Erfolgsbeobachtung einerseits sowie durch Sachkompetenz der Vorgesetzten andererseits eine Bewertung erfolgen, welche jedoch zumindest teilweise subjektiv ausfallen wird. Als umso wichtiger ist bei solchen überwiegend qualitativ ausgerichteten Positionen die Diskussion zwischen Beurteilendem und Beurteiltem über die Bewertungsmethode und ihr Resultat anzusehen.

Kontrolle des Verhaltens im Sinne der Unternehmensziele und -ordnung
Die allgemeine Kontrolle zur Sicherstellung eines Verhaltens der Beschäftigten, welches im Einklang mit den Unternehmenszielen und -grundsätzen sowie den daraus abgeleiteten Ordnungen und Regelungen steht, ist als eine der Grundaufgaben von Führungskräften anzusehen. Sie geschieht in vielen, vor allem kleineren Unternehmungen gewissermaßen nebenher und kann aufgrund ihrer Vielfältigkeit nur schwer institutionalisiert werden. Eine der wesentlichsten Arten der allgemeinen Kontrolle ist in der **Revision** gegeben. Revisoren, aufgrund des negativen Images dieser Bezeichnung oft auch anders genannt, haben die Aufgabe, nach freiem Gutdünken oder nach von der Unternehmensleitung festgelegten Checklisten die Vorgänge und Zustände in allen oder in ausgewählten Teilen des Unternehmens zu kontrollieren.

Für die erfolgreiche Wahrnehmung von Revisionsaufgaben ist von großer Bedeutung, dass die Mitarbeiter der Abteilung Revision ihre Tätigkeit nicht als eine Art Unternehmensgeheimdienst, sondern als **Unterstützungsfunktion** zum effektiveren Arbeiten des Gesamtunternehmens begreifen. Entsprechend muss ihre Aufgabe den betroffenen Unternehmensbereichen verdeutlicht werden.

Eine formalisierte Vorgehensweise bei der Revision besitzt den Vorteil, dass sie bewusster wie unbewusster Machtausübung seitens der Revisoren vorbeugt und die geplante permanente Widerspiegelung der Unternehmensvorgänge auf eine systematische Ebene stellt, wodurch Kontrollüberschneidungen und -lücken weitgehend vermieden werden. Wesentlich ist darüber hinaus, dass die Revision an eine Stelle zu berichten hat, welche nicht für die zu revisionierenden Tatbestände verantwortlich ist. Andernfalls würde die Durchführungsinstanz sich selbst kontrollieren, was der Wirksamkeit des Kontrollvorgangs erheblichen Abbruch tun kann.

Bei allen Personalkontrollen muss aus psychologischen Gründen äußerster Wert darauf gelegt werden, dass alle Betriebsteile bis hin zur Unternehmensführung einbezogen werden; es muss für die Beschäftigten deutlich sein, dass Kontrolle ein Vorgang ist, welcher in objektiver, gerechter und nachvollziehbarer Form keine andere Absicht verfolgt, als die Betriebsprozesse und -strukturen im Sinne aller Angehörigen des Unternehmens noch effizienter zu gestalten. Kontrollen, welche den Eindruck der Willkürlichkeit oder der beliebigen Bevorzugung oder Benachteiligung Einzelner hinterlassen, verfehlen ihren Zweck und sind geeignet, das Betriebsklima und die Kooperation in der Unternehmung zu zerstören.

3. Unterschiede zwischen Großhandel und Einzelhandel

Große Unterschiede zwischen den Wirtschaftsstufen Großhandel und Einzelhandel sind hinsichtlich der Organisation der Führungstätigkeit nicht zu erkennen. Die einzigen Differenzierungen von Belang resultieren bei größeren Handelsunternehmungen beider Stufen aus der Tatsache, dass im Großhandel von einem zentralen Standort aus oder gegebenenfalls über einige wenige Niederlassungen die Geschäfte abgewickelt werden, während im Einzelhandel eine Vielzahl von Verkaufsstellen neben der Zentrale für die Durchführung der Distributionstätigkeit zuständig sind. Dieser Umstand erfordert eine etwas andere Zeiteinteilung bei Managern des Großhandels im Vergleich zu jenen des Einzelhandels, eine inhaltlich differierende Ausgestaltung von Management-Informations-Systemen und ein leicht unterschiedliches Führungsverhalten.

Die wesentlichen wirtschaftsstufenbezogenen Spezifika lassen sich jedoch bei der Organisation der ausführenden Arbeit feststellen, weshalb hierauf näher eingegangen werden soll.

Bei der **Personalbedarfsplanung** liegen die Unterschiede zwischen den Wirtschaftsstufen weniger bei der Planungsmethode als vielmehr bei den Planungsinhalten. Beispielsweise sind die Maßstäbe, mit welchen der künftige Arbeitsbedarf gemessen werden kann, verschiedenartig:

Großhandel	Einzelhandel
Umzuschlagende Mengen Transporteinheiten Zahl an Aufträgen Zahl der Rechnungen etc.	Umsätze Kundenzahlen Kassierpositionen Auszeichnungsvorgänge etc.

Maßstäbe der Personalbedarfsplanung im Großhandel und im Einzelhandel

Folgerichtig werden auch die empirischen Erhebungen, welche zur Bestimmung des Arbeits-Mengengerüsts erforderlich sind, wirtschaftsstufenspezifisch ausgeprägt sein. Kommissionier- und Fuhrparkstudien beispielsweise gibt es nur in Großhandelsunternehmungen, auf den Umfang der Kundenbedienung bezogene Analysen dagegen nur in Einzelhandlungen. Im Übrigen treten zwischen den Unternehmungen beider Wirtschaftsstufen im Rahmen der Personalbedarfsplanung nur geringe Unterschiede auf.

Kaum vergleichbar ist dagegen die Methode der **Personaleinsatzplanung** in Groß- bzw. in Einzelhandlungen. Sieht man von den Ausnahmefällen des Cash and Carry-Großhandels und des Versandhandels ab, so liegt einer der entscheidenden Unterschiede zwischen beiden Wirtschaftsstufen darin, dass der Kunde die Betriebsstätten des Großhandels i. d. R. nicht betritt, während dies beim Einzelhandel den Normalfall darstellt. Daraus resultiert der für die Personaleinsatzplanung maßgebliche Unterschied, dass diese im Großhandel überwiegend nach technisch-organisatorischen Gesichtspunkten erfolgen kann, während im Einzelhandel die durch zahlreiche Zufallseinflüsse geprägte Kundenfrequenz mit dem daraus entstehenden Warteschlangenproblem die wesentliche zu lösende Schwierigkeit bildet.

Da es Großhandelsunternehmungen ausschließlich mit gewerblichen Geschäftspartnern sowohl auf der Lieferanten- wie auf der Abnehmerseite zu tun haben, können sie die Arbeitsabläufe durch geeignete beschaffungs- und vertriebspolitische Maßnahmen so organisieren, dass eine weitgehende Verstetigung eintritt. Darunter ist beispielsweise die Festlegung bestimmter Anlieferzeiten und Zustelltermine für die Kunden zu verstehen. Dies führt zu einem nur geringen Schwankungen unterworfenen Arbeitseinsatz der Kommissionierer, des sonstigen Lagerpersonals, der Fahrer im Fall von Lkw-Zustellung, sowie des für das Warengeschäft zuständigen Verwaltungspersonals.

Ganz anders dagegen die Situation des Einzelhandels: Hier sind zum Erstellen einer hinreichend funktionierenden Personaleinsatzplanung die oben geschilderten umfangreichen empirischen Erhebungen durchzuführen, um zumindest näherungsweise die Struktur des Arbeitsanfalls in der Zukunft abschätzen zu können. Der dennoch verbleibende Grad an Unsicherheit ist wesentlich höher als in Großhandlungen, da beispielsweise schon ein starker Dauerregen oder ein durchschlagendes Werbeangebot eines Konkurrenten den Arbeitsanfall beim eigenen Personal maßgeblich beeinflussen können. Die Planungsflexibilität muss daher im Einzelhandel höher sein, vor allem muss stets auf eine ausreichende Personalreserve geachtet werden, um Unzufriedenheit beim Kunden zu vermeiden, welcher Engpässe und Bedienungsstaus – gleich welche Ursache dafür verantwortlich sein mag – kaum hinzunehmen bereit ist. Dies gilt in besonderem Maße für die bedienungsintensiven Betriebsformen des Einzelhandels.

Hinsichtlich der Gestaltung einer leistungsorientierten Entlohnung fallen zwei Aspekte auf, bei welchen Unterschiede zwischen Groß- und Einzelhandel auftreten:

- einzubeziehende Personalgruppen
- Bemessungsgrundlagen für die Leistungsvergütung.

Als wichtigste Gruppen, welche leistungsbezogen entlohnt werden können, sind im Großhandel bzw. Einzelhandel die folgenden zu nennen:

Großhandel	**Einzelhandel**
Einkäufer Außendienstmitarbeiter Kommissionierer Lkw-Fahrer etc.	Bedienungspersonal Abteilungsleiter Filialleiter Bezirksleiter etc.

Leistungsbezogen zu entlohnende Gruppen im Großhandel und Einzelhandel

Als Maßstäbe für den Erfolg, welche im Groß- bzw. im Einzelhandel zu Grunde gelegt werden können, sind beispielhaft die nachstehenden anzuführen:

Großhandel	**Einzelhandel**
Erzielte Eingangsspanne	Umsatz je Bedienungskraft
Bonifikationssumme	Anzahl bedienter Kunden
Anzahl Neukunden	Kassierte Artikelpositionen
Auftragswerte	Ertrag einer Abteilung
Transportierte Mengen	Ergebnis einer Filiale
Kommissionierte Colli	Ergebnis eines Bezirks
etc.	etc.

Maßstäbe für leistungsorientierte Entlohnung im Großhandel und Einzelhandel

Die weiteren Gestaltungsgrundsätze und Ablaufschritte einer leistungsorientierten Entlohnung differieren zwischen den Wirtschaftsstufen Großhandel und Einzelhandel nicht wesentlich.

Ebenso wenig treten bezüglich der **Personalbeteiligungssysteme** gravierende Unterschiede auf. Dies gilt vollinhaltlich für materielle Beteiligungsformen, während bei der immateriellen Mitarbeiterbeteiligung, also der Einbeziehung der Beschäftigten in die Entscheidungsfindung im Unternehmen, logischerweise die inhaltlichen Fragen differieren, bei denen eine Beteiligung der Mitarbeiter und Mitarbeiterinnen möglich ist. Dies ist jedoch keine ablauforganisatorische Problemstellung.

Bei der **Personalkontrolle** schließlich sind zwischen Großhandel und Einzelhandel beträchtliche Unterschiede erkennbar, was darauf zurückzuführen ist, dass die Kontrollgegenstände erheblich differieren. Mithilfe der oben angeführten quantitativen Erfolgsmaßstäbe sind im Großhandel der Erfolg des Außendienstes, der Einkaufserfolg, die rationelle Lagerführung und Kommissionierung, die Wirtschaftlichkeit des Zustellbetriebs sowie die damit zusammenhängenden Verwaltungsprozesse zu kontrollieren. Im Einzelhandel bezieht sich der Kontrollvorgang dagegen auf Umsätze von Abteilungen und Betriebsstätten, auf die Anzahl der bedienten Kunden, auf realisierte durchschnittliche Kaufbeträge, auf die rohertrags-, kosten- und ergebnismäßig erfasste Betreibung von Betriebsstätten und Teilen hiervon sowie auf den Erfolg von Bezirken und Regionen. Entsprechend fällt auch die Ablauforganisation der Kontrollprozesse unterschiedlich aus.

		Lösung
1.	Wie kann der Begriff der Ablauforganisation definiert und systematisiert werden?	S. 361 f.
2.	Welche Bereiche der Ablauforganisation weisen handelsspezifische Eigenarten auf?	S. 362
3.	Wie ist der Zusammenhang zwischen Aufbau- und Ablauforganisation beschaffen?	S. 362 f.
4.	Welches Problem tritt auf, wenn sich eine Führungskraft in Mehrbetriebs- oder Filialunternehmen des Einzelhandels persönlich von der Situation in den einzelnen Betriebsstätten überzeugen möchte?	S. 363 f.
5.	Welche Führungsproblematik vor allem in mittelständischen Unternehmungen lässt sich mit dem Begriff des „Mentalitätsproblems" umschreiben?	S. 364
6.	Zur Erfüllung welcher Aufgaben werden Management-Informations-Systeme eingesetzt?	S. 365
7.	Worin besteht der Unterschied zwischen autonomen und abhängigen Management-Informations-Systemen?	S. 365
8.	Soweit MIS im Handel eingesetzt werden: Dominieren eher Total- oder Partialsysteme?	S. 365
9.	Welche Voraussetzungen müssen für einen erfolgreichen Einsatz von MIS in Handelsunternehmungen erfüllt sein?	S. 365 f.
10.	Stellen Sie Einflussfaktoren der menschlichen Arbeitsleistung (bezogen auf Leistungsfähigkeit und -willigkeit) zusammen!	S. 367 ff.
11.	Wie kann sich der soziale Status einer Tätigkeit z. B. auf die Bereitschaft auswirken, Überstunden zu leisten?	S. 367 f.
12.	Inwiefern müssen generell externe Einflussfaktoren als bedeutsam für Fähigkeit und Bereitschaft zur Leistung angesehen werden?	S. 367 f.
13.	Welche innerbetrieblichen Faktoren sind als wesentliche Einflüsse hinsichtlich der Leistungsfähigkeit und -motivation des Personals zu betrachten?	S. 368 ff.
14.	Welche Führungsstile dominieren im Handel?	S. 369
15.	Wie hängen Führungsstil und Informationsverhalten von Führungskräften zusammen?	S. 369
16.	Weshalb ist das Firmenimage von Bedeutung für die Leistungsbereitschaft?	S. 369 f.
17.	Was ist unter dem sehr allgemeinen Terminus „Einstellung zur Arbeit" zu verstehen?	S. 371
18.	Auf welche Weise lässt sich eine möglichst vollständige Deckung zwischen individuellen und betrieblichen Wünschen bzw. Anforderungen erreichen?	S. 371 f.

		Lösung
19.	Welche Anforderungen sind im weitesten Sinne an Führungskräfte zu stellen?	S. 372
20.	Welche Schritte kennzeichnen den Ablauf einer sinnvollen Personalbedarfsplanung im Handel?	S. 373 ff.
21.	Wie kann das Arbeits-Mengengerüst im Handel strukturiert werden?	S. 374 f.
22.	Welche empirischen Erhebungen können einen Beitrag zur Ermittlung des Arbeits-Mengengerüsts leisten? Wie laufen in grober Betrachtungsweise solche Erhebungen ab?	S. 375
23.	Welche Resultate können Multimomentstudien im Handel erbringen?	S. 375
24.	Mithilfe welcher Kennzahlen kann die Personalproduktivität im Handel ermittelt werden?	S. 376
25.	Wie gelangt man von festgestellten Ist-Leistungen zu Soll-Produktivitäten?	S. 376 f.
26.	Ist die Festlegung einer einheitlichen Personalproduktivität für eine gesamte Betriebsstätte des Handels als ausreichend zu betrachten?	S. 377
27.	Für welche organisatorischen Bereiche ist eine eigenständige Personalbedarfsplanung sinnvoll?	S. 378
28.	Welche Einzelentscheidungen sind im Rahmen der quantitativen und der qualitativen Dimension der Personalbedarfsplanung zu treffen?	S. 378
29.	Wie kann die Umsetzung von Personalbedarfsplanung in Personalbeschaffungs- und -entwicklungsplanung erfolgen?	S. 378 f.
30.	Analysieren Sie die personalpolitische Bedeutung der Personalentwicklungsplanung!	S. 379 f.
31.	Welche negativen Konsequenzen sind aus einem Verzicht auf Personalentwicklungsplanung zu erwarten?	S. 379 f.
32.	Wie hängen Personalbedarfs- und -einsatzplanung zusammen?	S. 380
33.	Welche Schritte sind zur Durchführung einer systematischen Personaleinsatzplanung vorzunehmen?	S. 380 ff.
34.	Wie fließen die Abwesenheitszeiten des Personals (z. B. durch Urlaub, Krankheit) in die Personaleinsatzplanung ein?	S. 382
35.	Welche Mittel bieten sich für die technische Umsetzung der Personaleinsatzplanung an?	S. 383
36.	„Personaleinsatzplanung erspart Improvisation." Wie beurteilen Sie diese Feststellung?	S. 383
37.	Wie kann die Einhaltung von Personaleinsatzplanungen durch geeignete Kontrollmaßnahmen gewährleistet werden?	S. 384

	Lösung
38. Welche Ziele lassen sich zusammenfassend mit der Personalbedarfs- und -einsatzplanung verfolgen?	S. 384
39. Welche Rolle spielen flexible Arbeitszeiten und Teilzeitbeschäftigung im Rahmen der Umsetzung systematischer Personaleinsatzplanung?	S. 385
40. Welche Faktoren verhindern eine ausschließliche Leistungsentlohnung des Handelspersonals?	S. 387
41. Bei welchen Arten von Tätigkeiten ergeben sich hinsichtlich der Messbarkeit Probleme?	S. 387
42. Was hat *Maslow* mit Leistungsentlohnung zu tun?	S. 387
43. Welche Bemessungsgrundlagen sind im Handel für leistungsorientierte Entlohnungssysteme verbreitet?	S. 388
44. Stellen Sie die Voraussetzungen erfolgreicher Leistungsentlohnungs-Systeme zusammen! Beschreiben Sie diese einzelnen Bedingungen!	S. 389 ff.
45. Ein Unternehmen hat als Prämienobergrenze pro Jahr 500 € je Beschäftigten eingeführt. Wie beurteilen Sie diese Maßnahme?	S. 390
46. Welche negativen Konsequenzen können auftreten, wenn die Leistungsentlohnung sich an einem einzigen Bemessungskriterium orientiert? Nennen Sie Beispiele für derartige Nachteile!	S. 390
47. Wie kann verhindert werden, dass das Personal im Zuge der Bemühung um höhere Leistung mehr Fehler produziert?	S. 390 f.
48. Wie lässt sich mit dem Problem fertig werden, dass auf Steigerung angelegte Entlohnungssysteme irgendwann bei ausgereizten Leistungssteigerungspotenzialen an Wirksamkeit einbüßen?	S. 391 f.
49. Welche Argumente sprechen für die Einzel- bzw. für die Gruppenprämie?	S. 392 f.
50. Welche Beschäftigten können/sollten in leistungsbezogene Entlohnungssysteme einbezogen werden?	S. 393
51. Wie lässt sich ein leistungsbezogenes Entlohnungssystem zur Steuerung eines Handelsunternehmens einsetzen?	S. 394 f.
52. Was versteht man unter Personalbeteiligung und in welchen Grundformen tritt sie auf?	S. 395 f.
53. Welche Arten der materiellen Kapitalbeteiligung können unterschieden werden?	S. 396
54. Modelle der Mitarbeiterbeteiligung werden mit steigender Tendenz in der Wirtschaft eingesetzt. Welche Gründe sind hierfür verantwortlich?	S. 396
55. Auf welche wesentlichen Gegenstände bezieht sich im Handel die Kontrolltätigkeit?	S. 397
56. Was leisten moderne Anwesenheits-Kontrollsysteme?	S. 397 f.

	Lösung
57. Inwiefern wirkt sich bei der Verfehlung von Leistungsvorgaben ein leistungsorientiertes Entlohnungssystem als automatischer Regelmechanismus aus?	S. 398
58. Wie wird in größeren Unternehmungen die Kontrolle des Verhaltens aller Beschäftigten im Sinne der Unternehmensziele institutionalisiert?	S. 399
59. Beschreiben Sie einzuhaltende Arbeitsprinzipien einer erfolgreichen Revision!	S. 399
60. Welche psychologische Grundregel ist bei allen Personalkontrollmaßnahmen unbedingt einzuhalten?	S. 399
61. Welche wesentlichen Unterschiede sind bei der Personalbedarfsplanung zwischen Groß- und Einzelhandel festzustellen?	S. 400
62. Welche Differenzen treten zwischen den Handelsstufen hinsichtlich der Personaleinsatzplanung auf?	S. 400 f.
63. Welche unterschiedlichen Bemessungsgrundlagen werden im Groß- bzw. im Einzelhandel für leistungsbezogene Entlohnungssysteme zur Anwendung gebracht?	S. 401 f.
64. Worauf bezieht sich die Personalkontrolle im Großhandel, worauf im Einzelhandel?	S. 402

II. Organisation der Warenwirtschaft

Der Begriff **Warenwirtschaft** kann in zwei unterschiedlich weiten Fassungen definiert werden. Im weiteren Sinne sind darunter zu verstehen alle Warenvorgänge selbst, die hierdurch induzierten monetären Prozesse, die Personalabläufe zur Bewältigung der Waren- und Geldprozesse sowie sämtliche informationsbezogenen Vorgänge, welche sich mit der Steuerung und Kontrolle der vorgenannten Waren-, Geld- und Personalprozesse beschäftigen (*Ebert, K.*). Im engeren Verständnis reduziert sich der Begriff der Warenwirtschaft auf die zuerst genannte Warenebene. Zwischen beiden Extremen existieren sowohl in der Literatur wie in der Praxis verschiedene begriffliche Übergangsformen. Der Terminus „Warenwirtschaft" darf dabei nicht mit jenem des „Warenwirtschaftssystems" gleichgesetzt werden, worunter üblicherweise die Dimension der die Warenprozesse steuernden Informationsvorgänge angesprochen ist. Hierauf wird an späterer Stelle im Rahmen der Behandlung der Warenwirtschaftssysteme im Handel genauer eingegangen. Die dargelegten Verständnisse des Begriffs Warenwirtschaft werden in folgender Abbildung verdeutlicht:

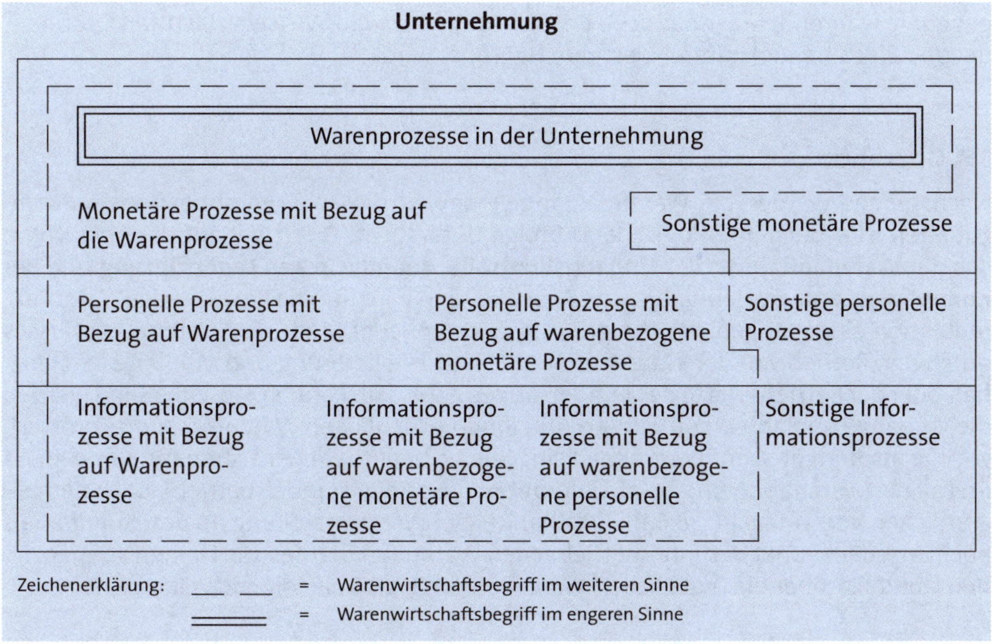

Abb. 111: Die potenziellen Geltungsbereiche des Begriffs Warenwirtschaft

Im Folgenden wird zunächst – unter Zugrundelegung des weitergefassten Begriffs – auf die **Ablauforganisation** der für Handelsunternehmungen spezifischen Warenvorgänge eingegangen. Monetäre Aspekte bleiben dabei im Wesentlichen ausgeklammert, lediglich die Nahtstellen zwischen Waren- und Geldvorgängen werden in die Betrachtung einzubeziehen sein. Im Übrigen weisen Finanzvorgänge wirtschaftsbereichsübergreifende Gesetzmäßigkeiten auf, weshalb sie nach dem Prinzip der Beschränkung auf Handelsspezifika in diesem Kapitel nicht tiefer zu erörtern sind.

Personelle Vorgänge in Verbindung mit der Warenwirtschaft wurden teilweise im Kapitel über die Ablauforganisation des Personalwesens angesprochen, zum Teil fließen sie in die Untersuchung der Warenprozesse mit ein. In einem zweiten Teilkapitel wird nach Analyse der **materiellen Warenvorgänge** deren Steuerung und Kontrolle Gegenstand der Untersuchung sein; dieses Teilkapitel ist mit der Überschrift „Steuerung der Warenwirtschaft" versehen und beschäftigt sich mit dem engeren, informationsbezogenen Warenwirtschaftsbegriff.

1. Materielle Warenvorgänge

Materielle Warenvorgänge sind dadurch gekennzeichnet, dass dabei Ware in körperlicher Form gehandhabt wird, sei dies in Form von Transporten, Lagerungsprozessen oder Manipulationsvorgängen. Das materielle Warenhandling unterscheidet sich aufgrund der äußerst unterschiedlichen Funktionen von Großhandel und Einzelhandel zwischen den beiden Wirtschaftsstufen beträchtlich. Es wird daher im Folgenden zunächst nur ein kurzgefasster Überblick über die zu organisierenden Warenvorgänge gegeben, während ihre inhaltliche Betrachtung nach den Wirtschaftsstufen Großhandel und Einzelhandel differenziert durchgeführt wird.

1.1 Überblick

Nachstehend werden die Warenvorgänge – soweit dieses Gliederungsprinzip durchzuhalten ist – nach ihrer logischen Abfolge untersucht. Dies trifft auf die Ablaufphasen der **Warenannahme**, der **Eingangskontrolle**, der **physischen Lagerführung** und der **Kommissionierung** vollinhaltlich zu. Anschließend wird auf die Prozesse der Warenmanipulation eingegangen, welche grundsätzlich an jeder Stelle des Warendurchflusses durch den Betrieb von der Warenannahme bis zur Ablieferung und Montage im Haushalt oder der Betriebsstätte des Kunden angesiedelt sein können. Abschließend werden die Vorgänge im Rahmen des außer- und innerbetrieblichen Warentransports erörtert, welche insofern phasenübergreifend sind, als sie bereits vor der Warenannahme (etwa im Fall der Warenabholung beim Lieferanten durch den Handelsbetrieb), nach dem eigentlichen Verkaufsakt (z. B. im Einzelhandel bei Warenzustellung an den Kunden) als auch an jedem Punkt des innerbetrieblichen Warendurchlaufes stattfinden können. Einen Überblick über die materiellen Warenvorgänge gibt die folgende Übersicht:

Abb. 112: Überblick über die materiellen Vorgänge im Handelsbetrieb

Die dargestellte allgemeine Phasengliederung wird an späterer Stelle für die Wirtschaftsstufen Großhandel und Einzelhandel zu spezifizieren sein.

1.1.1 Warenannahme und Eingangskontrolle

In nahezu allen Handelsunternehmungen mit Ausnahme der reinen Streckengroßhandlungen wird eine Annahme der vom Lieferanten ankommenden Waren durchgeführt. Dies bedeutet, dass die per Bahn, Schiff, Flugzeug oder Lkw eintreffende Ware durch das Personal des Handelsunternehmens in der betrieblichen Anlieferzone vom Lieferantenpersonal oder von fremden Spediteuren bzw. Frachtführern zu übernehmen ist. Im Fall der Abholung der Ware beim Lieferanten findet dieser Vorgang in der Warenausgangszone des betreffenden Herstellers oder sonstigen Vorlieferanten statt. Im Einzelhandel kann sich die Warenübernahme bei Regalservice des Lieferanten auch bis zum Warenträger innerhalb der Verkaufsstätte verlagern.

Die bei der Warenannahme anfallenden **materiellen** Vorgänge werden je nach Warenart und -menge per Hand oder unter Nutzung von Investitionsgütern wie Hubwagen, Gabelstapler u. Ä. bewerkstelligt. Die **körperliche Warenannahme** stellt die Handelsunternehmungen gewöhnlich vor keine schwierigen ablauforganisatorischen Probleme; Schwierigkeiten sind eher bei der informatorischen Wareneingangserfassung zu verzeichnen, auf welche erst an späterer Stelle eingegangen wird.

Der nächste zu organisierende Schritt ist in der körperlichen Wareneingangskontrolle gegeben. Ihre Aufgaben bestehen darin, festzustellen, ob die gelieferte Ware nach Art, Menge und Qualität der aufgegebenen Bestellung entspricht.

Für Warenannahme und -eingangskontrolle gemeinsam ist in einer Organisationsanweisung festzulegen, welche Personen hierzu berechtigt sind. Dieser handelsbetriebliche Funktionsbereich hat sich in der Praxis als außerordentlich sensibel im Hinblick auf die Entstehung von Inventurdifferenzen erwiesen. Es muss deshalb möglichst in schriftlicher Form bestimmt werden, wer neben dem Leiter oder der Leiterin einer Betriebsstätte zur Wahrnehmung dieser betrieblichen Tätigkeiten berechtigt ist. Keinesfalls darf jede angestellte Person, also auch unerfahrene Aushilfskräfte, Auszubildende usw., mit der Abwicklung dieser Schritte des Warenprozesses beauftragt werden.

Ein weiteres Problem stellt in diesem Zusammenhang das **rationelle Warenhandling** dar. Es muss verhindert werden, dass in einem bestimmten Zeitraum zu viele Lieferungen eintreffen, sodass eine wirtschaftliche Abfertigung nicht mehr möglich ist. Gleichfalls muss gewährleistet werden, dass die angenommene Ware nicht so abgestellt wird, dass eine körperliche Kontrolle durch die entstandene Beengtheit nicht durchgeführt werden kann.

In vielen Fällen werden es die räumlichen Verhältnisse eines Handelsbetriebes nicht erlauben, die körperliche Wareneingangskontrolle im Beisein des Anlieferungspersonals abzuwickeln. Unter diesen Umständen empfiehlt sich eine **Warenannahme unter Vorbehalt**, welche von der mit der Warenannahme beauftragten Person auf den Lieferpapieren vermerkt werden muss. Dabei wird nach einer groben, optischen Prüfung der Ware die Korrektheit der Lieferung vorbehaltlich einer späteren genaueren Nachkontrolle bestätigt.

In Abhängigkeit von der Art der gelieferten Ware sind Eingangsprüfungen unter Nutzung verschiedener **technischer Hilfen** erforderlich. Hierzu zählen beispielsweise:

- technische Funktionsprüfungen (z. B. bei Elektrogeräten)
- Laboranalysen (z. B. bei chemischen Zwischenprodukten)
- Bruchfestigkeitsprüfungen (z. B. bei bestimmten Baumaterialien)
- Gewichtsprüfungen (z. B. bei Frischwaren wie Fleisch)
- etc.

Diese Art von Eingangskontrolle muss in fast allen Fällen nach dem Verlassen des Betriebsgeländes seitens des Transportpersonals erfolgen, weshalb hier die oben erwähnte Warenannahme unter Vorbehalt die Regel darstellt.

Vielfach findet auch eine **Splittung des Kontrollvorganges** statt, bei welcher die gesamte Lieferung einer oberflächlichen Kontrolle unterzogen wird, während stichprobenweise gründliche Überprüfungen unter Durchführung aller erforderlichen Analysen und Tests vorgenommen werden.

1.1.2 Physische Lagerführung

Hierzu sind die **Teilschritte der Einlagerung** der gelieferten Ware, der eigentlichen Lagerhaltung, der Warenpflege und der körperlichen Inventurdurchführung zu rechnen. Ausgeschlossen sind jedoch die Transportvorgänge, welche in einem eigenen Abschnitt besprochen werden.

Es sind **verschiedene Lagerarten** zu unterscheiden. Die wichtigsten sollen hier kurz erläutert werden.

(1) Regallager
Dabei handelt es sich um einen mit Regalen und ähnlichen Warenträgern ausgestatteten Raum. Die Abmessungen, die Höhe des Lagers, die Anzahl an Regalböden etc. sind variierbar. Dieser Lagertyp findet sich in der Praxis am häufigsten.

(2) Hochregallager
Im Gegensatz zum Regallager bilden beim Hochregallager die Warenträger integrierte Baubestandteile; sie sind zumindest kurzfristig im Lagergebäude nicht mehr flexibel verschiebbar. Bei Hochregallagern beträgt die Regalhöhe gewöhnlich 10 m und mehr. Eine Warenbeschickung und -entnahme ist nur noch mit spezialisierten Staplern bzw. Lagerrobotern möglich.

(3) Blocklager
Hierbei wird die Ware blockweise, ohne Nutzung von Regalen, aber innerhalb von Gebäuden (im Gegensatz zur Blocklagerung im Freien) gelagert. Diese Methode eignet sich, wenn die gehandelten Güter einerseits vor Witterungseinflüssen geschützt werden müssen, andererseits in großen Mengen je Artikel umgeschlagen werden, weswe-

gen die Zwischenschaltung von Regalen unwirtschaftlich wäre. Ein Anwender dieses Verfahrens ist z. B. die Firma Aldi.

(4) Freilager

Im Gegensatz zu den Regallagern sind Freilager nicht in Gebäuden untergebracht, häufig nicht einmal überdacht. Es werden gegen Feuchtigkeit, Temperaturschwankungen und ähnliche Witterungseinflüsse beständige Materialien gelagert, deren Volumen und/oder Gewicht eine Lagerung in Gebäuden unwirtschaftlich machen würde.

(5) Silo- und Tanklager

In Silos, Tanks, Kesseln und ähnlichen Vorrichtungen werden flüssige und gasförmige Güter sowie Schüttgüter gelagert. Beispiele sind Heizöl, gasförmige Zwischen- bzw. Endprodukte der chemischen Industrie sowie vor allem landwirtschaftliche Güter im weitesten Sinne wie z. B. Düngemittel, Saatgut, Futtermittel, Zucker, Wein usw.

(6) Speziallager

Unter dieser Bezeichnung können alle Lagerformen zusammengefasst werden, bei welchen für Güter mit besonderen Lagererfordernissen die geeigneten Bedingungen geschaffen wurden. Beispiele sind etwa Lagerhäuser mit konstanten Temperatur- und Feuchtigkeitsbedingungen für die Aufbewahrung bestimmter Pflanzen oder Kühl- und Tiefkühlhäuser für Waren, welche sich in der Kühlkette befinden.

Die körperlichen Warenvorgänge der Einlagerung, der Warenpflege, der Auslagerung sowie der körperlichen Inventur differieren zwischen den verschiedenen Lagerformen sehr stark. Während im klassischen Regallager die manuellen Tätigkeiten überwiegen, ist bei allen anderen Lagerformen der Einsatz technischer Hilfen unverzichtbar. Dazu gehören Stapler, Kräne, Abfülleinrichtungen, Pipelines u. Ä. Einen Sonderfall stellen vollautomatisierte Systeme dar, bei welchen Beschickung, Entnahme sowie alle übrigen Lagervorgänge EDV-gesteuert durch Lagerroboter erfolgen.

Die Warenbewegungen im Lager hängen sehr stark davon ab, für welche Art der **Lagerplatzordnung** man sich entscheidet. Die Grundformen der Lagerplatzordnung sind in der folgenden Abbildung gegenübergestellt:

Lagerplanung	
systematisch: feste Lagerplatznummernsysteme **Ziel:** ► Optimierung der Beschickungs- und Entnahmewege	**chaotisch:** flexible Lagerplatzzuweisung durch EDV **Ziel:** ► Optimierung Lagerkapazität

Abb. 113: Systematische und chaotische Lagerplanung

Bei systematischer Lagerplatzordnung werden die im Lager zu führenden Güter nach einem festen Lagerplatznummernsystem platziert. Die **Kennzeichnung eines Lagerplatzes** kann beispielsweise folgendermaßen gestaltet sein (*Armbruster*):

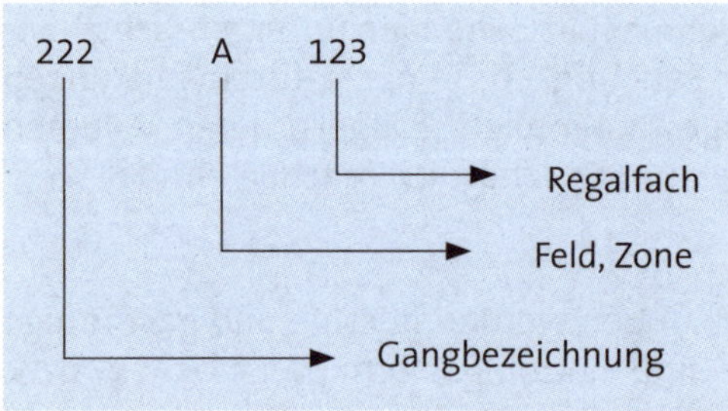

Solange keine generelle Umstrukturierung des Lagers vorgenommen wird, liegt bei diesem Lagersystem ein bestimmter Artikel immer am selben Lagerort. Die Hauptzielsetzung der systematischen Lagerplatzordnung besteht in der **Optimierung (= Minimierung) der Beschickungs- und Entnahmewege**. Zur Gestaltung der Systematik können vor allem die verschiedenen Warenarten, die Lagerumschlagshäufigkeiten, die Ergebnisse von **ABC-Analysen** etc. herangezogen werden.

Chaotische Lagerplatzordnung bedeutet, dass eingehenden Waren per EDV die jeweils gerade freien Lagerplätze zugewiesen werden. Feste Lagerorte für bestimmte Artikel gibt es bei diesem System also nicht. Seine Hauptzielsetzung ist in einer Optimierung der Lagerkapazität zu sehen. In der besseren Lagernutzung liegt gleichzeitig der wesentlichste Vorteil der chaotischen gegenüber der systematischen Lagerplatzordnung; die Messung dieses Kriteriums ist über den Lagerfüllgrad möglich. Dieser ist wie folgt definiert:

$$\text{Lagerfüllgrad} = \frac{\text{Genutzter Anteil des Lagerraumes}}{\text{insgesamt verfügbarer Lagerraum}} \cdot 100$$

Als **Hauptproblem** der chaotischen Lagerführung ist die Notwendigkeit zu sehen, die elektronische Führungseinrichtung gegen Ausfall mehrfach abzusichern. Ein großes, nach dem chaotischen System geführtes Lager mit u. U. Tausenden oder Zehntausenden von Artikeln lässt sich nach Ausfall des Steuersystems nicht mehr betreiben. Da nur die elektronische Leitzentrale die jeweiligen Lagerorte der einzelnen Artikel kennt, ist im Fall ihres Versagens eine manuelle Fortführung der Lagerbeschickungs- und Entnahmevorgänge nicht mehr möglich.

Vorgänge der **Pflege der gelagerten Ware** sind natürlich entscheidend von deren Eigenschaften abhängig. So müssen beispielsweise bestimmte Hölzer regelmäßig gelüftet, Sektflaschen gewendet, Saatgut gelockert werden etc. Es müssen branchenbezogene Anweisungen erstellt und bekanntgemacht werden, wie die einzelne Ware gemäß ihrer Eigenschaften zur Erhaltung oder Verbesserung der Qualität zu lagern ist. Das Beispiel des Wendens von Sektflaschen hat bereits angedeutet, dass in Einzelfällen das

Pflegen der gelagerten Ware mit Manipulationsvorgängen zur Erhöhung der Verwendungsreife Hand in Hand geht. Vergleichbare Beispiele sind in Lagern zur Bananenreifung, zur Ablagerung von Pfeifenholz, in Tabaktrocknungsanlagen etc. gegeben.

1.1.3 Kommissionierung

Der Begriff Kommissionierung soll hier in einem weiten Sinne verstanden werden als die Zusammenstellung der vom Kunden benötigten Waren im Handelslager bzw. -verkaufsraum. Diese Tätigkeit ist in allen Unternehmungen auszuführen, in welchen ein körperlicher Warendurchfluss stattfindet. Generell besteht die Alternative, dass diese Aufgabe vom Personal des Handelsunternehmens oder aber vom Kunden ausgeübt wird. Die erstgenannte Möglichkeit kommt im Zustell-Großhandel und im Versandhandel zum Tragen, während die zweite im Selbstbedienungs-Großhandel und -Einzelhandel auftritt. Die Bedienungsabteilungen des Einzelhandels stellen insofern eine Besonderheit dar, als dort die abteilungsbezogene Zusammenstellung der Waren vom Personal des Handelsunternehmens durchgeführt wird, wohingegen die Sammelfunktion bezüglich des Gesamteinkaufes dem Kunden zukommt. Im reinen Streckengroßhandel entfällt mangels eines Warendurchlaufes die Kommissionierungsfunktion vollständig.

Da der Ablauf der Kommissionierung im Großhandel und im Einzelhandel nicht vergleichbar ist, erfolgt die inhaltliche Behandlung dieser Handelsaufgabe in den Abschnitten über die Besonderheiten der Warenorganisation im Großhandel bzw. im Einzelhandel.

1.1.4 Warenmanipulation

Bezogen auf die organisatorische Regelungsnotwendigkeit wird der Begriff der Warenmanipulation in einer weiten Fassung gebraucht. Es werden darunter zusammengefasst alle Tätigkeiten, welche an der Ware durchgeführt werden mit dem Ziel, ihre Verwendungsreife zu erhöhen oder zu erhalten. Dabei ist es unbeachtlich, wo und weshalb diese ausgeführt werden. Das folgende Schaubild gibt einen Überblick über die Kategorien möglicher Manipulationsleistungen im definierten Sinne:

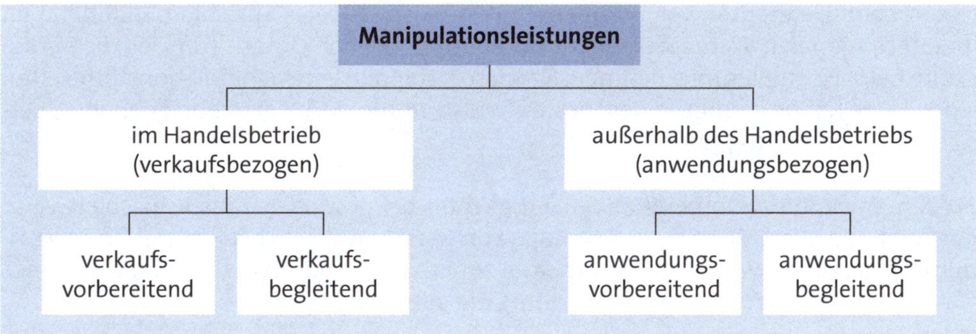

Abb. 114: Kategorien von Manipulationsleistungen

Wie oben festgestellt, können Manipulationstätigkeiten innerhalb und außerhalb der Handelsbetriebsstätte anfallen. **Innerhalb des Handelsbetriebes** treten **verkaufsvorbereitende** und **verkaufsbegleitende Manipulationen** auf. Erstere werden unabhängig von spezifizierten Kundenanforderungen durchgeführt mit dem Ziel, Waren auf generalisierte Bedarfe vorzubereiten. Beispiele hierfür sind Verpackungsvorgänge, Holzzuschnitt, Standardbohrungen von Stahlplatten usw.

Als verkaufsbegleitend können Manipulationstätigkeiten bezeichnet werden, wenn sie auf konkrete Kundenwünsche hin erfolgen, die als Bedingung für den Kauf einer Ware formuliert wurden. Sieht man einmal von der Erfüllung extremer Sonderwünsche ab, so wird es sich bei diesen Manipulationstätigkeiten um dieselben handeln, welche grundsätzlich auch verkaufsvorbereitend vorgenommen werden können. Der für die Organisation relevante Unterschied besteht darin, dass bei Durchführung solcher Funktionen unabhängig von einzelnen Verkaufsakten eine vom Kunden nicht beeinflusste kontinuierliche Abwicklung möglich ist, während bei verkaufsbegleitenden Manipulationen zumeist nach den Vorstellungen des Kunden verfahren werden muss.

Dies gilt zum einen in terminlicher, zum anderen in inhaltlicher Hinsicht. Die Zeitvorstellungen des Kunden schaffen diskontinuierliche Verläufe des Arbeitsanfalls, wobei auch kapazitätsüberschreitende Spitzenbelastungen in Kauf genommen werden müssen. Die sachbezogenen Sonderwünsche führen zu einer Ausdifferenzierung der Manipulationstätigkeiten mit der Folge einer geringeren Standardisierbarkeit der Einzeltätigkeiten. So kann beispielsweise die Herstellung bestimmter Futtermittelmischungen einerseits in produktionsähnlicher Kontinuität und damit kostensparend durchgeführt werden, andererseits aber auch nach einem konkreten Kaufabschluss nach den Wünschen des Kunden erfolgen. Letztgenannte Vorgehensweise ist von höheren Kosten begleitet, steigert andererseits aber für den einzelnen Kunden den Wert einer Ware, indem diese genau auf seine Bedürfnisse zugeschnitten wird. Es müssen deshalb beide Formen der Manipulationstätigkeit als sinnvolle Alternativen betrachtet werden, welche für jeweils unterschiedliche Zielsetzungen angewandt werden können.

Eine weitere Gruppe von **Manipulationstätigkeiten** erfolgt **außerhalb des Handelsbetriebes**. Neben den in der obigen Übersicht enthaltenen **anwendungsvorbereitenden und anwendungsbegleitenden** Warenmanipulationsvorgängen, welche auf den Kunden orientiert sind, kommen in seltenen Fällen auch an der Ware ausgeübte Tätigkeiten beim Lieferanten vor. So übernehmen beispielsweise Spezialgroßhandlungen im internationalen Warenverkehr bei hoch empfindlichen Gütern zum Teil die Verpackung beim Herstellerunternehmen. Da diese Kategorie von Manipulationstätigkeiten jedoch eine relativ geringe Bedeutung aufweist, wurde sie in der obenstehenden Übersicht unberücksichtigt gelassen.

Zu den anwendungsvorbereitenden Tätigkeiten beim Kunden zählen beispielsweise das Aufstellen von Möbeln, die Montage von Maschinen u. Ä. Als Beispiel für anwendungsbegleitende Manipulationsarbeiten zur Erhaltung der Gebrauchsfähigkeit eines Gutes sind z. B. Wartungs- und Reparaturtätigkeiten zu rechnen.

Der Vielfalt und Unterschiedlichkeit dieser Warenvorgänge wegen kann es eine einheitliche organisatorische Regelung mit genereller Anwendungsmöglichkeit nicht geben. Als grundsätzliche Regel gilt jedoch, dass zur Rationalisierung der Abläufe soweit möglich eine Überleitung der Manipulationstätigkeiten in die Phase der Verkaufsvorbereitung vorgenommen werden sollte. Durch kontinuierliche, systematisch geplante und nicht den Verkaufsschwankungen unterliegende Manipulationsprozesse lassen sich Kostendegressionseffekte erzielen.

Soweit dies nicht möglich ist, sind für die Prozessplanung empirische Untersuchungen sinnvoll, wie sie oben im Abschnitt über die Personaleinsatzplanung beschrieben wurden. Um Unwirtschaftlichkeiten zu vermeiden, sollte jedes Unternehmen eine Zusammenstellung aller ausgeübten Manipulationstätigkeiten gleich welcher Kategorie vornehmen. Für jede Manipulationsarbeit mit eigener Charakteristik ist eine spezifische Ablaufplanung sinnvoll, welche in schriftlicher Form als Arbeitsanweisung niedergelegt werden sollte, um allen mit den entsprechenden Tätigkeiten betrauten Beschäftigten eine **Verhaltensrichtlinie** an die Hand geben zu können. Mit der schriftlichen Formulierung werden derartige Abläufe objektiviert und dem persönlichen Einfluss des jeweils agierenden Mitarbeiters entzogen. Damit können individuelle Fehler auf ein Mindestmaß reduziert werden, welche z. B. auf mangelnde Erfahrung in der Erledigung einer Tätigkeit zurückzuführen sind.

1.1.5 Außer- und innerbetrieblicher Warentransport

Dem inner- und außerbetrieblichen Warentransport sind die Raumüberbrückungsvorgänge zwischen Lieferant und Handelsunternehmung sowie zwischen dieser und ihren Abnehmern zuzurechnen, darüber hinaus alle Warenbewegungen innerhalb der Betriebsstätten der Handelsunternehmungen. Wie bei den übrigen auf der materiellen Ebene des Unternehmensgeschehens angesiedelten Prozessen kann auch hier auf die inhaltliche Ausgestaltung nur wirtschaftsstufenspezifisch eingegangen werden, da die Unterschiede zwischen Großhandel und Einzelhandel eine gemeinsame Betrachtung der bestehenden organisatorischen Probleme der Warenbewegung kaum erlauben.

Während der innerbetriebliche Warentransport in der überwiegenden Zahl der Fälle durch Kräfte und Sachmittel des eigenen Unternehmens bewältigt werden muss, tritt bei Warentransporten vom Lieferanten und zum Kunden grundsätzlich das **Entscheidungsproblem** auf, ob diese Aufgaben selbst erledigt, an Lieferanten bzw. Kunden übertragen oder auf externe Dienstleistungsunternehmen ausgegliedert werden. Die folgende Abbildung verdeutlicht, wie das angesprochene Entscheidungsproblem gelöst werden kann:

Entscheidung über Eigenwahrnehmung oder Ausgliederung außerbetrieblicher Transporte von Lieferanten bzw. zum Kunden

↓

Analyse der alternativen Kosten

↓

Ausgliederung der Transporte:

- an Lieferanten
  wenn induzierte Einkaufspreiserhöhungen < eigene Transportkosten
- an Kunden
  wenn induzierte Verkaufspreissenkungen < eigene Transportkosten
- an externes Transportunternehmen
  wenn Angebotspreis < eigene Transportkosten

↓

Ansonsten:
Eigenwahrnehmung der außerbetrieblichen Transporte

Abb. 115: Entscheidungsproblem Eigenwahrnehmung oder Ausgliederung außerbetrieblicher Transporte

Um eine solche Analyse überhaupt durchführen zu können, ist es offensichtlich notwendig, die entstehenden Kosten für den Fall der Eigenwahrnehmung von Transporten zu kennen. Es müssen daher Personal- und Sachkosten ermittelt und für die Zukunft prognostiziert werden, um die oben beschriebenen Vergleiche vornehmen zu können.

Im **innerbetrieblichen Transportwesen** sind folgende Aufgaben als Organisationsgegenstände zu analysieren:

Umlagerungen zwischen Betriebsstätten des Unternehmens

- Transporte von der Warenannahme zum Lagerplatz
- betriebsstätteninterne Umlagerungen
- Transporte vom Lager- zum Verkaufsplatz (nur im Einzelhandel)
- Transporte zu und von Manipulationstätigkeiten.

Für **Transporte innerhalb von Betriebsstätten** kommen Gabelstapler, Hubwagen, Elektrofördermittel, Kräne u. Ä. infrage. Für Transporte zwischen Betriebsstätten sind alle Sachmittel einsetzbar, welche auch bei externen Transporten genutzt werden. Ihre spezifischen Einsatzformen und die entsprechenden Organisationsabläufe werden in den Abschnitten über die Besonderheiten der Warenorganisation im Großhandel bzw. Einzelhandel angesprochen.

1.2 Besonderheiten im Großhandel

1.2.1 Warenannahme und Wareneingangskontrolle

Die Warenannahme bedarf im Großhandel, zumal, wenn eine bestimmte Unternehmensgröße erreicht wird, einer präzisen Ablaufplanung. Aufgrund des mengenmäßig sehr hohen Warendurchflusses ist es nicht mehr möglich, diese betriebliche Funktion nebenbei abzuwickeln. Man findet daher i. d. R. Warenannahme und -eingangskontrolle als eigenständige Großhandelsabteilung mit einer verantwortlichen Leitungsperson vor. Durch Bestellüberwachungssysteme, auf welche im Kapitel über die Steuerung der Warenwirtschaft näher eingegangen wird, weiß der Leiter der Warenannahme im Fall einer funktionierenden Organisation stets darüber Bescheid, zu welchen Zeiten welche Lieferanten mit welchen Lieferpositionen zu erwarten sind. Dementsprechend kann er den Einsatz des Personals steuern.

Aufgrund der erheblichen anzunehmenden Warenmengen ist eine vollständige Prüfung jedes einzelnen Stücks normalerweise nicht möglich. Man beschränkt sich daher hinsichtlich der Gesamtliefermenge auf eine Kontrolle hinsichtlich Art und Quantität, während Qualitätsprüfungen lediglich stichprobenweise durchgeführt werden. In diesem Zusammenhang sind bei Bedarf auch Funktionsprüfungen (z. B. bei Elektrogeräten) oder Labortests (z. B. bei Lebensmitteln) vorzunehmen.

Bei der Warenannahmeorganisation ist darauf zu achten, dass Staus bei der Lieferantenabfertigung durch eine genaue Wareneingangsplanung vermieden werden; diese führen nicht nur zu Unzufriedenheit beim Anlieferpersonal, sondern aufgrund des resultierenden Zeitdrucks bei der Abfertigung auch zu Nachlässigkeiten bei der Wareneingangskontrolle.

Im Anschluss an die Warenannahme erfolgt ein erster innerbetrieblicher Transportakt, bei welchem die Waren entweder zu einer Manipulationstätigkeit (Verpackung, Zerlegung etc.) oder zum Lagerort bewegt werden müssen. Es ist daher sicherzustellen, dass nicht nur ausreichend Personal für Annahme und Eingangskontrolle, sondern auch für die nachfolgenden Transportvorgänge zur Verfügung steht. Ebenfalls zu koordinieren ist die Bereitstellung einer ausreichenden Kapazität an sachlichen Transportmitteln.

Die gesamten Ablaufregelungen für die Warenannahme und die Wareneingangskontrolle pflegen im Großhandel in einer Arbeitsanweisung schriftlich fixiert zu sein; diese ist üblicherweise in der Praxis in einem **„Organisations-Handbuch“** enthalten, welches sämtliche Arbeits- und Dienstanweisungen ebenso wie die aufbauorganisatorischen Regelungen als geschlossenes organisatorisches Regelwerk zusammenfasst.

1.2.2 Physische Lagerführung

Im Gegensatz zum Einzelhandel, bei welchem die gelagerte Ware lediglich eine **Pufferfunktion** ausübt, wenn sie nicht ohnehin mit der für den Verkauf platzierten Ware identisch ist, stellt die Lagerführung im Großhandel eine **essenzielle Handelsfunktion** dar. Lediglich für den reinen Streckengroßhandel trifft diese Feststellung nicht zu.

Aufgrund der erheblichen Durchflussmengen kann diese Handelsaufgabe nur noch bei Anwendung einer spezialisierten Technik sowie Organisation wirtschaftlich bewältigt werden. Kennzeichen einer professionellen Lagerbetreibung sind beispielsweise Hochregallager, automatisierte Beschickungs- und Entnahmeprozesse, EDV-Einsatz zur Lagerplatzbestimmung usw.

In der nachstehenden Abbildung wird ein Überblick über die entscheidenden Fragen der Ablauforganisation im Großhandelslager gegeben:

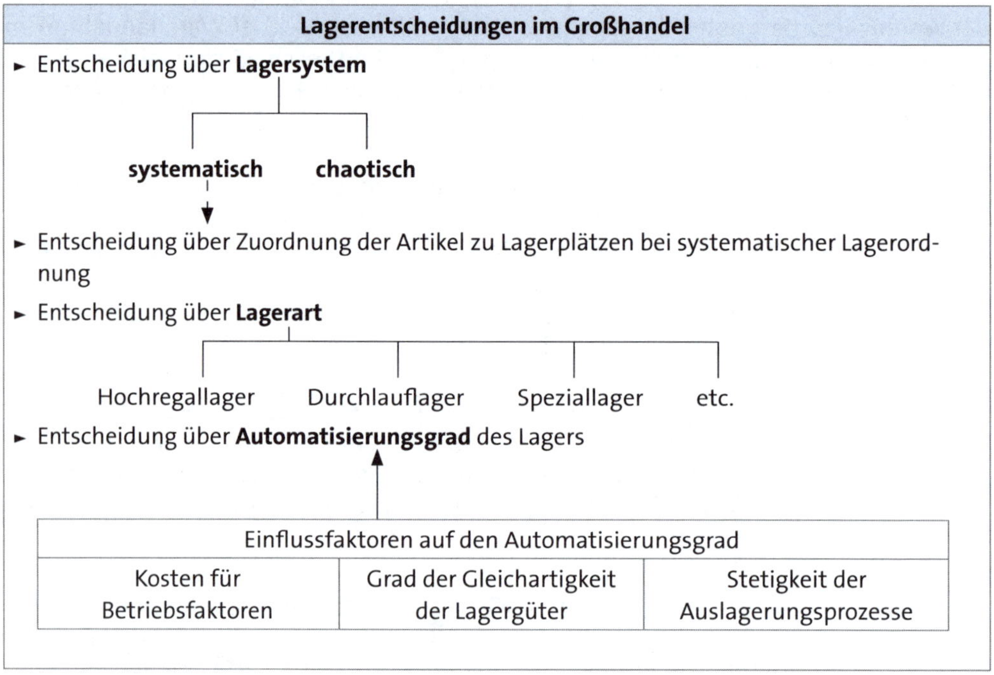

Abb. 116: Entscheidungen der Ablauforganisation im Großhandelslager

Die Lagerplatzzuweisung bei systematischer Lagerplatzordnung ist von **Warenmerkmalen** (Kühlbedürftigkeit, Hitzeempfindlichkeit, Überwachungsbedürftigkeit aufgrund des Warenwertes usw.), vom **Warenvolumen** (Schmucklager, Kohlehalde) und von **Wirtschaftlichkeitserwägungen im Hinblick auf die Kommissionierung** abhängig. Dieser letztere Aspekt ist Gegenstand des folgenden Abschnittes.

Die Wahl der Lagerart wird fast ausschließlich von den aufzubewahrenden Waren und deren Eigenschaften bestimmt. Für Güter, welche nach dem strengen **FIFO-Prinzip** (**F**irst **i**n – **F**irst **o**ut) behandelt werden müssen, ist das Durchlauflager geeignet. Lagerfähige Produkte mit nicht gerade außergewöhnlichen Dimensionen hinsichtlich Gewicht und Volumen lassen sich wirtschaftlich in Hochregallagern aufbewahren. Güter mit spezifischen Lageranforderungen machen gewöhnlich den Einsatz von **Speziallagereinrichtungen** erforderlich. Das **Freilager** kommt nur für witterungsunempfindliche Produkte in Betracht. Die Einflüsse auf den Automatisierungsgrad des Lagers waren bereits in der obigen Abbildung visualisiert worden.

Bei höheren Kosten des Faktors Personal im Vergleich zum Faktor Kapital entsteht ein Substitutionsdruck, dessen Ergebnis ein größerer Anteil an Arbeiten ist, welche durch Sachmittel statt durch Beschäftigte abgewickelt werden. Die Gleichartigkeit der Lagergüter ist insofern von Bedeutung, als bei höchst verschiedenartigen Artikeln hinsichtlich Gewicht, Volumen, Form und Empfindlichkeit eine Automatisierung üblicherweise nur unter Inkaufnahme einer unwirtschaftlichen Kostenhöhe zu realisieren ist.

Die Stetigkeit von Entnahmeprozessen schließlich, wie sie in Industrieunternehmungen bei kontinuierlichen Produktionsvorgängen üblich ist, begünstigt Automatisierung mehr als eine stark schwankende Nachfrage, die für verschiedene Branchen des Handels kennzeichnend ist. Beispiele für Branchen mit automatisierten Lagern sind etwa der Buchhandel und der Arzneimittel-Großhandel.

1.2.3 Kommissionierung

Kommissionieren im engeren Sinne des Zusammenstellens von Kundenaufträgen aus einem Lager ist überhaupt nur auf der Großhandelsstufe festzustellen. Einzige Ausnahme von dieser Regel im Einzelhandel ist der Versandhandel, bei welchem kommissionierungsähnliche Vorgänge auftreten.

Da die Kommissionierabläufe durch erheblichen Personal- und Sachmitteleinsatz **hohe Kosten** verursachen und über den Grad der Fehlerfreiheit der Kommissionen die Kundenzufriedenheit beträchtlich beeinflussen, kommt einer sinnvollen Ablauforganisation für diesen betrieblichen Bereich im Großhandel große Bedeutung zu. Dies gilt selbstverständlich nur für jene Warenbereiche, bei denen es gilt, aus einer großen Anzahl geführter Artikel eine Kommission zusammenzustellen. Als Beispiele können die Textil-, Hausrat-, Elektro-, Werkzeug- oder auch Lebensmittelbranche genannt werden. Wo es dagegen um den Großhandel mit hochwertigen Einzelstücken geht, findet ein Kommissioniervorgang entweder nicht statt oder er besitzt aufgrund seiner einfachen Abwicklung keinerlei Relevanz. Dies ist beispielsweise in den meisten Investitionsgüterbranchen, beim Handel mit EDV-Anlagen oder auch beim Kraftwagenhandel der Fall.

Die **materielle Aufgabe der Kommissionierung** besteht in der Wahrnehmung der Quantitätsfunktion des Handels, also in der Zerlegung von Großmengen in abnehmergerechte kleinere Mengen. Die einzelnen Artikelpositionen sind dabei mit geeigneten Sammelmethoden zu den vollständigen Kundenaufträgen zusammenzustellen. Hierfür existieren **verschiedene Verfahren** (*Bierbaum/Fehr*):

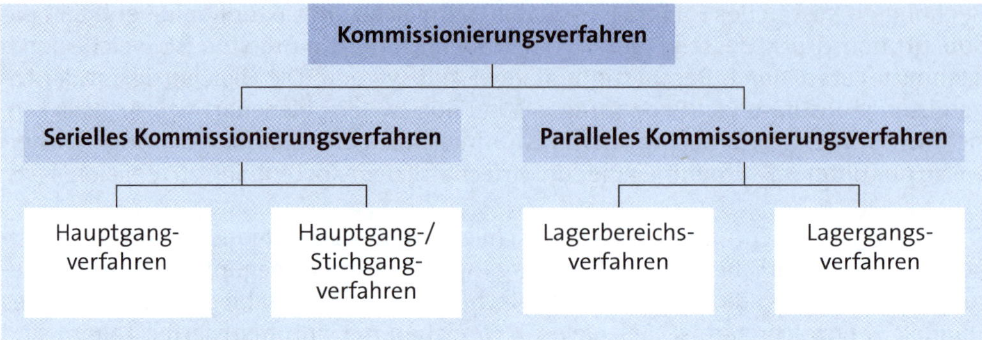

Abb. 117: Kommissionierungsverfahren im Großhandel

- **Serielles Kommissionieren**
  Dies bedeutet, dass ein Auftrag seriell, also der Reihe der Kommissionierpositionen nach abgearbeitet wird. Beim **Hauptgangverfahren** zählt jeder Lagergang als Hauptgang. Der Kommissionierer durchläuft oder durchfährt mit einer Kommissionierhilfe (Palette, Rollbehälter, Container, Sammelwagen etc.) alle Lagergänge und stellt dabei die komplette Kundenkommission zusammen.

  Der wesentliche Nachteil dieses Verfahrens besteht darin, dass zwischen den einzelnen benötigten Artikeln weite, oft unnötige Wege zurückgelegt werden, was einen hohen Zeitaufwand bedeutet, der wiederum gleichbedeutend ist mit hohen Kommissionierkosten.

  Deshalb wurde als abgewandelte serielle Methode das **Hauptgang-/Stichgangverfahren** entwickelt, das die zurückzulegenden Wege des Kommissionierers dadurch reduziert, dass das Gesamtlager in Haupt- und Stichgänge zerlegt wird. Die umschlagsstärksten Artikel werden entlang der Hauptgänge platziert, in den Stichgängen werden Artikel mit niedriger Umschlagshäufigkeit gelagert. Dabei wird das Prinzip angewandt, dass der umschlagsschwächste Artikel am weitesten vom Hauptgang entfernt ist, was bedeutet, dass die Kommissionierer nur sehr selten die volle Tiefe der Stichgänge abzugehen haben. Mit dieser Methode wurden eine erhebliche Verkürzung der Durchgangszeiten durch das Lager und damit hohe Kosteneinsparungen realisiert.

  Bei jeder Art des seriellen Kommissionierens ist der Nachteil unvermeidbar, dass der einzelne Kommissionierer je nach Struktur der Kundenaufträge das gesamte Lager durchqueren muss. Bei räumlich ausgedehnten Großhandelslagern mit mehreren Tausenden oder Zehntausenden von Artikeln ergeben sich hierdurch längere Suchprozesse seitens des Kommissionierpersonals. Dies gilt vor allem für neu eingestellte oder nur aushilfsweise tätige Kommissionierer.

- **Paralleles Kommissionieren**
  Der Grundgedanke des parallelen Kommissionierens beseitigt diesen Nachteil. Es wird dabei ein Kundenauftrag in mehrere Teilaufträge zerlegt, wobei der Lagerort als Zerlegungskriterium dient. Beim **Lagerbereichsverfahren** erfolgt eine Auftragsaufteilung in zwei bis vier Bestandteile, in welchen jeweils die in einem bestimmten Lagersektor gelagerten Waren enthalten sind.

Beim parallelen Kommissionieren nach Lagerbereichen muss der einzelne Kommissionierer nur noch seinen Lagersektor kennen lernen. Dies erhöht die Kommissioniergeschwindigkeit und reduziert die Fehlerquote. Hierfür muss jedoch in Kauf genommen werden, dass jeder eingehende Auftrag zerlegt und die aus verschiedenen Lagerbereichen stammenden kommissionierten Waren vor der Auslieferung wieder zusammengeführt werden müssen.

Die am meisten ausgebaute Form des parallelen Kommissionierens stellt das **Lagergangverfahren** dar. Es ist durch eine Aufteilung des Lagers in einzelne Gänge als Kommissionierbereiche gekennzeichnet. Bei diesem Verfahren kennen die Kommissionierer selbst nach kurzen Einarbeitungszeiten den ihnen zugewiesenen Lagergang sehr genau, sodass keine Zeitverluste durch das Suchen einzelner Artikel mehr entstehen. Andererseits ist die Zerlegung der Kundenaufträge in die einzelnen Gangzonen nur noch mithilfe der elektronischen Datenverarbeitung möglich. Daneben entsteht bei diesem Verfahren die Gefahr, dass den Kommissionierern, welche nun mehrere Aufträge gleichzeitig zusammenstellen müssen, hierbei Zuordnungsfehler unterlaufen. Um dieses Risiko im Griff zu behalten, muss nach Zusammenführung der Kundenaufträge eine gründliche Ausgangskontrolle vorgenommen werden, durch welche zumindest ein Teil der vorher gewonnenen Zeit- und Kostenersparnis wieder aufgezehrt wird.

Aufgrund der organisatorischen Probleme bei der Zerlegung und Zusammenführung der Aufträge, wegen des Fehlerrisikos durch die gleichzeitige Zusammenstellung mehrerer Aufträge, sowie aufgrund der zusätzlichen unabdingbaren gründlichen Ausgangskontrolle konnte sich das parallele Kommissionieren nach dem Lagergangverfahren in der Praxis kaum durchsetzen.

Neben der Verfahrensfrage ist bei der Kommissionierung das **Problem der geeigneten Kommissionier-Unterlage** zu lösen. Einfache Belege mit aufgedruckten oder aufgeschriebenen Auftragspositionen führen i. d. R. zu hohen Fehlerquoten. Außerdem bedeutet ihre Erstellung für das Innendienstpersonal des Großhandels einen hohen Arbeitsaufwand. Eine praktikable, kostensparende **Art und Weise der Erstellung der Kommissionier-Unterlagen** und der darauf basierenden Auftragszusammenstellung vollzieht sich folgendermaßen:

(1) Die Bestellung wird vom Kunden direkt an das EDV-System des Großhändlers übermittelt. Dies kann über eine Online-Verbindung oder auch über Telefon erfolgen.

(2) Das System sammelt die Aufträge und erstellt daraus automatisch die Kommissionier-Unterlagen. Dabei wird jede Kommissionier-Position auf einem separaten Klebeetikett ausgedruckt. Die Etiketten befinden sich auf einem Endlospapier, welches vom Drucker nach der letzten Kommissionier-Position abgeschnitten wird.

(3) Der Kommissionierer klebt nun bei jedem zu sammelnden Artikel das entsprechende Etikett auf die Wareneinheit. Dadurch wird sichergestellt, dass weder eine Sammelposition vergessen wird (sonst bliebe ja ein Etikett übrig), noch ein Artikel doppelt kommissioniert wird (für ihn wäre kein Etikett mehr verfügbar). Der ein-

zige durch diese Verfahrensweise nicht ausschließbare Fehler besteht in einer falschen Zuordnung eines Etiketts zu einem Artikel.

Schließlich soll das **Problem einer Erhöhung der Kommissionierproduktivität durch leistungsbezogene Entlohnungssysteme** angesprochen werden. Die Ausrichtung der Entlohnung an der Anzahl kommissionierter Positionen, an der zusammengestellten Menge, an der Anzahl der bewältigten Aufträge etc. stellt ein geeignetes Mittel dar, die Kommissioniergeschwindigkeit zu erhöhen. Andererseits entsteht hierdurch die Gefahr der persönlichen Überforderung sowie des Anstiegs der Fehlerquote. Diese Schwierigkeit ist lösbar, indem man die Entwicklung der leistungsbezogenen Entlohnungsanteile – bezogen auf die Kommissionierleistung – degressiv gestaltet. Es ist auch möglich, ab einem bestimmten Leistungslimit eine weitere Erhöhung des Leistungslohns völlig auszuschließen.

Während auf diese Weise das **Problem der Überforderung** gelöst werden kann, ist gegen eine erhöhte Fehlerquote dadurch vorzugehen, dass sich Kommissionierfehler leistungslohnmindernd auswirken. Dies darf jedoch aus Motivationsgründen nicht bereits bei einer Fehlerquote eintreten, die bei langfristiger Betrachtung als normal anzusehen ist. Erst eine überdurchschnittliche Fehlerhäufigkeit sollte sich in Richtung auf eine Verminderung des Leistungslohns auswirken können.

Für weitere Rationalisierungsfortschritte bei der Kommissionierung wurden verschiedene Verfahren entwickelt. An dieser Stelle soll auf zwei Kommissionierungsmethoden eingegangen werden, die in der Zukunft mit hoher Wahrscheinlichkeit in der Unternehmenspraxis von Bedeutung sein werden: Pick-by-Voice und Pick-by-Light.

Pick-by-Voice, was man mit „Kommissionieren nach Stimme" übersetzen kann, ist ein Kommissionierverfahren, das ohne physische Belege auskommt. Der Kommissionierer wird dabei mit einem Headset ausgerüstet. Über dieses ist er mit dem Lagerverwaltungssystem verbunden. Die per Sprache übermittelten Sammelaufträge führen den Kommissionierer zunächst zu dem Regal oder sonstigen Warenträger, in dem sich der erste zu kommissionierende Artikel befindet. Nach einer Kontrolle über eine Prüfziffer oder einen Prüfbuchstaben, ob sich der Kommissionierer am richtigen Ort befindet, erhält er die Informationen, welchen Artikel in welcher Menge er entnehmen soll. Der Sammelvorgang wird durch eine Bestätigung seitens des Kommissionierers abgeschlossen. Dieser Ablauf wiederholt sich, bis der gesamte Sammelauftrag abgearbeitet ist. Als wesentliche Vorteile von Pick-by-Voice sind zu nennen:

- Der Kommissionierer hat die Hände beim Kommissionieren frei.
- Es treten weniger Fehler auf als bei Kommissionierung mittels Pickzettel.
- Die Kommissionierleistung steigt.

Pick-by-Light, zu übersetzen mit „Kommissionieren nach Licht", ist wie Pick-by-Voice ein belegloses Kommissionierverfahren. Die zu sammelnden Artikel werden dem Kommissionierer mittels einer optischen Anzeige direkt an den Entnahmeorten übermittelt. Vorteile sind hier insbesondere:

- Die Suchzeiten werden reduziert.
- Es erfolgt eine unmittelbare Rückmeldung an das Lagerverwaltungssystem entweder in Form der Bestätigung der Entnahme oder durch Korrektur bei einem Fehlbestand.
- Die Anzahl der Kommissionierfehler sinkt.
- Die Anlernzeit für neue Kommissionierer verringert sich.

Weitere zukunftsorientierte Verfahren wie z. B. Pick-by-Vision, bei der die für die Kommissioniertätigkeit benötigten Informationen über eine Datenbrille bereitgestellt werden, befinden sich noch im Experimentalstadium. Für alle innovativen Kommissionierverfahren kann festgehalten werden, dass sie zu Produktivitätssteigerungen führen, was ihre künftige Durchsetzung in der Praxis wahrscheinlich macht.

Aufgabe 19 > Seite 506

1.2.4 Warenmanipulation

Im Vergleich zum Einzelhandel erfolgen Manipulationsvorgänge im Großhandel in bedeutenderem Umfang, wodurch sich eine höhere Regelungsbedürftigkeit ergibt. Dem widerspricht nicht, dass auch in zentralen Einrichtungen von Einzelhandelsfilialunternehmungen in ähnlicher Größenordnung Manipulationsprozesse durchgeführt werden. Diese Zentralstellen sind ihrerseits, wie an anderer Stelle bereits ausgeführt, funktional der Großhandelsebene zuzurechnen.

Als Beispiele solcher **Manipulationsvorgänge** sind zu nennen:

Manipulationsvorgänge im Großhandel	
Manipulationsvorgang	**Beispiel**
Mischung	Futtermittel
Sortierung	Landwirtschaftliche Produkte
Reife-Lagerung	Cognac
Vorverpackung	Obst
Leichte Bearbeitung	Stahl
etc.	etc.

Die Verschiedenartigkeit der beispielhaft genannten Prozesse lässt erkennen, dass eine einheitliche Organisationsregelung für alle Manipulationsvorgänge nicht denkbar ist. Der optimale Ablauf muss im Einzelfall durch Prozess- bzw. Warenfachleute festgelegt werden. Grundsätzlich gilt jedoch die Forderung, dass die **Ablauforganisation eines Manipulationsvorganges** nicht dem Zufall oder dem Geschick der einzelnen hiermit beauftragten Kraft überlassen bleiben darf, sondern nach sachbezogenen Erwägungen einem Optimierungsversuch unterworfen werden muss. Die Ablaufregelung kann in schriftlich fixierter Form den zuständigen Kräften als Leitlinie für die Prozessabwicklung dienen.

Eine weitere Besonderheit von Manipulationsvorgängen im Großhandel im Vergleich zu solchen auf der Einzelhandelsstufe besteht darin, dass durch den größeren Durchschnittsumfang der Kontrakte mit den Abnehmern und aufgrund der Tatsache, dass alle Großhandelskunden selbst Gewerbetreibende sind, insgesamt gesehen eine **höhere Kontinuität der Manipulationsvorgänge** erreicht werden kann. Dies ist nicht bei allen Manipulationstätigkeiten möglich, führt jedoch dort, wo es realisierbar ist, zu kostengünstigen Prozessabläufen. Es sollte deshalb von Großhandlungen bei allen Manipulationsaufgaben geprüft werden, inwieweit ihre Erfüllung in produktionsähnlicher Form möglich ist.

1.2.5 Außer- und innerbetrieblicher Warentransport

Wie schon hinsichtlich Lagerführung und Kommissionierung festgestellt, so gilt auch für den **Warentransport**, dass dieser im Großhandel im Gegensatz zur Einzelhandelsstufe eine essenzielle Funktion darstellt. Während von Ausnahmen abgesehen im Einzelhandel die externen und zum Teil auch die betriebsinternen Transportvorgänge an Lieferanten, Kunden oder Fremdunternehmungen ausgegliedert sind, bildet die Wahrnehmung der Raumüberbrückungsfunktion auf der Großhandelsebene eine wesentliche Leistungskomponente.

Das Erscheinungsbild und die Tätigkeitsstruktur von Großhandelsunternehmungen werden durch die Erfüllung der Transportaufgaben nachhaltig geprägt. Das Vorhandensein **eigenständiger Transportabteilungen** (Fuhrpark) und die Existenz zahlreicher **kapitalintensiver Fördermittel** (Kräne, Gabelstapler etc.) für den innerbetrieblichen Transport müssen sich notwendig auch in ablauforganisatorischen Regelungen niederschlagen.

Eine Ablauforganisation muss nur für solche externe und interne Transporte zwischen Betriebsstätten gefunden werden, welche durch eigenes Personal und durch Sachmittel des Unternehmens abgewickelt werden. Das wesentliche zu lösende Problem kann mit den Begriffen **Kapazitätsauslastung des Fuhrparks** sowie **Tourenplanung** charakterisiert werden. Beide Tatbestände stehen in enger inhaltlicher Verknüpfung. Das Ziel einer Tourenplanung besteht in der Minimierung der Transportkosten, wofür die Kapazitätsauslastung des Fuhrparks eine Vorbedingung bildet. Gleichzeitig sind bei Tourenplanungs-Modellen Vorgaben des Handelsmarketing zu beachten, welche sich in Optimierungsrechnungen als Restriktionen wiederfinden. Beispiele solcher Nebenbedingungen (aus Sicht der Tourenplanung) sind etwa die distributionspolitisch wünschenswerte Lieferbereitschaft, die von den Kunden geforderte Belieferungshäufigkeit und vorgegebene Anlieferzeiten, zu berücksichtigende Präferenzen für bestimmte Fahrer u. Ä.

Die **Problematik der Tourenplanung** ist so umfassend, dass sie an dieser Stelle nur angedeutet werden kann. Eine umfangreiche Untersuchung hierzu stammt beispielsweise von *Strobel* („Die Analyse außerbetrieblicher Warentransportsysteme im Großhandel"). Für ein tiefergehendes Interesse ist auf diese und ähnliche in den Literaturhinweisen wiedergegebene Studien zu verweisen.

Bei Einzelhändlern und Großverbrauchern als Abnehmern des Großhandels ist im Gegensatz zu der Situation bei industriellen Kunden eine schwankende Nachfrage zu verzeichnen. Diese ist in erster Linie dafür verantwortlich, dass es für Großhandlungen außerordentlich schwierig ist, ein konstantes Tourennetz aufzubauen, welches der Erreichung der Ziele der Wege- oder Zeitminimierung bzw. einer Kombination aus beiden dient. Über die Nachfrageschwankungen hinaus ist eine Fülle von **Einflussfaktoren** wirksam, welche eine kontinuierliche Transportabwicklung erschweren; die wichtigsten zeigt die folgende Abbildung:

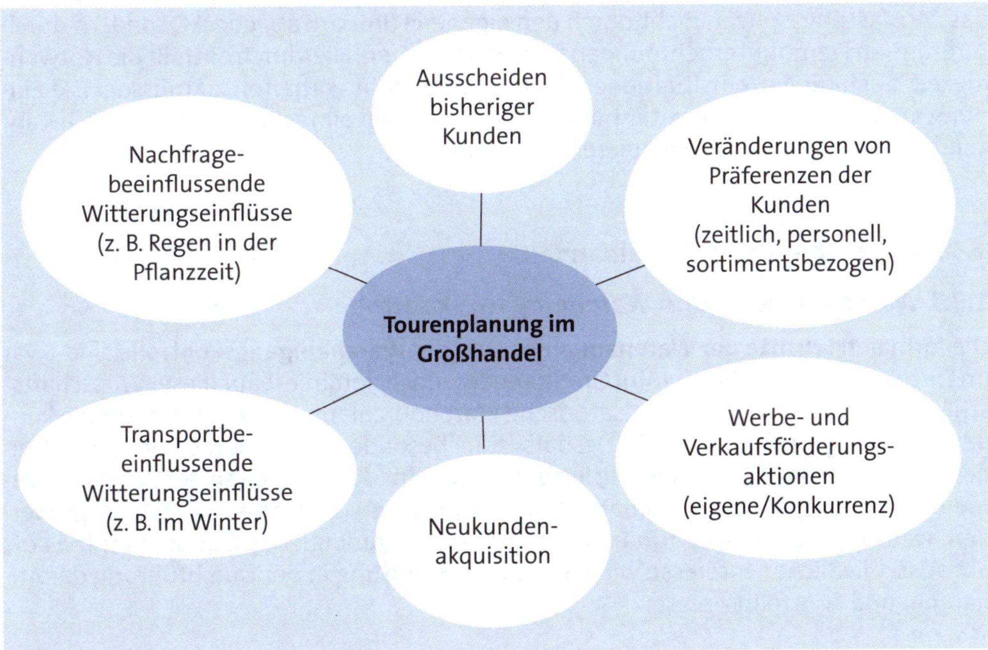

Abb. 118: Einflüsse auf die Tourenplanung im Großhandel

Aus dieser keineswegs vollständigen Zusammenstellung von Einflussgrößen der Tourenplanung wird deutlich, dass eine Optimierung mithilfe eines statischen Programms nicht möglich ist. Diese Aussage gilt in stärkerem Umfange für Großhandlungen, welche an selbstständige Kunden liefern, als für solche, welche – als integrierte Unternehmensteile – unselbstständige Betriebsstätten mit Ware versorgen, wie dies beispielsweise bei den Einzelhandelsfilialunternehmungen der Fall ist.

Bei den Großhandlungen mit selbstständig entscheidenden Kunden dominiert derzeit in der Praxis noch eine kombinative Vorgehensweise, bei welcher auf der Basis einer **generellen Tourenplanung** im Tagesgeschäft eine Ad hoc-Festlegung der Touren durch eine erfahrene Dispositionskraft erfolgt. Diese muss über eine genaue Kenntnis aller oder doch der meisten Kunden, der Absatzregion, der verkehrsmäßigen Infrastruktur, der Leistungsfähigkeit der Fahrzeuge und des Fuhrpark-Personals etc. verfügen.

Allerdings entsteht bei dieser Vorgehensweise zur Tourenplanung eine nicht unerhebliche Abhängigkeit des Unternehmens von den in der Fuhrparkdisposition erfahrenen Kräften. Es sollte daher jederzeit sichergestellt sein, dass eine **Urlaubs- bzw. Krankheitsvertretung** möglich ist, indem mindestens zwei Kräfte über denselben Erfahrungsstand verfügen. Auch für den Fall des Ausscheidens eines Tourenplaners aus der Unternehmung ist eine solche Ausweichmöglichkeit unverzichtbar, sollen nicht zahlreiche Pannen bei der Tourenabwicklung und damit Unzufriedenheiten bei Kunden in Kauf genommen werden.

Die Organisation der Warenzustellung an Kunden kann dadurch vereinfacht werden, dass Auslastungsspitzen nicht durch den eigenen Fuhrpark abgedeckt, sondern durch Aufträge an Fremdunternehmungen bewältigt werden. Hierdurch entfällt die Notwendigkeit, auch für Extremsituationen Transportkapazität vorhalten zu müssen. Die Planung auf eine Normalkapazität hin ist jedoch sehr viel einfacher als eine auf schwankende Spitzenbelastungen reagierende Planung.

1.3 Besonderheiten im Einzelhandel

1.3.1 Warenannahme und Wareneingangskontrolle

Die formalen **Schritte der Warenannahme** und der **Wareneingangskontrolle** sind zwar im Einzelhandel dieselben wie im Großhandel, jedoch dominiert auf dieser Wirtschaftsstufe nicht der technisch-organisatorische Warendurchlauf, sondern vielmehr die kundengerichtete Verkaufstätigkeit. Deshalb ist insbesondere in kleineren Betriebsstätten des Einzelhandels oft kein spezialisiertes Personal für die Tätigkeiten der Warenannahme und Eingangskontrolle vorhanden. Diese müssen von Kräften mitbewältigt werden, welche im Grundsatz für andere Aufgaben zuständig sind. Dadurch fehlt es oft am ausschließlichen Interesse wie auch an der Erfahrung in der Durchführung der Annahme- und Kontrollprozesse.

Da es sich jedoch gerade bei diesen Vorgängen um sensible Abläufe im Hinblick auf die Entstehung von Inventurdifferenzen handelt, bedürfen sie einer präzisen Regelung. Die Warenannahme und -eingangskontrolle darf nicht dem Zufall überlassen bleiben; es muss sichergestellt werden, dass ausschließlich Leitungskräfte der Betriebsstätte oder der Fachabteilungen die entsprechenden Funktionen im Warenannahmebereich erfüllen. Die **personelle Verantwortlichkeit** sowie die **Soll-Organisation der Warenannahme** und **-eingangskontrolle** müssen daher in einer schriftlichen Anweisung fixiert werden. Die Arten der Kontrolle im Wareneingang sind der folgenden Matrix zu entnehmen:

Art der Kontrolle	Wareneingangskontrolle	
	Gesamtkontrolle	Stichprobenkontrolle
Mengenkontrolle		
Gewichtskontrolle		
Qualitätskontrolle		
Funktionalitätskontrolle		
etc.		

Zur Eingangskontrolle im Einzelhandel ist festzustellen, dass die Wareneigenschaften die Kontrollabläufe determinieren. Hierzu einige Beispiele:

Beispiele

- Gewichtsware ist durch Abwiegen auf Vollständigkeit zu prüfen.
- Vom Hersteller in Transporteinheiten verpackte Ware kann nach Zerlegung in haushaltsübliche Kleinmengen auch bezogen auf das Einzelstück einer Kontrolle unterzogen werden.
- Elektrogeräte können einer Funktionsüberprüfung unterworfen werden.

Diese Beispiele verdeutlichen, dass in Abhängigkeit von der Branche, in welcher ein Einzelhandelsunternehmen tätig ist, die Wareneingangskontrolle jeweils unterschiedlich organisiert werden muss. Aus Wirtschaftlichkeitsgründen wird i. d. R. von einer **Gesamtkontrolle** Abstand zu nehmen sein. Es empfiehlt sich vielmehr eine Stichprobenkontrolle nach einem zuverlässigen Auswahlverfahren der zu kontrollierenden Teile. Bei Totalkontrolle übersteigen häufig die hierfür aufzuwendenden Personalkosten den durchschnittlichen Reklamationswert beträchtlich, welcher durch die Kontrollmaßnahmen festgestellt werden kann.

1.3.2 Physische Lagerführung

Im Gegensatz zum Großhandel, bei welchem die Lagerfunktion als essenzielle Aufgabe zu betrachten ist, wurde im stationären Einzelhandel das eigentliche Lager weitgehend in **vergrößerte Verkaufsräume** umgewandelt. Durch die Erweiterung der aktiven Verkaufsfläche zu Ungunsten der inaktiven Nebenflächen, darunter insbesondere des Lagers, wird die Produktivität des Faktors Raum gesteigert. Im Hinblick auf die Kosten des Raums, welche überwiegend als Fixkosten zu klassifizieren sind, entsteht somit ein Degressionseffekt. Das ökonomische Prinzip lässt sich für diesen Fall wie folgt formulieren: Auf einer gegebenen Gesamtfläche kann durch Umwandlung von Lager- in Verkaufsfläche ein höherer Umsatz erzielt werden, ein angestrebter Umsatz in einer bestimmten Höhe kann auf diese Art und Weise auf einer geringeren Gesamtfläche erwirtschaftet werden.

In Einzelhandelsunternehmungen existieren Lager, welche aufgrund der erfüllten Aufgaben als „unechte Lager" zu kennzeichnen sind, während „echte Lager" nur in wenigen Fällen auftreten. Die folgende Abbildung stellt Formen unechter und echter Lager zusammen:

Lager im Einzelhandel

„unechte" Lager:

- Schleußen- und Pufferlager
- Vorratshaltung für umschlagsstarke Artikel
- Temporäres Lager und Großabnahmen (z. B. nach Messen)

„echte" Lager:

- klassischer Versandhandel
- Onlinehandel
- stationäres Lager für mobile Verkaufseinrichtungen
- Zentrallager bei Filialunternehmen/ Verbundgruppen

Abb. 119: Unechte und echte Lager in Einzelhandelsunternehmen

Das Lager im Versandhandel ähnelt in vielem dem Großhandelslager, da hier wie dort der Kunde die betrieblichen Räume nicht betritt und somit nicht in die Planung der Ablauforganisation einbezogen werden muss. Unterschiede ergeben sich durch den Postversand von i. d. R. kleineren Mengen im Versandhandel. Die Abwicklungsvorgänge sind hier im Detail jedoch von solch eigener Charakteristik, dass an dieser Stelle nur auf die versandhandelsbezogene Spezialliteratur verwiesen werden kann.

Bei der **Beschickung von Verkaufsfahrzeugen** aus einem stationären Lager heraus ergibt sich eine ähnliche Problematik wie im Fall der Versorgung von Filialen durch ein Zentrallager. Lediglich vom Umfang her werden die Dimensionen von Zentrallagern nicht erreicht. Zur Abwicklung sind ein spezifisches Bestell- und Kommissionierwesen sowie eine eigenständige Lagerbestandsführung erforderlich. Die Wahrnehmung dieser Funktionen ist jedoch nicht mehr einzelhandelstypisch; vielmehr liegt hier funktionaler Großhandel vor, welcher innerhalb der Einzelhandelsunternehmungen durch getrennte organisatorische Bereiche wahrgenommen wird, für welche analoge ablauforganisatorische Vorgehensweisen wie bei Großhandelsunternehmungen anwendbar sind.

1.3.3 Kommissionierung

Die **Funktion der Kommissionierung** spielt im Einzelhandel bei weitem nicht eine ähnlich wichtige Rolle wie im Großhandel. Es existieren zum einen interne, zum anderen externe Kommissionierungsvorgänge, wie der folgenden Abbildung zu entnehmen ist:

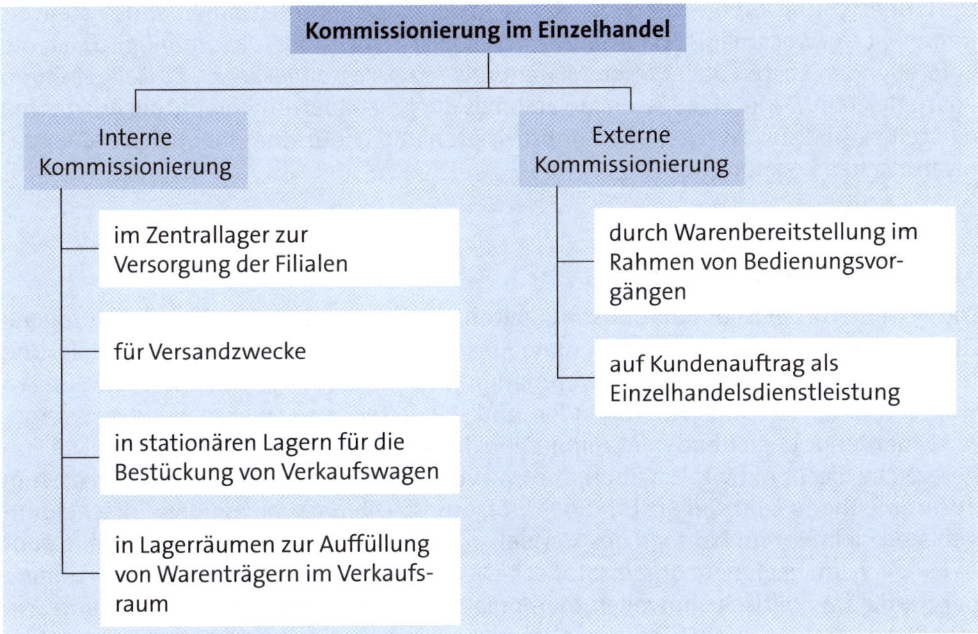

Abb. 120: Kommissionierungsvorgänge im Einzelhandel

Die **internen Kommissionierungsvorgänge** bedürfen keiner weiteren Erörterung, da sie zum einen große Verwandtschaft zu den analogen Vorgängen im Großhandel aufweisen und zum anderen im Zusammenhang mit der Lagerführung im Einzelhandel bereits angesprochen wurden.

Die **externen**, also unmittelbar auf den Kunden ausgerichteten **Kommissionierungsprozesse** in Einzelhandlungen unterscheiden sich von den Sammeltätigkeiten im Großhandel beträchtlich. Eine spezielle ablauforganisatorische Regelung erübrigt sich jedoch: Bei der Warenzusammenstellung in Bedienungsabteilungen richtet sich der Ablauf nach den geäußerten Kundenwünschen. Eine Einflussnahme durch das Bedienungspersonal ist hier nur sehr bedingt möglich. Allenfalls kann vor dem Herbeiholen gewünschter Artikel aus weiter entfernten Lagerbereichen beim Kunden nachgefragt werden, ob er weitere ähnliche Wünsche hat. Falls dies zutrifft, können alle benötigten Artikel, also auch solche, welche letztlich nicht gekauft werden, sondern nur zu Vergleichszwecken dienen, in einem Arbeitsgang herbeigeschafft werden.

Die **Kommissionierung im Kundenauftrag** wird nur in Einzelfällen auftreten; sie kommt vor allem bei Waren des täglichen Bedarfs infrage, welche nach telefonischer oder schriftlicher Order des Kunden in der Verkaufsstelle gesammelt und diesem anschließend zugestellt werden. Als Zielgruppe für solche Maßnahmen kommen im Wesentlichen nur Stammkunden in Betracht, welche mangels eines eigenen Kraftfahrzeugs die Verkaufsstelle nur schwer erreichen können bzw. anderer Gründe wegen am Besuch der Betriebsstätte gehindert sind (z. B. wegen Krankheit, Gehbehinderung).

Die Einbeziehung weiterer Personenkreise in derartige Kommissionier- und Zustellverfahren ist unzweckmäßig, da es aus psychologischen Gründen kaum möglich ist, die entstehenden Kosten über höhere Warenpreise bzw. kostendeckende Zustellgebühren auszugleichen. Da infolgedessen in der Praxis die geschilderten Abläufe die Ausnahme darstellen, sind sie im Einzelfall zu improvisieren und bedürfen keiner generellen organisatorischen Regelung.

1.3.4 Warenmanipulation

Die Systematik der **Manipulationstätigkeiten**, welche für deren großhandelsbezogene Analyse genutzt wurde, lässt sich ohne Einschränkungen auf die Einzelhandelsstufe übertragen. Im Abschnitt über Warenmanipulation in Großhandelsunternehmungen war zwischen verkaufsvorbereitenden und -begleitenden sowie anwendungsvorbereitenden und -begleitenden Manipulationstätigkeiten differenziert worden. Die Frage, welche dieser Aktivitäten überhaupt wahrgenommen werden sollen, ist in diesem Zusammenhang kein Gegenstand der Erörterung. Die entsprechenden Entscheidungen sind vielmehr im Rahmen des Handelsmarketing zu treffen. An dieser Stelle geht es lediglich um geeignete organisatorische Verfahrensweisen zur rationellen Erfüllung der marketingpolitisch sinnvollen Manipulationen. Die nachstehende Abbildung beinhaltet diverse Beispiele für die vier Kategorien von Manipulationstätigkeiten im Einzelhandel:

Kategorie der Manipulationstätigkeit	Beispiele
Verkaufsvorbereitend	Herstellung von Verkaufsverpackungen Nähen fertiger Vorhänge Veredelung von Fleischprodukten
Verkaufsbegleitend	Kürzen von Kleidern/Hosen Befestigung und Einstellung einer Skibindung Anfertigung von Holzzuschnitten
Anwendungsvorbereitend	Anschließen einer Waschmaschine Einstellen eines (neuen) Fernsehgerätes Zusammenbauen von Möbeln in der Kundenwohnung
Anwendungsbegleitend	Pflege von Gärten durch Gartenfachmärkte Wartungsarbeiten für Elektrogeräte TÜV-Vorbereitung für Kfz

Wenn auch im Einzelhandel ebenso wie im Großhandel der Grundsatz gilt, dass **verkaufsvorbereitende Manipulationstätigkeiten** ohne unmittelbare Beeinflussung seitens des Kunden rationeller durchgeführt werden können, wobei sich insbesondere auch Fixkostendegressionseffekte ergeben, so muss doch für die meisten Manipulationsarbeiten in Einzelhandlungen festgestellt werden, dass sie sich sinnvoll nur in vollständiger Anpassung an die Wünsche des Kunden abwickeln lassen.

So können zwar durchaus Vorhänge fensterfertig präpariert werden; es entsteht jedoch dadurch ein **Absatzrisiko**, da dieser Artikel dann nur noch für bestimmte Fenstergrößen tauglich ist. Es können auch Obst- und Gemüseartikel vorverpackt werden; dabei bleiben jedoch die individuellen Verbrauchsgewohnheiten der Konsumenten unberücksichtigt; ein zusätzliches Problem stellt in diesem Zusammenhang die Umweltbelastung durch Verkaufsverpackungen dar. Textilien können nur an den anwesenden Kunden korrekt angepasst werden. Skibindungen können nur unter Berücksichtigung des Körpergewichts des Käufers oder der Käuferin passend eingestellt werden.

Diese Beispiele machen deutlich, dass eine Verlagerung der Manipulationstätigkeiten aus dem **verkaufsbegleitenden** in den **verkaufsvorbereitenden Bereich im Einzelhandel** nur auf wenige Funktionen bezogen gelingen kann, wenn nicht durch die Vorbereitungstätigkeiten die Absatzchancen der so präparierten Artikel sinken sollen.

Zu den standardisierbaren Vorgängen zählen die **Warenauszeichnung**, die **Vorverpackung**, bei welcher allerdings das oben erwähnte Umweltproblem zu beachten ist, sowie bestimmte Sortierungs- und Mischungsvorgänge. Für die Warenauszeichnung existieren i. d. R. in den Einzelhandelsunternehmungen schriftliche Arbeitsanweisungen; die beste organisatorische Lösung ist hier in einem Wegfall der Einzelstückauszeichnung zu sehen. Diese ist jedoch nicht bei hochwertigen Einzelstücken, sondern nur bei Massenware möglich, und auch dort nur bei **gesichertem Abkassieren** des zutreffenden Preises.

Dafür existieren verschiedene Möglichkeiten: Vor Einführung des Scanning erwartete etwa die Firma Aldi von ihren Kassenkräften, dass diese in der Lage sind, die Preise der geführten Artikel auswendig in die Kasse einzugeben. Bei umfangreicheren Sortimenten ist diese Verfahrensweise nur noch begrenzt anwendbar; gewöhnlich werden Artikel mit hohem Umschlag, die von daher den Kassenkräften gut bekannt sind, von der Einzelstück-Preisauszeichnung ausgenommen; bei diesen wird eine auswendige Preiseingabe an der Kasse vorausgesetzt. Für den überwiegenden Teil des Sortiments bleibt dabei jedoch die Notwendigkeit der Auszeichnung erhalten. Die dritte Variante besteht in der Installation eines Scanning-Systems, bei welchem über einen maschinenlesbaren Code die Preise aus den Systemspeichern abgerufen werden, wodurch die Notwendigkeit der Einzelauszeichnung vollständig entfällt. Die letztgenannte Verfahrensweise hat sich inzwischen im Einzelhandel weitestgehend durchgesetzt.

Verpackungsvorgänge lassen sich, wie oben erwähnt, ebenfalls standardisieren. Dabei ist jedoch zu beachten, dass aus Gründen des Umweltschutzes diese Verfahrensweise grundsätzlich infrage zu stellen ist. Zudem geht der Trend eher in Richtung auf die Kundenselbstbedienung auch bei solchen Sortimenten, bei welchen in der Vergangenheit in erheblichem Umfang vorverpackt wurde (z. B. bei Obst und Gemüse, Nüssen, Reformartikeln, Confiseriewaren).

Ähnliches gilt für die **Sortierungs-** und **Mischungsvorgänge**, welche mit den vorgenannten Beispielen bereits mit angesprochen wurden. Der heutige Konsument stellt sich seine Pralinenmischung, die Yoghurtsorten oder auch die verschiedenen Limonaden- und Fruchtsaftartikel in einer Getränkekiste lieber selbst zusammen, als dass er sich diese Entscheidung vom Personal der Einkaufsstätte abnehmen ließe. Verschiedene Tendenzen in der Gastronomie (z. B. Frühstücksbuffet, Salatbuffet) weisen in dieselbe Richtung.

Für alle übrigen Manipulationstätigkeiten, seien sie verkaufsbegleitend, anwendungsvorbereitend oder -begleitend, sind **Standardlösungen generell kaum möglich**, da erstens die Abläufe je nach gehandelter Ware sehr unterschiedlich sind und zweitens definitionsgemäß dieser Art von Arbeiten die konstitutive Eigenschaft innewohnt, an einen einzelnen Kunden und damit an dessen spezifische Erwartungen und Bedürfnisse gebunden zu sein. Es können hier seitens der Einzelhandelsunternehmungen für ausgeübte wesentliche Manipulationsarbeiten Ablaufstudien durch empirische Aufnahmen erstellt werden, welche die Struktur der jeweiligen Tätigkeit offenlegen. Solche Analysen erlauben das Auffinden geeigneter ablauforganisatorischer Regelungen bezogen auf jede einzelne Manipulationsaktivität.

1.3.5 Außer- und innerbetrieblicher Warentransport

Im Gegensatz zum Großhandel spielt im Einzelhandel – bei Filialunternehmungen bezieht sich diese Aussage auf den Einzelhandelsbereich in funktionaler Sicht – der **externe Warentransport** eine nur untergeordnete Rolle. Die Übernahme der Raumüberbrückungsvorgänge zwischen Produktions- bzw. Großhandelsstufe und Einzelhandelsstufe durch Transportmittel der Einzelhandlungen stellt die Ausnahme dar. In der Praxis zu beobachten ist dagegen eine kostenmäßige Beteiligung von Einzelhandelsunternehmungen an den Transportaufwendungen der Lieferanten.

Die Warenzustellung vom Einzelhandel zum Endverbraucher bzw. -verwender bildet ebenfalls nicht den Normalfall; sie wird in Abhängigkeit von Warenvolumen und -wert teilweise als Dienstleistung angeboten. Ein eigenständig zu lösendes Organisationsproblem ergibt sich dabei jedoch nur bei solchen Unternehmungen, welche aufgrund ihres Sortiments regelmäßig **Zustelldienste** durchführen müssen. Dazu zählen beispielsweise:

- Warenhäuser
- Selbstbedienungswarenhäuser
- Fachgeschäfte und Fachmärkte für Möbel, Elektrogeräte u. Ä.
- Bau- und Hobby-Märkte
- Garten-Center
- etc.

Wenn Unternehmungen mit diesen Betriebstypen die Transporte zum Kunden mit **eigenen Transportmitteln** wahrnehmen, müssen sie eine Ablauforganisation installieren, welche eine hohe Kapazitätsauslastung garantiert. Dies lässt sich bedingt durch zeitliche Streckung bzw. Konzentration der Lieferaufträge erreichen; für Prognosen über den zu erwartenden Kapazitätsbedarf sind empirische Untersuchungen notwendig, welche jenen zur systematischen Personaleinsatzplanung gleichen.

Nicht zu vernachlässigen ist in diesem Zusammenhang die Relation zwischen **Zustellpreis** und **Zustellnachfrage**, welche aus einer hohen Nachfrageelastizität resultiert. Die wechselseitigen Abhängigkeiten werden durch die folgende Tabelle verdeutlicht:

	Zustellpreis	
	Hoch	**Niedrig**
Zustell-Nachfrage	Niedrig bis nicht vorhanden	Hoch bis sehr hoch
Zustellung durch	Kunden in Eigenleistung	Unternehmen oder beauftragte Dienstleister

Je niedriger die Zustellgebühren, um so eher wird der Kunde die Unbequemlichkeiten des Eigentransports scheuen, für den er unter Umständen einen Transporter oder Lkw mieten muss. Wird die Zustellung unentgeltlich durchgeführt, werden selbst solche Kunden die Leistung in Anspruch nehmen, welche ursprünglich den Eigentransport geplant hatten.

Die **Preisgestaltung für Zustelldienste** ist im hier betrachteten Zusammenhang als Datum – gesetzt durch das Marketing – und nicht als Variable zu betrachten. Die zu entwickelnde organisatorische Lösung wird aus diesem Grunde nur unter Berücksichtigung der marketingpolitischen Vorgabe hinsichtlich der Rolle der Zustelldienste innerhalb der Dienstleistungspolitik des Unternehmens sinnvoll gestaltet werden können.

Die Ausgestaltung des **innerbetrieblichen Warentransportes** ist entscheidend von der baulichen Struktur und der flächenmäßigen Ausdehnung einer Betriebsstätte abhängig. Daneben spielt – im Hinblick auf Umlagerungen – die Anzahl und regionale Verteilung der Verkaufsstellen von Mehrbetriebs- und Filialunternehmungen eine Rolle.

Warenbewegungen innerhalb von Einzelhandelsbetriebsstätten treten in folgenden Formen auf:

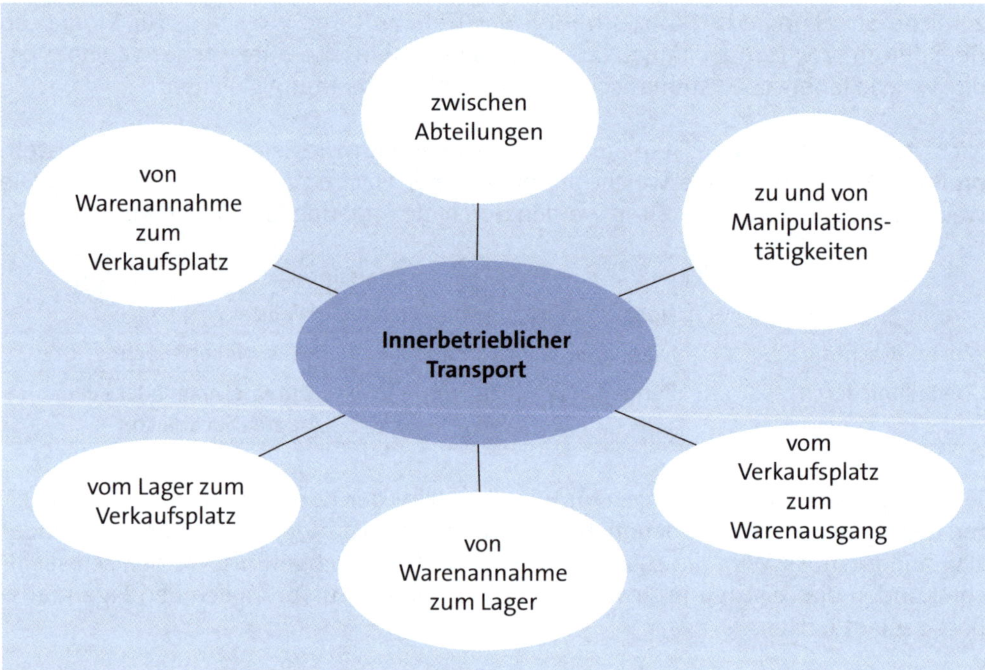

Abb. 121: Formen des innerbetrieblichen Transports

Sämtliche genannten Transportarten sind unvermeidlich bzw. durch marketingpolitische Entscheidungen vorgegeben und somit regelungsbedürftig. Oben wurde bereits darauf hingewiesen, dass im Zuge der Bemühungen um die Verringerung von Lagern im Einzelhandel die Bedeutung des direkten Transports von der Warenannahme zum Verkaufsplatz ständig zunimmt. In jedem Fall muss geprüft werden, ob der **kostengünstigere Transportvorgang** von der Eingangszone zur Verkaufsfläche die unwirtschaftliche Aufsplitterung des Transportablaufs durch Zwischenschaltung eines Lagers nicht ersetzen kann.

Die Wahl der geeigneten **Beschickungsweise der Warenträger** wird hauptsächlich durch drei Faktoren beeinflusst:

(1) durch die Betriebsform

(2) durch die Anzahl der geführten Artikel in Relation zur Verkaufsfläche

(3) durch die Regelung der Warenauszeichnung.

(1) Betriebsform

Fach- und Spezialgeschäfte, Waren- und Kaufhäuser werden aufgrund der bestehenden Kundenerwartungen in stärkerem Maße auf die Einzelstückpräsentation zurückgreifen müssen, als dies etwa bei Discountern oder Verbrauchermärkten der Fall ist.

(2) Anzahl der geführten Artikel in Relation zur Verkaufsfläche
Kartonplatzierung, erst recht aber Palettenplatzierung erfordern eine beträchtliche Grundfläche je Artikel. Daher sind diese Platzierungsformen nur dort realisierbar, wo die Zahl der geführten Artikel in Relation zur verfügbaren Verkaufsfläche relativ gering ist. Über gestraffte Sortimente, welche dieser Anforderung genügen, verfügen insbesondere Discounter, Verbrauchermärkte, Fachdiscounter und zum Teil Selbstbedienungswarenhäuser.

(3) Regelung der Warenauszeichnung
Diese wirkt sich sehr stark auf die Art der Beschickung der Warenträger aus: Einzelstückauszeichnung korrespondiert mit Einzelstückpräsentation und umgekehrt.

Für die Vorgänge der Beschickung der Warenträger empfiehlt sich nach zahlreichen Erfahrungen der Praxis die Nutzung der Abende bzw. der Wochenenden. Umfangreiche Warenbewegungen während der Ladenöffnungszeiten behindern den Kunden, verringern die Aufmerksamkeit des Personals für diesen und erschweren eine rationelle Abwicklung dieser Warenvorgänge. Die geeignete Problemlösung ist hier, wie oben bereits beschrieben, in Auffüllkolonnen für die Warenträger unter Anleitung erfahrener Kräfte zu sehen.

Für die übrigen angeführten **innerbetrieblichen Warenbewegungen** sind generelle Regelungen entweder nur schwierig durchführbar oder aufgrund der geringen Bedeutung bestimmter Warenbewegungsprozesse nicht erforderlich.

Abschließend soll ein Blick auf die für die innerbetriebliche Transportabwicklung eingesetzten Sachmittel geworfen werden: Aufgrund der üblicherweise weit geringeren Transportmengen als im Großhandel sowie wegen der Bau- und Einrichtungsgestaltung sind normalerweise Großtransportmittel wie Kräne, Gabelstapler u. Ä. nicht nutzbar. Zur Anwendung kommen Hubwagen, vor allem für den Palettentransport, ferner mechanische Transportwagen aller Art bis hin zum Einkaufswagen. Beim Einzelstücktransport wird man auch vielfach auf technische Hilfsmittel völlig verzichten. Aus der Unkompliziertheit der einzusetzenden Transportsachmittel wird ersichtlich, dass ihre Handhabung in den meisten Fällen nicht zu **Organisationsproblemen** führen wird. Die regelungsbedürftigen Schwierigkeiten sind vielmehr überwiegend in der optimalen Ablaufgestaltung und der dabei anzuwendenden Warenbehandlung zu sehen.

2. Steuerung der Warenwirtschaft

Im Folgenden sind zunächst die weder in der Literatur noch in der Praxis eindeutig definierten Begriffe der Warenwirtschaft und des **Warenwirtschaftssystems** zu klären. Aus den definitorischen Überlegungen werden anschließend die Aufgaben der Warenwirtschaftssteuerung abgeleitet. Den zentralen Teil der Behandlung der Warenwirtschaft bildet die Untersuchung der in der Praxis angewandten Systeme. Die anschließenden Abschnitte beschäftigen sich mit Spezifika der Steuerung der Warenwirtschaft auf der Großhandels- bzw. auf der Einzelhandelsstufe. Schließlich wird die aktuelle

Tendenz zur Entwicklung wirtschaftsstufenübergreifender Warenwirtschaftskonzepte angesprochen.

2.1 Begriff des Warenwirtschaftssystems

Die Analyse der Steuerung der Warenwirtschaft ist bewusst zwischen der Behandlung der **materiellen Warenvorgänge** einerseits und des **Rechnungswesens** andererseits angesiedelt: In Abhängigkeit vom Bedeutungsumfang des zu Grunde gelegten Begriffes umfasst Warenwirtschaft sowohl Warenvorgänge als auch Teile des Rechnungswesens. Es hat sich sowohl in der Theorie wie in der Praxis als sinnvoll erwiesen, Warenwirtschaft als eigenständigen (Forschungs-) Bereich zu etablieren, da hierdurch eine integrierte Kontrolle und Steuerung des Warenerfolgs möglich wird.

Der Begriff Warenwirtschaft umfasste zunächst in seiner engeren Bedeutung, wie oben ausgeführt und in Abbildung 111 veranschaulicht, die zuvor behandelten materiellen Warenvorgänge in Handelsunternehmen. Im Zuge der Weiterentwicklung der Handelstätigkeit erkannte man jedoch, dass ohne Verknüpfung der in engerem oder weiterem Zusammenhang mit den Warenvorgängen stehenden Abläufe im Handelsunternehmen das Warengeschäft kaum erfolgreich betrieben werden konnte. Aus dieser bereichsübergreifenden ganzheitlichen Betrachtungsweise entstand der Begriff des Warenwirtschaftssystems. Spricht man heute von Steuerung der Warenwirtschaft in Handelsunternehmungen, so ist damit im Allgemeinen die Anwendung eines solchen Systems gemeint.

Der **Begriff Warenwirtschaftssystem** selbst wird in unterschiedlich weiten Fassungen gebraucht. In seinem weitesten Verständnis kann er mit dem umfassendsten Warenwirtschaftsbegriff (vgl. Abb. 122) gleichgesetzt werden. Er beinhaltet somit folgende Bereiche:

(1) alle materiellen Warenvorgänge

(2) monetäre Vorgänge, soweit sie sich auf (1) beziehen

(3) personenbezogene Vorgänge, welche zur Abwicklung von (1) und (2) dienen

(4) informationsbezogene und kommunikative Prozesse, welche sich auf (1), (2) oder (3) beziehen.

Dieses Begriffsverständnis wird im nachfolgenden Schaubild verdeutlicht:

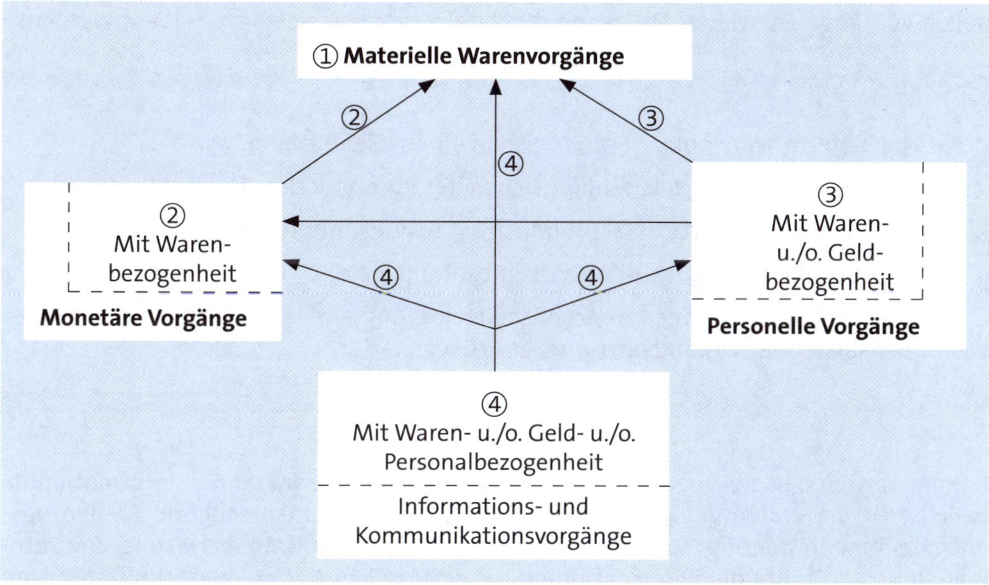

Abb. 122: Begriff des Warenwirtschaftssystems

In seiner engsten Fassung ist unter Warenwirtschaftssystem ausschließlich der oben unter (4) gekennzeichnete Bereich zu verstehen. Dieser Definition soll auch hier gefolgt werden, da nach Auffassung des Autors die dem weiten Begriffsverständnis zu Grunde liegende Spannweite der Betrachtung einer systematischen Analyse der Warenwirtschaftssteuerung nicht förderlich ist.

So stellen etwa Fragen hinsichtlich der geeigneten Art der Warenlagerung, einer sicheren Form der Bankeinzahlung des Tagesumsatzes, der Erstellung einer wirtschaftlichen Personaleinsatzplanung zur Bewältigung des Warenhandling etc. zweifellos nicht unbedeutende Probleme im Handelsunternehmen dar, jedoch ist hierbei der Zusammenhang mit dem warenwirtschaftlichen Erfolg allenfalls indirekt zu sehen. Aus diesem Grunde wurden die personellen, materiellen und zum Teil auch monetären Prozesse im Handelsunternehmen in den vorangegangenen Teilen einer eigenständigen Behandlung unterzogen.

Das **Warenwirtschaftssystem** wird für die folgenden Erörterungen definiert als Summe aller Maßnahmen der Informationsgewinnung, -verarbeitung, -abgabe und -speicherung, welche zur Kontrolle und Steuerung der materiellen Warenvorgänge sowie der hierauf bezogenen Geld- und Personalabläufe dienen. Zu einer ähnlichen Definition gelangt auch *Kurt Ebert* nach einer intensiven Diskussion der in Literatur und Praxis vorkommenden Begriffsbildungen. Im obigen Schaubild ist dieses engere Begriffsverständnis durch die mit der Ziffer (4) gekennzeichneten Pfeile angedeutet.

Ein Warenwirtschaftssystem in diesem Sinne muss also alle Informationen erfassen und verarbeiten, welche im Zuge der relevanten materiellen, monetären und personellen Vorgänge entstehen. Dies kann durch folgende Beispiele verdeutlicht werden:

Beispiele

- Die angelieferte Ware dokumentiert sich in einem Lieferschein.
- Die Wareneingangskontrolle schlägt sich in der Korrektur des Lieferscheins nieder.
- Der Warenausgang führt zu Kassenberichten bzw. Rechnungen.
- Aus der Bankeinzahlung resultiert ein Einzahlungsbeleg.
- Bei einer abteilungsbezogenen Arbeitszeiterfassung entstehen Daten über die kostenverursachende Wirkung bestimmter Artikel.

Die genannten Beispiele verdeutlichen die **Vielfalt der zu erfassenden Informationen**, welche für die warenwirtschaftliche Kontrolle und für entsprechende Steuerungsentscheidungen benötigt werden. Mit diesem Prozess der Datenerfassung und -umwandlung in Steuerungsinformationen zur erfolgreichen Warenwirtschaftsführung beschäftigen sich die nachstehenden Abschnitte.

2.2 Aufgaben und grundsätzliche Funktionsweise

Generell kann die **erfolgreiche Gestaltung des Warengeschäfts** als Zielsetzung der Warenwirtschaftssteuerung formuliert werden. Diese Vorgabe ist jedoch zu wenig operational, um daraus eine Maßnahmenplanung abzuleiten. Es ist daher erforderlich, die Aufgaben der Steuerung der Warenwirtschaft im Einzelnen zu definieren. Warenwirtschaftssysteme können zur Kontrolle und Steuerung folgender **betrieblicher Funktionen** herangezogen werden:

- Wareneingangsverarbeitung
- Umsatzerfassung/-verarbeitung
- Erfassung sonstiger bestands- und spannenwirksamer Geschäftsvorfälle
- Unterstützung des Einsatzes aller Marketinginstrumente
- insbesondere Sortimentsverwaltung/-steuerung
- Disposition
- Auftragsverarbeitung/-verwaltung
- Rechnungsprüfung
- Inventurerfassung/-verarbeitung.

In allen genannten Teilbereichen sind **Daten** zu erfassen, zu verarbeiten, zu speichern sowie mit den Daten anderer Bereiche zu verknüpfen. Aus der Erfassung und Verarbeitung von Daten ergeben sich rein dokumentierende Belege ebenso wie Auswertungen, welche in den großen Rahmen der Betriebsstatistik einzuordnen sind.

Die Kernaufgaben von Warenwirtschaftssystemen bestehen in der **Erfassung und Verarbeitung der Wareneingänge**, der **bestands- und spannenwirksamen Geschäftsvorfälle beim Warendurchfluss** durch den Handelsbetrieb sowie der **Warenausgänge** (mengenmäßiger Absatz/Umsatz). Andere Aufgaben treten ergänzend hinzu (z. B. Inventurerfassung und -verarbeitung) bzw. lassen sich aus den Kernaufgaben ableiten (z. B. Dispositionsunterstützung, Sortimentsüberwachung, Rechnungsprüfung).

Alle Teilmodule der Warenwirtschaftssysteme lassen sich bei erwerbswirtschaftlich orientierten Handelsunternehmungen auf die Grundzielsetzung zurückführen, den Erfolg des Warengeschäfts durch dessen bessere Überwachung zu steigern. Dieser Erfolg lässt sich messen z. B. anhand von:

- Umsätzen
- Umsatzanteilen
- Roherträgen
- Deckungsbeiträgen
- Lagerumschlagshäufigkeiten
- Handelsspannen
- usw.

Als entscheidende **warenwirtschaftliche Erfolgsgrößen** in Handelsunternehmungen sind dabei Umsatz, Rohertrag und Handelsspanne zu betrachten. Folgerichtig müssen Warenwirtschaftssysteme Möglichkeiten bereitstellen, diese Größen präzise zu ermitteln und Vorgaben für ihre Steuerung daraus abzuleiten.

Bei Warenwirtschaftssystemen kann zwischen strategischen und operativen Zielen differenziert werden. Dies verdeutlicht die folgende Abbildung:

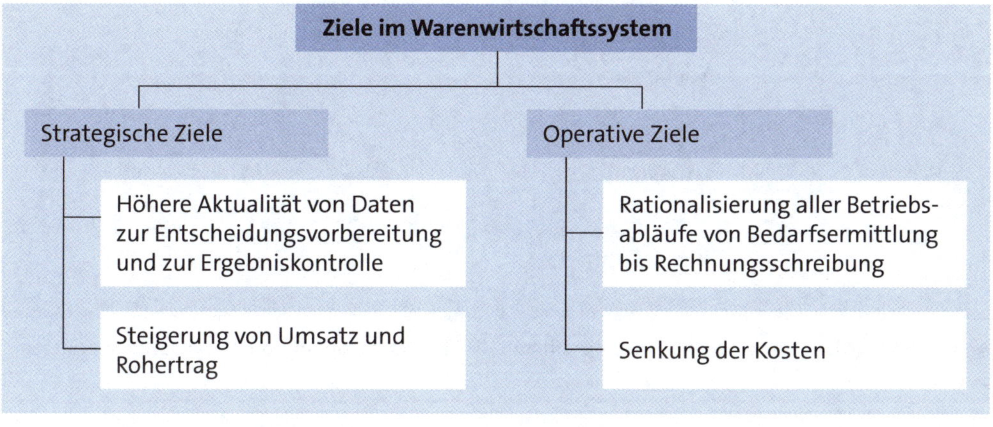

Abb. 123: Strategische und operative Ziele von Warenwirtschaftssystemen

Die genannten Ziele werden durch die verschiedenen Ausbaustufen von Warenwirtschaftssystemen in unterschiedlichem Umfang erreicht. Bevor hierauf eingegangen werden kann, muss zunächst das Funktionsprinzip solcher Systeme dargelegt werden.

Die grundsätzliche Funktionsweise von Warenwirtschaftssystemen lässt sich aus dem folgenden Schema erkennen:

+	Anfangsbestand	EK	VK
+	Wareneingang - Rücklieferung +/- Reklamation	EK	VK
+	Umlagerung Zugang	EK	VK
-	Umlagerung Abgang	EK	VK
+	Preiserhöhung		VK
–	Preisreduzierung Warenverluste Betriebl. Verbrauch		VK
-	Kassenumsatz	EK	VK
=	Sollbestand	EK	VK
–	Istbestand	EK	VK
=	Inventurdifferenz	EK	VK

Abb. 124: Ermittlung von Ertrag und Inventurdifferenz mit Berücksichtigung von Bestandsveränderungen

Das obige Schema ist folgendermaßen zu interpretieren:

Der Anfangsbestand wird bei Neueinführung eines Warenwirtschaftssystems durch Inventur ermittelt, und zwar entweder zum Einkaufswert (EK) oder zum Verkaufswert (VK). Im ersteren Fall muss auf den Soll-Verkaufswert hochgerechnet, im letzteren Fall mit einem Abschlagssatz auf den mutmaßlich im Bestand enthaltenen Einkaufswert heruntergerechnet werden.

Der Bestand wird nun durch die in der nachfolgenden Geschäftsperiode anfallenden Vorgänge verändert: Er erhöht sich um die Wareneingänge; diese sind zur Ermittlung des voraussichtlichen Erfolgs des Warengeschäfts zu erfassen, zum Einstandspreis zu bewerten und auf den voraussichtlichen Verkaufspreis/-wert hochzurechnen. Der Soll-Verkaufswert ist mit dem Soll-Umsatz gleichzusetzen.

Eine Verminderung des Bestandes vollzieht sich durch Rücklieferungen, welche prinzipiell in gleicher Weise (Erfassung zum Einkaufswert, Hochrechnung zum Verkaufswert) zu berücksichtigen sind. Unter Rücklieferungen werden physische Retouren an Lieferanten verstanden. Dem gegenüber sind Rechnungsreklamationen lediglich auf den Rechnungswert bezogen; ihre Behandlung erfolgt analog zu den Wareneingängen bzw. Rücklieferungen.

Es ist erkennbar, dass Rücklieferungen und reduzierende Rechnungsreklamationen sowohl vom Ist-Einkaufswert als auch vom Soll-Verkaufswert abgezogen werden müssen, da die entsprechende Ware zur Umsatzerzielung nicht mehr zur Verfügung steht. Bei Umlagerungen wird im Grundsatz wie bei Wareneingängen bzw. Rücklieferungen verfahren.

Neben den bisher betrachteten Geschäftsvorfällen existiert eine Reihe von Vorgängen, welche sich nur auf den Soll-Umsatz auswirken können: Preiserhöhungen, Preisreduzierungen und Warenverluste aller Art verändern den möglichen Umsatz, nicht jedoch den Einkaufswert. Deshalb muss bei Preiserhöhungen der Soll-Verkaufswert um die Erhöhungsdifferenz heraufgesetzt werden, während bei Preisreduzierungen umgekehrt zu verfahren ist. Gleiches gilt für Warenverluste (Abschriften wegen modischer oder technischer Veralterung, Schwund etc.).

Der betriebliche Eigenverbrauch (z. B. für die Reinigung der Betriebsräume oder für die Versorgung der Belegschaft mit Pausenkaffee) wird entweder als Ertragsbeeinträchtigung angesehen und nur beim Soll-Verkaufswert berücksichtigt oder sowohl vom Einkaufs- wie vom Verkaufswert abgezogen, wodurch rechnerisch die Situation simuliert wird, als sei die entsprechende Ware gar nicht im Wareneingang des Betriebes enthalten gewesen. Nach Berücksichtigung aller genannten Geschäftsvorfälle ergibt sich durch Differenzbildung zwischen Soll-Verkaufswert und Ist-Einkaufswert der Soll-Rohertrag (des Artikels, einer gesamten Lieferung, aller Lieferungen einer bestimmten zeitlichen Periode), woraus sich wiederum die Soll-Handelsspanne errechnen lässt.

Die Formeln zur Errechnung der bei Warenwirtschaftssystemen relevanten Handelsspannen sind im Folgenden wiedergegeben:

$$\text{Eingangsspanne in \%} = \frac{\text{Soll-VK - Ist-EK}}{\text{Soll-VK}}$$

$$\text{Soll-Spanne in \%} = \frac{\text{Korrig. Soll-VK - Korr. Ist-EK}}{\text{Korrig. Soll-VK}}$$

$$\text{Ist-Spanne in \%} = \frac{\text{Ist-VK - Korrig. Ist-EK}}{\text{Ist-VK}}$$

$$\text{Bestands-Spanne in \%} = \frac{\text{Korrig. Soll-VK (Bestand) - Korrig. Ist-EK (Bestand)}}{\text{Korrig. Soll-VK (Bestand)}}$$

Die Eingangsspanne misst den Erfolg nach Wareneingängen, Rücklieferungen und Reklamationen, die Soll-Spanne gibt wieder, wie sich die Eingangsspanne durch die innerbetrieblichen Geschäftsvorfälle verändert hat, die Bestandsspanne lässt den virtuell im Warenbestand enthaltenen Ertrag erkennen, welcher allerdings nur bei Verkauf des gesamten Bestandes in liquide Mittel umwandelbar wäre. Die Ist-Spanne schließlich ist erst nach tatsächlicher Realisierung von Umsätzen zu ermitteln. Auf die Erfolgskontrollgrößen wird im Folgenden im Rahmen der Behandlung der verschiedenen warenwirtschaftlichen Systemvarianten nochmals genauer eingegangen.

Um am Ende der betrachtenden Periode einen Soll-Bestand ermitteln zu können, muss von dem um die Wareneingänge erhöhten Anfangsbestand, berichtigt um die verschiedenen Korrekturen, der Kassenumsatz abgezogen werden. Bei hochwertigen Einzelstücken, bei welchen auch beim Verkauf der Einkaufspreis noch bekannt ist, kann hier noch mit tatsächlichen Werten gearbeitet werden. Bei Massenware, bei welcher i. d. R. zum Verkaufszeitpunkt der faktische Einkaufspreis des Einzelstücks nicht mehr ermittelt werden kann, muss wie schon im Falle des Anfangsbestandes der Umsatz mithilfe eines Abschlagssatzes auf den rechnerischen Wareneinsatz heruntergerechnet werden.

Der so ermittelte – fiktive – Sollbestand kann über mehrere Geschäftsperioden fortgeschrieben werden, indem er jeweils als neuer Anfangsbestand in den folgenden Betrachtungszeitraum übertragen wird, oder er kann mit einem per Inventur festgestellten Istbestand abgeglichen werden. Hieraus lässt sich eine echte Inventurdifferenz ableiten, welche von Erfassungs- und Berechnungsfehlern abgesehen ausschließlich auf die Ursache des Diebstahls zurückgeführt werden kann. Damit werden erst **qualifizierte Gegenmaßnahmen** gegen den betrieblichen Diebstahl möglich, ob dieser nun vom eigenen Personal, von Kunden, von Beschäftigten der Lieferanten, von sonstigen

Fremdpersonen wie Handwerkern oder durch Zusammenarbeit mehrerer der genannten Gruppen begangen wurde.

Das Schema der Ertragsermittlung mit Bestandsberücksichtigung bildet das Grundprinzip der warenwirtschaftlichen Erfolgsmessung im Handel ab. Dieses kann generell sowohl auf der Großhandels- wie auf der Einzelhandelsstufe, in den unterschiedlichsten Betriebsgrößen, Branchen und Betreibungsformen angewandt werden.

Damit erlauben Warenwirtschaftssysteme (WWS) sowohl eine Feststellung des lieferantenbezogenen Einkaufserfolges, eine Überwachung der innerbetrieblichen bestands- und spannenwirksamen Geschäftsvorfälle, als auch die Ableitung des Umsatzerfolges, erfüllen also die Kernaufgaben einer jeden Kontrolle der Warenwirtschaft im Handel. Auch die im folgenden Abschnitt vorzustellenden Systemvarianten gehorchen diesem oben schematisch veranschaulichten Grundprinzip der warenwirtschaftlichen Erfolgsermittlung.

2.3 Systemvarianten

In der folgenden Abbildung werden die Varianten der warenwirtschaftlichen Erfolgsermittlung vorgestellt:

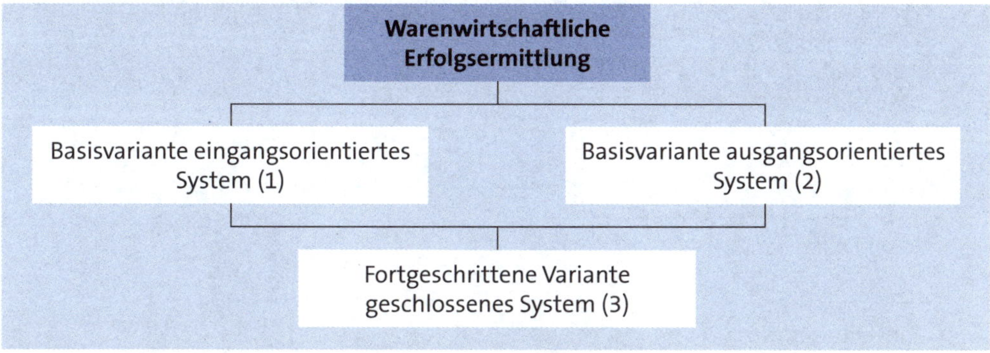

Abb. 125: Systemvarianten der warenwirtschaftlichen Erfolgsermittlung

Eingangsbezogene Warenwirtschaftssysteme legen den Schwerpunkt der Erfolgsermittlung auf die **Erfassung und Bewertung der Wareneingänge** sowie der spannen- und bestandswirksamen Geschäftsvorfälle im Zuge des Warendurchflusses durch das Handelsunternehmen. Ausgangsbezogene Warenwirtschaftssysteme setzen zur Erfolgsfeststellung am Warenausgang als der Nahtstelle zwischen Handelsunternehmung und Kunden an. Das geschlossene Warenwirtschaftssystem fasst die beiden vorgenannten Formen der Erfolgsermittlung zu einem integrierten Gesamtsystem zusammen.

2.3.1 Eingangsorientierte Warenwirtschaftssysteme

Wie oben beschrieben basiert jede Form von **eingangsbezogenen Warenwirtschaftssystemen** auf einer Erfassung und Verarbeitung von Daten, welche beim Wareneingang bzw. durch innerbetriebliche Warenvorgänge entstehen. Die folgende Abbildung vermittelt einen Überblick über die Struktur eingangsbezogener Warenwirtschaftssysteme:

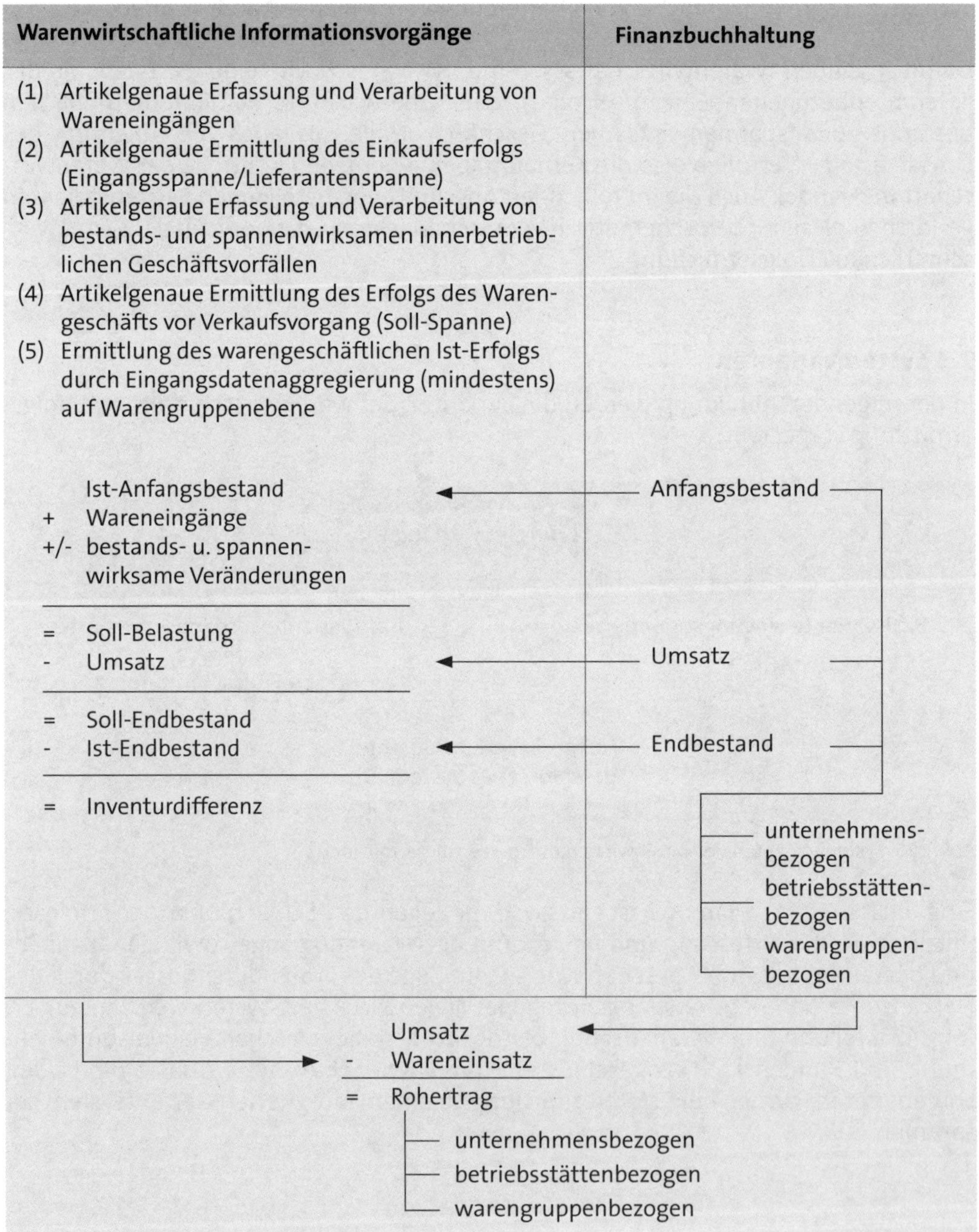

Abb. 126: Eingangsbezogenes Warenwirtschaftssystem

In einem ersten Schritt werden unter Zuhilfenahme der entsprechenden Belege die Wareneingänge erfasst und bearbeitet. Dabei sind grundsätzlich folgende **Ebenen der Genauigkeit** denkbar:

- Unternehmensebene
- Betriebsstättenebene
- Warengruppenebene
- Artikelebene.

Die Verarbeitung der Daten erfolgt in der oben beschriebenen Art und Weise; dies bedeutet, dass im Fall der höchsten Genauigkeitsstufe je Artikel durch Multiplikation von Einkaufspreis und -menge der Einkaufswert errechnet und progressiv auf den Soll-Verkaufswert kalkuliert wird. Daraus ergeben sich als Erfolgskontrollgrößen der Soll-Rohertrag sowie die oben bereits erwähnte Eingangsspanne:

- **Soll-Rohertrag laut Wareneingang** (in Euro)

	Soll-Verkaufswert des Wareneinkaufs
-	Wareneinkaufswert
=	**Soll-Rohertrag laut Wareneingang**

- **Eingangsspanne** (in Prozent)

$$\text{Eingangsspanne} = \frac{\text{Soll-Rohertrag des Wareneingangs}}{\text{Soll-Verkaufswert des Wareneingangs}} \cdot 100$$

Mithilfe der Eingangsspanne kann festgestellt werden, ob angesichts der am Markt erzielbaren Verkaufspreise für einzelne Artikel oder Lieferungen die adäquaten Einkaufspreise und Konditionen ausgehandelt wurden. Darüber hinaus lässt sich kontrollieren, ob die Gesamtgeschäfte mit den einzelnen Lieferanten, gemessen an Soll-Rohertrag und -Handelsspanne, den Erwartungen entsprechen.

Im folgenden Schritt werden je Betriebsstätte, Warengruppe und gegebenenfalls je Artikel alle bestands- und spannenwirksamen innerbetrieblichen Geschäftsvorfälle erfasst und verarbeitet. Dazu gehören, wie oben dargestellt, Warenrücklieferungen, Umlagerungen, Preisänderungen, Warenverluste etc. Als Resultat ergibt sich der Erfolg des Warengeschäfts zum Zeitpunkt unmittelbar vor dem Warenverkauf. Durch die korrekte Zurechnung von Waren zu Betriebseinheiten (z. B. durch Umlagerungserfassung) und durch die genaue Ermittlung von Vorgängen, welche den Soll-Umsatz beeinflussen (z. B. von Preiserhöhungen oder – in umgekehrter Richtung – von Warenverlusten) lässt sich der warengeschäftliche Erfolg exakt erheben, soweit man von nicht präzise erfassbaren Ereignissen, wie z. B. Diebstählen, absieht. Als wichtigste Erfolgsgrößen lassen sich berechnen:

- **Soll-Rohertrag vor Warenverkauf** (in Euro)

	korregierter Soll-Umsatz
-	korregierter Wareneinkauf
=	**Soll-Rohertrag vor Warenverkauf**

- **Soll-Spanne vor Warenverkauf** (in Prozent)

$$\text{Soll-Spanne} = \frac{\text{Soll-Rohertrag vor Warenverkauf}}{\text{korrigierter Soll-Umsatz vor Warenverkauf}} \cdot 100$$

Diese beiden Erfolgsgrößen geben darüber Auskunft, inwieweit innerbetriebliche Warenvorgänge den Handelserfolg fördern oder beeinträchtigen. Letzteres kann etwa durch übermäßige Preisabschriften, zu hohe Warenverluste oder zu aggressive Verkaufsförderungsaktionen erfolgen.

Damit ist die Aussagefähigkeit von eingangsbezogenen Warenwirtschaftssystemen im Fall deren isolierten Einsatzes erschöpft. Zur Ermittlung des warengeschäftlichen Ist-Erfolges ist die Hinzuziehung von Daten aus der Finanzbuchhaltung notwendig. Da diese jedoch nicht artikelgenau vorliegen, ist zum Zwecke des Abgleichs eine Aggregierung der Artikelinformationen im Warenwirtschaftssystem zumindest auf Warengruppenebene erforderlich.

Aus der Finanzbuchhaltung werden die Warenbestände laut Inventur sowie der Umsatz übernommen. Durch Zusammenführung dieser Zahlen mit den aggregierten Daten des Warenwirtschaftssystems lassen sich Wareneinsätze und Inventurdifferenzen auf Warengruppenebene ermitteln. Damit kann eine kurzfristige Erfolgsrechnung durchgeführt werden, welche für das Gesamtunternehmen, für die einzelnen Betriebsstätten, für Abteilungen und für Warengruppen den Ist-Rohertrag zu liefern in der Lage ist.

Aufgabe 20 > Seite 507

2.3.2 Ausgangsorientierte Warenwirtschaftssysteme

Ausgangsbezogene Warenwirtschaftssysteme ohne unterstützende Module von der Wareneingangsseite her beschränken sich im Wesentlichen auf die Ermittlung des Ist-Erfolges, wobei dieser in Umsatzzahlen gemessen wird. Schematisch wird die Funktionsweise des ausgangsbezogenen Warenwirtschaftssystems und der daraus abzuleitenden Erfolgsermittlung aus der folgenden Übersicht deutlich:

Finanzbuchhaltung	Warenwirtschaftliche Informationsvorgänge
Anfangsbestand + Warenzugänge - Endbestand = Wareneinsatz – unternehmensbezogen – betriebsstättenbezogen – warengruppenbezogen	(1) Artikelgenaue Warenausgangserfassung (Artikelumsätze/Kundenkennzahlen) (2) Ermittlung des warengeschäftlichen Ist-Erfolgs durch Ausgangsdatenaggregierung (mindestens) auf Warengruppenebene

Umsatz
\- Wareneinsatz
= Rohertrag
– unternehmensbezogen
– betriebsstättenbezogen
– warengruppenbezogen

Abb. 127: Ausgangsbezogenes Warenwirtschaftssystem

Über ein geeignetes Verfahren (Erfassung von Einzelrechnungspositionen oder von Einzelkassierpositionen vermittels Scanning) werden artikelgenaue Umsatzdaten erfasst und verarbeitet. Damit können Tages-, Wochen- und Monatsumsätze einzelner Artikel, der Erfolg von beworbenen Produkten, die Kundenakzeptanz von Innovationen etc. beurteilt werden. Darüber hinaus können kundenbezogene Kennzahlen errechnet werden wie z. B. durchschnittlicher Einkaufsbetrag oder durchschnittliche Anzahl gekaufter Artikel je Kunde.

Mangels präziser eingangsbezogener Warenwirtschaftsdaten sind für die Erfolgsermittlung in ausgangsbezogenen Warenwirtschaftssystemen ergänzende **Informationen aus der Finanzbuchhaltung** über den Wareneingang abzurufen. Dazu zählen vor allem Bestände und Warenzugänge, aus welchen sich der finanzbuchhalterische Wareneinsatz ermitteln lässt. Da dies jedoch genauestenfalls auf Warengruppenebene möglich ist, sind zuvor die Warenausgangsdaten ebenfalls auf dieser Ebene zu aggregieren. Aus der Zusammenführung der genannten Daten der Finanzbuchhaltung und des ausgangsbezogenen Warenwirtschaftssystems lässt sich eine kurzfristige Erfolgsrechnung ableiten, welche den Ist-Erfolg in Gestalt von Warengruppen-Roherträgen sichtbar macht.

2.3.3 Geschlossene Warenwirtschaftssysteme

Geschlossene Warenwirtschaftssysteme ergeben sich aus der Zusammenführung von eingangs- und ausgangsbezogenen Systemen. Ihre eigenständige Darstellung erübrigt sich, da der Integrationsvorgang an der Funktionsweise der einzelnen Module kaum etwas ändert. Es ist lediglich darauf hinzuweisen, dass ein geschlossenes System nur dann erfolgreich arbeiten kann, wenn die **Gliederungssystematik** auf der Eingangs- und auf der Ausgangsseite identisch ist. So müssen beispielsweise die Warengruppen, nach welchen der Wareneingang gegliedert ist, jenen entsprechen, nach welchen bei der Warenausgangserfassung differenziert wird.

Eine Hinzuziehung von Daten aus der Finanzbuchhaltung zur Ermittlung des warengeschäftlichen Erfolges ist bei geschlossenen Warenwirtschaftssystemen nicht mehr erforderlich. Dies lässt sich aus der folgenden Übersicht erkennen:

Eingangsbezogene warenwirtschaftliche Informationsvorgänge	**Ausgangsbezogene warenwirtschaftliche Informationsvorgänge**
(1) Artikelgenaue Erfassung und Verarbeitung von Wareneingängen (2) Artikelgenaue Ermittlung des Einkaufserfolgs (Eingangsspanne/Lieferantenspanne) (3) Artikelgenaue Erfassung und Verarbeitung von bestands- und spannenwirksamen innerbetrieblichen Geschäftsvorfällen (4) Artikelgenaue Ermittlung des Erfolgs des Warengeschäfts vor Verkaufsvorgang (Soll-Spanne)	Artikelgenaue Warenausgangserfassung (Artikelumsätze/Kundenkennzahlen)
(5) Artikelgenaue Ermittlung des warengeschäftlichen Ist-Erfolgs durch Zusammenführung von Eingangs- und Ausgangsdaten	

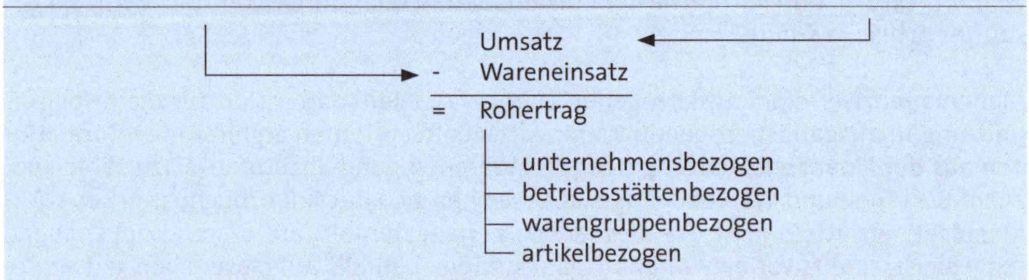

Abb. 128: Geschlossenes Warenwirtschaftssystem

Da bei integrierten Warenwirtschaftssystemen alle erforderlichen Informationen hinsichtlich Wareneingang und -ausgang auf Artikelebene vorliegen, erlauben diese Systeme die Errechnung von artikelgenauen Roherträgen, Handelsspannen, Inventurdifferenzen etc. Auf diese Weise liefern sie die genauest mögliche Grundlage zur Steuerung des Warengeschäfts in Handelsunternehmungen. Gleichzeitig ist aber durch die erforderliche **Artikelgenauigkeit** hinsichtlich aller Warenvorgänge der personelle, organisatorische und technische Aufwand bei dieser Lösung des Warenwirtschaftsproblems am größten.

Es kann allerdings prognostiziert werden, dass die durch eine solche Datenbasis zu gewinnende **qualitative Überlegenheit im Wettbewerb** die zu ihrer Gewinnung erforderlichen Anstrengungen in der Zukunft mehr als rechtfertigen wird; es ist sogar zu vermuten, dass Handelsunternehmungen auf die Dauer nicht konkurrenzfähig sein werden, welche sich dieser Variante des Informationswettbewerbs nicht zu stellen bereit sind.

2.4 Besonderheiten im Großhandel

Aufgrund der spezifischen Warenabläufe und der daraus abzuleitenden Informationsprozesse gestalten sich auch die Warenwirtschaftssysteme auf der Großhandelsstufe anders als bei Einzelhandlungen. Sowohl bei den Lieferanten als auch bei den Kunden der Großhandelsunternehmung handelt es sich um **Gewerbetreibende**. Die Vorgänge sind daher auf der Beschaffungs- und auf der Absatzseite nahezu spiegelbildlich. Die Großhandelsunternehmung bestellt beim Lieferanten und erhält zusammen mit der Ware Begleitdokumente (in Papierform oder elektronisch), welche häufig identisch mit der Rechnung sind. Gleiches gilt für die Kunden des Großhandels, welche als Industrieunternehmungen, Großverbraucher aller Art oder Einzelhandelsunternehmungen die von ihnen bestellte Ware ebenfalls mit entsprechenden Begleitpapieren und/oder Rechnungen zugestellt oder übergeben bekommen.

Es liegen also bei der Beschaffung wie beim Absatz schriftliche/elektronische Unterlagen vor, aus welchen artikelgenau die Bestell- und Liefervorgänge zu entnehmen sind. Gleiches gilt für die Rechnungen, welche üblicherweise den einzelnen Artikel ausweisen. Wenn also sowohl Warenausgänge wie Wareneingänge in **schriftlicher/elektronischer Form** artikelgenau erfasst sind, so liegt es nahe, diese Informationen im Rahmen eines Warenwirtschaftssystems zu nutzen. Aus diesem Grund haben sich in Großhandelsunternehmungen geschlossene Warenwirtschaftssysteme früher als in den meisten Einzelhandelsunternehmungen entwickelt. Die wesentlichen inhaltlichen Unterschiede zum Einzelhandel ergeben sich hinsichtlich folgender **Funktionen von Warenwirtschaftssystemen**:

- Auftragsverwaltung
- Bestandsführung
- Bestellunterstützung
- Rechnungskontrolle.

Auftragserfassung und -verwaltung
Diese warenwirtschaftliche Aufgabe ist nur im Großhandel festzustellen. Da die Geschäftsabwicklung im Einzelhandel zwischen den Betrieben und den Endverbrauchern als Kunden nicht auf der Basis von Aufträgen abläuft (Ausnahme: Versandhandel), ist diese Aufgabe von einzelhandelsbezogenen Warenwirtschaftssystemen nicht zu erfüllen. Die Geschäfte zwischen Großhandlungen und ihren Abnehmern sehen dagegen üblicherweise die Erteilung von Aufträgen durch letztere an die Großhandelsunternehmungen vor (Ausnahme hier: Cash-and-Carry-Großhandel).

Warenwirtschaftssysteme im Großhandel haben dafür zu sorgen, dass die **Kundenaufträge** erfasst und gepflegt werden, dass nach Auftragseingang möglichst automatisch eine **Bestandsprüfung** vorgenommen wird, um den bestellenden Kunden möglichst schnell über Lieferfähigkeit oder Präsenzlücken informieren und Ausweichangebote unterbreiten zu können; im Anschluss daran ist vielfach für den Abnehmer eine Auftragsbestätigung zu erstellen.

Weiterhin ist eine sinnvolle Aufbereitung der eingehenden Aufträge für die sich anschließende Kommissionierung erforderlich, wie sie oben beschrieben wurde. Nicht selten wird im Zusammenhang mit der Auftragsverwaltung eine **Bonitätsprüfung** durchgeführt, durch welche das Zahlungseingangsrisiko begrenzt gehalten wird. Schließlich hat die Auftragsverwaltung die Funktionen zu erfüllen, eine Terminüberwachung vorzunehmen und in Form korrigierter Kommissionierunterlagen die Basisdaten für die Lieferscheinschreibung und die Fakturierung bereitzuhalten.

Bestandsführung
Eine artikelgenaue Erfolgskontrolle und eine Bestandsprüfung nach Eingang einer Kundenbestellung können nur unter der Voraussetzung erfolgen, dass die **Warenbestände artikelgenau** geführt werden. Im Übrigen liegt es nahe, bei verfügbaren artikelgenauen Eingangs- und Ausgangsdaten eine ebenfalls auf Artikelbasis erfolgende Bestandsfortschreibung vorzunehmen.

Bestellunterstützung
Artikelgenaue Warenwirtschaftssysteme können dem Einkauf die Aufgabe der Warendisposition erleichtern: Ein **EDV-Ausdruck**, auf welchem die bisherigen Kundenbestellungen und die verfügbaren Bestände artikelbezogen zusammengestellt sind, kann vom Einkäufer als wesentliche Informationsgrundlage für die eigene Dispositionstätigkeit herangezogen werden.

Bisher haben sich Einkäufer allerdings – und nach Meinung des Autors zurecht – gegen Bestellautomatismen zur Wehr gesetzt; wenn Bestellvorschläge ausschließlich unter Berücksichtigung von Bestands- und Auftragsinformationen, eventuell ergänzt um Warenabgänge vergangener Perioden, errechnet werden, so bleiben hierbei aktuelle Marktveränderungen, trendbrechende Unternehmenszielsetzungen, Konkurrenzmaßnahmen u. Ä. unberücksichtigt. Es erweist sich somit als zweckmäßig, die im Rahmen von Warenwirtschaftssystemen erstellten Dispositionsunterlagen nicht als Vorwegentscheidungen, sondern als entscheidungsunterstützende Hilfsmittel für den Einkäufer einzusetzen.

Rechnungskontrolle
Die Rechnungskontrolle schließlich pflegt sich in Großhandelsunternehmungen in der Form zu vollziehen, dass auf der Basis von Wareneingangspapieren **Pro-forma-Rechnungen** erstellt werden. Dabei werden die vereinnahmten Mengen mit Preisen bewertet, welche sich aufgrund der Vereinbarungen mit den Lieferanten unter Berücksichtigung aller Zusatzkonditionen aus der Lieferantendatei ermitteln lassen. Die Endsummen der Pro-forma-Rechnungen werden mit jenen der Lieferanten-Rechnungen abgeglichen.

Wird dabei Übereinstimmung – bei gewissen Toleranzen – festgestellt, kann automatisch die Ausfertigung entsprechender Überweisungsträger erfolgen.

Treten dagegen größere Differenzen zwischen Pro-forma- und Lieferanten-Rechnung zutage, kann deren Ursache dadurch ermittelt werden, dass beide entweder am Bildschirm angezeigt oder ausgedruckt werden. Dadurch ist ein positionsweiser Vergleich zwischen der eigenerstellten und der vom Lieferanten ausgefertigten Rechnung möglich. Falls eine zu Ungunsten des eigenen Unternehmens wirkende Abweichung auf einen Irrtum des Lieferanten zurückgeführt werden kann, wird ein **Reklamationsverfahren** eingeleitet.

Neben den hier dargelegten Spezifika existieren einige weitere Besonderheiten in Bezug auf Warenwirtschaftssysteme des Großhandels, auf welche bereits in den Abschnitten über die materiellen Warenprozesse eingegangen worden war. Dies betrifft beispielsweise die informationelle Begleitung von Lagerungs-, Kommissionierungs- und Inventurvorgängen. Im Übrigen liegt es auf der Hand, dass bei Großhandelsunternehmungen, welche unterschiedlichen Branchen angehören oder differierende Verteilsysteme (z. B. Strecken- oder Zustell-Großhandel) praktizieren, auch erhebliche Unterschiede in den warenwirtschaftlichen Abläufen zu verzeichnen sein werden.

2.5 Besonderheiten im Einzelhandel

Der Einzelhandel setzt i. d. R. an den **Endverbraucher** ab. Daraus resultiert, dass bei den geringwertigen Massenwaren, auf welche ein Großteil des Einzelhandelsumsatzes entfällt, eine schriftliche Erfassung der Verkäufe nicht stattfindet. Nach den oben geschilderten Warenabläufen wird üblicherweise der Einzelhandelskunde an der **Kasse** abgefertigt; das traditionelle Interesse von Einzelhandelsunternehmungen bestand deshalb seit jeher darin, leistungsfähige Kassiersysteme, nicht unbedingt aber ebenso leistungsstarke Informationssysteme im Warenausgang zu etablieren.

Der Hauptunterschied von Warenwirtschaftssystemen des Einzelhandels gegenüber jenen des Großhandels besteht also darin, dass die **Erfassungs-** und **Verarbeitungsschritte** von der Auftragsentgegennahme bis zur Fakturierung mit daraus abgeleiteter Bestandsführung entfallen und durch eine Verarbeitung von Kassendaten ersetzt werden. Als Ausnahme ist der Versandhandel zu nennen, bei welchem im Hinblick auf die Warenwirtschaft großhandelsähnliche Vorgänge zu konstatieren sind.

Ein spezifischer Ablauf ist auch in Branchen festzustellen, in welchen hochwertige Waren mit hohen Einzelstückpreisen gehandelt werden. Dort wurden schon seit längerer Zeit Versuche unternommen, notfalls auch über die manuelle Eingabe an der Kasse artikelbezogene Daten beim Verkauf zu erfassen. Angesichts hoher Stückpreise ist der resultierende zeitliche Aufwand je Einzelverkauf eher akzeptabel als bei geringwertiger Massenware. Als Beispiele für entsprechende Güter können Textilien, Möbel, Schmuck etc. genannt werden.

Erhebliche **Probleme bei der Warenausgangserfassung** sind hinsichtlich geringwertiger Massengüter zu verzeichnen. Haushaltwaren, Kleintextilien, Elektrozubehör, Lebensmittel usw. sind dieser Warenkategorie zuzurechnen. Hier ist es vom Stückwert her nicht vertretbar, eine manuelle einzelstückbezogene Verkaufsdatenerfassung durchzuführen, da der Rohertrag je Einheit oft nicht einmal die Kosten der Datenerfassung abdecken könnte. Es müssen daher technische Möglichkeiten genutzt werden, welche eine Verkaufsdatenerfassung auf rationelle Weise ermöglichen.

Diese liegen in Form der verschiedenen **Arten des Scanning** vor. Dabei wird ein maschinenlesbarer Code durch ein entsprechendes Gerät (stationärer Scanner, Lesestift oder -pistole) während des Verkaufsvorganges gelesen, wodurch automatisch eine Verkaufsdatenerfassung erfolgt. Für Massengüter hat sich hier im Wesentlichen der stationäre Scanner als am besten geeignet erwiesen.

Als maschinenlesbarer Code wird in der Bundesrepublik Deutschland vor allem der **EAN-Code (Europäische Artikel-Nummerierung)** genutzt; die folgende Abbildung gibt einen solchen Code wieder:

4 012345 003154

Abb. 129: Beispiel eines EAN-Strichcodes

In den USA ist der UPC-Strichcode (Universal Product Code) verbreitet. Die Alternative zum Strichcode bildet der OCR-Code (Optical Character Recognition), welcher der Normalschrift ähnelt, gleichzeitig aber auch maschinell gelesen werden kann. Der OCR-Code findet vor allem im Nonfood-Sektor Anwendung.

Die grundsätzliche **Funktion** dieser Codes ist jedoch nicht unterschiedlich; sie bestehen aus einer Artikelnummer, welche als Adresse für wesentliche Artikeldaten wie den jeweils gültigen Artikelpreis, die Artikelbezeichnung usw. (**„Artikel-Stammsatz“**) dient. Alle oder ausgewählte Artikel des Sortiments können auf diese Weise in einem EDV-System zugriffsgerecht abgespeichert werden. Der Code selbst wird entweder vom Hersteller auf der Verpackung eines Produktes aufgedruckt oder in der einzelnen Betriebsstätte des Handels nachträglich erstellt („Instore-Auszeichnung“). Beim Kassiervorgang wird der Code vom Scanner gelesen und der unter der entsprechenden Artikelnummer abgespeicherte Preis abgerufen. Auf diese Art und Weise ist eine artikelgenaue Warenausgangserfassung möglich.

Aufgrund der EDV-technischen und organisatorischen Probleme, welche darin bestehen, für mehrere tausend Artikel umfassende Sortimente Artikelstammsätze und funktionierende Systeme der Regalpreisauszeichnung anzulegen, sowie aufgrund von

Akzeptanzproblemen bei der Kundschaft durch den Wegfall der Einzelpreisauszeichnung hat die Durchsetzung der Scanner-Technologie im Einzelhandel einen langen Zeitraum erfordert. Inzwischen kann konstatiert werden, dass die artikelgenaue Steuerung der Warenwirtschaft zum „Stand of the art" geworden ist, ohne die eine erfolgreiche Tätigkeit von Handelsunternehmen kaum noch möglich ist.

Es ist deutlich zu erkennen, dass im Einzelhandel auf der Warenausgangsseite im Rahmen der Installierung von Warenwirtschaftssystemen Problemlösungen gefunden werden mussten, welche mit jenen im Großhandel nicht vergleichbar sind. Auf Software-Ebene ist dies durch die Entwicklung äußerst leistungsfähiger Programme gelungen (z. B. SAP Retail-Programm-Pakete).

2.6 Stufenübergreifende Warenwirtschaftskonzepte

Man stelle sich folgende Aneinanderreihung von Szenen vor:

(1) Ein Mitarbeiter eines Industrieunternehmens legt für dessen sämtliche Produkte Stammsätze mit allen wesentlichen Produktdaten an. Auf deren Basis erstellt er bei Lieferung an einen Großhandelskunden einen Lieferschein, indem er jede einzelne Position in ein Terminal eingibt.

(2) Ein Mitarbeiter eines Großhandelsunternehmens erstellt für alle im Sortiment befindlichen Artikel einen Stammsatz. Auf dessen Basis bearbeitet er nach Eingang einer Lieferung vom Hersteller dessen Lieferschein, indem er positionsweise die eingegangenen Produkte erfasst. Er erstellt eine Pro-forma-Rechnung wie oben beschrieben, welche im Idealfalle der Ausgangsrechnung (= Lieferschein) des Herstellers vollständig entspricht.

(3) Eine anderer Mitarbeiter des Großhandelsunternehmens erstellt einen Lieferschein bzw. eine Rechnung für einen Einzelhandelskunden. Dazu gibt er positionsweise alle zu liefernden Artikel in ein Terminal ein.

(4) Ein Mitarbeiter eines Einzelhandelsunternehmens fertigt aufgrund einer Großhandelslieferung eine Pro-forma-Rechnung an, indem er jede einzelne gelieferte Position in ein Terminal eingibt. Im Idealfall entspricht diese Pro-forma-Rechnung in jeder Position dem Lieferschein bzw. der Ausgangsrechnung des Großhandelsunternehmens.

Auch ohne einschlägige ökonomische Kenntnisse wird dem Leser dieser Kurzdarstellung deutlich werden, dass hier ganz offensichtlich gegen ein Grundprinzip der Datenverarbeitung verstoßen wird: „Einmal erfassen – mehrfach verarbeiten" lautet der Grundsatz, welcher die **Rationalisierungspotenziale** der elektronischen Datenverarbeitung umschreibt. Im geschilderten Beispiel wird gleich mehrfach dagegen verstoßen. Es drängt sich infolgedessen die Überlegung auf, ob es nicht möglich sein könnte, wirtschaftsstufenübergreifende Konzepte zu entwickeln und einzusetzen.

Genau dies ist der Grundgedanke der warenwirtschaftlichen Entwicklungen, welche in den vergangenen Jahren im Mittelpunkt der informationsbezogenen Zusammenarbeit zwischen Herstellern, Groß- und Einzelhandelsunternehmungen gestanden haben. Natürlich waren an derartigen Aktivitäten neben betroffenen Unternehmen, Handelsinstitutionen und -verbänden auch Hardware-Hersteller und Software-Entwickler beteiligt, bei welchen ein aus dem Unternehmenszweck resultierendes Eigeninteresse für die Förderung solcher Entwicklungen besteht.

Der Kernbegriff dieser kooperativen Informations- und Kommunikationsentwicklungen lautet „elektronischer Daten(träger)-Austausch"; gebräuchlicher ist in der Praxis der angelsächsische Begriff „Electronic Data Interchange" (EDI). Es geht hier also darum, Daten zwischen Wirtschaftseinheiten auf elektronischem Wege auszutauschen, um sich den Aufwand mehrfacher Datenerfassung zu ersparen. Insbesondere ist hier an die Verknüpfung des Warenausgangs der Vorstufe und des Wareneingangs der Nachstufe zu denken, wo eine zweimalige Erfassung identischer Informationen erfolgt. Die hiermit verbundene Weiterentwicklung der Warenwirtschaftssysteme lässt sich als wirtschaftsstufenübergreifende kommunikative Integration verstehen. Diese wird durch die folgende Abbildung verdeutlicht:

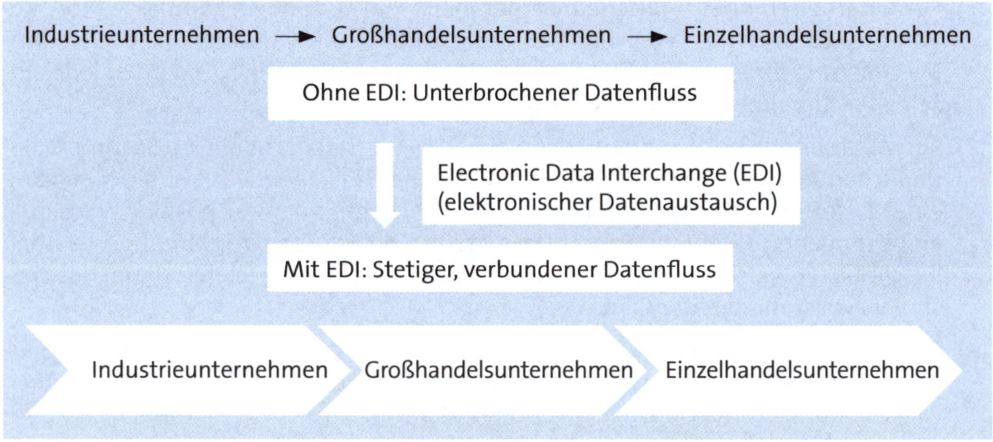

Abb. 130: Die Entwicklung zum stufenübergreifenden Warenwirtschaftssystem

Die Abbildung verdeutlicht, dass durch Electronic Data Interchange (EDI) ein stetiger, verbundener Datenfluss zwischen den Wirtschaftsstufen erzeugt wird, womit Vorteile in Form sinkender Kosten, schnellerer Datenübermittlung und Reduzierung von Fehlermöglichkeiten verbunden sind.

Das folgende Schaubild gibt einen Überblick über die Informationskategorien der Industrie- und Handelskommunikation bei Einsatz von EDI:

Abb. 131: Informationskategorien der Industrie- und Handelskommunikation

Als wirtschaftliche Erscheinungsformen, welche geradezu prädestiniert für eine Zusammenarbeit auf der Informations- und Kommunikationsebene sind, können **Kooperationen** im weitesten Sinne genannt werden. Hierzu zählen beispielsweise die an anderer Stelle näher betrachteten Franchise-Systeme mit Industrieunternehmungen als Franchise-Gebern, die Genossenschaften, die Freiwilligen Ketten etc. Bei diesen sind aufgrund des Umfangs der warengeschäftlichen Zusammenarbeit stufenübergreifende Informationssysteme von außerordentlicher Bedeutung und von weit reichender rationalisierender Wirkung.

Ähnlich beschreibt auch *Hertel (2006, S. 926 ff.)* den Ausbau der Warenwirtschaftssysteme. Vom offenen System, bei dem lediglich Eingangs- oder Ausgangsdaten erfasst werden, gelangt man zum geschlossenen System, welches den gesamten Warenfluss erfasst, somit auch die artikelgenaue Bestandsführung. Als weitere Ausbaustufen nennt Hertel das intern integrierte System, bei welchem zentrale und dezentrale Einheiten (z. B. Filialen) miteinander verbunden werden. Dagegen wird die Zusammenführung der Systeme von Unternehmen verschiedener Wirtschaftsstufen (Großhandel und Einzelhandel) von ihm als mehrstufiges Warenwirtschaftssystem bezeichnet. Bei der externen Integration schließlich entstehen komplexe Systeme, deren Ziel die Erfassung des gesamten Datenflusses vom Lieferanten bis zum Kunden ist. Dabei werden alle relevanten Partner eingebunden, also Hersteller, Handelsunternehmen, Finanz- und Logistikdienstleister sowie Marktforschungsunternehmen.

Für alle modernen Warenwirtschaftssysteme gilt, dass sie nicht mehr nur der Analyse der Ist-Situation dienen, sondern vermehrt als Instrumente der Entscheidungsfindung eingesetzt werden (*Müller-Hagedorn, L., Toporowski,, W., Zielke, S. 2012, S. 1128*).

Damit solche Systeme für Industrie-, Handels- und Dienstleistungsunternehmen gleichermaßen fruchtbar werden, nennen *Olbrich* und *Grünblatt* (in *Olbrich, 2006, S. 74 f.*) mehrere Voraussetzungen, deren wesentlichste im Folgenden zusammengestellt sind:

- Durchsetzung von EDI-Standards
- Verbesserung der EAN-Codierung für Frischwaren
- Einrichtung eines zentralen und frei zugänglichen Datenpools
- Ausbildung von spezialisiertem Personal für die Datenauswertung.

Das Hauptproblem der Zusammenarbeit auf den Gebieten Information und Kommunikation ist zweifellos jenes der Kompatibilität. Es gibt zahlreiche Bereiche, bei denen **Abstimmungsschwierigkeiten** auftreten können:

- eingesetzte Hardware
- genutzte Programme
- Eingabe- und Ausgabestruktur von Daten etc.

Während Kompatibilitätsprobleme auf diesen Gebieten bei jeder Form einer EDV-bezogenen Zusammenarbeit auftreten können, stellten in der Vergangenheit nicht übereinstimmende Warensystematiken ein Spezifikum der Kooperation im Hinblick auf Warenwirtschaftssysteme dar. Jedes Unternehmen arbeitete früher üblicherweise mit einer eigenen **Nummernsystematik** für die von ihm hergestellten oder gehandelten Artikel, Warengruppen, Abteilungen etc.

Daraus ergab sich, dass übermittelte Artikel- oder Warengruppendaten ohne eine Anpassung an das System des empfangenden Kooperationspartners nicht weiterverarbeitet werden konnten. Zwar stellt technisch die Verknüpfung von verschiedenen Artikelnummernsystemen kein Problem dar, es ist jedoch offensichtlich, dass alleine der Verknüpfungsvorgang an sich als **Kooperationshindernis** wirken musste. Durch die oben erwähnte europäische Artikelnummerierung (EAN) konnten diese Schwierigkeiten weitest gehend überwunden werden.

Ein Kooperationsprogramm eigener Art, welches warenwirtschaftliche Zusammenarbeit einschließt, jedoch weit darüber hinaus reicht, soll an dieser Stelle erwähnt werden. Es handelt sich um das System der **„DPR"** (**D**irekte **P**rodukt-**R**entabilität), welche als wirtschaftsstufenübergreifendes Projekt zur Optimierung des Güterabsatzes verstanden werden kann. Bei DPR geht es nicht nur um die innerhalb der Warenwirtschaftssysteme üblichen Daten, wie Mengen, Preise, Erträge etc., sondern es sollen gleichzeitig die Kosten miteinbezogen werden, welche bei der Distribution von Artikeln entstehen. Die direkte Produktrentabilität lässt sich auf den Handelsbereich bezogen folgendermaßen errechnen:

Berechnungsposition		Erläuterung
Netto-Verkaufspreis	=	Um Mehrwertsteuer sowie alle Nachlässe und Erlösschmälerungen reduzierter Verbraucherabgabepreis
minus		
Netto-Netto-Einstandspreis	=	Um alle Rabatte, Werbekostenzuschüsse (WKZ) und sonstige Vergünstigungen bereinigter Einkaufspreis
minus		
Direkte Produkt-Kosten (DPK)	=	Die direkt dem einzelnen Artikel zurechenbaren Handelskosten der warenbezogenen Betriebsprozesse auf Zentral- und Einzelhandelsstufe
ergibt		
Direkter Produkt-Profit (DPP)	=	Deckungsbeitrag zur Abdeckung der nicht zurechenbaren Kosten und des Gewinns

Abb. 132: Errechnung des Direkten Produkt-Profits und der Direkten Produkt-Rentabilität

Man erhofft sich daraus Rückschlüsse auf Gewinn- bzw. Verlustbeiträge einzelner Artikel im Sinne von Deckungsbeiträgen. Es wird angestrebt, die auf dem Weg eines bestimmten Produkts realisierten Spannen mit den direkt zurechenbaren Kosten eben dieses Produkts zu verknüpfen, woraus artikelbezogene Deckungsbeiträge abzuleiten wären, welche als Hilfsmittel für die absatzpolitische Steuerung des Warengeschäfts dienen können. Die Betrachtung soll sich dabei auf den gesamten Warenweg von der Industrie bis zum Endverbraucher beziehen.

Da zum Verständnis dieses Problems jedoch kostenrechnerische Überlegungen angestellt werden müssen, wird seine genauere Behandlung erst im folgenden Oberabschnitt über die Organisation des Rechnungswesens, und dort speziell im Abschnitt über die Kosten- und Leistungsrechnung vorgenommen.

Für die Zukunft prognostiziert *Hertel (2006, S. 937 ff.)* einen neuen Innovationsschub bei den Warenwirtschaftssystemen durch das **„Scientific Retailing"**, einer von Accenture stammenden Entwicklung, bei welcher das Kundenverhalten in die Systeme einbezogen wird. Dadurch sollen Diagnosen und darauf basierende Handlungsempfehlungen für das Marketing ermöglicht werden.

In technischer Hinsicht sieht *Seifert (2006)* einen Quantensprung durch die zunehmende Durchsetzung von **RFID (Radio Frequenz Identification)** voraus. Dabei wird jedes Produkt durch einen intelligenten Produkt-Code gekennzeichnet (Electronic Product Code – EPC), der eine wesentlich höhere Datenmenge zu speichern erlaubt als im Fall von EDI und mit dem der Weg des Produkts vom Hersteller bis zum Endverbraucher verfolgt werden kann. Dies ist offensichtlich eine wesentliche Voraussetzung für die vollständige Nutzung der Vorteile integrierter stufenübergreifender Warenwirtschaftssysteme. Wenn noch bestehende technische, datenschutzrechtliche und Kostenprobleme gelöst sind, wird nach *Seifert* mit einer breiten Durchsetzung dieser Technologie zu rechnen sein.

	Lösung
1. Auf welche Geltungsbereiche kann sich der Begriff Warenwirtschaft beziehen?	S. 407
2. Welche Teilprozesse sind als materielle Warenvorgänge zusammenzufassen?	S. 408
3. Wie lassen sich die Bestandteile des gesamten Warenprozesses in eine Phasenfolge bringen?	S. 408
4. Welche Aufgaben kommen der körperlichen Wareneingangskontrolle zu?	S. 409
5. Welche Personen im Handelsbetrieb kommen für die Durchführung der Warenannahme und der Wareneingangskontrolle infrage?	S. 409
6. Was bedeutet „Warenannahme unter Vorbehalt"?	S. 409
7. Verschiedene Eingangsprüfungen sind nur unter Zuhilfenahme technischer Mittel durchführbar. Nennen Sie Beispiele hierfür!	S. 410
8. Welche wesentlichen Lagerarten können unterschieden werden und für welche Zwecke werden sie eingesetzt?	S. 410 f.
9. Nach welchen Grundprinzipien arbeiten die systematische bzw. die chaotische Lagerplatzordnung?	S. 411 f.
10. Welche Vor- bzw. Nachteile sind bei diesen beiden Lagersystemen zu erkennen?	S. 412
11. Wie ist der Lagerfüllgrad definiert?	S. 412
12. Welche Beispiele können für die Funktion der Warenpflege angeführt werden?	S. 412 f.
13. Was ist unter dem Begriff der Kommissionierung zu verstehen?	S. 413
14. In welche Kategorien können die Manipulationsleistungen differenziert werden?	S. 413
15. Welche Arten von Manipulationstätigkeiten laufen innerhalb, welche außerhalb des Handelsunternehmens ab?	S. 414
16. Welchen Vorteil besitzt die Durchführung von Manipulationstätigkeiten in der Phase der Verkaufsvorbereitung?	S. 414
17. In welchem Umfang ist die Vornahme von Manipulationstätigkeiten in dieser betrieblichen Phase möglich?	S. 414
18. Welches organisatorische Entscheidungsproblem ist von Handelsunternehmungen hinsichtlich der Warentransportvorgänge von den Lieferanten zu den eigenen Betriebsstätten und von dort zu den Kunden zu lösen?	S. 415 f.
19. Welche Teilentscheidungen sind im Rahmen des innerbetrieblichen Transportwesens zu treffen?	S. 416

	Lösung
20. Für welche Betriebsform des Großhandels stellt die Lagerführung keine essenzielle Handelsfunktion dar?	S. 417
21. Welche Faktoren wirken sich auf den Automatisierungsgrad eines Großhandels-Lagers aus?	S. 418
22. Beschreiben Sie die wesentlichen Kommissionierverfahren im Großhandel!	S. 419 ff.
23. Welche Vor- und Nachteile weisen die einzelnen Kommissionier-Verfahren auf?	S. 420 f.
24. Welche Kommissionierform wird als Lagergangverfahren bezeichnet?	S. 421
25. Mit welcher Organisation des Belegwesens lässt sich das Kommissionier-Verfahren steuern?	S. 421 ff.
26. Mithilfe welcher Methoden versucht man, gleichzeitig die Kommissionierproduktivität zu erhöhen und die Fehlerquote zu senken?	S. 421 ff.
27. Welche Warenmanipulationsvorgänge treten vor allem im Großhandel auf?	S. 423
28. Auf welcher Handelsstufe ist eine höhere Kontinuität der Manipulationsvorgänge erreichbar?	S. 424
29. Welches sind die Zentralprobleme bei Eigenwahrnehmung der Raumüberbrückungsfunktion?	S. 425
30. Welche Einflussfaktoren erschweren die Tourenplanung im Großhandel?	S. 425
31. Welche Vorteile besitzt die Vergabe von Transportaufträgen an Speditionen zur Abdeckung von Spitzenauslastungen?	S. 426
32. Welche Aufgaben kommen dem Lager in Einzelhandelsunternehmungen zu?	S. 427 f.
33. In welchen Fällen trifft man im Einzelhandel Lager an, welche mit denen des Großhandels vergleichbar sind?	S. 428
34. Was ist im Einzelhandel unter interner bzw. externer Kommissionierung zu verstehen?	S. 429
35. Durch welche Anwendungsbeispiele lassen sich die vier Kategorien von Manipulationstätigkeiten im Einzelhandel veranschaulichen?	S. 430
36. Weshalb können im Einzelhandel die meisten Manipulationstätigkeiten nicht in die Verkaufsvorbereitungsphase verlagert werden, in welcher sie doch rationeller als in den übrigen Phasen abzuwickeln wären?	S. 430 f.
37. Welche Manipulationstätigkeiten im Einzelhandel sind standardisierbar?	S. 431

	Lösung
38. Seitens welcher Betriebsformen des Einzelhandels werden Transporte zum Kunden durchgeführt?	S. 432
39. Welche Überlegungen sind bei der Preisgestaltung für Zustelldienste im Einzelhandel vorzunehmen?	S. 433
40. In welchen Ausprägungen treten Warenbewegungen innerhalb von Betriebsstätten des Einzelhandels auf?	S. 434
41. Wodurch wird die Entscheidung hinsichtlich der geeigneten Beschickungsweise der Warenträger im Einzelhandel beeinflusst?	S. 434 f.
42. Welche Sachmittel setzt der Einzelhandel für innerbetriebliche Transportvorgänge ein?	S. 435
43. Diskutieren Sie den Begriff des Warenwirtschaftssystems in seiner engeren und seiner weiteren Fassung!	S. 436 f.
44. Welche Informationen werden innerhalb eines Warenwirtschaftssystems benötigt bzw. genutzt?	S. 437 f.
45. Welche Aufgaben sind durch Warenwirtschaftssysteme zu erfüllen?	S. 438 f.
46. Wie kann der Erfolg des Warengeschäfts gemessen werden?	S. 439
47. Nach welchem grundlegenden Schema vollzieht sich die Ertragsermittlung mit Berücksichtigung von Bestandsänderungen?	S. 440
48. Welche Geschäftsvorfälle verändern zwar den möglichen Umsatz, nicht jedoch den Einkaufswert?	S. 441
49. Aus welchen Bestandteilen setzt sich die Inventurdifferenz zusammen, welche unter Nutzung eines vollständigen Warenwirtschaftssystems ermittelt wird?	S. 442 f.
50. Wie ist die Funktionsweise von eingangsorientierten, ausgangsorientierten und geschlossenen Warenwirtschaftssystemen zu beschreiben?	S. 443 ff.
51. Welche Ebenen mit ansteigender Genauigkeit sind bei Warenwirtschaftssystemen realisierbar?	S. 445
52. Wie errechnen sich Soll-Rohertrag und Soll-Handelsspanne laut Wareneingang?	S. 445
53. Welche Kennzahlen ergeben sich, wenn zusätzlich zu den Wareneingangsdaten alle bestands- und spannenwirksamen Vorfälle berücksichtigt werden? Wie lauten die Formeln für diese Kennzahlen?	S. 446
54. Wie erfolgt die Ergebnisermittlung in eingangsbezogenen Warenwirtschaftssystemen?	S. 446
55. Wie erfolgt die Datenerfassung bei ausgangsbezogenen Warenwirtschaftssystemen?	S. 447
56. Welche Erfolgsgrößen liefert ein ausgangsbezogenes Warenwirtschaftssystem?	S. 447

		Lösung
57.	Wie kommen geschlossene Warenwirtschaftssysteme zu Stande?	S. 447 f.
58.	Welche Resultate liefern geschlossene Warenwirtschaftssysteme?	S. 448
59.	Welche Spezifika treten bei Warenwirtschaftssystemen des Großhandels gegenüber solchen des Einzelhandels auf?	S. 449 ff.
60.	Welche Funktion von Warenwirtschaftssystemen ist überwiegend nur auf der Großhandelsstufe festzustellen?	S. 449
61.	Wo liegen die Möglichkeiten und Grenzen der Unterstützung der Unternehmensführung durch Warenwirtschaftssysteme im Großhandel?	S. 449 ff.
62.	Wie kann in Großhandelsunternehmungen die Rechnungskontrolle ablaufen, wenn mit Pro forma-Rechnungen gearbeitet wird?	S. 450 f.
63.	Wie funktioniert Scanning?	S. 452
64.	Was bedeuten die Abkürzungen „EAN", „UPC" und „OCR"?	S. 452
65.	Worin sind die wesentlichen Probleme des Scanning zu sehen?	S. 452 f.
66.	Wie ist objektiv die Kritik von Verbraucherorganisationen zu bewerten, der Kunde werde beim Scanning insofern betrogen, als an der Kasse oft höhere Preise gefordert würden als am Regal ausgewiesen?	S. 452 f.
67.	Weshalb ist der isolierte Einsatz von Warenwirtschaftssystemen in einzelnen Unternehmungen bzw. auf den verschiedenen Wirtschaftsstufen in betriebswirtschaftlicher Sichtweise noch nicht als Optimallösung anzusehen?	S. 453
68.	Wie ist die Arbeitsweise wirtschaftsstufenübergreifender Warenwirtschaftssysteme?	S. 454 f.
69.	Welche Vorteile entstehen durch EDI?	S. 454
70.	Welche Wirtschaftsgebilde sind prädestiniert für eine Zusammenarbeit auf der Informations- bzw. Kommunikationsebene?	S. 455
71.	In welchen Varianten tritt bei Handelskooperationen das Problem der Kompatibilität auf?	S. 456
72.	Was ist unter der Abkürzung „DPR" zu verstehen? Wie ist die Funktionsweise des entsprechenden Verfahrens?	S. 456 f.
73.	Was bedeutet „Scientific Retailing"?	S. 457
74.	Was verbirgt sich hinter der Abkürzung „RFID"?	S. 457

III. Organisation des internen Rechnungswesens

Rechnungswesen kann definiert werden als systematische Aufzeichnung und Aufbereitung von numerischen Informationen im Betrieb zum Zweck der Rechenschaftslegung und Steuerung. Der Grundzielsetzung dieser Einführung in die Handelsbetriebslehre folgend soll hier keine vollständige Darstellung des betriebswirtschaftlichen Rechnungswesens vorgenommen werden; vielmehr geht es um einen knapp gefassten Abriss der handelsbezogenen Spezifika dieses Funktionsbereichs der Unternehmung, welche vor allem in Bezug auf die interne oder Betriebsbuchhaltung anzutreffen sind. Auf jene zahlreichen Fragestellungen des Rechnungswesens, welche in allen erwerbswirtschaftlichen Unternehmungen auftreten, wird nicht eingegangen.

Das Rechnungswesen wird gemeinhin folgendermaßen eingeteilt:

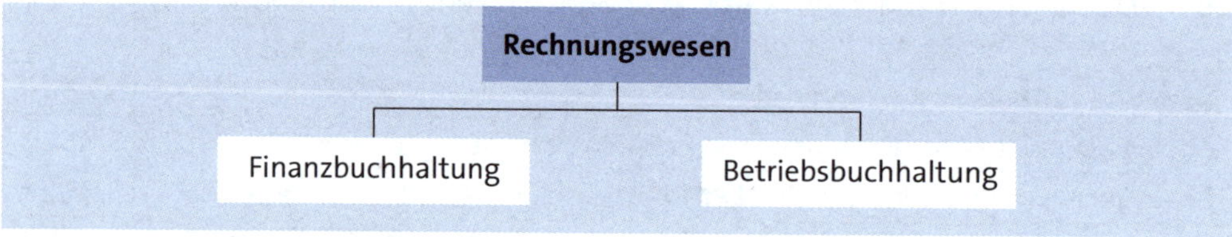

Abb. 133: Aufbau des Rechnungswesens

Die **Finanzbuchhaltung** dient vorwiegend der Rechenschaftslegung nach außen und der nachträglichen Dokumentation des Unternehmensgeschehens hinsichtlich quantifizierbarer Sachverhalte. Aus diesem Grunde wird sie zuweilen auch als **externes Rechnungswesen** bezeichnet. Die **Betriebsbuchhaltung** verfolgt den Zweck einer Offenlegung der – möglichst realistisch betrachteten – Ergebnisse der Unternehmenstätigkeit mit der Zielsetzung der Steuerung des betrieblichen Geschehens. Sie wird deshalb auch **internes Rechnungswesen** genannt.

Auf die Finanzbuchhaltung wird im Folgenden nicht weiter eingegangen, da sie, wie oben bereits erwähnt, aufgrund weitgehender allgemein gültiger Regelungen in Handelsunternehmen keine wesentlichen Spezifika gegenüber Wirtschaftsunternehmen im Allgemeinen aufweist. Anders verhält es sich bei der Betriebsbuchhaltung, die deshalb näher betrachtet wird.

Die Betriebsbuchhaltung hat die Aufgaben, vergangenheitsbezogen die im Unternehmen auftretenden Kosten und Leistungen zu erfassen, zu gliedern und darzustellen, die Ursprungsdaten mittels betriebsstatistischer Methoden, insbesondere der Kennzahlenbildung, aussagefähiger zu gestalten sowie zukunftsgerichtet für die verschiedensten Bereiche des Unternehmens quantitative Planungsdaten zu erzeugen, durch welche die Unsicherheit künftiger Entscheidungen verringert und zudem eine Basis für Soll-/Ist-Vergleiche gelegt werden kann. Die folgende Tabelle gibt einen Überblick über die Aufgaben der Betriebsbuchhaltung:

Aufbau der Betriebsbuchhaltung	
Vergangenheitsbezogen	► Erfassung von Kosten und Leistungen ► Gliederung und Darstellung von Kosten und Leistungen ► Erhöhung der Aussagefähigkeit durch Kennzahlenbildung
Zukunftsbezogen	► Erzeugung quantitativer Plandaten ► Verringerung der Unsicherheit künftiger Entscheidungen ► Herstellung einer Basis für Plan-/Ist-Vergleich

Als **Bestandteile der Betriebsbuchhaltung** lassen sich unterscheiden:

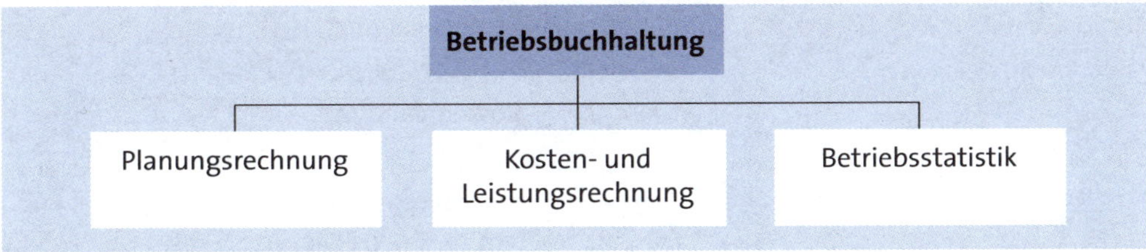

Abb. 134: Bestandteile der Betriebsbuchhaltung

Nach der obigen Systematik ist auch die Gliederung dieses Abschnittes gestaltet. Es ist jedoch nicht zu übersehen, dass zwischen den genannten Bereichen teilweise erhebliche Überschneidungen auftreten, auf welche im Rahmen der entsprechenden Ausführungen hinzuweisen sein wird.

1. Planungsrechnung

Das Rechnungswesen spiegelt allgemein die quantitativ erfassbaren Sachverhalte des Unternehmensgeschehens wieder; die Planungsrechnung speziell bildet jenen Teil der gesamten Unternehmensplanung ab, welcher sich auf quantifizierbare Größen bezieht. Unter Planung ist dabei die gedankliche Vorwegnahme künftiger Zustände und Abläufe zu verstehen (*Gälweiler*). Nach dem **Planungshorizont** kann zwischen langfristiger, mittelfristiger und kurzfristiger Planung unterschieden werden. Von **langfristiger Planung** wird im Allgemeinen ab einem Vorschauzeitraum von drei bis fünf Jahren, von **mittelfristiger Planung** bei einem Zeithorizont von mehr als einem Jahr gesprochen, während sich die **kurzfristige Planung** auf einen Zeitraum von maximal einem Jahr erstreckt.

Es war festgestellt worden, dass sich die Planungsrechnung auf den quantifizierbaren Teil der Planung bezieht. Da mit zunehmender Dauer des Planungszeitraumes eine zahlenmäßige Erfassung der Planungsgegenstände immer schwerer fällt, kann als Hauptanwendungsbereich der Planungsrechnung die kurzfristige Planung angesehen werden. Lediglich einige wenige Teilpläne aus den unternehmenspolitischen Teilbereichen der Investition, Finanzierung, Standortanalytik u. Ä. überschreiten den kurzfristigen Planungszeitraum und reichen zum Teil in langfristige zeitliche Horizonte hinein.

Inhaltlich kann sich die Planungsrechnung zunächst auf die Bestandteile der Gewinn- und Verlustrechnung bzw. der kurzfristigen Erfolgsrechnung beziehen, also auf Umsätze, Erträge, Kosten und Ergebnisse, weiterhin auf die Kapitalstruktur und den Finanzstatus, auf die Zusammensetzung und zeitliche Verteilung von Dispositionsmitteln und schließlich auf die betriebliche Produktivitätssituation.

In Form eines Schaubildes lassen sich die so skizzierten Planungsgegenstände folgendermaßen veranschaulichen:

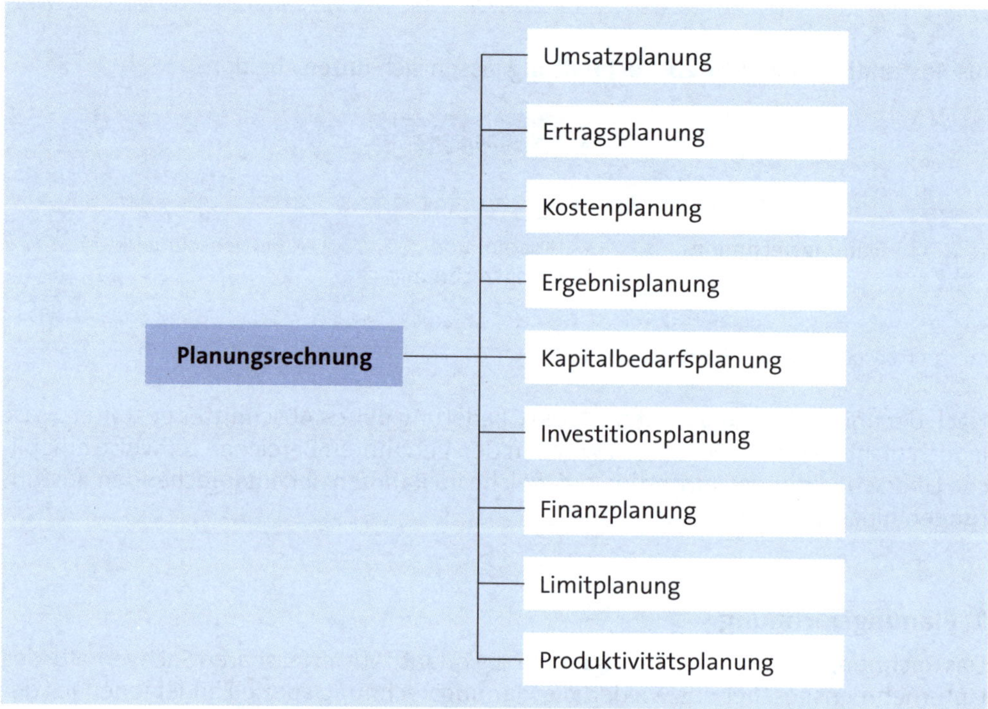

Abb. 135: Wesentliche Bestandteile der Planungsrechnung im Handel

Überschneidungen zwischen Planungsrechnung und Kosten- und Leistungsrechnung lassen sich vor allem hinsichtlich der Umsatz-, Ertrags- und Kostenplanung feststellen. Insbesondere die Plankostenrechnung als zukunftsgerichteter Zweig der Kosten- und Leistungsrechnung beinhaltet Planungsrechnungen aus den genannten Teilbereichen.

(1) Umsatzplanung
Diese wird im Handel überwiegend vergangenheitsbezogen durchgeführt. Dies bedeutet, dass aus Werten vergangener Perioden unter Berücksichtigung wesentlicher Einflussfaktoren wie z. B. Konkurrenzansiedlungen oder Veränderungen der Verkehrsführung Plandaten entwickelt werden. Mit zunehmender Unternehmensgröße und regionaler Ausdehnung des Absatzgebietes steigt üblicherweise auch die Genauigkeit der Planung an. Verfahren der Bedarfsprognose als Basis für Umsatzplanungen wie z. B. exponentielle Glättung werden im Handel, vor allem in mittelständischen Unternehmungen, nur in wenigen Fällen eingesetzt. Allenfalls werden über Monatsindizes saisonale Umsatzschwankungen berücksichtigt.

Die aus der Umsatzplanung resultierenden Ziele können nach verschiedenen Kriterien differenziert erstellt werden:

- nach zeitlichen Perioden
- nach Betriebsstätten, insbesondere nach Filialen
- nach Regionen
- nach Kundengruppen etc.

Die Gesamtheit dieser Planungen wird auch als **Absatzplan** bezeichnet, ein Ausdruck, welcher stärker auf das hinter dem Umsatz stehende Mengengerüst abhebt. Die absatzmarktgerichteten Teilpläne pflegen innerhalb der Gesamtplanung der Handelsunternehmungen zu dominieren. Die Ursache liegt in der Existenz von Käufermärkten in den meisten Handelsbranchen.

(2) Ertragsplanung
Hierunter sind vor allem die Rohertrags-, Handelsspannen- und zum Teil auch die Deckungsbeitragsplanung zu verstehen. Die beiden erstgenannten Planungsarten setzen sich aus der **Beschaffungspreisplanung** und der **Kalkulation** zusammen. Die Beschaffungspreisplanung bezieht sich auf das Gefüge von Einkaufspreisen und -konditionen, während die Kalkulation für die in einem Abschlag oder Aufschlag ausgedrückte Differenz zwischen Einkaufs- und Verkaufspreis verantwortlich ist. Hierin wird einerseits der unmittelbare Bezug zur Umsatzplanung und andererseits zur Kosten- und Leistungsrechnung erkennbar, innerhalb derer die Kalkulation in Form der Kostenträgerstückrechnung einen essenziellen Bestandteil bildet.

Die **Planung von Deckungsbeiträgen** bezieht in Form der Berücksichtigung variabler Kosten die nachfolgend anzusprechende Kostenplanung mit ein. Sie kann im Einzelhandel z. B. für verschiedene Verkaufsstellen, Abteilungen oder auch Artikel durchgeführt werden, während sie im Großhandel vorwiegend für Kundengruppen, Regionen etc. Anwendung findet. Bei stufenweiser Ableitung von Deckungsbeiträgen verschiedener Unternehmensebenen wird auch von Schichtkostenrechnung oder mehrstufiger Deckungsbeitragsrechnung gesprochen, bei stärkerer Gewichtung der damit möglichen Überwachung von verschiedenen Marktsegmenten wird eher der Begriff der Absatzsegmentrechnung angewendet.

(3) Kostenplanung

Diese befasst sich mit der Festlegung der künftigen **Wertverzehre der Unternehmung**; insofern ist hier der engste Zusammenhang zur Kosten- und Leistungsrechnung zu erkennen. Geplant werden können die Kosten für den Einsatz sämtlicher handelsbetrieblicher Leistungsfaktoren vom Personal bis zum Kapital sowie für den Gesamtbetrieb als Kombinationsresultat der Einsatzfaktoren (z. B. Betriebssteuern). Die Kostenplanung steht in enger Verbindung zur **Umsatzplanung**, da die Wertverzehre der einzusetzenden Leistungsfaktoren durch den beabsichtigten Leistungsumfang sowie die Leistungsstruktur determiniert werden. Andererseits spielen dabei die Preise der Einsatzfaktoren eine erhebliche Rolle, welche z. B. als Tarifvergütungen für Personal, als Mieten, als Hebesätze für Gewerbesteuern usw. in Erscheinung treten.

(4) Ergebnisplanung

Die Zusammenfügung von Umsatz-, Ertrags- und Kostenplanung führt automatisch zur Ergebnisplanung. Es muss darauf geachtet werden, dass die Gesamtkosten langfristig den Umsatz nicht übersteigen bzw. die Handlungskosten im engeren Sinne nicht über dem Rohertrag liegen. Dies ist immer dann der Fall, wenn die Handelsleistung und das hierfür geforderte Entgelt in einem ausgewogenen Verhältnis stehen.

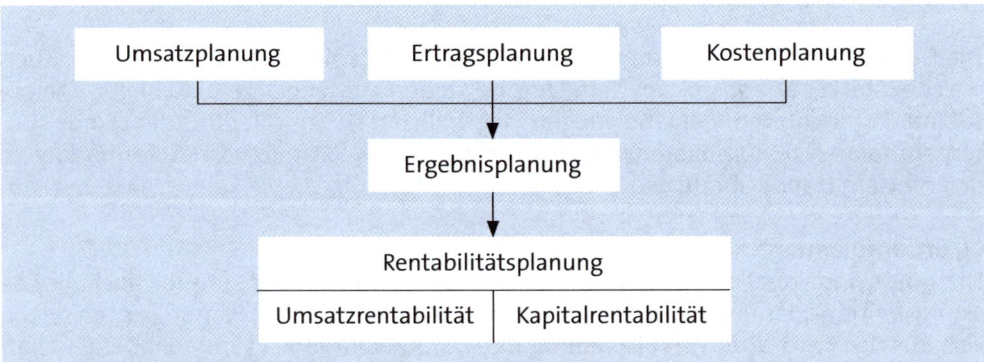

Abb. 136: Ergebnis- und Rentabilitätsplanung

Wie aus der Abbildung zu erkennen ist, mündet die Ergebnisplanung in die Rentabilitätsplanung, in der das Planergebnis in Relation zum Planumsatz bzw. zum eingesetzten Kapital gebracht wird. Die resultierenden Kennzahlen sind die **Umsatzrentabilität** und die **Kapitalrentabilität**. Es ist zu konstatieren, dass in der Handelspraxis der Rentabilität des Umsatzes ein weit größeres Gewicht als jener des Kapitals beigemessen wird, obwohl dies unter betriebswirtschaftlichen Aspekten nicht unbedingt als sinnvolle Gewichtungsreihenfolge zu betrachten ist. Diese Aussage trifft vor allem auf den mittelständischen Handel zu, während bei Großunternehmen wie z. B. Filialunternehmungen die der Kapitalrentabilität zukommende Bedeutung bereits früher erkannt wurde.

(5) Kapitalbedarfsplanung

Sie bezieht sich auf die zukunftsgerichtete Festlegung des betriebsnotwendigen Kapitals nach Umfang und Struktur. Dabei kann sowohl die Kapitalverwendung als auch die Kapitalherkunft betrachtet werden. Im ersteren Fall geht es um die Bestimmung der erforderlichen **Vermögensgegenstände** (Grundstücke, Gebäude, Ausstattung und Einrichtung, Warenvorräte etc.), im zweiten Fall um die Zusammensetzung der für die Beschaffung der Vermögensgegenstände erforderlichen Mittel (Eigenkapital, langfristiges Fremdkapital, kurzfristiges Fremdkapital).

(6) Investitionsplanung

Eine intensive Querverbindung besteht zwischen Kapitalbedarfs- und Investitionsplanung. Während es bei ersterer um die Planung von Umfang und Struktur der Aktiva und Passiva geht, beschäftigt sich letztere mit den Fragen, wann mit welcher Zielsetzung in welches Einsatzgut investiert werden soll. **Quantitative Verfahren** (Amortisationsrechnungen u. Ä.) sind dabei im Handel nur selten anzutreffen. Sie finden allenfalls bei Großinvestitionen (Standortplanung, Betriebsstättenplanung im Großhandel, Fuhrparkplanung etc.) in breiterem Umfange Anwendung. Der Großteil der Investitionen vor allem im mittelständischen Handel wird überwiegend nach dem aktuellen Bedarf entschieden.

Zwei Beispiele sollen dies verdeutlichen:

Beispiele

Beispiel 1

Entsteht in einem Großhandelsunternehmen ein Engpass im Fuhrpark durch das Hinzukommen neuer Kunden, so wird i. d. R. ein zusätzliches Transportfahrzeug zur Behebung dieses Engpasses angeschafft, ohne dass dabei mit investitionsrechnerischen Methoden festgestellt würde, wie sich diese Beschaffungsmaßnahme z. B. auf die Kapitalrentabilität auswirken wird.

Beispiel 2

Bietet sich einem Einzelhandelsunternehmen ein neuer Standort, an welchem mit Aussicht auf ein positives Betriebsergebnis eine Filiale eröffnet werden kann, so wird auch hier normalerweise auf eine Investitionsrechnung bei der Entscheidung über die Objektrealisierung verzichtet.

(7) Finanzplanung

Sie beschäftigt sich mit den **Formen der Finanzierung** und mit der Sicherung der **Liquidität**. Dieser Planungsbereich ist in zahlreichen Handelsunternehmen nur in rudimentärer Form anzutreffen. Es wird kaum auf eine Optimierung der Finanzierung hin geplant; vielmehr wird oft erst bei Erkennen eines Finanzbedarfs kurzfristig dessen Deckung durch Gespräche mit den naheliegenden Finanzierungspersonen oder -institutionen (Banken, Sparkassen, Gesellschafter, Genossen usw.) in die Wege geleitet.

Eine Liquiditätsplanung in Form der vorausschauenden Überwachung von Einzahlungen und Auszahlungen ist in vielen Handelsunternehmungen gar nicht oder nur in einer sehr groben überschlägigen Ausprägung vorzufinden. Auf diesem wie auch auf dem Gebiet der Investitionsplanung ist im gesamten Handelssektor ein erheblicher Entwicklungsbedarf auszumachen.

(8) Limitplanung

Dieser Teilbereich der Planungsrechnung befasst sich mit der Festlegung **wertmäßiger** und/oder **mengenmäßiger Einkaufsetats („Limits")**. Er spielt vor allem im Nonfoodhandel, z. B. bei Warenhäusern, eine bedeutsame Rolle. Im Lebensmittelhandel ist diese Planungskategorie seltener anzutreffen. Die Limitplanung erstellt Vorgaben für die Einkäufer in den verschiedenen Sortimentsbereichen, durch welche eine bestimmte Struktur der Geschäftstätigkeit erreicht werden soll. Innerhalb der Limits können die Einkäufer sich frei bewegen; gleichzeitig wird damit jedoch sichergestellt, dass diese keine gegen die geplante Umsatzstruktur verstoßenden übermäßigen Einkäufe tätigen. Auch einem unwirtschaftlichen Anwachsen der Warenbestände wird damit wirksam vorgebeugt. Die Limitplanung vollzieht sich in folgenden **Schritten**:

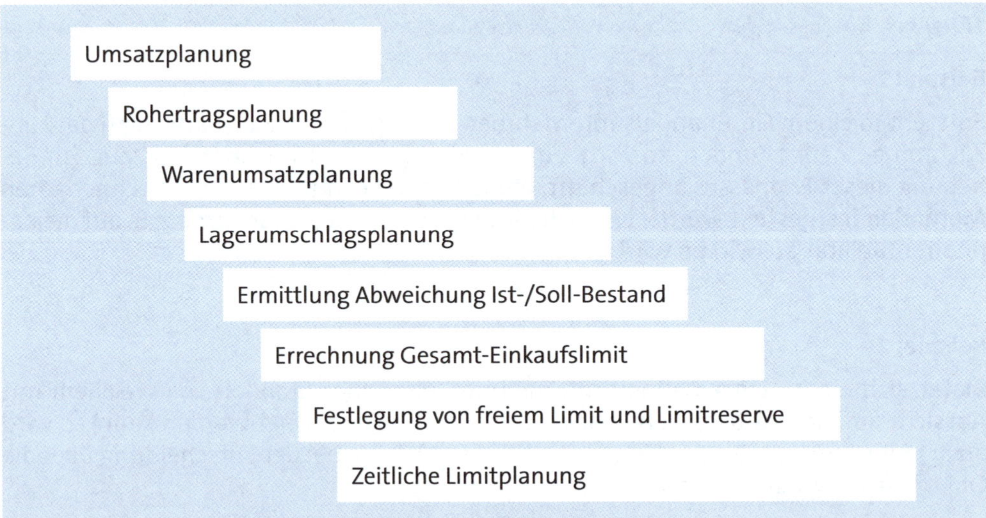

Abb. 137: Schritte der Limitplanung

Unter freiem Limit ist dabei der Betrag zu verstehen, über welchen der Einkäufer selbstständig verfügen kann. Auf die Limitreserve darf er dagegen nur nach vorheriger Abstimmung mit den Einkaufsverantwortlichen zurückgreifen. Die **zeitliche Limitplanung** teilt das Gesamt-Limit auf kürzere zeitliche Perioden auf, worunter im allgemeinen Monate zu verstehen sind. Eine ähnliche Vorgehensweise schlägt *Ritter* vor; er behandelt die Rohertragsplanung unter dem Begriff Kalkulation und betont eine – oben nicht explizit genannte – mögliche Abhängigkeit der Limits von saisonalen Einflüssen.

Es ist zu erkennen, dass die Limitplanung auf mehrere andere Planungsbereiche Bezug zu nehmen hat. Sie setzt die Durchführung einer Umsatz-, einer Ertrags- sowie – für die

Ermittlung des Lagerumschlags – einer Produktivitätsplanung voraus. Ihre volle Wirksamkeit erzielt sie erst bei Vornahme einer Limit-Kontrolle, durch welche Abweichungen erkannt und rechtzeitig Gegenmaßnahmen eingeleitet werden können.

(9) Produktivitätsplanung

Diese beschäftigt sich mit der Festlegung von **Input-/Outputrelationen** in Bezug auf den Einsatz der handelsbetrieblichen Leistungsfaktoren. Für diese sind jeweils unterschiedliche Produktivitätskennzahlen zu planen, wie die folgende Tabelle zeigt:

Faktor	Faktorproduktivität	Beispiel
Personal	Personalleistung	Umsatz pro Verkaufskraft
Raum	Raumleistung	Umsatz je qm Verkaufsraum
Ware	Warenleistung	Lagerumschlagshäufigkeit
Sachmittel	Sachmittelleistung	Fuhrparkauslastung
Kapital	Kapitalleistung	Kapitalumschlag

Die Produktivitätsplanung auf der Basis einfacher Kennzahlen ist im Handel weit verbreitet. Dies wird unterstützt durch die Bereitstellung von Betriebsvergleichsdaten durch verschiedene Institutionen, mit deren Hilfe eine Positionsbestimmung des eigenen Unternehmens und damit eine Schwachstellenanalyse relativ einfach durchzuführen ist.

Aufgabe 21 > Seite 507

2. Kosten- und Leistungsrechnung

Bei der Kosten- und Leistungsrechnung handelt es sich um jenen **Zweig der Betriebsbuchhaltung**, welcher sich mit der Erfassung und Auswertung der in Form von Güterverzehr bzw. durch Güternutzung entstehenden Kosten sowie der durch Einsatz der Leistungsfaktoren erstellten Handelsleistungen beschäftigt. Im Gegensatz zur Finanzbuchhaltung ist die Kosten- und Leistungsrechnung als Bestandteil der Betriebsbuchhaltung **frei von gesetzlichen Vorschriften** und kann sich uneingeschränkt der Zielsetzung widmen, ein möglichst **realitätsgetreues Abbild** des Unternehmensgeschehens zu liefern. Auf diese Weise können die Vergangenheitsentwicklung angemessen beurteilt und die Zukunftsentwicklung des Unternehmens präzise gesteuert werden.

Die Teilrechnungen der Kosten- und Leistungsrechnung im Handel sowie die ihnen zukommenden Aufgaben können der folgenden Tabelle entnommen werden:

Teilrechnung		Aufgabe
Kostenartenrechnung		Erfassung, Gliederung, Aufbereitung und Darstellung der entstehenden Kosten
Kostenstellenrechnung		Verteilung und Umlage der Kosten, Bildung von Verrechnungssätzen
Kostenträgerrechnung	Stückrechnung	Preiskalkulation aus kostenrechnerischer Sicht
	Zeitrechnung	Ergebnisrechnung durch Gegenüberstellung von Kosten und Leistungen

Es werden überwiegend statistische, seltener kontenmäßige Darstellungsweisen angewendet.

In den Teilrechnungen der Kosten- und Leistungsrechnung finden verschiedene organisatorische Hilfsmittel Anwendung, wie der folgenden Tabelle zu entnehmen ist:

Teilrechnung		Organisatorisches Hilfsmittel
Kostenartenrechnung		Kostenartenübersicht
Kostenstellenrechnung		Betriebsabrechnungsbogen
Kostenträgerrechnung	Stückrechnung	Kalkulationsschema
	Zeitrechnung	Staffelrechnung

Nach dem Kriterium des Zeitbezugs findet man Istkosten (laufende Periode), Durchschnittskosten mehrerer vergangener Perioden, normalisierte Kosten (Durchschnittskosten unter Eliminierung von Extremwerten) sowie zukunftsbezogene Plankosten vor.

Als Kostenrechnungssystem dominiert im Handel die **Vollkostenrechnung**. Diese betrachtet über alle kostenrechnerischen Schritte hinweg sämtliche im Unternehmen anfallenden Kosten mit der Zielsetzung, deren vollständige Deckung über die zu realisierenden Preise zu gewährleisten. Im Vordringen begriffen sind **Teilkostenrechnungssysteme** (Deckungsbeitragsrechnung, Schichtkostenrechnung, Absatzsegmentrechnung), mit deren Hilfe Sortimentsoptimierungsmaßnahmen, Preiswettbewerb in der Nähe der kurzfristigen Preisuntergrenze sowie Beurteilung von Unternehmensteilen nach dem Grundsatz der Kostenverursachung leichter möglich sind, als dies mit Vollkostensystemen der Fall ist.

Ein wesentliches Spezifikum der Kosten- und Leistungsrechnung im Handel, welches sich auf deren gesamte Organisation auswirkt, ist das **Kostenverständnis** dieses Wirtschaftsbereichs. Bei der Durchsicht von Betriebsvergleichen für den Handel fällt auf, dass unter der Rubrik „Handlungskosten" die Warenkosten keine Berücksichtigung finden. Andererseits werden in Teilkostenrechnungen des Handels die Kosten der Ware als wichtigste variable Kostenart zum Ansatz gebracht, und bei der Berechnung von

Gemeinkostenzuschlagssätzen in der Kostenstellenrechnung bilden meist die Warenkosten als Einzelkosten die Zuschlagsbasis.

Diese Verhaltensweise ist als Ergebnis einer Diskussion zu betrachten, welche im Folgenden kurz nachvollzogen werden soll: Kosten werden gemeinhin definiert als bewerteter Güterverzehr im Zuge der Leistungserstellung. Speziell hinsichtlich der Industrie wird verschiedentlich die Auffassung vertreten, dass Güterverzehre erst dann als Kosten zu betrachten seien, wenn eine Be- bzw. Verarbeitung erfolgt ist. Handel wurde eingangs definiert als Distribution von Waren ohne wesentliche Be- bzw. Verarbeitung. Daraus folgt, dass bei strenger Anwendung der genannten **Kostendefinition** die Handelswaren keine Kosten verursachen könnten, da sie nicht in einen Be- bzw. Verarbeitungsprozess eingehen. Hinter dieser begrifflichen Differenz verbirgt sich ein inhaltlicher Unterschied zwischen Industrie und Handel. Während Roh- und Hilfsstoffe im Produktionsvorgang in ein neues Produkt eingehen, durchlaufen die Handelswaren das Handelsunternehmen im Grunde unverändert. Damit liegt ein **Güterverzehr** im engeren Sinne des Wortes tatsächlich nicht vor.

Würde man diese Auslegung teilen, so ergäbe sich die Schwierigkeit, dass im Handel bei Vernachlässigung des Wareneinsatzes als Kosten prinzipiell keine Einzelkosten verfügbar wären, welche als Basis für die Berechnung von Zuschlagssätzen in der Kostenstellenrechnung dienen könnten. Für die Kalkulation des Handelsunternehmens sind jedoch Einzelkosten zwingend erforderlich. Außerdem werden die Warenkosten als variable Kostenart, z. B. für Deckungsbeitragsrechnungen, benötigt. Aufgrund dieser Erfordernisse muss der Wareneinsatz im Handel als Kosten betrachtet werden.

Die theoretische Begründung für die Richtigkeit der zuletzt genannten Betrachtungsweise liefert ein Denkansatz, nach dem Kosten nicht als Folge von **Güterverzehr**, sondern von **Güternutzung** angesehen werden. Wie zutreffend und problemlösend dieser Ansatz gerade für den Handel ist – jedoch nicht nur für ihn –, zeigt sich, wenn man die verschiedenen Leistungsfaktoren hinsichtlich der Kategorien Verzehr bzw. Nutzung untersucht:

Faktor	Verzehr	Nutzung
Personal	bedingt	ja
Raum	bedingt	ja
Sachl. Mittel	ja	ja
Ware	nein	ja
Kapital	nein	ja

Verzehr bzw. Nutzung von Leistungsfaktoren

Wie zu erkennen ist, wird nur ein geringer Teil der **Betriebsfaktoren** bei der Leistungserstellung im Sinne des Wortes verzehrt, während alle Faktoren dabei genutzt werden; wird also die Nutzung eines Betriebsfaktors als Kriterium für Kostenentstehung betrachtet, so folgt daraus logisch der Kostencharakter des Wareneinsatzes wie im Übrigen auch des Kapitals, das ansonsten auch nicht als kostenverursachend angesehen werden dürfte, da es beim Leistungserstellungsprozess nicht verzehrt wird. Schließlich sind mit dem dargelegten Ansatz auch die definitorischen Probleme bezüglich der Kosteneigenschaft von Steuern, Gebühren und ähnlichen Positionen gelöst.

Dennoch bleibt ein Sondercharakter der **Wareneinsatzkosten** erhalten, welcher aus der im Kapitel über die Leistungsfaktoren des Handels erläuterten spezifischen Eigenart der Ware als Regiefaktor resultiert, die zwar durch den Eigentumserwerb „in die Regie" des Handelsunternehmens übergeht, jedoch substanziell von diesem nicht verändert wird.

In der Praxis wirkt sich dieser Sachverhalt kostenrechnerisch gesehen so aus, dass z. B. bei der Berechnung von Kostenquoten des Handelsunternehmens der Wareneinsatz keine Berücksichtigung findet; ist etwa in einem Betriebsvergleich angegeben, dass eine bestimmte Klasse von Handelsunternehmen durchschnittlich mit 20 % Kosten vom Nettoumsatz arbeitet, so verstehen sich diese ohne Wareneinsatz. Dagegen wird dieser bei der Handelskalkulation und in Teilkostenrechnungen als Kostenfaktor betrachtet.

Der sich daraus ergebende Unterschied in der Kostenbehandlung bei Industrie und Handel kann durch die beiden folgenden Rechenschemata veranschaulicht werden:

Industrie

	Umsatz
-	Kosten[1]
=	**Ergebnis**

Handel

	Umsatz
-	Wareneinsatz
=	Rohertrag
-	Handlungs(gemein)kosten
=	**Ergebnis**

Grundschema der Ergebnisrechnung in Industrie und Handel

Man erkennt, dass der Handel den Unternehmensprozess in der Kostenrechnung in **zwei Abschnitte** zerlegt. Im ersten wird der **Erfolg des Warengeschäfts** ermittelt, im zweiten wird die Frage beantwortet, inwieweit die entstehenden Handlungsgemeinkosten durch den erwirtschafteten Rohertrag abgedeckt werden können. Allerdings ist darauf hinzuweisen, dass auch in der Industrie eine analoge Rechenweise zu der des Handels im Vordringen begriffen ist. Man ermittelt dort vermehrt durch Abzug der Materialkosten vom Umsatz eine Ertragsposition, welche große Ähnlichkeit mit dem Rohertrag des Handels besitzt.

1 inkl. Kosten der Werkstoffe

Im Folgenden werden die **Teilbereiche der Kosten- und Leistungsrechnung** im Handel einer näheren Betrachtung unterzogen.

(1) Kostenartenrechnung

In diesem kostenrechnerischen Partialbereich differenziert der Handel zum Teil nach anderen erfüllten Funktionen bzw. anderen eingesetzten Leistungsfaktoren als die Industrie. Die folgenden Tabellen verdeutlichen, wie in Industrie und Handel nach erfüllten betrieblichen Funktionen bzw. nach eingesetzten Leistungsfaktoren in unterschiedlicher Art und Weise differenziert wird.

- **Differenzierung nach erfüllten betrieblichen Funktionen**

Industrie	Handel
Beschaffungskosten	Beschaffungskosten
Lagerkosten	Lagerkosten
Fertigungskosten	-
-	Manipulationskosten
Kosten des Vertriebs	Kosten des Vertriebs bzw. des Verkaufs
Verwaltungskosten	Verwaltungskosten

- **Differenzierung nach eingesetzten Leistungsfaktoren**

Industrie	Handel
Kosten der Arbeit	Kosten der Arbeit
Kosten des Raumes	Kosten des Raumes
Kosten des Material	-
-	Kosten der Ware
Kosten der Investitionsgüter	Kosten der Investitionsgüter

Im Übrigen weist die Organisation der Kostenartenrechnung des Handels im Vergleich zu den allgemein in der Wirtschaft üblichen Verfahrensweisen keine bemerkenswerten Besonderheiten auf, welche an dieser Stelle angesprochen werden müssten.

(2) Kostenstellenrechnung

In der Kostenstellenrechnung werden im Handel naturgemäß andere Kostenstellen zu führen sein als etwa im Industrieunternehmen. Während bei diesem z. B. Fertigungsvorbereitung, Vertrieb und Verwaltung als Kostenstellen infrage kommen, werden im Handel die einzelnen **Filialen, Abteilungen**, das **Lager** oder der **Fuhrpark als Kostenstellen** zu definieren sein.

Daraus resultiert eine weitere Differenzierung: Die industriellen Kostenstellen weisen **unterschiedliche Tätigkeits- und damit Kostenstrukturen** auf; dagegen sind als separate Kostenstellen geführte Einzelhandelsfilialen oder Großhandelslager grundsätzlich strukturgleich. Kostenunterschiede zwischen diesen Kostenstellen sind demnach nicht auf unterschiedliche Tätigkeiten, sondern im Wesentlichen auf Wirtschaftlichkeitsdifferenzen zurückzuführen. Der Vergleich zwischen solchen strukturgleichen Kostenstellen stellt im Handel daher gleichzeitig eine Schwachstellenanalyse dar, welche auch zum Zwecke einer leistungsgerechten Entlohnung von Führungskräften herangezogen werden kann.

Eine weitere Besonderheit der Kostenstellenrechnung im Handel ist bei der Bildung von Zuschlagssätzen für Gemeinkosten zu erkennen. In der Industrie kommen als Bezugsgrößen für die Zuschlagsermittlung Kostenpositionen wie Fertigungsmaterial oder Fertigungslöhne infrage. Im Handel dagegen bietet sich als Basis für die Bildung von Verrechnungssätzen lediglich der **Wareneinsatz** an, welcher auf dieser Wirtschaftsstufe als einzige wirklich bedeutende Einzelkostenart anzusehen ist.

(3) Kostenträgerrechnung

Auch die Kostenträgerrechnung als dritter Bereich der Kosten- und Leistungsrechnung ist durch spezifische Gegebenheiten des Handels geprägt. In der industriellen Kostenrechnung sind üblicherweise die einzelnen hergestellten Produkte als **Kostenträger** definiert. Im Handel ist zunächst zu klären, ob die im Sortiment geführten Artikel oder die an der Ware erbrachten Dienstleistungen als Kostenträger eingestuft werden können. Da die Abgrenzung der einzelnen Dienstleistungen kaum möglich ist, versteht man sich im Allgemeinen darauf, die geführten Artikel als Kostenträger im Rahmen der Kostenrechnung des Handels zu bezeichnen. Lediglich bei den als **eigenständige Hauptleistungen** anzusehenden Diensten (Schlüsseldienst, Bewirtungsangebote etc.) besteht die Möglichkeit, diese ebenfalls als Kostenträger zu behandeln.

Da die Sortimente des Handels zwischen einigen hundert und deutlich über hunderttausend Artikel umfassen, ist es technisch gesehen in der Praxis nahezu unmöglich, die auf den einzelnen Artikel entfallenden Kosten zu erfassen bzw. korrekt zuzurechnen. Deshalb werden häufig **Zusammenfassungen von Artikeln** gebildet, welche unter der Bezeichnung Warengruppe, Hauptwarengruppe oder Abteilung als Kostenträger des Handels fungieren. Im Großhandel kommen oft noch Kundengruppen, Auftragsgrößenklassen u. Ä. als Kostenträger hinzu. Damit wird jedoch der Grundgedanke der Kostenträgerrechnung aufgegeben, nämlich das einzelne erstellte Sachgut bzw. die Dienstleistung mit den darauf entfallenden Kosten zu belasten, um die jeweilige Kalkulationsuntergrenze herauszufinden.

Im Fall räumlich abgegrenzter Warengruppen oder bei Abteilungen als Kostenträgern des Handels fällt es überhaupt schwer, noch einen wesentlichen Unterschied zur Kostenstellenrechnung herauszufinden. Dies ist auch die Ursache dafür, dass in vielen Handelsbetrieben derzeit auf eine Kostenträgerrechnung weitgehend verzichtet und die **Kalkulation** auf den Ergebnissen der Kostenstellenrechnung aufgebaut wird. Resultat hiervon ist eine Durchschnittskalkulation für alle Artikel einer Warengruppe oder Abteilung. Im Extremfall wird ein Durchschnittsaufschlagssatz für alle im Sortiment eines Handelsbetriebes geführten Artikel gebildet. Hier fungiert das Gesamtunternehmen oder eine bestimmte Betriebsstätte als einzige Kostenstelle.

Wird aber die **Kalkulation auf der Basis der Kostenstellenrechnung** abgewickelt, so reduziert sich die im Handel durchzuführende Kostenträgerrechnung auf eine reine Kostenträgerzeitrechnung mit dem Ziel der Ergebnisermittlung für Gruppen von Kostenträgern. Bei dieser sind erhebliche Abweichungen zu anderen Wirtschaftsbereichen nicht festzustellen.

Das an anderer Stelle bereits beschriebene wirtschaftsstufenübergreifende DPR-Projekt (Direkte Produkt-Rentabilität) stellt einen Versuch dar, das Prinzip der Kostenzurechnung auf die einzelnen Kostenträger nach der Verursachung auch im Handel umzusetzen. Dies ist aus kostenrechnerischer Sicht solange voll zu befürworten, als es lediglich darum geht, von einzelnen Artikeln tatsächlich verursachte Kosten durch präzisere Erfassungsmethoden und umfangreiche empirische Erhebungen festzustellen. Dies gilt beispielsweise für die durch einen Artikel verursachten Raum- oder Manipulationskosten.

Nähert man sich dagegen durch Schlüsselung echter Gemeinkosten einer artikelbezogenen Vollkostenrechnung an, so mag dies zwar der Sehnsucht des Handels nach der präzisen Ermittlung stückbezogener Gewinne oder Verluste entsprechen, stellt jedoch de facto einen Rückschritt dar. Die **Nachteile der Vollkostenrechnung** – vor allem Verzerrungen durch Schlüsselung und Proportionalisierung von Fixkosten (*Ebert*) –, welchen man durch die Entwicklung von Teilkostenrechnungssystemen zu begegnen suchte, würden auf diese Weise von neuem eingeführt. Das Ergebnis wäre Scheingenauigkeit ohne echten Erkenntnisgewinn.

Zur Verbreitung der besprochenen Teilgebiete der Kosten- und Leistungsrechnung im Handel lässt sich Folgendes feststellen:

Eine **Kostenartenrechnung** existiert in jedem Handelsunternehmen, selbst in Minderbetrieben. Allerdings wird oft keine klare Trennung zwischen Aufwendungen der Finanzbuchhaltung und Kosten der Kostenrechnung durchgehalten; dies führt dazu, dass der Kostenrechnung fremde Elemente die ermittelten betriebswirtschaftlichen Ergebnisse kurzfristiger Erfolgsrechnungen verfälschen. Ein Beispiel hierfür sind – anstelle kalkulatorischer Abschreibungen – nach steuerlichen Gesichtspunkten ermittelte Absetzungen für Abnutzung (AfA), welche sich in einer kostenrechnerischen Ergebnisermittlung nur verzerrend auswirken können. Andererseits ist es verständlich, dass bei Kleinbetrieben des Handels die personellen und sachlichen Voraussetzungen oft nicht gegeben sind, um zwei getrennte Buchhaltungen abzuwickeln.

Zu grob unrichtigen Resultaten führt jedoch in kleineren Unternehmungen vor allem der Verzicht auf die Ansetzung echter kalkulatorischer Zusatzkosten (kalkulatorischer Unternehmerlohn, kalkulatorischer Zins für Eigenkapital, kalkulatorische Miete für betrieblich genutzte Privaträume etc.). Die verfälschende Wirkung kann nachdrücklich belegt werden durch die Betriebsvergleichsergebnisse des Instituts für Handelsforschung; exemplarisch seien hier Zahlen des Lebensmittelhandels im Jahre 2005 wiedergegeben: Das steuerliche Durchschnittsergebnis, welches in zahlreichen mittelständischen Handelsbetrieben als einziges ermittelt wird, fiel mit + 0,7 % positiv aus; das durchschnittliche betriebswirtschaftliche Ergebnis dagegen, bei dem kalkulatorischer Unternehmerlohn und Eigenkapitalzins berücksichtigt wurden, gestaltete sich mit - 3,4 % negativ. Daraus lässt sich ableiten, dass zum Zwecke einer realistischen

Bewertung der Unternehmenssituation kalkulatorische Zusatzkosten zwingend in die Kostenartenrechnung einbezogen werden müssen, damit sie für die Ergebnisermittlung zur Verfügung stehen.

Die Einführung von **Kostenstellenrechnungen** mit Filialen oder Großhandelsbetriebsstätten als Kostenstellen würde in vielen Fällen weder organisatorisch noch EDV-technisch ein Problem darstellen; wenn dies trotzdem in zahlreichen mittelständischen Handelsunternehmungen bis heute nicht geschehen ist, so liegt dies zum Teil an der fehlenden Einsicht seitens der Unternehmensleitungen in den Nutzen der Mehrinformation aus einer Kostenstellengliederung des Unternehmens, zum Teil aber auch an fehlender Beratung seitens der Vertreter steuerberatender Berufe. Tatsächlich sollte die Gefahr, Fehlentwicklungen in einzelnen Abteilungen, Lagern, Filialen usw. zu spät zu erkennen und damit nicht mehr rechtzeitig Gegenmaßnahmen einleiten zu können, für alle Handelsunternehmungen einen ausreichenden Anreiz darstellen, eine zumindest einfach strukturierte Kostenstellenrechnung zu etablieren.

Kostenträgerzeitrechnungen in Form von kurzfristigen Erfolgsrechnungen bzw. von Jahresabschlüssen existieren wiederum in allen Handelsunternehmungen; dies zumindest in der Weise, dass die Jahresumsätze um die mit den Kosten gleichgesetzten betrieblichen Aufwendungen vermindert werden, um so ein Betriebergebnis zu errechnen. Um eine echte betriebswirtschaftliche Ergebnisermittlung handelt es sich dabei jedoch oft nicht, da neutrale Aufwendungen häufig nicht sauber abgegrenzt und kalkulatorische Kosten ebenso oft überhaupt nicht berücksichtigt werden, wie oben bereits aufgezeigt wurde.

Eine echte **Kostenträgerstückrechnung** im wörtlichen Sinne, bei welcher den einzelnen Artikeln verursachungsgerecht die Kosten zu Kalkulationszwecken zugeordnet werden, besteht aufgrund der an früherer Stelle schon erläuterten Schwierigkeiten im Handel bis heute nicht. Alle Bemühungen auf dem Wege hierzu müssen bisher als experimentell eingestuft werden.

Fast alle **Kostenrechnungssysteme** des Handels arbeiten auf der Basis von Ist- und Durchschnitts- oder Normalkosten. Plankostenrechnungen werden nur in seltenen Fällen eingesetzt. Dabei ist folgende Unterteilung von Belang:

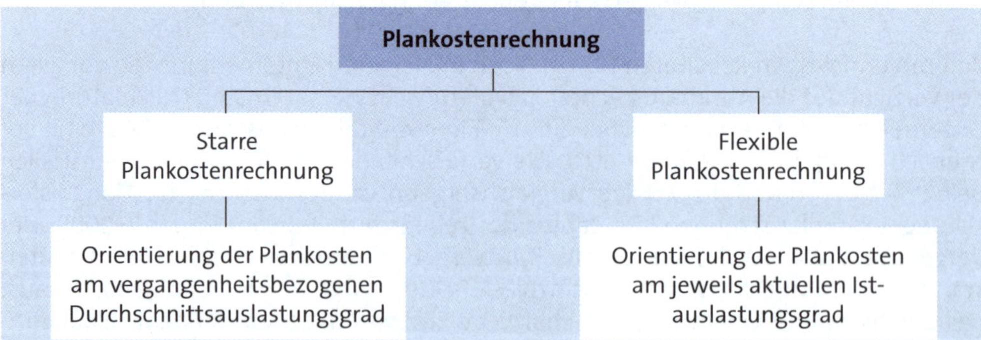

Abb. 138: Varianten der Plankostenrechnung

Bei Plankostenrechnungen in der Handelspraxis liegt meist die starre Rechnungsvariante vor. Die Einführung flexibler Plankostenrechnungen begegnet im Handel der theoretisch schwer lösbaren Problematik, Auslastungsgrade von Handelsunternehmungen überhaupt erst einmal zu messen. Während sich die Bestimmung der Auslastung einer Produktionsanlage vergleichsweise einfach gestaltet, ist die Auslastungshöhe der Handelsfaktoren Raum oder Personal aufgrund der zahlreichen Betreibungsmöglichkeiten und auch Dienstleistungsintensitäten nur schwer bestimmbar.

Wo beispielsweise eine Verkaufsfläche, auf welcher Ware in Selbstbedienung verkauft wird, bereits den maximalen Auslastungsgrad überschritten hat, wäre dieselbe Fläche bei Einführung des Bedienungsprinzips zur Bewältigung einer weit größeren Kundenzahl und Absatzleistung in der Lage. Umgekehrt kann eine in einem Bedienungsgeschäft bereits überlastete Kraft bei derselben verantworteten Umsatzhöhe in einem Selbstbedienungs-Geschäft noch deutlich unterfordert sein. Wenn jedoch bereits das Messen einer gegebenen Auslastung zu erheblichen methodischen Schwierigkeiten führt, liegt es auf der Hand, dass die Gestaltung flexibler Plankostensysteme auf enorme Schwierigkeiten stoßen muss, da hierbei die Feststellung des Ist-Auslastungsgrades bereits als Voraussetzung bewältigt sein muss.

Abschließend soll die Frage untersucht werden, wie es im Handel um den Einsatz von Vollkosten- bzw. Teilkostenrechnungssystemen bestellt ist. Der wesentliche **Unterschied** lässt sich schematisch wie folgt darstellen:

Vollkostenrechnung

	Umsatz
-	Wareneinsatz
=	Rohertrag
-	Handlungskosten[1]
=	**Betriebsergebnis**

Teilkostenrechnung

	Umsatz
-	Wareneinsatz
-	sonstige variable Kosten
=	Deckungsbeitrag
-	Fixe Kosten
=	**Betriebsergebnis**

Ergebnisrechnung in der Voll- und in der Teilkostenrechnung

Traditionell dominierte im Handel das Denken in Vollkostenkategorien. Dies entsprach jedoch durchaus nicht dem handelsbetrieblichen Entscheidungsbedarf. Für eine erfolgreiche **Sonderangebotspolitik**, für die Frage des Untereinstandsverkaufs, für Zwecke der Preisdifferenzierung, für die Entscheidung zwischen verschiedenen alternativen Artikeln oder Warengruppen usw. ist jeweils eine Teilkostenbetrachtung sinnvoller als eine Berücksichtigung von Vollkosten, da nur so ein Herantasten an Preisuntergrenzen bzw. eine Erkenntnis von Beiträgen zur Fixkostendeckung möglich ist.

Entschließt man sich in einem Handelsunternehmen für die Nutzung von Teilkostenrechnungen, so setzt dies eine Differenzierung in der Kostenartenrechnung zwischen **variablen und fixen Kostenbestandteilen** voraus. Hier stößt man auf eine Schwierig-

[1] Variable und fixe Kosten

keit, welche oben bereits in anderem Zusammenhang angedeutet wurde. Die einzige bedeutsame variable Kostenart, welche sich mit der Auslastung des Betriebes kurzfristig verändert, ist der Wareneinsatz. Fast alle übrigen Kostenarten des Handels sind bei kurzfristiger Betrachtungsweise als fix anzusehen.

Die **Fixkosteneigenschaft** ist jedoch im Handel äußerst relativ. Bei Ausdehnung des Betrachtungszeitraumes auf einige Monate werden beispielsweise die zunächst fixen Personalkosten variabel; auch die fixen Raumkosten können etwa durch die Untervermietung an Konzessionäre im Zeitablauf variabel gestaltet werden. Bezieht man sich auf den Zeitraum mehrerer Jahre, verbleibt kaum eine Kostenart, welche noch als fix zu charakterisieren wäre; beispielhaft könnten hier noch Mitgliedsbeiträge für Zwangsverbände angeführt werden. Damit aber nähert sich mit Verlängerung des Betrachtungszeitraumes durch Einbeziehung immer weiterer Kostenarten jedes Teilkostensystem im Handel einem Vollkostensystem wieder sehr stark an.

Als für den Handel geeignetes System hat sich die **Schichtkosten-** oder **mehrstufige Deckungsbeitragsrechnung** erwiesen, welche aus diesem Grunde auch häufig angewendet wird. Dabei werden auf jeder Unternehmensebene die unmittelbar zurechenbaren und mittelfristig abbaufähigen Kosten zugeordnet, um feststellen zu können, ob ein bestimmter Artikel, eine bestimmte Warengruppe oder ein bestimmter Unternehmensbereich die von ihm selbst verursachten Kosten noch abdeckt und gegebenenfalls einen Beitrag zu Deckung der Kosten der nächsthöheren Unternehmensebene leistet. Die folgende Übersicht stellt ein Beispiel einer solchen mehrstufigen Deckungsbeitragsrechnung dar:

Beispiel

Unternehmen	**X-GmbH (alle Werte in T€)**								Gesamt
Bereich	Geschäftsbereich Elektro/Haushaltsgeräte				Geschäftsbereich Sanitär/Fliesen				
Kostenstelle	Elektroabteilung		Haushaltsgeräteabteilung		Sanitärabteilung		Fliesenabteilung		
Produkt	A	B	C	D	E	F	G	H	
Nettoumsatz	880	790	550	400	960	530	880	640	5.630
- variable Artikelkosten	460	590	240	390	880	340	690	410	4.000
= Produkt-DB (I)	420	200	310	10	80	190	190	230	1.630
- fixe Artikelkosten	20	80	40	30	70	50	90	10	390
= Artikel-DB (II)	400	120	270	-20	10	140	100	220	1.240
DB-Summe der Artikel je Kostenstelle	520		250		150		320		1.240
- Kostenstellenfixkosten	220		310		140		260		930
= Kostenstellen-DB (III)	300		-60		10		60		310
DB-Summen der Kostenstellen je Bereich	240				70				310
- Bereichsfixkosten	57				69				126
= Bereichs-DB (IV)	183				1				184
DB-Summen der Bereiche des Unternehmens	184								184
- Unternehmensfixkosten	100								100
= Unternehmensergebnis X- GmbH	84								84

Diese Kostenrechnungsform, welche Elemente der Vollkosten- mit jener der Teilkostenrechnung verknüpft, stellt im Großhandel wie im Einzelhandel eine nützliche Hilfe für das Treffen von Sortimentsentscheidungen und für die Beurteilung der Leistungsfähigkeit verschiedener Bereiche eines Unternehmens dar. Durch ihre flexible Gestaltbarkeit lässt sie sich an jede Unternehmensgröße, jedes Leistungsprogramm und jede Unternehmensstruktur ohne Probleme anpassen.

Einen wichtigen Anwendungsfall der Deckungsbeitragsrechnung stellt im Handel die **Break-even-Analyse** dar. Dabei geht es um die Ermittlung jenes Absatzes bzw. Umsatzes von Artikeln, Warengruppen, Filialen etc., bei welchem gerade die Deckungsgleichheit von Umsatz und Gesamtkosten bzw. von Deckungsbeitrag und Fixkosten erreicht wird. Dieser Punkt wird als **Break-even-Point (BEP)** bezeichnet.

Er kann für den vereinfachten Fall eines Handelsbereichs mit einem Artikel durch Division der durch diesen Artikel verursachten Fixkosten durch den Deckungsbeitrag je Artikeleinheit errechnet werden:

$$\frac{\text{Fixkosten}}{\text{Deckungsbeitrag je Einheit}} = \text{Break-even-Menge}$$

Break-even-Menge • Verkaufspreis/Einheit = Break-even-Umsatz

Für die Berechnung des BEP ganzer Betriebsteile, z. B. einzelner Filialen, macht man sich die Tatsache zunutze, dass Umsatz, Wareneinsatz und Deckungsbeitrag i. d. R. in einem festen prozentualen Verhältnis zueinander stehen.

Beispiel

Umsatz	100 %
Wareneinsatz	80 %
Deckungsbeitrag	20 %

Betragen beispielsweise die Fixkosten 2,0 Mio. €, ergibt sich für den BEP:

BEP-Umsatz	10,0 Mio. €	100 %
Wareneinsatz	8,0 Mio. €	80 %
Deckungsbeitrag	2,0 Mio. €	20 %

Dies gilt, da am BEP der Deckungsbeitrag gleich den Fixkosten sein muss.

Auf diese Weise lässt sich etwa bei einem zu analysierenden neuen Standort eines Filialunternehmens bei ermittelten künftigen Fixkosten für Miete, Personal, Abschreibung etc. auf den Umsatz hochrechnen, welcher zum Zwecke der Kostendeckung mindestens erreicht werden muss. Die Break-even-Analyse kann darüber hinaus auch als Entscheidungshilfe im Zusammenhang mit der Aufnahme bisher nicht geführter Warengruppen, der Eröffnung zusätzlicher Großhandels-Niederlassungen u. Ä. herangezogen werden.

Aufgabe 22 > Seite 508

Aufgabe 23 > Seite 508

3. Betriebsstatistik

Unter Betriebsstatistik oder betriebswirtschaftlicher Statistik ist die Aufbereitung von Originaldaten des Rechnungswesens durch Herstellung von Beziehungen zwischen quantitativen Größen zu verstehen. Die Betriebsstatistik dient vergangenheitsbezogen der sachlichen Intensivierung der Kontrolle und zukunftsbezogen der entscheidungsunterstützenden Informationsaufbereitung.

Die Elemente der Betriebsstatistik sind die Kennzahlen. Diese können in absoluter oder relativer Form vorliegen, sie können sich ergeben als Summen, Differenzen oder Mittelwerte. Vor allem jedoch können sie auftreten als Gliederungs-, Beziehungs- und Indexzahlen (*Hörnstein/Kreth*).

Die Kennzahlen können sich auf die verschiedenen Unternehmensbereiche beziehen, welche bereits im Rahmen der Planungsrechnung dargestellt wurden. Daraus leiten sich die einzelnen **betriebsstatistischen Module** ab:

(1) Umsatzstatistik
(2) Ertragsstatistik
(3) Kostenstatistik
(4) Ergebnisstatistik
(5) Vermögens- und Kapitalstatistik
(6) Finanzstatistik
(7) Produktivitätsstatistik
(8) Sonderstatistiken.

(1) Umsatzstatistik
Sie beschäftigt sich mit Umsätzen bzw. Umsatzanteilen bestimmter Kunden, Kundengruppen, Regionen, Artikel, Warengruppen etc.

(2) Ertragsstatistik
Hierbei geht es in analoger Weise zur Umsatzstatistik um Roherträge und Rohertragsanteile, Deckungsbeiträge und Deckungsbeitragsanteile, Handelsspannen etc., jeweils bezogen auf verschiedenartig zu strukturierende Leistungs- oder Marktbestandteile.

(3) Kostenstatistik
Dieser Teil der Betriebsstatistik befasst sich mit Kosten bzw. Kostenquoten einzelner Kostenarten, Kostenartengruppen, welche z. B. zu den Gesamtkosten oder auch zum Nettoumsatz in Beziehung gebracht werden können.

(4) Ergebnisstatistik
In dieser Teilstatistik werden Ergebniswerte zu geeigneten Größen in Beziehung gesetzt, woraus beispielsweise Kennzahlen wie Umsatzrentabilität oder Kapitalrentabilität (ROI) resultieren.

(5) Vermögens- und Kapitalstatistik
Sie wird vor allem zur Bilanzanalyse eingesetzt, es können etwa Relationen zwischen Vermögensbestandteilen, zwischen Kapitalbestandteilen (z. B. Eigenkapitalquote) oder zwischen Vermögens- und Kapitalbestandteilen gebildet werden.

(6) Finanzstatistik
Der wichtigste Untersuchungsgegenstand ist die betriebliche Liquidität; hier sind Kennzahlen wie Liquidität ersten, zweiten oder dritten Grades von Bedeutung. Wesentlich ist weiterhin der Cashflow (in vereinfachter Form: Gewinn + verdiente Abschreibungen).

(7) Produktivitätsstatistik
Die Kennzahlen dieses statistischen Teilbereiches untersuchen die Leistungsfähigkeit der eingesetzten Betriebsfaktoren. Durch geeignete Größen werden Personalleistung, Raumleistung, Kassenleistung usw. analysiert.

(8) Sonderstatistiken
Dies ist eine Sammelbezeichnung für verschiedene Spezialauswertungen aus den diversen Unternehmensbereichen; beispielhaft können Krankheitsquote des Personals, Fluktuationsquote, Reklamationsquote, Ausschussquote bei Manipulationsvorgängen u. Ä. genannt werden.

Die einzelne Kennzahl für sich genommen besitzt normalerweise nur eine geringe oder keine Aussagekraft. Welchen Erkenntnisgewinn beschert es beispielsweise zu wissen, dass die Raumproduktivität bei 4.745 € je qm Verkaufsfläche liegt? Ob dieser Wert als gut oder schlecht zu betrachten ist, ob er sich im Zeitablauf gesehen verbessert hat etc. ist ihm nicht anzusehen. Von effektivem Wert für die Steuerung des Unternehmens werden demnach Kennzahlen erst durch Gegenüberstellungen und **Vergleiche**. Hier kommen folgende Gruppen von Vergleichen infrage:

- Zeitvergleiche
- Plan-Ist-Vergleiche
- interne Betriebsvergleiche
- externe Betriebsvergleiche.

Zeitvergleiche
Dabei werden Kennzahlen zu unterschiedlichen Zeitpunkten betrachtet. Üblich sind beispielsweise:

- Vergleiche zwischen Zahlen der laufenden Geschäftsperiode und dem Vorjahr oder Durchschnittswerten aus mehreren Vorjahren
- Vergleiche zwischen dem laufenden Kurzzeitraum, z. B. Monat oder Quartal, mit dem entsprechenden Vorjahreszeitraum (Beispiel: März 2013 zu März 2012)
- Vergleiche zwischen Kurzperioden des laufenden Geschäftsjahres (z. B. März 2013 im Vergleich zum Februar 2013)
- Vergleiche zwischen Kurzperioden und aufgelaufenen Werten (z. B. März 2013 im Vergleich zum aufgelaufenen Zeitraum Januar bis März 2013).

Zeitvergleiche bringen zutage, ob positive Entwicklungen zu verzeichnen sind, ob bestimmte Leistungswerte stagnieren oder ob bestimmte Maßgrößen sich negativ verändern. Es wird jedoch nicht erkennbar, ob die erreichten Werte insgesamt als gut, durchschnittlich oder schlecht zu beurteilen sind. Ein augenfälliges Beispiel mag dies veranschaulichen:

Beispiel

Ein Unternehmen X habe ein Umsatzwachstum von 5 % gegenüber dem Vorjahr zu verzeichnen. Die Unternehmensleitung blickt voll Stolz auf die erreichte Leistung. Nachträglich stellt sich heraus, dass in der Branche des Unternehmens X im gleichen Zeitraum ein durchschnittliches Umsatzwachstum von 12 % erzielt wurde. Angesichts dieser Werte wird die eigene Umsatzsteigerung als unterdurchschnittliche Leistung erkennbar, welche auf fehlende Wettbewerbsfähigkeit hindeutet.

Eine aussagefähige Betriebsstatistik wird sich daher nicht auf Zeitvergleiche beschränken dürfen.

Plan-Ist-Vergleiche

Diese verschaffen Erkenntnisse darüber, inwieweit eine Unternehmung die eigenen Plandaten im Verlauf der tatsächlichen Entwicklung erreicht. Bei sorgfältiger Erarbeitung von Planzahlen nach dem Kriterium der „realistischen Optimalität" sind Vergleiche zwischen den erreichten und geplanten Werten geeignet, die Annäherung einer Unternehmung an das für sie Machbare zu überprüfen. Fehlentwicklungen können rechtzeitig erkannt und entsprechende Gegensteuerungsmaßnahmen eingeleitet werden. Jedoch sind auch Plan-Ist-Vergleiche nicht in der Lage, die Position eines Unternehmens im Wettbewerbsumfeld zu charakterisieren.

Interne Betriebsvergleiche

Diese bieten sich an zwischen ähnlich strukturierten Abteilungen, Lagern, Filialen u. Ä. Sie kommen daher am ehesten für größere Unternehmungen in Groß- und Einzelhandel infrage. Geradezu prädestiniert für den innerbetrieblichen Vergleich sind Filialunternehmungen des Einzelhandels. Aber auch Verbundgruppen wie Ketten und Genossenschaften treten gewöhnlich als Initiatoren von (gruppen-)internen Betriebsvergleichen in Erscheinung.

Der wesentliche Vorteil innerbetrieblicher Vergleiche besteht darin, dass die Vergleichsgrundlage homogener als bei zwischenbetrieblichen Vergleichen ist. Verschiedene Ausprägungen von Kennzahlen werden daher i. d. R. eher auf Leistungs-, Kostenunterschiede etc. zurückzuführen sein, als auf strukturelle Ungleichheiten. Der Hauptnachteil besteht darin, dass ein Leistungsrückstand einer gesamten Filialunternehmung oder Verbundgruppe gegenüber der Branche bestehen kann, ohne dass dies durch den innerbetrieblichen Vergleich zutage treten würde. Im Extremfall kann dies dazu führen, dass Leitungskräfte einer Betriebsstätte, welche im innerbetrieblichen Vergleich stets gut abschneidet, Neigungen zur Überheblichkeit entwickeln, ohne zu erkennen, dass die von ihnen geführte Betriebseinheit in Relation zu externen Konkurrenten u. U. noch nicht einmal Durchschnittsniveau erreicht.

Externe Betriebsvergleiche
Hierbei werden Unternehmungen bzw. Betriebsstätten an externen Vergleichswerten gemessen. Wichtig ist, dass die Vergleichsobjekte ähnlich strukturiert sind wie das eigene Unternehmen. So kann man sich beispielsweise vergleichen mit Unternehmungen gleichen Umsatzes, gleicher Beschäftigtenzahl, gleichen Leistungsangebots, gleicher Betriebsform etc. Unverzichtbar für eine sinnvolle Nutzung externer Betriebsvergleichsdaten ist, dass Strukturunterschiede zwischen den in den Vergleich einbezogenen Betriebsstätten und Unternehmungen bei der Nutzung der entsprechenden Daten angemessen berücksichtigt werden. Trotz der Problematik struktureller Unterschiede ist allein der externe Betriebsvergleich dazu in der Lage, die Position eines Unternehmens im Vergleich zu Konkurrenzbetrieben/-betriebsstätten realistisch aufzuzeigen.

Als nützlich erweist sich die Kombination der verschiedenen Arten von Vergleichen. In Kurzform kann der Nutzen der verschiedenen Vergleichsformen wie folgt formuliert werden:

Vergleichsform	Nutzen
Zeitvergleich	Erkenntnis von Veränderungen im Zeitablauf
Plan-Ist-Vergleich	Erkenntnis des Zielerreichungsgrades
Interner Betriebsvergleich	Erkenntnis der inneren Leistungsstruktur und -unterschiede in einem Unternehmen
Externer Betriebsvergleich	Erkenntnis der äußeren Wettbewerbsposition eines Unternehmens

Nutzen verschiedener Formen des Betriebsvergleichs

Neben dem Inhalt der betriebsstatistischen Analyse und der herangezogenen Vergleichsebene kann drittens der Umfang des Untersuchungsgegenstands als klassifikatorisches Merkmal dienen. Umsatzstatistiken, Ertragsstatistiken etc. auf allen genannten Vergleichsebenen lassen sich beispielsweise erstellen für:

- einzelne Artikel
- Warengruppen
- Abteilungen
- Betriebsstätten
- Kundengruppen
- Teilregionen des Absatzgebiets
- Gesamtunternehmen.

Erst die Zusammenführung aller drei erläuterten Klassifikationsmerkmale entfaltet den gesamten Anwendungsbereich der Betriebsstatistik. Dieser lässt sich in folgender Weise als **dreidimensionales Koordinatensystem** veranschaulichen:

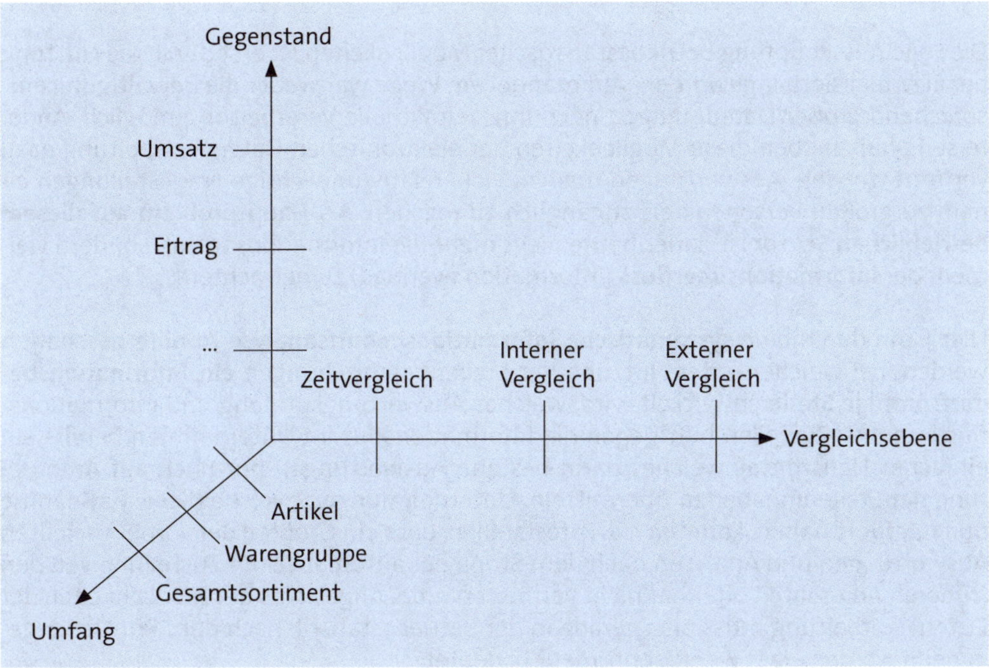

Abb. 139: Das dreidimensionale Koordinatensystem der Betriebsstatistik

Die im obigen Koordinatensystem eingetragenen statistischen Gegenstände, Umfangsdimensionen und Vergleichsebenen tragen natürlich nur exemplarischen Charakter; bei einer vollständigen Darstellung, welche jedoch aus Gründen der Übersichtlichkeit unterlassen wurde, müssten alle oben herausgearbeiteten Betrachtungsobjekte der Betriebsstatistik, alle Umfangskategorien vom Artikel bis zum Gesamtunternehmen sowie alle möglichen Vergleichsformen auf den einzelnen Achsen abgetragen werden.

Jeder Punkt in einem so definierten Koordinatensystem bezeichnet eine mögliche **betriebsstatistische Auswertung**. So kann beispielsweise eine Umsatzstatistik auf Warengruppenebene im zeitlichen Vergleich laufendes Jahr/Vorjahr erstellt werden. Es kann das prozentuale Betriebsergebnis von Filialen anhand eines innerbetrieblichen Vergleichs analysiert werden usw. Die ungeheure **Vielfalt der Kombinationen**, welche noch durch die Alternative zwischen absoluten Größen und relativen Angaben erhöht wird, lässt erkennen, dass es bei der Betriebsstatistik noch weniger als bei allen anderen Bereichen des Rechnungswesens eine Idealempfehlung geben kann.

Jede Unternehmung muss sich eine individuelle Lösung erarbeiten, welche im Hinblick auf Größe, Branche, Differenziertheit des Leistungsprogramms, Konkurrenzintensität, Informationsbedürfnis der Führungskräfte etc. eine zufriedenstellende Analyseleistung verspricht. Auch die **zeitliche Flexibilität** des Instruments Betriebsstatistik muss hoch sein. So kann es in einer Geschäftsperiode sinnvoll und notwendig sein, die Kostenstruktur besonders intensiv zu untersuchen, während in einem anderen Zeitraum die Rohertrags- und Handelsspannenstruktur im Mittelpunkt der analytischen Bemühungen stehen kann.

Die volle Ausschöpfung betriebsstatistischer Möglichkeiten ist erst durch die Nutzung der EDV realisierbar geworden. Auf manuellem Wege war weder die Bewältigung entsprechend großer Datenmengen noch ihre zeitaktuelle Verarbeitung möglich. Andererseits haben eben diese Möglichkeiten der elektronischen Datenverarbeitung dazu verführt, zu viele Auswertungen über zu viele relativ unwichtige Fragestellungen einem zu großen Personenkreis zugänglich zu machen. Als **Hauptproblem auf diesem betrieblichen Sektor** ist daher heute nicht mehr die Informationsarmut, sondern vielmehr der **Informationsüberfluss** (information overload) zu betrachten.

Hier kann durch eine **systematische Informationsbedarfsanalyse** Abhilfe geschaffen werden, bei welcher unter Nutzung der Stellenbeschreibungen ein **Informationsbedarfsprofil je Stelle** entwickelt wird, welches Auswertungsumfang und Informationsfluss steuert. Zuweilen hilft gegen die Informationsflut im Unternehmen bereits ein einfaches Hausmittel, welches darin besteht, Auswertungen nur noch auf Anforderung der Stelleninhaber zu übermitteln. Unternehmungen, welche diese Maßnahme durchgeführt haben, konnten i. d. R. feststellen, dass ein Großteil der vorher verteilten Auswertungen und Analysen nach dem Stopp der automatischen Zustellung von den früheren Adressaten offenbar nicht vermisst wurde. Angesichts der Möglichkeiten der Datenverarbeitung muss also gerade in der Betriebsstatistik nach dem Prinzip vorgegangen werden, dass weniger oft mehr bedeutet.

4. Unterschiede zwischen Großhandel und Einzelhandel

Die Unterschiede in der Marktstufe, im Leistungsangebot, in der Aufbau- und in der materiellen Ablauforganisation führen zwangsläufig auch zu Unterschieden zwischen Groß- und Einzelhandel auf der kommunikativen Ebene des Unternehmensgeschehens. Dies findet im Rechnungswesen als einem wesentlichen Teil dieser betrieblichen Dimension seinen Niederschlag.

Während die **wirtschaftsstufenbezogenen Unterschiede in der Finanzbuchhaltung** aufgrund ihres mehr formalen Charakters vergleichsweise gering sind, kommen sie in der Planungs- sowie in der Kosten- und Leistungsrechnung und der Betriebsstatistik gravierend zum Tragen. In der **Planungsrechnung** differieren sowohl die Gegenstände als auch die Verfahren der Planung. Während Großhandelsunternehmungen beispielsweise Funktionen wie Kommissionierung oder Transport (Tourenplanung!) quantitativ zu steuern haben, bedarf im Einzelhandel die Kundenbedienung und Beratung einer zahlenmäßigen Planung.

Im Großhandel kann die Umsatzplanung aufgrund des ausschließlichen Kontaktes mit Gewerbetreibenden auf einem gewissen Stetigkeitsgrad aufbauen, während im Einzelhandel hier stochastische Verläufe angenommen werden müssen. Während sich im Großhandel Investitionsrechnungen vor allem auf Lager- und Fördereinrichtungen und -geräte beziehen werden, spielt im Einzelhandel die Geschäftsausstattung und die sachliche Ausgestaltung des Kassenbereichs eine größere Rolle. Diese Beispiele mögen genügen, um zu verdeutlichen, dass die Planungsrechnung auf beiden Wirtschaftsstufen ein sehr unterschiedliches Aussehen annehmen wird.

In der **Kosten- und Leistungsrechnung** treten die größten Unterschiede zwischen Großhandel und Einzelhandel in den Teilbereichen der **Kostenstellen- und der Kostenträgerrechnung** auf. Die Tätigkeitsstrukturen vor allem von lagerführenden Großhandlungen lassen die Bildung von Kostenstellen wie z. B. Lager, Fuhrpark, Einkauf, Auftragsannahme etc. sinnvoll erscheinen, während sich im Einzelhandel Kostenstellen wie etwa Verkaufsabteilungen, Filialen u. Ä. anbieten.

In der **Kostenträgerstückrechnung** dominiert im Großhandel die progressive Kalkulation, während im Einzelhandel eher retrograd zu kalkulieren sein wird. Dies liegt daran, dass bei dem stärker beschaffungsorientiert arbeitenden Großhandel vom Einkaufspreis ausgehend unter Hinzufügung von Aufschlägen für Kosten und geplanten Gewinn der Verkaufspreis ermittelt werden kann, während in den absatzmarktbezogenen Einzelhandlungen im Fall von Käufermarktsituationen ein mehr oder weniger fester Verkaufspreis vorgegeben ist, von dem aus das anbietende Einzelhandelsunternehmen rückwärts zum Planeinkaufspreis rechnen muss.

In der **Kostenträgerzeitrechnung** sind im Großhandel andere Formen der Erfolgskontrolle üblich und bedeutsam als im Einzelhandel. Wiederum bedingt durch die verschiedenartige Leistungsstruktur wird man in Großhandlungen mit den Mitteln der mehrstufigen Deckungsbeitragsrechnung bzw. Absatzsegmentrechnung eher Kundengruppen, Außendienstgebiete, Absatzregionen, Auftragsgrößenklassen oder auch einzelne Aufträge als Kostenträger kontrollieren, während in Einzelhandlungen vor allem Warengruppen, Abteilungen, Filialen, Regionen oder Vertriebsschienen als Kostenträger überwacht werden.

Aufgrund der oben aufgezeigten Vielfalt möglicher Ausprägungen in der **Betriebsstatistik** können Unterschiede in diesem Bereich des Rechnungswesens zwischen den Wirtschaftsstufen nur exemplarisch verdeutlicht werden. Es sollen deshalb zum Zwecke der Veranschaulichung einige Beispiele aus den betriebsstatistischen Teilbereichen stellvertretend für die generellen **Unterschiede in der Betriebsstatistik von Groß- und Einzelhandel** stehen:

Beispiele

- **Umsatzstatistik**
  Für eine Großhandlung kann es sinnvoll sein, in Überwachung eines Steigerungsabkommens die monatliche Entwicklung der Umsätze mit einem einzelnen Kunden zu verfolgen; im Einzelhandel wird dies i. d. R. kein Gegenstand statistischer Betrachtung sein.

- **Ertragsstatistik**
  Die Handelsspanne einer Einzelhandelsfiliale als räumlich getrennte Betriebsstätte besitzt eine gewisse Aussagekraft; für die Handelsspanne eines Großhandelslagers mit einem nach rein logistischen Gesichtspunkten festgelegten Lagersortiment, welches im Zustellverbund mit anderen Lagern steht, gilt dies dagegen nicht.
- **Kostenstatistik**
  Eine Kostenquote für den Kommissionierbereich wird es mit Ausnahme des Versandhandels nur in Großhandelsunternehmungen geben.
- **Produktivitätsstatistik**
  Maßgrößen der Produktivität wie etwa Kommissioniererleistung, Lagerfüllgrad oder Fuhrparkauslastung werden normalerweise nur in Großhandlungen errechnet, während die Kassiererleistung eine vornehmlich im Einzelhandel bedeutsame Größe bildet.
- **Sonstige Statistiken**
  Eine Kundenreklamationsstatistik wird es fast nur in Großhandlungen geben, da die schriftliche Fixierung der Anzahl unzufriedener Kunden im Einzelhandel eher die Ausnahme ist, wodurch hier die für die Statistik erforderliche Nachvollziehbarkeit der Reklamationshäufigkeit nicht besteht.

Abschließend kann zur **aufbauorganisatorischen Einordnung des Rechnungswesens in das Unternehmen** als genereller Unterschied zwischen Großhandel und Einzelhandel festgestellt werden, dass in den Unternehmungen der Großhandelsstufe eine stärkere Ausdifferenzierung erfolgt ist. Dies bezieht sich zum einen auf die größere Häufigkeit von selbstständigen Rechnungswesen-Abteilungen in dezentralen Betriebsstätten, was sich daraus begründet, dass diese im Großhandel insgesamt gesehen größere Dimensionen als im Einzelhandel erreichen.

Zum anderen wird man aus dem gleichen Grund – unterschiedliche Unternehmensgrößen – tendenziell eher in Großhandlungen Bereiche wie z. B. Finanzbuchhaltung, Kosten- und Leistungsrechnung etc. als selbstständige Abteilungen vorfinden als insbesondere in mittelständischen Einzelhandlungen. Diese zuletzt getroffenen Feststellungen gelten natürlich nicht pauschal für alle Unternehmungen der beiden Wirtschaftsstufen: In kleineren Großhandels- bzw. in großen Einzelhandelsunternehmungen stellen sich die aufbauorganisatorischen Gegebenheiten in Bezug auf das Rechnungswesen gewöhnlich umgekehrt dar.

		Lösung
1.	Aus welchen Bestandteilen setzt sich die Betriebsbuchhaltung zusammen?	S. 462 f.
2.	Aus welchem Grund beschäftigt sich die Planungsrechnung vor allem mit der kurzfristigen Planung?	S. 463
3.	Welche einzelnen Planungsmodule sind unter dem Sammelbegriff der Planungsrechnung zu subsummieren?	S. 464
4.	Welche Formen der Umsatzplanung sind in der Handelspraxis vorwiegend anzutreffen?	S. 465
5.	Welche Arten von Deckungsbeiträgen sind im Großhandel bzw. im Einzelhandel zu planen?	S. 465
6.	Wie hängen Ergebnis- und Rentabilitätsplanung zusammen?	S. 466
7.	Welche Aussage kann zum Stand der Investitionsplanung insbesondere in mittelständischen Handelsunternehmungen getroffen werden?	S. 467
8.	In welchen Schritten vollzieht sich die Limitplanung im Handel?	S. 468
9.	In welchen Branchen ist die Limitplanung von größerer, in welchen von geringerer Bedeutung?	S. 468
10.	Um welche Einzelproduktivitäten geht es im Rahmen der Produktivitätsplanung?	S. 469
11.	Wie stellt sich der Grundaufbau der Kosten- und Leistungsrechnung im Einzelhandel dar?	S. 470
12.	Diskutieren Sie den im Handel zu Grunde liegenden Kostenbegriff! Erklären Sie, weshalb innerhalb der Handlungskosten die Warenkosten keine Berücksichtigung finden, während sie einerseits in der Kostenstellenrechnung als Basis zur Bildung von Zuschlagssätzen und andererseits in der Teilkostenrechnung als variable Kostenart genutzt werden!	S. 470 ff.
13.	Welches Kriterium eignet sich im Handel besser für die Klärung der Kostenentstehung: ▸ der Verzehr von Leistungsfaktoren oder ▸ die Nutzung von Leistungsfaktoren?	S. 471 f.
14.	In welcher Weise unterscheiden sich die erfüllten Funktionen, aus welchen Kostenarten abgeleitet werden, zwischen Industrie und Handel?	S. 473
15.	Inwiefern unterscheiden sich die eingesetzten Leistungsfaktoren zwischen Industrie und Handel?	S. 473
16.	Welche Größen kommen als Basis für die Bildung von Verrechnungssätzen in Industrie und Handel infrage?	S. 474

		Lösung
17.	Was kann im Handel unter einem Kostenträger verstanden werden?	S. 474
18.	Welche Folge hat es, wenn die Kalkulation des Handels statt auf Artikeln als Kostenträgern auf Kostenstellen aufgebaut wird?	S. 474 f.
19.	Wie ist die Methode zur Berechnung der „Direkten Produkt-Rentabilität“ (DPR) in kostenrechnerischer Sichtweise zu bewerten?	S. 475
20.	Wie wirkt sich der Verzicht auf kalkulatorische Zusatzkosten in der Kostenartenrechnung aus, wie er vor allem in mittelständischen Handelsunternehmungen häufig praktiziert wird?	S. 475 f.
21.	Was lässt sich zur Verbreitung von Kostenstellenrechnungen im Handel feststellen?	S. 476
22.	Aus welchem Grund werden bis heute im Handel nur selten flexible Plankostenrechnungen durchgeführt?	S. 477
23.	Stellen Sie den unterschiedlichen Ablauf der Voll- bzw. Teilkostenrechnung im Handel anhand von entsprechenden Schemata zur Ergebnisermittlung dar!	S. 477
24.	Welcher Zusammenhang besteht im Handel zwischen der Fixkosteneigenschaft verschiedener Kostenarten und dem Betrachtungszeitraum?	S. 478
25.	Welche Informationsziele sind mit der Schichtkosten- oder Mehrstufigen Deckungsbeitragsrechnung zu verfolgen?	S. 478 f.
26.	Aus welchen Modulen setzt sich die Betriebsstatistik im Handel zusammen?	S. 480 f.
27.	Beschreiben Sie die einzelnen Module und entwickeln Sie jeweils praktische Beispiele!	S. 481
28.	Durch welche Maßnahmen gewinnen einzelne Kennzahlen erst Aussagekraft?	S. 481 f.
29.	Warum erlaubt der Zeitvergleich keine definitive Aussage über das Leistungsvermögen eines Unternehmens?	S. 482 f.
30.	Welche Art von Schwachpunkten wird durch den Zeitvergleich nicht aufgedeckt?	S. 482 f.
31.	Worin besteht der Erkenntnisgewinn von Plan-Ist-Vergleichen?	S. 483
32.	Worin bestehen die Vor- und Nachteile interner Betriebsvergleiche einerseits und externer Betriebsvergleiche andererseits?	S. 483 f.
33.	Auf welchen Genauigkeitsebenen lassen sich beispielsweise Umsatz- oder Ertragsstatistiken erstellen?	S. 484
34.	„Die möglichen Varianten der Betriebsstatistik sind so überschaubar, dass sich problemlos einige wenige standardisierte betriebsstatistische Vorgehensweisen entwickeln lassen“. Wie beurteilen Sie diese Aussage?	S. 485 f.

		Lösung
35.	Auf welche Weise lassen sich die Betrachtungsdimensionen der Betriebsstatistik veranschaulichen?	S. 485
36.	Welchen Rationalisierungsbeitrag vermag eine Informationsbedarfsanalyse zu leisten?	S. 486
37.	Stellen Sie Kostenstellen des Großhandels und solche des Einzelhandels gegenüber!	S. 487
38.	Mit welchen (unterschiedlichen) Gegenständen befasst sich die Absatzsegmentrechnung im Großhandel und im Einzelhandel?	S. 487
39.	Welche Beispiele können für Unterschiede in den Teilbereichen der Betriebsstatistik zwischen Groß- und Einzelhandel angeführt werden?	S. 487 f.
40.	Auf welcher der Handelsstufen Großhandel bzw. Einzelhandel findet sich eher ein abteilungsmäßig institutionalisiertes internes Rechnungswesen?	S. 488

E. Unternehmenskultur: Vereinbarkeit von Ethik und Handelsmanagement

Der abschließende Teil dieses Werkes soll die **Zielsetzung** verfolgen, einen kurzen Einblick in den Aspekt der Unternehmenskultur von Handelsunternehmen zu gewähren und eine Antwort auf die Frage geben, ob und wie ethische und ökonomische Ziele der Politik von Handelsunternehmen vereinbart werden können.

Unter Unternehmenskultur ist die Summe der Ideen, Werte, Normen und Grundüberzeugungen des Managements und der Beschäftigten zu verstehen, welche als ideelle Grundlage des Unternehmensverhaltens wirken. Die Unternehmenskultur kann in Form schriftlich fixierter Grundsätze niedergelegt oder einfach nur unausgesprochen und implizit im Marktverhalten sichtbar werden.

Unternehmenskultur und **Corporate Identity** stehen in enger inhaltlicher Verbindung. Während jedoch letztere als ganzheitliches Erscheinungsbild der Unternehmung aufzufassen ist, geprägt durch die Beschäftigten und die Leistungen des Unternehmens sowie durch die unter dem Stichwort der Corporate Communication zusammenzufassenden Maßnahmen, muss die Unternehmenskultur als geistiger Hintergrund verstanden werden, welcher neben anderen Einflüssen die Grundstruktur der Corporate Identity prägt.

Im Gegensatz zu ökonomischen Größen im engeren Sinne lässt sich Unternehmenskultur nicht messen; es lassen sich aber durchaus greifbare **Anhaltspunkte für ihre Beschaffenheit** auffinden. Als solche können beispielsweise genannt werden:

- schriftlich fixierte Unternehmensphilosophie und -grundsätze
- Betriebsklima, Wir-Gefühl und Grad der Unternehmensidentifikation der Beschäftigten
- Motivation und Leistungsbereitschaft des Personals
- Umfang und Ausgestaltung der Unternehmenskommunikation
- Form des Umgangs mit dem Kunden.

In allen erwähnten Faktoren schlägt sich die Unternehmenskultur nieder, wodurch sie ohne weiteres einer Zustandsbeschreibung unterzogen werden kann.

In diesen abschließenden Überlegungen sollen nicht sämtliche Komponenten des umfassenden Kulturbegriffs betrachtet werden, welche zum Teil seit alters her die Unternehmenskultur bestimmt haben, auch wenn man früher diesen Begriff noch nicht verwendete; es soll vielmehr auf den Aspekt der Ethik bzw. Moral als einen der prägenden Elemente der Unternehmenskultur eingegangen werden.

In welcher Hinsicht sind überhaupt Querverbindungen zwischen Ethik und Handelsmanagement erkennbar? Hier ist exemplarisch an folgende Aspekte zu denken:

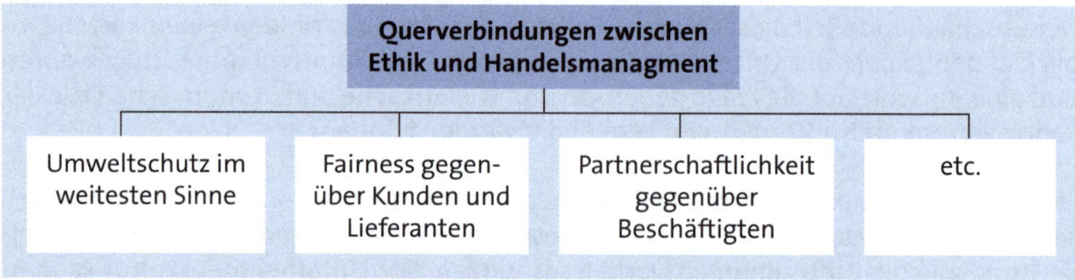

Abb. 140: Exemplarische Querverbindungen zwischen Ethik und Handelsmanagement

Diese Beispiele sollen genügen, da es hier nicht um eine gründliche Analyse, sondern nur um ein Andenken einer immer dringlicher werdenden Problematik geht. Die Forderung nach **moralischem Verhalten** der Wirtschaft wird ebenso oft erhoben wie zurückgewiesen. Diejenigen, welche ethisch begründete Verhaltensweisen postulieren, führen immer wieder die an die Öffentlichkeit gedrungenen Skandale (Nudelskandal, Weinskandal, Tankerunfälle, Giftgasfabrik Rabda, BSE-Skandal, EHEC, Pferdefleischskandal etc.) ins Feld und weisen auf die Verantwortlichkeit der Wirtschaftsunternehmen hin; die Gegenseite verneint zwar nicht generell jede Mitverantwortung, argumentiert jedoch mit den (angeblichen?) Sachzwängen in Gestalt von Wettbewerbsdruck, Notwendigkeit der Arbeitsplatzsicherung, Zwang zur Kostensenkung etc.

Es wird im Folgenden der Versuch unternommen, nachzuweisen, dass die Verankerung ethischer Grundprinzipien in der Unternehmenspolitik, das heißt die Entwicklung moralisch fundierter Unternehmenskulturen, sowohl ein Gebot der Logik als auch ökonomisch sinnvoll ist.

Beispiele

Beispiel 1: Umweltschutz
Es wird heute kaum noch bestritten, dass sich die Umwelt am Rande irreversibler Schäden bewegt. Pessimisten meinen, diese Grenze sei bereits überschritten. Stichworte wie Müllkollaps, Klimakatastrophe, Ozonloch, biologischer Tod der Meere usw. beschreiben – kaum noch widersprochen – den bestehenden Zustand. Die Brisanz dieser Istanalyse wird dadurch erhöht, dass nicht nur die heute lebenden, sondern vor allem die künftigen Generationen von den negativen Umweltfolgen betroffen sein werden.

Aufgrund dieser Sachlage lässt sich eine **umweltorientierte Handlungsverpflichtung** aller gesellschaftlich relevanten Gruppen, damit also auch der Wirtschaft, mit Argumenten der Logik nicht mehr zurückweisen. Die Frage, ob sich der Wirtschaftsteilbereich des Handels ebenfalls in einer Umweltmitverantwortung befindet, scheint mit den bisherigen Gedankengängen hinreichend beantwortet. Soviel zur logischen Begründung der Umweltverpflichtung als Teil einer Unternehmenskultur im Handel.

Nun zur Frage des ökonomischen Sinns entsprechender Bemühungen: Der durch Umweltbedrohungen verunsicherte Mensch entwickelt entsprechende Sicherheitsbedürfnisse. Aus der Bedürfnispyramide nach *Maslow* ist bekannt, dass diese Art von Bedürfnis unmittelbar nach den physischen Überlebensansprüchen nach Befriedigung verlangt. Die Wirtschaft findet ihre Existenzberechtigung jedoch gerade in der Deckung menschlicher Bedürfnisse. Wenn es dem Handel gelingt, sich als umweltbewusst zu profilieren, wird damit also einem **Grundbedürfnis der Kundschaft** entsprochen, was nach den Regeln des Marketing in keinem Fall dem wirtschaftlichen Erfolg schaden kann. Daraus ist abzuleiten, dass z. B. das Angebot umweltorientierter Sortimente, ein umweltbewusster Umgang mit dem Verpackungsproblem, die Wahl umweltfreundlicher Transportmittel etc. sich als Marketingargumente werden nutzen lassen.

Beispiel 2: Fairness gegenüber Lieferanten und Kunden

Als ethisch fragwürdige Verhaltensweisen sind in diesem Zusammenhang lieferantenseitig beispielsweise die auf Marktmacht begründete **Preisknebelung mittelständischer Hersteller durch Großunternehmen** des Handels, kundenseitig etwa die irreführende Werbung bzw. Verkaufsförderung zu nennen. Dass durch solche Verhaltensweisen kurzfristig ökonomische Vorteile erlangt werden können, ist nicht zu bestreiten. Ebenso wenig ist aber zweifelhaft, was bei Unternehmungen, welche sich häufig derartiger Mittel bedienen, geschieht, wenn Marktmachtveränderungen auftreten oder das agierende Unternehmen in eine ökonomische Durststrecke gerät. Darüber hinaus ist gerade auf Käufermärkten die Verbraucherreaktion nicht zu unterschätzen, wenn Irreführungen oder sonstige unfaire Unternehmensaktivitäten an die Öffentlichkeit gelangen. Somit scheint es als Gebot der ökonomischen Vernunft, in vorausschauender Sicherung des Unternehmensbestandes kurzfristige Maßnahmen zu vermeiden, welche aufgrund ihres als unmoralisch empfundenen Charakters in der Zukunft Revanche-Aktivitäten zur Folge haben könnten.

Von diesen Gedanken einmal abgesehen, erleichtert es den Umgang zwischen Geschäftspartnern ungemein, wenn man sich aufgrund bestehender Vertrauensverhältnisse nicht permanent gegen Tricks, Fallen oder sogar Betrug schützen muss. Faire geschäftliche Umgangsformen ersparen somit auch Kosten und erhöhen die Wettbewerbsfähigkeit. Diese Argumentation verdeutlicht, dass bezogen auf das Verhältnis zu Lieferanten und Kunden die allgemeine logische Begründung und die ökonomisch fundierte Beweisführung zusammenfallen. Das weltweite Vordringen der **ECR-Philosophie** bestätigt diesen Gedankengang in eindrucksvoller Art und Weise.

Beispiel 3: Partnerschaftlichkeit gegenüber Beschäftigten

Im Rahmen des gesamten Zeitbudgets zumindest von Vollbeschäftigten bildet die **Arbeitszeit** den größten in sich geschlossenen Block; zwar ist durch Arbeitszeitverkürzungen inzwischen die Freizeit – ohne den Zeitanteil für das Schlafen – länger als die Arbeitszeit, doch gliedert sie sich auf in verschiedenartige, an unterschiedlichen Orten und mit verschiedenen Menschen ausgeübte Tätigkeiten, wohingegen die Arbeitszeit in den meisten Fällen an einem bestimmten Ort und in einer hinsichtlich der Sozialkontakte gleichbleibenden Arbeitsumgebung verbracht wird.

Daraus ergibt sich logisch, dass nichts naheliegender ist, als diesen erheblichen Anteil am gesamten Zeitbudget im Rahmen des Machbaren so angenehm wie möglich zu gestalten, oder anders ausgedrückt, es zu vermeiden, dass dieser Zeitblock als Last empfunden werden muss. Dies gilt sowohl für das Verhältnis von Angestellten untereinander, als auch für die wechselseitigen Beziehungen zwischen Management und Beschäftigten. Dennoch scheinen es manche Unternehmungen darauf anzulegen, **Arbeitsbedingungen** und **-atmosphäre** wider jede Notwendigkeit über das erforderliche Maß hinaus zu erschweren. Dies ist bei rationaler Denkweise im Grunde nicht nachvollziehbar. Dies zur logischen Begründung der Integration bestimmter Grundsätze der Mitarbeiterführung in die Unternehmenskultur.

Auch hier gibt es jedoch eine unmittelbar ökonomische Begründung: Dass zufriedene, motivierte Mitarbeiter und Mitarbeiterinnen leistungsbereiter sind, mehr Verantwortung entwickeln, weniger häufig krank sind und in geringerem Umfang zum kurzfristigen Verlassen eines Unternehmens neigen, stellt inzwischen theoretisches Allgemeingut aller im Personalmanagement beschäftigten Führungskräfte dar. Eine ceteris paribus optimale Unternehmensleistung ist also nur mit zufriedenem Personal möglich, welches unter günstigen Arbeitsbedingungen tätig ist.

Bei der permanent bestehenden und sich in Zukunft noch verstärkenden Knappheit an qualifiziertem Personal kommt noch hinzu, dass dieses ohne überdurchschnittliche Entlohnung, vor allem aber auch zufriedenstellende Arbeitsbedingungen im weitesten Sinne kaum in ausreichendem Umfang gewonnen und gehalten werden kann. Eine Unternehmenskultur, in welcher der Grundsatz enthalten ist, dass die Beschäftigten als ernst zu nehmende Partner zu betrachten sind, welche in fairer Weise behandelt, in die **Mitverantwortung** für das Unternehmen einbezogen, eventuell auch kapitalmäßig beteiligt werden sollten, stellt also auch unter ökonomischen Gesichtspunkten eine sinnvolle Maßnahme der Unternehmensführung dar. Man kann hier sogar noch einen Schritt weitergehen: Ohne diese Erkenntnis und ihre Verankerung in den Unternehmensgrundsätzen, vor allem aber ohne deren Realisierung im Unternehmensalltag wird es künftig immer schwerer werden, in einem marktwirtschaftlichen System erfolgreich am Wettbewerb teilzunehmen. Verankerung im Unternehmensalltag kann dabei bedeuten, dass die betriebliche Organisation die Dezentralisierung von Entscheidungen, teamorientiertes Arbeiten oder auch den Ersatz starrer Stellenbeschreibungen und Arbeitsanweisungen durch flexible Prozessbeschreibungen vorsieht.

Die Frage nach der Vereinbarkeit von ethischen Grundprinzipien und erfolgreichem Handelsmanagement kann also uneingeschränkt bejaht werden, da sowohl logisch-abstrakte, als auch unmittelbar ökonomische Gründe dafür sprechen. Wenn auf diese Weise echte Verbesserungen für **Mensch und Umwelt** erreicht werden können, darf es wohl als irrelevant angesehen werden, dass entsprechende Maßnahmen zum Teil auf egoistische Unternehmens- oder Individualziele im Sinne höherer ökonomischer Erfolgsrealisierung zurückzuführen sind.

Im Gegenteil: Wenn eine Maßnahme sowohl dem einzelnen Menschen oder der Umwelt als auch dem Unternehmen bzw. dessen Kapitaleignern Nutzen bringt, ist sie uneingeschränkt zu befürworten. Ziel der Führungslehre in den kommenden Jahren sollte daher sein, zu erforschen und anschließend publik zu machen, in welcher Weise ethische und ökonomische Zwecke in der Marktwirtschaft kombiniert werden können. Dies scheint ein Erfolg versprechender, da realitäts- und praxisnaher Weg zur Anwendung moralischer Kategorien im Wirtschaftsleben.

Jeder Versuch, ethisch begründete Ziele in die Wirtschaft einzuführen, der von der Weiterentwicklung zu neuen, idealen Menschen ausgeht, wird von Anfang an zum Scheitern verurteilt sein. Der Zusammenbruch der sozialistischen Planwirtschaft, die von dieser Prämisse ausging, hat als eine Art groß angelegtes Feldexperiment diese Aussage nachhaltig bestätigt. Gelingt es dagegen, den Nutzen moralischen Verhaltens deutlich zu machen, die Erkenntnis zu vermitteln, dass auf die Umwelt, auf Beschäftigte im Unternehmen, auf Kunden etc. gerichtete positive Verhaltensweisen gleichzeitig die eigenen und die Ziele des Unternehmens befördern können, so wird das Problem der Integration von Ethik und Management lösbar sein.

Generell kann die Übernahme sozialer Verantwortung durch Unternehmen als künftiger Mega-Trend betrachtet werden. So gehen etwa die für den im HandelsMonitor 2012/2013 befragten Experten mehrheitlich davon aus, dass **Corporate Social Responsibility (CSR)** in näherer Zukunft zu einem Standard in Handelsunternehmen werden wird (*Morschett u. a., 2012, S. 159*).

In diesem Sinn kann nur zu entsprechenden Aktivitäten in der Praxis und zu unterstützender theoretischer Forschung aufgefordert werden. Die Zahl der Unternehmen steigt an, welche eine Unternehmenskultur im aufgezeigten Sinne ausformulieren; die Thematik „Ethik in der Arbeitswelt" wird zunehmend in Lehr- und Forschungsprogramme von Hochschulen aufgenommen; der Nachhaltigkeitsgedanke findet in Theorie und Praxis immer stärkere Beachtung. So hat beispielsweise die Hochschule für Wirtschaft und Umwelt Nürtingen-Geislingen den Schwerpunkt Nachhaltigkeit im Leitbild verankert sowie entsprechende Studiengänge entwickelt. All dies gibt der Hoffnung Nahrung, dass eine der Menschlichkeit und der Nachhaltigkeit verpflichtete Denkweise sich zunehmend mehr in der Arbeitswelt oder genereller betrachtet in der Lebenswelt durchsetzen kann.

Aufgabe 24 > Seite 509

KONTROLLFRAGEN

	Lösung
1. Wie lässt sich der Begriff der Unternehmenskultur definieren?	S. 493
2. Wie stellt sich der Zusammenhang zwischen Unternehmenskultur und Corporate Identity dar?	S. 493
3. Welche Ansatzpunkte zur Erfassung des Phänomens der „Unternehmenskultur“ in Handelsunternehmungen können genannt werden?	S. 493
4. Welche Querverbindungen können zwischen Ethik und Handelsmanagement hergestellt werden?	S. 494
5. Diskutieren Sie die Möglichkeit einer logisch-abstrakten bzw. ökonomischen Begründung für die Zweckmäßigkeit der Beachtung ethischer Prinzipien bei der Führung von Wirtschaftsunternehmungen im Allgemeinen und Handelsunternehmungen im Besonderen!	S. 494 ff.
6. Welche konkreten Nutzenerwartungen können mit der Verfolgung von Zielen des Umweltschutzes, mit der Anwendung des Prinzips der Fairness gegenüber Lieferanten und Kunden sowie mit einem partnerschaftlichen Umgang mit den Beschäftigten im Unternehmen verbunden werden?	S. 494 ff.
7. Welche Folgerungen lassen sich aus den Überlegungen zur Vereinbarkeit von Ethik und erfolgreichem Handelsmanagement in Bezug auf die Aufgaben handelswissenschaftlicher Forschung sowie hinsichtlich entsprechender handelspraktischer Experimente im Managementbereich ableiten?	S. 497

Aufgabe 1: Klassifikation von Handelsunternehmen

Wie lassen sich die nachfolgend kurz beschriebenen Handelsunternehmungen nach den Kriterien Abnehmer, Größe des Absatzgebietes und gehandelte Warenkategorie klassifizieren?

(1) Die Schoko-Handels-GmbH beliefert per Lkw verschiedene Süßwaren-Fachgeschäfte, Warenhäuser und Verbrauchermärkte mit Tafelschokolade und verwandten Produkten. Die Zahl der belieferten Märkte liegt über 600, von denen der nördlichste in Kiel, der südlichste in Garmisch-Partenkirchen angesiedelt ist.

(2) Fa. Schmitz-Schleicher GmbH in Köln importiert italienische Schuhe und verkauft diese in eigenen Filialen im Großraum Köln/Aachen.

(3) Die Fa. Maier Präzisionsmaschinen OHG handelt mit Werkzeugmaschinen aller Art, die sie im In- und Ausland vertreibt. Die Kunden sind im EU-Raum, aber auch in Japan, USA, in der Sowjetunion und in China anzutreffen.

(4) Die Fa. A. Schulz bietet an einem Innenstadt-Standort ein breites und tiefes Feinkost-Sortiment an.

Firma	**Klassifikation nach**		
	Arbeitnehmer	**Absatzgebiet**	**Warenart**
(1) Schoko-Handels-GmbH			
(2) Fa. Schmitz-Schleicher GmbH			
(3) Fa. Maier Präzisionsmaschinen OHG			
(4) Fa. A. Schulz			

Lösung s. Seite 511

Aufgabe 2: Handelsfunktionen

Wie ist das Handelsfunktionenbündel (aktionsorientiert) folgender Handelsunternehmen zusammengesetzt?

- Krupp-Stahlhandel — Handel mit Stählen aller Art, Kundenbelieferung, Service- und Anarbeitungs-Center, Verkauf auf Ziel
- Kaufhof-Filiale — Innenstadtstandort, 130.000 Artikel
- Postengeschäft Pick's Raus — Angebot wechselnder Posten von Billigware aus günstigen Importen und aus Konkursen, kein Service, Barzahlung

Lösung s. Seite 511

Aufgabe 3: Sortimentspolitik

Ein Supermarkt mit 700 qm Verkaufsfläche erhält einen Lebensmittel-Discounter mit 600 qm Verkaufsfläche als Konkurrenten. Er fühlt sich einem Preiskampf nicht gewachsen und beschließt daher, die Sortimentsstrategien der Abhebung und der Vermeidung anzuwenden. Welche konkreten Umgestaltungsmaßnahmen seines Sortiments sind dem Supermarkt zu empfehlen?

Lösung s. Seite 512

Aufgabe 4: Standortpolitik im Einzelhandel

Der Abteilungsleiter Immobilien und Expansion eines Einzelhandelsunternehmens legt als Ergebnis einer Standortanalyse folgende Zahlen vor:

(1) Anzahl der Haushalte	Marktanalytische Zone I	7.389
	Marktanalytische Zone II	19.706
	Marktanalytische Zone III	9.766
(2) Durchschnittlicher Kaufbetrag/Haushalt	Zone I	1.670 €
	Zone II	1.670 €
	Zone III	1.600 €
(3) Kaufvolumenabfluss	aus Zone I	10 %
	aus Zone II	10 %
	aus Zone III	30 %
(4) Prognostizierte Marktanteile des geplanten Objekts	Zone I	28 %
	Zone II	12 %
	Zone III	4 %

Wie hoch ist der Prognoseumsatz des geplanten Objekts je marktanalytische Zone und insgesamt?

Lösung s. Seite 512

Aufgabe 5: Verkaufsmethode im Einzelhandel

Das Spielzeugfachgeschäft „Maiers' Kinderparadies" leidet zunehmend unter Personalmangel. Da eröffnet sich die Möglichkeit, durch einen Anbau die gewerbliche Fläche deutlich zu vergrößern. Man beschließt, vom bisher praktizierten Bedienungsprinzip auf Selbstbedienung umzustellen, wofür die Verkaufsfläche entsprechend erweitert werden soll.

Welche marketingpolitischen Konsequenzen ergeben sich, wenn tatsächlich das gesamte Sortiment in totaler Selbstbedienung verkauft werden soll?

Lösung s. Seite 513

Aufgabe 6: Preiselastizität der Nachfrage

Für drei verschiedene Artikel ergeben sich folgende Relationen zwischen Preisanhebung und Absatzmengenveränderung:

		Zeitpunkt t1	Zeitpunkt t2
Artikel (1)	Preis (€) Absatzmenge (St.)	1.000 1.000	1.200 500
Artikel (2)	Preis (€) Absatzmenge (St.)	20 40	25 36
Artikel (3)	Preis (€) Absatzmenge (St.)	150 10	200 10

a) Wie hoch sind die Preiselastizitäten der Nachfrage?

b) Wie lässt sich dies grafisch veranschaulichen?

c) Was folgt daraus für die Gestaltung der Preispolitik?

d) Welche Beispiele für die drei Fälle können gegeben werden?

Lösung s. Seite 513

Aufgabe 7: Varianten der Preispolitik

- Die Spezilux GmbH handelt mit speziellen Magnesium-Leuchten, welche in Obst- und Gemüse-Abteilungen des Einzelhandels eingesetzt werden. Ihr Lieferant befindet sich bezüglich dieser Produkte in monopolistischer Situation.
- Ein Verbrauchermarktunternehmen führt in der Abteilung Kaffee, Tee, Kakao die handelsüblichen Kaffeesorten.
- Ein klassischer selbstständiger Tante-Emma-Laden verkauft im Wesentlichen gängige Lebensmittel des täglichen Bedarfs.

a) Welche Kalkulationsverfahren bieten sich für die dargestellten Fälle an?

b) Wie sieht das jeweilige Kalkulationsschema aus?

Lösung s. Seite 515

Aufgabe 8: Werbepolitik

Die PC-Abteilung einer in Baden-Württemberg angesiedelten bürowirtschaftlichen Groß- und Einzelhandlung hat bisher eher zufällig Werbung betrieben. Dieses marketingpolitische Instrument soll in Zukunft systematischer eingesetzt werden. Skizzieren Sie unter Verwendung von Beispielen die wesentlichen zu treffenden Einzelentscheidungen zur Gestaltung einer exemplarischen Werbekampagne der PC-Abteilung!

Lösung s. Seite 515

Aufgabe 9: Maßstäbe der Personalleistung

Die Multidistributix AG ist ein weit verzweigtes Handelsunternehmen mit sowohl branchen- als auch länderübergreifender Groß- und Einzelhandelstätigkeit. Sie verfügt über mehr als 20.000 Beschäftigte und realisiert über 2 Mrd. € Umsatz jährlich. In diesem Unternehmen soll die gesamte Personalpolitik auf eine solidere zahlenmäßig abgesicherte Basis gestellt werden.

Hierzu wird der neu eingestellte Assistent des Personalvorstands, Herr Dr. Schlotz-Brenner, beauftragt, als ersten Schritt einen Vorschlag zu unterbreiten, mithilfe welcher Maßstäbe die Leistungen der Beschäftigten auf den verschiedensten Tätigkeitsgebieten adäquat gemessen werden können.

a) Wie könnte (ohne Vollständigkeitsanspruch) die Liste der quantifizierbaren Tätigkeiten inkl. der Maßstäbe zur Leistungsmessung aussehen, welche für den Großhandelsbereich der Multidistributix AG zu erstellen wäre?

b) Welche Tätigkeiten (exemplarisch) lassen sich dagegen nicht oder nur schwer quantitativ messen?

Lösung s. Seite 516

Aufgabe 10: Formen der Raumnutzung

Der Leistungsfaktor Raum tritt in verschiedenen Ausprägungsformen auf: Als Verkaufs-, Lager-, Verwaltungsraum etc. Skizzieren Sie in Form von exemplarischen Grob-Grundrissen die unterschiedliche Raumnutzung bei folgenden Handelsbetriebsformen:

a) reiner Strecken-Großhandel (ohne Lagergeschäft)

b) Lager-Großhandel ohne Warenmanipulations-Bereich

c) Einzelhandels-Fachgeschäft in Fußgängerzone der City

d) Einzelhandels-Großfläche „auf der grünen Wiese“.

Lösung s. Seite 518

Aufgabe 11: Leistungsmessung Betriebsfaktoren

Die in Übungsaufgabe Nr. 9 erwähnte Multidistributix AG beabsichtigt nach der quantitativen Leistungserfassung des Faktors Personal eine ebenso systematische zahlenmäßige Leistungsermittlung für die übrigen Betriebsfaktoren.

Dem ebenfalls bereits bekannten Dr. Schlotz-Brenner wird auch hier die Grundlagenarbeit in Form der Auffindung geeigneter Leistungsindikatoren übertragen. Wie könnten seine Arbeitsresultate beschaffen sein?

Lösung s. Seite 519

Aufgabe 12: Betriebsformenentwicklung

Die Fa. Bild & Ton GmbH, ein Filialunternehmen des Unterhaltungselektronik-Einzelhandels, führte bisher ausschließlich Fachgeschäfte mit Verkaufsflächen zwischen 200 und 400 qm. Dem Markttrend folgend soll nun eine neue Vertriebsschiene mit Fachmärkten zwischen 800 und 1.000 qm Verkaufsfläche etabliert werden. Für die konzeptionellen Arbeiten wird eine Planungsgruppe gebildet, welche folgende Aufgaben erfüllen soll:

(1) Festlegung der generellen Vorgehensweise (Planungs-Phasen)
(2) Bestimmung der Wege zur Informationsgewinnung im Vorfeld der Generierung von Handlungs-Alternativen
(3) Erstellung einer Liste der zu planenden Einzelmodule des neuen Betriebstyps
(4) Planung der Einzelmodule und Ableitung einer Rentabilitätsprognose für den Betriebsformen-Prototyp.

Entwickeln Sie folgende Planungsbestandteile:

a) Schema der Planungs-Phasen
b) Übersicht über Wege der Informationsgewinnung
c) Liste der zu planenden Einzelmodule
d) Zusammenstellung der zentralen Marketingelemente
e) Rentabilitätsprognose (mit fiktiven, aber realistischen Zahlen; Betriebsvergleiche nutzen!).

Lösung s. Seite 519

Aufgabe 13: Übergang vom Ein- zum Mehrbetriebsunternehmen

Nach der Übernahme des elterlichen Fachgeschäfts (Maier´s Kindermoden) beschließt Maier junior die Ausweitung des Tätigkeitsgebiets durch Errichtung mehrerer Filialen. Welche Aufgaben müssen im Einzelnen von ihm bewältigt werden, um den Übergang vom Ein- zum Mehrbetriebsunternehmen mit Erfolg durchführen zu können?

Lösung s. Seite 522

Aufgabe 14: Franchise-Vertrag

Bei Abschluss von Franchise-Verträgen werden im Wesentlichen die Pflichten und Rechte von Franchise-Geber bzw. -Nehmer vereinbart. Dabei sind die Pflichten des einen Partners deckungsgleich mit den Rechten des anderen Partners. Ein Franchise-Verhältnis ist somit durch Definition der beiderseitigen Pflichten hinreichend beschrieben.

Stellen Sie für das Beispiel der Franchise-Beziehungen zwischen einem Markenartikel-Hersteller als Franchise-Geber und einem Einzelhändler als Franchise-Nehmer die jeweiligen Verpflichtungen gegenüber!

Lösung s. Seite 523

Aufgabe 15: Management-Probleme von Verbundgruppen

Eine genossenschaftliche, bundesweit agierende Verbundgruppe des Handels beauftragt eine Unternehmensberatung: Diese soll die wesentlichen gruppenspezifischen Management-Probleme herausarbeiten und Lösungen aufzeigen.

Wie lassen sich stichwortartig die Kernprobleme, Lösungsansätze sowie die dabei zu beachtenden Risiken skizzieren?

Lösung s. Seite 524

Aufgabe 16: Konsequenzen aus Betriebsformen-Portfolio

Die Phantax-Handelsgruppe betreibt in der Bundesrepublik Deutschland mehrere Vertriebsschienen. Um Aufschluss über den künftigen Handlungsbedarf in Sachen Betriebstypenentwicklung zu erhalten, lässt die Geschäftsleitung ein Betriebsformen-Portfolio erstellen, welches folgendes Aussehen besitzt:

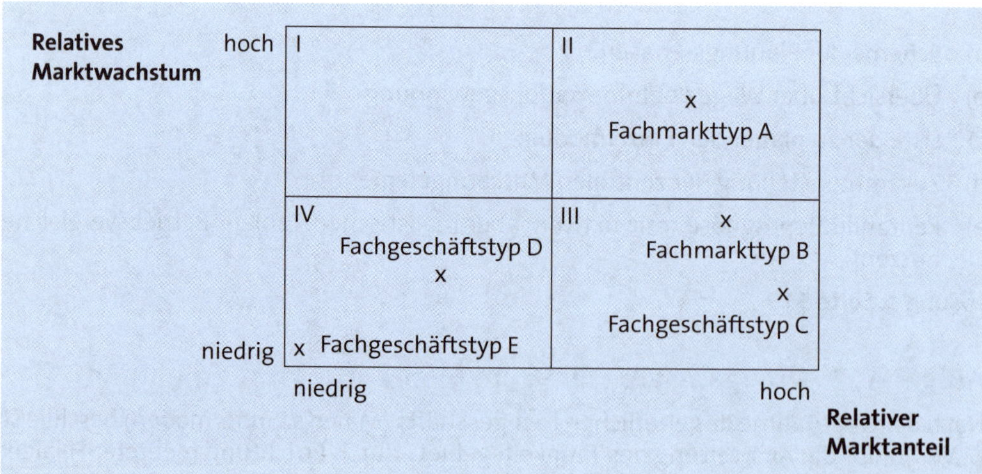

Welche Handlungsempfehlungen lassen sich aus diesem Portfolio ableiten?

Lösung s. Seite 525

Aufgabe 17: Personalbedarfsplanung

Für das SB-Warenhaus „Grüne Wiese“ wurden folgende Planumsätze bzw. Soll-Produktivitäten je tatsächlich zu leistender Personalstunde aufgrund empirischer Erhebungen festgelegt:

Abteilung	**Planumsatz Folgejahr (Mio. €)**	**Soll-Produktivität je Leistungs-Stunde (€)**
Frischfleisch/Wurstwaren	2,4	75
Käse/Salate	0,6	65
Backwaren	0,5	60
Obst/Gemüse	1,5	110
Übrige Lebemmitlel (SB)	8,0	400
Textilien/Schuhe	1,8	120
Bau & Hobby/Autozubehör	2,3	300
Elektro	2,2	210
Möbel	1,4	140
Hausrat, Spielwaren u. Ä.	1,3	160
Warenannahme	22,0	5.000
Kasse	22,0	1.300
Verwaltung/Büro	22,0	2.000
Marktleitung	22,0	4.000

Der Aufschlag für zu bezahlende, jedoch nicht zu leistende Stunden (für Krankheit, Urlaub und sonstige Abwesenheit) beträgt 20 % auf die Summe der Leistungsstunden.

Je Vollzeitkraft sind pro Jahr 2.000 bezahlte Stunden (gerundet) anzusetzen.

a) Errechnen Sie aus diesen Angaben:

- die Soll-Leistungsstunden je Abteilung für das zu planende Folgejahr
- die entsprechenden zu bezahlenden Soll-Stunden
- die erforderliche Anzahl Vollzeitkräfte je Abteilung
- die resultierenden Gesamtsummen für das SB-Warenhaus (gesamter Personalbedarf).

b) Der Betriebsvergleich für SB-Warenhäuser weist einen durchschnittlichen Umsatz je beschäftigte Person von 304.322 € aus. Beurteilen Sie anhand dieses externen Vergleichswertes die geplante Jahresleistung je Vollzeitkraft im SB-Warenhaus „Grüne Wiese“!

Lösung s. Seite 526

Aufgabe 18: Leistungsentlohnung

Die Großhandlung Spedifix GmbH betreibt ein großes Zentrallager, aus dem heraus die Kundenaufträge kommissioniert und anschließend den Abnehmern zugestellt werden. Die Geschäftsleitung beschließt, für das Kommissionierpersonal ein leistungsbezogenes Entlohnungssystem einzuführen. Entwickeln Sie ein praktikables Entlohnungsverfahren und berücksichtigen Sie dabei folgende Rahmendaten:

- Sortiment: Lebensmittel-Vollsortiment
- Kommissionierabwicklung: Kundenaufträge werden in Kommissionierbelege umgewandelt. Jeder Kommissionierer sammelt einen vollständigen Auftrag (Serielles Kommissionieren).
- Technisches Verfahren: Die Waren liegen in einzelhandelsgerechten Verpackungseinheiten (Colli) vor. Sie werden auf Rollbehältern bzw. Paletten gesammelt, welche mittels Elektrowagen durch das Lager transportiert werden.

Das leistungsbezogene Entlohnungsverfahren soll das Ziel verfolgen, die Leistungsbereitschaft zu erhöhen, dabei allerdings gewährleisten, dass weder die Fehlerquote ansteigt noch eine physische Überforderung der Kommissionierer provoziert wird.

Lösung s. Seite 527

Aufgabe 19: Kommissionier-Verfahren

Die aus Übungsaufgabe 18 bekannte Spedifix GmbH stellt einen Hochschul-Absolventen mit Spezialisierung auf Materialwirtschaft ein. Ihm wird als erste Aufgabe die Überprüfung des bestehenden Kommissionierverfahrens übertragen. Dieses läuft derzeit wie folgt ab:

Verwaltungskräfte erstellen auf der Basis der Kundenaufträge handschriftliche Kommissionierbelege. Diese werden auf einem Tisch im Lagerbüro ausgelegt. Jeder Kommissionierer wählt sich die ihm genehmen Aufträge aus und beginnt mit der Kommissionierung. Dabei schreitet er nacheinander alle Gänge des Lagers ab. Die Aufträge werden auf Handkarren gesammelt und anschließend in der Bereitstellungszone auf Rollbehälter umgepackt. Die abgehakte Kommissionierliste wird im Büro abgegeben.

Welche Verfahrensmängel sind feststellbar, und welche Empfehlungen lassen sich zu ihrer Abstellung ableiten?

Lösung s. Seite 528

Aufgabe 20: Warenwirtschaftssystem

Ein Einzelhandels-Unternehmen führt ein eingangsbezogenes, warengruppengenaues Warenwirtschaftssystem. Für die Warengruppe Konserven liegen für Monat Mai folgende Werte vor:

Anfangsbestand 01.05./Einkaufswert	(EK)	2.400 €
/Verkaufswert	(VK)	3.000 €
Wareneingang	/EK	3.500 €
	/VK	4.100 €
Umlagerungen an andere Abteilungen	/EK	120 €
	/VK	150 €
Warenverluste	/VK	40 €
Umsatz	/VK	4.000 €
Endbestand lt. Inventur 31.05.	/VK	2.800 €

Im Umsatz/Verkaufswert ist jeweils MwSt. enthalten (7 %).

Führen Sie eine Abrechnung für Monat Mai mit Ermittlung der Inventurdifferenz durch!

Lösung s. Seite 528

Aufgabe 21: Limitrechnung

Im Textilkaufhaus Hemd & Kragen OHG wird der Einkauf über das Instrument der Limitrechnung gesteuert. Für die Abteilung Damenoberbekleidung legt man Ihnen folgende Zahlenangaben vor:

Brutto-Umsatzplanung 2014	10.710 Tsd. €
Plan-Handelsspanne	33,33 %
Plan-Lagerumschlag	4 x/Jahr
Inventurbestand (Einkaufswert) zum 31.12.2013	2.000 Tsd. €
Geplante Limit-Reserve	500 Tsd. €

Plan-Umsatzanteile der Monate Januar - Dezember 2014 (%): Angaben siehe Folgeseite!

Das Limit für einen Monat steht jeweils im Vormonat zur Verfügung. Führen Sie eine Plan-Limitrechnung für das Jahr 2014 durch!

Monat	Plan-Umsatzanteil in Prozent
Januar	8
Februar	7
März	8
April	8
Mai	8
Juni	7
Juli	6
August	5
September	6
Oktober	7
November	10
Dezember	20
Gesamt 14	100

Lösung s. Seite 529

Aufgabe 22: Kostenstellenrechnung

In einem mittelständischen Handelsunternehmen existiert bislang lediglich eine einfache Kostenartenrechnung. Zur Erhöhung der Unternehmenstransparenz sowie zur Verbesserung der Steuerungsmöglichkeiten trägt man sich mit dem Gedanken, eine Kostenstellenrechnung einzuführen.

Ein Kostenrechner wird eingestellt, welcher als Entscheidungsgrundlage für die Geschäftsleitung eine systematische Aufstellung der Kriterien vorlegen soll, nach welchen das Unternehmen in Kostenstellen gegliedert werden kann.

Welche Gliederungskriterien lassen sich hier einsetzen?

Wie lassen sich exemplarisch die je Kriterium resultierenden Gliederungsmöglichkeiten veranschaulichen?

Lösung s. Seite 530

Aufgabe 23: Break-even-Analyse

Eine Holz-Großhandlung hat sich bisher auf reine Handelstätigkeit ohne zusätzliche Dienstleistungserstellung beschränkt. Wegen eingetretener Wettbewerbsverschärfung denkt man seitens der Unternehmensleitung über mögliche Serviceleistungen nach, mit denen sich das Unternehmen gegenüber seinen Konkurrenten profilieren könnte. Unter anderem wird schließlich die Entscheidung getroffen, einen Zuschnitt-Service einzurichten.

Hierfür wird nach Bedarf eine zusätzliche Kraft stundenweise beschäftigt. Der Stundenlohn beträgt 10 €, je Stunde können durchschnittlich zehn Zuschnitte bewältigt werden. Die Sägeeinrichtung wird für 15.000 € erworben. Der interne Zinssatz ist mit 8 % p. a. angesetzt. Der Abschreibungszeitraum beträgt 4 Jahre. Für einen Zuschnitt fordert die Holzgroßhandlung einen Preis von 3 €. Wie viele Zuschnitte müssen mindestens durchgeführt werden, damit sich der neue Service-Bereich selbst trägt? Wie hoch ist dann der Umsatz des Zuschnitt-Bereichs?

Lösung s. Seite 530

Aufgabe 24: Unternehmenskultur

Ein mittelständisches Lebensmittel-Einzelhandelsunternehmen (lokales Absatzgebiet, 6 Verkaufsstellen, 7 Mio. € Umsatz, 73 Voll- und Teilzeitbeschäftigte sowie Aushilfen und Auszubildende) wird von einem Unternehmer-Ehepaar geführt.

Die Haltung dieses Ehepaares lässt sich grob umreißen mit den Stichworten christliche Grundeinstellung, Bejahung gesellschaftlicher Verantwortung und Aufgeschlossenheit gegenüber neuen Ideen. Als Ergebnis einer Anregung anlässlich eines Seminars für Führungskräfte des Handels setzt sich das Unternehmer-Ehepaar an einem ruhigen Sonntag zusammen, um sich über die bisher nie explizit überdachte Unternehmenskultur im eigenen Betrieb Gedanken zu machen. Bis zum Abend ist es gelungen, die als wesentlich erachteten Unternehmensgrundsätze zum Handelsmarketing und zum Umgang mit den Beschäftigten niederzuschreiben.

Versuchen Sie, auf der Basis der skizzierten Rahmeninformationen eine exemplarische Zusammenstellung von Unternehmensgrundsätzen für die beiden genannten Bereiche (Handelsmarketing/Umgang mit Beschäftigten) zu formulieren, welche einen Beitrag zur Entwicklung einer Unternehmenskultur leisten können.

Lösung s. Seite 531

Lösung zu 1: Klassifikation von Handelsunternehmen

Firma	Klassifikation nach		
	Abnehmer	**Absatzgebiet**	**Warenart**
(1) Schoko-Handels-GmbH	Großhandel für Wiederverkäufer	national tätig	Verbrauchsgüterhandel
(2) Fa. Schmitz-Schleicher GmbH	Großhandel/ Einzelhandel für Endgebraucher	regional tätig	Gebrauchsgüterhandel
(3) Fa. Maier Präzisions-maschinen OHG	Großhandel für gewerbliche Nutzer	international tätig	Investitionsgüterhandel
(4) Fa. A. Schulz	Einzelhandel für Endverbraucher	lokal tätig	Verbrauchsgüterhandel

Lösung zu 2: Handelsfunktionen

Funktionen	Krupp-Stahlhandel	Kaufhof-Filiale	Pick's Raus
Reine Waren-funktionen	► Verteilung ► Sortimentsbreiten- und -tiefenfunktion ► Bedarfsanpassung durch Anarbeitung	► Verteilung ► Sortimentsbreiten- und -tiefenfunktion ► Bedarfsanpassung durch Dienstleis-tungen	► Verteilung ► keine Sortiments-bildung ► keine Bedarfsan-passung
Überbrückungs-funktionen i. e. S.	► Raumüberbrückung durch Transport ► Zeitüberbrückung durch Lagerung und Kreditierung	► Raumüberbrückung durch Transport in geringem Maße ► Zeitüberbrückung durch Lagerung und z. T. durch Kreditie-rung	► keine Raumüber-brückung ► Zeitüberbrückung durch Lagerung, nicht aber durch Kreditierung
Funktionen der Umsatzorganisation	► Preisbildung durch Berücksichtigung von Anbieter- und Nachfragerinteressen ► Leistungssicherung ► Umsatzdurchführung	► Preisbildung durch Berücksichtigung von Anbieter- und Nachfrager-interessen ► Leistungssicherung ► Umsatzdurchfüh-rung	► Preisbildung durch Berücksichtigung von Nachfrager-interessen ► keine Leistungs-sicherung ► Umsatzdurch-führung
Kommunikations-funktionen	► geringe Beeinflus-sungsfunktion ► hohe Informations-funktion	► hohe Beeinflus-sungsfunktion ► hohe Informations-funktion	► geringe Beeinflus-sungs- und Infor-mationsfunktion

Funktionen	Krupp-Stahlhandel	Kaufhof-Filiale	Pick's Raus
Sozialfunktionen	► keine	► Schaffung von Kauferlebnis ► geringe Schaffung persönlicher Kontaktmöglichkeiten	► keine

Lösung zu 3: Sortimentspolitik

Zu reduzierende Warenbereiche	Auszuweitende Warenbereiche	
	zur Abhebung	zur Vermeidung
Nahrungsmittel Konserven Waschmittel Putz- und Reinigungsmittel Körperpflege (niedriges Niveau) Kaffee, Tee Billig-Süßwaren Gängige Spirituosen Alkoholfreie Getränke Konsumbier Tiernahrung etc.	Hochwertige Spirituosen Hochwertige Süßwaren Weine, Champagner Hochwertige Kosmetika Feinkostkonserven etc.	Frischfleisch und Wurstwaren Frische Backwaren Salate Käse Obst u. Gemüse Tiefkühlkost Exotische Spezialitäten Kindernahrung Reformartikel Nonfood-Artikel etc.

Lösung zu 4: Standortpolitik im Einzelhandel

Standortanalyse/Umsatz- und Marktanteilseinschätzung

Marktanalytische Zone	Anzahl Haushalte	Kaufvolumen pro Jahr Tsd. E	Kaufvolumen Abfluss		Potenzielles Kaufvolumen Tsd. E	Marktanteil Planobjekt %	Umsatz Planobjekt Tsd. E	Zonenanteil %
			%	Tsd. €				
I	7.389	12.340	10	1.234	11.106	28	3.110	43.8
II	19.706	32.909	10	3.291	29.618	12	3.554	50.0
III	9.766	15.626	30	4.688	10.938	4	438	6.2
Gesamt	36.861	60.875	15	9.213	51.662	13.7	7.102	100.0

Umsatz: Brutto incl. MWSt.
Kaufvolumen: Haushaltszahl mal durchschnittlicher Ausgabenbetrag je Haushalt

Lösung zu 5: Verkaufsmethode im Einzelhandel

Bei Umstellung eines Spielzeugfachgeschäfts von Bedienung auf Selbstbedienung auf vergrößerter Verkaufsfläche ergeben sich folgende marketingpolitischen Konsequenzen:

Leistungs-substanzpolitik	► Sortimentsbereinigung: Sehr hochwertige Artikel (z. B. Schachspiele mit handgeschnitzten Figuren) und hoch erklärungsbedürftige Produkte (z. B. komplexe Computerspiele) werden eliminiert.
	► Sortimentsumstrukturierung: Nur noch vorverpackte Spiele/Zubehör werden geführt; Standardspiele werden ausgeweitet.
	► Dienstleistungen: Reduzierung oder Ausgliederung (z. B. Eisenbahn-Reparaturen).
Transferleistungs-politik	► Absatzmethode: Umstellung auf totale Selbstbedienung.
	► Gestaltung der Verkaufsstätte: Übersichtliche Gestaltung, Kundenführung z. B. durch Hinweisschilder.
	► Platzierung: Logische Warenplatzierung, z. B. zusammenhängende Darbietung der Warengruppen.
Entgelt-politik	► Normalpreispolitik: Weitergabe der Personalkosteneinsparung über Preise, konsequente Preisauszeichnung.
	► Sonderpreispolitik: Verstärkung von Preisaktionen in Verbindung mit Sonderplatzierungen.
Kommunikations-politik	► Werbung: Botschaftsumformulierung („bequemer“ Einkauf, Kauferlebnis/Spiele- „Landschaft“, niedrige Preise etc.).
	► Verkaufsförderung: Mehr Aktionen, Produktdemonstrationen, Gewinnspiele u. Ä.

Lösung zu 6: Preiselastizität der Nachfrage

Preiselastizität der Nachfrage:

$$\varepsilon = - \frac{\text{Relative Mengenänderung in \%}}{\text{Relative Preisänderung in \%}}$$

a) Artikel (1): $\varepsilon = - \frac{-50\ \%}{+20\ \%} = 2{,}5$ (hochelastisch)

b) Artikel (2): $\varepsilon = - \frac{-10\ \%}{+25\ \%} = 0{,}4$ (niedrige Elastizität)

c) Artikel (3): $\varepsilon = - \frac{-\ 0\ \%}{+33\ \%} = 0{,}0$ (unelastisch)

b) Artikel (1):

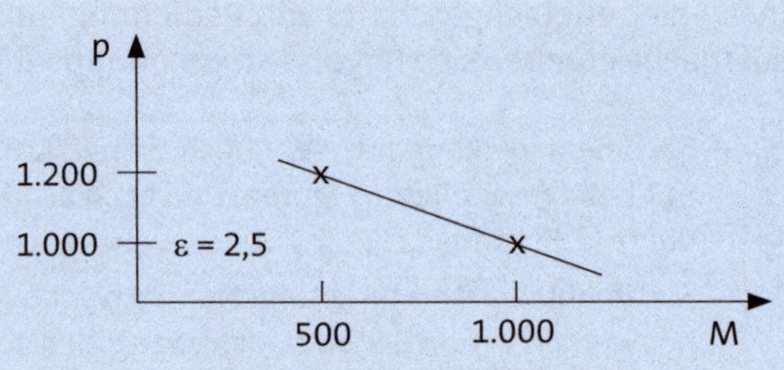

b) Artikel (2):

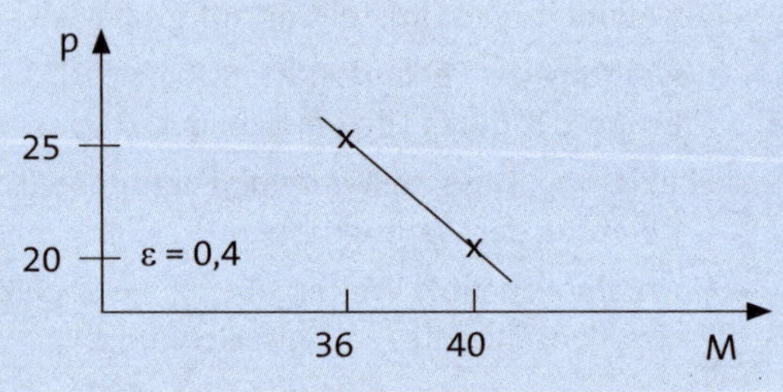

b) Artikel (3):

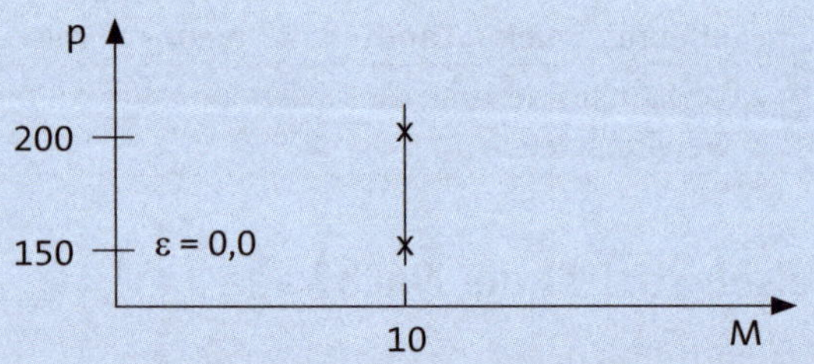

c) Bei Artikel (1) ist äußerste Vorsicht bei Preisanhebungen angebracht, durch Preissenkungen sind vermutlich hohe Absatzsteigerungen realisierbar. Bei Artikel (2) ist die relative Mengenänderung niedriger als die relative Preisänderung; ceteris paribus empfiehlt sich in diesem Fall eine Preisanhebung. Bei Artikel (3) reagiert die Absatzmenge nicht auf Preisänderungen. Hier sind Preiserhöhungen (theoretisch) in beliebigem Umfang möglich, während Preissenkungen im Hinblick auf eine etwa angestrebte Absatzmengensteigerung wertlos sind.

d) Artikel (1): Für die gewöhnliche Lebensführung nicht benötigte Waren wie z. B. Video-Recorder

Artikel (2): Für die normale Lebensführung benötigte Gegenstände wie z. B. Kochtöpfe

Artikel (3): Generell oder im Spezialfall unbedingt erforderliche Artikel wie z. B. Kinderwagen

Da es in der Praxis allerdings fast immer Ausweichmöglichkeiten gibt (für obiges Beispiel/Artikel (3): Beschaffung eines gebrauchten Kinderwagens), ist die völlig unelastische Nachfrage als theoretischer Extremfall zu betrachten. Wesentlich ist darüber hinaus das Faktum, dass Nachfrageelastizitäten nur gesamtwirtschaftlich, nicht aber für den einzelnen Handelsbetrieb gelten.

Lösung zu 7: Varianten der Preispolitik

a) Spezilux GmbH: Einstandspreis im Wesentlichen vorgegeben, da Lieferant Monopolist; progressive Kalkulation zum Verkaufspreis.

Verbrauchermarktunternehmen: Verkaufspreis im Wesentlichen vorgegeben, da Konsumenten die Marktpreise der üblichen Kaffeesorten kennen; retrograde Kalkulation zum Einstandspreis.

Tante Emma-Laden: Wegen fehlender Marktmacht kaum Verhandlungsspielraum, bei gängigen Lebensmitteln relativ feste Marktpreise auf Verkaufsseite; Differenzkalkulation zur Feststellung, ob mit einem bestimmten Artikel Gewinn oder Verlust gemacht wird.

b)

Kalkulationsschema		
Spezilux GmbH	**Verbrauchermarktunternehmen**	**Tante Emma-Laden**
Einstandspreis	(Markt-)Verkaufspreis	(Markt-)Verkaufspreis
+ Gemeinkostenaufschlag	- MwSt.	- MwSt.
= Selbstkosten	- Gewinnabschlag	- Gemeinkostenabschlag
+ Gewinnaufschlag	= Selbstkosten	- Einstandspreis
+ MwSt.	- Gemeinkostenabschlag	= Gewinn oder Verlust
= Plan-Verkaufspreis	= Plan-Einkaufspreis	

Lösung zu 8: Werbepolitik

Erste Entscheidungsphase

- Zielfestlegung: Steigerung des PC-Umsatzes um 10 % gegenüber Vorjahr im Geschäftsjahr 2013
- Zielgruppenbestimmung: Gewerbliche Abnehmer aus Industrie, Handel und Verwaltung in Baden-Württemberg; keine Kleinbetriebe
- Entscheidung über Werbesubjekt: Alleinwerbung des eigenen Unternehmens
- Entscheidung über Werbeobjekte: PCs inkl. Peripherie-Einrichtungen, soweit im eigenen Sortiment enthalten; Installations-, Anwendungs- und Organisationsberatung

Zweite Entscheidungsphase

- Formulierung der Werbebotschaft: Komplette Problemlösung (Hardware, Software, Installation, Organisationsumstellung) aus einer – kompetenten – Hand
- Auswahl des Werbemittels: Anzeige
- Gestaltung des Werbemittels: Bild-Text-Kombination, wegen gewerbl. Abnehmern auf höherem Niveau, Beachtung der Corporate Communication-Vorgaben des Unternehmens
- Auswahl der Werbeträger: Branchen-Fachzeitschriften (z. B. io, cz, chip etc.); überregionale Tageszeitungen, z. B. Süddeutsche Zeitung

Dritte Entscheidungsphase

- Festlegung des zeitlichen Einsatzes der Werbung: Streuplanung: ein halbes Jahr lang in jeder Ausgabe der Fachzeitschriften, 1 x wöchentlich in der Tageszeitung; ganzseitig in Fachzeitschriften, eine halbe Seite in Tageszeitung
- Bestimmung des Werbebudgets: Errechnung aus aktuellen Anzeigenpreisen der ausgewählten Werbeträger durch Multiplikation mit der Anzahl der Schaltungen
- Ablauforganisatorische Regelung: Personelle Verantwortlichkeit: Werbeleiter; Netzplan für Vorbereitungsphase; Beschluss, die kreativen Aufgaben (Text, Design) an Agentur auszugliedern; Briefing
- Werbeerfolgskontrolle: Kontrolle der entstehenden Kosten auf Planeinhaltung, Kontrolle der Umsatzentwicklung, Planungs-Audit

Lösung zu 9: Maßstäbe der Personalleistung

a) Quantitativ messbare Tätigkeiten:

Tätigkeitsbereiche im Großhandel	Beispiele für Maßstäbe zur Leistungsmessung
Einkaufstätigkeiten	► Erzielte Summe an Rabatten, Nachlässen, Boni (absolut/ in Prozent des Einkaufswertes) ► ausgehandelte Werbekostenzuschüsse ► etc.

Tätigkeitsbereiche im Großhandel	Beispiele für Maßstäbe zur Leistungsmessung
Betriebsinterne warenbezogene Tätigkeiten	► Kontrollierte Positionen im Wareneingang ► Eingelagerte Menge (Gewicht/Stück usw.) ► Kommissionierte Menge ► Bearbeitete (z. B. vorverpackte) Einheiten ► etc.
Betriebsinterne Verwaltungstätigkeiten i. w. S.	► Anzahl verarbeiteter Belege (z. B. Lieferscheine, Rechnungen) ► Eingabepositionen in Terminal ► etc.
Kundenbezogene Tätigkeiten	► Akquirierte Aufträge (Menge, Wert usw.) ► Gewonnene Neukunden ► Anzahl belieferter Kunden ► Zugestellte Mengen (Gewicht, Stück usw.)

Alle Maßstäbe verstehen sich je Kraft und je Zeiteinheit (z. B. Jahr, Monat, Stunde).

b) Quantitativ nicht oder schwer messbare Tätigkeiten:

- Marktforschung
- Organisation
- EDV-Tätigkeiten (Konzeptentwicklung)
- Personalverwaltung
- Dokumentation
- Grundlagenarbeit Marketing
- Kreativtätigkeiten in Werbung und Verkaufsförderung
- Public Relations
- reine Kundenberatung
- Aus- und Weiterbildung
- etc.

Lösung zu 10: Formen der Raumnutzung

Grundriss-Skizzen (exemplarisch/nicht maßstabgetreu):

═══════ Begrenzungslinie des umbauten Raumes
─────── Begrenzungslinie der Freiflächen

a) **Reiner Strecken-Großhandel**

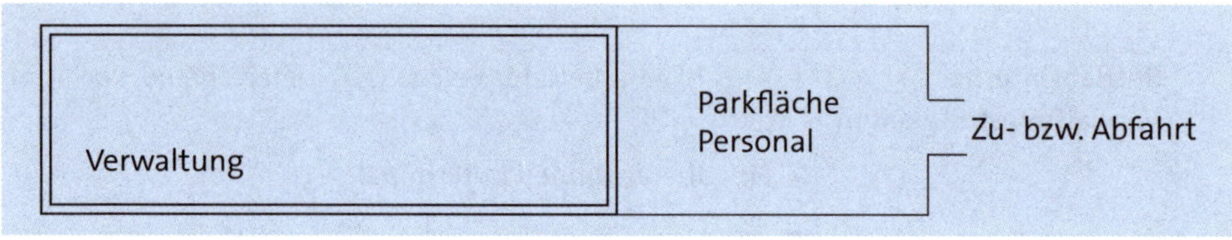

b) **Lager-Großhandel**

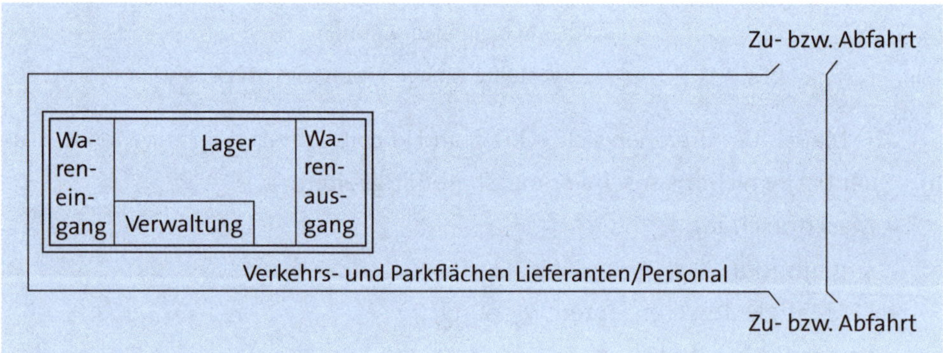

c) **Fachgeschäft in Fußgängerzone der City**

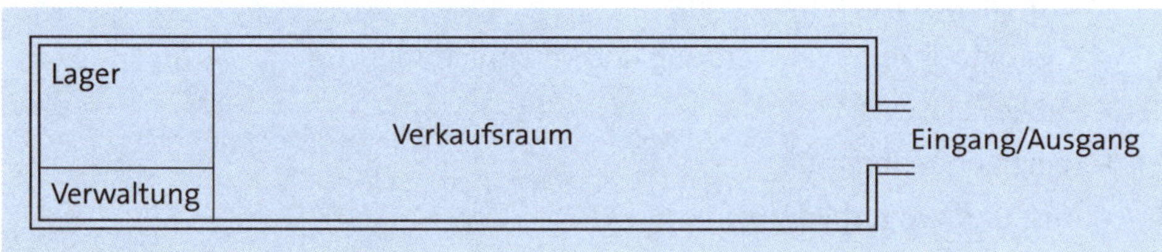

d) **Einzelhandels-Großfläche „auf der Wiese“**

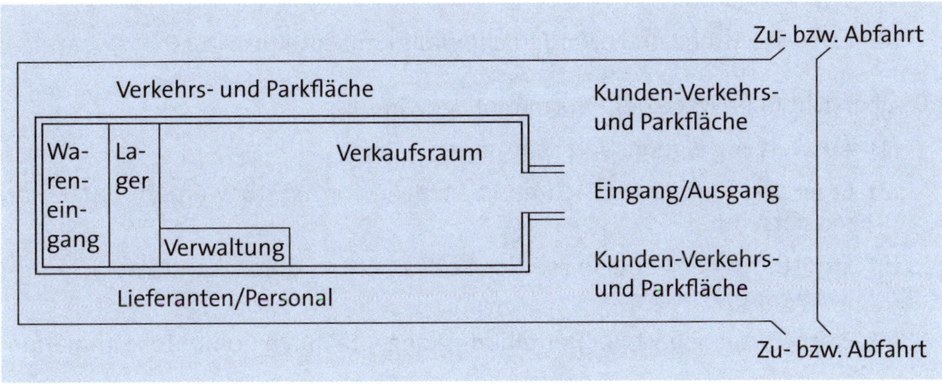

Lösung zu 11: Leistungsmessung Betriebsfaktoren

Betriebsfaktor	Mögliche Leistungsmaßstäbe
Raum	► Umsatz je qm Geschäftsfläche ► Umsatz je qm Verkaufsfläche ► Lagerfüllgrad (m^3 Lagerware in Prozent von m^3 Lagerraum) ► etc.
Sachliche Betriebsmittel	► Anzahl Einsatzstunden von Bearbeitungsgeräten/Transportmitteln in Prozent der Gesamtkapazität ► Fuhrparkauslastung ► etc.
Ware	► Lagerumschlag/durchschnittliche Verweildauer ► Bruttonutzenziffer (Aufschlag mal Umschlag) ► etc.
Kapital	► Kapitalumschlag ► Kapitalrentabilität ► etc.

Lösung zu 12: Betriebsformenentwicklung

a) Schema der Planungsphasen

(1) Ableitung der Ziele der neuen Vertriebsschiene aus der Unternehmenszielsetzung und -strategie

(2) Informationsbeschaffung hinsichtlich aller relevanten Einflussgrößen

(3) Entwicklung alternativer Betreibungskonzepte für den neuen Betriebstyp

(4) Experimentelle Erprobung des neuen Typs

(5) Realisierung der Vertriebsschiene unter Berücksichtigung der experimentellen Erfahrungen

(6) Erfolgskontrolle und erforderlichenfalls Konzept-Korrektur

b) Übersicht über Wege der Informationsgewinnung

(1) Auswertung eigener Vorerfahrungen

(2) Erhebung realisierter Fachmarkt-Modelle von Wettbewerbern durch Konkurrenzforschung

(3) Ermittlung der Bedürfnisse der Konsumenten durch Kundenforschung (z. B. Befragung)

(4) Erarbeitung neuartiger Betreibungskonzepte durch Computer-Simulation

c) Liste der zu planenden Einzelmodule:

Modul	**Modul-Komponenten**
Marketing	► Leistungssubstanzpolitiik ► Transferleistungspolitik ► Entgeltpolitik ► Kommunikationspolitik
Organisation	► Aufbauorganisation ► Ablauforganisation - materiell - monetär - kommunikatorisch - personell
Betriebswirtschaftliche Planzahlen	► Umsatz, Erträge, Kosten, Ergebnis ► Kapital, Finanzierung ► Produktivitäten
Technik	► Räumlichkeiten (überbauter Raum) ► Außenanlagen ► Sachausstattung Verkaufsraum, Lager, Manipulationsbereich ► Sachausstattung Verwaltung und Kontrolle ► Transportmittel

d) Zusammenstellung der zentralen Marketingelemente:

- **Fachkompetenz** für Unterhaltungselektronik (durch Breite und Tiefe des Sortiments, durch Dienstleistungen, insbesondere Beratungsangebot)
- **Preiswürdigkeit** (angemessenes Preis-Leistungs-Verhältnis, jedoch keine Preisaggressivität bzw. Überbetonung der Sonderangebotspolitik)

- Vermittlung von **Kauferlebnis** und **Atmosphäre** (durch großzügige und übersichtliche Raumgestaltung und Warenplatzierung, attraktive Warenpräsentation, Schaffung von Erlebniswelten in Form von Bedarfsgruppierungen etc.)
- **Gute Erreichbarkeit** (durch ausreichendes Parkplatzangebot und Anbindung an öffentliche Verkehrsmittel)

e) Rentabilitätsprognose

Ausgangsdaten:

- 1.000 qm Verkaufsfläche
- 10 € Miete je qm und Monat (bezogen auf Verkaufsfläche)
- Plan-Umsatz 4 Mio. € (netto ohne MwSt.)
- Personalleistung 150.000 €/Beschäftigten pro Jahr, Personalbedarf also rd. 27 Vollkräfte

Ergebnis- und Rentabilitätsplanung:

Position	Tsd. €	Prozent
Netto-Umsatz	4.000	100,0
- Wareneinsatz	2.920	73,0
= Rohertrag/HSp.	1.080	27,0
Personalkosten	540	13,5
Miete	120	3,0
Sachkosten Geschäftsraum	40	1,0
Werbekosten	75	1,9
Abschreibungen	65	1,6
Zinsen	50	1,3
Gewerbesteuer	12	0,3
Kfz.-Kosten	25	0,6
Sonstige Kosten	100	2,5
- Gesamtkosten	1.027	25,7
= Planergebnis	53	1,3

$$\text{Umsatzrentabilität} = \frac{\text{Plangewinn}}{\text{Umsatz}} \cdot 100$$

$$\text{Umsatzrentabilität} = \frac{53.000}{4.000.000} \cdot 100 = 1{,}3\ \%$$

Lösung zu 13: Übergang vom Ein- zum Mehrbetriebsunternehmen

Folgende generelle und spezielle Maßnahmen sind zur Erweiterung des Einbetriebs- zum Mehrbetriebsunternehmen notwendig bzw. sinnvoll:

(1) **Rechtsform**	► Prüfung der Möglichkeit einer Rechtsformenumwandlung von Einzelfirma zu GmbH
(2) **Marketing** Allgemeine Maßnahmen	► Prüfung der Notwendigkeit einer Installation verschiedener Betriebsformen ► Prüfung der Zweckmäßigkeit eines standortindividuellen Marketing ► Erschließung der Standorte für weitere Verkaufsstellen
Spezielle Maßnahmen (Beispiele)	► Abstimmung von Sortiment und Dienstleistungen auf Kundenstruktur des jeweiligen Einzugsgebietes ► Standortadäquate Preispolitik ► Zielgruppenbezogene Anpassung der Kommunikationspolitik
(3) **Organisation** Allgemeine Maßnahmen	► Formalisierung, Standardisierung und schriftliche Fixierung der Betriebsorganisation ► Anpassung der Organisation an die veränderte Unternehmensstruktur ► Neugestaltung von für Mehrbetriebsunternehmen spezifischen Organisationselementen
Spezielle Maßnahmen (Beispiele)	► Personalorganisation: Rückzug des Unternehmers aus ausführenden Tätigkeiten; Einstellung von Führungskräften für Filialleitung; Begründung einer betrieblichen Revision; Entwicklung eines Organigramms, Stellenplans und von Stellenbeschreibungen; Einführung von Standards für Personaleinsatzplanung usw. ► Waren- und Geldorganisation: Standardisierung von Bestellwesen und Warenannahme sowie -eingangskontrolle; Einführung allgemeiner Regelungen für Lagerung, Warenmanipulation und Verkauf; Entwicklung verbindlicher Regelungen für Kassenwesen, Bankeinzahlung u. Ä.; Organisation von Abläufen wie z. B. Warenumlagerungen zwischen Filialen usw. ► Informationsorganisation: Einführung eines verkaufsstellenübergreifenden Warenwirtschaftssystems; Etablierung einer aussagekräftigen Kosten- und Leistungsrechnung sowie Betriebsstatistik; Festlegung von Informationspflichten und -rechten; Entwurf allgemeiner Ausbildungsrichtlinien; Etablierung eines institutionalisierten Vorschlagswesens usw.

Lösung zu 14: Franchise-Vertrag

Die Pflichten eines Markenartikel-Herstellers als Franchise-Geber und eines Einzelhändlers als Franchise-Nehmer lassen sich wie folgt umreißen:

Pflichten des Franchise-Nehmers (Einzelhändler)	**Pflichten des Franchise-Gebers (Markenartikel-Hersteller)**
(1) Verpflichtung zur Absatzforcierung der betreffenden Erzeugnisse ► Werbung (auch in Kooperation mit Hersteller) ► persönliche Verbraucherberatung ► Warenpflege (Installation, Wartung, Reparaturen) (2) Sortimentsbeschränkung in bezug auf Konkurrenzprodukte (3) Verpflichtung zur Unterlassung von Maßnahmen, die das vom Hersteller gewünschte Preisniveau der Produkte stören könnten (4) Export und Re-Importverbot, Querlieferungsverbot (5) Verpflichtung zu Mindestabnahmemengen (6) Verpflichtung zum Rückkaufangebot des Warenrestbestandes bei Geschäftsaufgabe (7) Verpflichtung zur Vertragsstrafe bei Verletzung der getroffenen Vereinbarungen	(1) Beschränkung des Abnehmerkreises, regionaler Gebietsschutz (2) Verpflichtung, verlässliche Qualitätsware zu liefern (3) Verpflichtung zur Sicherung einer auskömmlichen Spanne (4) Verpflichtung zu Aktivitäten gegenüber Konsumenten (Markenpflege, Werbekooperation, Kostenbeteiligung an der Händlerwerbung) (5) Verpflichtung zur Nebenleistung gegenüber dem Einzelhändler (Bereitstellung von Beratungs-, Dekorations- u. Messediensten), Personalschulung, Hilfe bei Lagerbestandsabbau vor Neueinführungen (6) Verpflichtung zur Vertragsstrafe bei Verletzung der getroffenen Vereinbarungen

Quelle: *Hansen, U.*: Absatz- und Beschaffungsmarketing des Einzelhandels Bd. 2, Göttingen 1976, S. 519

Lösung zu 15: Management-Probleme von Verbundgruppen

Problem	Lösungsansatz	Risiko
(1) Entscheidungsfindung	Delegation von Entscheidungskompetenz an zentrale Institutionen; demokratische Erfolgskontrolle in größeren zeitlichen Abständen	Selbstständigkeitsverlust der Genossen sowie der regionalen Genossenschaften; Machtkonzentration bei Zentralinstanz
(2) Entscheidungsdurchsetzung	Übertragung exekutiver Rechte an zentrale Institutionen, Kontrolle: siehe oben	Risiko: siehe oben
(3) Verbundgruppenkontrolle	Umwandlung in Aktiengesellschaft, Etablierung eines extern besetzten Aufsichtsrates, dabei jedoch keine Aufgabe der genossenschaftlichen Ziele	Verlust der genossenschaftlichen Identität; Eindringen von Kontrollkriterien, welche nicht genossenschaftsspezifisch sind
(4) (Neu-) Interpretation des Solidarprinzips	Einschränkung des Solidarprinzips dahingehend, dass Überlebensfähigkeit der Gesamt-Gruppe absolute Priorität erhält	Aufgabe der Unterstützung langjähriger Genossenschaftsmitglieder, dadurch Abstriche am urspünglichen Genossenschaftsgedanken
(5) Finanzierung der Zentralleistungen	Offene Finanzierung zentraler Dienste mit kostendeckend, jedoch nicht auf Gewinn kalkulierten Gebühren, welche insoweit unter dem Marktpreis bleiben	Für in ökonomischer Krise befindliche Mitglieder können Zentralleistungen dadurch unerschwinglich werden
(6) Konstanthaltung des Gruppenkapitals	wie Lösungsansatz zu (3)	Gefahr der Einflussnahme bis hin zum Aufkauf durch nicht genossenschaftliche (Handels-) Unternehmungen
(7) Führungsqualität	Anhebung des Gehaltsniveaus, Maßnahmen zur Imageverbesserung, Einstellung genossenschaftsexterner Manager	Eindringen genossenschaftsfremder Führungsprinzipien

Lösung zu 16: Konsequenzen aus Betriebsformen-Portfolio

Handlungsempfehlungen:

(1) **Keine Betriebsform im Quadrant I** bedeutet, dass die Handelsgruppe über keine innovative Betriebsform mit hohem Marktwachstum, aber (noch) niedrigem relativen Marktanteil verfügt. Lediglich der **Fachmarkttyp A** im **Quadrant II** partizipiert an einem starken Marktwachstum.

Konsequenz: Um weiterhin im Markt zu bleiben, muss unbedingt in neue Betriebstypen investiert werden, da sonst die Zukunft der Gruppe gefährdet ist.

(2) Zwei Betriebstypen (**Fachmarkttyp B** und **Fachgeschäftstyp C**) im Quadrant III erwirtschaften derzeit hohe Erträge, wodurch die existenzgefährdende Betriebsformenstruktur der Phantax-Gruppe noch nicht offen zutage tritt. Diese beiden Typen befinden sich aber in der Reifephase, weswegen von ihnen keine weiteren Wachstumsimpulse zu erwarten sind. Außerdem droht der Übergang in die Degenerationsphase.

Konsequenz: Ertragsabschöpfung solange wie möglich, dabei jedoch aufmerksame Marktbeobachtung, um rechtzeitig die Notwendigkeit von Relaunching-Maßnahmen erkennen zu können.

(3) Die zwei Betriebstypen (**Fachgeschäftstypen D und E**) im **Quadrant IV** sind von der Marktsituation her nicht mehr wachstumsträchtig; die Handelsgruppe verfügt in beiden Fällen nur über geringe relative Marktanteile.

Konsequenz: Investitionen in diese beiden Betriebstypen zur Marktanteilserhöhung lohnen nicht, da sie sich bereits in der Degenerationsphase befinden. Ihre Weiterführung ist solange zu verantworten, wie die entsprechenden Vertriebsschienen positive Ergebnisse erwirtschaften. Sobald jedoch Verluste eintreten, sind diese Betriebstypen zu eliminieren.

Lösung zu 17: Personalbedarfsplanung

1 Abteilung	2 Plan-Umsatz Folgejahr (Mio. €)	3 Soll-Produktivität je Leistungsstunde (€)	4 Zu leistende Soll-Stunden (Sp. 2: Sp. 3)	5 Zu bezahlende Soll-Std. (Sp. 4 + 20 %)	6 Personalbedarf Vollzeitkräfte (Sp. 5 : 2.000)
Frischfleisch/Wurstwaren	2,4	75	32.000	38.400	19,2
Käse/Salate	0,6	65	9.231	11.077	5,5
Backwaren	0,5	60	8.333	10.000	5,0
Obst/Gemüse	1,5	110	13.636	16.364	8,2
Übrige Lebensmittel (SB)	8,0	400	20.000	24.000	12,0
Textilien/Schuhe	1,8	120	15.000	18.000	9,0
Bau & Hobby/Autozubehör	2,3	300	7.667	9.200	4,6
Elektro	2,2	210	10.476	12.571	6,3
Möbel	1,4	140	10.000	12.000	6,0
Hausrat, Spielwaren u. Ä.	1,3	160	8.125	9.750	4,9
Warenannahme	22,0	5.000	4.400	5.280	2,6
Kasse	22,0	1.300	16.923	20.308	10,2
Verwaltung/Büro	22,0	2.000	11.000	13.200	6,6
Marktleitung	22,0	4.000	5.500	6.600	3,3
Gesamt Markt	22,0	∅ ≈ 127,7	172.291	206.750	103,4

Beurteilung der geplanten Personalleistung

- geplante Personalleistung: $\frac{22{,}0 \text{ Mio. € Umsatz}}{103{,}4 \text{ Vollkräfte}} = 212.766$ €/Kraft
- externer Vergleichswert: 304.322 €/Kraft

Bewertung: Der Planwert liegt um 91.556 € oder 30,1 % unter dem durchschnittlichen Leistungswert je Vollkraft in SB-Warenhäusern. Somit entstehen überhöhte Personalkosten, welche die Wettbewerbsfähigkeit des SB-Warenhauses „Grüne Wiese“ infrage stellen. Anhand detaillierter Vergleichswerte je Abteilung muss geprüft werden, wo die Soll-Werte nach oben zu korrigieren sind, was wiederum seinen Niederschlag in einem reduzierten Personaleinsatz finden muss.

Lösung zu 18: Leistungsentlohnung

(1) **Mögliche Maßstäbe der Leistungsmessung**, welche maximiert werden sollen:

a) Anzahl kommissionierter Aufträge

b) Anzahl kommissionierter Auftragspositionen

c) Gewicht der kommissionierten Ware

d) Wert der kommissionierten Ware.

Alternativen a) und d) führen wegen unterschiedlichen Auftragsgrößen bzw. wegen verschiedener Artikelwertigkeit zu erheblichen Ungerechtigkeiten. Alternative c) erfordert in Form des Verwiegens der Aufträge einen zusätzlichen Arbeitsschritt und den Einsatz technischer Hilfsmittel.

Gewählt wird Maßstab b), wobei man davon ausgeht, dass unterschiedliche Werte der Auftragspositionen sich nach dem Gesetz der großen Zahl ausgleichen, sodass dieses Verfahren insgesamt als hinreichend gerecht betrachtet werden kann.

(2) **Zu beachtende Restriktionen**

- Fehlerquote ≤ durchschnittliche Fehlerquote vor Einführung der leistungsbezogenen Entlohnung
- Maximale Kommissionierleistung ≤ maximaler arbeitsmedizinisch verantwortbarer Grenzwert

(3) **Exemplarisches Entlohungsverfahren**

Index-Wert	Leistungsentlohnung € pro Monat
100	–
110	100
120	200
130	300
140	350
150	370
> 150	370

Dabei gilt:

- Leistungs-Index = 100 = durchschnittliche Kommissionierleistung vor Einführung der Leistungsentlohnung
- Leistungs-Index = 150 = arbeitsmedizinisch verantwortbare maximale Kommissionierleistung
- Je Kommissionierfehler oberhalb der durchschnittlichen Fehlerzahl vor Einführung der leistungsbezogenen Entlohnung erfolgt Abzug von 5 €. Die Null-Prämie kann nicht unterschritten werden.

Lösung zu 19: Kommissionier-Verfahren

Mängel im Verfahren	Handlungsempfehlungen
(1) Arbeitsaufwändige manuelle Erstellung der Kommissionierlisten, welche außerdem durch die Notwendigkeit des handschriftlichen Abhakens Kommissionierfehler begünstigen.	Umstellung auf EDV; direkte Umsetzung der Aufträge in Kommissionierbelege; zur Fehlerverringerung Ausdruck der Kommissionier-Positionen auf Klebeetiketten, welche auf den gesammelten Colli anzubringen sind.
(2) Auswahl der Aufträge durch Kommissionierer selbst; dadurch Ungerechtigkeiten vorprogrammiert.	Verteilung der Aufträge durch Lagerleiter nach festem System oder nach dem Zufallsprinzip.
(3) Unrationelles Hauptgangverfahren (lange Wege!).	Umstellung z. B. auf Hauptgang-Stichgang-Verfahren.
(4) Unwirtschaftliche Methode des Sammelns auf Handkarren mit nachfolgendem Umpacken auf Rollbehälter.	Direktes Kommissionieren in Rollbehälter unter Nutzung von Elektro-Transportwagen.
(5) Unterbleiben einer Ausgangskontrolle in der Bereitstellungszone.	Einführung einer auf Stichproben beschränkten Ausgangskontrolle. Berücksichtigung festgestellter Kommissionierfehler bei der Leistungsentlohnung.

Lösung zu 20: Warenwirtschaftssystem

	Position	EK	VK
	Anfangsbestand 01.05.	2.400	3.000
+	Wareneingang	3.500	4.100
-	Umlagerung	120	150
-	Warenverlust		40
=	Bruttobelastung	5.780	6.910
-	MWSt (7 %)	-	452
=	Nettobelastung	5.780	6.458
	Netto-Rohertrag		678
	Netto-Handelsspanne		10.49 %
	Brutto-Umsatz		4.000
-	MWSt (7 %)		262
=	Netto-Umsatz		3.738
-	Netto-Rohertrag im Umsatz (10.49 %)		392
=	Netto-Umsatz zum EK	3.346	
	Sollbestand 31.05	2.434	2.910
-	Istbestand lt. Inventur 31.05. VK		2.800
	Istbestand EK (VK-MWSt/-HSp)	2.342	
	Inventurdifferenz	92	110
	Anfangsbestand 01.06.	2.342	2.800

Lösung zu 21: Limitrechnung

Plan-Limitrechnung

(1) Brutto-Umsatzplanung '14:	10.710 Tsd. €
(2) Mehrwertsteuerbereinigung:	10.710 Tsd. € • 15,9664 % = 1.440 Tsd. €
(3) Netto-Umsatzplanung '14:	9.000 Tsd. €
(4) Geplante Handelsspanne:	33.3 % (Nettospanne)
(5) Rohertragsrechnung (Plan):	9.000 Tsd. € • 33.3 % = 3.000 Tsd. €
(6) Errechnung Plan-Wareneinsatz:	9.000 - 3.000 Tsd. € = 6.000 Tsd. €
(7) Lagerumschlagsplanung:	4 x/Jahr
(8) Errechnung des ø Planlagers:	6.000 Tsd. € : 4 = 1.500 Tsd. €
(9) Inventurbestand zum 31.12.13:	2.000 Tsd. €
(10) Ermittlung der Abweichung	
Plan-Lager/Ist-Lager:	2.000 - 1.500 Tsd. € = 500 Tsd. €
Überlager:	500 Tsd. €
(11) Errechnung des Gesamtlimits:	6.000 Tsd. € - 500 Tsd. € = 5.500 Tsd. €
(Wareneinsatz - Überlager)	
(12) Geplante Limitreserve:	500 Tsd. €
(13) Errechnung des freien bzw. verfügbaren Limits:	
Gesamtlimit - Reservelimit:	5.500 - 500 Tsd. €= 5.000 Tsd. €

Monat in 2014	Umsatzanteil (%)	Limit (Tsd. €)	frei im Vormonat
Januar	8	400	Dezember '13
Februar	7	350	Januar '14
März	8	400	Februar
April	8	400	März
Mai	8	400	April
Juni	7	350	Mai
Juli	6	300	Juni
August	5	250	Juli
September	6	300	August
Oktober	7	350	September
November	10	500	Oktober
Dezember	20	1.000	November '14
Gesamt '14	100	5.000	–

Lösung zu 22: Kostenstellenrechnung

Kriterien zur Aufgliederung des Unternehmens in Kostenstellen mit Beispielen:

Kriterium	Beispielhafte Kostenstellen-Gliederung
(1) Funktionen	Einkauf | Lager | Fuhrpark | Kantine | ....
(2) Verantwortungsbereiche	Bereich des Leiters Finanzen | Bereich des Leiters Personal | Bereich des Leiters Warenannahme / Lager | ....
(3) Räumlichkeiten	Filiale Stuttgart | Filiale Reutlingen | .... | Zentrallager Ulm | ....
(4) Abrechnungserfordernisse (fiktive Gliederung)	Anlaufobjekte | Im Verdrängungswettbewerb eingesetzte Objekte | Übrige „Normal"-Objekte
(5) Art der erstellten Leistung	Hauptkostenstellen | Nebenkostenstellen
(6) Art der Kostenweiterverrechnung	Vorkostenstellen → Endkostenstellen

Lösung zu 23: Break even-Analyse

(1) Errechnung des Deckungsbeitrags je Leistungseinheit:

	Preis je Zuschnitt	3 €
-	Variable Kosten je Zuschnitt (10 €/Std. : 10)	1 €
=	Deckungsbeitrag je Zuschnitt	2 €

(2) Errechnung der Fixkosten des Zuschnitt-Bereichs:

	Abschreibung
	Zinsen
=	Fixkosten

3.750 €	(15.000 € : 4)
600 €	(7.500 € • 8 %)
4.350 €	

(3) Errechnung des BEP:

$$\frac{\text{Zusätzliche Fixkosten}}{\text{DB je Leistungseinheit}}$$

$$= \frac{4.350\ €}{2\ €/\text{E.}} = 2.175\ \text{Einheiten}$$

(4) Errechnung des BEP-Umsatzes:

Deckungsmenge • Preis/Einheit = 2.175 E. • 3 €/E.

= 6.525 €

Der Deckungsumsatz beträgt 6.525 €.

Lösung zu 24: Unternehmenskultur

Mögliche Unternehmensgrundsätze (exemplarisch) für die Bereiche

(1) Handelsmarketing

(2) Umgang mit Beschäftigten

(1) Grundsätze zum Handelsmarketing

- Realisierung einer verantwortungsvollen Sortimentspolitik, ausgedrückt z. B. durch
  - Führung ökologisch erzeugter Produkte
  - Eliminierung von Produkten mit aufwändiger Verpackung
  - Verzicht auf Produkte mit FCKW
  - generell Beachtung des Grundsatzes der Nachhaltigkeit
  - etc.
- Angebot einer kundenfreundlichen Dienstleistungspolitik, z. B. von
  - ehrlicher Beratung
  - Verpackungsrücknahme
  - Warenzustellung für immobile Kunden
  - etc.
- Verwirklichung einer mittelschonenden und fairen Transferleistungspolitik, etwa in Form von
  - Verzicht auf sachlich nicht gerechtfertigte Raumgestaltungs- und Präsentationsmaßnahmen, durch welche Ressourcen verschwendet würden
  - freiwilliger Beschränkung bei Platzierungsmaßnahmen mit der ausschließlichen Zielsetzung einer Forcierung von Impulskäufen

- Unterlassung des Einsatzes von Kaufstimuli, welche speziell auf Kinder als Zielgruppe ausgerichtet sind
- etc.

► Gestaltung einer Preispolitik, welche Anbieter- und Nachfrager-Interessen gleichermaßen berücksichtigt, z. B. durch
- Beschränkung auf einen auskömmlichen Gewinn
- Verzicht auf das preispolitische Ausnutzen von Engpässen bei Artikeln des Grundbedarfs
- etc.

► Einsatz einer Kommunikationspolitik, welche mehr informativen als manipulativen Charakter trägt, beispielsweise durch
- Wahrheitsgemäße Werbebotschaften
- Verzicht auf unlautere Werbung jeder Art
- Unterlassung von Verkaufsförderungsmaßnahmen, welche den Kauf von gesundheitsschädlichen Artikeln stimulieren sollen
- etc.

(2) Grundsätze zum Umgang mit Beschäftigten

► generell: Akzeptieren der Beschäftigten als Partner bei der Leistungserstellung
► Bezahlung leistungsadäquater Vergütungen
► Unterstützung bei finanziellen Notsituationen
► soweit betrieblich möglich, Übertragung von Tätigkeiten an Mitarbeiter/-innen, welche deren Wünschen entsprechen
► Berücksichtigung der familiären Situation bei Urlaubs- und Arbeitszeitenplanung
► Verhinderung von Machtmissbrauch durch Vorgesetzte
► Schaffung von Möglichkeiten zu arbeitsunabhängigen Sozialkontakten zwischen Beschäftigten
► etc.

Die obige Aufstellung möglicher Unternehmensgrundsätze zum Handelsmarketing und zum Umgang mit Beschäftigten erhebt weder Anspruch auf Allgemeingültigkeit noch auf Vollständigkeit. Sie verdeutlicht jedoch, dass es zur Entwicklung der Unternehmenskultur nicht ausreichend ist, Allgemeinplätze zu formulieren („Der Kunde ist König!"). Eine gewisse Operationalisierung von Grundsätzen ist erforderlich, damit diese Handlungsrelevanz erlangen können.

A. Grundlagen der Handelsbetriebslehre

Literaturhinweise zu theoretischen Grundlagen der Handelsbetriebslehre:

Ausschuss für Begriffsdefinitionen aus der Handels- und Absatzwirtschaft (Hrsg.), Katalog E - Definitionen zu Handel und Distribution, 5. Ausgabe, Köln 2006

Barth/Hartmann/Schröder, Betriebswirtschaftslehre des Handels, 6. Auflage, Wiesbaden 2007

Barth/Hartmann/Schröder, Betriebswirtschaftslehre des Handels, 7. Auflage, Wiesbaden 2012

Batzer, E., Der Handel in der Bundesrepublik Deutschland. Strukturelle Entwicklungstrends und Anpassung an veränderte Markt- und Umfeldbedingungen, Ifo-Studien zu Handels- und Dienstleistungsfragen, München 1991

Baumbach/Hopt, Kommentar zum Handelsgesetzbuch, 35. Auflage, München 2012

Beck Verlag (Hrsg.), Handelsgesetzbuch, 53. Auflage, München 2012

Behrens, K. Chr., Kurze Einführung in die Handelsbetriebslehre, 2. Auflage, Stuttgart 1972

Berekoven, L., Geschichte des deutschen Einzelhandels, 4. Auflage, Frankfurt a. M. 1988

Buddeberg, H., Betriebslehre des Binnenhandels, Wiesbaden 1959

Dichtl, E., Grundzüge der Binnenhandelspolitik, Stuttgart, New York 1979

Eickhoff, M., Grundlagen einer Theorie der Binnenhandelspolitik, Frankfurt a. M., Bern u. a. 1987

Falk/Wolf, Handelsbetriebslehre, 11. Auflage, Landsberg a. L. 1992

Falk/Wolf (Hrsg.), Das große Lexikon für Handel und Absatz, 2. Auflage, Landsberg a. L. 1982

Gutenberg, E., Grundlagen der Betriebswirtschaftslehre, Band 2, Der Absatz, 17. Auflage, Berlin u. a. 1984

Hansen/Algermissen, Handelsbetriebslehre 1, Arbeitsbuch, Göttingen 1979

Hansen/Algermissen, Handelsbetriebslehre 2, Taschenlexikon, Göttingen 1979

Happel, H., ABC der wichtigsten Handelsbegriffe, 2. Auflage, Bonn 1998

Hohlstein u. a. (Hrsg.), Lexikon der Volkswirtschaft, 3. Auflage, München 2009

Hudetz/Kaapke, Lexikon Handelsmanagement, Frankfurt a. M. 2009

Jahrmann, F.-U., Außenhandel, 13. Auflage, Herne 2010

Kalussis, D., Betriebslehre des Einzelhandels, Opladen 1960

Klein-Blenkers, F., Die Ökonomisierung der Distribution, Göttingen 1964

Klein-Blenkers, F., Handelsbetriebslehre, in: Grochla/Wittmann (Hrsg.), Handwörterbuch der Betriebswirtschaft, Band 2, Stuttgart 1976, Sp. 1752 - 1761

Klunzinger, E., Grundzüge des Handelsrechts, 14. Auflage, München 2011

Knoblich, H., Warentypologie, in: Tietz, B. (Hrsg.), Handwörterbuch der Absatzwirtschaft, Stuttgart 1974, Sp. 2175 - 2184

Kohfink, M.-W., „Handel ist Kultur", in: Handelsjournal, Heft 11, 2002, S. 39 - 40

Lerchenmüller, M., Handelsbetriebslehre, 4. Auflage, Übersetzung ins Chinesische durch Li, Zhikun, China Economic Publishing House 2005

Lewison, D. M., Retailing, 6. Auflage, New York u. a. 1997

Löffelholz, J., Handelsgeschichte, in: Seischab/Schwantag (Hrsg.), Handwörterbuch der Betriebswirtschaft, 3. Auflage, Band 2, Stuttgart 1958, Sp. 2553 - 2565

Mason/Mayer/Ezell, Retailing, 5. Auflage, Homewood (Ill.) 1994

Müller-Hagedorn/Toporowski/Zielke, Der Handel, 2. Auflage, Stuttgart 2012

Nieschlag/Kuhn, Binnenhandel und Binnenhandelspolitik, 3. Auflage, Berlin 1980

Oehme, W., Handelsmanagement. Eine Konzeption für die Führung des Operatingbereiches von Handelsunternehmen, München 1993

Pfeiffer/Bischof, Investitionsgüterabsatz, in: Tietz, B. (Hrsg.), Handwörterbuch der Absatzwirtschaft, Stuttgart 1974, Sp. 918 - 938

Pintel/Diamond, Retailing, 6. Auflage, Englewood Cliffs (N. J.) 1996

Schär, J. F., Allgemeine Handelsbetriebslehre, 5. Auflage, Leipzig 1923

Schenk, H.-O., Marktwirtschaftslehre des Handels, Wiesbaden 1991

Schenk, H.-O., Psychologie im Handel, 2. Auflage, München, Wien 2007

Seyffert, R. (Hrsg.), Handbuch des Einzelhandels, Stuttgart 1932

Seyffert, R., Wirtschaftslehre des Handels, 5. Auflage, hrsg. von Sundhoff, E., Opladen 1972

Sundhoff, E., Dreihundert Jahre Handelswissenschaft – Beiträge zur Geschichte der Betriebswirtschaftslehre, Göttingen 1979

Sundhoff, E., Handel, in: Beckerath u. a. (Hrsg.), Handwörterbuch der Sozialwissenschaften, Band 4, Stuttgart 1965, S. 762 ff.

Tietz, B., Binnenhandelspolitik, 2. Auflage, München 1993

Tietz, B., Der Handelsbetrieb, 2. Auflage, München 1993

Trommsdorff, V. (Hrsg.), Handelsforschung 2001/2002, Köln 2001

Trommsdorff, V. (Hrsg.), Handelsforschung 2007, Stuttgart 2007

Ulrich, H., Die Unternehmung als produktives soziales System, 2. Auflage, Bern, Stuttgart 1970

Westermann, H., Branche, in: Falk/Wolf, Das große Lexikon für Handel und Absatz, 2. Auflage, Landsberg a. L. 1982

Wöhe/Döring, Einführung in die allgemeine Betriebswirtschaftslehre, 24. Auflage, München 2010

Zentes, J., B2B-Handel, Frankfurt a. M. 2002

Zentes, J., Handbuch Handel: Strategien, Perspektiven, internationaler Wettbewerb, Wiesbaden 2006

Zentes, J., Handbuch Handel: Betriebs- und Vertriebstypen, 2. Auflage, Wiesbaden 2013

Zentes/Swoboda/Foscht, Handelsmanagement, 3. Auflage, München 2012

Literaturhinweise zu statistischen Grundlagen des Handels:

A. C. Nielsen (Hrsg.), Handel – Verbraucher – Werbung 2012, Frankfurt a. M. 2012

Amt für amtliche Veröffentlichungen der Europäischen Union, www.bookshop.europa.eu/de/home/

Bundesministerium für Wirtschaft und Technologie, www.bmwi.de

Bundesverband der Deutschen Volksbanken und Raiffeisenbanken e. V. – BVR, www.bvr.de

Bundesverband des Deutschen Groß- und Außenhandels e. V. – BGA, www.bga.de

CESifo (inklusive des Instituts für Wirtschaftsforschung – ifo Institut München), www.cesifo-group.de

Deutsche Bundesbank, www.bundesbank.de

Deutscher Fachverlag GmbH/Lebensmittelzeitung (Hrsg.), Die marktbedeutenden Handelsunternehmen 2012, Frankfurt a. M. 2012

Deutscher Genossenschafts- und Raiffeisenverband e. V. – DGRV, www.dgrv.de

DIHK Deutscher Industrie- und Handelskammertag e. V., www.dihk.de

EHI Retail Institute GmbH (Hrsg.), Handelsdaten aktuell 2013, Köln 2013

EHI Retail Institute GmbH, www.ehi.org

Eurostat (Hrsg.), Eurostat-Jahrbuch, www.epp.eurostat.ec.europa.eu/statistics_explained/index.php/Europe_in_figures_-_Eurostat_yearbook/de

GfK SE, www.gfk.de

Hamburgisches Welt-Wirtschafts-Institut gemeinnützige GmbH (HWWI), www.hwwi.org

Handelsverband Deutschland – HDE e. V., Factbook Einzelhandel 2012, Neuwied 2011

Handelsverband Deutschland – HDE e. V., www.hde.de

IfH Institut für Handelsforschung GmbH, www.ifhkoeln.de

Institut der Deutschen Wirtschaft (Hrsg.), Deutschland in Zahlen 2012, Köln 2012

METRO AG (Hrsg.), METRO-Handelslexikon 2010/2011, Köln 2010

M+M Eurodata (Hrsg.), M + M TOP – Firmen, Ausgaben von 1998 - 2013, Frankfurt a. M. 1997 - 2012

Müller-Hagedorn, L. (Hrsg.), Geschäftslagen-Ergebnisse der Einzelhandelsfachgeschäfte im Jahre 2001 – Umsatz-, Kosten-, Spannen- und Gewinnzahlen des Betriebsvergleichs, Göttingen 2003

Müller-Hagedorn, L. (Hrsg.), Ortsgrößen-Ergebnisse der Einzelhandelsfachgeschäfte im Jahre 2001 – Umsatz-, Kosten-, Spannen- und Gewinnzahlen des Betriebsvergleichs, Göttingen 2003

Müller-Hagedorn, L. (Hrsg.), Personengrößenklassen-Ergebnisse der Einzelhandelsfachgeschäfte im Jahre 2001 – Umsatz-, Kosten-, Spannen- und Gewinnzahlen des Betriebsvergleichs, Göttingen 2003

Müller-Hagedorn, L. (Hrsg.), Raumgrößenklassen-Ergebnisse der Einzelhandelsfachgeschäfte im Jahre 2001 – Umsatz-, Kosten-, Spannen- und Gewinnzahlen des Betriebsvergleichs, Göttingen 2003

Müller-Hagedorn, L. (Hrsg.), Absatzgrößenklassen-Ergebnisse der Einzelhandelsfachgeschäfte im Jahre 2001 – Umsatz-, Kosten-, Spannen- und Gewinnzahlen des Betriebsvergleichs, Göttingen 2003

Müller-Hagedorn, L. (Hrsg.), Personalleistungsklassen-Ergebnisse der Einzelhandelsfachgeschäfte im Jahre 2001 – Umsatz-, Kosten-, Spannen- und Gewinnzahlen des Betriebsvergleichs, Göttingen 2003

Staatliche Zentralverwaltung für Statistik (Hrsg.), Statistisches Taschenbuch der DDR 1989, Berlin 1989

Statistisches Bundesamt Wiesbaden (Hrsg.), www.destatis.de

Statistisches Jahrbuch der DDR 1989, 34. Jg., Berlin 1989

The Nielsen Company (Germany) GmbH/Trade Dimensions, Der deutsche Lebensmittelhandel 2014, Frankfurt a. M. 2013

The Nielsen Company (Germany) GmbH/Trade Dimensions, TOP-Firmen 2014. Der Lebensmittelhandel in Deutschland Food/Nonfood, Frankfurt a. M. 2013

Trade Dimensions, www.tradedimensions.de

B. Basiselemente

Literaturhinweise zu Handelsfunktionen (Kap. B. I.):

Barth, K., Die erkenntnisfördernde Bedeutung der Handelsfunktionen – Ein Plädoyer für einen verkannten Forschungsansatz, in: Mitteilungen des Instituts für Handelsforschung an der Universität zu Köln, Jg. 34, Heft 10/1982, S. 106 - 111

Creutzig, M., Neue Großhandelsbetriebslehre, Frankfurt a. M. u. a. 2009

Haller, S., Handelsmarketing, 3. Auflage, Ludwigshafen/Rhein 2008

Hübner, A., Retail category management: decision support systems for assortment, shelf space, inventory and price planning, Berlin 2011

IFH Retail Consultants GmbH, www.handelswissen.de

Kaapke/Froböse (Hrsg.), Fallstudien zum Handelsmanagement, Stuttgart u. a. 1999

Kern, R., Die Funktionsausübung im Einzelhandel, Berlin 1970

Krol, B., Standortfaktoren und Standorterfolg im Electronic Retailing: Konzeptualisierung, Operationalisierung und Erfolgswirkungen von virtuellen Standorten elektronischer Einzelhandelsunternehmen, Wiesbaden 2010

Krulis-Randa, J. S., Die Funktion des Handels, die Handelsfunktionen und die Handelsstrategie, in: Krulis-Randa/Ergenzinger (Hrsg.), Entwicklung zum strategischen Denken im Handel. Theoretische Überlegungen und praktische Beispiele, Bern, Stuttgart 1990, S. 19 - 37

Lisowsky, A., Zur Theorie und Systematik der Handelsfunktionen, Berlin u. a. 1937

Marré, H., Handelsfunktionen, in: Tietz, B. (Hrsg.), Handwörterbuch der Absatzwirtschaft, Stuttgart 1974, S. 709 - 720

Meyer, C. W., Der Zusammenhang von Funktionen und Betriebsformen des Warenhandels und seine Bedeutung für die Handelsbetriebsführung, in: Der österreichische Betriebswirt, Heft 3, 1963, S. 118 ff.

Minninger, G., Der Funktionswandel in den Konsumgüter-Großhandlungen, Diss., Köln 1968

Müller-Hagedorn, L., Handelsmarketing, 5. Auflage, Stuttgart u. a. 2011

Müller-Hagedorn, L. (Hrsg.), Kundenbindung im Handel, 2. Auflage, Frankfurt a. M. 2001

Müller-Hagedorn/Toporowski/Zielke, Der Handel, 2. Auflage, Stuttgart 2012

Németh, Z., Internationale Sortimentsgestaltung und -steuerung auf Basis von Category Management, Frankfurt a. M. 2010

Oberparleiter, K., Funktionen und Risiken des Warenhandels, 2. Auflage, Wien 1955

Pepels, W., Einführung in das Distributionsmanagement, 2. Auflage, München u. a. 2001

Schenk, H.-O., Geschichte und Ordnungstheorie der Handelsfunktionen – Entwicklungsgeschichtliche und ordnungstheoretische Untersuchungen zur Lehre von den Handelsfunktionen in Marktwirtschaft und Zentralverwaltungswirtschaft, Berlin 1970

Schröder, H., Handelsmarketing, 2. Auflage, Wiesbaden 2012

Sundhoff, E., Die Funktionen der Großhandlung, Diss., Köln 1944

Theis, H.-J., Handels-Marketing: Analyse- und Planungskonzepte für den Einzelhandel, Frankfurt a. M. 1999

Thies, D., Distributionsfunktionen und betriebliche Absatzpolitik, Göttingen 1978

Vry, W., Absatzwirtschaft, 6. Auflage, Ludwigshafen/Rhein 2004

Weber, H. H., Zur Diskussion um die Produktivität des Handels, in: Zeitschrift für Betriebswirtschaft, 46. Jg., 1967, S. 47 - 58

Worpitz, H. G., Probleme der Funktionseinengung im mittelständischen Handel – unter besonderer Berücksichtigung des Einzelhandels (Funktionsgliederung – Funktionsfortfall), Köln, Opladen 1960

Literaturhinweise zum analytischen Marketinginstrumentarium (Marktforschung, Informationsinstrumente, Kap. B. II. 1.):

A. C. Nielsen Company GmbH (Hrsg.), Der Nielsen Index, Frankfurt a. M., o. J.

Ahsen, A. von (Hrsg.), Marketing und Marktforschung: Entwicklungen, Erweiterungen und Schnittstellen im nationalen und internationalen Kontext, Festschrift zum 66. Geburtstag von Prof. Dr. Manfred Hüttner, Hamburg 1996

Backhaus, K. et al., Multivariate Analysemethoden – Eine anwendungsorientierte Einführung, 13. Auflage, Berlin, Heidelberg 2011

Behrens, K.-Chr. (Hrsg.), Handbuch der Marktforschung, 2 Halbbände, Wiesbaden 1989

Berekoven/Eckert/Ellenrieder, Marktforschung, 12. Auflage, Wiesbaden 2009

Berndt, R., Marketing: 1. Käuferverhalten, Marktforschung und Marketing-Prognosen, 3. Auflage, Berlin 1996

Böhler, H., Marktforschung, 3. Auflage, Stuttgart 2004

Cartellieri, M., Der Einfluss des Internets auf die Marktforschung: vom Stiefkind zum Zukunftspartner des Managements?, in: Planung & Analyse – Zeitschrift für Marktforschung und Marketing, Frankfurt a. M. 2002

Drexel, G., Strategische Unternehmensführung im Handel, Berlin, New York 1981

Forschungsgruppe Konsum und Verhalten (Hrsg.), Konsumentenforschung, Festschrift, München 1994

Green/Tull, Methoden und Techniken der Marketingforschung, 4. Auflage, Stuttgart 1982

Haller, S., Handelsmarketing, 3. Auflage, Ludwigshafen/Rhein 2008

Haller-Wedel, E., Das Multi-Moment-Verfahren in Theorie und Praxis, Statistische Verfahren für Arbeitsstudien, Prüf- und Maßtechnik, Band 2, München 1968

Hammann/Erichson, Marktforschung, 5. Auflage, Stuttgart 2004

Heemeyer, H., Psychologische Marktforschung im Einzelhandel, Entwicklung und Test einer operationalen Befragungs- und Auswertungskonzeption, Wiesbaden 1981

Heinzelbecker, K., Partielle Marketing-Informationssysteme, Frankfurt a. M. 1977

Homburg, Ch., Marketingmanagement. Strategie – Instrumente – Umsetzung – Unternehmensführung, 4. Auflage, Wiesbaden 2012

Hüttner, M., Grundzüge der Marktforschung, 7. Auflage, Wien 2002

Institut für Selbstbedienung und Warenwirtschaft e. V. – ISB (Hrsg.), Kundenlaufstudie in einem SB-Warenhaus: Einkaufswege, Aufenthaltsdauer, Einkaufsbeträge und Struktur der Kunden eines SB-Warenhauses mit 7900 qm Verkaufsfläche, Köln 1986

Irle, M. (Hrsg.), Methoden und Anwendungen in der Marktpsychologie, in: Graumann u. a. (Hrsg.), Enzyklopädie der Psychologie, Themenbereich D, Serie III, Band 5, Göttingen u. a. 1983

Kamenz, U., Marktforschung. Einführung mit Fallbeispielen, Aufgaben und Lösungen, 2. Auflage, Stuttgart 2001

Kern/Köhler/Wittmann (Hrsg.), Handwörterbuch der Betriebswirtschaft, 5. Auflage, Stuttgart 1993

Kiesel, M. R., Informationsmanagement im Marketing-Controlling: die Entwicklung des Executive-Information-Systems für das Außendienst-Controlling in der pharmazeutischen Industrie, Frankfurt a. M. 1995

Koschany, Th., Den Verbraucher befragen, in: Lerchenmüller, M. (Hrsg.), Die Betriebswirtschaft des Lebensmittel-Einzelhandels, Band II, Hamburg 1988, S. 3 - 5

Kroeber-Riel/Weinberg, Konsumentenverhalten, 9. Auflage, München 2009

Lerchenmüller, M., Fachzeitschriften und Tageszeitungen als Quelle von Informationen für Stahlhandlungen. Eine empirische Studie, Diss., Köln 1980

Mathieu, G., Informationssysteme im Marketing, in: Tietz, B. (Hrsg.), Handwörterbuch der Absatzwirtschaft, Stuttgart 1974, Sp. 850 - 876

Meffert, H., Neue Herausforderungen für das Marketing durch interaktive elektronische Medien – auf dem Weg zur Internet-Ökonomie, Klagenfurt 2000

Müller-Hagedorn, L., Das Konsumentenverhalten. Grundlagen für die Marktforschung, Wiesbaden 1986

o. V., Selfscanning. Edekatest „scanBoy", in: Dynamik im Handel, Nr. 10/2000, S. 24 f.

Porter, M. E., Wettbewerbsstrategie. Methoden zur Analyse von Branchen und Konkurrenten, 11. Auflage, Frankfurt a. M. 2008

Rogge, H.-J., Marktforschung, 2. Auflage, München, Wien 1992

Schröer, P., Stand und Entwicklungstendenzen zur Marktforschung im Handel, Essen 1985

Theis, H.-J., Handbuch Handelsmarketing. Erfolgreiche Instrumente der Handelsmarktforschung, 2. Auflage, Frankfurt a. M. 2008

Trommsdorff, V., Die Messung von Produktimages für das Marketing. Grundlagen und Operationalisierung, Köln u. a. 1975

Tschesnote-Dubowy, A., Bondatenanalysen: Einkaufsmustern auf der Spur, in: Dynamik im Handel, Nr. 12/2000, S. 20 - 22

Weinberg, G.-M., Marktforschung im Handel, in: Behrens, K.-Chr. (Hrsg.), Handbuch der Marktforschung, 2 Halbbände, Wiesbaden 1974/1977, S. 1227 - 1239

Weis, H. C., Marktforschung, 8. Auflage, Herne 2012

Weissman, A., Verbraucherpanel – Informationen als Grundlage für Marketingentscheidungen im Einzelhandel, München 1983

Wissenschaftliche Arbeitsgemeinschaft für Technik und Wirtschaft des Landes Nordrhein-Westfalen, Köhler, R. (Hrsg.), Scanning – Zukunftsperspektiven für Handel, Industrie und Marktforschung, Dortmund 1985

Wolf, J., Markt- und Imageforschung im Handel, Grafenau, Stuttgart 1981

Wolf, J., Marktforschung, Landsberg a. L. 1988

Literaturhinweise zum Absatzmarketing (Kap. B. II. 1./2.):

A. C. Nielsen Company, Handelsbefragung 1987, Werbe- und Verkaufsförderungsaktivitäten im Lebensmitteleinzelhandel, Frankfurt a. M. 1987

Achenbach, C., Die Nutzung von Kundenverkehrsuntersuchungen für die standortbezogene Unternehmenspolitik der Warenhäuser, Göttingen 1989

Ahlert, D., Distributionspolitik, 3. Auflage, Stuttgart, Jena 1996

Ahlert/Kenning/Schneider, Markenmanagement im Handel, Wiesbaden 2000

Akademische Partnerschaft ECR Deutschland, Müller-Hagedorn/Mesch (Hrsg.), Efficient Consumer Response in der Praxis. Fallstudien zu Projekten, Konzepten und Strategien, Frankfurt a. M. 2006

Algermissen, J., Das Marketing der Handelsbetriebe, Würzburg, Wien 1981

Angehrn, O., Handelsmarken und Markenartikelindustrie, Freiburg 1960

Angehrn, O., Handelsmarken und Herstellermarken im Wettbewerb, Stuttgart 1969

Anzinger, R., Das neue Ladenschlußrecht, München 1996

Arend-Fuchs, C., Die Einkaufsstättenwahl der Konsumenten bei Lebensmitteln, Frankfurt a. M. 1995

Auer/Gerz, Social Marketing als unternehmerisches Erfolgskonzept, Landsberg a. L. 1992

Barth, K., Die Warenpräsentation in Einzelhandelsunternehmungen, in: Sundhoff, E. (Hrsg.), Mitteilungen des Instituts für Handelsforschung an der Universität zu Köln, 27. Jg., Juli 1975, S. 93 - 97

Barth, K., Rentable Sortimente im Handel. Zufall oder Ergebnis operabler Entscheidungstechniken?, Göttingen 1980

Barth/Hartmann, Strategische Marketingplanung im Einzelhandel. Möglichkeiten und Grenzen der Anwendung adäquater Planungstechniken, in: Trommsdorff, V. (Hrsg.), Handelsforschung 1991. Jahrbuch der Forschungsstelle für den Handel Berlin (FfH) e. V., Heidelberg, Berlin 1991, S. 135 - 155

Barth/Theis, Werbung des Facheinzelhandels, Wiesbaden 1991

Barth/Blömer, Analyse neuer Werbeformen im Handel, Diss., Duisburg 1996

Barth/Kellermann, Standortanalyse für einen Reifenhändler, in: Kaapke/Froböse (Hrsg.), Fallstudien zum Handelsmanagement, Stuttgart u. a. 1999, S. 169 - 190

Batzer/Greipl/Würl, Die Vertriebspolitik als Marketinginstrument des Großhandels, München 1972

Batzer/Greipl, Marketingperspektiven des Großhandels, Berlin, München 1975

Bauer, H., Die Entscheidung des Handels über die Aufnahme neuer Produkte, eine verhaltenstheoretische Analyse, Berlin 1980

BBW (Hrsg.), Preis- und Wettbewerbsstrategien: Ethik und Moral in der Wirtschaft, Internationaler Wettbewerb, Erfahrungen aus anderen Branchen, Darmstadt 1996

Beck Verlag (Hrsg.), Baugesetzbuch, 44. Auflage, München 2012

Becker, F., Standortanalyse, sinnvoll nur bei Neugründungen?, in: Lerchenmüller, M. (Hrsg.), Die Betriebswirtschaft des Lebensmittel-Einzelhandels, Band II, Hamburg 1988, S. 6 - 7

Becker, J., Marketing-Konzeption: Grundlagen des ziel-strategischen und operativen Marketing-Managements, 10. Auflage, München 2013

Behrens, K. Chr., Die Problematik der optimalen Betriebsgröße im Einzelhandel, in: Zeitschrift für Betriebswirtschaft, 22. Jg. 1952, S. 205 - 224

Behrens, K. Chr., Absatzwerbung, 2. Auflage, Wiesbaden 1976

Bellizzi/Crowley/Hasty, The Effects of Color in Store Design, in: Journal of Retailing, 59. Jg., Heft 1, Spring 1983, p. 21 - 43

Belz, Ch., Strategisches Direct-Marketing: vom sporadischen Direct-Mail zum professionellen Database-Management, mit Fallstudien, Wien 1997

Berekoven, L., Erfolgreiches Einzelhandels-Marketing, Grundlagen und Entscheidungshilfen, 2. Auflage, München 1995

Berekoven/Bernkopf, Die Handelsmarke in der Bundesrepublik Deutschland, Untersuchung zu Strategien und Chancen der Eigenmarkenpolitik des Handels, GWI Institut, München 1981 (Untersuchungsbericht)

Berg, K., Konsumverhalten im Umbruch: die Entdeckung des „unvernünftigen Verbrauchers" im modernen Marketing, Berlin 1995

Berndt, R., Marketing: 2. Marketing-Politik, 3. Auflage, Berlin, Heidelberg 1995

Berndt, R., Marketing: 3. Marketing-Management, 2. Auflage, Berlin, Heidelberg 1995

Bieberstein, I., Die City als Standort für Einzelhandelsbetriebe, dargestellt am Beispiel der City von Köln, Göttingen 1989

Bodenbach, B. F., Internationale Handelsmarkenpolitik im europäischen Lebensmitteleinzelhandel, Diss., Regensburg 1996

Böcker, F., Preistheorie und Preisverhalten, München 1982

Böcker, W., Mit Licht verkaufen: Verkaufsförderer Licht, Köln 1990

Böcker, W., Bei Licht betrachtet – Lichtfarbe und Farbwiedergabe bei der Warenplatzierung, in: Stores & Shops, Heft 2, 2002, S. 24 - 27

Bordemann, H.-G., Analyse von Verbundbeziehungen zwischen Sortimentsteilen im Einzelhandel. Ein Ansatz zur Erfassung und empirischen Bestimmung von Verbundbeziehungen auf der Basis von automatischen Warenwirtschaftssystemen im Einzelhandel, Diss., Duisburg 1986

Bost, E., Die Wirkung der Ladenatmosphäre auf das Konsumentenverhalten am Einkaufsort, Diss., Saarbrücken 1986

Böttcher, H.-J., Kreditierung als Instrument der Absatzsicherung im Einzelhandel, Berlin 1973

Braun, D., Schnittstellenmanagement zwischen Handelsmarken und ECR, Köln 2002

Bruhn, M. (Hrsg.), Marketing-Erfolgsfaktoren im Handel, Frankfurt a. M., New York 1987

Bruhn, M. (Hrsg.), Handelsmarken: Entwicklungstendenzen und Zukunftsperspektiven der Handelsmarkenpolitik, 2. Auflage, Stuttgart 1997

Bruhn, M., Metropolitan AG – Aufbau von Handelsmarken, in: Kaapke/Froböse (Hrsg.), Fallstudien zum Handelsmanagement, Stuttgart u. a. 1999, S. 251 - 262

Brunner, W., Konsumentenkredite, in: Falk/Wolf (Hrsg.), Das große Lexikon für Handel und Absatz, 2. Auflage, Landsberg a. L. 1982, S. 416 - 419

Bundesarbeitsgemeinschaft der Mittel- und Großbetriebe des Einzelhandels e. V. (Hrsg.), Standortfragen des Handels, 4. Auflage, Köln 1992

Bundesarbeitsgemeinschaft der Mittel- und Großbetriebe des Einzelhandels e. V. BAG (Hrsg.), Die Zukunft im Einzelhandel erfolgreich gestalten – Verbraucherverhalten und Marktentwicklung, Köln 1997

Bürger/Berlemann, Merchandising. Die Hohe Schule des Handelns im Handel, Landsberg a. L. 1987

Büttner, H., Die segmentorientierte Marketingplanung im Einzelhandelsbetrieb, Göttingen 1986

Buhr, C.-Ch., Verbundorientierte Warenkorbanalyse mit POS-Daten, Lohmar, Köln 2006

Burg, M., Der Einfluß des Dezentralisationsgrades auf die Ausgestaltung des Controlling, dargestellt am Beispiel des filialisierten Bekleidungseinzelhandels unter besonderer Berücksichtigung der Sortimentssteuerung, Frankfurt a. M. 1995

CMA (Hrsg.), Wird Einkaufen wieder attraktiv? – Erlebnismärkte unter der Lupe, 6. ANUGA-Symposium, Dokumentation aktueller Handelstest, Verbraucherbefragungen und Referate, Bonn-Bad Godesberg 1987

Converse, P. D., New Laws of Retail Gravitation, in: Journal of Marketing, Vol. 14, No. 3, 1949, S. 379 - 390

Crescenti, M., Unternehmen & Märkte. Konsument der Zukunft, in: Der Handel, Heft 2, 2002, S. 20

Cristofolini/Thies, Verkaufsförderung. Strategie und Taktik, Berlin, New York 1979

Crone, S. F., Neuronale Netze zur Prognose und Disposition im Handel, Wiesbaden 2010

Czech-Winkelmann, S., Der neue Weg zum Kunden: Vom Trade-Marketing zum Shopper-Marketing. Grundlagen, Konzepte, Instrumente, Frankfurt a. M. 2011

Dallmer, H. (Hrsg.), Direct-Marketing & more, 8. Auflage, Wiesbaden 2002

Deppisch, C.-G., Schuh GmbH – Sortimentsplanung im Handel, in: Kaapke/Froböse (Hrsg.), Fallstudien zum Handelsmanagement, Stuttgart u. a. 1999, S. 205 - 216

Deutscher Fachverlag Marketing-Service-Abteilung (Hrsg.), Verkaufsförderung im Lebensmitteleinzelhandel III, Dokumentation, Frankfurt a. M. 1985

Diller, H., Verkäufe unter Einstandspreisen, in: Marketing ZFP, 1. Jg., 1979, S. 7 - 12

Diller, H., Die Variation des Preisniveaus von Sonderangeboten im Lebensmittel-Einzelhandel. Eine empirische Wirkungsanalyse, 2. Auflage, Hamburg 1981

Diller, H., Die Wirkung von Verkäufen unter Einstandspreisen im Lebensmitteleinzelhandel. Eine empirische Studie, in: Die Betriebswirtschaft, 41. Jg., Heft 3, 1981, S. 409 - 418

Diller, H., Sonderangebote auf dem Prüfstand, in: Absatzwirtschaft Heft 11, 1981, S. 50 - 58

Diller, H., Strategische Grundlagen des Preis-Marketing im Einzelhandel, in: Hasitschka/Hruschka (Hrsg.), Handelsmarketing, Berlin, New York 1984, S. 237 - 251

Diller, H. (Hrsg.), Marketingplanung, 2. Auflage, München 1998

Diller, H., Preispolitik, 4. Auflage, Stuttgart 2008

Diller, H. (Hrsg.), Der moderne Verbraucher, Nürnberg 2001

Diller, H. (Hrsg.), Vahlens Großes Marketing-Lexikon, 2. Auflage, München 2002

Diller, H. (Hrsg.), Neue Entwicklungen in der Marktforschung, Nürnberg 2002

Diller, H. (Hrsg.), Mehr Effizienz im Marketing, Nürnberg 2002

Diller, H. (Hrsg.), Handbuch Preispolitik, Wiesbaden 2003

Diller, H., Verkauf und Kundenmanagement, Stuttgart 2005

Diller/Kusterer, Erlebnisbetonte Ladengestaltung im Einzelhandel – Eine empirische Studie, in: Forschungsstelle für den Handel FfH (Hrsg.), Handelsforschung 1987, Berlin 1997, S. 105 - 123

Diller/Kusterer/Schröder, Der Einfluß des Ladenlayouts auf den Absatzerfolg im Lebensmitteleinzelhandel. Eine empirische Analyse, Arbeitspapier, Hamburg 1987

Din, R., New Retail, London 2000

Dorner, B., Versandhandelsmarketing, Wiesbaden 1999

Dreyer, W., Internet-Business: Online-Marketing, electronic commerce und Intranet, Ulm 1997

Dumke, S., Handelsmarkenmanagement, Hamburg 1996

Dustmann, H.-H., Die Ladengestaltung als absatzpolitischer Erfolgsfaktor des Einzelhandels, in: Thexis, 5. Jg., Heft 1, 1988, S. 7 - 14

Ebeling, P., Verkäuferwissen für den Einzelhandel. Damit die Kasse öfter klingelt!, o. O. 1999

Effertz, A., Dialog POS-Marketing. Innovativ gestylt, in: Horizont vom 14.02.2002, S. 74

Ehrmann, H., Marketing-Controlling, 4. Auflage, Ludwigshafen/Rhein 2004

Eichmeier, D., Marketing-Trends 2003. Das Besondere boomt, in: Werben & Verkaufen Nr. 1 vom 03.01.2003, S. 41

Emmerich, V., Kartellrecht, 12. Auflage, München 2012

Emmerich-Fritsche, A., Der Grundsatz der Verhältnismäßigkeit als Direktive und Schranke der EG-Rechtsetzung, Berlin 2000

Engelhardt, T.-M., Partnerschafts-Systeme mit dem Fachhandel als Konzept des vertikalen Marketing. Dargestellt am Beispiel der Unterhaltungselektronik-Branche in der Bundesrepublik Deutschland, St. Gallen 1990

Feige, S., Handelsorientierte Markenführung: Strategien zur Profilierung von Konsumgüterherstellern beim Handel, 2. Auflage, Frankfurt a. M. u. a. 1997

Fickel, F. W., Die ökonometrische Methode zur Marktgebietsabgrenzung von Einkaufszentren, in: Jahrbuch der Absatz- und Verbrauchsforschung, 25. Jg., Heft 3, 1979, S. 204 - 225

Fischer, C., Verbundorientierte Preispolitik im Lebensmittelhandel: ein Ansatz zur computergesteuerten Nutzung von Informationen über das Verbundkaufverhalten der Kunden am Point of Sale, Berlin 1995

Freiheit, J., Smart Consumers and Retail Promotions, Wiesbaden 2001

Frey/Beaumont-Bennett GmbH (Hrsg.), VKF Trends Deutschland 1996, Meinungen, Statistiken, Prognosen, Düsseldorf 1996

Frey/Beaumont-Bennett GmbH (Hrsg.), VKF Trends Deutschland 1998/99, Meinungen, Statistiken, Prognosen, Düsseldorf 1998

Frey, U. D., Marketing im Aufbruch: Werbung, Verkaufsförderung, Trademarketing, Vertrieb, Landsberg/Lech 1994

Frey, U. D., Sales Promotion Power für mehr Umsatz: Die besten Maßnahmen für überzeugende Verkaufsförderung, Landsberg/Lech 1997

Frey, U. D., (Hrsg.), POS-Marketing: Integrierte Kommunikation für den Point of Sale. Strategien – Konzepte – Trends, Wiesbaden 2001

Froböse, M., Mikrogeographische Segmentierung von Einzelhandelsmärkten, Wiesbaden 1995

Froböse/Kaapke, Marketing: Eine praxisorientierte Einführung mit Fallbeispielen, 2. Auflage, München 2003

Gagnon/Osterhaus, Research Note, Effectiveness of Floor Displays on the Sales of Retail Products, in: Journal of Retailing, 61. Jg., Spring 1985, S. 104 - 116

Geist, M., Selektive Absatzpolitik auf der Grundlage der Absatzsegmentrechnung, 2. Auflage, Stuttgart 1974

Gelzer, K., Bauplanungsrecht, 7. Auflage, Köln 2004

George, T., Das Ladenschlußgesetz auf dem Prüfstand, Beschäftigungseffekte einer Flexibilisierung der Ladenöffnungszeiten, Wiesbaden 1996

Gerken, G., Szenen statt Zielgruppen: vom Produkt zum Kult, die Praxis der Interfusion, Frankfurt a. M. 1996

Gerpott/Heil, Multimedia-Teleshopping – Rahmenbedingungen und Gestaltung von innovativen Absatzkanälen, in: Zeitschrift für Betriebswirtschaft, Heft 11, 1996, S. 1329 - 1356

Gerstung, F., Die Servicepolitik als Instrument des Handelsmarketing, Göttingen 1978

Gesellschaft für Konsum-, Markt- und Absatzforschung e. V. (GfK) Nürnberg (Hrsg.), Das Sonderangebot im Lebensmitteleinzelhandel, Repräsentativumfrage bei ca. 900 Hausfrauen, Nürnberg 1979

Grabow/Henckel/Hollbach-Grömig, Weiche Standortfaktoren, Stuttgart u. a. 1995

Gräbener, W., Die Messepolitik als Marketinginstrument, dargestellt am Beispiel von Investitionsgüterproduzenten, Göttingen 1981

Gräf, H., Online-Marketing: Chancen und Risiken der Nutzung elektronischer Märkte für Kunden und Unternehmungen am Beispiel der Electronic Mail Bodensee, Ergebnisse einer empirischen Studie, St. Gallen 1997

Grafe, C., Handelsmarken von Einkaufsvereinigungen des Einzelhandels, Köln 1991

Gümbel, R., Die Abbildung von Standortwahlproblemen einer Filialunternehmung in einem polyselektiven Standortmodell, in: Gümbel (Hrsg.), Unternehmensforschung im Handel, Rüschlikon, Zürich 1969, S. 195 - 223

Haisch, G. A., Königsdisziplin Verkaufsförderung, Zürich 1995

Haller, S., Handelsmarketing, 3. Auflage, Ludwigshafen/Rhein 2008

Hambuch, P., Space-Management – Ansatzpunkte und Operationalisierung, in: Irrgang, W. (Hrsg.), Vertikales Marketing im Wandel. Aktuelle Strategien und Operationalisierungen zwischen Hersteller und Handel, München 1993, S. 390 - 420

Hansen, U., Absatz- und Beschaffungsmarketing des Einzelhandels, 2. Auflage, Göttingen 1990

Happel, H., Werbung für den Einzelhandel: ein praktisches Handbuch für die Firmen- und Gemeinschaftswerbung, 3. Auflage, Frankfurt a. M. 1998

Hartmann, R., Strategische Marketingplanung im Einzelhandel: Kritische Analyse spezifischer Planungsinstrumente, Wiesbaden 1992

Hasitschka/Hruschka (Hrsg.), Handels-Marketing, Berlin, New York 1984

Haunss, P., Erfolgsbedingungen der Direktwerbung im Versandhandel, dargestellt am Beispiel von Versand- und Reaktionsmitteln, in: Handelsforschung, Handelspraxis, Festschrift für Walter Marzen zum 65. Geburtstag, 1980, S. 169 - 189

Heidel, B., Scannerdaten im Einzelhandelsmarketing, Wiesbaden 1990

Heidel/Müller-Hagedorn, Plazierungspolitik nach dem Verbundkonzept im stationären Einzelhandel. Eine Wirkungsanalyse, in Marketing ZFP, Heft 1, 1989

Heinemann, G., Multi-Channel-Handel. Erfolgsfaktoren und Best Practices, 2. Auflage, Wiesbaden 2008

Helbach, W. J., Leistungsfähigkeit von Kaufkraftanalysen als Planungs- und Entscheidungshilfe bei Einzelhandelsgroßprojekten, Diss., Gießen 1988

Hermanns, A., Internet und Mode-Marketing: Grundlagen und Gestaltungsmöglichkeiten, Umsetzung, Frankfurt a. M. 1997

Hermanns/Flegel, Handbuch des Electronic Marketing – Funktionen und Anwendungen der Informations- und Kommunikationstechnik im Marketing, München 1992

Höller, W., Warenpräsentation. Theoretische Grundlagen und empirische Analyse im Lebensmitteleinzelhandel, Diss., Essen 1987

Hörschgen, H., Der zeitliche Einsatz der Werbung, Stuttgart 1967

Hoffmann/Nowak, Ein neues Marketing-Paradigma für den elektronischen Handel, in: Thexis, Heft 1, 1997, S. 39 - 43

Hopfenbeck/Teitscheid, Öko-Strategien im Handel, Landsberg/Lech 1994

Hotz/Strothmann, Von Multi-Channel zu Cross-Channel – Konsumentenverhalten im Wandel, Köln 2011

Hübner, A., Retail category management: decision support systems for assortment, shelf space, inventory and price planning, Berlin 2011

Hübschle, W., Marktsegmentierung durch vertragliche Vertriebssysteme: die Errichtung von Handelshindernissen auf privatautonomer Basis, Frankfurt a. M. 1995

Hünerberg, R. (Hrsg.), Handbuch Online-Marketing: Wettbewerbsvorteile durch weltweite Datennetze, Landsberg/Lech 1996

Hünerberg/Heise (Hrsg.), Multi-Media und Marketing: Grundlagen und Anwendungen, Wiesbaden 1995

Hudetz, K., Das Multi-Channel-Verhalten der Konsumenten, Köln 2008

Huppert, E., Preis- und Markenabhängigkeit des Absatzes bei Sonderangeboten des Lebensmittelhandels, in: Die Betriebswirtschaft, 47. Jg., Heft 2, 1987, S. 194 - 190

Hurth, J., Angewandte Handelspsychologie, Stuttgart 2006

Huth, R., Einführung in die Werbelehre, 7. Auflage, Stuttgart 2005

Institut für Handelsforschung an der Universität zu Köln (Hrsg.), Distributionspolitik: Festgabe für Edmund Sundhoff zum 75. Geburtstag, Göttingen 1987

Irle, M. (Hrsg.), Methoden und Anwendungen in der Marktpsychologie, in: Graumann u. a. (Hrsg.), Enzyklopädie der Psychologie, Themenbereich D, Serie III, Band 5, Göttingen u. a. 1983

Irrgang, W. (Hrsg.), Vertikales Marketing im Wandel. Aktuelle Strategien und Operationalisierungen zwischen Hersteller und Handel, München 1993

Jacob, H., Zur Standortwahl der Unternehmungen, in: Alewell, K. (Hrsg.), Beiträge zur Morphologie von erwerbswirtschaftlichen Unternehmungen und Genossenschaften, Festschrift zum 65. Geburtstag von R. Henzler, Wiesbaden 1967, S. 233 - 293

Kaapke/Froböse (Hrsg.), Fallstudien zum Handelsmanagement, Stuttgart u. a. 1999

Kalka, R., Marketingerfolgsfaktoren im Facheinzelhandel, Wiesbaden 1996

Kall, D., Werbeetat- und Werbemix-Planung im Handel, Wiesbaden 1996

Kersten, M., Märkte und Zielgruppen - Die Beilage als multifunktionales Werbemittel, in: Dynamik im Handel, 31. Jg., Heft 2, 1987, S. 90 - 93

Klöppner, V., Kommunikation zwischen Hersteller und Vertragshändler: eine kontingenztheoretische Untersuchung zur Erhöhung des Leistungsgrades vertraglicher Vertriebssysteme, Wiesbaden 1997

Knoblich, H., Betriebswirtschaftliche Warentypologie, Grundlagen und Anwendungen, Köln, Opladen 1969

Kochanowski, K., Erfolgreiche Vertriebspolitik im Hyperwettbewerb von morgen, Köln 1998

Kohfink, M.-W., „Innenstadt hat Zukunft", in: Handeljournal, Heft 3, 2002, S. 32 - 33

Koppe, P., Handelsmarken und Markenartikel, München 2002

Kotler, P., Marketing management, 14. ed., Upper Saddle River, NJ 2011

Kotler, P., Grundlagen des Marketing, 5. Auflage, München 2011

Kotler u. a., Marketing der Zukunft: mit „sense und response" zu mehr Wachstum und Gewinn, Frankfurt a. M., New York 2002

Kroeber-Riel, W., Bildkommunikation: Imagestrategien für die Werbung, München 1996

Kroeber-Riel, W., Strategie und Technik der Werbung. Verhaltens- und neurowissenschaftliche Erkenntnisse, 7. Auflage, Stuttgart 2011

Kroeber-Riel/Weinberg, Konsumentenverhalten, 9. Auflage, München 2009

Krol, B., Standortfaktoren und Standorterfolg im Electronic Retailing: Konzeptualisierung, Operationalisierung und Erfolgswirkungen von virtuellen Standorten elektronischer Einzelhandelsunternehmen, Wiesbaden 2010

Kuhn, H. E., Neuere Ergebnisse zur Sortimentsausdünnung im Handel, Folgen und Möglichkeiten, in: Markenartikel, 47. Jg., Heft 1, 1985, S. 34 - 39

Kuhnert/Ramme, So managen Sie Ihre Servicequalität: Messung und Umsetzung für erfolgreiche Dienstleister, Frankfurt a. M 1998

Kulhavy, E. (Hrsg.), Marketing 1966 - 1986, Jubiläumsschrift zum 20jährigen Bestehen des Instituts für Handel, Absatz und Marketing der Universität Linz, Linz 1986

Kullmann, P., Ladengestaltung als Instrument des Einzelhandelsmarketing, Marburg 1996

Küthe, E., Einzelhandelsmarketing, Stuttgart u. a. 1980

Lacour, M. (Chefredaktion), 50 Jahre Selbstbedienung, Sonderausgabe Dynamik im Handel, Köln 1988

Lauer, A., Eigene Marken tragen wenig zum Profil bei, in: Absatzwirtschaft, Heft 1, 2003, S. 54 - 56

Lenzen, W., Die Beurteilung von Preisen durch Konsumenten, Frankfurt a. M. 1983

Lerchenmüller, M., Schwachstellen beseitigen durch systematische Absatzpolitik, in: Handelsrundschau Heft 3, 1987, S. 19 - 21

Lerchenmüller, M. (Hrsg.), Die Betriebswirtschaft des Lebensmittel Einzelhandels, Band II, Hamburg 1988

Lerchenmüller, M., Information plus Aktion = Betriebserfolg, in: Handelsrundschau Heft 1, 1988, S. 29 - 31

Lerchenmüller, M., Standortanalyse für Gewerbeimmobilien, in: Mändle/Mändle (Hrsg.), Wohnungs Immobilien Lexikon, 2. Auflage, Freiburg 2011, S. 1533 - 1534

Lerchenmüller, M., Die Distributionspolitik im After Sales Service, in: Pepels, W. (Hrsg.), Kundendienstpolitik. Die Instrumente des After Sales-Marketing, München 1999, S. 104 - 124

Lerchenmüller, M., Die Distributionspolitik im After Sales Service, in: Pepels, W. (Hrsg.), After Sales Service. Geschäftsbeziehungen profitabel gestalten, 2. Auflage, Düsseldorf 2007, S. 157 - 189

Lerchenmüller, M., Zukunftsentwicklung des Handels im nächsten Jahrzehnt, in: Ebert/Grosskopf/Bach (Hrsg.), Kooperative Wirtschaft – Theorie und Praxis, Festschrift für Eduard Mändle zum 65. Geburtstag, München 2001, S. 129 - 141

Lerchenmüller, M., Eckpfeiler des Handelsmarketing, in: Frey, U. D. (Hrsg.), Handbuch des POS-Marketing, Wiesbaden 2001, S. 131 - 147

Lerchenmüller, M., Handelsbetriebslehre, 4. Auflage, Übersetzung ins Chinesische durch Li, Zhikun, China Economic Publishing House 2005

Marzen, W., Die Sortimentspolitik als Instrument des Handels-Marketing, in: Hasitschka/Hruschka (Hrsg.), Handels-Marketing, Berlin, New York 1984, S. 177 - 193

Mattmüller, R., Die Ladenschlußdiskussion in Deutschland: eine kritische Bestandsaufnahme im internationalen Vergleich, Forschungsprojekt: Handel und staatliche Restriktionen/Arbeitsgruppe Ladenschluß, EBS, European Business School, Oestrich-Winkel 1996

Mattmüller/Trautmann, Zur Ökologisierung des Handels-Marketing – Der Handel zwischen Ökovision und Ökorealität, in: Jahrbuch der Absatz- und Verbrauchsforschung, hrsg. von der Gesellschaft für Konsum-, Markt- und Absatzforschung e. V., Nürnberg, Heft 2, 1992, S. 129 - 155

Mattenklott, A., Ist Geiz wirklich Geil?, in: Werben & Verkaufen Nr. 1 vom 03.01.2003, S. 38

Meffert, H., Erfolgsfaktoren im Einzelhandelsmarketing, in: Bundesarbeitsgemeinschaft der Mittel- und Großbetriebe des Einzelhandels (Hrsg.), Erfolgreicher verkaufen – mit System. 32. Betriebswirtschaftliche Arbeitstagung, Köln 1985

Meffert, H., Markenmanagement, 2. Auflage, Wiesbaden 2005

Meffert/Bruhn, Neckar Möbel – Kommunikationspolitik im Einzelhandel, in: Kaapke/Froböse (Hrsg.), Fallstudien zum Handelsmanagement, Stuttgart u. a. 1999, S. 287 - 300

Meffert/Burmann, Strategisches Marketing-Management, 2. Auflage, Wiesbaden 2010

Meffert/Ostmeier, Umweltschutz und Marketing, Berlin 1990

Meier-Maletz, M., Professionelles Verkaufen im Einzelhandel. Vom Kunden zum Stammkunden, Frankfurt 1997

Meyer/Davidson, Offensives Marketing: Gewinnen mit P.O.I.S.E.: Märkte gestalten, Potenziale nutzen, 2. Auflage, Freiburg i. Br. 2012

Meyer, P. W., Polarität von Merchandising und Operating, in: Nieschlag/Eckardsein (Hrsg.), Der Filialbetrieb als System. Das Cornelius-Stüssgen-Modell, Köln 1972, S. 135 - 145

Meyer, P. W., Handels-Marketing, Band 7 der Materialien zu den Grundlagen des Marketing, 6. Auflage, Augsburg 1990

Meyer, P. W. (Hrsg.), Marketing-Systeme, Grundlagen des institutionalen Marketing, 2. Auflage, Stuttgart 1993

Möhlenbruch, D., Die Artikelselektion als Entscheidungsproblem der Sortimentsplanung im Einzelhandel, in: WISU, Heft 1, 1993, S. 48 - 54

Müller, H., Die Warenplazierung als absatzpolitisches Instrument im Selbstbedienungseinzelhandel, Göttingen 1982

Müller, S., Die Rolle des Preises im Kaufentscheidungsprozeß, in: Jahrbuch der Absatz- und Verbrauchsforschung (1981), S. 40 - 63

Müller-Hagedorn, L., Das Konsumentenverhalten. Grundlagen für die Marktforschung, Wiesbaden 1986

Müller-Hagedorn, L. (Hrsg.), Kundenbindung im Handel, 2. Auflage, Frankfurt a. M. 2001

Müller-Hagedorn, L., Handelsmarketing, 5. Auflage, Stuttgart u. a. 2011

Müller-Hagedorn, L., Einführung in das Marketing, 3. Auflage, Stuttgart 2003

Müller-Hagedorn/Heidel, Die Sortimentstiefe als absatzpolitisches Instrument, in: Zeitschrift für betriebswirtschaftliche Forschung, 38. Jg., Heft 1, 1986, S. 39 - 63

Müller-Hagedorn/Schuckel, Die Auswirkungen des Aachener Versuchs „Fußgängerfreundliche Innenstadt" auf den Umsatz des innerstädtischen Handels, in: Mitteilungen des Instituts für Handelsforschung, Heft 1, 1993, S. 30 - 36

Müller-Hagedorn/Stephan, Category Management, in: Albers/Herrmann (Hrsg.), Handbuch Produktmanagement, Wiesbaden 2000, S. 859 - 882

Nadrowski, S., Innerstädtische Einkaufszentren – Chance oder Gefahr? – Möglichkeiten und Grenzen der Integration im Spannungsfeld zwischen Städtebau und Einzelhandel, Dortmund 2002

Nauer, E., Standortwahl und Standortpolitik im Einzelhandel. Methoden der Unternehmungs- und Geschäftsflächenplanung, Bern, Stuttgart 1970

Németh, Z., Internationale Sortimentsgestaltung und -steuerung auf Basis von Category Management, Frankfurt a. M. 2010

Nesenann, T., Der deutsche Ladenschluß im europäischen Wirtschafts- und Wettbewerbsrecht, Diss., Hamburg 1995

Neumann, D. (Hrsg.), Das neue Ladenschlussgesetz, mit allen wichtigen Verordnungen aus Bund und Ländern, 3. Auflage, München 1997

Newcomb, T. M., Sozialpsychologie, Meisenheim 1959

Niebling, J., Vertriebsrecht von A - Z, München 1991

Nielsen-Marketing-Forschung, Handelsmarken in Europa, Frankfurt 1995

Nieschlag/Dichtl/Hörschgen, Marketing, 19. Auflage, Berlin 2002

Nötzel, R., Zur Beachtung der Werbewirksamkeit von Schaufenstern, in: Planung und Analyse, 15. Jg., Heft 5, 1988, S. 201 - 205

Oehme, W., Das autonome Preismarketing des Einzelhandels, in: Marketing ZFP, 4. Jg., Heft 4, 1982, S. 229 - 236

Oehme, W., Preis-Marketing im Einzelhandel, in: Thexis, 2. Jg., Heft 1, 1985, S. 18 - 24

Oehme, W., Die Problematik vertriebsformenheterogener Sortimente, in: Marketing ZFP, 7. Jg., Heft 2/1985, S. 8590

Oehme, W., „Der frische Grosso", Zeichen eines neuen Trends oder modischer Gag?, in: Handels-Rundschau, Heft 15, 1987, S. 40 - 42

Oehme, W., Handels-Marketing, 3. Auflage, München 2001

Olbrich, R. (Hrsg.), Marketing-Controlling mit POS-Daten. Analyseverfahren für mehr Erfolg in der Konsumgüterwirtschaft, Frankfurt a. M. 2006

Olbrich/Grünblatt, Zum Stand der Nutzung von Scanningdaten in der deutschen Konsumgüterwirtschaft – ausgewählte Ergebnisse einer empirischen Untersuchung, in: Olbrich, R. (Hrsg.), Marketing-Controlling mit POS-Daten. Analyseverfahren für mehr Erfolg in der Konsumgüterwirtschaft, Frankfurt am Main 2006, S. 47 - 75

o. V., Das Ladenschlußgesetz beseitigen, in: LZ Nr. 46 vom 19.11.1993, S. 28

o. V., Regaloptimierung als permanenter Prozeß – Spacemanagement – integraler Bestandteil eines Category-Management-Konzeptes, in: Dynamik im Handel, Heft 6, 1994, S. 18 - 24

o. V., Handelsmacht: Brauchen wir die Preisbindung?, in: Absatzwirtschaft, Heft 7, 1997, S. 18 - 21

o. V., Ladenschluß – Lange Tage in der City, in: Markt + Wirtschaft, Heft 5, 1997, S. 26 - 32

o. V., Umsatzplus mit elektronischen Einkaufswagen, in: absatzwirtschaft, Nr. 10/1999, S. 29

o. V., Einkaufsassistent am Shopping Cart: Pacman geht Einkaufen, in: handelsjournal Nr. 3/2002, S. 39

Ovid, R. (Ed.), Sales Promotion Handbook, 7th Edition, Chicago 1979

Pepels, W. (Hrsg.), After Sales Service. Geschäftsbeziehungen profitabel gestalten, 2. Auflage, Düsseldorf 2007

Pepels, W., Die Beziehungen von Marketing-Interessen auf Hersteller- und Handelsstufe, in: Markenartikel, 50. Jg., Heft 10, 1988, S. 494 - 502

Pepels, W., Handels-Marketing und Distributionspolitik. Das Konzept des Absatzkanalmanagements, Stuttgart 1995

Pepels, W., Handelsmarketing, Wiesbaden 1995

Pepels, W., Einführung in das Distributionsmanagement, 2. Auflage, München u. a. 2001

Pfeiffer, S., Die Akzeptanz von Neuprodukten im Handel, Wiesbaden 1981

Pflaum u. a., Verkaufsförderung, Landsberg/Lech 2000

Pflaum/Eisenmann, Einführung in die Handelswerbung, Stuttgart u. a. 1988

Philippi, H., Standorteinflüsse im Einzelhandel, in: Sundhoff, E. (Hrsg.), Distributionswirtschaft, Festschrift zum 75. Geburtstag von R. Seyffert, Köln, Opladen 1968, S. 28 - 54

Plinke, W., Cost based pricing: behavorial aspects of price decisions for capital goods: paper presented to the Scandinavian German Symposium on Empirical Marketing Research, Kiel 1983

Poggenpohl, M., Verbundanalyse im Einzelhandel auf der Grundlage von Kundenkarteninformationen: eine empirische Untersuchung von Verbundbeziehungen zwischen Abteilungen, Frankfurt 1994

Popp, M., Innenstadtnahe Einkaufzentren: das Besucherverhalten an gewachsenen und künstlichen Einzelhandelsstandorten, Diss., München 2002

Porter, M. E., Wettbewerbsstrategie: Methoden zur Analyse von Branchen und Konkurrenten, 11. Auflage, Frankfurt a. M. 2008

Porter, M. E., Wettbewerbsvorteile: Spitzenleistungen erreichen und behaupten, 7. Auflage, Frankfurt 2010

Poth, L., Handelsmarketing durch Handelsmarkenpolitik, Wiesbaden 1973

Pralle, P., Die Wertwerbung, Stuttgart 1974

Ramme, I., Marketing: Einführung mit Fallbeispielen, Aufgaben und Lösungen, 3. Auflage, Stuttgart 2009

Recht/Zheisel, Warenkorbanalyse im Handelsunternehmen mit dem Conjoint Profit-Modell, in: Controlling, Heft 2, 1997, S. 12 - 15

Reilly, W. J., The Law of Retail Gravitation, New York 1931

Remer, F.-G., Werbekosten-Kontrolle. Spannungsfeld zwischen Werbeerfolg und Werbekosten, in: Lerchenmüller, M. (Hrsg.), Die Betriebswirtschaft des Lebensmittel-Einzelhandels, Band I, Hamburg 1987, S. 35 - 37

Remer, F.-G., Sortimentspolitik- Eckpfeiler des Erfolgs, in: Lerchenmüller, M. (Hrsg.), Die Betriebswirtschaft des Lebensmittel-Einzelhandels, Band II, Hamburg 1988, S. 8 - 11

Remer, F.-G., Umsatzreserven erschließen durch Dienstleistungspolitik, in: Lerchenmüller, M. (Hrsg.), Die Betriebswirtschaft des Lebensmittel-Einzelhandels, Band II, Hamburg 1988, S. 28 - 30

Resch, J., Marktplatz Internet: das Internet als strategisches Instrument für Marketing und Werbung, von der Konzeption bis zur Erfolgskontrolle, Unterschleißheim 1996

Riewoldt, O., Retail Design, West Byfleet 2000

Rosenstiel, v./Kirsch, Psychologie der Werbung, Rosenheim 1996

Rosenstiel, v./Neumann, Marktpsychologie, Darmstadt 2003

Rosenthal/Koller, Faszination Visual Merchandising, Wiesbaden 2002

Rudolph, Th., Verkaufsstellenmanagement im europäischen Einzelhandel, in: Thexis, Heft 4, 1993, S. 48 - 52

Rudolph, Th., Management komplexer Veränderungsprozesse im Marketing, o. O. 1999

Rusche, T., Strategisches Sortimentsmanagement im Handel, München 1991

Schäfer, R., Die Absatzeffekte von Verkaufsförderung im Lebensmitteleinzelhandel: theoretische Analyse und empirische Messung am Beispiel Wein, Diss., Frankfurt a. M. 1997

Schanz, W., Umsatz und Spanne steigern durch richtige Warenplazierung und -präsentation, in: Lerchenmüller, M. (Hrsg.), Die Betriebswirtschaft des Lebensmittel-Einzelhandels, Band II, Hamburg 1988, S. 12 - 14

Schenk, H.-O., Handelsmarketing, in: Falk, B. (Hrsg.), Dienstleistungsmarketing, Landsberg a. L. 1980, S. 29 - 58

Schenk, H.-O., Handelsmarken als Instrument strategischer Handelsbetriebsführung, Diskussionsbeiträge des Fachbereichs Wirtschaftswissenschaft, Universität-Gesamthochschule Duisburg, 2. Auflage, Duisburg 1986

Schenk, H.-O., Psychologie im Handel, 2. Auflage, München, Wien 2007

Schenk/Spannagel/Wölk, Funktionen und Leistungen der Handelsvertretung im Wettbewerb der Vertriebssysteme, Berlin 1974

Schmid, F., Positionierungsstrategien im Einzelhandel: Marktpositionen erobern und verteidigen, Frankfurt a. M. 1996

Schöler, K., Das Marktgebiet im Einzelhandel – Determinanten, Erklärungsmodelle und Gestaltungsmöglichkeiten des räumlichen Absatzes, Berlin 1981

Schott, B., Handelsmarken: Motive und Determinanten der vertikalen Integration des Handels, Göttingen 1974

Schröder, H., Handelsmarketing. Strategien und Instrumente für den stationären Einzelhandel und für Online-Shops. Mit Praxisbeispielen, 2. Auflage, Wiesbaden 2012

Schröder, H., Multichannel-Retailing: Marketing in Mehrkanalsystemen des Einzelhandels, Berlin 2005

Schröder/Mehling, MöbelMax – Zielgruppenorientierte Sortimentsgestaltung im Möbelhandel, in: Kaapke/Froböse (Hrsg.), Fallstudien zum Handelsmanagement, Stuttgart u. a. 1999, S. 217 - 236

Schuckel, M., Standortwettbewerb in Schönfeld – Konsequenzen eines peripheren Einkaufszentrums und einer restriktiven Verkehrspolitik für den innerstädtischen Einzelhandel, in: Kaapke/ Froböse (Hrsg.), Fallstudien zum Handelsmanagement, Stuttgart u. a. 1999, S. 191 - 204

Schwager/Wielenberg, Öffnungszeiten als strategisches Instrument des Einzelhandels, in: Zeitschrift für betriebswirtschaftliche Forschung, Heft l, 1997, S. 26 - 41

Schwarz, P. (Bearbeitung), Handelsmarketing und Handelskommunikation: Dokumentation, Frankfurt a. M. 1989

Semsch, G., Ideen für erfolgreiches Direktmarketing im Handel, in: Direkt Marketing, 23. Jg., Heft 2, 1987, S. 51 - 58

Specht, G., Distributionsmanagement, 4. Auflage, Stuttgart 2005

Steffenhagen, H., Konflikt und Kooperation in Absatzkanälen. Ein Beitrag zur verhaltensorientierten Marketingtheorie, Wiesbaden 1975

Stober, R., Ladenschlußgesetz, 4. Auflage, Berlin u. a. 2000

Strecker/Reichert/Pottebaum, Marketing für Lebensmittel. Grundlagen und praktische Entscheidungshilfen, 2. Auflage, Frankfurt a. M. 1990

Strobel, B., Lagerhaltung ist nicht nur ein Kostenfaktor, in: radio-fernseh-händler, Heft 8, 1973, S. 240 ff.

Strobel, B., Service-Leistungen gehören zum Großhandelsmarketing der Zukunft, in: schloß + beschlag markt, Mai 1989, S. 150 ff.

Strobel/Heinsch, Service-Politik im Großhandel. Möglichkeit der Unternehmerprofilierung durch Service und ihre Nutzung im Großhandel Baden-Württembergs, Mannheim 1988

Sundhoff, E., Absatzplanung, in: Kosiol, E. (Hrsg.), Handwörterbuch des Rechnungswesens, Stuttgart 1970, Sp. 1225

Sundhoff, E., Die Werbekosten als Determinante der Wirtschaftswerbung, Stuttgart 1976

Täger/Vogler-Ludwig/Munz (Hrsg.), Das deutsche Ladenschlußgesetz auf dem Prüfstand. Binnenhandels- und wettbewerbspolitische sowie beschäftigungspolitische und arbeitsrechtliche Überlegungen, Berlin 1995

Theis, H.-J., Einkaufsstätten-Positionierung: Grundlage der strategischen Marketingplanung, Wiesbaden 1992

Tietz, B. (Hrsg.), Die Werbung – Handbuch der Kommunikations- und Werbewirtschaft, Band 3: Die Werbe- und Kommunikationspolitik, Landsberg a. L. 1982

Tietz, B., Zur Emanzipation des Handels-Marketing vom Hersteller-Marketing, in: Hasitschka/Hruschka (Hrsg.), Handelsmarketing, Berlin, New York 1984, S. 53 - 79

Tietz, B. (Hrsg.), Handwörterbuch des Marketing, 2. Auflage, Stuttgart 1995

Treichel, P., Selbstbedienung im Lebensmittel-Einzelhandel, Köln 1965

Treis, B., Der mittelständische Einzelhandel im Wettbewerb. Größenbedingte Vor- und Nachteile, München 1981

Trommsdorff, V. (Hrsg.), Handelsforschung 1988. Standortfragen, Heidelberg 1988

Trommsdorff, V. (Hrsg.), Handel im integrierten Europa, Wiesbaden 1993

Trommsdorff, V. (Hrsg.), Kundenorientierung im Handel, Wiesbaden 1997

Trommsdorff, V., Mehr Kundenzufriedenheit durch Kundenorientierung im Einzelhandel, in: Beisheim, O., Distribution im Aufbruch, München 1999

Trommsdorff, V. (Hrsg.), Verhalten im Handel und gegenüber dem Handel, Wiesbaden 2000

Trommsdorff, V. (Hrsg.), Konsumentenverhalten, 8. Auflage, Stuttgart 2011

Vossebein, U., Marketing-Intensivtraining, 3. Auflage, Wiesbaden 2002

Wamser/Fink (Hrsg.), Marketing-Management mit Multimedia: neue Medien, neue Märkte, neue Chancen, Wiesbaden 1997

Wassel, P., Controlling von Kundenbindungssystemen, in: Direct-Marketing, 2002, S. 26 - 27

Weber, E., Zur Frage der Betriebsgröße im Einzelhandel, Meisenheim am Glan 1971

Weinberg, P., Vom Preis zum Erlebniswettbewerb, in: Absatzwirtschaft, 29. Jg., Heft 2, 1986, S. 87 - 91

Weinhold-Stünzi, H., Preispolitik in Theorie und Praxis, in: Thexis, 2. Jg., Heft 1, 1985, S. 10 - 17

Weinhold-Stünzi, H., Marketing, 26. Auflage, St. Gallen 1996

Weis, H. C., Marketing, 16. Auflage, Herne 2013

Wesp, R., Triumph der Lage, in: Gebäudemanagement, Heft 1 - 2, 2002, S. 18

Wiswede, G., Motivation und Verbraucherverhalten, 2. Auflage, München, Basel 1973

Zaharia, S., Multi-Channel-Retailing und Kundenverhalten. Wie sich Kunden informieren und wie sie einkaufen, Lohmar, Köln 2006

Zerres, M., Marketing, 2. Auflage, Stuttgart 2006

Zielke, S., Kundenorientierte Warenplatzierung. Modelle und Methoden für das Category Management, Diss., Stuttgart 2002

Zipfel/Rathke, Lebensmittelrecht, 4. Auflage, München 1990

Zyman/Miller, E-Branding – Erfolgreiche Marken-Strategien im Netz, Wiesbaden 2001

Literaturhinweise zum Beschaffungsmarketing (Kap. B. II. 3.):

Ahlert/Olbrich (Hrsg.), Integrierte Warenwirtschaftssysteme und Handelscontrolling: konzeptionelle Grundlagen und Umsetzung in der Handelspraxis, 3. Auflage, Stuttgart 1997

Ammann, H., Ethik in der Beschaffung sichert den Markterfolg in der Zukunft, in: New Management, Heft 8, 2002, S. 82 - 89

Arnold, U., Beschaffungsmanagement, 3. Auflage, Stuttgart 1999

Arnolds u. a., Materialwirtschaft und Einkauf, 12. Auflage, Wiesbaden 2012

Belz, Ch. (Hrsg.), Key supplier management, St. Gallen 2001

Belz, Ch., Supply Management: Probleme, Strategien und Lösungen, St. Gallen 1994

Berekoven/Bernkopf., Die Handelsmarke in der Bundesrepublik Deutschland, Untersuchung zu Strategien und Chancen der Eigenmarkenpolitik des Handels, GWI Institut, München 1981 (Untersuchungsbericht)

Bichler, K., Beschaffungs- und Lagerwirtschaft, 9. Auflage, Wiesbaden 2010

Bichler/Beck, Beschaffung und Lagerhaltung im Handelsbetrieb, Teil 1 und 2, 2. Auflage, Wiesbaden 1989

Bichler/Lörsch, Optimale Bestandsplanung im Handel, Stuttgart u. a. 1985

Boutellier/Corsten, Basiswissen Beschaffung, 2. Auflage, München, Wien 2002

Boutellier u. a., Materialgruppenmanagement und Einkaufskooperationen, München, Wien 2000

Brauer, U., Die vertikale Kooperation als Absatzwegestrategie für Herstellerunternehmen – dargestellt am Beispiel der Konsumgüterhersteller, München 1989

Brenner, W., Elektronische Beschaffung: Stand und Entwicklungstendenzen, Berlin 2007

Eichler, B., Beschaffungsmarketing und -logistik, Berlin 2003

Fortmann/Kallweit, Logistik, 2. Auflage, Stuttgart 2007

Fries, A. J., Supplier Relationship Management, Köln 2010

Gröner, H. (Hrsg.), Wettbewerb, Konzentration und Nachfragemacht im Lebensmittelhandel, Berlin 1989

Hahn/Kaufmann, Handbuch industrielles Beschaffungsmanagement, 2. Auflage, Wiesbaden 2002

Hammann/Lohrberg, Beschaffungsmarketing: eine Einführung, Stuttgart 1986

Hanke, K., Einkaufsdisposition mit Datenverarbeitung. Methoden und Möglichkeiten modernen Einkaufs- und Bestandsmanagements in Industrie und Handel, Ehningen und Stuttgart 1990

Hansen, U., Absatz- und Beschaffungsmarketing des Einzelhandels, 2. Auflage, Göttingen 1990

Harlander/Blom, Beschaffungsmarketing, 7. Auflage, Renningen-Malmsheim 1999

Hartmann, H., Lieferantenmanagement, 2. Auflage, Gernsbach 2010

Hartmann, H., Materialwirtschaft. Organisation, Planung, Durchführung, Kontrolle, 8. Auflage, Gernsbach 2002

Hermes, O., Die Erfassung von Nachfragewettbewerb im Handel. Ökonomische Grundlagen und kartellrechtliche Konsequenzen, Göttingen 1988

Heß, G., Supply-Strategien in Einkauf und Beschaffung: systematischer Ansatz und Praxisfälle, 2. Auflage, Wiesbaden 2010

Hillemeyer, J., Logistik ist ein Pingpongspiel. EHI veranstaltet siebten Logistikjahreskongress, Lebensmittelzeitung Nr. 17, 27.04.01, S. 41

Hüttemann, H., Modelle der dynamischen Programmierung zur Bestimmung optimaler Beschaffungsmengen, Göttingen 1971

Irrgang, W., Strategien im Vertikalen Marketing: handelsorientierte Konzeptionen der Industrie, München 1989

Irrgang, W. (Hrsg.), Vertikales Marketing im Wandel. Aktuelle Strategien und Operationalisierungen zwischen Hersteller und Handel, München 1993

Janz, M., Erfolgsfaktoren der Beschaffung im Einzelhandel, Wiesbaden 2004

Kades/Kliger, Gewaltige Einsparpotenziale, in: Der Handel, Heft 11, 2002, S. 48

Kerkhoff, G., Einkaufsagenda 2020 – Beschaffung in der Zukunft: Wettbewerbsvorteile durch einen visionären Einkauf sichern und ausbauen, Weinheim 2009

Kienzle, W., Früherkennung im Beschaffungsmarketing, Köln 2010

Koppelmann, U., Beschaffungsmarketing für die Praxis. Ein strategisches Handlungskonzept, Berlin 1997

Koppelmann, U., Beschaffungsmarketing, 4. Auflage, Heidelberg 2004

Krampf, P., Beschaffungsmanagement: Eine praxisorientierte Einführung in Materialwirtschaft und Einkauf, München 2012

Krokowski, W., Globalisierung des Einkaufs. Leitfaden für den internationalen Einkäufer, Berlin 1998

Larres, A., Electronic Commerce/BDI-JIT: Eine neue Dimension in der Logistik-Quelle, in: Logistik Heute, Heft 9, 1996, S. 80 - 83

Möhlenbruch, D., Betriebswirtschaftliche Probleme einer Kontrolle der Nachfragemacht des Handels unter besonderer Berücksichtigung der Marktabgrenzung und des Diskriminierungsverbotes, Göttingen 1985

Niestrath, U., Nachfragemacht des Handels – Begriff, Theorie, Operationalisierung, Frankfurt a. M. u. a. 1983

Pepels, W., Handelsmarketing, Wiesbaden 1995

Piontek, J., Internationales Beschaffungsmarketing, Stuttgart 1993

Randall, G., Trade Marketing Strategies. The partnership between manufacturers, brands and retailers, Second Ed., Oxford 1994

Schenk, H.-O., Psychologie im Handel, 2. Auflage, München, Wien 2007

Schultes, W., Rechtsprobleme der Nachfragemacht des Handels, Hamburg 1984

Trommsdorff, V., Handelsforschung 1999/2000, Berlin 2000

Wilke, K., Warenwirtschaftssysteme im Textileinzelhandel: konzeptionelle Ansätze zur Gestaltung warenwirtschaftlicher Informationssysteme unter besonderer Berücksichtigung der Einkaufsplanung, Münster 1989

Literaturhinweise zu Leistungsfaktoren im Handel (Kap. B. III.):

Autorenkollektiv, Handelskapital. Geschichte und Gegenwart, 2. Auflage, Berlin 1988

Becker, F., Kontrolle der Kosten des Betriebsraums, in: Lerchenmüller, M. (Hrsg.), Die Betriebswirtschaft des Lebensmittel-Einzelhandels, Band I, Hamburg 1987, S. 30 - 31

Bruckhaus, M., Der Verkaufsraum und seine Nutzung im Lebensmitteleinzelhandel, Köln 1960

Bundesarbeitsgemeinschaft der Mittel- und Großbetriebe des Einzelhandels e. V. BAG (Hrsg.), Raumökonomie. Ein Handbuch für Planung, Umbau und Erweiterung von Geschäftsflächen im Einzelhandel, Köln 1979

Bundesarbeitsgemeinschaft der Mittel- und Großbetriebe des Einzelhandels e. V. BAG (Hrsg.), Tarif- und Sozialpolitik, Köln 1997

Burmann, C., Fläche und Personalintensität als Erfolgsfaktoren im Einzelhandel, Wiesbaden 1995

Crone, S. F., Neuronale Netze zur Prognose und Disposition im Handel, Wiesbaden 2010

Ertle-Straub, S., Standortanalyse für Büroimmobilien, Norderstedt 2003

Gérard, F., Der Raum als Betriebsfaktor der Ladeneinzelhandlungen, Köln 1963

Heinen, E. (Hrsg.), Entscheidungen im Industriebetrieb, 9. Auflage, Wiesbaden 1991

Henzler, R., Die Waren als handelsbetrieblicher Leistungsfaktor, in: Handelsbetrieb und Marktordnung, Festschrift für C. Ruberg, Wiesbaden 1962, S. 141 - 147

Huffstadt, K., Personal und Arbeit im CRM-Geschäftsmodell, Lohmar, Köln 2004

Jaspers, H., Die Abhängigkeit der Einzelhandelsleistung von der Finanzierung, Köln, Opladen 1969

Klein-Blenkers, F., Leistungsstärke im Facheinzelhandel durch wirtschaftlichen Einsatz des Betriebsfaktors Ware, in: Sundhoff/Klein-Blenkers (Hrsg.), Mitteilungen des Instituts für Handelsforschung an der Universität zu Köln, 36. Jg., Heft 7, Köln 1984, S. 90 ff.

Lerchenmüller, M., Balanced Scorecard in der Wohnungs- und Immobilienwirtschaft, in: Mändle/Mändle (Hrsg.), Wohnungs Immobilien Lexikon, 2. Auflage, Freiburg 2011, S. 106 - 119

Lerchenmüller, M. (Hrsg.), Die Betriebswirtschaft des Lebensmittel-Einzelhandels Band I, Hamburg 1987

Lerchenmüller, M., Standortanalyse für Gewerbeimmobilien, in: Mändle/Mändle (Hrsg.), Wohnungs Immobilien Lexikon, 2. Auflage, Freiburg 2011, S. 1533 - 1534

Lerchenmüller, M., Handelsbetriebslehre, 4. Auflage, Übersetzung ins Chinesische durch Li, Zhikun, China Economic Publishing House 2005

Mändle/Mändle (Hrsg.), Wohnungs Immobilien Lexikon, 2. Auflage, Freiburg 2011

Marten/Rohde/Billmann, Effektivität und Planung des Arbeitsvermögens im Handelsbetrieb, Berlin 1986

Menge, R. G., Die wirtschaftliche Nutzung des Geschäftsraumes im Einzelhandel, in: Groh u. a. (Hrsg.), Mehr Gewinn auf gleicher Fläche, Köln 1985, S. 7 - 30

Müller-Hagedorn, L. (Hrsg.), Geschäftslagen-Ergebnisse der Einzelhandelsfachgeschäfte im Jahre 2001 – Umsatz-, Kosten-, Spannen- und Gewinnzahlen des Betriebsvergleichs, Göttingen 2003

Müller-Hagedorn, L. (Hrsg.), Ortsgrößen-Ergebnisse der Einzelhandelsfachgeschäfte im Jahre 2001 – Umsatz-, Kosten-, Spannen- und Gewinnzahlen des Betriebsvergleichs, Göttingen 2003

Müller-Hagedorn, L. (Hrsg.), Personengrößenklassen-Ergebnisse der Einzelhandelsfachgeschäfte im Jahre 2001 – Umsatz-, Kosten-, Spannen- und Gewinnzahlen des Betriebsvergleichs, Göttingen 2003

Müller-Hagedorn, L. (Hrsg.), Raumgrößenklassen-Ergebnisse der Einzelhandelsfachgeschäfte im Jahre 2001 – Umsatz-, Kosten-, Spannen- und Gewinnzahlen des Betriebsvergleichs, Göttingen 2003

Müller-Hagedorn, L. (Hrsg.), Absatzgrößenklassen-Ergebnisse der Einzelhandelsfachgeschäfte im Jahre 2001 – Umsatz-, Kosten-, Spannen- und Gewinnzahlen des Betriebsvergleichs, Göttingen 2003

Müller-Hagedorn, L. (Hrsg.), Personalleistungsklassen-Ergebnisse der Einzelhandelsfachgeschäfte im Jahre 2001 – Umsatz-, Kosten-, Spannen- und Gewinnzahlen des Betriebsvergleichs, Göttingen 2003

Ostertag u. a., Neue Instrumente für weniger Flächenverbrauch. Der Handel mit Flächenausweisungszertifikaten im Experiment, Stuttgart 2010

Rösgen-Feier, D., Ergebnisse des Jahresbetriebsvergleichs im Großhandel 2001, in: Handel im Fokus, Mitteilungen des Instituts für Handelsforschung an der Universität zu Köln (IfH), 54. Jg., Heft IV, November 2002, S. 295 - 305

Schenk, H.-O., Marktwirtschaftslehre des Handels, Wiesbaden 1991

Schlüsener, P., Die sekundäre Nutzung des Betriebsvergleichs des Instituts für Handelsforschung an der Universität zu Köln im Facheinzelhandel, Göttingen 1994

Sondermann, N., Ergebnisse des Jahresbetriebsvergleichs im Einzelhandel für das Jahr 2001, in: Handel im Fokus, Mitteilungen des Instituts für Handelsforschung an der Universität zu Köln (IfH), 54. Jg., Heft IV, November 2002, S. 306 - 314

Stahlbock, R., Kostenkontrolle: ein stets aktuelles Thema, in: Lerchenmüller, M. (Hrsg.), Die Betriebswirtschaft des Lebensmittel-Einzelhandels, Band I, Hamburg 1987, S. 24 - 26

Stüer, B., Handbuch des Bau- und Fachplanungsrechts: Planung – Genehmigung – Rechtsschutz, 4. Auflage, München 2009

VDI, Automatisierte Lagersysteme, Anforderungen – Anpassung – Modernisierung; Tagungsbericht der VDI-Gesellschaft Fördertechnik, Materialfluß, Logistik, Düsseldorf 1992

Villiger, R., Der Lagerumschlag – ein Produktivitätsfaktor im Einzelhandel, Berlin 1962

Wenzlitschke, M. R., Gartencenter Oase – Maßnahmen zur Reduktion von Personalkosten, in: Kaapke/Froböse (Hrsg.), Fallstudien zum Handelsmanagement, Stuttgart u. a. 1999, S. 333 - 348

Wöhe, G., Grundzüge der Unternehmensfinanzierung, 10. Auflage, München 2009

C. Basisentscheidungen des Handelsmanagement

Literaturhinweise zu Betriebsformen im Handel, in allgemeiner Hinsicht (Kap. C. I./II.):

Achenbach, C., Der Bekleidungsfachmarkt, 2. Auflage, Göttingen 1986

Algermissen, J., Der Handelsbetrieb. Eine typologische Studie aus absatzwirtschaftlicher Sicht, Frankfurt, Zürich 1975

Auer/Koidl, Convenience-Stores: Handelsformen der Zukunft, Frankfurt a. M. 1997

Ausschuß für Begriffsdefinitionen aus der Handels- und Absatzwirtschaft (Hrsg.), Katalog E – Begriffsdefinitionen aus der Handels- und Absatzwirtschaft, 4. Ausgabe, Köln 1995

Batzer, E., Großhandelsbetriebsformen, in: Marketing-Enzyklopädie, Band 1, München 1974, S. 883 - 889

Behrens, K. Chr., Versuch einer Systematisierung der Betriebsformen des Einzelhandels, in: Behrens, K. Chr. (Hrsg.), Der Handel heute: in Memoriam Julius Hirsch, Tübingen 1962, S. 131 ff.

Berger, S., Ladenverschleiß (Store Erosion). Ein Beitrag zur Theorie des Lebenszyklus von Einzelhandelsgeschäften, Göttingen 1977

Berninghaus, W., Die absatzwirtschaftliche Ausrichtung des Kleinpreisgeschäftes, Nürnberg 1960

Bidlingmaier, J., Einzelhandel, Betriebsformen des, in: Tietz, B. (Hrsg.), Handwörterbuch der Absatzwirtschaft, Stuttgart 1974, Sp. 526 - 546

Brauer, W., Die Betriebsformen im stationären Einzelhandel als Marke, Diss., München 1996

Bühler, T., City Center: Erfolgsfaktoren innerstädtischer Einkaufszentren, 2. Auflage, Wiesbaden 1991

Burmann, C., Key success factors and productivity of department stores, Institut für Marketing und Unternehmensführung, Münster 1995, S. 46 - 51

Brück/Gorgs, Supermärkte. Bedrohte Spezies, in: Wirtschaftswoche, Heft 42, 2001, S. 80

Byszio, U., Erfolg mit Shop-in-the-Shop: praxisorientierte Konzepte für Shop-in-the-Shop-Betreiber in Waren- und Kaufhäusern, Frankfurt a. M. 1995

Cloppenburg, U., Die deutschen Diskonthäuser, Diss., Basel, Köln 1965

Deutsch, P., Die Betriebsformen des Einzelhandels, Stuttgart 1968

Eggert, U., Neue Handelsformate – neue Vertriebskonzepte, Köln 2011

Eurohandelsinstitut e. V., Trendsetter USA: neue Marketingkonzepte – neue Betriebstypen, Köln 1994

Falk, B. (Hrsg.), Einkaufszentren, Landsberg a. L. 1982

Gebert, J., Convenience durch UMTS: Analyse und Bewertung von Potentialen für Convenience-Stores durch mobile interaktive 3G-Dienste am Beispiel der DB-Service-Stores, Wiesbaden 2001

Gerlach, H.-A., Die Verbrauchermärkte – ein neuzeitliches Distributionssystem im Einzelhandel der Bundesrepublik Deutschland, Winterthur 1976

Glöckner-Holme, I., Betriebsformen-Marketing im Einzelhandel, Augsburg 1988

Grieben, R., Innerstädtische Einkaufszentren als Instrument zur Revitalisierung ostdeutscher Cities: empirische Untersuchung am Beispiel der Elbgalerie Riesa, Bayreuth 2001

Gröner/Köhler, Der Selbstbedienungsgroßhandel zwischen Rechtszwang und Wettbewerb, München 1986

Haller, S., Handelsmarketing, 3. Auflage, Ludwigshafen/Rhein 2008

Hanschmann, R., Versuch einer Systematik der Betriebsformen des Großhandels, in: Zeitschrift für betriebswirtschaftliche Forschung, 17. Jg. (1965), S. 732 - 763

Heinemann, G., Betriebstypenprofilierung und Erlebnishandel, Wiesbaden 1989

Hoffmann, S., Deutschlands „Shopping Scene", in: Der Facility Manager, Heft 10, 2002, S. 10 - 14

Holl, K., Cash and Carry als absatzwirtschaftliches System im westdeutschen Lebensmittel-Großhandel, Diss., München 1970

Hollander, S. C., The Wheel of Retailing, in: Journal of Marketing, Vol. 25 (July/1960), S. 37 - 42

Huppert, E., Warenhäuser im Lebenszyklus der Betriebsformen, in: Dynamik im Handel, Heft 11, 1996, S. 16 - 21

Känzig, R., Das Verkaufswagensystem als Distributionsform im Einzelhandel, Winterthur 1973

Kapoun, J. (Hrsg.), Logistik in verschiedenen Typen von Handelsunternehmen wie Einzelhandel, Lebensmitteleinzelhandel, Einkaufszentren, Warenhäuser, Fachhandel, Großhandel, Versandhandel und andere mehr: Informationssysteme, Ladenbau, logistische Gesamtkonzepte, dargestellt in ausgewählten schweizerischen und deutschen Fachbeiträgen und Firmenschriften, Lausanne 1995

Karlberg, B., Cash & Carry: Wachstumsphase gestoppt, in: Dynamik im Handel, Heft 6, 1997, S. 53 - 55

Kettl-Römer, B., Factory Outlets bleiben strittig, in: Handelsjournal, Heft 10, 2002, S. 30 - 31

Kiener, M., Teleshopping – Audiovisuelles Kaufhaus, in: Medienspiegel, 1996, S. 6

Kirchner, G., Versandhandel, Gestern – Heute – Morgen, Stuttgart, Wiesbaden 1974

Köhler, F. W., Die „Dynamik der Betriebsformen". Bestandsaufnahmen und Modellerweiterung, in: Marketing ZFP, Heft 1, 1990

Kroes, R., If you've seen one, you've seen the mall: European and American mass culture, Urbana u. a. 1996

Krol, B., Standortfaktoren und Standorterfolg im Electronic Retailing: Konzeptualisierung, Operationalisierung und Erfolgswirkungen von virtuellen Standorten elektronischer Einzelhandelsunternehmen, Wiesbaden 2010

Kuhlmeier, A., Die Betriebstypeninnovation als Bestandteil der Absatzpolitik im Einzelhandel, Göttingen 1980

Kursawa-Stucke/Lübke, Der Supermarktführer. Umweltfreundlich einkaufen von allkauf bis Tengelmann, München 1991

Lerchenmüller, M., „Muß Tante Emma sterben?" – Überlebenschancen des Nachbarschaftsgeschäfts als eines Teils unserer Umwelt, in: Mitteilungen des Hochschulbund Nürtingen e. V., Heft 3, 1986, S. 10 - 13

Lerchenmüller, M., Cash-and-carry-Großhandel und Genossenschaft, in: Mändle/Swoboda (Hrsg.), Genossenschafts Lexikon, Wiesbaden 1992, S. 96 - 97

Lerchenmüller, M., Einkaufszentren, in: Mändle/Mändle (Hrsg.), Wohnungs Immobilien Lexikon, 2. Auflage, Freiburg 2011, S. 444 - 445

Lerchenmüller, M., Gewerbehöfe, in: Mändle/Mändle (Hrsg.), Wohnungs Immobilien Lexikon, 2. Auflage, Freiburg 2011, S. 694

Lerchenmüller, M., Gewerbeparks, in: Mändle/Mändle (Hrsg.), Wohnungs Immobilien Lexikon, 2. Auflage Freiburg 2011, S. 713

Lerchenmüller, M., Passagen, in: Mändle/Mändle (Hrsg.), Wohnungs Immobilien Lexikon, 2. Auflage, Freiburg 2011, S. 1260 - 1261

Lerchenmüller/Vochezer/Vogler, Lexikon Betriebsformen. Supermarkt, Discounter & Co.: Strukturen, Fakten, Trends, Frankfurt a. M. 2011

Mandewirth, S. O., Transaktionskosten von Handelskooperationen – Ein Effizienzkriterium für Verbundgruppen und Franchise-Systeme, Heidelberg 1997

Martzen, W., Die „Dynamik der Betriebsformen des Handels" – aus heutiger Sicht, in: Marketing ZFP, 8 (1986), Heft 4, S. 279 - 285

McNair, M. P., Trends in Large-Scale Retailing, in: Harvard Business Review, Vol. 10, 1931

Meyer, P. W., Die wirtschaftliche Bedeutung des Versandhandels, Freiburg 1979

Moser, D., Neue Betriebsformen im Einzelhandel. Eine Untersuchung der Entstehungsursachen und Entwicklungsdeterminanten, Frankfurt a. M., Zürich 1974

Müller/Geppert, Teleshopping: Mangelnde Begeisterung, in: absatzwirtschaft, Heft 2, 1996, S. 88 - 105

Müller-Hagedorn, L., Bevorzugte Betriebsformen des Einzelhandels und das Lebenszykluskonzept, in: Zeitschrift für betriebswirtschaftliche Forschung (1978), S. 106 - 124

Neumeier/Hagen, Verkauf bei Tag und Nacht, Warenautomaten im Handel, Köln 1965

Nieschlag, R., Die Dynamik der Betriebsformen im Handel, Essen 1954

Nieschlag, R., Versandgeschäfte, in: Handwörterbuch der Sozialwissenschaften, Band XI, Stuttgart, Tübingen, Göttingen 1961, S. 189 - 193

Nieschlag, R., Betriebsformen des Handels, Dynamik der, in: Tietz, B. (Hrsg.), Handwörterbuch der Absatzwirtschaft, Stuttgart 1974, Sp. 366 - 376

o. V., Factory Outlet Center: Lunte am Branchenfrieden?, in: Möbelmarkt, Heft 10, 1996, S. 16 - 21

o. V., Marktmacht durch Konzentration – Asko, MHB, AVA und Allkauf – Entwicklung und Struktur der großen SB-Warenhandelsunternehmen, in: Dynamik im Handel, Heft 2, 1996, S. 30 - 34

Oxford Institute of Retail Management (Ed.), European Department Stores, Essex 1988

Schricker/Lehmann, Der Selbstbedienungsgroßhandel, 2. Auflage, Köln u. a. 1987

Schübel, S. (Redaktion), Fachmärkte in Rheinland-Pfalz und ihre raumordnerische Bedeutung, Bayreuth 1992

Schulte/Rongk, Der Verbrauchermarkt, Bielefeld 1969

Späth, H., Cluster-Analyse-Algorithmen zur Objektklassifikation und Datenreduktion, 2. Auflage, München, Wien 1977

Spranzi, A., Zur Theorie der Dynamik der Betriebsformen im Einzelhandel, in: Kloidt, H. (Hrsg.), Betriebswirtschaftliche Forschung in internationaler Sicht. Festschrift für Erich Kosiol zum 70. Geburtstag, Berlin 1969, S. 73 - 103

Strobel, B., Die Errichtung von Lebensmitteleinzelhandelsfilialen mit Hilfe der Netzplantechnik, Sonderheft der Mitteilungen des Instituts für Handelsforschung, Göttingen 1973

Strobel, B., Fachmärkte. Eine hochinteressante Betätigungsmöglichkeit für die Kooperations-Gruppen der Unterhaltungselektronik, in: Handelsblatt, Nr. 238, 12.12.1988, S. 14

Strobel, B., Standortspezifische Geschäftstypen im Fachhandel, in: Trommsdorff, V. (Hrsg.), Handelsforschung 1988, Heidelberg, Berlin 1988, S. 99 - 115

Tietz, B., Off-price Stores und Factory Outlets. Neue Betriebstypen in den USA, in: Marketing, Zeitschrift für Forschung und Praxis, 7. Jg., 1985, S. 77 - 84

Tietz, B., Fachmarkt-Studie – Dynamik, Leistungsspektrum, Zukunftspotential und Praxisbeispiele eines innovativen Betriebstyps des Handels, hrsg. v. Gottlieb Duttweiler-Institut, Rüschlikon, Zürich 1988

Tietz/Rothhaar, Kundendynamik und Kundenpolitik im Selbstbedienungsgroßhandel, Stuttgart 1988

Tomczak u. a. (Hrsg.), Alternative Vertriebswege: Factory-outlet-Center, Convenience-Stores, Direct-Distribution, Multi-level-Marketing, electronic commerce, Smart-shopping, Stuttgart u. a. 1999

Treiber, B., Virtuelles Shopping, in: Planung und Analyse, Heft 2, 1996, S. 34 - 36

Wehrle, F., Strategische Marketingplanung in Warenhäusern, 2. Auflage, Frankfurt am Main u. a. 1984

Welzel, B., Factory Warehouse Center + Factory Outlet Center- Englische Erfahrungen, in: Marketing Journal, Heft 2, 1997, S. 122 - 125

Woratschek/Pastowski/Schäffer, Sport Winkler GmbH – Wahl der Betriebsform, in: Kaapke/Froböse (Hrsg.), Fallstudien zum Handelsmanagement, Stuttgart u. a. 1999, S. 81 - 94

Zentes, J., Handbuch Handel: Strategien, Perspektiven, internationaler Wettbewerb, Wiesbaden 2006

Zentes, J., Handbuch Handel: Betriebs- und Vertriebstypen, 2. Auflage, Wiesbaden 2013

Literaturhinweise zu Betriebsformen im Handel, in spezieller Hinsicht auf den Onlinehandel (Kap. C. I./II.):

Barth/Hartmann/Schröder, Betriebswirtschaftslehre des Handels, 6. Auflage, Wiesbaden 2007

Behrenbeck/Bruce/Spillecke, Onlinemarketing. Handel(n) im Netz, in: Der Handel Nr. 03 vom 10.03.2010, S. VIII

Bender, H., E-Payment. Die große Vielfalt, in: Der Handel, Sonderpublikation Online Handel vom 21.09.2010, S. 42

Bennefeld, Chr., Web-Controlling 3.0 bezieht externe Informationen zur Bewertung der Kennzahlen mit ein, in: Stahl/Breitschaft/Krabichler/Wittmann, E-Commerce-Leitfaden. Erfolgreicher im elektronischen Handel, 2. Auflage, Regensburg 2009, S. 103 - 106

Bräutigam, P. (Hrsg.), Online-Handel. Betriebswirtschaftliche und rechtliche Grundlagen; einzelne Erscheinungsformen des E-Commerce, München 2003

Bundesverband Bürowirtschaft (Hrsg.), E-Business – mit oder ohne Fachhandel?, Köln 2001

Bundesverband des Deutschen Versandhandels (Hrsg.), Online-Handel, Frankfurt a. M. 2008

Charlier, M., Internet-Shops _ Kräftig Kasse, in: Wirtschaftswoche, Heft 42, 1996, S. 170 - 174

Christiner, P., On-Line-Shopping via Internet: Mode-Erscheinung, neuer Ladenhüter, nur für Freaks oder Beginn einer neuen Gewohnheit?, in: Marketing-Journal, Heft 5, 1996, S. 314 - 316

Czajka/Mohr, Einkäufe privater Haushalte über das Internet, in: Wirtschaft und Statistik Nr. 3/2010, S. 282 - 289

Dobner, C. F. (online), Onlinegeschäft – Grenzüberschreitende Vertragsgestaltung im Zeitalter des E-Commerce http://www.wiso-net.de/webcgi?START=

A60&DOKV_DB=GWW&DOKV_NO=c_fuehrung_20090303.xml&DOKV_HS=0&PP=1, Abrufdatum: 22.11.2010

Ebel, B., Kompakt-Training E-Business, Ludwigshafen/Rhein 2007

Förster, J., Online-Kundenbetreuung: Wie Live Support Systeme dem Online-Vertrieb auf die Sprünge helfen, Hamburg 2011

Funder/Strähle/Ehlbeck/Natkowski, Online gewinnen. Shop und Marketing strategisch optimieren, Frankfurt a. M. 2011

GBI-Genios Deutsche Wirtschaftsdatenbank GmbH, www.genios.de

Gerth, St., Die Generalisten der Webshops, in: Der Handel, Sonderpublikation Online Handel, 30.06.2010, S. 18

Gora/Mann (Hrsg.), Handbuch Electronic Commerce. Kompendium zum elektronischen Handel, 2. Auflage, Berlin u. a. 2001

Gruner & Jahr Branchenbild (online), Versand- und Onlinehandel, Band 2008, Heft 46, Hamburg 2008, http://www.gujmedia.de/_content/20/46/204600/BB_46_08.pdf

Haddenbrock, K., B2C-Onlinehandel, Extrabeilage Neue Reifenzeitung, November 2007

Hahn/Otting, Onlinehandel. Rechtlich richtig, München 2007

Heinemann, G., Der neue Online-Handel. Erfolgsfaktoren und Best Practices, 4. Auflage, Wiesbaden 2012

Heinemann, G., Cross-Channel-Management: Integrationserfordernisse im Multi-Channel-Handel, 3. Auflage, Wiesbaden 2011

Heinemann, G., Modernes Multi-Channeling im Fashion-Handel: Konzepte, Erfolgsfaktoren, Praxisbeispiele, Frankfurt a. M. 2012

Heinemann/Haug (Hrsg.), Web-Exzellenz im E-Commerce: Innovation und Transformation im Handel, Wiesbaden 2010

Höschl, P. (Hrsg.), Leitfaden für Shop-Einsteiger. Erfolgreich in den Online-Handel starten, Norderstedt 2009

Hudetz, K., E-Commerce im Handel. Status Quo und Perspektiven, Gernsbach 2005

Jordanova-Duda, M., Online-Shopping _ Einkaufsbummel im Netz, in: Medienspiegel, Heft 45, 1996, S. 4 - 5

Klietmann, M. (Hrsg.), Report Online-Handel. Produkte verkaufen, Kunden binden, Preise gestalten, Düsseldorf 2001

Klietmann, M. (Hrsg.), Kunden im E-Commerce. Verbraucherprofile, Vertriebstechniken, Vertrauensmanagement, Düsseldorf 2001

Kollmann, T., E-Business: Grundlagen Elektronischer Geschäftsprozesse in der Net Economy, 4. Auflage, Heidelberg 2010

Krabichler/Wittmann/Stahl/Guck, E-Commerce in Deutschland. Fakten statt Mythen. Aktuelle Ergebnisse aus dem Projekt E-Commerce-Leitfaden der ibi research an der Universität Regensburg, Regensburg 2008

Kreutzer, R., Praxisorientiertes Online-Marketing. Konzepte – Instrumente _ Checklisten, Wiesbaden 2012

Lerchenmüller/Vochezer/Vogler, Lexikon Betriebsformen. Supermarkt, Discounter & Co.: Strukturen, Fakten, Trends, Frankfurt a. M. 2011

Meier, A., eBusiness & eCommerce: Management der digitalen Wertschöpfungskette, 3. Auflage, Berlin/Heidelberg 2012

Mobile Marketing Association MMA (Hrsg.), M-Commerce. Handy-Shopping, in: Der Handel Nr. 07 - 08 vom 07.07.2010, S. 32

Müller-Hagedorn/Natter, Handelsmarketing, 5. Auflage, Stuttgart 2011

Olderog, T., Faktoren des Markterfolges im Online-Handel, Wiesbaden 2003

o. V., Das virtuelle Warenhaus, in: COM! - T-Online & Internet, Heft 11, 1996, S. 22 - 25

o. V., Online-Einkaufen ohne Streß _ Endlich Schluß mit Ladenschluß, in: COM! -T-Online & Internet, Heft 12, 1997, S. 24 - 26

o. V., Rewe greift online an, in: Der Handel Nr. 10 vom 06.10.2010, S. 6

o. V., Die Zukunft des Handels ist mobil, in: Der Handel, Sonderpublikation Online Handel vom 30.06.2010, S. 17

o. V., Zukunft des Handels. Wer Präsenz- und Internetgeschäft verknüpft, steigert seinen Umsatz, in: Insights 2009, Heft 1, S. 25 - 27

PayPal Deutschland GmbH, Presseinformation Berlin/Dreilinden, 15. September 2009

Rode, J., Real fährt online neue Wege, in: Lebensmittel Zeitung Nr. 45 vom 12.11.2010, S. 2

Rohwer, P., Internet-Lösungen im Handel _ Electronic Commerce in integrierter Kommunikation, in: Office Management, Heft 4, 1997, S. 38 - 40

Rüdiger, K., Der Online-Handel in Deutschland und Spanien _ empirische Befunde und rechtliche Rahmenbedingungen, Bochum 2006

Rüdiger, K., Gütesiegel als vertrauensbildende Institution im Online-Handel – Eine Untersuchung der Vertrauensbildung unter Berücksichtigung kulturspezifischer Aspekte am Beispiel von Deutschland und Spanien, Diss. Bochum 2008

Schieb/Brunsmann, Der Online-Marktplatz. Geschäfte schnell und sicher abwickeln, Berlin 2007

Schnedlitz/Schönleitner, Die Eignung des Internets als Einkaufsstätte, in: Bauer/Huber (Hrsg.), Strategien und Trends im Handelsmanagement. Disziplinenübergreifende Herausforderungen und Lösungsansätze, München 2004, S. 319 - 333

Schröder, H., Handelsmarketing. Strategien und Instrumente für den stationären Einzelhandel und für Online-Shops. Mit Praxisbeispielen, 2. Auflage, Wiesbaden 2012

Stahl/Breitschaft/Krabichler/Wittmann, E-Commerce-Leitfaden. Erfolgreicher im elektronischen Handel, 2. Auflage, Regensburg 2009

Stapenhorst, F., Business Digital _ Elektronischer Handel im Internet, in: COGITO, Heft 6, 1997, S. 14 - 16

Strauss, S. C., Neukundengewinnung und Kundenbindung im Internethandel unter Berücksichtigung rechtlicher Aspekte: Potentiale, Maßnahmen und Gefahren, Hamburg 2011

Wilhelm, S., Onlinehandel. Die neue deutsche Onlinewelle, in: Der Handel Nr. 11 vom 03.11.2010, S. 56

Wilhelm/Krieger, Onlinemarktplätze. Klotzen statt kleckern, in: Der Handel, Sonderpublikation Online Handel, 24.04.2009, S. 8

Winkler, H., Onlinehandel mit Erfolg, Band 1, Schritt für Schritt zur eigenen Marktnische: Crashkurs zur Spezialisierung von kleinen und mittleren Webshops, Radolfzell 2010

Wirtz, B., Medien- und Internetmanagement, 7. Auflage, Wiesbaden 2011

Zentrale zur Bekämpfung unlauteren Wettbewerbs e. V. (Hrsg.), Fehler im Online-Handel vermeiden, Bad Homburg v. d. H., o. J.

Zirkel, K. (online), Versandhandel im Aufwind - Internet beflügelt die Branche, 01.04.2008, http://www.wiso-net.de/webcgi?START=A60&DOKV_DB=GWW&DOKV_NO=c_marketing_20080401.xml&DOKV_HS=0&PP=1

Literaturhinweise zur Betriebsstättenanzahl im Handel (Kap. C. III.):

Ahlert/Alves, Neue Führungskonzepte für das Handelsmanagement – eine kritische Auseinandersetzung am Beispiel von Filialsystemen, in: Thexis, Heft 4, 1997, S. 32 - 37

Alves, R., Integrierte Führung und Imitationsmanagement im Filialsystem des Handels: ein Beitrag zur Anwendung der Ergebnisse der empirischen Erfolgsforschung, Frankfurt a. M. 1996

Barth/Möhlenbruch, Ursachen der Konzentration im Einzelhandel, in: Betriebswirtschaftliche Forschung und Praxis, Heft 3, 1988, S. 220 - 234

Boyens, F. W., Standardisierung als Element der Marketingpolitik von Filialsystemen des Einzelhandels, Thun, Frankfurt a. M. 1981

Falter, H., Wettbewerbsvorteile von Filialbetrieben: Das Beispiel des deutschen Non-Food-Einzelhandels, Wiesbaden 1992

Huppert, E., Unterschiede in Größe, Wachstum und Struktur. Vergleichende Analyse der fünf großen deutschen Lebensmittelfilialunternehmen, in: dynamik im handel, Heft 5, 1993, S. 34 - 42

Kantzenbach/Krüger, Zur Frage der richtigen Abgrenzung des sachlich relevanten Marktes bei der wettbewerbspolitischen Beurteilung von Unternehmenszusammenschlüssen, in: Wirtschaft und Wettbewerb, 40. Jg., Heft 6, 1990, S. 472 - 481

Klein-Blenkers, F. (Hrsg.), Zur Lage mittelständischer Betriebe in der Bundesrepublik Deutschland und Maßnahmen zu ihrer Förderung, Göttingen 1977

Krol, B., Standortfaktoren und Standorterfolg im Electronic Retailing: Konzeptualisierung, Operationalisierung und Erfolgswirkungen von virtuellen Standorten elektronischer Einzelhandelsunternehmen, Wiesbaden 2010

Kube, C., Erfolgsfaktoren in Filialsystemen, Wiesbaden 1991

Lingenfelder, M., Markt AG – Zentralisierung vs. Dezentralisierung im Handel, in: Kaapke/Froböse (Hrsg.), Fallstudien zum Handelsmanagement, Stuttgart u. a. 1999, S. 367 - 374

Löhmer, M., Discountwelle überrollt Europa, in: absatzwirtschaft, Heft 5, 1993, S. 50 - 61

Müller-Hagedorn, L. (Hrsg.), Personengrößenklassen-Ergebnisse der Einzelhandelsfachgeschäfte im Jahre 2001 – Umsatz-, Kosten-, Spannen- und Gewinnzahlen des Betriebsvergleichs, Göttingen 2003

Müller-Hagedorn, L. (Hrsg.), Absatzgrößenklassen-Ergebnisse der Einzelhandelsfachgeschäfte im Jahre 2001 – Umsatz-, Kosten-, Spannen- und Gewinnzahlen des Betriebsvergleichs, Göttingen 2003

Naumann, U., Kommunikationsprobleme im Filialbetrieb – Ein Beitrag zur system- und kommunikationstheoretischen Analyse eines räumlich dezentralisierten Betriebes, Göttingen 1975

o. V., Von Großbetrieb bis Einzelkämpfer. Wie die Strukturen des Handels in der EG aussehen, in: Binnenmarkt aktuell, hrsg. vom Bundesverband der deutschen Volksbanken und Raiffeisenbanken – BVR –, Oktober 93, S. 1

Rosenbauer, C. C., Strategische Erfolgsfaktoren des Familienunternehmens im Rahmen seines Lebenszyklus: ein eigenorientiertes Konzept zur Steigerung der Lebens- und Entwicklungsfähigkeit des Familienunternehmens, Diss., St. Gallen 1994

Schenk/Tenbrink/Zündorf, Die Konzentration im Handel – Ursachen, Messung, Stand, Entwicklung und Auswirkungen der Konzentration im Handel und konzentrationspolitische Konsequenzen, Berlin 1984

Treis, B., Der mittelständische Einzelhandel im Wettbewerb. Größenbedingte Vor- und Nachteile, München 1981

Treis/Lodemann, Abgrenzung des sachlich relevanten Marktes im Lebensmitteleinzelhandel, Göttingen 1986

Literaturhinweise zur Kooperation(sintensität) im Handel (Kap. C. IV):

Ahlert, D. (Hrsg.), Handbuch Franchising und Cooperation, Frankfurt a. M. 2010

Ahlert/Borchert, Prozessmanagement im vertikalen Marketing. Efficient Consumer Response (ECR) in Konsumgüternetzen, Berlin, Heidelberg 2000

Ahlert/Olbrich/Schröder, Jahrbuch Handelsmanagement 2001. Vertikales Marketing und Markenführung im Zeichen von Category Management, Frankfurt 2001

Akademische Partnerschaft ECR Deutschland, Müller-Hagedorn/Mesch (Hrsg.), Efficient Consumer Response in der Praxis. Fallstudien zu Projekten, Konzepten und Strategien, Frankfurt a. M. 2006

Amt für amtliche Veröffentlichungen der Europäischen Gemeinschaften (Hrsg.), Die Europäische Union, Brüssel, Luxemburg 1993

Brauer, U., Die vertikale Kooperation als Absatzwegestrategie für Herstellerunternehmen – dargestellt am Beispiel der Konsumgüterhersteller, München 1989

Beyer, W. E., Franchising als Instrument zur „Festigung der Marktstellung": Möglichkeiten und Grenzen einer Unternehmung als Franchise-Geber in der Bundesrepublik Deutschland unter besonderer Berücksichtigung von Zielkonzeptionen der Franchise-Nehmer, Bochum 1988

Beuthien, V., Das Franchising im Gruppenwettbewerb des Handels, in: Betriebsberater, 48. Jg., Heft 2, 1993, S. 77 - 80

Bidlingmaier, J., Kooperation im Handel, in: Tietz, B. (Hrsg.), Handwörterbuch der Absatzwirtschaft, Stuttgart 1974, Sp. 1124 - 1142

Böhlke, E., Trade Marketing – Neuorientierung der Hersteller-Handels-Beziehung, in: Zentes, J. (Hrsg.), Strategische Partnerschaften im Handel, Stuttgart 1992, S. 187 - 203

Braun, D., Schnittstellenmanagement zwischen Handelsmarken und ECR, Köln 2002

BUS, Betreuungsverbund für Unternehmer und Selbständige e. V. (Hrsg.), Franchising, München, Münster 1986

Calik, K., Transparenz in der Lieferkette, in: Cybiz, Heft 10, 2002, S. 16

Clemens, R., Die Bedeutung des Franchising in der Bundesrepublik Deutschland: eine empirische Untersuchung von Franchisenehmern und -systemen, Stuttgart 1988

Corsten/Pötzl, ECR Efficient Consumer Response. Integration von Logistikketten, 2. Auflage, München, Wien 2002

Corsten/Jones (Eds.), ECR in the third millenium: academic perspectives on the future of the consumer goods industry, Montfoord 2000

Dantzer, U., Efficient Consumer Response – Kooperation zwischen Industrie und Handel, in: Beschaffung Aktuell, Heft 11, 1996, S. 38 - 42

Deutscher Franchise-Verband e. V. (Hrsg.), Jahrbuch Franchising 2012, Frankfurt a. M. 2012

Deutscher Genossenschafts- und Raiffeisenverband e. V. (Hrsg.), Zahlen und Fakten der genossenschaftlichen Banken, Waren- und Dienstleistungsgenossenschaften, Wiesbaden 2012

Drunkermühle/Pietsch/Sommer, EDI für Geschäftsprozesse der Kreislaufwirtschaft, in: DV-Management, Heft 4, 1996, S. 164 - 169

Dülfer, E., Betriebswirtschaftslehre der Kooperative. Kommunikation und Entscheidungsbildung in Genossenschaften und vergleichbaren Organisationen, Göttingen 1984

ECR Europe (Hrsg.), A Guide to CPFR® Implementation, o. O. 2001

Emmerich, V., Kartellrecht, 12. Auflage, München 2012

Engelhardt, T.-M., Partnerschafts-Systeme mit dem Fachhandel als Konzept des vertikalen Marketing. Dargestellt am Beispiel der Unterhaltungselektronik-Branche in der Bundesrepublik Deutschland, St. Gallen 1990

Erdmann, B., Erfa-Gruppen als Instrument zur Leistungssteigerung im Facheinzelhandel, Göttingen 1992

Ernst, W., Das ABC des Franchising, Würzburg 2002

Fitzen, L. K., Kooperatives Distributionsmanagement und Distributionserfolg, Lohmar, Köln 2011

Flohr, E., Franchise-Vertrag, 3. Auflage, München 2006

Förster, H., EDI zur Verbesserung logistischer Abläufe, in: Markenartikel, Heft 4, 1996, S. 158 - 161

Garrelts, F., Märkte im Umbruch. Kooperationen als Chance im Handel, München 1998

Giesler/Nauschütt (Hrsg.), Franchiserecht: Handbuch für die anwaltliche und gerichtliche Praxis, 2. Auflage, Köln 2007

Goerdt, T., Die Marken- und Einkaufsstättentreue der Konsumenten als Bestimmungsfaktoren des vertikalen Beziehungsmarketing. Theoretische Grundlegung und empirische Analysen für das Category Management, Nürnberg 1999

Grafe, C., Handelsmarken von Einkaufsvereinigungen des Einzelhandels, Nürnberg 1991

Hallier, B., Von der Ladenkasse zur Marktführerschaft, in: absatzwirtschaft, Heft 3, 1995, S. 104 - 107

Hasselmann, E., Die genossenschaftliche Selbsthilfe der Verbraucher, Hamburg 1960

Hasselmann, E., Geschichte der deutschen Konsumgenossenschaften, Frankfurt a. M. 1971

Heydt, A. von der (Hrsg.), Handbuch Efficient Consumer Response, München 1999

Heydt, A. von der, Efficient consumer response (ECR): Basisstrategien und Grundtechniken, zentrale Erfolgsfaktoren sowie globaler Implementierungsplan, 3. Auflage, Frankfurt a. M. u. a. 1998

Hofmann, V., Die Auswahl eines Kooperationssystems als Entscheidungsproblem mittelständischer Einzelhandelsunternehmer, Berlin, München 1982

Holper, S., Animositäten begraben und profitieren. Kooperationen haben reichlich Vorteile, in: Bankinformation und Genossenschaftsforum, Heft 6, 2002, S. 72 - 75

Homburg, Ch., Efficient Consumer Response (ECR): Erfolg durch Kooperation mit dem Handel, Vallendar 1997

Hopfenbeck, W., Allgemeine Betriebswirtschafts- und Managementlehre, 14. Auflage, München 2002

Hopfenbeck/Müller/Peisl, Wissensbasiertes Management, Landsberg a. L. 2001

Irrgang, W. (Hrsg.), Vertikales Marketing im Wandel. Aktuelle Strategien und Operationalisierungen zwischen Hersteller und Handel, München 1993

Jauschowetz, D., Marketing im Lebensmitteleinzelhandel: Industrie und Handel zwischen Kooperation und Konfrontation, Wien 1995

Kalmbach, U., Handel und Industrie schmieden Prozeßketten, in: Office Management, Heft 9, 1997, S. 37 - 40

Kapelari, D., Category Management im Handel, in: Werbeforschung & Praxis, Heft 1, 1997, S. 8

Knigge, J., Aktuelle Tendenzen im Franchising, in: Irrgang, W. (Hrsg.), Vertikales Marketing im Wandel. Aktuelle Strategien und Operationalisierungen zwischen Hersteller und Handel, München 1993, S. 295 - 313

Kommission der Europäischen Gemeinschaften u. a. (Hrsg.), Franchising in ausgewählten Bereichen des Handels in der Gemeinschaft. Eine wettbewerbspolitische Analyse, Köln 1987

Kubitschek, C., Franchising, Wiesbaden 2000

Kuhn, G., Entwicklung und Probleme der Kooperation im Handel, Göttingen 1977

Lademann/Hermes, Einkaufskooperationen als Per-se-Kartelle?, in: LZ, Nr. 18 vom 30.04.1987, S. F22 - F24, LZ, Nr. 19 vom 08.05.1987, S. F24 - F25

Lammers, L. M., Efficient Consumer Response: Strategische Bedeutung und organisatorische Implikationen absatzorientierter ECR-Kooperationen, Wiesbaden 2012

Laurent, M., Vertikale Kooperationen zwischen Industrie und Handel: neue Typen und Strategien zur Effizienzsteigerung im Absatzkanal, Frankfurt a. M. 1996

Lerchenmüller, M., Betriebswirtschaftliche Grundlagen des Franchising, in: Giesler/Nauschütt (Hrsg.), Franchiserecht, 2. Auflage, Köln 2007, S. 37 - 169

Lerchenmüller, M., Cash-and-carry-Großhandel und Genossenschaft, in: Mändle/Swoboda (Hrsg.), Genossenschafts Lexikon, Wiesbaden 1992, S. 96 - 97

Lerchenmüller, M., Großhandel, genossenschaftlich-gewerblicher, in: Mändle/Swoboda (Hrsg.), Genossenschafts Lexikon, Wiesbaden 1992, S. 324 - 325

Lerchenmüller, M., Großhandelsgenossenschaften, in: Mändle/Swoboda (Hrsg.), Genossenschaftslexikon, Wiesbaden 1992, S. 325 - 326

Lerchenmüller, M., Lebensmitteleinkaufsgenossenschaften, in: Mändle/Swoboda (Hrsg.), Genossenschafts Lexikon, Wiesbaden 1992, S. 410 - 411

Lerchenmüller, M., Einkaufszentren, in: Mändle/Mändle (Hrsg.), Wohnungs Immobilien Lexikon, 2. Auflage, Freiburg 2011, S. 444 - 445

Lerchenmüller, M., Gewerbehöfe, in: Mändle/Mändle (Hrsg.), Wohnungs Immobilien Lexikon, 2. Auflage, Freiburg 2011, S. 694

Lerchenmüller, M., Gewerbeparks, in: Mändle/Mändle (Hrsg.), Wohnungs Immobilien Lexikon, 2. Auflage Freiburg 2011, S. 713

Lerchenmüller, M., Passagen, in: Mändle/Mändle (Hrsg.), Wohnungs Immobilien Lexikon, 2. Auflage, Freiburg 2011, S. 1260 - 1261

Lewis, J. D., Strategische Allianzen – informelle Kooperationen, Minderheitsbeteiligungen, Joint Ventures, Strategische Netze, Frankfurt a. M., New York 1991

Lintner, A. M., Kennen Sie schon ECR? Efficient Consumer Response: Was will der Verbraucher wirklich? in: Direkt-Marketing, Heft 5, 1996, S. 12 - 13

Litzinger, D., Die Gewinnung der Kooperation des Handels bei Verkaufsförderungsmaßnahmen von Herstellern, in: Kontakte, Geschäftsbeziehungen, Netzwerke: Marketing und neue Institutionsökonomie, Düsseldorf 1995

Lücke, F., Kooperationsmanagement im Online-Vertrieb, Lohmar 2008

Lukas, G., Efficient Consumer Response – Wenn der Kunde die Logistik nicht mehr stört, in: Logistik Heute, Heft 7, 1997, S. 21 - 23

Mändle, E., Warenhandelsgenossenschaften, in: Falk/Wolf (Hrsg.), Das große Lexikon für Handel und Absatz, 2. Auflage, Landsberg a. L. 1982, S. 827 - 829

Mändle, E., Genossenschaften. Wesen, Unternehmensziele, Entscheidungsstruktur, Ordnungspolitische Einstufung, Geschichte, in: Müller, Th. (Hrsg.), Nürtinger Hochschulschriften Heft 9, 1989, Nürtingen 1989

Mändle, E., Überlegungen zur Unternehmensführung in Genossenschaften, Nürtingen 1990

Mändle/Swoboda (Hrsg.), Genossenschafts Lexikon, Wiesbaden 1992

Mändle/Winter (Hrsg.), Handwörterbuch des Genossenschaftswesens, Wiesbaden 1980

Martinek, M., Franchising: Grundlagen der zivil- und wettbewerbsrechtlichen Behandlung der vertikalen Gruppenkooperation beim Absatz von Waren und Dienstleistungen, Heidelberg 1987

Mau, M., Supply-chain-Management: Realisierung von Wertschöpfungspotentialen durch ECR-Kooperation zwischen mittelständischer Industrie und Handel im Lebensmittelsektor, Frankfurt a. M. 2000

Meffert, H. (Hrsg.), Category Management – neue Herausforderung im vertikalen Marketing? Dokumentation des Workshops vom 22.06.1995/Wissenschaftliche Gesellschaft für Marketing und Unternehmensführung e. V., Münster 1995

Meffert/Steffenhagen, Konflikte zwischen Industrie und Handel – Empirische Untersuchungen im Lebensmittelsektor der BRD, Wiesbaden 1976

Meyerhofer, W., Kooperation im Groß- und Außenhandel, Berlin, München 1980

Möll/Jacobsen, Kooperation statt Konfrontation? Neue Formen der Zusammenarbeit zwischen Konsumgüterindustrie und Einzelhandel und ihre betrieblichen Funktionsbedingungen, in: Arbeit – Zeitschrift für Arbeitsforschung, Arbeitsgestaltung und Arbeitspolitik, Heft 3, 2002, S. 199 - 211

Mühlhaus, K., Geld verdienen mit Franchising: Vor- und Nachteile der Partnerschaft in Franchise-Systemen, München 1989

Müller-Hagedorn/Preißner, Kooperation als Erfolgsfaktor für den mittelständischen Handel, in: Olesch, G. (Hrsg.), Kooperation im Wandel. Zur Bedeutung und Entwicklung der Verbundgruppen. Jubiläumsschrift anlässlich des 50-jährigen Bestehens des Zentralverbandes Gewerblicher Verbundgruppen e. V., Frankfurt a. M. 1998, S. 83 - 109

Münzberg, H., Wertschöpfungskooperationen: Die Spielregeln verändern sich, in: Gabler's Magazin, Heft 3, 1996, S. 38 - 42

Münzberg, H., Wertschöpfungskooperationen: Handel und Industrie rücken enger zusammen, in: Gabler's Magazin, Heft 2, 1997, S. 36 - 39

Munz, H., Das Phänomen Migros – Die Geschichte der Migros Gemeinschaft, hrsg. von der G. u. a. Duttweiler-Stiftung, Zürich 1973

Nebel, J. (Hrsg.), Das Franchise-System, 4. Auflage, München 2008

Neuburger, R., Electronic Data Interchange: Einsatzmöglichkeiten und ökonomische Auswirkungen, Wiesbaden 1994

Noelle, B., Genossenschaftsverbund und Mitgliederförderung, Frankfurt a. M. 1989

Olesch, G., Die Kooperationen des Handels, hrsg. von der Bundesvereinigung Deutscher Einkaufs- und Verbundgruppen des Handels e. V., Frankfurt a. M. 1991

Olesch, G. (Hrsg.), Kooperation im Wandel. Zur Bedeutung und Entwicklung der Verbundgruppen. Jubiläumsschrift anlässlich des 50-jährigen Bestehens des Zentralverbandes Gewerblicher Verbundgruppen e. V., Frankfurt a. M. 1998

Olesch, G., Handelskooperationen. 3 Modelle erfolgreicher Verbundgruppen, o. O. 2002

o. V., ECR: Unternehmen arbeiten zusammen: Informationen statt Lagerbestände, in: Logistik Heute, Heft 12, 1996, S. 27

o. V., Handel und Markenartikelindustrie: In Wertschöpfung vereint?, in: absatzwirtschaft, Heft 7, 1996, S. 30 - 37

o. V., Marktmacht durch Konzentration – Asko, MHB, AVA und Allkauf – Entwicklung und Struktur der großen SB-Warenhandelsunternehmen, in: Dynamik im Handel, Heft 2, 1996, S. 30 - 34

o. V., Supply Management Optimization: Ist EDI überholt? in: Beschaffung Aktuell, Heft 10, 1997, S. 64 - 65

o. V., Efficient Replenishment: Täglich flexibel auf Ereignisse reagieren: in: absatzwirtschaft, Heft 5, 1997, S. 48 - 51

o. V., Kooperation soll Wertschöpfungskette optimieren, in: IT Business News, Heft 45, 2002, S. 1

o. V., Materialfluss mit Mindesthaltbarkeit, in: Logistik Heute, Heft 11, 2002, S.36 - 37

o. V., CPGmarket geht live, in: Lebensmittelzeitung Nr.43 vom 27.10.2000, S. 1 und 78

Rollberg, R., Wertschöpfungspartnerschaften und Electronic Data Interchange (EDI), in: Industrie Management, Heft 6, 1996, S. 51 - 55

Roschalk, T., Kommunikationsdefizite zwischen Industrie und Handel im Rahmen der Verkaufsförderung, o. O. 2000

Scheiter, S., Die Mitgliederführung in genossenschaftlichen Handelsgruppen, Göttingen 1982

Schmickler, M., Management strategischer Kooperationen zwischen Hersteller und Handel. Konzeption und Realisierung von Efficient Consumer Response-Projekten, Diss., St. Gallen 2001

Schmickler/Rudolph, Erfolgreiche ECR-Kooperationen. Vertikales Marketing zwischen Industrie und Handel, Neuwied 2002

Schmidt, I., Handelskonzentration, Nachfragemacht und 6. GWB-Novelle, in: Wirtschaft und Wettbewerb, Heft 2, 1997, S. 101 - 119

Schmidt, I., Wettbewerbspolitik und Kartellrecht: eine interdisziplinäre Einführung, 9. Auflage, München 2012

Schulze, R. (Hrsg.), Franchising im Europäischen Privatrecht, Baden-Baden 2001

Schwytz, I., Vertragshändlerverträge: Mit einer Einführung zur Stellung des Vertragshändlers beim Absatz von Waren, 4. Auflage, Heidelberg 1998

Seifert, D., Efficient Consumer Response. Supply Chain Management (SCM), Category Management (CM) und Radiofrequenz-Identifikation (RFID) als neue Strategieansätze, 4. Auflage, München 2006

Seisoff, M., Joint Forecasting – Mehr Effizienz durch Austausch von Prognosedaten, in: Retail Technology Journal, Heft 2, 2002, S. 40 - 41

Skaupy, W., Franchising: Handbuch für die Betriebs- und Rechtspraxis, 2. Auflage, München 1995

Spalink/Wagner, Category Management erfordert Integrationsleistungen, in: Thexis, Heft 4, 1997, S. 24 - 27

SPAR Handels-AG (Hrsg.), Geschäftsbericht 2011, Hamburg 2012

Staudte, W., Franchising. Erfolgsmodell für die Selbständigkeit, in: dfz Wirtschaftsmagazin, 19. Jg., Heft 3, 1990, S. 36 - 40

Steffenhagen, H., Konflikt und Kooperation in Absatzkanälen. Ein Beitrag zur verhaltensorientierten Marketingtheorie, Wiesbaden 1975

Steindorff, E., Sind Handelsgenossenschaften Kartelle?, Heidelberg 1978

Strobel, B., Kooperatives Marketing, in: radio-fernseh-händler, Heft 9, 1973, S. 252 ff.

Strobel, B., Apotheken-Franchising – notwendige Fortentwicklung des Apotheken-Marketing?, in: ANZAG-Daten, Fakten, Hintergründe, Mai 1989, S. 6 ff.

Tietz, B., Handbuch Franchising, Zukunftsstrategien für die Marktbearbeitung, 2. Auflage, Landsberg a. L. 1991

Tietz/Mathieu, Das Franchising als Kooperationsmodell für den mittelständischen Groß- und Einzelhandel, Köln u. a. 1979

Trommsdorff, V. (Hrsg.), Kooperation im Handel und mit dem Handel, Wiesbaden 1997

Trommsdorff, V. (Hrsg.), Kooperations- und Wettbewerbsverhalten des Handels, Köln 2000

Trommsdorff, V. (Hrsg.), Wandel der handelsrelevanten Wertschöpfungsprozesse, Köln 2001

Varnholt, N. T., Förderleistungsoptimierung in Handelsgenossenschaften, Köln 1989

Vierheller, R., Handelsgenossenschaften versus Filialsysteme: eine Analyse im Lichte der Theorie der Verfügungsrechte, Hamburg 1987

Winkler, V., Coop und Migros – Genossenschaften in Konkurrenz und im Wandel der Zeit, Chur, Zürich 1991

Zentes, J. (Hrsg.), Strategische Partnerschaften im Handel, Stuttgart 1992

Zentes, J., Konditionssysteme: Von Pull- und Push-Strategien zum kooperativen Wertschöpfungsmanagement, in: Markenartikel, Heft 4/1996, S. 162 - 165

Zentes, J., Best-practice-Prozesse im Handel, Frankfurt a. M. 2002

Zentes/Swoboda, Vertikale Kooperationen in Logistik und Marketing, in: Kaapke/Froböse (Hrsg.), Fallstudien zum Handelsmanagement, Stuttgart u. a. 1999, S. 35 - 48

Zentes/Zimmermann, Kommunikation zwischen Handel und Industrie – Das Diktat des Kunden, in: GDI-Handelstrendletter 1, 1996, S. 1 - 68

Zentralverband der genossenschaftlichen Großhandels- und Dienstleistungsunternehmen e. V. – Zentgeno (Hrsg.), Jährliche Geschäftsberichte (ab 01.01.1992: Zentralverband der gewerblichen Verbundgruppen e. V. ZGV)

Zielke, S., Kundenorientierte Warenplatzierung. Modelle und Methoden für das Category Management, Stuttgart, Berlin 2002

Literaturhinweise zu Unternehmensprofil und -politik (Kap. C. V):

Ahlert/Alves, Neue Führungskonzepte für das Handelsmanagement – eine kritische Auseinandersetzung am Beispiel von Filialsystemen, in: Thexis, Heft 4, 1997, S. 32 - 37

Albers, R. (Hrsg.), Elemente erfolgreicher Unternehmenspolitik in mittelständischen Unternehmen: Unternehmenskultur, Kundennähe, Quasi-Eigenkapital. Ergebnis des Lüneburger Mittelstands-Symposiums 1988, Stuttgart 1989

Alves, R., Integrierte Führung und Imitationsmanagement im Filialsystem des Handels: ein Beitrag zur Anwendung der Ergebnisse der empirischen Erfolgsforschung, Frankfurt a. M. 1996

Anderer, M., Internationalisierung im Einzelhandel: Strategien und Steuerungsmodelle, Frankfurt a. M. 1997

Ansoff, H. I., Corporate Strategy, Harmondsworth 1987

Barth, K., Systematische Unternehmensführung in den Groß- und Mittelbetrieben des Einzelhandels, Göttingen 1976

Barth/Hartmann, Strategische Marketingplanung im Einzelhandel. Möglichkeiten und Grenzen der Anwendung adäquater Planungstechniken, in: Trommsdorff, V. (Hrsg.), Handelsforschung 1991. Jahrbuch der Forschungsstelle für den Handel Berlin (FfH) e. V., Heidelberg, Berlin 1991, S. 135 - 155

Bartscher, S., Einführung in die Unternehmenspolitik, Stuttgart 1993

Bartscher, S. (Hrsg.), Unternehmungspolitik, 2. Auflage, Stuttgart 1995

Bea/Haas, Strategisches Management, 5. Auflage, Stuttgart 2009

Becker, J., Marketing-Konzeption: Grundlagen des ziel-strategischen und operativen Marketing-Managements, 7. Auflage, München 2002

Benkenstein, M., Strategisches Marketing: ein wettbewerbsorientierter Ansatz, 3. Auflage, Stuttgart 2009

Bernhardt/Maximow, Strategisches Marketing im Handel, in: Wieselhuber/Töpfer (Hrsg.), Handbuch strategisches Marketing, Landsberg a. L. 1986

Buchmann, K.-H., Quantitative Planung des Marketing-Mix auf der Grundlage empirisch verfügbarer Informationen, Berlin, New York 1973

Büttner, H., Die segmentorientierte Marketingplanung im Einzelhandelsbetrieb, Göttingen 1986

Bundesarbeitsgemeinschaft der Mittel- und Großbetriebe des Einzelhandels e. V. BAG (Hrsg.), Lean Management – effiziente Unternehmensführung im Handel, Köln 1993

Coenenberg/Weise/Eckrich (Hrsg.), Ökologie-Management als strategischer Wettbewerbsfaktor, Stuttgart 1991

Davies/Brooks, Positioning Strategy in Retailing, London 1989

Dobler/Jacobs, Diversifikationserfolg von Handelsunternehmen, in: LZ, Nr. 15 vom 12.04.1990, S. J32 - 38 und LZ, Nr. 16 vom 20.04.1990, S. J24 - 25

Drexel, G., Strategische Unternehmensführung im Handel, Berlin, New York 1981

Drexel, G., Strategische Planung im Einzelhandel, Konzept, Methode und Erfahrungen aus der Praxis, in: Mitteilungen der Forschungsstelle für den Handel, Heft 12, 1982 und Heft 1, 1983

Ebert, G., Corporate Identity, in: Jahrbuch für Betriebswirte 1988, Stuttgart 1988, S. 106 ff.

Egger/Winterheller, Kurzfristige Unternehmensplanung, 13. Auflage, Wien 2004

Ehrmann, H., Unternehmensplanung, 6. Auflage, Herne 2013

Fischer, L., Mit aktivem Management zum Erfolg, in: Retail Technology Journal, Heft 3, 2002, S. 32 - 34

Födisch/Grünewald, Handbuch für Sicherheit und Service im Handel. Organisation, Personal, Consulting, Technik, Recht, Bonn 2003

Freter, H., Markt- und Kundensegmentierung, 2. Auflage, Stuttgart 2008

Fuchs-Kittowski, K., Wissens-Ko-Produktion: Verarbeitung, Verteilung und Entstehung von Informationen in kreativ-lernenden Organisationen, in: Floyd u. a. (Hrsg.), Stufen zur Informationsgesellschaft: Festschrift zum 65. Geburtstag von Klaus Fuchs-Kittowski, Frankfurt a. M. 2002, S. 59 - 125

Ghosh, A., Retail Management, 2nd ed., Fort Worth u. a. 1994

Grünig/Kühn, Methodik der strategischen Planung, 6. Auflage, Bern 2011

Günther, W., Strategische Erfolgsfaktoren für den Handel: praxisorientierter Leitfaden für die Unternehmensführung, Köln 1996

Hartmann, R., Strategische Marketingplanung im Einzelhandel: Kritische Analyse spezifischer Planungsinstrumente, Wiesbaden 1992

Heinen, E., Der entscheidungsorientierte Ansatz der Betriebswirtschaftslehre, in: Zeitschrift für Betriebswirtschaft, 41. Jg. (1971), S. 429 - 444

Henseler, R., Image- und Imagepolitik im Facheinzelhandel, Frankfurt a. M., Zürich 1977

Hinterhuber, H. H., Strategische Unternehmensführung, 8. Auflage, Berlin 2011

Hopfenbeck, W., Umweltorientiertes Management und Marketing, 3. Auflage, Landsberg a. L. 1994

Johannsen, A., Food – Nonfood: Der Lebensmittelhandel in Deutschland, 3. Auflage, Zürich 2002

Jung/Kleine, Management. Personen – Strukturen – Funktionen – Instrumente, München, Wien 1993

Kaapke/Froböse (Hrsg.), Fallstudien zum Handelsmanagement, Stuttgart u. a. 1999

Kahle, E., Zur Bedeutung der Unternehmensidentität als Erfolgsfaktor: Unternehmensführung und Unternehmenskultur als Ausdrucksformen unterschiedlicher Betrachtungsweisen von Management, Lüneburg 1988

Kasprik, R., Rationale Unternehmens- und Marketingplanung, Heidelberg 2002

Kern, W., Kennzahlensysteme als Niederschlag interdependenter Unternehmensplanung, in: Zeitschrift für betriebswirtschaftliche Forschung, 23. Jg., 1971, S. 701 - 718

Klein-Blenkers, F., Ausgewählte Aufsätze zur Handelsbetriebsführung, in: Sonderhefte der Mitteilungen des Instituts für Handelsforschung an der Universität zu Köln, Heft VI, Göttingen 1987

Köhler/Zimmermann (Hrsg.), Entscheidungshilfen im Marketing, Stuttgart 1999

Kreikebaum, H., Strategische Unternehmensplanung, 6. Auflage, Stuttgart u. a. 1997

Krulis-Randa, J. S., Die Funktion des Handels, die Handelsfunktionen und die Handelsstrategie, in: Krulis-Randa/Ergenzinger (Hrsg.), Entwicklung zum strategischen Denken im Handel. Theoretische Überlegungen und praktische Beispiele, Bern, Stuttgart 1990, S. 19 - 37

Krulis-Randa/Ergenzinger (Hrsg.), Entwicklung zum strategischen Denken im Handel. Theoretische Überlegungen und praktische Beispiele, Bern, Stuttgart 1990

Lerchenmüller, M., Die drei Säulen des Betriebserfolges, in: Handelsrundschau, Heft 12, 1986, S. 83 - 85

Meffert, H., Die virtuelle Unternehmung: Perspektiven aus der Sicht des Marketing, Münster 1997

Meffert, H., Marketing – Grundlagen marktorientierter Unternehmensführung, 11. Auflage, Wiesbaden 2012

Meffert/Hafner, Unternehmenskultur und marktorientierte Unternehmensführung: Bestandsaufnahme und Wirkungsanalyse, Münster 1987

Meffert/Hafner/Poggenpohl, Unternehmenskultur und Unternehmensführung: Ergebnisse einer empirischen Untersuchung, Münster 1988

Meier, H., Unternehmensführung: Aufgaben und Techniken betrieblichen Managements, Unternehmenspolitik und strategische Planung, Unternehmensplanung und Organisation, Human Resources Management, 4. Auflage, Herne 2010

Mertens, P., Planung, Kontrolle und Management-Informations-Systeme, in: Steinmann, H. (Hrsg.), Planung und Kontrolle, München 1981, S. 348 - 369

Müller-Hagedorn, L., Strategische Unternehmensplanung im Handel, in: Trommsdorff, V. (Hrsg.), Jahrbuch der Forschungsstelle für den Handel, Berlin 1987

Nagel, P., Konstitutive Entscheidungen im Einzelhandel, Gießen 1986

Oehme, W., Unternehmensführung im Handelsbetrieb, 2. Auflage, Wiesbaden 1988

Oehme, W., Handelsmanagement. Eine Konzeption für die Führung des Operatingbereiches von Handelsunternehmen, München 1993

Pepels, W., Handels-Marketing und Distributionspolitik. Das Konzept des Absatzkanalmanagements, Stuttgart 1995

Pepels, W., Unternehmensführung, Stuttgart u. a. 2000

Piller, F. T., Kundenindividuelle Produkte – von der Stange, in: Harvard Business Manager, 19. Jg, Heft 3, 1997, S. 15 - 26

Porter, M. E., Competitive Advantage, 7. Auflage, Frankfurt a. M. 2002

Porter, M. E., Wettbewerbsstrategie. Methoden zur Analyse von Branchen und Konkurrenten, 11. Auflage, Frankfurt a. M. 2008

Pümpin, C., Management strategischer Erfolgspositionen: Das SEP-Konzept als Grundlage wirkungsvoller Unternehmensführung, 4. Auflage, Bern, Stuttgart 1989

Pümpin/Prange, Management der Unternehmensentwicklung, Frankfurt a. M. 1991

Raffeé/Wiedmann, Strategisches Marketing, 2. Auflage, Stuttgart 1989

Rohde-Liebenau, B., Umgang mit Mitarbeiterhinweisen, Stuttgart 2012

Rosenbauer, C. C., Strategische Erfolgsfaktoren des Familienunternehmens im Rahmen seines Lebenszyklus: ein eigenorientiertes Konzept zur Steigerung der Lebens- und Entwicklungsfähigkeit des Familienunternehmens, Diss., St. Gallen 1994

Rosenstiel, L. von, Wertewandel: Herausforderungen für die Unternehmenspolitik in den 90er Jahren, 2. Auflage, Stuttgart 1993

Rosmanith, U., 10 Erfolgsrezepte im Einzelhandel, in: Der Handel, Heft 7, 2002, S. 16

Rudolph, T., Erfolgreiche Profilierungskonzepte für den Einzelhandel in Europa, St. Gallen 1993

Scharpe, J., Strategisches Management im Mittelstand – Probleme der Implementierung und Ansätze zur Lösung, Bergisch-Gladbach 1992

Schenk, H.-O., Psychologie im Handel, 2. Auflage, München, Wien 2007

Scholz, C., Management der Unternehmenskultur: über corporate culture zur corporate identity, Saarbrücken 1988

Scholz, C. (Hrsg.), Strategic Management – a European approach, Wiesbaden 2002

Siegwart, H., Unternehmenspolitik und Unternehmensstrategie, Stuttgart 1995

Stähle/Conrad/Sydow, Management. Eine verhaltenswissenschaftliche Perspektive, 9. Auflage, München 2011

Stalk/Hout, Zeitwettbewerb – Schnelligkeit entscheidet auf den Märkten der Zukunft, 3. Auflage, Frankfurt a. M., New York 1996

Steckler/Pepels (Hrsg.), Handbuch für Rechtsfragen im Unternehmen, Berlin 2002

Steinmann/Schreyögg, Management – Grundlagen der Unternehmensführung: Konzepte, Funktionen, Fallstudien, 6. Auflage, Wiesbaden 2005

Steger/Philippi, Die „gate-keeper"-Funktion des Handels im Hinblick auf umweltverträgliches Wirtschaften, in: Trommsdorff, V. (Hrsg.), Handelsforschung 1991. Jahrbuch der Forschungsstelle für den Handel Berlin (FfH) e. V., Wiesbaden 1992, S. 193 - 209

Theis, H.-J., Einkaufsstätten-Positionierung: Grundlage der strategischen Marketingplanung, Wiesbaden 1992

Treacy/Wiersema, Marktführerschaft. Wege zur Spitze, Frankfurt, New York 1995

Tregoe/Zimmerman, Top Management Strategie: Der Schlüssel zum erfolgreichen Management, 2. Auflage, Landsberg a. L. 1992

Trommsdorff, V. (Hrsg.), Handelsforschung 1991. Erfolgsfaktoren und Strategien, Wiesbaden 1992

Trommsdorff, V. (Hrsg.), Systeme im Handel, Wiesbaden 1994

Trommsdorff, V., Informationsmanagement im Handel, Wiesbaden 1995

Trommsdorff, V. (Hrsg.), Positionierung des Handels, Wiesbaden 1996

Ulrich, H., Unternehmungspolitik, 3. Auflage, Bern, Stuttgart 1990

Volksbank (Hrsg.), Die Douglas-Hussel-Groppe, o. O., o. J.

Walters, D. W., Strategic Retailing Management, A case study approach, New York u. a. 1989

Wehrle, F., Strategische Marketingplanung im Handel, in: Harvard Manager, o. Jg., Heft 2, 1982, S. 104 - 112

Wehrle, F., Strategische Marketingplanung in Warenhäusern, 2. Auflage, Frankfurt a. M. u. a. 1984

Wiedmann u. a., Strategisches E-Commerce-Marketing, in: Strategisches E-Commerce-Management: Erfolgsfaktoren für die real economy, Wiesbaden 2001, S. 417 - 443

Wieselhuber/Töpfer (Hrsg.), Handbuch strategisches Marketing, 2. Auflage, Landsberg a. L. 1986

Willers, H. G., Planung in Handelsunternehmen, in: Zeitschrift für Organisation, 57. Jg., Heft 1, 1988, S. 38 - 42

Zentes, J., Grundbegriffe des internationalen Managements, Stuttgart 1997

Zentes/Swoboda/Foscht, Handelsmanagement, 3. Auflage, München 2012

D. Organisatorische Umsetzung der Basisentscheidungen

Literaturhinweise zur Aufbauorganisation (Kap. D.):

Alewell, K., Absatzorganisation, in: Grochla, E. (Hrsg.), Handwörterbuch der Organisation, 2. Auflage, Stuttgart 1980, Sp. 30 - 42

Barth, K., Handelsbetriebliche Aufbauorganisation in ihren Beziehungen zum Führungserfolg, Köln 1973

Bleicher, K., Organisationsformen, mehrdimensionale, in: Grochla, E. (Hrsg.), Handwörterbuch der Organisation, 2. Auflage, Stuttgart 1980, Sp. 1517 - 1525

Grochla, E., Unternehmensorganisation, 9. Auflage, Opladen 1983

Grochla, E., Grundlagen der organisatorischen Gestaltung, Stuttgart 1995

Grochla/Thom, Organisationsformen, Auswahl von, in: Grochla, E. (Hrsg.), Handwörterbuch der Organisation, 2. Auflage, Stuttgart 1980, Sp. 1494 - 1516

Höhn, R., Stellenbeschreibung und Führungsanweisung, 10. Auflage, Bad Harzburg 1979

Hub, H., Aufbauorganisation, Ablauforganisation: Einführung in die Betriebsorganisation, Aufgabenanalyse, Zentralisation, Dezentralisation, Darstellungsmittel, Organisationsformen, Arbeitsabläufe, Wiesbaden 1994

Hudetz/Kaapke, Lexikon Handelsmanagement, Frankfurt a. M. 2009

Jung/Kleine, Management. Personen – Strukturen – Funktionen – Instrumente, München, Wien 1993

Lerchenmüller, M. (Hrsg.), Die Betriebswirtschaft des Lebensmittel-Einzelhandels Band II, Hamburg 1988

Link, J., Führungssysteme: strategische Herausforderung für Organisation, Controlling, Personalwesen, 6. Auflage, München 2011

Maaß, Ch., E-Business Management: Gestaltung von Geschäftsmodellen in der vernetzten Wirtschaft, Stuttgart 2008

Olfert, K., Organisation, 16. Auflage, Herne 2012

Poensgen, O. H., Geschäftsbereichsorganisation, Opladen 1973

Schmidt, G., Grundlagen der Aufbauorganisation, 4. Auflage, Gießen 2000

Schmidt, G., Einführung in die Organisation, 2. Auflage, Wiesbaden 2002

Sundhoff, E., Absatzorganisation, Wiesbaden 1958

Thom, N., Zur Leistungsfähigkeit der Projekt-Matrix-Organisation, in: Industrielle Organisation, 42. Jg., Heft 3, 1973, S. 123 - 128

Literaturhinweise zur Organisation des Personalwesens (Kap. D. I.): .

Achatz/Jabornegg/Resch, Mitarbeiterbeteiligung – Aktienoptionen, Wien 2002

Ausserehl, C., Motivation ist alles. Materielle und immaterielle Beteiligungssysteme im Handel, in: LZ, Nr. 24 vom 15.06.1990, S. J4 - 7

Backes-Gellner u. a. (Hrsg.), Mitarbeiterbeteiligung in kleineren und mittleren Unternehmen, Wiesbaden 2002

Barth, K., Systematische Unternehmungsführung in den Groß- und Mittelbetrieben des Einzelhandels, Göttingen 1976

Baur, W., Leistungserfassung und Leistungsförderung. Dargestellt am Beispiel eines Leistungsanreizlohnes für das Verkaufspersonal im Einzelhandel, Bern u. a. 1977

Bauschke/Kurr, Teilzeitarbeit und befristete Arbeitsverhältnisse, Heidelberg 2002

Beck, S., Schlüsselqualifikationen im Spannungsfeld von Bildung und Qualifikation- Leerformel oder Integrationskonzept? Analyse einer berufspädagogischen Debatte, 3. Auflage, Stuttgart 2007

Boßhammer, U., Hat der Handel nichts zu bieten? Lebensmittel-Zeitungs-Befragung zur Personalsituation im Lebensmitteleinzelhandel: trotz langfristiger Probleme überwiegt kurzfristiges Denken, in: LZ, Nr. 23 vom 08.06.1990, S. J 6 - 10

Bröckermann, R., Personalwirtschaft: Lehr- und Übungsbuch für Human Resource Management, 6. Auflage, Stuttgart 2012

Büge, H., Erfahrungen und Überlegungen zur leistungs- und anforderungsbezogenen Entlohnung aus betrieblicher Sicht, Bergisch-Gladbach 1990

Bundesarbeitsgemeinschaft der Mittel- und Großbetriebe des Einzelhandels e. V. BAG (Hrsg.), Kunden begeistern – Mitarbeiter motivieren, Köln 1996

Bundesarbeitsgemeinschaft der Mittel- und Großbetriebe des Einzelhandels e. V. BAG (Hrsg.), Tarif- und Sozialpolitik, Köln 1997

Crescenti, M., Ins kalte Wasser, in: Der Handel, Heft 12, 2002, S. 59

Dürr, W. (Hrsg.), Personalentwicklung und Weiterbildung in der Unternehmenskultur, Baltmannsweiler 1988

Fontaine, J., Motivieren durch Leistungslohn - Moderne Systeme im Einzelhandel, Köln 1981

Friedrich, A., Arbeitszeitflexibilisierung und Selbstorganisation, Diss., Mering 2002

Görs, D., Personalentwicklung und Weiterbildung im Einzelhandel: das Verkaufspersonal zwischen Qualifizierung und Rationalisierung, Bremen 1994

Graf Hoyos/Kroeber-Riel/Rosenstiel, v./Strümpel (Hrsg.), Wirtschaftspsychologie in Grundbegriffen, 2. Auflage, München, Weinheim 1990

Herrmann, L., Modulsysteme: Innovative Einsatzplanung im Einzelhandel, in: Arbeit und Arbeitsrecht, Heft 3, 1997, S. 81 - 84

Hoff/Knebel/Schwedes (Hrsg.), Flexible Arbeitszeitgestaltung. Praxis-Handbuch zur Einführung innovativer Arbeitszeitmodelle, Wiesbaden 1996

Junkes, J., Mitarbeiterbeteiligung, Finanzierungspolitik und Unternehmenskultur, Diss., Mering 2002

Knörzer, M., Flexible Arbeitszeiten und alternative Beschäftigungsformen in der Personalplanung, Diss., Mering 2002

Krafft/Frenzen/Jeck, Wie Vertriebsteams entlohnt werden, in: Absatzwirtschaft, Heft 9, 2002, S. 40 - 44

Kühnlein, G., Weiterbildung im Einzelhandel. Nationale Sektorstudie Bundesrepublik Deutschland, hrsg. vom Bundesinstitut für Berufsbildung, Berlin 1993

Kühnlein, G., Neue Typen betrieblicher Weiterbildung: Arbeitshilfe für Betriebs- und Personalräte, Düsseldorf 1999

Langmaack, S., Teilzeitarbeit und Arbeitszeitflexibilisierung, 2. Auflage, Berlin 2002

Lehmkühler, B., Kundenorientierte Anreizsysteme im beratungsintensiven Facheinzelhandel, Frankfurt a. M. u. a. 2001

Marr, R. (Hrsg.), Mitarbeiterorientierte Unternehmenskultur: Herausforderung für das Personalmanagement der 90er Jahre, Berlin 1989

Marr, R. (Hrsg.), Arbeitszeitmanagement, 3. Auflage, Berlin 2001

Mättke, M., Kommunikatives Handeln und moralisches Bewußtsein in kooperativen Führungsbeziehungen: Soziales Lernen in der Ausbildung von Führungskräften der Wirtschaft, Diss., Kassel 1988

Merchel, R., Hallo Partner, danke schön. Immer mehr Unternehmen führen partnerschaftliche Beteiligungsmodelle ein, in: LZ, Nr. 39 vom 29.09.1989, S. J 8 - 9

Müller-Hagedorn, L., Die Planung der Struktur des Personalbestandes, in: Gümbel/Brauer/Liebmann/Müller-Hagedorn (Hrsg.), Unternehmensforschung im Handel, Zürich, Rüschlikon 1969, S. 251 - 285

Müller-Hagedorn, L., Grundlagen der Personalbestandsplanung, Opladen 1970

Neuberger, O. (Hrsg.), Führen und führen lassen, 6. Auflage von „Führung", Stuttgart 2002

o. V., Personaleinsatz effizient planen, in: Handelsjournal, Heft 11, 2002, S. 48 - 49

Pätzoldt, B., Motivationsfaktor Mut, ein Beitrag zur Unternehmenskultur und Führungsethik der Zukunft, Handbuch für Führungsseminare, Hamburg 1988

Platzeck, G., Personalbedarfsplanung – ein Instrument des Personal-Controlling, in: Haberland/Preißler/Meyer (Hrsg.), Handbuch Revision, Controlling, Consulting, 5. Nachlieferung 1982, Gliederungspunkt Controlling (11.5), Landsberg a. L., S. 1 - 36

Preißler, P. R., Controlling durch Kennzahlen, in: Haberland/Preißler/Meyer (Hrsg.), Handbuch Revision, Controlling, Consulting, 13. Nachlieferung 1986, Gliederungspunkt Controlling (A.17), Landsberg a. L., S. 1 - 42

Rohde-Liebenau, B., Umgang mit Mitarbeiterhinweisen, Stuttgart 2012

Schanz, W., Zufriedene Kunden, zufriedenes Personal und niedrige Kosten, in: Lerchenmüller, M. (Hrsg.), Die Betriebswirtschaft des Lebensmittel-Einzelhandels, Band II, Hamburg 1988, S. 42 - 44

Schmitz, G., Aktive, strategisch orientierte Personalentwicklung: Qualifizierung von Führungskräften zur Integration in die strategische Unternehmensführung, Köln 1993

Schneider, H. J. (Hrsg.), Handbuch der Mitarbeiter-Beteiligung, Köln 1977

Scholz, Chr., Personalmanagement, 6. Auflage, München 2013

Scholz/Hofbauer, Unternehmenskultur und Personalführung, Saarbrücken 1987

Schuler, H., Mitarbeiterbeurteilung und Leistungsbewertung, in: Graf Hoyos u. a. (Hrsg.), Wirtschaftspsychologie in Grundbegriffen, 2. Auflage, München, Weinheim 1990, S. 177 - 187

Seul/Klinksiek/Höing, Arbeitgeber Handel – Fit for Future?!, Köln 2012

Siedenbiedel, G., Organisation, Stuttgart 2010

Siedenbiedel, G., Organisationslehre, Stuttgart u. a. 2001

Stahlbock, R., Personalkontrollen, in: Lerchenmüller, M. (Hrsg.), Die Betriebswirtschaft des Lebensmittel-Einzelhandels, Band II, Hamburg 1988, S. 45 - 47

Steinle, C., Führung, Stuttgart 1978

Stelzer-Rothe/Hohmeister, Personalwirtschaft, Stuttgart u. a. 2001

Stoffl, M., Personalmanagement in Großbetrieben des Einzelhandels, Wiesbaden 1996

Trautmann, W. P., Revision im Handel, in: Haberland/Preißler/Meyer (Hrsg.), Handbuch Revision, Controlling, Consulting, 13. Nachlieferung 1986, Gliederungspunkt Revision (3.3.), Landsberg a. L., S. 1 - 36

Wagner, D., Personalbeurteilungssysteme als Führungsinstrument, in: Zeitschrift für Organisation, 54 Jg., Heft 2, 1985, S. 109 - 114

Wagner, K. R. (Hrsg.), Mitarbeiterbeteiligung, Wiesbaden 2002

Weger, H.-D. (Hrsg.), Mitarbeiterbeteiligung, Unternehmenskultur und Sozialpartnerschaft: Ergebnisse eines Kongresses der Niedersächsischen Landesregierung in Zusammenarbeit mit der Arbeitsgemeinschaft zur Förderung der Partnerschaft in der Wirtschaft (AGP) und der Bertelsmann Stiftung am 14.09.1988 in Hannover, Gütersloh 1989

Literaturhinweise zur Organisation der Warenwirtschaft (Kap. D.II.):

Ahlert/Olbrich (Hrsg.), Integrierte Warenwirtschaftssysteme und Handelscontrolling: konzeptionelle Grundlagen und Umsetzung in der Handelspraxis, 3. Auflage, Stuttgart 1997

Armbruster, R., Aspekte der Ergonomie in der Kommissioniertechnik, in: Baumgarten u. a. (Hrsg.), RKW-Handbuch Logistik, 15. Lieferung, XI/89, Berlin 1989

Bamberger, I., Lager und Lagerhaltung, in: Grochla/Wittmann (Hrsg.), Handwörterbuch der Betriebswirtschaft, Band 1/2, Stuttgart 1975, Sp. 2423 - 2443

Barth/Büttner, Das geschlossene Warenwirtschaftssystem als Instrument der Unternehmensführung im Einzelhandelsbetrieb, in: Mitteilungen des Instituts für Handelsforschung, 37. Jg., Heft 12, 1985, S. 172 - 176 und S. 180

Baumgarten, H., Entwicklungstendenzen innerbetrieblicher Transportsysteme, in: Baumgarten u. a. (Hrsg.), RKW-Handbuch Logistik, 9. Lieferung, IX/85, Berlin 1985

Baumgarten u. a., in Zusammenarbeit mit dem RKW e. V. (Hrsg.), RKW-Handbuch Logistik, Berlin 1985

BBE-Unternehmensberatung GmbH, Warenwirtschaft per EDV: elektronische Kassen: Sortimentssteuerung: Marktforschung: EDV-Anwender: Einzelhandelsberater Jg. 39, Nr. 11 Spezial, Köln 1996

Bernartz, H., PC-gestützte dispositive Warenwirtschaft im Einzelhandel, Diss., Paderborn 1989

Bichler, K., Beschaffungs- und Lagerwirtschaft, 9. Auflage, Wiesbaden 2010

Bichler/Beck, Beschaffung und Lagerhaltung im Handelsbetrieb, Teil 1 und 2, 2. Auflage, Wiesbaden 1982

Bierbaum/Fehr, Kommissionieren in Handelslagern, Köln 1979

Bierther, M., Moderne Warenwirtschaftssysteme und ihre betriebswirtschaftlichen Auswirkungen, in: Lebensmittel Praxis, Heft 6, 1989, S. 30 - 33

Bierther, M., Warenwirtschaftssystem im Handel, Kurzinformation anlässlich des OMRON OWS-Seminars am 22./23.02.1993 in Hamburg

Bödeker, J., Warenwirtschaftssysteme im Einzelhandel, Band 2: Warenwirtschaft mit COWAS, Wolfenbüttel 1988

Bödeker/Warneke, Warenwirtschaftssysteme im Einzelhandel, Wolfenbüttel o. J.

Bordemann, H.-G., Analyse von Verbundbeziehungen zwischen Sortimentsteilen im Einzelhandel: ein Ansatz zur Erfassung und empirischen Bestimmung von Verbundbeziehungen auf der Basis von automatischen Warenwirtschaftssystemen im Einzelhandel, Diss., Duisburg 1986

Brendel, Th., Dialoggestützte Tourenplanung unter besonderer Berücksichtigung von Belieferungszeitintervallen, Frankfurt a. M. u. a. 1987

Burg, M., Der Einfluss des Dezentralisationsgrades auf die Ausgestaltung des Controlling, dargestellt am Beispiel des filialisierten Bekleidungseinzelhandels unter besonderer Berücksichtigung der Sortimentssteuerung, Frankfurt a. M. 1995

Corstjens/Corstjens, Store Wars – The Battle for Mindspace and Shelfspace, Heboken u. a. 1999

Crone, S. F., Neuronale Netze zur Prognose und Disposition im Handel, Wiesbaden 2010

Dandl, E., Die Modellierung verkehrsbetrieblicher Transporte in computergestützten Distributionsplanungssystemen, Birkach 1984

Deutscher Raiffeisenverband e. V. (Hrsg.), Raiffeisen-Handbuch für die genossenschaftliche Warenwirtschaft, Wiesbaden o. J.

Ebert, K., Warenwirtschaftssysteme und Warenwirtschafts-Controlling, Frankfurt a. M. u. a. 1986

Eichler, B., Beschaffungsmarketing und -logistik, Berlin 2003

Emons, F., Quo Vadis SEDAS? Ein Nachdenken über Meriten und Perspektiven, Interview mit Herrn Dr. Melcher, in: Coorganisation, Heft 2, 1990, S. 23 - 27

Faber/Wehrsig (Hrsg.), Informatisierung und Rationalisierung: Konzepte und Befunde zum Einsatz von Warenwirtschaftssystemen im Handel, Düsseldorf 1989

Fontaine, J., Computer-gestützte Warenwirtschaft im Facheinzelhandel, Köln 1986

Gerling, M., Warenwirtschaftssysteme für den Einzelhandel, hrsg. vom Deutschen Handelsinstitut Köln e. V., Köln 1993

Grytsch/Kintzel, Warenwirtschaft im Einzelhandel, Rinteln 1996

Hachmann, G., Inventurdifferenzen – Fest im Blick!, in: Retail Technology Journal, Heft 1, 2002, S. 26 - 28

Halasz, J., Kommissionierungssysteme und -verfahren, in: Kommissionieren, Sonderpublikation der Zeitschrift „Materialfluß", München 1976, S. 16 f.

Hall, B., Kapazitätsfestlegung in Distributionssystemen, München 1986

Hambuch, P., Space-Management – Ansatzpunkte und Operationalisierung, in: Irrgang, W. (Hrsg.), Vertikales Marketing im Wandel. Aktuelle Strategien und Operationalisierungen zwischen Hersteller und Handel, München 1993, S. 390 - 420

Hanke, K., Einkaufsdisposition mit Datenverarbeitung. Methoden und Möglichkeiten modernen Einkaufs- und Bestandsmanagements in Industrie und Handel, Ehningen, Stuttgart 1990

Heidel, B., Scannerdaten im Einzelhandelsmarketing, Wiesbaden 1990

Heiner, V., Kundennähe im Handel/EDI: Szenenwechsel in der Warenwirtschaft, in: Logistik Heute, Heft 1, 1995, S. 102 - 105

Hertel, J., Design mehrstufiger Warenwirtschaftssysteme, Heidelberg 1992

Hertel, J., IT-gestützte Warenwirtschaftssysteme – Basis des modernen Handelsmanagements, in: Zentes, J. (Hrsg.), Handbuch Handel: Strategien, Perspektiven, internationaler Wettbewerb, Wiesbaden 2006, S. 919 - 962

Hertel, J., Warenwirtschaftssysteme: Grundlagen und Konzepte, 3. Auflage, Heidelberg 1999

Horst, F., Inventurdifferenzen – Kampf gegen Windmühlen?, in Retail Technology Journal, Heft 3, 2002, S. 8 - 11

Horst, F., Dauerbrenner Inventurdifferenzen, in: Handelsjournal, Heft 8, 2002, S. 62

ISB-Verlag (Hrsg.), Ansprüche des Handels an logistikgerechte Versandverpackungen und Ladungsträger, Köln 1988

Kapoun, J. (Hrsg.), Logistik in verschiedenen Typen von Handelsunternehmen wie Einzelhandel, Lebensmitteleinzelhandel, Einkaufszentren, Warenhäuser, Fachhandel, Großhandel, Versandhandel und andere mehr: Informationssysteme, Ladenbau, logistische Gesamtkonzepte, dargestellt in ausgewählten schweizerischen und deutschen Fachbeiträgen und Firmenschriften, Lausanne 1997

Kießling, U., EBUS*plus*, Warenwirtschaftssystem der EDEKA, in: Handels-Rundschau, Heft 12, 1993, S. 5

Kilian u. a., Electronic Data Interchange (EDI), Baden-Baden 1994

Kirchner, J. D., Selbstauskünfte und Handreichungen – Wie Sie Ihr Sortiment (auch ohne Computer) differenzierter betrachten können, in: Kirchner/Zentes (Hrsg.), Führen mit Warenwirtschaftssystemen, Düsseldorf 1984, S. 163 - 183

Kirchner/Zentes (Hrsg.), Führen mit Warenwirtschaftssystemen. Neue Wege zum Informationsmanagement in Handel und Industrie, Düsseldorf, Frankfurt a. M. 1984

Konen, W., Kennzahlen in der Distribution, Berlin u. a. 1985

Kopsidis, R. M., Materialwirtschaft. Grundlagen, Methoden, Techniken, Politik, 3. Auflage, München, Wien 1997

Kotzab, H., Bestandsaufnahme aktueller (innovativer) Technologien und Techniken der Distributionslogistik von Handelsunternehmungen, in: Der Markt, Heft 1, 1995, S. 22 - 38

Kunz/Schulte-Zurhausen, Rechnergestützte Planung wirtschaftlicher Lagersysteme, in: Baumgarten u. a. (Hrsg.), RKW-Handbuch Logistik, 5. Lieferung I/83, Berlin, S. 1 - 19

Leismann, U., Warenwirtschaftssysteme mit Bildschirmtext, Berlin u. a. 1990

Lerchenmüller, M., Balanced Scorecard in der Wohnungs- und Immobilienwirtschaft, in: Mändle/ Mändle (Hrsg.), Wohnungs Immobilien Lexikon, 2. Auflage, Freiburg 2011, S. 106 - 119

Lerchenmüller, M., Inventurdifferenzen: Notwendiges Übel oder Ergebnis mangelhafter Organisation? in: Handelsrundschau, Heft 24, 1982, S. 28 - 32

Maaß, Ch., E-Business Management: Gestaltung von Geschäftsmodellen in der vernetzten Wirtschaft, Stuttgart 2008

Marsh, C., Camelot Music: Wettbewerbsvorteile durch neues WWS, in: Dynamik im Handel, Heft 9, 1997, S. 50 - 51

Meuser, R., Warenwirtschaftssysteme – Schlagwort oder betriebliche Notwendigkeit?, in: Dynamik im Handel, 29. Jg., Heft 9, 1985, S. 23 - 27

Müller-Hagedorn/Büchel, Kundenbetreuung durch Call Center?, in: Mitteilungen des Instituts für Handelsforschung, Jg. 52, Heft 10/2000, S. 205 - 213

Müller-Hagedorn/Spork, Zur (Dis-)Intermediation von Handelsunternehmungen: ein integrierter Transaktions- und Logistikkostenansatz, in: Böhler, H. (Hrsg.), Marketing-Management und Unternehmensführung. Festschrift für Richard Köhler zum 65. Geburtstag, Stuttgart 2002, S. 547 - 569

Müller-Hagedorn/Spork, Performance Measurement im Handel, in Klingebiel, N. (Hrsg.), Performance Measurement & Balanced Scorecard, München 2001, S. 237 - 258

Oeldorf/Olfert, Material-Logistik, 13. Auflage, Herne 2013

Olbrich, R. (Hrsg.), Marketing-Controlling mit POS-Daten. Analyseverfahren für mehr Erfolg in der Konsumgüterwirtschaft, Frankfurt a. M. 2006

Olbrich/Grünblatt, Zum Stand der Nutzung von Scanningdaten in der deutschen Konsumgüterwirtschaft – ausgewählte Ergebnisse einer empirischen Untersuchung, in: Olbrich, R. (Hrsg.), Marketing-Controlling mit POS-Daten. Analyseverfahren für mehr Erfolg in der Konsumgüterwirtschaft, Frankfurt a. M. 2006, S. 47 - 75

o. V., ECR: Unternehmen arbeiten zusammen: Informationen statt Lagerbestände, in: Logistik Heute, Heft 12, 1996, S. 27

o. V., Efficient Replenishment: Täglich flexibel auf Ereignisse reagieren, in: Absatzwirtschaft, Heft 5, 1997, S. 48 - 51

o. V., Reengineering im Supermarkt – Potentiale bei Bestellung und Wareneingang, in: Dynamik im Handel, Heft 4, 1995, S. 28 - 31

o. V., Supply Management Optimization: Ist EDI überholt? in: Beschaffung Aktuell, Heft 10, 1997, S. 64 f.

Pleil, G. J., So nutzt der Einzelhandel den Computer richtig: Anwendungsbereich Warenwirtschaftssysteme, Frankfurt a. M. 1986

Prümper, W., Logistiksysteme im Handel, Frankfurt a. M., Thun 1979

Schiebel, W., Die europäische Artikelnummer (EAN): Ausarbeitung und Anwendung in Warenwirtschaftssystemen, Wien 1987

Schütte u. a., Erfolgreiche Geschäftsprozesse durch moderne Warenwirtschaftssysteme, 3. Auflage, Berlin u. a. 2011

Seifert, D., Efficient Consumer Response. Supply Chain Management (SCM), Category Management (CM) und Radiofrequenz-Identifikation (RFID) als neue Strategieansätze, 4. Auflage, München 2006

Sova/Piper, Computergestützte Warenwirtschaft im Handel, Köln 1999

Stabenau/Meyer, Unternehmensübergreifende Material- und Warenflußplanung: ein Leitfaden zur logistischen Schnittstellengestaltung, Köln 1989

Strobel, B., Die Analyse außerbetrieblicher Warentransportsysteme im Großhandel, Göttingen 1975

Strobel, B., Grundlagen der Transportpolitik im Großhandel, in: Mitteilungen des Instituts für Handelsforschung an der Universität zu Köln, Jg. 27, Heft 8, 1975, S. 105 ff., u. Heft 9, S. 117 ff.

Strobel, B., Organisation der Beschaffung, in: Grochla, E. (Hrsg.), Handwörterbuch der Organisation, 2. Auflage, Stuttgart 1980, Sp. 330 ff.

Tompkins/Smith (Ed.), The Warehouse Management Handbook, 2. Auflage, New York u. a. 1998

Toporowski, W., Logistik im Handel: optimale Lagerstruktur und Bestellpolitik einer Filialunternehmung, Heidelberg 1996

Toporowski, W., Kaufhof – Optimierung der Lagerhaltung, in: Kaapke/Froböse (Hrsg.), Fallstudien zum Handelsmanagement, Stuttgart, Berlin, Köln 1999, S. 315 - 332

Verlagsgruppe Deutscher Fachverlag/Marketing-Service-Abteilung (Hrsg.), Warenwirtschaft im Handel, Dokumentation Scanner-Kassen: Anwendung, Nutzen, Perspektiven, Frankfurt a. M. 1983

Villiger, R., Einzelhandel – Planung, Steuerung und Kontrolle des Warenbestandes, Bern, Stuttgart 1981

Vona u. a., Warenwirtschaftssysteme im Handel, Bd. 1, Grundlagen und Übungen, Wolfenbüttel 2001

Walter-Lezius, H. J., Konsequenzen des Einsatzes von Warenwirtschaftssystemen im Handel für die Beschäftigten und deren Qualifizierung, hrsg. vom Bundesinstitut für Berufsbildung, Berlin 1989

Warneke u. a., Warenwirtschaftssysteme im Handel, Bd. 2, Innerbetriebliche Logistik, Wolfenbüttel 2002

Werle, I., Warenwirtschaftssysteme im Sortiment, Friedrichsdorf 2002

Wilke, K., Warenwirtschaftssysteme im Textileinzelhandel: konzeptionelle Ansätze zur Gestaltung warenwirtschaftlicher Informationssysteme unter besonderer Berücksichtigung der Einkaufsplanung, Münster 1989

Wimmer, B., Studie über Warenwirtschaftssysteme im Groß- und Einzelhandel. Leistungsfähigkeiten, Controllingrelevanz, Marktübersicht, Norderstedt 2000

Wissenschaftliche Arbeitsgemeinschaft für Technik und Wirtschaft des Landes Nordrhein-Westfalen, Köhler, R. (Hrsg.), Scanning – Zukunftsperspektiven für Handel, Industrie und Marktforschung, Dortmund 1985

Zeier, A., Ausdifferenzierung von Supply-Chain-Management-Standardsoftware in Richtung auf Betriebstypen und Branchen unter besonderer Berücksichtigung des SAP APO, o. O., o. J.

Zentes, J., Technische, organisatorische und personelle Voraussetzungen der Einführung von Warenwirtschaftssystemen, in: Kirchner/Zentes (Hrsg.), Führen mit Warenwirtschaftssystemen, Düsseldorf, Frankfurt a. M. 1984, S. 7 - 81

Zentes/Anderer, EDV-gestützte Warenwirtschaftssysteme im Handel – Nutzen für betriebswirtschaftliche Anwendungen, in: Management und Computer, Heft 1, 1993, S. 25 - 31

Literaturhinweise zur Organisation des internen Rechnungswesens (Kap. D. III.):

Ahlert/Olbrich (Hrsg.), Integrierte Warenwirtschaftssysteme und Handelscontrolling: konzeptionelle Grundlagen und Umsetzung in der Handelspraxis, 3. Auflage, Stuttgart 1997

Barth, H., Kosten- und Leistungsrechnung im Handel, 3. Auflage, Wiesbaden 1989

Barth, H., Controlling – ein Instrument zur Gewinnsteuerung: eine praxisorientierte Anleitung für Klein- und Mittelbetriebe, 3. Auflage, Stuttgart 1996

Barth/Strobel, Betriebsvergleich, in: Marketing-Enzyklopädie, Band 1, München 1974, S. 289 - 303

Barth/Barth, Kosten- und Erfolgsrechnung für Industrie und Handel, Stuttgart 2005

Battenfeld, D., Kostenmanagement und prozessorientierte Kostenrechnung im Handel: konzeptionelle Grundlagen einer internen Marktorientierung durch Verrechnungspreise, Frankfurt a. M. 1997

Becker, J., Handelsinformationssysteme: Domänenorientierte Einführung in die Wirtschaftsinformatik, 2. Auflage, Frankfurt a. M. 2004

Buggert/Wielpütz, Target Costing, Grundlagen und Umsetzung des Zielkostenmanagements, München 1995

Burg, M., Der Einfluß des Dezentralisationsgrades auf die Ausgestaltung des Controlling, dargestellt am Beispiel des filialisierten Bekleidungseinzelhandels unter besonderer Berücksichtigung der Sortimentssteuerung, Frankfurt a. M. 1995

Burmann, C., Fläche und Personalintensität als Erfolgsfaktoren im Einzelhandel, Wiesbaden 1995

Domdey, S., Der Fortschritt, der von gestern ist. So neu ist die Methode der Direkten Produktrentabilität gar nicht – aber jetzt ist sie im Gerede, in: LZ, Nr. 15 vom 10.04.1987, S. F4 - 6

Ebert, G., Kosten- und Leistungsrechnung, 11. Auflage, Wiesbaden 2012

Ebert, K., Warenwirtschaftssysteme und Warenwirtschafts-Controlling, Frankfurt a. M. u. a. 1986

Fieten, R., Prozeßkosten – Fixkosten in variable Kosten umwandeln – aber wie?, in: Beschaffung Aktuell, 1997, S. 48 - 49

Franz, K.-P., Ein dynamischer Ansatz des Target Costing, in: Marktleistung und Wettbewerb, 1997, S. 277 - 289

Gälweiler, A., Unternehmenssicherung und strategische Planung, in: ZfbF, Schmalenbachs Zeitschrift für betriebswirtschaftliche Forschung, Heft 6, 1976, S. 362 - 379

Geist, M., Selektive Absatzpolitik auf der Grundlage der Absatzsegmentrechnung, 2. Auflage, Stuttgart 1974

Günther, J., Handelscontrolling. Allgemeine Grundlagen des Controllingbegriffs und der Funktionen des Controlling im Steuerungssystem des stationären Einzelhandels, Frankfurt a. M. 1989

Gyllensvärd, U., Modell einer entscheidungsorientierten Kosten- und Nutzenrechnung – Dargestellt am Beispiel des Lebensmittelgroßhandels, Zürich 1975

Hahn, D., Planungs- und Kontrollrechnung, 6. Auflage, Wiesbaden 2001

Hambuch, P., Das Missing-Link? Das DHI-DPR-Modell und seine Anwendungsmöglichkeiten, in: LZ, Nr. 43 vom 27.10.1989, S. J4 - 10

Hörnstein/Kreth, Wirtschaftsstatistik, Stuttgart 2001

ISB-Verlag (Hrsg.), DPR'88: direkte Produkt-Rentabilität, wichtiger Baustein im Gesamtkonzept des Marketing, Köln 1988

Jentzch/Weidt, Target Costing-Implementation, in: Controller Magazin, Heft 4, 1996, S. 243 - 251

Konen, W., Kennzahlen in der Distribution, Berlin u. a. 1985

Lerchenmüller, M. (Hrsg.), Die Betriebswirtschaft des Lebensmittel-Einzelhandels, Band I, Hamburg 1987

Lindner, U., Möglichkeiten und Grenzen des DPR-Konzeptes, St. Gallen 1992

Metz, G., Das Rechnungswesen als Führungsinstrument in Großverteilorganisationen des Handels, Winterthur 1971

Möhlenbruch, D., Die Leistungsfähigkeit der Balance Scorecard im Einzelhandel, in: Möhlenbruch, D. (Hrsg.), Der Handel im Informationszeitalter, Wiesbaden, 2002, S. 29 - 51

Müller-Hagedorn, L. (Hrsg.), Der Betriebsvergleich des Instituts für Handelsforschung – Methoden und Nutzungsmöglichkeiten, Göttingen 1991

Müller-Hagedorn/Greune, Erfolgsfaktorenforschung und Betriebsvergleich im Handel, in: Mitteilungen des Instituts für Handelsforschung, 44. Jg., Heft 9, 1992, S. 121 - 131

Olbrich, R. (Hrsg.), Marketing-Controlling mit POS-Daten. Analyseverfahren für mehr Erfolg in der Konsumgüterwirtschaft, Frankfurt a. M. 2006

Olbrich/Grünblatt, Zum Stand der Nutzung von Scanningdaten in der deutschen Konsumgüterwirtschaft – ausgewählte Ergebnisse einer empirischen Untersuchung, in: Olbrich, R. (Hrsg.), Marketing-Controlling mit POS-Daten. Analyseverfahren für mehr Erfolg in der Konsumgüterwirtschaft, Frankfurt a. M. 2006, S. 47 - 75

o. V., Direkte Produkt-Rentabilität (DPR), in: Dynamik im Handel, 31. Jg., Heft 2, 1987, S. 136

Passardi, A., Kostenrechnung und Kalkulation im gewerblichen Detailhandel. Die Anwendung der Deckungsbeitragsrechnung als Führungsmittel in den kleinen und mittleren Betrieben des Detailhandels, 4. Auflage, Bern 1988

Pepels, W., Handels-Marketing und Distributionspolitik. Das Konzept des Absatzkanalmanagements, Stuttgart 1995

Prokopp, Chr., Inventurdifferenzen im Handel, Wien 1989

Recht/Zeisel, Das Conjoint Profit Modell im Vertriebscontrolling, in: Zeitschrift und Planung, Heft 1, 1997, S. 99 - 118

Renner/Sauter, Targetmanager – Erste Standardsoftware zur Unterstützung des gesamten Target Costing-Prozesses, in: Controlling, Heft 1, 1997, S. 64 - 71

Riebel, P., Einzelkosten- und Deckungsbeitragsrechnung, 7. Auflage, Opladen 1994

Ritter, H., Wie plane ich den Wareneinkauf? Limitrechnen – schnell und richtig, 3. Auflage, Köln 1975

Röhrenbacher, H., Die Kosten- und Leistungsrechnung im Handelsbetrieb unter besonderer Berücksichtigung der industriellen Vertriebskosten- und Absatzsegmenterfolgsrechnung, Berlin 1985

Ruberg, C., Statistik im Groß- und Einzelhandelsbetrieb, 3. Auflage, Wiesbaden 1965

Schimank/Gehrke, Prozeßkosten-Management. Zum heutigen Entwicklungsstand, in: Index, Heft 3, 1996, S. 34 - 37

Schmitz, G., Die Deckungsbeitragsrechnung als Instrument der Handelsbetriebsführung, Dortmund 1974

Schott, G., Kennzahlen – Instrument der Unternehmensführung, 6. Auflage, Stuttgart 1991

Schwarz, R., Anleitung für die kurzfristige Erfolgsrechnung im Einzelhandel, 2. Auflage, Köln 1979

Seidenschwarz/Esser/Niemand/Rauch, Target Costing: auf dem Weg zum marktorientierten Unternehmen, in: Kostenmanagement: Wettbewerbsvorteile durch systematische Kostensteuerung, 1997, S. 101 - 126

Siegwart, H., Marktorientierte Erfolgsrechnung, München 2002

Staehle, W., Kennzahlen und Kennzahlensysteme, Wiesbaden 1969

Stoi/Giehl, Prozeßkostenrechnung im Vertriebsmanagement – Vorgestellt am Beispiel des Erfrischungsgetränkeherstellers Rhodius Mineralquellen und Getränke GmbH & Co. KG, in: Controlling, Heft 3, 1995, S. 140 - 147

Stops, M., Target Costing als Controlling-Instrument, in: Das Wirtschaftsstudium, Heft 7, 1996, S. 625 - 628

Studiengemeinschaft Darmstadt, KLR: Kosten- und Leistungsrechnung, 3. Kosten- und Leistungsrechnung im Handel, Darmstadt 1996

Warnick, B., Prozeßorientierte Logistikkostenrechnung in einem Handelsunternehmen, in: Controlling, Heft 1, 1996, S. 22 - 31

Wassel, P., Controlling von Kundenbindungssystemen, in: Direct-Marketing, 2002, S. 26 - 27

Wimmer, B., Studie über Warenwirtschaftssysteme im Groß- und Einzelhandel. Leistungsfähigkeiten, Controllingrelevanz, Marktübersicht, Norderstedt 2000

Witt, F.-J., Controlling, Stuttgart, Berlin, Köln 2000

Von Lojewski/Thalenhorst, Kostenrechnung, Stuttgart 2001

E. Unternehmenskultur: Vereinbarkeit von Ethik und Handelsmanagement

Literaturhinweise zur Unternehmenskultur (Kap. E.):

Albers, S. (Hrsg.), Elemente erfolgreicher Unternehmenspolitik in mittelständischen Unternehmen: Unternehmenskultur, Kundennähe, Quasi-Eigenkapital. Ergebnis des Lüneburger Mittelstands-Symposiums 1988, Stuttgart 1989

Ammann, H., Ethik in der Beschaffung sichert den Markterfolg in der Zukunft, in: New Management, Heft 8, 2002, S. 82 - 89

Arbeitsgemeinschaft zur Förderung der Partnerschaft in der Wirtschaft – AGP (Hrsg.), Unternehmenskultur in Deutschland – Menschen machen Wirtschaft: Themen eines Kongresses, Gütersloh 1986

Bachinger, R. (Hrsg.), Unternehmenskultur: ein Weg zum Markterfolg, Frankfurt a. M. 1990

Bundesarbeitsgemeinschaft der Mittel- und Großbetriebe des Einzelhandels e. V. BAG (Hrsg.), Umweltschutz im Handel, Köln 1997

Cäsar, C., Unternehmenskultur als neue Kommunikationsstrategie, Wien 1988

Deal, T., Unternehmenserfolg durch Unternehmenskultur, Bonn 1987

Dietz/Kracht, Dialogische Führung, 3. Auflage, Frankfurt a. M. 2011

Drumm, H. J., Probleme der Erfassung und Messung von Unternehmenskultur, in: Dülfer, E. (Hrsg.), Organisationskultur: Phänomen – Philosophie – Technologie. Eine Einführung in die Diskussion, Stuttgart 1988, S. 129 - 137

Dülfer, E. (Hrsg.), Organisationskultur: Phänomen – Philosophie – Technologie. Eine Einführung in die Diskussion, Stuttgart 1988

Dürr, W. (Hrsg.), Personalentwicklung und Weiterbildung in der Unternehmenskultur, Baltmannsweiler 1988

Ganser, R., Integration der Mitarbeiter: was leisten Unternehmenskultur, Führungsstil und Lernstatt?, München 1988

Heinen, E., Unternehmenskultur, Perspektiven für Wissenschaft und Praxis, 2. Auflage, München 1997

Heinen/Dill, Unternehmenskultur – Überlegungen aus betriebswirtschaftlicher Sicht, in: Zeitschrift für Betriebswirtschaft, 56. Jg., 1986, S. 202 - 204

Hennicke, P., Nachhaltigkeit – Ein neues Geschäftsfeld?, Stuttgart, Leipzig 2002

Hobbensiefken, G., Unternehmenskultur, Wuppertal 1990

Hopfenbeck/Teitscheid, Öko-Strategien im Handel, Landsberg a. L. 1994

Jung/Kleine, Management. Personen – Strukturen – Funktionen – Instrumente, München, Wien 1993

Kaapke/Schuckel/Büchel, Qualitätsmanagement als zentraler Bestandteil einer erfolgreichen Unternehmensführung, in: Müller-Hagedorn, L. (Hrsg.), Kundenbindung im Handel, 2. Auflage, Frankfurt a. M. 2001, S. 367 - 390

Kahle, E., Zur Bedeutung der Unternehmensidentität als Erfolgsfaktor: Unternehmensführung und Unternehmenskultur als Ausdrucksformen unterschiedlicher Betrachtungsweisen von Management, Lüneburg 1988

Krohmer, H., Marktorientierte Unternehmensstruktur als Erfolgsfaktor der Strategieimplementierung, Wiesbaden 2000

Lattmann, C. (Hrsg.), Die Unternehmenskultur: Ihre Grundlagen und ihre Bedeutung für die Führung der Unternehmung, Heidelberg 1990

Lay, R., Ethik für Manager, Düsseldorf u. a. 1996

Lay, R., Die Macht der Moral, 2. Auflage, Düsseldorf u. a. 1991

Lenk, H. (Hrsg.), Wirtschaft und Ethik, Stuttgart 2002

Meffert/Hafner, Unternehmenskultur und marktorientierte Unternehmensführung: Bestandsaufnahme und Wirkungsanalyse, Münster 1987

Meffert/Wagner, Unternehmenskultur und Unternehmensführung: Dokumentation des 12. Münsteraner Führungsgesprächs, Münster 1987

Meffert/Hafner/Poggenpohl, Unternehmenskultur und Unternehmensführung: Ergebnisse einer empirischen Untersuchung, Münster 1988

Merkens/Schmidt, Enkulturation der Unternehmenskultur, München 1988

Regenthal, G., Identität & Image: Praxishilfen für den Umgang mit Corporate Identity, 3. Auflage, Neuwied 2002

Reineke, R.-D., Unternehmenskultur und Auslandsakquisition, Münster 1988

Rohde-Liebenau, B., Umgang mit Mitarbeiterhinweisen, Stuttgart 2012

Rolinck, B., Branchenkultur: Theoretische Grundlagen und eine empirische Untersuchung in der deutschen Brauereibranche, Diss., Berlin 2002

Ruloff, D. (Hrsg.), Moral und Moralismus in Wirtschaft und Politik, Chur, Zürich 2002

Sackmann, S. A., Erfolgsfaktor Unternehmenskultur, Wiesbaden 2004

Sackmann, S. A., Unternehmenskultur, Neuwied 2002

Schleissing, S. (Red.), Die Werte des Unternehmens, Stuttgart, Leipzig 2002

Schmelcher u. a., Die unsichtbare Kraft: mit gelebter Unternehmenskultur zum Erfolg, Wiesbaden 2002

Scholz, Chr., Management der Unternehmenskultur: über corporate culture zur corporate identity, Saarbrücken 1988

Simon, H., Herausforderung Unternehmenskultur, Stuttgart 1990

Simon, H., Unternehmenskultur und Strategie; Corporate Culture and Strategy, Frankfurt a. M. 2001

Simon, V., Management, Unternehmungskultur und Problemverhalten, Wiesbaden 2000

Thom, N. (Hrsg.), Management im Wandel. Freiburger Gespräche 87/88 zu den Themen „Anforderungen an den Manager der 90er Jahre" und „Wirtschaft und Ethik", Hamburg, New York 1989

Weger, H.-D. (Hrsg.), Mitarbeiterbeteiligung, Unternehmenskultur und Sozialpartnerschaft: Ergebnisse eines Kongresses der Niedersächsischen Landesregierung in Zusammenarbeit mit der Arbeitsgemeinschaft zur Förderung der Partnerschaft in der Wirtschaft (AGP) und der Bertelsmann Stiftung am 14.09.1988 in Hannover, Gütersloh 1989

Weinand, F., Kulturbewusstes Personalmanagement, Frankfurt a. M. u. a. 2000

Wever U. a., Unternehmenskultur in der Praxis: Erfahrungen eines Insiders bei 2 Spitzenunternehmen, 3. Auflage, Frankfurt a. M., New York 1992

Zürn, P., Vom Geist und Stil des Hauses: Unternehmenskultur in Deutschland, 2. Auflage, Landsberg a. L. 1986

Ergänzende Literaturhinweise zu Zukunftsentwicklungen im Handel:

Accenture GmbH, GfK Panel Services Deutschland (Hrsg.), Non-Food Multichannel-Handel 2015, www.accenture.com/SiteCollectionDocuments/PDF/Accenture_GFK_Studie_Non-Food-Multichannel-Handel-2015.pdf, 2010

Eggert, U., Fokus Handel, Köln 2012

Eggert, U., Neue Handelsformate – neue Vertriebskonzepte, Köln 2011

Eggert, U., Zukunft Handel, Regensburg 2011

Glaubitz, J., Auf allen Kanälen: Handel 2020 - Fakten, Trends, Potenziale, www.axel-troost.de/serveDocument.php?id=1834&file=1/f/7ed.pdf%E2%80%8E, 2011

Haderlein/Seidel/Seitz, Sales Trends, Frankfurt a. M. 2013

Horx, M., Megatrend Dokumentation 2013, Kelkheim 2012

Horx, M., Trend-Report 2013, Kelkheim 2012

IFH Institut für Handelsforschung GmbH, www.ifhkoeln.de

Kirig/Langwieser, Konsument 2020, Kelkheim 2010

KPMG AG Wirtschaftsprüfungsgesellschaft, EHI Retail Institute GmbH (Hrsg.), Trends im Handel 2020, www.kpmg.de/Themen/29709.htm, 2012

Krol, B., Standortfaktoren und Standorterfolg im Electronic Retailing: Konzeptualisierung, Operationalisierung und Erfolgswirkungen von virtuellen Standorten elektronischer Einzelhandelsunternehmen, Wiesbaden 2010

Lerchenmüller, M., Zukunftsentwicklung des Handels im nächsten Jahrzehnt, in: Ebert/Grosskopf/Bach (Hrsg.), Kooperative Wirtschaft – Theorie und Praxis, Festschrift für Eduard Mändle zum 65. Geburtstag, München 2001, S. 129 - 141

Maaß, Ch., E-Business Management: Gestaltung von Geschäftsmodellen in der vernetzten Wirtschaft, Stuttgart 2008

Morschett/Schu/Zentes, u. a., HandelsMonitor 2012/2013: Mega-Trends 2020+, Frankfurt a. M. 2012

Reflex Verlag, Handel der Zukunft, www.hybris.com/medias/sys_master/8799058722846/Handelsblatt_Handel-der-Zukunft.pdf, 2011

Schellbach, R., Handel 2020: Welche Trends und Ereignisse bestimmen die Zukunft?, www.euroshop.de/cipp/md_euroshop/custom/pub/content,oid,8604/lang,1/ticket,g_u_e_s_t/local_lang,1, 2013

Schellbach, R., Wie macht der Handel 2020 Shopper zu Käufern?, www.euroshop.de/cipp/md_euroshop/custom/pub/content,oid,8745/lang,1/ticket,g_u_e_s_t/local_lang,1, 2013

Seul/Klinksiek/Höing, Arbeitgeber Handel - Fit for Future?!, Köln 2012

Zentes, J., Handel 2015+: Wer sind die Gewinner – wer sind die Verlierer?, www.ihk-siegen.de/fileadmin/Branchen/Handel/Handelsforum_2009-Vortrag_Prof_Zentes.pdf, 2009

A

B

F

L

M

N

O

P

Q

R

S

T

Z